CHANGCHUN YEAR BOOK

长春市地方志编纂委员会 编

吉林人民出版社

图书在版编目（CIP）数据

长春年鉴. 2020卷 / 长春市地方志编纂委员会编
. -- 长春 : 吉林人民出版社, 2020.11
ISBN 978-7-206-17725-5

Ⅰ. ①长… Ⅱ. ①长… Ⅲ. ①长春－2020－年鉴
Ⅳ. ①Z523.41

中国版本图书馆CIP数据核字（2020）第215955号

长春年鉴（2020）

编　　者：长春市地方志编纂委员会
责任编辑：门雄甲　　　　封面设计：祁贵鹏
吉林人民出版社出版 发行（长春市人民大街7548号　邮政编码：130022）
印　　刷：吉林省海德堡印业有限公司
开　　本：889mm×1194mm　1/16
印　　张：20.25　　字数：690千字　　插页：36
标准书号：ISBN 978-7-206-17725-5
版　　次：2020年11月第1版　　　　印　　次：2020年11月第1次印刷
印　　数：1-1000册　　　　　　　　定　　价：298.00元

如发现印装质量问题，影响阅读，请与印刷厂联系调换。

长春年鉴编纂委员会

主　任　贾丽娜

副主任　赵　显　于迅来　孙立彬
　　　　战国立　王　磊　丁丽君　李　锐

《长春年鉴》编纂人员

主　　编　贾丽娜

副 主 编　战国立　王　磊　丁丽君　李　锐
　　　　　王玉宁

编　　辑　齐丽颖　常菲菲　崔玉恺　李九飞
　　　　　王　梓

彩页设计　王玉宁

版式设计　王玉宁

英文翻译　李　青

特约编审　刘传仁　王玉春　黄思念　段玉才
　　　　　孙柏忠　闫　明　祁　航

封面摄影　贾春文

附注：1）图内各级行政区划界线系权宜画法，不作划界依据；

2）行政区划资料截止到2019年12月。

吉 S(2020) 077 号　吉林省航测遥感院编制

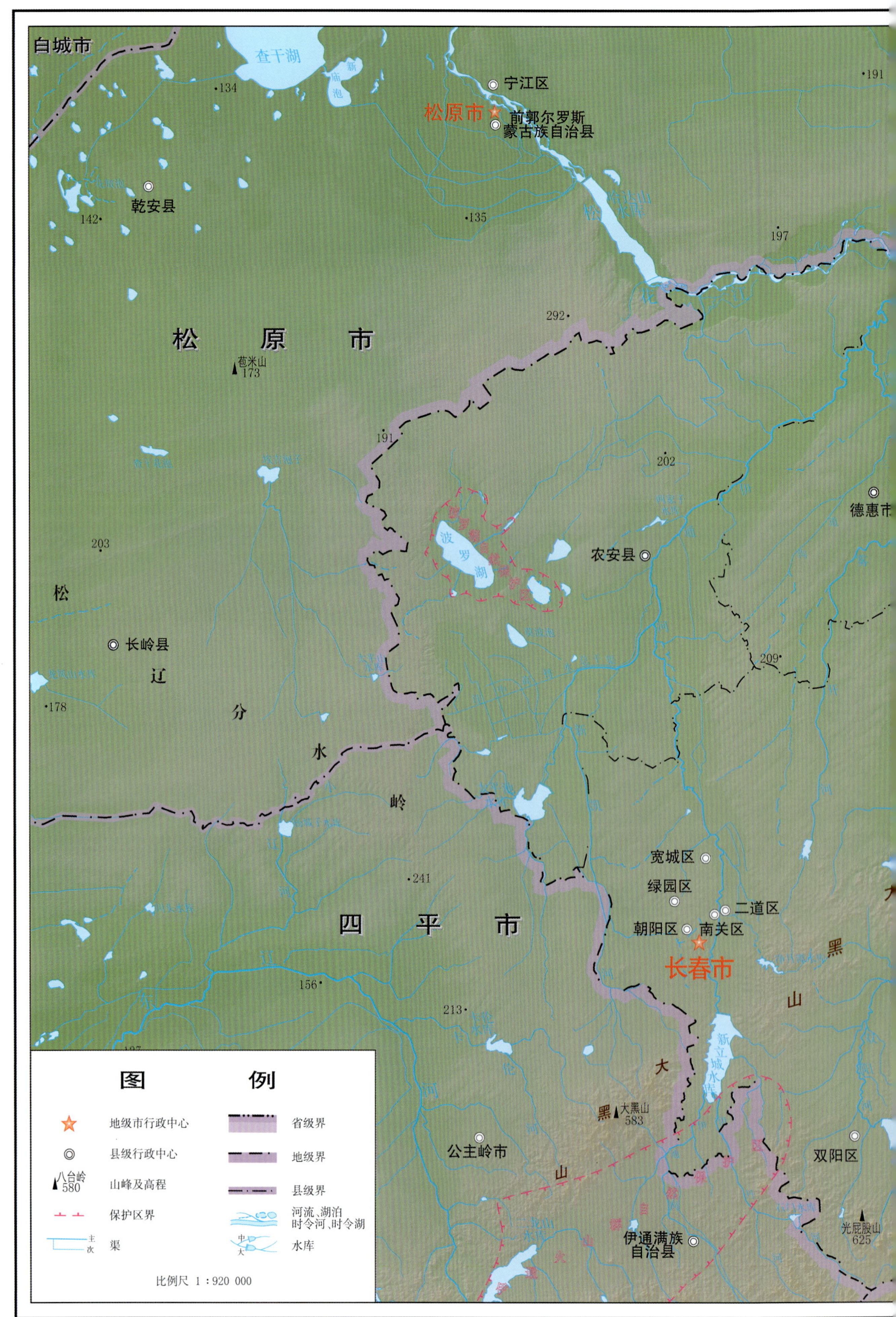

附注：1）图内各级行政区划界线系权宜画法，不作划界依据；
2）行政区划资料截止到2019年12月。

吉 S(2020) 077 号 吉林省航测遥感院编制

长春的一天

清晨，长春火车站的钟声打破拂晓的沉寂。在全市20604平方公里的大地上，753.8万名辛勤的长春人从睡梦中苏醒，其中，工人、农民、知识分子、干部和社会各界人士，还有137万名大中小学生和11.5万儿童，分别从284万户居民家庭中走出，开始了新一天的生活。

在这一天里，勤劳的长春人民为国家创造生产总值161756.16万元，创造农林牧渔业增加值9854.79万元，创造工业增加值68367.12万元，财政收入获得30136.99万元，其中，地方财政收入11506.85万元。地方财政支出24547.95万元，其中，社会保障和就业支出3438.36万元，教育支出3687.67万元，医疗卫生与健康支出1961.64万元，交通运输支出964.38万元，农林水支出2413.70万元，住房保障支出926.03万元。现在一天生产汽车7915辆，其中，轿车4337辆、公路客车约1辆、载货汽车1052辆；生产铁路客车3辆，轮胎6608条，变压器约2.14万千伏安，工业自动调节仪表与控制系统63台；一天生产水泥12019.18吨，钢材219.18吨，塑料制品306.85吨；发电7884.93万千瓦时；生产精炼食用植物油649.32吨，卷烟4849.32万支，啤酒191.78千升，服装1.66万件，中成药32.88吨，饲料5054.79吨。每日上市牛奶158.90吨，肉类2580.82吨，禽蛋1134.25吨，出栏生猪0.96万头，出栏家禽76.71万只；生产粮食25838.36吨，其中，玉米21369.86吨、水稻3832.88吨。每天申请专利约63件，授权33件。其中，申请发明专利25件，授权发明专利7件；技术合同成交额12726.03万元，科技管理部门投入经费309.59万元。

投资环境不断改善，对外开放度日益提升。许多世界著名的大财团、大公司和有实力的港澳台商人在长春投资。日均实际引进外资90.41万美元，每天有4071.23万元的商品出口到世界120多个国家和地区，同时也有23210.96万元的商品从世界各地进口到长春。成功举办了中国吉林·东北亚投资贸易博览会、中国（长春）国际汽车博览会、中国长春净月潭瓦萨国际滑雪节、长春国际马拉松赛和2019长春全国汽车短道挑战赛等展会和赛事；并有来自216个国家和地区的雕塑家，为长春市创作积累了1701件（组）精美雕塑作品。

城市建设和生态环境建设成绩斐然。平均每天完成固定资产投资12.30亿元，其中，房地产开发投资2.40亿元。每天销售商品房面积3.68万平方米，二手房成交面积2.13万平方米。空气质量逐步改善，城区空气首要污染物细颗粒物（PM2.5）日均浓度每立方米38微克；二氧化硫、二氧化氮

日均浓度分别为每立方米11微克、34微克，比2018年下降5微克、1微克。日均无害化处置医疗废物19.54吨。建成区绿化覆盖率41%。

城市交通承载能力日益增强。每日公路完成货运量31.92万吨，铁路发送货物1.42万吨，民航货邮吞吐量243.84吨。每天到长春旅游观光的人数27.83万人次，其中，1142名游客是外国人、华侨和港澳台同胞，创旅游（外汇）收入62.67万美元。快递小哥每天将438356件快递包裹送到千家万户，邮政业务总量达1164.38万元，每日有549万户互联网用户在上网。每天有4388辆公共汽（电）车通过遍布长春纵横交错的251条、5009公里的公交线路，其中公交专用道212.8公里；15401辆出租车、2526辆网约车运行在长春市区，每天将210万人次的长春人民和来长的客人送达目的地。

惠民政策温暖城乡千家万户。每天改造棚户区住宅18套，回迁安置居民20户，改造贫困户危房7户，有4户贫困户实现脱贫；为118名残疾人提供精准康复服务，扶贫专项资金支出126.03万元。每天社会福利彩票收益257.53万元；为社会募集善款4.72万元，支出善款4.41万元，慈善受助群众129人次。每天有33.9万个高清摄像头监控全市各个角落，为维护交通秩序，打击各类刑事犯罪和社会和谐做出重要贡献。平均每天纠正各类交通违法行为7205件，市民幸福感、安全感和满意度明显提升。

城乡人民生活质量明显提高。每天有157名新生儿在长春降生，有113人因各种原因而离开人世。有145人迁出长春，有170人到长春落户发展。平均每天社会消费品零售总额8.55亿元，城镇常住居民平均每天可支配收入46197.72万元，比2018年增加3460.52万元；乡村常住居民平均每天可支配收入13071.12万元，比2018年增加987.22万元。每天金融机构本外币各项存款34.74亿元，贷款35.88亿元，其中，城乡住户储蓄存款16.29亿元。每天保险费收入8008.22万元，保险赔付2663.01万元。每日有价证券成交总额39.32亿元，其中，股票交易成交额20.14亿元。

午夜零点，当人们开始进入梦乡时，来自全市各水厂、电站和煤气站的计量表显示，全市日供水量139.4万吨，日售电量5844.66万千瓦小时，液化石油气日供气量131.51吨、天然气日供气量267.82万立方米。

（邱志华）

▲ 长春火车站 （贾春文 摄）

城市名片

国家历史文化名城

全国文明城市

国家森林城市

全国绿化模范城市

全国水生态文明城市

中国国际形象最佳城市

全国双拥模范城市

国家卫生城市

中国引才引智十强城市

国家新型城镇化综合试点城市

全国绿色有机农业示范市

中国优质粳米之都

中国制造业名城

“中国制造2025”试点示范城市

改革开放40年中国最具魅力会展城市

新中国成立70周年最具中国竞争力会展城市

避暑旅游十佳城市

最美中国·文化魅力旅游目的地城市

全国法治宣传教育先进城市

全国和谐社区建设示范城市

中国最佳养老宜居城市

2019年长春市经济社会主要指标

行政区划	3个县（市）、7个城区
面积	20604平方公里
户籍人口	753.8万人
地区生产总值	5904.1亿元
第一产业增加值	348.1亿元
第二产业增加值	2495.4亿元
第三产业增加值	3060.6亿元
人均地区生产总值	11246美元
一般预算全口径财政收入	1100亿元
地方财政收入	420亿元
居民消费价格指数	102.9%
城镇常住居民人均可支配收入	37844元
农村常住居民人均可支配收入	15455元
社会消费品零售总额增速	3.9%
进出口总额	995.8亿元
旅游总收入	2191.4亿元
举办规模以上会展活动	173项
展会直接收入	82亿元
金融机构本外币存款余额	12681.9亿元
金融机构本外币贷款余额	13096.4亿元

普通高校	40所
普通高校在校生	53.1万人
学前教育机构	1100个
文化（文物）事业机构	250家
公共图书馆	12家
公共图书馆藏书量	577.7万册
卫生医疗机构	4918个
万元地区生产总值能耗	下降3.6%
万元规模以上工业增加值综合能源消耗	下降11.5%
环境空气质量监测优良天气	306天
城市集中式饮用水水源地水质达标率	100%
城镇企业职工基本养老保险参保人数	225万人
城镇失业保险参保人数	120.7万人
城镇医疗保险参保人数	455.6万人
工伤保险参保人数	162.3万人
生育保险参保人数	128.3万人
开发就业岗位	14.3万个
城镇登记失业率	2.51%
养老服务机构	441家
养老服务机构床位数	42044张

注：数据来源于《2019年长春市国民经济和社会发展统计公报》

▲ 长春德苑公园一景　（贾小朔　摄）

▲ 长春世界雕塑公园夜景　（当代长春编辑部　提供）

▲ 长春水文化生态园一景　（市建委　提供）

▲ 秀美长春风光　　（贾春文　摄）

▲ 伊通河永宁桥段　　（张　扬　摄）

▲ 长春净月高新技术产业开发区

▲ 西解放立交桥 （贾春文　摄）

（净月开发区　提供）

▲ 人民广场夜景亮化工程　　（张九高　提供）

▲ 农安县滨水生态园及南部城区　　（赵立国　提供）

▲ 石头口门水库组图　（关长福　摄）

▲ 一汽-大众生产线　（一汽-大众　提供）

▲ 12月27日，一汽-大众2019年整车200万辆下线（一汽-大众　提供）

▲ 中车长春轨道客车股份有限公司生产的复兴号CR400BF型电力动车组运行在京沪高铁上　（王　阳　提供）

▲ 中车长春轨道客车股份有限公司生产车间（绿园区　提供）

▲ 长春经开区一汽丰田（长春）发动机有限公司（当代长春编辑部　提供）

▲ 长春市吉地嘉禾健康产业有限公司有机玉米种植基地

（当代长春编辑部　提供）

▲ 吉林省大樱桃种植基地

（九台区　提供）

▲ 国家农业产业化重点龙头企业——吉林华正农牧业开发股份有限公司

（长春年鉴编辑部　征集）

▲ 华正公司食品加工车间

（长春年鉴编辑部　征集）

▲ 双阳区博文鹿业公司鹿场

（双阳区　提供）

▲ 4月17日，市领导到长光卫星调研

（当代长春编辑部　提供）

▲ 10月9日，长春市人民政府与科大讯飞股份有限公司战略合作协议签约仪式　（当代长春编辑部　提供）

▲ “吉林一号”卫星等比例模型

（孙建一　摄）

▲ 北湖科技园

（长春新区　提供）

▲ 9月12日，长吉图国家科技成果转移转化示范区（核心区）项目启动暨北科建长春北湖科技园智能制造创新园开园活动　（长春新区　提供）

▲ 中韩（长春）国际示范区大项目

（贾春文　摄）

▶ 长春综合保税区国际汽车城

（当代长春编辑部　提供）

▲ 3月5日，“长珲欧”首批班列进境

（李依楠　提供）

▲ 10月28日，首批海运进口跨境电商货物运抵兴隆综保区

（市贸促会　提供）

▲ 建设中的长春海容广场项目
（贾春文　摄）

▲ 长春活力城商务综合体
（当代长春编辑部　提供）

▲ 长春长德物流园项目——京东亚洲一号
（当代长春编辑部　提供）

◀ “这有山”室内文旅商务综合体
（当代长春编辑部　提供）

◀ 改造后的人民大街
（张九高 提供）

▲ 繁荣路地铁出站口绿化工程
（贾春文 摄）

▲ 莲花山收费站
（莲花山管委会 提供）

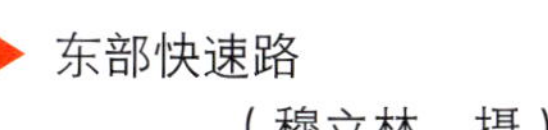

▶ 东部快速路
（穆立林 摄）

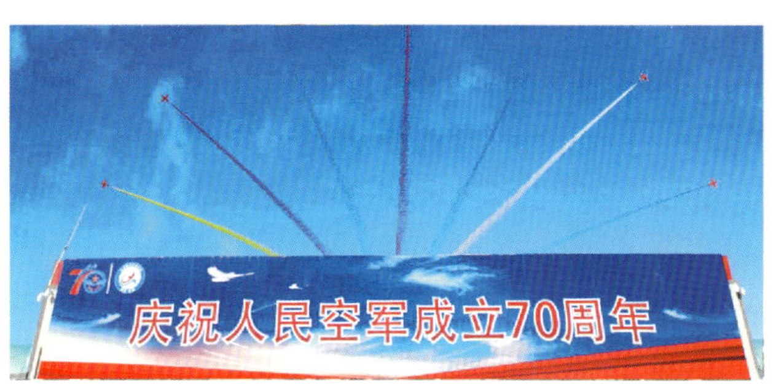

1949年11月11日，人民空军宣告成立。为庆祝人民空军成立70周年，由中国人民解放军空军主办，吉林省人民政府、长春市人民政府、中国民用航空局、中国航空工业集团有限公司等为支持单位的庆祝人民空军成立70周年航空开放活动于2019年10月17日至21日在长春举行，首届长春航空展同期举办。飞行表演队和跳伞队进行了精彩的空中表演，歼-20、运-20、歼-16等主力战机展翅苍穹，空降兵和航空兵作战部队派出精锐力量展示作战对抗，多型武器装备抵临现场，展示中国航空事业发展成就。

▲ 10月17日，庆祝人民空军成立70周年长春航空展组图　（贾春文　摄）

▲ 8月23日，第十二届中国——东北亚博览会在会展中心开幕　　（市贸促会　提供）

▲ 7月12日，第十六届中国长春国际汽车博览会展厅一角　　（市贸促会　提供）

▲ 9月15日，在2019法兰克福国际车展红旗品牌媒体发布会上，红旗品牌发布一款超级跑车S9　（市贸促会　提供）

▶ 1月4日，2019中国长春净月瓦萨国际滑雪节在净月滑雪场开幕
（张　扬　摄）

▲ 6月15日，2019长春消夏艺术节开幕式
（车　亮　提供）

▲ 8月17日，“飞向太空——中国航天科普展长春站”在欧亚卖场启幕
（李成伟　摄）

▲ 8月16日，第十八届中国长春国际农业·食品博览（交易）会“中国梦”展厅
（市贸促会　提供）

▲ 5月25日，2019中国（北方）新零售产业博览会开幕
（市贸促会　提供）

▲ 9月1日，央视新闻频道（CCTV-13）《共同关注》对长春市小学生课后免费托管服务“蓓蕾计划”进行报道

（市教育局　提供）

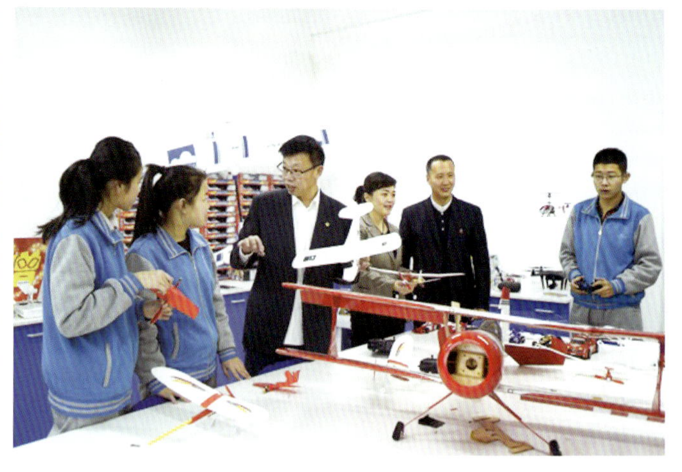

▲ 5月8日，长春市特殊教育学校老师正在授课

（市教育局　提供）

▲ 11月3日，2019年（秋季）“采兰计划暨强师计划”应届毕业生招聘会现场

（市教育局　提供）

▲ 10月16日，长春市高层次紧缺人才（深圳）招聘大会现场

（当代长春编辑部　提供）

◀ 8月12日，长春市建设领域农民工工资支付“e网”监管平台上线发布仪式

（程红兵　提供）

▲ 经开区政务服务中心

（当代长春编辑部　提供）

▲ 11月12日，长春市开展第三期电视问政活动现场

（当代长春编辑部　提供）

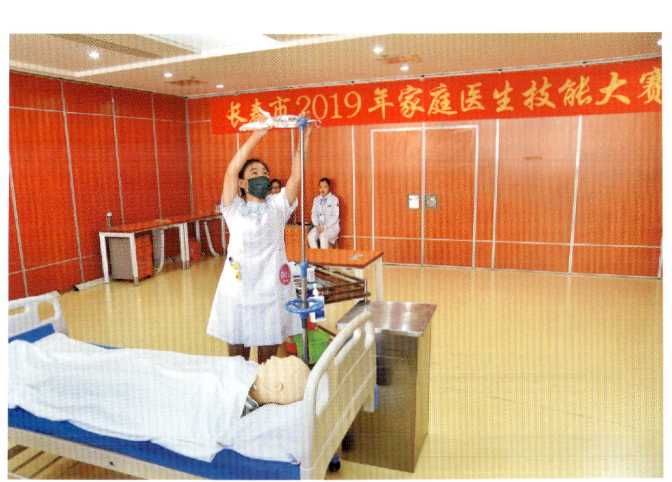

▲ 5月9日，长春市家庭医生大赛

（王　拓　提供）

▲ 10月17日，宽城区卫健局联合区属医疗机构开展义诊活动

（宽城区　提供）

▲ 7月11日，市场监管执法人员到光复路水产批发市场开展执法检查

（宽城区　提供）

▲ 6月16日，“万人助万企”活动中，吉韩模具公司为应急局送锦旗

（市应急局　提供）

吉林省暨长春市为退役军人和军（烈）属等家庭代表悬挂光荣牌仪式
（当代长春编辑部　提供）

2月28日，宽城区消防大队到天津路小学开展消防安全知识讲谈
（宽城区　提供）

5月1日，《长春市生活垃圾分类管理条例》普法宣传活动
（王福刚　提供）

8月10日，双阳区太平镇小石村美丽乡村建设
（当代长春编辑部　提供）

▶ 9月27日，团山街道长山花园社区党委书记吴亚琴获“新时代长春最美奋斗者”称号

（宽城区　提供）

▲ 12月30日，第七届长春市道德模范颁奖典礼

（王中庆　提供）

▲ 1月8日，黄大年纪念碑在长春九龙源社会公墓落成

（李祥珍　提供）

▶ 7月1日，“中俄青年同走70年友谊路”中俄代表合影

（李　珺　提供）

◀ 2月4日，2019年央视春晚长春一汽分会场歌舞表演
（丁　研　摄）

▲ 2月4日，2019年央视春晚长春一汽分会场歌舞表演
（李建京　摄）

▲ 9月16日，长春市朝鲜族群众文化馆作品《愉快的掷柶游戏》获第十一届全国少数民族传统体育运动会表演项目（综合类）比赛一等奖
（赵香淑　提供）

▶ 9月30日，庆祝中华人民共和国成立70周年长春市群众歌舞精品展演现场
（车　亮　提供）

▲ 5月26日，红旗HS5·2019长春国际马拉松开赛（贾春文　摄）

▲ 3月30日，2019长春全国汽车短道挑战赛在长春际华园工业园区开赛（张　扬　摄）

▲ 6月7日，第九届净月潭龙舟赛（当代长春编辑部　提供）

▲ 12月27日，全国学校冰雪运动竞赛暨冰雪嘉年华（李大伟　提供）

▲ 9月11日，长春市汽开区教育局足球代表队到俄罗斯参加第十届亚太青少年运动会获季军（市教育局　提供）

▲ 6月16日，净月潭马拉松开赛（刘瑞峰　摄）

编辑说明

一、《长春年鉴》创刊于1988年，由长春市人民政府主办、长春市地方志编纂委员会承编，是系统记述长春市政治、经济、社会、文化、生态等方面情况的综合性资料年刊；是为各级领导和部门全面掌握市情、实施科学决策，各行各业及有关单位查询资料、获取信息，国内外各界人士认识长春、了解长春提供服务的大型工具书。此书为第33卷。

二、《长春年鉴（2020）》以马克思列宁主义、毛泽东思想、邓小平理论、“三个代表”重要思想、科学发展观、习近平新时代中国特色社会主义思想为指导，坚持辩证唯物主义和历史唯物主义的立场、观点和方法，着重突出城市特色和年度特点，全面、客观、连续记述长春市经济建设和社会发展的历史进程，以及取得的主要成就及新变化、新特征和新经验。

三、《长春年鉴（2020）》采用分类编辑法，主体内容分类目、分目和条目3个层次。设专文、大事记、长春概貌、中国共产党长春市委员会、长春市人民代表大会、长春市人民政府、中国人民政治协商会议长春市委员会、中共长春市纪律检查委员会长春市监察委员会、民主党派和工商联、群众团体、军事、法治、经济管理、农业、工业、商贸服务业、旅游会展业、金融、经贸合作、开发区、信息产业、交通、城乡建设与管理、生态建设、教育、科技、文化、卫生体育、社会生活、县（市）区概览、人物、文献等32个类目，144个分目，1012个条目。

四、《长春年鉴（2020）》在保持原有框架相对稳定的前提下，为充分体现长春市主要成就、重点工作、亮点内容及新发展与新变化，对部分内容进行了调整和充实。卷首彩页新设“城市名片、数字长春、都市风采、经济建设、特色展会、社会发展”6个专题，共32版彩页108幅图片，其中，“城市名片”中新增“新中国成立70周年最具中国竞争力会展城市”“中国最佳养老宜居城市”2项内容。同时，结合城市新名片，以及庆祝“人民空军成立70周年”设立“特色展会”专版。“专文”选取《长春市深化机构改革综述》《2019年建设幸福长春工作综述》《2019年长春市“万人助万企”工作情况》《关于长春市创建科技创新先导区的调研报告》等4篇文章。增加新的类目并对有的类目进行调整，如增加“旅游会展业”类目，“对外经济贸易”类目调整为“经贸合作”。

五、《长春年鉴（2020）》所载稿件内容由长春市各县（市）区、开发区，市直各部门，中央、省驻长有关单位及驻长部队撰（供）稿，并经单位领导审核；主要统计数据由长春市统计局审核认定。

六、《长春年鉴（2020）》配双重检索系统，书前设全书中、英文目录，书后附主题索引。

目　　录

专　文

大　事　记

长春概貌

·自然概况·

·气象　水文·

·行政区划·

·人口情况·

·国民经济和社会发展·

·精神文明建设·

中国共产党长春市委员会

·重点工作·

·组　织·

·宣 传·

·统一战线·

·市直机关党建·

·政策研究·

·信 访·

·老干部工作·

·保密工作·

·党 校·

·党 史·

·档 案·

长春市人民代表大会

·重点工作·

·立法监督·

长春市人民政府

·重点工作·

军　　事

法　　治

经济管理

农　业

·水利建设·

·园艺特产业·

·乡村产业发展·

工 业

·综 述·

·交通设备制造业·

·能源产业·

·民营经济·

商贸服务业

·商贸流通·

·供销合作·

旅游会展业

金　融

信息产业

交　通

城乡建设与管理

·综　述·

·城市规划·

·城市建设·

·城市管理·

·城市公共事业·

·房地产业·

生态建设

·环境保护·

·土地资源保护·

·园林绿化·

科　技

·科技创新·

·科技活动·

·防震减灾·

·社科研究·

文　化

·文化产业·

·文学艺术·

·群众文化·

·文物保护与利用·

·长春报业·

·长春广播电视台·

县（市）、区概览

· 农安县 ·

· 榆树市 ·

· 德惠市 ·

· 九台区 ·

· 朝阳区 ·

· 南关区 ·

· 宽城区 ·

人　物

文　献

附　录

主题索引

CHANGCHUN YEARBOOK
TABLE OF CONTENTS

FEATURES

CHRONICLE FOR IMPORTANT EVENTS

A GENERAL SURVEY OF CHANGCHUN

CHANGCHUN MUNICIPAL COMMITTEE OF THE CPC.

THE STANDING COMMITTEE OF THE PEOPLE'S CONGRESS OF CHANGCHUN MUNICIPALITY

THE PEOPLE'S GOVERNMENT OF CHANGCHUN MUNICIPALITY

CHANGCHUN COMMITTEE OF THE CHINESE PEOPLE'S POLITICAL CONSULTATIVE CONFERENCE

DISCIPLINE SUPERVISION AND ADMINISTRATIVE SUPERVISION

DEMOCRATIC PARTIES AND INDUSTRY AND COMMERCIAL FEDERATION

MASS ORGANIZATION

LOCAL ARMED FORCES

POLITICS AND LAW

COMPREHENSIVE ECONOMIC ADMINISTRATION

AGRICULTURE

INDUSTRY

SCIENCE

CULTURE

HYGIENE & SPORTS

SOCIAL LIFE

A GENERAL SITUATION OF DISTRICS AND COUNTIES

FIGURES DOCUMENTS

APPENDIX

SUBJECT INDEX

长春市深化机构改革综述

深化党和国家机构改革，是以习近平同志为核心的党中央从党和国家事业发展全局高度作出的重大政治决策，是推进党和国家治理体系和治理能力现代化的一场深刻变革。党的十九届三中全会以来，在党中央集中统一领导和省委具体部署下，市委强化主体责任，把深化机构改革作为重大政治任务，按照上级关于深化地方机构改革的部署要求，认真组织实施了我市机构改革，全面落实了各项改革任务。2019年，长春市机构改革主体工作已完成并顺利通过了省里的评估验收。

一、机构改革的主要工作过程及特点

长春市机构改革从2018年3月开始启动，大体分4个阶段进行：一是调研准备阶段。党的十九届三中全会闭幕后，市委责成市委编办在深入学习《中共中央关于深化党和国家机构改革的决定》《深化党和国家机构改革方案》的基础上，结合实际，重点对市直党政机构设置和人员编制配备等情况进行调研，掌握情况，摸清底数，谋划研究长春市机构改革预案。10月24日，市委成立了由市委书记任组长的市推进党政机构改革协调小组，副书记徐晗兼任协调小组办公室主任，办公室设在市委编办，组建工作专班，统筹推进改革各项工作。二是方案报批阶段。中央关于地方机构改革指导意见及吉林省机构改革方案印发后，协调小组办公室严格遵循中央指导意见和省方案要求，做好对标对表，结合长春市实际及改革预案，研究起草了市级机构改革方案初稿，多次向中央编办和省委编办汇报请示，确保符合上级精神。11月23日，市委常委会议审议通过长春市机构改革方案并以市委文件正式报请省委审批。12月25日，省委、省政府正式批复下发执行。2019年1月7日，市委常委会议审议通过了各城区机构改革方案。三是组织实施阶段。今年3月末，按照省委关于长春市机构改革“原则上除了干部调整外，其他能推进的工作尽量往前推进”的部署要求，长春市迅速启动改革实施工作。采取常委会统一领导、市领导分兵把口、改革小组成员单位协调联动、涉改部门负责人具体落实的工作机制，各项工作同步展开、并联推进，各部门昼夜兼程、全力落实，在前期精心准备的基础上，组织实施工作快速有序进行。召开市委常委扩大会暨机构改革推进会进行动员部署，新组建部门全部指定负责人即刻就位开展工作，《机构改革期间机构编制和人员转隶工作暂行办法》等改革相关配套文件相继印发，办公用房分配、新组建部门挂牌、新公章启用等工作迅速完成，人员转隶、交接工作同步进行。按照统一要求，应集中办公的19个新组建或重新组建部门全部实现集中办公，应挂牌的16个新组建或更名部门全部按时挂牌，34个需办理转隶手续部门（单位）的65项职责、299名编制、273名人员全部转隶到位，53个涉改部门“三定”规定或调整方案于3月31日全部印发，市本级和县（市）区机构改革组织实施工作按中央和省委时限要求在3月底前基本完成。四是完善巩固阶段。各部门领导班子调整到位后，严格落实“三定”规定，有序完成部门内设机构调整、处级领导干部选配及人员定岗工作，推进各涉改事业单位隶属关系、职能和编制及时调整到位，有效保障各部门工作运转全面步入正轨。按照要求，适时开展了机构改革验收评估工作，组织各部门认真对照“三定”规定开展自查，检视评估职责界定、机构调整、编制划转、人员转隶、事业单位同步划转、行政职能回归机关等六个方面是否改革到位，综合各部门自查情况对全市机构改革工作进行全面评查，做好迎检工作，接受并通过了省委编办的评估验收。

长春市机构改革主要有以下几个特点：一是市委高度重视，工作起步早。市委对这次机构改革高度重视，两任主要领导多次作出重要批示，提出具体要求，强调要谋划开展好长春市机构改革工作。市委书记王凯到任第一时间，立即组织研究部门班子配备等改革重点工作，市长刘忻、副书记徐晗、组织部长邵利等市领导靠前指挥，及时调度解决重点、难点问题，为改革任务的顺利完成提供有力保证。坚持早起步，2018年3月党的十九届三中全会闭幕后，市委编办就在深入学习中央《决定》《方案》的基础上，提前着手对市级机构改革进行全面谋划，全力以赴做好机构改革各项准备工作。二是前期准备足。始终把各项改革任务想在前、做在前，充分发挥协调小组及各成员单位作用，科学摆布、全力推动改革实施各项工作按时序安排准备就绪，为长春市面对市委主要领导空缺两个月的特殊情况，能够在中央要求时限之前基本完成改革任务奠定了坚实基础。三是改革力度大。这次机构改革是对我市党政群和事业单位机构职能体系的一次系统性、整体性、重构性变革。市本级共随职能调整划转行政编制2923名（含垂管部门所属分局），转隶调整事业单位234个、事业编制15866名。改革后，市直党政群机关部门领导职数精简19.9%；市直党政群机关内设机构精简4.1%；市直党政群机关处级领导职数精简4.2%。四是实施推进稳。始终坚持一手抓改革、一手抓发展稳定，努力实现机构改革和日常工作两不误、两促进。涉改部门讲政治、识大体、顾大局，新老机构平稳过渡，到位迅速，广大党员干部坚决服从中央、省委和市委决策部署，表现出高度的政治自觉和工作热情，以实际行动支持改革、参与改革，实现了业务工作不间断，各项工作有序衔接。

二、机构改革的主要成效及经验启示

这次机构改革，长春市坚决贯彻习近平总书记关于深化党和国家机构改革的重要论述和关于东北振兴的重要指示精神，围绕“六个坚持”，着眼构建系统完备、科学规范、运行高效的机构职能体系，改革机构设置，优化职能配置，理顺职责关系，提高效率效能，不折不扣地落实各项改革任务，取得了初步成效。

一是加强党的全面领导得到有力贯彻，党总揽全局、协调各方的机构职能体系更加健全。旗帜鲜明地把坚持和加强党的全面领导作为机构改革的政治主题和首要任务，从体制机制上构建总揽全局、协调各方的党的领导体系，在机构职能上确保党的领导全面覆盖、全面落实。市和县（市）区组建和调整优化了全面深化改革、全面依法治市、国家安全、网络安全和信息化、财经、外事、机构编制等党委议事协调机构，负责相关重大工作的谋划设计、安排部署、统筹协调、整体推进；优化组织、宣传、统战、政法等党委职能部门的职责配置，明确编办归口组织部管理，组织部统一管理公务员工作，宣传部统一管理新闻出版和电影工作，统战部统一领导和管理民族宗教工作、侨务工作，政法委承担社会治安综合治理、维护稳定工作等职责，强化党委职能部门归口协调、统筹本系统、本领域工作的职能；统筹设置党政机构，增强党的领导力，提高政府执行力；强化党的组织在同级组织中的领导地位，确保党的领导全覆盖；推进党的纪律检查体制和国家监察体制改革，完成各级纪委监委机关内设机构调整，实现派驻（派出）机构全覆盖，巡察机构作为党委工作机关，保障长春市纪律监督、监察监督、派驻监督、巡察监督“四个监督”协调衔接，党统一领导、全面覆盖、权威高效的监督体系更加健全，改革效能逐步显现。

二是党政机构职能实现整体性重构，机构履职更加科学规范。在中央规定的限额内，市本级设置党政机构54个，主城区设置党政机构31个、县改区设置33个、县（市）设置36个，均预留了1个机构限额。机构编制和领导职数总体实现精简。党委工作机关设置进一步优化，党政职责关系进一步理顺。政府职能转变向深层次发展，市政府工作部门作了进一步整合调整优化，新组建了规划和自然资源、生态环境、农业农村、文化广播电视和旅游、应急管理等部门，重新组建了司法、科技等部门，优化了审计部门职责，经济调节、市场监管、社会管理、公共服务、生态环境保护职能得到加强。坚持一类事项原则上由一个部门统筹、一件事情原则上由一个部门负责，重点对国土空间规划、城乡污染排放监管、农业投资项目管理、城乡医疗保障、退役军人服务保障、应急管理、物资储备等职责作了调整优化，理顺了职责交叉、关系不顺事项。如新组建的市规划和自然资源局，整合了主体功能区规划和相关空间规划职能，从组织机构上为实现多规合一提供了充分保障，从源头上解决了规划“打架”的问题；新组建的市生态环境局，整合了应对气候变化和减排、监督防止地下水污染、监督指导农业面源污染治理等职责，统一行使相关污染防治和生态保护执法职责，实现了污染治理的职能综合、手段综合和要素综合。

三是落实中央和省的要求对标对表设置机构，工作体系更加顺畅高效。把坚持在党中央统一领导下发挥地方积极性贯穿改革始终，坚决把党中央决策部署落到实处，以实实在在的具体行动做到“两个维护”。一方面，保持市和县（市）区党政主要机构设置、职能配置与中央和省基本对应，国务院部门机构职能划入党中央机构的、省政府部门机构职能划入省委机构的，市和县（市）区按要求相应划转。对应中央和省级机构改革，市本级调整优化了21个机构的设置及其职能配置，设置了与中央和省级机构基本对应的机构16个，确保上下贯通、执行有力。另一方面，坚持从实际出发，突出长春特色，立足于推动振兴发展、提供高水平服务，因地制宜设置机构和配置职能，市本级设立了市政府合作交流办公室、市政务服务和数字化建设管理局（市营商环境建设局）、市扶贫开发办公室（市民生工作办公室）等政府工作部门，县（市）区也结合实际，因地制宜设置了体现自身特色的机构。

四是同步推进相关各项机构改革，改革整体效应更加明显。在深化党政机构改革的同时，统筹深化其他各项改革，确保各类机构有机衔接、相互协调，各项改革相互促进、相得益彰，增强了改革的系统性、整体性、协同性。同步推进人大、政协机构改革和群团组织改革，分别组建市人大社会建设委员会、市政协农业和农村委员会，市人大和市政协专门委员会设置得到优化；按照党中央关于群团组织改革的决策部署，改革机关设置、优化管理模式、创新运行机制，将力量配备、服务资源向基层倾斜，群团组织的政治性、先进性和群众性进一步增强。协调推进承担行政职能事业单位改革，全面清理事业单位行政职能，除行政执法机构外，不再保留承担行政职能的事业单位。统筹推进综合行政执法改革，在市场监管、生态环境保护、交通运输、文化市场和农业等5个领域综合设置执法队伍，统筹配置行政处罚职能和执法资源，进一步提高执法效率，降低行政成本。

这次机构改革，也为我们提供了值得总结的经验和启示。

第一，必须坚持旗帜鲜明讲政治。必须坚持以习近平新时代中国特色社会主义思想为指导，深入学习贯彻习近平总书记关于深化党和国家机构改革的重要论述，以及中央关于地方机构改革的各项决策部署，坚定正确的政治方向，准确领会和把握各项要求。必须提高政治站位，树牢“四个意识”，做到“两个维护”，在贯彻落实上不讲条件、不搞变通、不打折扣，以实际行动维护党中央权威和集中统一领导，确保思想认识统一、行动步调一致。

第二，必须坚持市委对机构改革的全面领导。长春市机构改革始终由市委统揽全局，建立改革领导和协调机制，加强督促指导。从预案研究、方案制定到组织实施全过程，均在市委的坚强领导下有序开展，改革中各项重大问题都经由市委常委会研究决定，这是长春市机构改革顺利推进的根本保证。

第三，必须坚持推动机构职能优化协同高效。把优化机构设置、科学配置职能、理顺职责关系作为重点，抓住方案制定和“三定”规定这两个关键环节，严格执行机构编制职数框架要求，明确部门职责边界，促进内设机构整合、业务融合，使推动机构职能优化协同高效原则得到有效落实。

第四，必须坚持在党中央集中统一领导下发挥地方积极性。坚持对标对表与因地制宜相结合，既全面贯彻落实中央“规定动作”，又特色鲜明搞好“自选动作”。围绕扎实推动新一轮东北振兴战略在长春落地生效、加强对外开放合作、深化“放管服”改革、进一步优化营商环境、加强城市建设管理、决胜脱贫攻坚和强化长春市民生工作等，因地制宜设置机构，体现针对性，增强协同性，完善机构职能体系。

第五，必须坚持把思想政治工作贯穿改革始终。保持干部职工队伍稳定是改革顺利实施的重要保障。这次机构改革，我们突出政治引领，正确把握改革发展稳定关系，科学制定政策，周密做好人员调配，做深做细做实思想工作。认真贯彻落实习近平总书记“这次改革不搞断崖式的精简分流人员”的重要指示精神，切实做好人员调整安排，明确3–5年过渡期政策，给干部职工吃下“定心丸”，同时要求各部门（单位）特别是领导干部从改革发展全局出发，自觉服从安排、接受考验。各部门（单位）把思想政治工作贯穿于机构改革全过程，教育引导党员干部以工作大局为重，正确对待岗位职务调整变化，积极回应干部职工的具体诉求，确保了队伍平稳过渡、职能平稳交接、工作平稳推进。

（市委编办　提供）

中共长春市委机构设置表

纪律检查委员会监察委员会机关	办公厅	组织部	宣传部	统一战线工作部	政法委员会	市委市政府政策研究室	全面深化改革委员会办公室(设在市委市政府政策研究室)	全面依法治市委员会办公室(设在市司法局)	国家安全委员会办公室(设在市委办公厅)	网络安全和信息化委员会办公室	财经委员会办公室(设在市发展和改革委员会)	外事工作委员会办公室(设在市政府外事办公室)	机构编制委员会办公室	军民融合发展委员会办公室(设在市工业和信息化局)	审计委员会办公室(设在市审计局)	教育工作领导小组秘书组(设在市教育局)	农村工作领导小组办公室(设在市农业局)	东北振兴战略实施工作委员会办公室(设在市发展和改革委员会)	市直属机关工作委员会	市委市政府信访局	巡查工作办公室	老干部局	保密委员会办公室	机要局

说明：

中共长春市委设置纪检监察机关1个，计入机构限额的工作机关14个（设在相关部门的市委议事协调机构的办事机构不计入机构限额）。其中，纪律检查委员会与监察委员会合署办公，实行一套工作机构、两个机关名称；办公厅挂市档案局牌子；组织部挂市公务员牌子；宣传部挂市新闻出版局（市版权局）、市政府新闻办公室、市精神文明建设指导委员会办公室牌子；统一战线工作部挂台湾工作办公司（市政府台湾事务办公室）、市政府侨务办公室牌子；网络安全和信息化委员会办公室挂市互联网信息办公室牌子；保密委员会办公室挂市国家保密局牌子；机要局挂市密码管理局牌子。教育工作委员会与市教育局合署办公，不计入机构限额。

长春市人民政府机构设置表

办公厅	发展和教育改革委员会	教育局	科学技术局	工业和信息化局	民族事务委员会	公安局	民政局	司法局	财政局	人力资源和社会保障局	规划和自然资源局	生态环境局	城乡建设委员会	住房保障和房屋管理局	城市管理局	交通运输局	水务局	农业农村局	畜牧业管理局	商务局	政府合作交流办公室	文化广播电视和旅游局	卫生健康委员会	退役军人事务局	应急管理局	审计局	政府外事办公室	市场监督管理局	国有资产监督管理委员会	体育局	医疗保障局	机关事务管理局	粮食和物资储备局	人民防空办公室	金融服务办公室	政务服务和数字化建设管理局	扶贫开发办公室	林业和园林局

说明：

长春市人民政府设置工作部门39个。其中，办公厅挂政府参事室牌子；科学技术局挂外国专家局牌子；工业和信息化局挂中小企业发展局牌子；民族事务委员会挂宗教事务局牌子；城市管理局挂城市管理行政执法局牌子；商务局挂政府口岸办公室牌子；文化广播电视和旅游局挂文物局牌子；卫生健康委员会挂中医药管理局牌子；应急管理局挂煤矿安全生产监督管理局牌子；政府外事办公室挂政府港澳事务办公室牌子；市场监督管理局挂知识产权局牌子；政务服务和数字化建设管理局挂营商环境建设局牌子；扶贫开发办公室挂民生工作办公室牌子。

2019年建设幸福长春工作综述

2019年，全市各级各部门坚持把保障和改善民生作为首要目标，积极解决群众关心关注的热点难点问题，幸福长春行动计划确定的100件民生实事全部落实，全国文明城市顺利复牌，国家卫生城市通过复审，群众幸福感持续攀升。

脱贫攻坚各级各类反馈问题全部得到整改落实，住房、饮水、教育、医疗等“两不愁三保障”突出问题基本得到解决，超额实现1280户2838名贫困人口脱贫，剩余7个贫困村全部出列，贫困发生率降低至0.02%，脱贫攻坚取得显著成效。

加强就业创业培训，为不减员少裁员企业发放稳岗补贴，农村劳动力转移就业118万人，企业退休人员基本养老金人均增长5.4%。向4.3万名残疾人提供精准康复服务；新建第二福利院和15个社区养老中心，为城区近万名符合条件的老人按照每月200元标准购买居家养老服务，为全市146个贫困村中孤寡失独、失能失智、高龄特困和高龄空巢等特殊困难老人提供“两访、三查、四助”居家养老服务。

实施基层卫生能力提升培训工程，培训基层医务人员1036人次；推进市属医院支援乡镇卫生院开展特色专科建设，在15家乡镇卫生院建立特色专科专家门诊；大病保险报销比例提高5%，抗癌药物个人先行自付比例降低5%，异地就医更加便捷。

新增4所义务教育学校、15所普惠性幼儿园，“温馨村小”创建成为中央改革发展攻坚克难创新案例，汽车高等专科学校、职业技术学院入围国家高职院校“双高计划”。

开展文化艺术普及公益培训，引进高水平音乐会；开发浙江、广东、福建等地旅游线路并积极开拓国际航线；举办2019长春市农民丰收节暨乡村旅游节、第二十二届中国长春冰雪旅游节、第二十三届长春冰雪节，丰富群众业余文化生活。

坚持绿色发展理念，集中整治挥发性有机物排放单位106家，排查整治散乱污企业2318户，淘汰20吨以下燃煤锅炉597台；完成两大水源地一级保护区内土地休耕1308公顷。

启动实施惠及3.9万户居民的老旧小区改造，完成“无籍房”确权1161万平方米，改造棚户区6294户安置超期回迁居民3098户；进入全国住房租赁市场首批试点，利用中央财政奖补资金筹集租赁房源2万套。

深化公交优先战略，更新公交车辆576台，完成地铁周边公交线路的规划调整；推进地铁6号线、2号线延线工程、轻轨4号线南延工程轻轨3号线东延工程；完成长春至双阳、长春至长德新区、长春至九台区客运班线公交化改造工作；集中治理机场、火车站、客运站等人流密集区出租车违法违规运营行为。

开展村庄清洁行动，乡村存量垃圾基本清仓见底；累计投入1.8亿元，建成乡镇生活垃圾转运站168座，配备生活垃圾运输车辆1600台，生活垃圾收运体系覆盖90%以上行政村;补助农村改厕资金1.01亿元，全年开工52596户、完工25526户；推进重点镇、重点流域乡镇污水处理设施建设，完成55个农村乡镇污水处理设施建设;整治1972千米“畅返不畅”农村公路，改善了群众出行条件。

实施“菜篮子”工程，针对猪肉价格过快上涨及时向困难群众发放价格临时补贴。对流通领域的成品粮油进行全面抽检，全年抽检1000个批次的产品。

开展扫黑除恶专项斗争，命案和有影响案件全部告破，行政村驻村辅警实现全覆盖。建立应急管理体系，成立综合性消防救援队伍。推进安全生产专项整治，事故起数下降7.2%，遇难人数下降2.8%。

加强信访和市长公开电话工作，解决群众合理诉求；规范供热、出租车行业管理，供热投诉减少52%，出租车投诉率下降30.2%。推进公安交管“放管服”工作举措，开展“警保联动”车驾管社会服务；推行增值税专用发票网络代开，解决小规模纳税人代开发票难题；在全市15个基层征收局办税服务厅部署自助终端222台，群众办税更加便捷高效。

（李　强）

2019年长春市“万人助万企”工作情况

全市开展“万人助万企”行动，是市委、市政府积极应对复杂严峻的经济形势，破解企业、项目发展的瓶颈问题，保存量、抓增量，保持经济平稳、健康、发展的重大决策，是“不忘初心、牢记使命”主题教育的务实举措，得到省委、省政府主要领导肯定，获兄弟城市的一致认可，工作成效、经验做法被树为典范、全省推广。

一、工作成效

5月6日动员大会召开后，全市按照市委的部署要求，积极行动，狠抓落实，迅速掀起了助企行动高潮。全市助企工作机制健全有效，问题梳理持续深入，问题解决加快推进，加大行政审批改革力度，政策措施不断制定出台，营商环境不断优化，启动实施年各项工作取得好成效。

1. 问题梳理解决成效显著。截至2019年12月底，全市接收企业反映问题8221件。从市区两级看，市级工作队接收3647件，县（市）区、开发区级工作队接收4574件；从共性和个性分类看，共性问题3680件占44.8%，个性问题4541件占55.2%。解决问题7409件、占问题总数90.1%。从各层级机构解决情况看，市级工作队解决810件占10.9%，市功能组解决620件（受理642件）占8.4%，县（市）区、开发区解决5979件占80.7%；从共性和个性问题看，共性问题解决3306件占89.8%，个性问题解决4103件占90.4%。

2. 系列惠企政策出台落地。针对企业降成本等需求，市政府制定下发《关于支持实体经济发展的若干政策》《关于鼓励支持各城区、开发区发展实体经济的若干政策》。针对企业提出临床实验、仿制药一致性评价、检验检测等方面问题，市政府制定出台《关于促进长春市医药产业发展的若干措施》。准备出台汽车产业、人工智能和软件产业政策，研究制定促进高端装备、健康食品、信息技术发展的综合性政策。

3. 加强行政审批改革力度。结合政务服务“一网一门一次”综合改革，全市所有行政审批和公共服务事项的申报材料、审批流程、审批时限等已实现全市统一并向社会公开。对相关资质审批程序进一步优化，力争做到流程最简、要件最少、时限最短，全市有28个证明证照证件实现免交免验。实行营业执照、公章刻制、申领发票和税盘联审联办，30分钟内全部办结。开展工程建设项目审批制度改革，9类项目从立项到竣工验收最长审批时限17个工作日，最短9个工作日。

4. 优化营商环境。随着助企行动的推进，长春市营商环境持续向好变优，让诸多企业受益。鸿达集团为全市IT企业座谈会现场解决其困扰多年难题向市政府专门致信，高度赞扬市政府雷厉风行、务实高效的工作作风，真挚表示“即使再难也要扎根长春，因为我们身后有一个有力的政府，一个有为的市长。我们一定不负厚望，努力把企业发展好，为长春发展再写华章。”采埃孚富奥底盘技术公司专程赠送“服务企业共铸诚信、携手共建和谐社会”的锦旗，感谢市工信局积极主动协调沟通各相关部门和单位，为其解决天然气供气设备维护保养问题，确保企业生产进度不受影响；吉韩模具公司总经理韩冰专程为市应急局送上“为企业排忧解难，做人民满意公仆”锦旗和感谢信，真挚表示：感受到政府职能部门工作态度的转变及为企业服务的决心；田车科技公司董事长安舜禹来到市科技局送上“万人丛中您相助，万企突现我成长”锦旗，表示：助企工作组协调解决了企业融资、人才和用工成本等多项难题，对于扎根长春继续发展充满信心。

5. 投资热度持续升温。“万人助万企”解决的是企业发展存在的问题，提升的是服务效率和质量，优化的是营商环境，吸引的是更多企业投资入驻。“现在感到很舒服，政府和我们是一伙的，土地贵一点也愿意到长春来投资。”西诺生物科技有限公司董事长夏志强说；长春顺风顺利环保材料有限公司财务总监钱继华表示：“万人助万企”进一步坚定了企业加快发展的信心……随着助企活动的深入开展，长春不断引来更多企业家的关注，越来越多的企业将投资的计划落位长春。“国家关于新一轮东北振兴战略的实施，特别是

‘万人助万企’等为企业服务的模式，让我们切实感受到了这个城市的温度。”微医集团高级副总裁柏战说，在长春投资是企业布局东北的首选。据统计，经开区前三季度新设立企业2892户，比2018年增长28.9%，设立外商投资企业18户，增长157%。《2019年全国经开区营商环境指数报告》显示，长春经开区在全国营商环境指数排名第16位。

二、主要特点

1. 高度重视、定期调度。行动伊始，全市便成立了“万人助万企”领导小组和办公室，市委、市政府主要领导挂帅，高度重视、亲自部署、亲自调度。坚持每月定期召开领导小组专门会议或全市重点工作调度会调度进展情况，掌握存在问题，开展经验交流，部署重点工作，督进展、抓落实。做到将“万人助万企”与全市“不忘初心、牢记使命”主题教育有机结合，与全市其他重点工作同部署、同推进、同落实。

2. 体系完备、机制有效。市直各助企单位和各县（市）区、开发区均成立一把手亲自挂帅的组织机构，全面部署和推进助企工作。在市领导小组及办公室的统领下，1个市总调度室、8个市级功能组、15个县（市）区开发区分调度室、82个市直助企单位及若干个助企工作队、工作组已搭建成全市助企工作“1+8+15+82+N”组织架构，全力推动助企行动组织实施和具体指导，推进各助企措施落实和问题解决，汇总企业需求、梳理存在问题，对个性疑难问题因企施策、专题解决，对共性疑难问题统筹研究、成批化解，形成督、考、查三位一体全方位推进问题解决方式。

3. 氛围浓厚、反响良好。“万人助万企”宣传不断广为知晓、深入人心。通过政策培训、二维码宣传、公众号推送、简报编发等形式，加强对全市各类惠企政策措施宣传解读，深入挖掘和宣传各地各部门的经验做法、典型事迹。各类新闻媒体共刊发消息近1.4万余条，“万人助万企”工作简报编发24期、微信公众号刊发130余条信息。“万人助万企”行动开展以来，各方面反映强烈、社会影响力不断扩大，深受企业和社会各界欢迎。

三、主要做法

一段时期以来，通过全市各级助企机构、助企单位及助企干部务实有效的措施、卓有成效的工作，扎实有序地推进了“万人助万企”行动。

1. 市直发挥职能优势强化推进。活动开展以来，各助企单位积极发挥职能优势搭建平台、多措并举，创新推出“自选动作”推进助企工作取得实效。比如，市委组织部启动了“优秀民营企业人才素质提升工程”，市委办公厅把“五个坚持”和“三服务”工作与企业文化相融合，市检察院专门成立“助企服务室”全力为民营企业健康发展保驾护航，市政府办公厅开展“银企合作及法务咨询服务对接会”，市司法局专门为民营企业发展出台二十二项护航式措施……作为化解企业问题的主战场，各相关部门结合实际精准发力，确保助企工作助在点上、帮在刃上。人大代表、政协委员积极发挥各自的助企作用。市人大组建了“人大代表助企联盟”，汇聚各方优势帮助企业解决实际困难和问题。市政协开展“万人助万企委员在行动”活动，引导全体政协委员助企发展。

2. 县区结合区域特点积极创新。各县（市）区、开发区是化解企业问题的主战场、主力军，解决各类问题5979件、占80.7%，依托本区域特点持续涌现助企新经验。如，南关区的“助企温馨港”“助企加油站”等多种助企模式，朝阳区的“一二四”问题解决机制，九台区对接市直“一帮一”助企模式，双阳区打造“四大平台”、建立“三大机制”，榆树市探索政府常务会议集体担责办法逐一破解企业历史难题，农安县创新开展企业家早餐会活动建立企业诉求直通车，长春新区创新“千户企业万张服务卡”、企业高管微信群、51项助企“菜单式”服务，经开区的“1+8+N”服务等，都为助企服务开辟了新的模式、创建了新的载体。

3. 化解功能组问题。各功能组始终坚持问题导向，以问题化解作为主要目标，需市级层面解决的问题化解率96.6%，在积极推进个性问题的同时，解决共性问题。针对全市集中梳理的融资、人才等8大类问题，各功能组牵头部门与成员单位分工协作、明确责任、落实任务，展开深入研究，提出有突破、有创新、可操作的系统解决方案。找出61项共性问题，制定政策措施并落实40项，提出政策措施并逐步推进中12项。融资、人才等问题是企业反映比较突出的问题。市政府主要领导高度重视、专门指导解决世倍特汽车电子的贸易结算问题，开启吉林省转口贸易结算业务标准先河。市财政局牵头举办政银企融资对接会，推出订单无偿担保贷款、无担保抵押“云税贷”信用贷款、“厂房贷”金融产品、落实“过桥”贷款资金等业务，充分发挥破解企业融资难的“政策工具”作用。市委组织部采取措施、分类施策，通过市场化手段吸引高端人才、“吉人回乡”系列招聘吸引紧缺人才、人才市场普遍吸引人才、驻校招聘吸引高素质应届毕业生，满足不同层次人才需求。组织企业对接高端人才资助、企业人才年度奖励等奖励项目。实施20项人才工程，出台人才政策2.0版。

4. 推进重点企业定向服务。按照省领导联系重点企业推动经济平稳增长工作安排，市委主要领导第一时间深入大成集团、佐丹力集团、大唐集团等重点企业走访调研、征求建议、解决问题。结合省里的统一部署，全市实施市级领导包保推动100户重点工业、服务业和商贸企业的工作措施，突出重点企业的包保服务。一汽是“万企”之首，服务一汽就是支持长春发展。市政府主要领导靠前指挥调度、直接部署推进一汽提出的31项问题，解决26项，部分完成3项。市纪委市监委主要领导带领班子成员到一汽解放召开助企服务现场办公会，组织12个职能部门与一汽解放、一汽轿车对接，现场解决8个具体问题。市政府一汽服务办协调推进解决142

项问题，部分解决18项问题；汽开区管委会协调解决一汽员工上下班乘车难、一汽富维海拉建筑工程施工许可证办理等相关问题；市公安局为一汽打造的“交通、服务、治安、发展”“四大环境”成效显著，获一汽集团的高度评价。通过各方提供高效、优质、便捷的服务，成功为一汽集团破解各类专项难题，有效推动一汽集团逆势上扬、快速发展。

5. 推进多形式助企培训。开展全方位、多层次、立体式的助企培训。一方面，针对各级助企机构及助企干部开展相关助企能力培训。有总调度室集中培训、巡回指导，举办千名干部助企培训、惠企政策专题培训班、浙江大学—长春市助企能力提升专题培训班，到天津、沈阳学习助企工作的先进经验和成熟做法，到部分县（市）区、开发区开展业务指导培训；通过“走下去”“请上来”相结合方式，开展小分队业务对接、调研座谈。市区两级助企业单位开展自主培训、业务轮训。另一方面，针对不同需求的企业开展相关内容的政策解读宣讲、专题论坛讲堂等。如总调度室举办重点企业政策解读研修班，市工信局举办首届长春市企业家沙龙，市法院举办企业知识产权涉法问题讲坛，净月区召开企业政策宣讲会等。

6. 开展督导调研。重点围绕机制建立、机制运行和工作成效等方面，分阶段、分层次开展督查考核工作，通过点面结合、由点及面的方式，前期督启动、督入企，期间督运行、查作风、挖典型，近期督问题、督成效，对各市直助企单位、各县（市）区开发区、各功能组开展全方位、深层次、全覆盖的督导考核、调研座谈活动50余次，对部分企业进行回访复核，全力推动工作开展。通过实地调研、召开座谈会、走访企业和调度情况等方式，宣传指导工作，督导推动落实，挖掘典型经验，取得显著成效。

7. 平台建设应用高效推进。借鉴天津开展助企工作的成熟做法，委托专业机构开发网络信息系统“长春政企通平台”和手机APP企业诉求办理平台，力求使全市助企行动步入线上与线下相结合的工作模式，推动全市助企工作提效率、上水平，助推形成工作长效机制。通过履行相关政府采购程序，平台电脑端、手机端系统分别启动上线运行应用，举办全市平台应用培训大会，录入9700余户各类企业信息，动态信息70余条，各类惠企政策及解读信息60余条，平台运行平稳良好。

（张春龙）

伊通河上的轻轨斜拉桥　　（张　扬　摄）

大事记

1月

1日　“长春雕塑冰雪天地”试营业。这是长春世界雕塑公园全新打造的全域冬季冰雪项目。

4日　2019中国长春净月潭瓦萨国际滑雪节在净月潭国家森林公园开幕。有32个国家和地区的1000余名专业运动员及越野爱好者参赛。

同日　2019中国长春净月潭瓦萨国际滑雪节经贸洽谈会暨项目签约仪式举行，签约16个项目，签约总额421亿元。

7日　吉林省委常委、市委书记王君正主持召开市委常委会会议，审议并原则通过《长春市高层次人才队伍建设五年计划（2019—2023年）》。

8日　国家科学技术奖励大会在北京召开。中科院长春光机所“高性能航空光电成像与制造技术”项目获国家科学技术进步一等奖，中车长春轨道客车股份有限公司罗昭强团队创造的“高速列车整车调试环境模拟技术及应用”及吉林省东北亚药业股份有限公司参与完成的“中药资源产业化过程循环利用模式与适宜技术体系创建及其推广应用”项目获国家科学技术进步奖二等奖。

8—11日　第52届消费类电子产品展览会在美国拉斯维加斯举办。一汽红旗品牌携“旗境”智能舱亮相。这是一汽红旗品牌首次参加该展会。

12日　长春站站南广场综合交通换乘中心开通运营。站南广场正式跨入立体交通换乘时代。

同日　2019第四届亚洲彩虹盛典颁奖典礼在海南三亚举行。由长影集团出品的红色经典题材大剧《林海雪原》获最佳动作剧奖，主演李光洁获优秀电视剧男主角奖。

13—16日　中国人民政治协商会议长春市第十三届委员会第三次会议在省宾馆礼堂开幕。省委常委、市委书记王君正讲话，市政协主席綦远方作常委会工作报告。委员们听取并协商讨论长春市代市长刘忻做的政府工作报告、长春市中级人民法院工作报告、长春市人民检察院工作报告，关于长春市2018年国民经济和社会发展计划执行情况和2019年国民经济和社会发展计划草案的报告、关于长春市2018年预算执行情况和2019年预算草案的报告。会议补选郝肖峰为市政协副主席。

14—17日　长春市第十五届人民代表大会第三次会议在省宾馆开幕。全市各行业的451名人大代表参会。省委常委、市委书记王君正出席，会议由大会执行主席、主席团常务主席钱万成主持，代市长刘忻代表市政府向大会作政府工作报告。代表们以无记名投票方式，补选刘忻为长春市市长，补选祝永安、史长友为长春市第十五届人民代表大会常务委员会副主任，补选李成员为长春市第十五届人民代表大会常务委员会秘书长，补选程凤义为长春市中级人民法院院长。

17日　2018年度中国科学院杰出科技成就奖颁奖仪式在北京举行。由长春光机所任建岳、张星祥、陈长征研究员等为主要成员的“超宽高清动态成像技术研究集体”榜上有名。

同日　中车长客股份有限公司获中国中车2018年度突出贡献奖、中国中车第三届管理创新成果一等奖。

18日　长春市青年职工创新创优大会在东北亚国际金融中心举行。首届“长春青年工匠”评选结果公布，于金召等10人当选。

21日　中国在酒泉卫星发射中心用长征十一号运载火箭成功将“吉林一号”光谱01、02星发射升空，卫星顺利进入预定轨道。

22日　新组建的中华人民共和国长春兴隆海关正式挂牌成立。吉林省委常委、市委书记王君正，长春海关关长董岩为长春兴隆海关揭牌。

同日　成都轨道交通9号线一期项目首列车在中车长客股份有限公司下线。

23—2月11日　第十届吉林（长春）冬季农业博览会在长春农博园开幕，40余万人次参会。

24日　2019年建设幸福长春大会在市委召开。会议公布《2019年建设幸福长春行动计划》和《长春市增加城乡居民收入“暖流计划”2019年行动方案》。

25日　长春城市轨道交通1号线一期工程长春站站初期运营通过长春市交通运输局批复，与首列地铁列车同步投入运营。

29日　“联合国可持续发展和生态康养小镇示范项目”落地长春莲花山生态旅游度假区。这是联合国在全球首个可持续发展和生态康养项目。

31日　长春兴隆综合保税区与吉林省民航机场集团签署《合作建设特殊商品进境口岸战略合作备忘录》。开启口岸合作新模式。

2月

11日　吉林省委常委、市委书记王君正到新疆维吾尔自治区任职党委委员、常委。

12日　吉林省首批特色产业小镇创建名单公布，长春市红旗绿色智能小镇、波泥河苗木花卉小镇、五棵树玉米深加工小镇等12个特色产业小镇入选。

15日　首届张之洞文学奖评选结果揭晓，长春市作家曹景常的组诗《那个叫南皮的地方》获诗歌类作品唯一金奖。

24日　2018年全国“最美城乡社区工作者”发布仪式在武汉举行。长春市南关区长通街道龙兴社区党委书记、居民委员会主任路亚兰获此荣誉。

同日　2018～2019赛季中国杯短道速滑精英联赛总决赛在天津收官。吉林省选手任浩博、张楚桐分获男、女1000米冠军。

25—27日　长春市代表团到天津和杭州两个对口合作城市，开展系列交流对接活动。

26日　由中车长客股份有限公司自主研发的深圳地铁9号线西延线首列车抵达深圳。该列车采用国内主流的6节编组A型车，设计时速80千米，最大载客量2502人。

3月

1日　中车长客股份有限公司电焊工李万君当选2018年“大国工匠年度人物”。颁奖典礼在央视综合频道首播。

4日　《世界汽车》杂志发布“2019年度安全车”评选结果，一汽—大众迈腾轿车获此荣誉。

10日　第二届全国青年运动会自由式滑雪空中技巧决赛在长春世茂莲花山滑雪场落幕。长春市代表队收获两金。

13日　吉林大学参加中国第35次南极科学考察的6名师生，在完成科考任务后返长。这次由吉林大学历时5年自主研发的钻探装备成功钻取南极冰下基岩，这也是中国在南极获取的首支冰下基岩岩心。

13—15日　第十七届全国交通企业管理创新年会在济南召开。中车长客得到4项全国管理创新奖。

14日　长春市长刘忻主持召开市政府第23次常务会议，讨论并原则通过《2019年天津市与长春市对口合作工作要点》《2019年长春市与杭州市对口合作工作要点》。

21—25日　第十五届中国长春君子兰节在长春市春莲花卉城举行。

25日　长春市依托政务服务“一网、一门、一次”综合改革，由市政府统一开发的“长春市中介服务交易平台”建设完毕，上线试运行。

同日　2019中国长春先进装备制造业博览会在长春国际会展中心开幕。全国各地的400户企业携装备制造业最先进的技术和设备汇聚长春。

27日　会议审议通过政协长春市第十三届委员会专门委员会调整设置和相关人员任职决定。增设农业和农村委员会，并对原有专门委员会名称进行调整。

28日　长春市首批涉及31个部门的120个电子表单正式上线，其中44个事项实现免填表单。长春“最多跑一次”服务更加快捷便民。

4月

4日　长春市2019年第1期“电视问政”直播活动在长春广播电视台1号演播室举行。本期主题聚集农村人居环境整治，双阳区、九台区、榆树市、农安县、德惠市和市建委、市农业农村局负责人现场接受问政。

9日　《长春市安全生产条例》公布，自5月1日起施行。

10日　第二十四届长春建筑装饰及材料博览会在长春国际会展中心举行。全国1200多家展商携节能供暖、智控管家、智能楼宇、智慧家庭等多领域技术与设备参展。

11日　长春市2019年度土地推介会举行。总面积495公顷的50宗精品地块集中亮相，融创中国、恒大地产、绿地集团等92家域内外企业参会。

同日　《长春市生活垃圾分类管理条例》公布，自5月1日起施行。

12日　新华网吉林分公司和中国移动吉林省分公司举行战略合作签约仪式，由双方共同建设的吉林省首个“5G跨域联合直播平台”同步开通运行。

13日　长春博立电子科技有限公司与华为技术有限公司在深圳签署合作协议，双方将整合各自在人工智能高性能算法、大数据处理分析、应用开发平台、云技术等方面资源优势，共同发展人工智能与大数据技术。

14日　吉林省委书记巴音朝鲁出席长春市领导干部会议。宣读中共中央决定：王凯任长春市委书记。

16日　中车长客股份有限公司为以色列特拉维夫红线轻轨项目研制的首列轻轨车下线。这是中国100%低地板列车首次出口发达国家。

同日　第十八届上海国际车展在国家会展中心开幕。红旗品牌携各系列车型14台展车以及2款技术设备共16件展品参展。红旗品牌首款豪华B级SUV红旗HS5亮相。

18日　《长春市城市房屋安全管理条例》公布，自7月1日起施行。

同日　长春市长刘忻会见德国联邦经济参议院副主席、德国食品工业协会主席格哈德·布鲁德一行。此次德国客人到长主要是加强与吉林省的交流合作，商讨在长春市设立德国欧洲中小企业合作中心等事宜。

同日　由长春安沃高新生物制药有限公司投资建设的基因工程抗体类药物项目正式开工。该项目总投资2亿美元，占地面积10.6万平方米。

20日　第二届全国青年运动会越野滑雪项目比赛在内蒙古牙克石滑雪场结束，长春市获金牌16枚、银牌13枚、铜牌21枚。

28日　吉林省暨长春市庆祝“五一”国际劳动节大会举行。省委副书记高广滨出席会议并讲话。大会对213名获全国、省、市五一劳动奖章的先进个人，25个获省五一劳动奖状的先进集体，30个省工人先锋号和10名“吉林工匠”，100名“长春工匠”进行表彰。

5月

6日　全市项目建设推进大会在市委召开。省委常委、市委书记王凯出席会议并讲话，市长刘忻就下步工作进行安排部署。会议下发了市重大项目专班和“万名机关干部下基层助力万户企业发展三年服务行动”方案。

同日　长春兴隆铁路集装箱场站整车进口口岸通过验收。这是东北内陆地区唯一的整车进口口岸，也是国务院最新批复的整车进口口岸中首个建成通过验收的口岸。

7日　长光卫星技术有限公司在航天信息产业园举行“吉林一号”高分03A星出征仪式。该卫星是由长光卫星技术有限公司自主研发的新一代光学遥感卫星，重量只有42千克，是国内最轻的卫星。

同日　长春经开区企业吉林精气神有机农业股份有限公司与京东集团在北京举行“京东·精气神股权投资战略合作媒体发布会”，双方正式开始在资本融合、遗传育种、产品研发、智能养殖等全产业链的战略合作。

8日　长春市5个重大项目专班成立。由市长刘忻，市政协主席綦远方，市委副书记徐晗，市委常委、常务副市长王路，市委常委、秘书长马延峰分别担任先进制造业重大项目专班、现代服务业重大项目专班、现代农业及农产品加工业重大项目专班、战略性新兴产业重大项目专班和基础设施重大项目专班组长。重大项目专班成立后，立即投入项目推进工作。

9日　吉林大学中日联谊医院北湖医院开业接诊。

同日　省委常委、市委书记王凯会见中国国际贸促会、中国国际商会副会长陈洲一行，就扩大会城合作，加快长春转型升级进行深入交流。中国国际商会与长春新区签署合作协议。

13日　全国女足锦标赛落幕。长春女足获季军。长春女足队长任桂辛获最佳运动员称号。

14日　长春汽开区与中国一汽共同出资成立的长春红旗国际小镇运营管理有限公司揭牌成立。正式启动长春红旗国际小镇建设项目。

16日　长春福山路调蓄池真空冲洗系统完成首次冲洗，调蓄池具备使用条件。该调蓄池占地面积约3.5万平方米，全部建在地下，可容纳27万立方米污水和雨水，是亚洲最大调蓄池。

17日　长春兴隆综合保税区与中国检验认证集团吉林有限公司举行进出口商品溯源平台发布会，签署《长春兴隆综合保税区进出口商品溯源项目协议》，双方将在进口货物预检、第三方采信、数据信息互通等方面开展合作，推动进出口商品质量安全监管模式创新。

22日　吉林大学TARS GO代表队在加拿大ICRA Robo Master人工智能挑战赛中，获三等奖。

24—27日　第六届中国（长春）文化产品交易博览会在长春国际会展中心举行。800家文化类企业、“一带一路”经济带沿线国家优秀企业、及省内优秀文化创意企业参展。

26日　红旗HS5·2019长春国际马拉松在长春开赛。来自埃塞俄比亚、肯尼亚、韩国、俄罗斯等25个国家和地区，全国272个城市的3万余名选手参赛。埃塞俄比亚的托纳·欧拓亚、吉德法·莫图分获全程马拉松男女冠军。埃塞俄比亚选手哥萨·博伽乐、中国选手张开琴分获半程马拉松男女冠军。

28—30日　全国妇联副主席、书记处书记谭琳一行到长，就基层妇女儿童权益保护、妇联组织建设和改革等情况进行调研，高度评价长春市妇联工作。

29日　坐落在北湖国家湿地公园的长春市首家“职工驿站”投入使用。

30日　长春轨道交通线网中卫星广场站、吉林大路站、长春站北站3座换乘站开通换乘通道，实现站内换乘。

6月

7—10日　第十五届中国（长春）国际动漫艺术博览会在长春国际会展中心开幕。10万人次参会，成交额约1200万元。

10日　长春市档案馆首次向社会公布10件经文物部门认定的红色革命文物。举行专题纪录片《新中国的记忆—接收长春经验批转全国》首映式。

13日　长光卫星技术有限公司对外发布“吉林一号”高分03A星传回的首批影像。

16日　2019长春消夏艺术节在长春世界雕塑公园开幕。本届长春消夏节有8个系列消夏产品、87项消夏活动。

同日　长春莲花山生态旅游度假区管委会、杭州澳海控股集团有限公司、杭州野生动物世界有限公司在杭州签署东北亚野生运动世界项目战略合作协议，东北亚野生动物世界项目落户长春莲花山。

19日　长春市出台《关于支持个体工商户转型升级为企业的实施意见》，从税费优惠、财政支持、金融支持、准入支持、其他支持5个方面制定34条政策。

21日　2019中国（长春）避暑旅游产业峰会在长春举行。长春市获评“2019避暑旅游十佳城市”。

26日　长春市市长刘忻会见到访的德国驻华大使葛策一行。德国客人此次到长主要是推进德国与吉林省、长春市在经贸、文化、教育等领域合作。

26—27日　中央军委政治工作部主任助理兼退役军人事务部副部长方永祥一行到长春市，就退役军人服务保障体系建设、部分退役士兵保障接续等情况展开调研。

7月

4日　长春兴隆综合保税区与天津港股份有限公司在长春签署《无水港合作协议》，天津长春无水港正式揭牌。

同日　长春圣博玛生物材料有限公司“生物医用材料和高值医疗器械研发与产业化项目”投资合作协议签约仪式在长春高新区管委会举行。该项目为打造吉林省最大的可吸收医疗器械及原料生产基地打下坚实基础。

6日　2019中国国际商标品牌节在银川开幕。长春市一汽集团、一汽轿车股份有限公司、双阳区鹿业协会、吉林省参业协会、长春大米协会、中之杰食品有限公司获2019年度品牌商标博览会金奖。长春市市场监管局获商标品牌节贡献奖。

9日　第六届吉林省市民文化节长春市系列活动启动仪式暨“我们在长春相遇”交响音乐会在长春公园举行。

11日　长春市政府、中国第一汽车集团有限公司、中国移动通信集团有限公司三方共同签署合作协议，打造全新的“智能网联汽车产业生态”，加快长春市汽车优势产业与信息技术深度融合。

12日　红旗HS7·长春国际汽车文化节暨首届红旗嘉年华在长春国际会展中心开幕。

同日　由中国一汽和吉林大学联合成立的产学研融合发展创新机构“红旗学院”正式揭牌。

13日　由中国一汽、吉林大学、中科院长春光机所、中科院长春应化所联合发起的汽车产学研创新联盟和汽车产学研创新基金正式成立。

14日　新红旗大街、新红旗广场命名及揭牌活动在中国一汽NBD总部大楼前举行。中国一汽NBD总部所在地正式成为“新红旗大街1号”，跃升为城市新地标。

15日　一汽解放第100万辆J6下线仪式在一汽解放卡车厂总装车间举行。

同日　长春市新北环保电厂项目签约仪式在德惠市举行。该项目建成后，每日可处理垃圾1200吨。

19日　长春市与白城市扶贫协作发展对接活动在长春市举行。两市围绕脱贫攻坚、产业发展、区域协作等领域合作进行深入对接交流。

同日　第四届全国大学生生命科学创新创业大赛在吉林大学闭幕。吉大3个项目获特等奖，97支代表队获奖。

21日　第十六届长春汽博会闭幕。该届汽博会吸引观众60万人次，现场售车近3万台，成交额突破60亿元。

22日　长春至天津海铁联运班列首发。

同日　第8届中国长春国际陶艺作品邀请展暨首届“亚泰·莲花山杯”国际陶艺大赛在长春莲花山世茂滑雪场开幕。来自29个国家和地区的52名陶艺家进行为期20天的陶艺创作。

24日　首届全球（长春）制造业服务外包峰会开幕。法国阳狮集团东北亚交付中心等6个项目合作协议以及连续合作举办全球（长春）制造业服务外包峰会协议签约。

26日　全球限量100台的国产超级豪华定制版轿车——红旗L5正式交付澳门客户，这是中国一汽在澳门交付的第一辆红旗L5。

31日　吉林大学第一医院完成国内首例应用国际先进定位技术的肺切除术。该院针对肺结节、微小结节的精准治疗达到国际前沿水平。

8月

1日　一汽—大众全新奥迪A8L 2019年型Plus版正式上市。

5日　东北师范大学附属中学高一学生任泓吉在第20届全国中小学电脑制作活动全国总决赛中获一等奖。

5—6日　杭州市党政代表团到长春市考察访问。省委常委、市委书记王凯，浙江省委常委、杭州市委书记周江勇出席两市对口合作工作座谈会。

7日　省委书记巴音朝鲁在长春会见万科集团董事会主席郁亮，共同见证长春市政府与万科集团签署战略合作协议。

8—12日　第十二届中国（长春）国际民间艺术博览会在长春国际会展中心开幕。60余万人次观展，成交额逾3亿元。

13日　受台风“利奇马”影响，长春市出现暴雨天气。

15日　河堤东路穿绕城高速连接段正式通车。该连接段北起和美路与畅溪街交会处，南至福祉大路，道路全长540米、宽40米。

16日　第十八届中国长春国际农业·食品博览（交易）会暨东北贫困地区县（市）农产品产销对接活动，在长春农业博览园开幕。全省各市（州）以及来自俄罗斯、韩国、日本、泰国等20多个国家和地区的代表团参展。

18日　长春市政府与中国中车集团正式签订中车长客长春车辆公司整体搬迁改造合作协议，中车长客检修运维基地建设同时启动。

19日　第十五届精神文明建设“五个一工程”表彰座谈会在北京召开。吉林省电影《黄大年》、广播剧《大国工匠》等4部作品获“五个一工程”奖。

19日　一汽—大众汽车试验场一期落成投入使用。一汽—大众形成健全的自主研发体系。

21日　《2019年全国经开区营销环境指数报告》公布，长春经开区营商环境指数排名第16位，企业增速排名全国第6位。

22日 东北亚地方合作圆桌会议在吉林省长春市举行。会议发布《长春共识》，呼吁东北亚区域各地方政府着力打造高效的区域交通物流网络，构建东北亚区域海陆空大通道。

同日 长春市市长刘忻会见马瑞利集团全球总裁贝达·博泽尼斯一行。推动马瑞利集团与中国一汽集团的合资合作，扩大在长春的投资规模。

23—27日 第十二届中国—东北亚博览会暨第十届东北亚合作高层论坛在长春举行。展会期间，参观人数超过13万人次，对外贸易额72867万元；签约项目93个，合同引资额555.84亿元。

24日 首届东北亚电子商务峰会暨第五届中国（长春）电子商务产业峰会在长春国际会展中心开幕。来自俄罗斯、韩国、日本等国家的嘉宾，吉林、陕西等省相关部门负责人、阿里巴巴、京东等顶尖电商企业高层等600人参加大会。

同日 第五届长白山器官捐献与移植高峰论坛暨吉林大学第一医院“施予受”器官捐献志愿登记平台启动仪式在长春召开。吉大一院成为东北地区首家推动器官捐献志愿者登记工作的医院。

25日 第十八届农博会落幕。为期10天，140万人次观展，现场交易额5.03亿元，达成经贸合作134项。

26日 由中车长客股份有限公司生产的深圳地铁10号线首列车下线，智能性、安全性全球领先。

28日 2019年长春市秋季重点项目集中开竣工暨轨道交通第三期工程动工活动，在南部新城新明街与华远路交会处—轨道交通6号线“南部新城西站”选址地举行。当天，全市有264个重点项目集中开竣工，涉及总投资2207亿元。

29日 长春天然气集团有限公司正式成立。

9月

2日 国际机场协会客户体验全球峰会召开。长春龙嘉国际机场获2018年度旅客吞吐量500至1500万层级“亚太区最佳机场奖”“最佳环境与氛围营造奖”“最佳旅客服务奖”等5项国际大奖。

3日 长春光机所与中国科学院深海科学与工程研究所在北京签署深海光学探测联合实验室共建协议，并举行揭牌仪式，成立联合实验室。

4日 长春世界雕塑公园正式更名为长春世界雕塑园。

5日 2019年1月至8月，中国一汽实现整车销售210.6万辆。据7月发布的《财富》世界500强排行榜显示，中国一汽由原来的第125位跃升至第87位。

9—11日 长春市党政代表团就深化对口合作，到天津市、杭州市学习考察。深化交流互鉴，加强区域合作。

12日 “长吉图国家科技成果转移转化示范区（核心区）项目启动暨北科建长春北湖科技园智能制造创新园开园”活动在长春举行。

15日 2019/2020赛季全国花样滑冰锦标赛暨第十四届全国冬季运动会积分赛在长春结束。吉林省运动员在青年双人舞和成年冰舞上获2枚金牌。

16日 全国知名药企走进长春对接会在长春商会大厦举行。会上，长春市政府与全国工商联医药业商会、市发改委与中医药产教融促会分别签订战略合作协议。

同日 中医药产教融合促进健康中国行动（长春）峰会暨2018年度中华民族医药百强品牌企业发布会在长举行。

18日 “长春好人”第21场发布会在长春世界雕塑园举行，段秀娟等31人获评2019年第一季度“长春好人”。其中，孟祥民等11人获本季“长春好人标兵”荣誉称号。

20日 第五届中国（长春）轨道交通博览会在长春国际会展中心开幕。由中车长春轨道客车股份有限公司研制的新一代中低速磁浮列车展出。

21日 第二十届中国长春国际雕塑作品邀请展揭幕。来自8个国家的27件（组）作品方案入选。

24日 2019年度“全国十佳农民”评选结果揭晓，长春双阳区奢岭街道马场村党支部书记李华靓获“全国十佳农民”称号。

26—27日 第十六届中国会展行业高峰论坛暨合作交流大会在上海举行。长春市获“新中国成立70周年中国最具影响力会展城市”称号。

10月

1日 长春市吉林大路快速路工程吉林大路方向至长吉互通立交桥主线通车，吉林大路地面道路双向6车道通车；世纪大街方向，吉林大路至自由大路主线通车，吉林大路至武汉路地面道路双向6车道通车。

同日 长春市硅谷大街延长线工程阜丰大街至杨柳河桥段通车。

8日 长春汽开区举行秋季项目集中开竣工暨长春提爱思美亚塑料制品项目落成仪式，总投资17.9亿元的RAV4 PHEV车型导入及扩能技术改造项目、长春提爱思美亚塑料制品项目等32个重点项目集中开竣工，总投资超过100亿元。

9日 长春市政府与韩亚银行签署全面战略合作协议。

16日 国务院公布第8批全国重点文物保护单位名单，长春市侵华日军第一〇〇部队遗址、伪满建国忠灵庙旧址和农安五台山遗址榜上有名。位于德惠市、宽城区的中东铁路建筑群，并入第6批全国重点文物保护单位中东铁路建筑群。

17日 “庆祝人民空军成立70周年航空开放活动·长春航空展”在长春举行。

同日 由一汽集团进口的82辆奥迪Q8越野车搭载中欧班列（长满欧）一汽·奥迪专列运抵长春兴隆铁路口岸。这是长春整车进口口岸获批后开展的首批进口整车业务，同时也是奥迪品牌原装整车国内首次通过中欧班列规模运输。

同日 包括中车长春轨道客车股份有限公司在内的中国企业联合体中标哥伦比亚首都波哥大地铁一号线项目。中国长客股份有限公司负责210辆GoA4最高等级无人驾驶地铁车辆的供货和20年的车辆维保。

22日 一汽丰田全新RAV4荣放下线仪式在长春丰越公司举行。

24日 位于长春市经开北区的沈阳大路竣工通车。该路全长1.525千米，双向共10车道，总投资1.12亿元。

25日 2019中国长春创业就业博览会在长春国际会展中心开幕。

同日 长春市城市发展投资控股（集团）有限公司与中国国际金融股份有限公司签订战略合作框架协议。双方将聚焦实体与金融领域的资源共享与专业合作，增强区域金融服务实体经济能力。

同日 吉林大学东北振兴发展研究院在长春市揭牌。

同日 全国中医药大会在北京召开。长春中医药大学王烈、刘柏龄教授获“全国中医药杰出贡献奖”。

27—28日

吉林省委常委、市委书记王凯率长春代表团到延边州和珲春市考察对接，推动长吉图战略实施，促进中韩（长春）国际合作示范区和珲春海洋经济合作发展示范区联动发展。

28日

一汽—大众新技术开发中心在长春市奠基。

11月

6日 在第二届中国国际进口博览会上，长春交易分团签署两笔大单，分别是九三集团长春大豆科技股份有限公司与美国ADM公司、新加坡高鸿公司分别签署谅解备忘录和协议说明备忘录；在“欧亚&纽仕兰进博会消费下沉暨战略签约仪式”上，欧亚集团与新西兰乳业有限公司签署战略合作备忘录。

7日 “2019中国汽车服务金扳手奖”颁奖典礼在北京举行，一汽—大众奥迪品牌和大众品牌分获“2019中国汽车服务金扳手奖”中的“卓越服务奖”和“客户信赖奖”。

11日 吉林大学东北抗联研究中心在长成立。

12日 2019第十五届中国企业公民交流总结大会在北京召开，中国一汽集团连续第5次获“2019中国五星级企业公民”荣誉称号。

13日 中国在酒泉卫星发射中心用快舟一号甲运载火箭将“吉林一号”高分02A星发射升空，卫星顺利进入预定轨道，发射成功。

15日 中国长春人力资源服务业创新发展大会暨“才聚春城”高峰论坛在长春举行。

16日 长春莲花山世茂滑雪场举行首滑仪式。拉开长春市2019-2020年滑雪季序幕。

22日 中国科学院、中国工程院公布2019年院士增选结果，中国科学院长春应用化学研究所陈学思研究员当选中国科学院化学部院士，吉林大学林君教授当选中国工程院能源与矿业工程学部院士。

同日 长春新区举行“招商项目集中签约暨吉林青年全面助力长春新区发展启动活动”，34个重大项目集中签约，签约金额1217.6亿元。

23日 长光卫星技术有限公司对外发布“吉林一号”高分02A星传回的首批影像。该卫星具有宽覆盖，原始图像传递解译质量高、精度高、效率高等“一宽三高”技术优势。

25日 长春南部锦湖大路全线贯通。

28日 长春市公安局南关分局清明街派出所被公安部命名为首批“枫桥式公安派出所”。

30日 首届长春莲花山滑雪节在天定山滑雪场开幕。

12月

4日 由中车长客股份有限公司研制的新车在泰国曼谷启用并上线运营。

6日 第五届中国长春大学生雪雕大赛在长春世界雕塑园开幕。来自全国20所院校的36组参赛选手开铲创作。

同日 长春市城市LNG（液化天然气）应急调峰储配站项目正式开工。

7日 《长春市供水条例》公布，自2020年1月1日起施行。

同日 长春市恢复全国文明城市资格。

8日 《长春市统计管理条例》公布，自2020年1月1日起施行。

同日 2019全国“创新社会治理典型案例”出炉。10个最佳案例中，长春市农安县“农安长安”工程和双阳区“1+3+X”基层治理模式入选。

9日 《长春市畜牧行业安全生产管理办法》公布，自2020年2月1日起施行。

10日 长春龙嘉国际机场二期扩建工程T2航站楼、长春市北郊污水处理厂扩建及提标改造工程，获2018—2019年度中国建设工程鲁班奖。

11日 《长春市农村环境治理条例》公布，自2020年1月1日起施行。

同日 中国设计红星奖评选揭晓，中车长客获两大奖项，京张高铁复兴号智能动车组获得原创奖银奖，中车长客高级设计师贾兴泷获优秀设计师奖。

17日 《长春市电梯安全管理条例》公布，自2020年3月1日起施行。

18日 长春市投资环境推介会召开。来自国内外120多位知名企业家到长春对接交流，谋求合作。

20日

“魅力冰雪”2019中国城市融媒体发展峰会暨全国百家党报社长总编长春主题采访活动在长春市举行。

22日 2019/2020赛季自由式滑雪空中技巧世界杯长春站比赛结束，齐广璞、徐梦桃蝉联男女单人项目冠军。

26日 长春市第4次获“国家卫生城市”称号。

28日 长春市政府与阿里云计算有限公司签署战略合作协议。

（常　颖）

长春概貌

自然概况

【位置境域】　长春市位于北纬43°05′–45°15′、东经124°18′–127°05′，居北半球中纬度北温带，地处中华人民共和国东北地区中部，京哈与珲乌2条交通线交会处，是吉林省的政治、经济、文化中心。长春市西北与松原市毗邻，西南和四平市相连，东南与吉林市相依，东北同黑龙江省哈尔滨市接壤。据全国第二次土地调查成果显示，全市总面积20604平方千米，市区面积6991平方千米，其中主城区位于松辽平原腹地的伊通河台地之上。全市辖3县（市）7区，包括榆树市、农安县、德惠市和朝阳区、南关区、宽城区、二道区、绿园区、双阳区、九台区。截至2019年年底，全市规划区面积7293平方千米，市区中心城区建成区面积396.35平方千米。

【地质地貌】　长春市大部位于松辽断陷盆地东南缘，东南部与吉林东部断块山地相连接。城区下部分布白垩系泉头组红色较粗粒碎屑岩（页岩、泥岩、细砂岩和砂页岩互层），岩层均为不透水层或含水性极微层，地层厚度超过500米，岩层致密，倾角很小（5度–10度）。第四世纪沉积相当普遍，洪积层上部为黄土状物质，下部为红色粘土或砂砾层。新构造运动以来，地体微升，地表受流水切割，沟谷发育，形成微波状台地平原。二级阶地黄土状亚粘土厚15米–25米，抗压强度20吨–25吨/平方米，地壳相对稳定，建筑地基条件较好。一级阶地（二道区）亚粘土层地基抗压强度8吨–11吨/平方米，但地表下2米–4米深处有一淤泥层，不适于天然地基，下部是砂、砂砾层，抗压强度25吨–35吨/平方米，距地表6米–11米以下是基岩，对大型、特大型建筑基础置于基岩上最为有利。

主要地貌类型为低山丘陵。分布于市区东南部，属大黑山脉的一部分，略呈东北西南走向，海拔大部分在250米–350米之间，相对高度为50米–100米；东部的大顶子山海拔407米，组成的岩石有花岗岩、安山岩等变质岩系，其中以花岗岩分布面积最广，久经侵蚀，已成浑圆状；山地丘陵面积在市区内所占面积比重甚微，山地丘陵中有森林，低丘之间有些冲积平原和盆地，为农业区；伊通河出大黑山北麓，从南向北穿过市区东部，在狭口处有修筑水库的良好条件。台地平原。城区台地面积约占总面积的70%，并高出伊通河一级阶地10米–20米，地表波状起伏，土质主要由黄土状土构成，海拔在200米–230米之间，最高点海拔245米；浅谷谷坡漫长，市区有近80%的地面坡在10度以下。冲积平原。主要由伊通河冲积作用形成，在河流两岸形成比较宽阔的带状平原，面积近30%，地势低平，海拔多在200米左右；沿河两岸的低洼部分，汛期常被洪水淹没，属河漫滩部分，组成物质多为粗砂或细砂，河漫滩两侧为宽窄不等的高漫滩或一级阶地，宽度一般在4千米–5千米间；一级阶地高出河床3米左右，其组成物质上部是亚砂土、亚粘土，下部是砂砾层，冲积物厚10米左右；二级阶地面积较小，河床两侧可提供建筑用砂；平原上的河迹洼地，因多为淤泥质粘土或亚粘土，并夹灰色砂质透镜体，大多排水不畅，土体抗压性较差，但在大部分台地平原上的沟谷系统则成为城市自然排水通道。火山锥体。台地平原西接松辽分水岭，系第四世纪更新世末期沿断裂带呈地垒式隆起，并有火山活动，因此在长春西南的大屯、范家屯一带，火山锥体突起在波状平原之上。多由玄武岩构成，是良好的建筑材料。

【自然资源】　长春市地域辽阔，土地资源丰富。截至2019年末，全市建设用地总规模、城乡建设用地规模、城镇工矿用地规模分别控制在28.84万公顷、24.2万公顷和97744公顷以内。根据第三次全国土地调查阶段性成果显示，截至2019年年底，全市实有耕地155.97万公顷。矿产资源方面，长春市发现矿产58种，其中查明的矿产主要有石油、天然气、二氧化碳气、油页岩、煤、水泥用灰岩、沸石、膨润土、珍珠岩、陶粒页岩、矿泉水、金矿等。

（张亚雄）

气象 水文

【概况】 2019年（1月–12月）长春市总的气候特点是：气温偏高，降水偏多，日照时数略多。全市年平均气温6.8摄氏度，比常年5.6摄氏度高1.2摄氏度；全市年平均降水量759.7毫米，比常年556.8毫米多202.9毫米；年平均日照时数2741.4小时，比常年2531.7小时多209.7小时。整个农作物生长季（5月–9月）气温略高、降水偏多、日照略多。

【气候特点】 **气温** 年平均气温主要特征2019年（1月–12月）气温偏高，全市年平均气温6.8摄氏度，比常年同期高1.2摄氏度，比2018年高0.8摄氏度，居历史同期高温第二位，各地年平均气温实况值见表1。

2019年内极端最高气温37.6摄氏度，5月24日出现在德惠市；极端最低气温–31.7摄氏度，12月31日出现在农县安。

逐月温度变化如图1，气温高的月份居多。全年只有6月、8月和12月气温低于常年同期，其余各月高于常年同期。3月–10月全市平均气温14.8摄氏度，比常年同期高1.1摄氏度，居历史同期高温第二位。5月–9月全市平均气温20.1摄氏度，比常年同期高0.7摄氏度，居历史同期高温第五位。

气温季节变化特征冬季气温偏高，春季偏高、夏季与常年持平、秋季偏高。

冬季（1月、2月和12月）气温偏高，全市季平均气温–11.3摄氏度，比常年同期高2摄氏度。2019年1月气温偏高，全市月平均气温–11.6摄氏度，比常年同期高4.5摄氏度，居历史同期高温第二位；2019年2月气温偏高，全市月平均气温–8.6摄氏度，比常年同期高2.4摄氏度，居历史同期高温第八位；12月气温略低，全市月平均气温–13.4摄氏度，比常年同期低0.7摄氏度；

春季（3月–5月）气温偏高，全市季平均气温9摄氏度，比常年同期高1.8摄氏度，居历史同期高温第四位。3月气温偏高，全市月平均气温1摄氏度，比常年同期高3.2摄氏度，居历史同期高温第四位；4月气温略高，全市月平均气温8.8摄氏度，比常年同期高0.6摄氏度；5月气温偏高，全市月平均气温17.1摄氏度，比常年同期高1.5摄氏度，居历史同期高温第八位。

夏季（6月–8月）气温与常年持平，全市季平均气温22摄氏度，与常年同期持平。6月气温略低，全市月平均气温20.3摄氏度，比常年同期低0.7摄氏度；7月气温偏高，全市月平均气温24.3摄氏度，比常年同期高1.2摄氏度，居历史同期高温第六位；8月气温略低，全市月平均气温21.4摄氏度，比常年同期低0.4摄氏度。

秋季（9月–11月）气温偏高，全市季平均气温7.2摄氏度，比常年同期高1摄氏度。9月气温偏高，全市月平均气温17.1摄氏度，比常年同期高1.6摄氏度，居历史同期高温第二位；10月气温偏高，全市月平均气温8.3摄氏度，比常年同期高1.2摄氏度；11月气温与常年持平，全市月平均气温–3.9摄氏度，与常年同期持平。

降水 降水量时空分布特征2019年降水量明显偏多，全市年平均降水量759.7毫米，比常年多36.4%，比2018年多32.1%，居历史同期多雨雪的第一位。各地年降水量实况及与常年距平值见表2。

逐月降水变化如图2，全年中有4个月份（1月、2月、4月和10月）降水量少于常年，其余多于常年。3月–10月全市平均降水量714.7毫米，比常年同期多34.9%。5月–9月全市平均降水量685.3毫米，比常年同期多45.3%。

降水季节分布特征冬季降水偏多，春季降水略多，夏季降水偏多，秋季降水偏多。

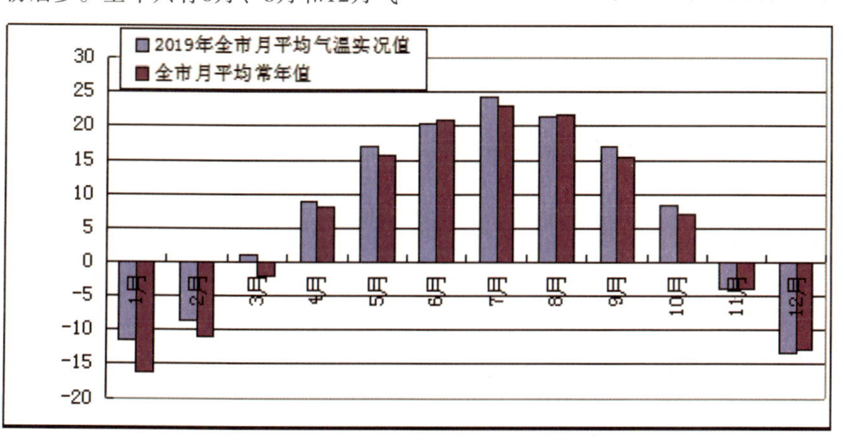

图1 2019年长春市逐月气温变化曲线（单位：摄氏度）

表1 2019年长春市年平均气温实况值、常年值及距平值

单位：摄氏度

	农安县	德惠市	九台区	榆树市	长春市	双阳区	平均
实况值	6.3	6.7	6.8	6.2	7.7	7.3	6.8
常年值	5.5	5.3	5.8	5	6.2	5.9	5.6
距平值	0.8	1.4	1.0	1.2	1.5	1.4	1.2

表2　2019年全市年降水量实况值、常年值及距平值

单位：毫米

	农安县	德惠市	九台区	榆树市	长春市	双阳区	平均
实况值	655.9	712.4	811.4	794.6	710.2	873.6	759.7
常年值	497.9	518.3	560.8	565.6	577.1	621.0	566.8
距平值	158.0	194.1	229.0	242.5	133.1	252.6	205.2

冬季（1月、2月和12月）降水偏多，全市平均降水量25.3毫米，比常年同期偏多73%。1月降水偏少，全市平均降水量1.1毫米，比常年同期少74%；2月降水偏少，全市平均降水量1.9毫米，比常年同期少56%；12月降水明显偏多，全市平均降水量22.3毫米，比常年同期多266%，居历史同期多雨雪的第一位。

春季（3月–5月）降水略多。全市平均降水量99毫米，比常年同期多19.1%。3月降水略多，全市平均降水量14.3毫米，比常年同期多15%；4月降水偏少，全市平均降水量1.5毫米，比常年同期少93%，居历史同期少雨的第二位；5月降水偏多，全市平均降水量83.3毫米，比常年同期多74%，居历史同期多雨的第七位。

夏季（6月–8月）降水偏多，全市平均降水量521.9毫米，比常年同期多37.6%，居历史同期多雨的第四位。6月降水偏多，全市平均降水量129.9毫米，比常年同期多42%；7月降水略多，全市平均降水量169.8毫米，比常年同期多5%；8月降水明显偏多，全市平均降水量222.2毫米，比常年同期多77%，居历史同期多雨的第四位。

秋季（9月–11月）降水偏多。全市平均降水量113.4毫米，比常年同期多42%。9月降水明显偏多，全市平均降水量80.1毫米，比常年同期多80%，居历史同期多雨的第九位；10月降水偏少，全市平均降水量13.7毫米，比常年同期少40%；11月降水偏多，全市月平均降水量19.7毫米，比常年同期多58%。

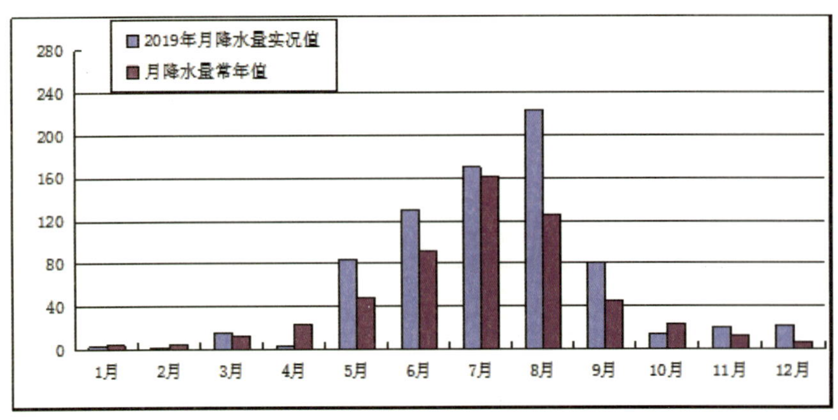

图2　2019年逐月降水量变化图（单位：毫米）

日照　2019年日照时数略多，全市年平均日照时数2777.9小时，比常年同期多246.2小时，比2018年2357.2小时多420.7小时。各地年日照时数实况值见表3。

（3月–10月）全市平均日照时数2026.9小时，比常年同期多184.9小时。农作物生长季（5月–9月）全市平均日照时数1342.5小时，比常年同期多166.7小时。

霜　2019年全市终霜结束较晚，各地均为5月7日。与常年同期相比略晚，各地晚6天–8天。

全市初霜日略晚，各地均为10月4日。与常年同期相比，各地晚9天–13天。

全市无霜期平均为149天，与常年同期相比，各地方多3天–9天。

【主要天气气候】　**干旱**　春旱：大田播种期长期高温少雨，出现旱情。4月20日–5月18日，长春市日平均气温15.3摄氏度，比历年同期高2.4摄氏度，居历史同期高温第三位；全市平均降水量14.3毫米，比历年同期少六成，居历史同期少雨第六位；加上大风天数较多，土壤水份迅速蒸发，墒情普遍较差，对播种及出苗不利。

暴雨　2019年全市出现13次站次

表3　2019年全长春年日照时数实况值、常年值及距平值

单位：小时

	农安县	德惠市	九台区	榆树市	长春市	双阳区	平均
实况值	3212.7	2578.8	2933.8	2443.1	3010.6	2488.3	2777.9
常年值	2666.5	2476.7	2434.6	2600	2580.3	2432.1	2531.7
距平值	+546.2	+102.1	+499.2	−156.9	+430.3	+56.2	+246.2

暴雨，6月3日长春市区出现暴雨，降水量53.4毫米；6月11日长春市区出现暴雨，降水量58.4毫米；6月29日双阳出现暴雨，降水量55.1毫米；7月21日榆树出现暴雨，降水量65.8毫米；7月30日德惠和农安出现暴雨，降水量66.6毫米和88.5毫米；8月3日双阳出现暴雨，降水量73.7毫米；8月8日榆树出现暴雨，降水量75.4毫米；8月14日双阳和九台出现暴雨，降水量89.1毫米和50.1毫米；8月16日双阳出现暴雨，降水量65.7毫米；9月8日九台和榆树出现暴雨，降水量74.4毫米和89.4毫米。

台风 2019年有3次台风影响。8月13日至21日，受台风“利奇马”“罗莎”外围水汽和高空槽影响，长春市出现大范围暴雨、局部大暴雨天气。这9天，全市平均降水量119.4毫米，其中暴雨“最多”的是双阳区，降水量超过200毫米。雨量最多的双阳黑顶子水库296.7毫米，造成双阳河、饮马河流域出现洪涝。台风“玲玲”2019年9月7日夜间以热带风暴级别进入吉林省白山市，给长春市带来大范围的大到暴雨及大风天气。统计数据显示：长春地区出现3站大暴雨，95站暴雨，平均风力5级～6级，阵风7级～8级，导致部分县（市）、区出现农作物倒伏和农田内涝等灾害。

冰雹 2019年冰雹25站次。其中，农安和榆树各2次，九台5次、德惠7次、长春市区9次。

寒潮 2019年全市寒潮天气过程频繁，降温幅度大。全市出现寒潮37站次。其中有6次区域性寒潮，分别为3月20日、4月17日、11月23日、12月17日、12月25日和12月29日。

大风天气 2019年度全市出现大风110站次，比常年略少。其中，长春市区12次、九台14次、双阳各15次、榆树18次、农安22次、德惠29次。

大雾 2019年出现大雾天气15站次。其中，双阳1次，九台和德惠各2次，榆树3次，农安7次。

（梁衍波）

行政区划

【行政建置】 截至2019年年底，长春市辖朝阳、南关、宽城、绿园、二道、双阳和九台7个区（含长春经济技术开发区、长春净月高新技术产业开发区、长春新区、长春汽车经济技术开发区、长春莲花山生态旅游度假区5个开发区）；榆树市、德惠市和农安县由省直辖。辖92个街道，30个乡，57个镇。

【地名管理】 按照国务院《地名管理条例》《吉林省地名管理条例》，民政部《地名管理条例实施细则》以及《长春市地名管理条例》对地名工作进行管理。

（李　硕）

2019年长春市行政区划统计表

县（市）、区名称	街道数（个）	镇数（个）	乡数（个）
朝阳区	10	2	1
宽城区	12	5	1
南关区	21	3	1
二道区	9	3	1
绿园区	9	3	–
双阳区	4	3	1
九台区	15	2	2
榆树市	4	15	9
德惠市	4	10	4
农安县	4	11	10
合 计	92	57	30

2019年长春市区（市）县街道镇（乡）区划一览表

朝阳区（街10镇2乡1）	湖西街道 重庆街道 红旗街道 清和街道 永昌街道 南湖街道 桂林街道 前进街道 富锋街道 永春镇 乐山镇 硅谷街道（高新代管） 双德乡（高新代管）
宽城区（街12镇5乡1）	新发街道 南广街道 东广街道 站前街道 柳影街道 群英街道 凯旋街道 团山街道 兴业街道 欣园街道 兰家镇 兴隆山镇（经开代管） 合隆镇（农安代管） 米沙子镇（德惠代管） 万宝镇（德惠代管） 奋进乡（高新代管） 北湖街道（高新代管） 长德街道（高新代管）

南关区（街21镇3乡1）	新春街道 长通街道 南岭街道 永吉街道 曙光街道 全安街道 民康街道 自强街道 桃源街道 鸿城街道 明珠街道 富裕街道 幸福乡永兴街道（净月代管） 净月街道（净月代管） 临河街道（经开代管） 玉潭镇（净月代管） 新立城镇（净月代管） 新湖镇（净月代管） 会展街道（经开代管） 新湖镇（净月代管） 彩织街道（净月代管） 博硕街道（净月代管） 德正街道（净月代管） 福祉街道（净月代管） 德容街道（净月代管）
二道区（街9镇3乡1）	八里堡街道 远达街道 东站街道 东盛街道 吉林街道 荣光街道 东方广场街道（经开代管） 长青街道 英俊镇 泉眼镇（莲花山代管） 劝农山镇（莲花山代管） 四家乡（莲花山代管） 世纪街道（经开代管）
绿园区（街9镇3）	铁西街道 普阳街道 青年路街道 春城街道 正阳街道 林园街道 同心街道 合心镇 西新镇 城西镇 锦程街道（汽开代管） 东风街道（汽开代管）
双阳区（街4镇3乡1）	平湖街道 云山街道 奢岭街道 山河街道 太平镇 鹿乡镇 齐家镇 双营子回族乡
九台区（街15镇2乡2）	九台街道 九郊街道 营城街道 西营城街道 土们岭街道 苇子沟街道 兴隆街道 波泥河街道 纪家街道 卡伦湖街道 东湖街道 龙嘉街道 沐石河街道 城子街街道 兴港街道（长春新区代管） 上河湾镇 其塔木镇 胡家回族乡 莽卡满族乡
榆树市（街4镇15乡9）	正阳街道 培英街道 华昌街道 城郊街道 八号镇 大坡镇 弓棚镇 刘家镇 五棵树镇 闵家镇 黑林镇 保寿镇 秀水镇 新立镇 土桥镇 大岭镇 新庄镇 于家镇 泗河镇 育民乡 红星乡 太安乡 先锋乡 青山乡 延河朝鲜族乡 恩育乡 城发乡 环城乡
德惠市（街4镇10乡4）	胜利街道 建设街道 惠发街道 夏家店街道 郭家镇 天台镇 大房身镇 菜园子镇 松花江镇 布海镇 大青嘴镇 朱城子镇 达家沟镇 岔路口镇 朝阳乡 五台乡 同太乡 边岗乡
农安县（街4镇11乡10）	农安镇 伏龙泉镇 高家店镇 哈拉海镇 开安镇 烧锅镇 靠山镇 华家镇 巴吉垒镇 三盛玉镇 三岗镇 杨树林乡 万顺乡 龙王乡 黄鱼圈乡永安乡 前岗乡 青山口乡 新农乡 小城子乡 万金塔乡 兴农街道 宝塔街道 和谐街道 黄龙街道

人口情况

【总人口及分布情况】 截至2019年末，长春市有2842935户，7537969人。其中，男性人口3776181人，占人口总数的50.10%；女性人口3761788人，占人口总数的49.90%。市区（南关区、宽城区、朝阳区、二道区、绿园区、双阳区、九台市）人口为4450810人。总人口数比2018年增长25073人，增长率为3.3‰，增长率比2018年上升0.1‰。长春市人口占吉林省总人口数的29.0%。

2019年长春市人口增长及分布情况统计表

单位：人

区、县（市）别	2018年末总人口	2019年末总人口	增加人口	增长率‰
全 市	7512896	7537969	25073	3.3
市辖区	4415230	4450810	35580	8.1
南关区	744357	764163	19806	26.6
宽城区	651892	663020	11128	17.1
朝阳区	747508	758991	11483	15.4
二道区	579356	580277	921	1.6
绿园区	654046	651635	-2411	-3.7
双阳区	366780	364782	-1998	-5.4
九台区	671291	667942	-3349	-5
农安县	1060200	1058156	-2044	-1.9
榆树市	1229647	1223511	-6136	-5
德惠市	807819	805492	-2327	-2.9

【人口自然变动】 2019年，全市出生57409人，出生率 7.60‰，比2018年上升0.1‰。市区出生40498人，出生率9.14‰，比2018年上升0.16‰。平均每天出生157人；全年死亡41233人，死亡率5.48‰，比2018年上升0.74‰。市区死亡28281人，死亡率6.38‰，比2018年上升0.48‰。平均每天死亡77人。全市自然增长16176人，增长率2.15‰，比2018年下降0.61‰，市区自然增长12217人，增长率2.76‰，比2018年下降0.32‰。

2019年长春市人口自然变动情况统计表

单位：人

区、县（市）别	出生人口		死亡人口		自然增长人口	
	人数	出生率‰	人数	死亡率‰	人数	增长率‰
全　市	57409	7.60	41233	5.48	16176	2.15
市辖区	40498	9.14	28281	6.38	12217	2.76
南关区	9263	12.28	5084	6.74	4179	5.54
宽城区	6072	9.24	4289	6.52	1783	2.71
朝阳区	7848	10.42	4784	6.35	3064	4.07
二道区	5326	9.19	3633	6.27	1693	2.92
绿园区	6174	9.46	4757	7.29	1417	2.17
双阳区	2198	6.01	2324	6.35	-126	-0.34
九台区	3617	5.40	3410	5.09	207	0.31
农安县	6190	5.84	3998	3.78	2192	2.07
榆树市	6156	5.02	5470	4.46	686	0.56
德惠市	4565	5.66	3484	4.32	1081	1.34

【人口机械变动】 2019年，全市迁入人口61967人，迁入率8.22‰；迁出人口53070人，迁出率7.04‰；机械增长人口增长8897人，增长率1.18‰，比2018年增长0.79‰。其中，市区的双阳区、九台区；县（市）的农安县、榆树市、德惠市均出现迁出人口高于迁入人口，呈现负增长情况。

2019年长春市人口机械变动情况统计表

单位：人

区、县（市）别	迁入人口		迁出人口		机械增长人口	
	人数	迁入率‰	人数	迁出率‰	人数	增长率‰
全　市	61967	8.22	53070	7.04	8897	1.18
市辖区	56332	12.66	33054	7.43	23278	5.23
南关区	15372	20.12	6609	8.65	8763	11.47
宽城区	11066	16.69	3893	5.87	7173	10.82
朝阳区	12385	16.32	7924	10.44	4461	5.88
二道区	7390	12.74	3970	6.84	3420	5.89
绿园区	8483	13.02	4780	7.34	3703	5.68
双阳区	610	1.67	1285	3.52	-675	-1.85
九台区	1026	1.54	4593	6.88	-3567	-5.34
农安县	2409	2.28	6582	6.22	-4173	-3.94
榆树市	1754	1.43	8576	7.01	-6822	-5.58
德惠市	1472	1.83	4858	6.03	-3386	-4.2

【人口结构】 2019年，在性别比例上，以女性人口为100，全市性别比例100.4，与2018年相比下降0.2%。在乡村人口与城镇人口的构成上，全市有城镇人口3738224人，占总人口的49.6%，比2018年上升0.2%；有乡村人口3799745人，占总人口的50.4%，与2018年比下降0.2%。县（市）城镇人口德惠市略高为18.2%，比2018年年下降0.2%；榆树略低为17.5%，下降0.3%。

2019年长春市人口结构情况统计表

单位：人

区、县（市）别	总人口数	性　别		性别比例（女性人口为100）	城镇人口与乡村人口		
		男性人口	女性人口		城镇人口	乡村人口	城镇人口　比重%
全　市	7537969	3776181	3761788	100.4	3738224	3799745	49.6
市辖区	4450810	2199049	2251761	97.7	3188439	1262371	71.6
南关区	764163	370667	393496	94.2	705954	58209	92.4
宽城区	663020	328120	334900	98	443386	219634	66.9
朝阳区	758991	368972	390019	94.6	713356	45635	94.0
二道区	580277	285450	294827	96.8	430117	150160	74.1
绿园区	651635	321034	330601	97.1	612795	38840	94.0
双阳区	364782	184213	180569	102	95410	269372	26.2
九台区	667942	340593	327349	104	187421	480521	28.1
农安县	1058156	541899	516257	105	189164	868992	17.9
榆树市	1223511	626290	597221	104.9	214257	1009254	17.5
德惠市	805492	408943	396549	103.1	146364	659128	18.2

（张　帏）

【民族】 长春市有51个少数民族，339374人。其中，满族、回族、朝鲜族、蒙古族、锡伯族是世居少数民族。人口最多的满族205237人，人口最少的锡伯族1543人。回族50793人，朝鲜族55613人，蒙古族20201人。少数民族流动人口235850人。全市有榆树市延和朝鲜族乡，九台区莽卡满族乡、胡家回族乡，双阳区双营子回族乡4个民族乡，43个少数民族聚居村，有长春市朝鲜族老年协会等6个市级少数民族社团，有皓月集团、老韩头、紫玉木兰等5家少数民族特需商品定点生产企业。有市级朝鲜族群众艺术馆1所，民族中小学12所，乡级少数民族文化站4所。民族医院1所，民族乡医院4所。

（潘　爽）

国民经济和社会发展

【概况】 2019年，全市实现地区生产总值5904.1亿元，按可比价格计算，比2018年增长3%，与全省增速持平，占全省比重50.3%。全市实现地方级财政收入420亿元，下降12.1%。其中，税收收入333.7亿元，下降9.8%，占财政收入的比重79.5%。地方财政支出完成896亿元，增长0.2%，增速提高6个百分点。全市开发就业岗位14.3万个，城镇新增就业10.2万人，下岗失业人员再就业4.2万人，农村劳动力转移就业118万人。城镇登记失业率2.5%。

【农业】 2019年，全市农林牧渔业总产值比2018年增长2.3%，增加值增长2.1%。全市粮食总播种面积125.9万公顷，粮食产量943.1万吨，增长9.1%，增产78.5万吨。其中，玉米产量780万吨，增产82.6万吨；稻谷产量139.9万吨，减产2.2万吨。畜牧业保持平稳，受环保督察限养和非洲猪瘟影响，全市生猪出栏412万头，下降10.3%；牛出栏89.4万头，增长2.7%；活家禽出栏2.8亿只，增长16.7%。肉类总产量98.8万吨，增长0.7%；其中，猪肉产量32.9万吨，下降10.9%；牛肉产量14.5万吨，增长2.1%；禽肉产量50.5万吨，增长12.3%。禽蛋产量41.4万吨，增长1.6%。

【工业】 2019年，全市规模以上工业产值持续负增长，10月开始降幅连续2个月收窄，1月~12月首次实现正增长，全市规模以上工业产值增长1.5%。七大产业“三升四降”。其中，医药产业增长4.7%，汽车产业增长3.9%，能源产业增长3.4%，装备制造产业下降1.2%，建材产业下降6.2%，食品产业下降14.4%，电子产业下降15.3%。

【服务业】 2019年，批发零售业增加值增长2.9%；交通运输、仓储及邮政业增加值增长1.8%；住宿和餐饮业增加值下降0.2%；金融业增加值增长9.1%；房地产业增加值增长0.6%；

其他服务业增加值下降2.2%。全市固定资产投资持续负增长，下半年降幅总体呈扩大态势。固定资产投资下降19%。房地产开发投资增长12.6%，增速比1月-11月提高0.8个百分点。全市社会消费品零售总额增长3.9%。按销售所在地分，城镇零售额增长3.8%，乡村增长4.7%。按规模分，限额以上零售额下降3.7%，限额以下增长8.7%。其中，限额以上消费品零售额持续负增长，降幅总体呈收窄趋势，由年初的下降6.6%收窄到年末的下降3.7%，9月、10月、11月、12月降幅保持平稳。重点行业中，百货业增速提高，汽车与上月持平，石油制品消费降幅小幅扩大。其中，占限额以上零售额45.1%的百货业零售额完成增长3%。占限额以上零售额26.7%的汽车类零售额下降9.2%；占限额以上零售额11.6%的石油及制品类零售额下降3.9%。11月，中国制造业采购经理指数（PMI）50.2%。用电指标持续回暖，全市全社会用电量254.1亿千瓦时，增长4.5%，增速比1月-11月提高1.2个百分点。其中，工业用电量129.6亿千瓦时，增长2%，增速由负转正，比1月~11月提高2.1个百分点；制造业用电量71.6亿千瓦时，下降3.2%，降幅收窄0.9个百分点。物价保持平稳，2019年全市消费品价格指数（CPI）102.9，增长2.9%，工业品出厂价格指数（PPI）99.48，下降0.52%。

【进出口业】 2019年，全市货物进出口总额995.7亿元，下降5.6%。其中，出口148.6亿元，下降2.6%；进口847.1亿元，下降6.1%。出口结构优化，汽车、粮食等优势产品出口增长较快，其中，汽车零配件出口增长23.5%，占出口总额的12.1%；粮食出口增长29.5%，占出口总额的1.5%。

（黄思念）

12月30日，第七届长春市道德模范颁奖典礼 （王中庆 提供）

精神文明建设

【复牌全国文明城市】 2019年，以全国文明城市复牌国检为统领，通过3次国家暗访和国检，实现全国文明城市复牌考核，“全国文明城市”复牌成功。完成《长春市文明行为促进条例》起草工作，通过省第十三届人大常委会第二十次会议批准，是长春市第一部促进文明行为综合性地方法规，标志长春市文明践行工作步入规范化轨道。

【新时代文明实践活动】 推进长春市新时代文化实践中心建设工作，在全国深化新时代文明实践中心电视电话会上，中宣传部部长黄坤明表扬全国首批50个试点县——农安县。指导九台区晋升为全国新增500个试点之一。在九台区召开全市推进新时代文明实践中心建设巩固整治农村人居环境成果现场会。

【网络信息化】 提出”双网一平台”（“双网”即网络化创建指挥管理体系和网格化监督包保体系，“一平台”即长春市精神文明建设管理云平台）工作模式，实现文明城市常态创建无盲区无死角和高效快捷的工作局面，走在全国前列。6月14日，中央文明办、中国文明网总编董青到长春市调研考察精神文明信息化建设情况，评价长春市“精神文明建设升级换代的工作，值得推广”，多次在全国会议上介绍经验。研发“长春志愿信息管理平台”，实现志愿服务“一网通办、一网统管”。制定全市志愿“一体两翼三大平台十大基地N个联盟”的规划，形成辐射全市的志愿服务组织网络和运行机制。

【表彰“长春好人”】 全年评选表彰“长春好人”120人，其中“长春好人标兵”40人，10人获“第七届长春市道德模范”。7人入选“中国好人”，3人获“第七届全国道德模范提名奖”，1人获“第七届全国道德模范”。

（孙 悦）

中国共产党长春市委员会

重点工作

【经济发展】 2019年，地区生产总值5904.1亿元，按可比价格计算，比2018年增长3%。开展“专班抓项目”，全年开复工超10亿元产业项目112个、超亿元产业项目445个，128个超亿元产业项目竣工投产。开展“万人助万企”，为企业解决难点问题7409个。新登记民营企业3.8万户，民营经济主营业务收入增长8.5%。招商引资引智，新签约项目到位资金增长35%，外资实际到位资金增长20%。出台支持实体经济发展12条举措。发展现代服务业。打造莲花山冰雪大世界、净月雪世界、雕塑公园冰雪天地。举办汽博会、农博会等170个规模以上展会。接待游客突破1亿人次，旅游总收入超过2000亿元。金融机构存款余额增长11.6%，贷款余额增长13.4%。粮食产量94.3亿千克，增长9.1%。

【改革创新】 政务服务综合改革。新企业开办审批用时减到1小时以内。9类工程建设项目从立项到竣工验收审批时限承诺最短15个工作日、最长50个工作日。实施机构改革。国企改革取得新成效。实施公交体制改革。推进厂办大集体改革。完成农村土地确权。扩大对外开放。创建中韩（长春）国际合作示范区。长满欧班列进出口货物增长6.6%。整车进口口岸投入运营。增开3条国际航线。实施创新驱动战略。构建产学研创新联盟，转化科技成果。新增国家高新技术企业669户、科技型“小巨人”企业277户，总数分别为1322户、1147户。技术合同成交额增长25%。专利申请量增长10.1%。“双创”基地176个，在孵企业4600户。

【城市建设】 健全多规合一规划体系，启动编制长春现代化都市圈规划，完成市政设施、公共服务等23个专项规划。完成人民大街历史文化街区维修改造。新建19条城市道路，完成5条街路大中修，实施8座桥梁维修加固。一汽物流铁路线、机场大道等停工受阻多年的工程复工。全面启动第三轮轨道交通建设。新建3座公园，新植改造75处绿化精品，增加绿地251公顷。开展“城市乱象集中整治”。拆除违法建筑236万平方米。清理工地临时用房及围挡，火车站、西客站、文化广场等城市主要节点面貌一新。

【生态环境】 打好污染防治攻坚战。2318户“散乱污”企业全部完成整治，淘汰20蒸吨以下燃煤锅炉597台，秸秆综合利用率为88%。落实河（湖）长制，新建改造12座污水处理厂，启动建设85处乡镇污水集中处理设施，饮马河、伊通河流域水质显著改善。石头口门、新立城水源地一级保护区1266.67公顷耕地退耕还草还湿，水质达标率100%。主城区生活垃圾分类覆盖率60%。营造林4591公顷，恢复矿山生态636.9公顷。完成大棚房整治及自然保护区、水源地保护区违建别墅清查整治。开展“农村人居环境集中整治”。430个村推进厕所改造，1393个村实现生活垃圾收集转运处理。

【幸福长春建设】 落实幸福长春行动计划民生实事。新增4所义务教育学校。“温馨村小”创建成为中央改革发展攻坚克难创新案例。为不减员少裁员企业发放稳岗补贴。农村劳动力转移就业118万人。企业退休人员基本养老金人均增长5.4%。实施“菜篮子”工程。对猪肉价格过快上涨，向困难群众发放价格临时补贴。向4.3万名残疾人提供精准康复服务。新建第二福利院和15个社区养老中心。大病保险报销比例提高5%。启动惠及3.9万户居民的老旧小区改造。完成“无籍房”确权1161万平方米。改造棚户区6294户。规范供热、出租车行业管理。优化公交线网，更新公交车辆576台。

【社会治理】 开展扫黑除恶专项斗争。打掉涉黑团伙13个、恶势力集团32个、涉恶团伙83个，查处“保护伞”58人。命案和有影响案件全部告破。行政村驻村辅警实现全覆盖。建立应急管理体系，成立综合性消防救援队伍。推进安全生产专项整治，事故起数下降7.2%，遇难人数下降2.8%。化解信访积案，完成新中国成立70周年大庆期间安保维稳任务。

（谢文浩）

组　织

【“不忘初心·牢记使命”主题教育】在全省率先召开第一批和第二批主题教育工作会议，成立市委主题教育领导小组及其办公室，组成指导组、巡回指导组和专项工作组，对全市两个批次参加主题教育的各部门单位全覆盖督促指导。统筹推进学习教育、调查研究、检视问题、整改落实“四项重点措施”，市委常委班子和常委查摆问题65个、制定整改措施99条，各级领导班子及成员查摆问题19638个、制定整改措施21626条。推进“17+2”专项整治任务落实，坚持以“小切口”推动振兴发展“大战略”，推动“四项重点工作”开展，解决一批制约发展、社会反映强烈、“卡脖子”等突出问题。

【干部队伍建设】　坚持以事察人、依事择人，注重提拔在全市中心工作和急难险重任务中涌现的“干将”“闯将”“猛将”，全年调整配备市管领导干部11批次581人。服务全市中心大局，组织动员、抽调选派近4万名干部参与全市“四项重点工作”。多措并举激励干部担当作为，出台《关于认真做好关心关爱干部工作的意见》，落实容错免责机制操作办法，严格执行澄清保护和提醒函询诫勉制度，与市纪委监委密切配合，对3名适用容错免责的干部免予纪律处分。

【基层组织建设】　全面落实党支部标准化建设“1+7”系列文件，分层次分类别加强各领域党支部建设。实施城市基层党建升级工程，形成深化街道管理体制改革、加强小区（楼院）党组织建设等“1+9”制度体系。建成全国首家独立设置的吉林长春社区干部学院，承接全国及省市培训班30期，培训5000余人次。落实“抓乡促村”责任制，推广双阳区“1+3+X”基层治理模式和农安县巴吉垒镇资产清查经验。深化国企党建“五强一创”工程，理顺“双向进入、交叉任职”领导体制。市级非公党建指导服务中心投入使用，在全市非公领域中表彰先进党组织27个、优秀共产党员47名、优秀党务工作者46名，评选非公党建“先锋人物”10名。升级智慧党建平台、完善功能，党员电化教育取得新突破，党员电视教育片实现数量质量“双提升”。

【“人才强市”】　推动高层次人才队伍建设五年计划，高标准推进“四大专项计划”、20个重点人才工程项目，精准实施“万人助万企”人才专项行动。强化对省市人才政策落实的跟踪问效，落实政策资金近2亿元，近5000名各类人才直接受益。落实“招才引智”万人计划，招录重点本科毕业生及硕士、博士毕业生3311人。开展系列招聘活动，召开专场招聘会82期，发布就业岗位1200个，参与人数12.5万人次。举办数字产业人才创新创业、创新创意“两个大赛”，给予30个优质项目最高35万元资金支持。实施“促进高校毕业生留长创业就业服务工程”，引进留住高校毕业生8.2万人。推广长春新区人才管理改革试验区建设经验。发放“创新券”1.29万张，兑付扶持资金2125万元。打造“三级服务平台”，组织专家人才、企业家150人进行国情研修。实施“优秀企业人才素质提升工程”，组织3个批次100余名年轻民营企业家、新生代企业家到深圳、杭州举行项目对接交流会，以“人才强市”战略助力长春振兴。

【干部教育培训】　制定《2019—2022年长春市干部教育培训规划。发挥党校主阵地主渠道作用，全年举办主体班次23期，培训领导干部3667人次。实施“干部专业能力提升计划”，分级分类举办乡村振兴、“万人助万企”、城市精细化管理等域内域外培训班67期，培训13310人次。出台《长春市干部挂职锻炼工作办法》《长春市选调生基层挂职锻炼职责》等系列文件，选派66名干部到天津、杭州挂职锻炼，抽调42名优秀年轻干部人才到白城对口帮扶，选派181名选调生到村（社区）担任书记（主任）助理。

【基层党建】　突出抓好软弱涣散基层党组织专项整治，采取驻点督办、明察暗访、交叉互检等方式，全市222个软弱涣散基层党组织全部完成整改并通过验收。全部完成中央脱贫攻坚专项巡视、国家和省脱贫攻坚成效考核、国家脱贫攻坚巡查反馈问题整改，加强“三大书记”队伍建设，开展贫困村“第一书记代言”活动，举办精准扶贫大集，销售额近6000万元。推进扫黑除恶专项斗争，抓好“两整一清”，13个挂牌督办村政治生态得到改善，清除有前科劣迹村干部1197名，空缺的1362个村组干部岗位全部补齐。对农村人居环境整治难点问题，开展“家乡有求·我来帮”“县乡村三级干部包村到户”“三推两帮一扶持”三项工作，解决家乡群众1825项需求。解决非公领域党建与发展“两层皮”问题，创新制定《关于在非公企业和社会组织中开展“双向承诺”的实施意见》。制定《2019年全市发展党员指导计划》，落实党员涉嫌违纪违法信息通报和及时处理机制，严格党员日常管理。

【干部管理监督】　做好领导干部个人有关事项报告工作，审慎开展个报查核验证。推进集中规范领导干部配偶、子女及其配偶经商办企业行为专项整治。对县（市）区、市直部门管理的县处（乡科）级领导干部进行全口径预审，首次结合市委巡察同步开展监督检查，发现问题106个，督促相关部门严肃整改。制定《领导干部监督提示实施办法》，前移监督关口，向6名领导干部发出提示提醒。创新开展“暖心行动”，对2017年以来受到处理处分的73名市管干部逐一进行“暖心谈话”，对13名影响期满、表现突出的干部重新使用，让知错改错、勇于担当的干部回归“干事舞台”。

【干部考核管理】 制定《贯彻落实〈中共中央关于加强党的政治建设的意见〉的具体措施》，推动中央《意见》和省委有关具体措施在长春落地落实；实施《市管领导干部政治素质考察操作办法》，突出具象化和可操作性，使政治标准评价具体起来、鲜明起来、落得下来。贯彻《干部任用条例》《干部考核条例》，统筹制定《贯彻落实〈干部任用条例〉具体措施》，实施《领导班子和领导干部年度考核实施办法》《领导班子和领导干部平时考核办法》，完善"三走进一评定"双向互动日常考核机制。适应党政机构改革，重新构建市绩效办统筹调度，党群、政府、地区分别负责的"1+3"考评机制。首次组织实施半年绩效考核，完成"年度大考"。出台《关于市属国有企业领导人员管理体制调整的意见》，从制度上明确把国有企业正职领导人员纳入市委统一管理。全面加强老干部工作，把市、县（市）区老干部局从组织部管理的部门，调整为市、县（市）区党委的工作机关，归口组织部管理。加强干部档案管理，全年审核接转档案191卷，提供查借阅档案7000余卷次，制作退休干部数字档案1270卷，接转干部档案材料6700余份，实现干部档案管理现代化、网络化。

【年轻干部培养】 制定《关于适应新时代要求大力发现培养选拔优秀年轻干部的实施意见》，开展优秀年轻干部专题调研，建立优秀年轻干部名单，摸清全市年轻干部底数。启动面向国企、高校、科研院所、金融机构等企事业单位推选优秀年轻干部到机关任职，完成招录2019届专业选调生43名、基层选调生120名，实施2020届专业选调生招录工作。开展"三个一批"培养工程，举办中青年干部培训班和选调生培训班，创新开展到先进地区进行跟班学习。抽调23名优秀年轻干部参与全市重点工作，一批优秀年轻干部得到提拔或重用，优化全市干部队伍结构。

【公务员管理】 做好机构改革后人员转隶（合并）相关工作，对32个部门1233名处级公务员、1989名处级以下公务员进行转隶手续办理和重新任职。开展招录公务员工作，招录公务员242名，遴选基层公务员157名。推进全市公务员职务与职级并行制度实施。落实各项工资福利政策，设置公务员综合考评奖，形成"优中选优、奖上加奖"激励态势。在全省率先出台《公务员及时奖励办法》，把激励担当作为融入日常。打造公务员考核云平台升级版。推进党群系统事业单位参公管理和公务员登记工作，解决困扰党群系统多年的历史遗留问题。

（商建设）

宣　传

【理论学习】 坚持党委（党组）理论学习中心组学习制度化、规范化，按照《中共长春市委理论学习中心组2019年度学习计划》安排，结合"不忘初心、牢记使命"主题教育，组织市委理论中心组集中学习29次；对各县（市）区、开发区党委理论中心组学习进行指导，每季度对学习情况进行调度掌握，推动思想理论向工作实践转化。

【理论宣传】 党的十九届四中全会后，组建市委宣讲团、基层宣讲小分队，到机关、企业、学校、部队以及乡镇村屯、田间地头，宣讲全会精神。下发《中共长春市委宣传部关于履行使命任务推进宣传思想工作守正创新的意见》《2019年全市干部理论学习安排意见》，依托新时代文明实践中心、新时代君子兰讲坛等阵地，邀请单霁翔等知名专家学者宣讲，多形式、分层次、全覆盖的宣讲活动推动理论下基层。举办全市第三届基层宣讲员"微宣讲"大赛，培养基层宣讲队伍。评选"长春事迹突出的百姓学习之星"10人，"长春百姓学习之星"101人，"长春终身学习活动品牌"55个。推广使用"学习强国"平台，召开学习平台管理员培训会，下发《关于做好"学习强国"学习平台推广使用工作的通知》，完成全市组织框架搭建工作，全市组织架构内注册人员数96107人。每季度梳理一次"积分"情况，作为常态化学习办法坚持下去。建立一支向"吉林平台"报送长春本地新闻、视频的供稿队伍，提升长春在"学习强国"平台的上稿量。

【意识形态管理】 召开2019年上半年意识形态工作专题汇报暨意识形态领域重大风险座谈会、在长高校意识形态工作暨防范化解意识形态领域重大风险座谈会，推动各级党组织建立"1+8+N"制度体系。开展全市意识形态领域风险点排查工作，制定《长春市意识形态领域风险点清单》，梳理全市意识形态领域风险点107项，督促各地各部门查找当前意识形态领域存在问题，及时整改。加大意识形态工作专题督查力度，制定《意识形态工作考核细则》，对全市意识形态工作责任制落实情况进行全面检查，将督查结果纳入绩效管理考评体系。

【新闻舆论引导】 主题宣传。围绕庆祝新中国成立70周年开展系列主题宣传，"驶向世界的中国客车""天下第一粮仓"被中宣部选为全国重点选题；推出"壮丽70年·奋斗新时代""爱国情奋斗者""我和我的祖国"等专栏，发稿200余篇（次）；打造人民大街等国旗飘扬主题街路并覆盖各县（市）区、开发区，标志性建筑物点亮国庆主题灯光秀。围绕党的十九届四中全会、"不忘初心、牢记使命"主题教育、全市4项重点工作、脱贫攻坚、扫黑除恶、"治乱进行时文明再出发""有效促进消费发展都市经济""优化营商环境"、服务一汽集团发展、2019长春国际马拉松赛事、净月潭瓦萨国际滑雪节等各项活动和展会，做好新闻报道。对外宣传。完成央视春晚一汽分会场的节目录制，展现长春城市风采和文化底蕴，获省政府表彰。《央视春晚分会场背景里的"长春速度"》《以优化营商环境为基础以深化改革为动力——东北全面振兴正夯基》等稿件在新华网、人民网、凤凰网、国际在线等10余家中直、涉外主要媒体发表。策划推出长春锐度、速度、高度、亮度、温度、厚度等6篇深度解读长春城市发展的稿件，被人民网、新华网、凤凰网、网易新闻、新浪网等媒体转发，总阅读量50余万次，形成“一个内容、多点落地、同频共振”的报道效果。组织“中直涉外媒体长春行”活动，开展“新中国70年·长春70人——致敬新时代最可爱的人”评选活动，举办第三届“发现长春之美”暨庆祝新中国成立70周年成果摄影展，开展长春市“十大文化公园之春花烂漫”媒体集中宣传活动，唱响“长春声音”。启动“人民大街历史文化街区改造工程”对外宣传，中央广电总台以《花团锦簇迎国庆百年老街换新装》为题进行报道，新华社、国际在线等媒体同步推出报道。在北京举办“长春航空展”成果新闻发布会，超过100家中央、省、市级媒体参与宣传报道，全网与航展相关信息达6.3万余条，相关微博话题阅读量超过1.8亿次，起到以航展展示长春、宣传长春的作用。举办“魅力冰雪”2019中国城市融媒体发展峰会暨全国百家党报社长总编看长春主题采访活动，近百家党报的社长总编与40位中央、省、市主流媒体嘉宾齐聚一堂，共话媒体深度融合的方向与路径，为长春市冰雪旅游加速振兴出计献力。舆论引导。妥善处置“吉林文投”“红旗街万达爆炸”“龙家堡矿业矿震事故”“双阳地区洪涝灾害”和“净月区8人死亡特大交通事故”等重大新闻舆情273件；围绕党委、政府重点工作进展、新出台的政策措施、全市重大活动等内容，召开28场新闻发布会。推出“报纸问效”40余期，《电视问政》4期。县级融媒体中心建设。下发《关于加强长春市县级融媒体中心建设的意见（试行）》，开展情况调研，督促相关县（市）、区摸清底数，明确工作思路，力求如期完成全覆盖任务。德惠市、九台区、双阳区融媒体中心揭牌。

【践行社会主义核心价值观】 提升创建工作水平。召开市精神文明建设指导委员会全体会议，传达贯彻全国及省有关会议精神，研究部署全市精神文明建设重点任务。召开全市文明城创建工作推进会暨文明示范街圈公益宣传研判会，就相关工作提出方向性要求。依托“双网一平台”，开展创建工作督导检查7轮，走访点位2100余个，全市固定点位督导覆盖率72%，社区、集贸市场等重要点位实现全覆盖；发现创建问题2万余个，问题解决率超过95%。长春市在全省互联网+群众性精神文明建设管理云平台现场会上作先进经验介绍，得到省委宣传部领导认可，在全省推广。长春市经中央文明办复查，恢复全国文明城市资格。深化群众思想道德教育。开展“做长春时代新人”践行社会主义核心价值观主题活动，编印《社会主义核心价值观市民知行手册》。开展2017–2018年度精神文明建设先进集体、文明家庭和先进个人评选表彰工作。开展爱国主义教育基地排查工作，落实革命文物保护利用相关工作。深化典型评选，举办“长春好人”发布会3次，评选表彰“长春好人”120人，其中“长春好人标兵”40人，7人入选“中国好人”；开展道德模范评选表彰，有3人获“第七届全国道德模范提名奖”称号，1人获“第七届全国道德模范”称号。

【健全志愿服务体系】 开发“长春志愿信息管理平台”，实现志愿服务工作智能化、信息化一站式管理。建立“1+10”模式志愿服务基地，即以吉林外国语大学为志愿服务学院，长春一汽红旗展馆、长影旧址博物馆等为10大示范基地，为志愿服务提供研学、访学、践学平台。强化志愿服务人才队伍建设，志愿者注册60余万人，志愿服务组织4千余家，形成辐射全市的志愿服务网络。开展“志愿服务暖万家、平安幸福你我他”等志愿服务活动。

【未成年人思想建设】 全国部分城市关心下一代工作座谈会在长春市召开，长春市关心未成年人成长的经验做法得到与会代表好评。开展“鲜花送雷锋真心献祖国——我是新时代雷锋传人”“奔跑吧！新时代追梦少年”网络文明传播活动，举办长春市首届青少年中华优秀传统文化诵读大赛、首届“红樱桃”儿童文学创作大赛，开展“新时代好少年”评选、校园剧展演、“长春好人走进校园”、爱国主义读书教育活动，为青少年系好“人生第一粒扣子”。2019年度专项彩票公益金支持乡村学校少年宫项目中，长春市有11所少年宫获得扶持，552万元扶持资金已经划拨到位。《长春市：让红色基因代代相传》案例入选中宣部2019年《宣传思想文化工作案例选编》，向全国推广。

【新时代文明实践中心建设】 制定《长春市新时代文明实践中心建设推进工作方案》，指导农安县和九台区新时代文明实践中心试点建设。中宣部部长黄坤明在全国拓展推进新时代文明实践中心电视电话会上点名表扬农安县；中宣部副部长梁言顺到农安县调研试点工作时给予肯定，10余个省市派人参观学习。九台区在落实省级试点任务中，升格为全国新时代文明实践中心试点。全市建成新时代文明实践中心16个、实践所168个、实践站2045个，全市农村新时代文明实践所、站实现全覆盖。起草《长春市文明行为促进条例》，已通过市人大常委会第一次会议审议。起草《长春市户外公益广告联席会议事规则》，加强户外广告管理；排查、撤除临时性户外公益广告2000余块。起草《文明示范街圈创建工作实施方案》，全面启动“文明再出发”示范街圈创建。

【推进文化繁荣发展】 扩大文化惠民工程覆盖面。举办2019年新春联欢晚会、长春市各界人士新春团拜会；开展“我们的中国梦”——文化进万家活动，19大类380项830场文化活动以文化展示、文艺演出、娱乐赛事、文化鉴赏、视听阅读等形式惠及千家万户；市民文化节和农民文化节组织1200余场活动，丰富市民文化生活。开展“2019年书香长春全民阅读”系列活动，营造文化氛围。在北京音乐厅举办长春原创作品《首组婚礼组歌》发布音乐会，推介长春文化成果。突出城市特色文化。举办“文化地图心灵盛宴”长春户外文化“十大三选”发布会，公布“十大文化公园、十大艺术街区、十大迷人夜色”评选结果，提升城市文化内涵和城市品位。绘制长春文化地图，设计制作户外文化主题邮票、明信片、书签等文创宣传品，将文化地图具象化。编撰《新时代长春文学丛书》，集纳新中国成立以来百位长春有影响力作家的经典作品，用长春本地作家最高水准集成“文化盛宴”，以文学印记融入城市发展。向中宣部申报第十五届长春国际电影节，利用《坐标·文化周刊》栏目、“聚焦长春文艺精萃”等专栏专题对长影乐团、评剧院、话剧院、杂技团、市群众艺术馆等单位的21个优秀院团和文艺名家进行宣传，提升长春文化对外影响力。

【推动文化产业】 开展重点园区、重大文化产业项目调度，推动八吉松花石产业园、青怡坊国际文创产业园、辽金时代文化园、知合动漫三期等重大文化产业项目（园区）建设，做好“专班抓项目”工作。组织全市17家文化企业参加第四届中国（宁波）特色文化产业博览会，签约项目38个，签约金额1600万元，长春获优秀组织奖。举办2019净月论坛，邀请专家学者解读文化产业发展，吸引国际国内近300位嘉宾参与。办好文化百脑汇，发微博86期，引领文化企业发展。做好“现代诗公园”设计建设，诗歌展馆框架结构已基本建成。研究《关于促进长春电影产业发展的若干措施》，发展长春电影产业。

【文化市场监管】 做好“放、管、服”“证照分离”和“一门式/一张网”网上审批等各项行政审批工作。强化对连续性内部资料出版物的规范管理，提升整体质量。做好农家书屋管理、补充、资源利用工作，在推进农村文化建设中发挥重要作用。开展新闻出版行业“百日”治乱行动，检查相关场所1156家（次），立案处罚23家出版物经营单位。开展“扫黄打非”“五大”专项行动，全市各地、各级执法部门组织开展联合检查52次，查办案件56起（检察机关办结“制作、贩卖淫秽物品类犯罪”侦查监督及公诉案件18件），收缴非法出版物32000余册（盘），违禁反宣品13000余件（张），非法邮件9636件，取缔违规网站14个。

（王雪松）

统一战线

【服务中心工作】 围绕都市圈建设，建言献策。支持党外人士聚焦打赢“三大攻坚战”、推进区域协调发展和乡村振兴等中心工作，开展议政调研活动30余次，形成一批高质量的研究成果，部分成果得到省、市领导批示。召开由民主党派、工商联和无党派人士参加的专题议政会，提出的意见建议得到市委主要领导肯定。围绕彰显优势作用，服务振兴发展。整合工商联、台联、侨联和商（协）会资源，开展亲商、招商、安商活动。举办“长春·印度商贸洽谈会”“浙江台商吉林行”等经贸洽谈活动10余次。以优化营商环境为内容，组织专题调研、座谈会40余次，形成有针对性的调研报告。落实“万人助万企”行动要求，组成20个工作组，为企业解决实际问题31个。利用商会大厦开发非公党建、教育培训、权益保障等“十大中心”服务功能，服务各级商会、机构60余家。围绕脱贫攻坚，开展民主监督和社会服务。支持民主党派开展脱贫攻坚民主监督，动员300余名医疗卫生、法律、教育、农业等方面的党外专家参与，形成调研报告6篇，提出意见建议40余个。以产业扶贫、电商扶贫、就业扶贫和医疗扶贫为重点，实施“凝聚民企力量，助力脱贫攻坚”光彩行动、“新阶层有爱”公益项目、百企千岗招聘会等帮扶对接活动30余次，惠及群众2万余人。

【统战工作】 民主党派工作。制定《2019年政党协商工作计划》，召开协商会、通报会、议政会10次，为民主党派知情明政搭建平台。开展民主党派队伍建设情况调研，促进多党合作事业可持续发展。民族宗教工作。设立少数民族流动人口服务站，提高服务水平。利用民族节庆日组织各类活动，丰富少数民族群众精神文化生活。坚持宗教中国化的正确方向，推进“四进”活动，使爱国爱教成为宗教界人士和广大信教群众的自觉追求。党外知识分子和新的社会阶层人士统战工作。加强对党外知识分子和新的社会阶层人士的思想引导。推进“V观长春——城市印象（朝阳行）”活动，聚焦重大项目和重点工作开展议政调研。推进新的社会阶层人士实践创新基地建设，建成国家级实践创新基地2个，省级基地6个，市级基地7个。非公经济领域统战工作。学习习近平总书记在民营企业家座谈会上的重要讲话精神，举办“民营企业家进党校”“不忘初心，牢记使命”主题教育培训班等活动10余次。

【侨务工作】 组织“新时代海归筑梦长春”沙龙，引导留学人员分享创业经验、研讨专业技术。开展重点侨资企业、新侨代表人士调研，巩固拓展海外资源。长台交流交往。调研重点台资企业，稳定台商发展信心。举办第二届两岸大学生文博创意（长春营）大赛，走出一条具有东北地域特色和文化特点的青年交流交往之路。党外代表人士队伍建设。加强党外代表人士队伍建设，到高校、国企、事业单位和海归高端人才等领域，发现选拔一批党外代表人士。建立起较为完备的梯次培养和选拔使用体系，为优秀党外干部特别是年轻干部搭建成长进步的平台。

（胡嘉惠）

市直机关党建

【党建学习】 下发《关于贯彻落实

〈2019年全市党员干部理论学习安排意见〉的通知》，围绕学习党的创新理论，市直机关各部门开展理论学习中心组学习720余次，党员领导干部讲党课400余人次；举办“学习习近平总书记在中央和国家机关党的建设工作会议上的重要讲话精神”专题培训班，对400余名党务和纪检干部集中培训，在机关开展学习研讨交流，优秀研讨成果在长春日报专版刊发；依托“学习强国”“新时代e支部”，组织引导党员及时跟进学、随时随地学，党员干部自主学习蔚然成风。机关各级党组织落实《关于加强党的政治建设的意见》，通过设置党费交纳日、重温入党誓词、过政治生日等途径，增强党员意识。采取落实党建指导员制度，定期下发支部工作提示单等形式，督促各基层党组织严格落实“三会一课”、民主生活会、民主评议党员、党员领导干部参加双重组织生活等党内生活制度。提升党员干部政治素养。督促指导各部门常态开展“每周阅读活动”，创新举办“月读讲堂”，组织3期党建知识网络竞答，15000余人次参与。依托市委党校，开展市直机关党务和纪检干部培训、党支部书记轮训、入党积极分子培训，集中培训轮训3200余人。组织市直机关1500余名副处级以上党员领导干部观看国家安全警示教育片，筑牢思想防线。

11月25日，市直机关党工委开展“岗位大练兵、业务大比武”活动

（戴　洋　提供）

【服务保障全市中心任务】　开展“服务发展先锋行动、改善民生春风行动”，组织引导机关党组织和党员干部在全市4项重点工作中担当实干、彰显作为；建立健全重大项目领导小组临时党组织，促进发挥堡垒作用；“七一”“十一”2次调度市直机关党组织助力脱贫攻坚，3304名机关党员到贫困村、户开展走访慰问；开展“岗位大练兵、业务大比武”活动，组织市直机关党员干部为长春发展建言献策，收集涉及改善民生、城市建设等方面计策建议1135条，梳理形成79条建设性对策意见，反馈给相关领导和部门参考借鉴。转改作风服务基层群众。开展“听民声、解民忧”“作风一线行”活动，组织18342名党员干部进基层、察民情、解民忧，走访服务对象和重点人员8513人次，排查解决问题隐患5118件。绩效牵引推动工作落实。制定完善《2019年市直属机关党群系统绩效考评工作实施方案》，细化考评细则，完善考评方式，以真考实评促进中心任务落实。

【基层党建】　下发《关于调整市直有关部门机关党组织设置及隶属关系的通知》，指导15个新成立部门设立党组织，推动9个直属党组织完成换届；对32个单位党组织隶属关系、4700余名党员组织关系进行调整；组织各直属机关党组织开展“双述双评”，督导1692个基层党支部召开年度组织生活会、民主评议党员。开展机关党建“灯下黑”整治，整改超期未换届、超大支部等问题。开展“学示范典型、创标准化支部”活动，表彰“两先一优”典型，60个直属机关党组织、160个基层党组织、958名党员被评为先锋直属党组织、先进基层党支部和优秀共产党员，增强机关干部对标先进学典型意识，做到“抓两头带中间”。机关各部门申报党建研究课题146篇，其中，《推动新时代机关党的建设高质量发展考核评价机制研究》在全国党建研究会机关专委会作会议交流，《创新开展“星级党支部评选”活动推动党支部“规范化标准化建设”》《长春市直机关创新实施机关党建指导员机制》被评为“全国第二届党建创新成果展示交流活动”“十佳案例”和“百优案例”。

【作风建设】　党风廉政教育常态开展。加强党员干部警示教育，组织观看《边界》《警醒》警示教育片；推荐76名选手参加全市“守初心、担使命、守纪律、作表率”演讲比赛；组织26个部门专职纪委书记述职述责，开展领导干部任职前廉政谈话5次。强化执纪监察力度。下发《关于进一步加强市直机关纪律审查信息管理的通知》，规范案件信息管理工作；开展办结案件的违纪党员及公职人员处分决定执行情况监督检查；组织2轮整治“四风”问题纪律作风检查，开展机关作风效能义务监督员“作风检查月”活动，发现并整改问题23个。提升机关服务效能。发挥“万人评议机关”“长春市直机关作风直通车”风向标作用，对78个市直部门和15个县市区、开发区的7项评价指标及19类问题现象进行评议，收集社会各界意见建议1646条，汇总形成594条意见建议，其中561条完成整改。

（戴　洋）

政策研究

【课题研究】 2019年，围绕建设长春现代化都市圈战略目标，从全局发展、经济建设、乡村振兴、对外开放等角度出发，撰写调研报告22篇。其中，《长春市全方位落实省委“打先锋、站排头”战略要求研究报告》《关于建设国家消费中心城市有关问题的报告》《激活消费第一动力，推动都市经济高质量发展——关于促进我市扩大消费的几点思考》《关于以环境整治为重点加快乡村振兴的工作思路与提法的建议》《关于促进长春夜间经济可持续发展的几点思考》《关于请领导关注公主岭市近期土地出让情况的几点建议》《依托光机所产学研优势加快打造地方千亿级光电信息产业基地》《关于〈关于支持梅河口市建设高质量发展先行示范区的意见（征求意见稿）〉可借鉴内容的情况汇报》《关于加快推动我市企业科创板上市的建议》《构筑大体系、助力大开放——关于加快长春市对外开放平台体系建设的思考与建议》10篇调研报告获得市委主要领导和市相关领导的重要批示。

【服务经济社会发展】 完成《对2020年党中央重点工作征求意见的几点建议》；牵头起草长春市委十三届七次全会报告，撰写《关于防范化解重大风险，推进长春全面振兴全方位振兴意见》，经市委十三届七次全会审议实施，为长春市打赢打好防范化解重大风险攻坚战提供重要的政策保障。《加快建设长春现代化都市圈写好全面振兴全方位振兴的时代答卷——市委十三届七次全会建设现代化都市圈解读》在8月8日《长春日报》刊发，对推动市委十三届七次全会精神落实作出重点分解；《中共长春市委关于贯彻党的十九届四中全会〈决定〉精神，坚持和完善中国特色社会主义制度，推进国家治理体系和治理能力现代化重点任务落实的实施意见》，为全市全面提高治理体系和治理能力现代化水平，加快长春现代化都市圈建设，实现老工业基地全面振兴、全方位振兴提供目标指引和政策保障。

【决策咨询】 以市委办公厅名义印发《中共长春市委决策咨询工作规则》，为构建开放式、社会化、多层次的决策咨询体系提供保障。重新启动停摆3年的决策咨询工作，在省内外优选一批专业造诣深、社会影响大、知名度高的专家学者，吸纳进入决策咨询委员队伍，将召开市委新一届决策咨询委员会第一次工作会议，为促进党委决策咨询工作提供智力支撑。

【优秀课题评选】 完成2018年度优秀调研课题评选工作，经各县（市）区党委、政府，各开发区管委会，市直各部门和各人民团体推荐，由吉林省、长春市有关专家组成的评审委员会评审，评选表彰189篇优秀调研成果、32个调查研究工作优秀组织单位和32名调查研究工作先进个人，推动全市调查研究工作再上新台阶。市政研室在市级优秀调研课题评选中，有14篇调研课题获奖，其中，4个一等奖、5个二等奖、5个三等奖。

【深化改革】 制定中共长春市委《全面深化改革委员会工作规则》《全面深化改革委员会专项小组工作规则》《全面深化改革委员会办公室工作细则》等文件，调整完善市委全面深化改革委员会组织机构，确立深改委高位统筹、专项小组分领域负责、改革办综合协调的组织领导体制，完善深改委定期例会、改革事项“清单制+责任制”、重大事项联席会议制等工作机制，推进各项改革。在全面承接中央和省委改革任务的基础上，编制2019年度市委深改组工作要点及任务台账，确定全年126项改革任务，为长春市深化改革明确目标、确立方向。召开4次市委深改委会议，统筹部署改革任务，审议通过《长春市政务新媒体管理办法（试行）》《市国资委以管资本为主推进职能转变实施方案》《长春市生态文明建设目标评价考核实施办法》《关于全面深化新时代教师队伍建设改革的实施意见》《长春市生态文明建设目标评价考核实施办法》《长春市推动工业互联网发展实施意见》《关于深化教育体制机制改革的实施意见》等多方面10项改革方案。解决难点重点问题。推动全市公交体制机制改革。结合落实长春市公交体制机制改革会议精神，召开深改会审议通过《长春市公共汽电车行业体制机制改革总体方案（审议稿）》《关于整合组建长春城市公共交通发展集团的实施方案（审议稿）》两项改革方案。参与交通部门调研，牵头起草《关于长春市公交体制机制改革的考察报告》，为推动相关改革明确路径。推动厂办大集体改革。与市国资委共同努力，解决厂办大集体职工基本养老保险，推动原有厂办的幼儿园、医院等从企业剥离，实现市场化、专业化管理。推动伊通河综合治理改革。为解决长春市水环境污染问题，派出专人，参与伊通河污水处理厂和管理网一体化改革调研，为全市“厂网一体化”改革和领导决策提供可操作性的对策建议。

【典型引路】 与九台区共同培育的改革典型：《九台区扎实推进农村人居环境整治工作》，得到长春市主要领导批示。与榆树市共同培育的改革典型：《大胆探索高效推进榆树市创新举措整治农村人居环境》，推动长春市农村人居环境整治工作改革。推动乡镇党委基层工作改革。组织人员到农安开展调研，壮大集体经济、促进乡村振兴，形成《关于对农安县巴吉垒镇党委开展村级集体资源清查清收工作的调研报告》，为推动乡镇基层相关工作提供指导。推动国有企业改革。在调研的基础上撰写《聚焦创新促发展、深化改革提质效——我市供热集团打造国企改革范本》在《长春信息》（2019第256期）专刊刊发，为推动供热企业发展和相关国有企业改革提供参考样本。推动长春火车站区域综合治理改革。与宽城区共同培育的改革典型：《宽城区创新长春火车站区域综合治理取得实效》，为重点区域综合治理提供有益的借鉴。推动亚泰集团国有股权管理改革。研究解决市国资委代二道区财政局持股的历史问题，理顺亚泰集团国有股份关系，为亚泰集团依法依规健康发展提供保障。推动长春新区高质量发展改革。会同长春新区总结提炼形成《长春新区深化改革创新推动高质量发展的报告》，省委深改委第四次会议审议此报告并给予肯定。推动实体经济高质量发展改革。与经开区共同培育的改革典型：《经开区以打造特色产业带助推实体经济高质量发展》，为全市经济转型发展提供参考路径。推动生活垃圾分类改革试点工作。与南关区共同培育的改革典型：《南关区打造“四个三”体系扎实推进生活垃圾分类改革试点》，为全市垃圾分类改革向纵深推进提供重要借鉴。推动教育领域深化改革。与宽城区共同培育的改革典型：《宽城区推行教师轮岗交流机制破解教育资源配置不均衡难题》，为破解长春市高质量教育供给不足、促进义务教育均衡发展提供借鉴。打造服务一汽新模式。与汽开区共同培育的改革典型：《汽开区打造服务一汽新模式》，为一汽改革发展提供发展环境。

【长春改革创新成果】 12月20日–22日，承办“‘不忘改革初心，牢记改革使命’中国改革（2019）年会”，展现长春勇于改革实践、改革创新的城市形象，这是中国改革年会首次在东北区域举办，会议规格、参会规模、会议成效创2009年以来历届年会之最。此次年会，长春市课后免费托管服务“蓓蕾计划”破解“三点半难题”被评为2019中国改革年度（十大）案例；长春市被授予“地方全面深化改革调研基地”，成为全国7个加强地方改革工作调研基地之一；长春市委市政府政策研究室（改革办）被评为“2019年度地方改革部门通联工作先进单位”。

（曹丽梅）

信　访

【化解攻坚】 成立化解攻坚工作领导小组，制定《我市关于开展来市到省、进京访化解攻坚工作实施方案》。7月23日至8月23日，在全市范围内开展以“减存量、遏增量、控访量、防变量”为目标的“强化解、降访量”攻坚月活动，国家和省交办的长春市积案化解率大幅提升，比活动开展前提升40%。10月20日至12月30日，市信访联席办以9月份进京重复访为重点，在全市范围内开展进京重复访专项化解攻坚活动，按照“属地管理、分级负责、谁主管、谁负责”的信访工作原则，以信访人息访罢诉“事心双解”为目的，以遏制进京重复访数量为目标，化解进京重复访案件，为长春市完成“两个专项攻坚”任务，打下基础。国家和吉林省信访局交办长春市信访案件1499件，化解1489件，化解率99.33%，完成既定工作目标。

【专项督查】 成立专项督导组，对“两个专项攻坚”工作和国家、省交办重点案件办理情况进行实地督导。7月29日至8月20日，督导组分成县（市）区和市直2个工作组，实地查看相关工作档案资料，指出问题，对每个县（市）区都提出明确指导意见。

【领导干部接访下访】 全市范围内开展两轮各级各部门党政主要领导“一接一处”工作，市信访局持续跟进、定期调度，及时通报、反馈案件办理情况，将主要领导干部“一接一处”工作做实、做细，一大批信访案件得到彻底化解。上半年，接待处理信访案件296件。其中，市级领导17人次，接待群众上访18件，当场化解5件，形成处理意见13件；县（市）区、开发区领导参与接访255人次，接待受理群众上访278件，化解115件，形成处理意见163件。下半年，有领导干部接访1530人次，接待处理信访案件2513件，涉及群众53722人。其中，有市级领导25位，接待处理信访问题77件，现已结案息访36件，其他案件正在推进化解和督办中。

【信访维稳】 3月4日–7日，市长刘忻连续调度35件重点案件。各级各部门履职尽责，开展隐患矛盾排查化解工作，逐级落实工作责任；建立属地、公安、信访、网信、铁路、公路一体化的情报信息共享平台，详细核查飞机、火车、车辆等交通信息，做好重点信访人员的清查、劝返和稳控工作。市领导多次做出重要批示，9月主要领导批示48件。6月20日，召开全市信访工作联席会议（扩大）会议，提前部署建国70周年大庆期间的信访维稳保障工作。7月1日至会事结束，市信访联席办启动信访信息“零报告”，每天对各地各事涉部门涉及的上访情况，及时报送上级单位，严格落实稳控化解责任。9月，政法委、法院、检察院、信访局、公安局、司法局6家单位联合发文《关于依法打击信访活动中违法犯罪行为的通告》，明确信访活动中的违法行为，张贴发布《通告》1000余份。

（王毅夫）

老干部工作

【概况】 截至2019年12月31日，长春市有离休干部2087人。其中，抗战时期85人，解放战争时期2002人；享受省级单项待遇3人，享受厅级待遇88人，县（处）级待遇1232人，科级以下764人。分布在机关428人，事业单位789人，企业870人，平均年龄90岁。

【政治待遇】 发放《习近平新时代中国特色社会主义思想学习纲要》《习近平不忘初心、牢记使命重要论述选编》等资料3560册。全国“两会”期间，组织全市离退休干部收听收看大会盛况，学习领会会议精神。举办全市离退休干部经济形势通报会，市委常委、常务副市长王路通报2018年经济社会发展情况及2019年工作安排。全市举办经济形势通报会66次、传达文件455次、参观考察136次、党支部学习2738次，落实老干部的政治待遇。组织老干部集中学习习近平总书记关于“不忘初心、牢记使命”的重要论述和最新讲话精神，采取局班子成员带头为老干部讲党课、组织座谈讨论发言、参观杨靖宇烈士陵园、临江战役纪念馆、学习老英雄张富清先进事迹、发放征求意见表等方式，引导老干部参与主题教育。离退休干部党组织覆盖。全市新组建离退休干部党总支2个、离退休干部党支部34个。局领导带队14次到各县（市）区调研指导，推进城市社区离退休干部党建工作，全市新组建社区离退休干部党支部171个。加强离退休干部党支部规范化建设。发放《中国共产党支部工作条例（试行）》学习问答760册，对83个市直部门包括离退休干部党建等4项重点工作进行调查。举办全市离退休干部党支部书记培训班，全市开展培训71次，培训党组织书记委员852人。开展离退休干部党建工作大调研。以城市社区离退休干部党建和离退休干部党支部规范化建设2个重点课题，局领导领题调研；召开老干部工作人员座谈会2个、离退休干部党支部书记座谈会1个、社区离退休干部党支部书记座谈会10个；发放离退休干部党建调查表100份、党支部书记调查表11份，对41个市直部门进行书面调研。形成《关于城市社区离退休干部党建工作研究》《关于离退休干部党支部规范化建设工作研究》2篇调研报告，《关于进一步加强离退休干部党支部规范化建设工作的意见》。加强离退休干部党建服务保障。对落实离退休干部党组织书记工作补贴不到位的单位进行督查整改，发放党组织书记工作补贴165.6万元。协调市直机关党工委，专门申请4万元党费，用于长春老年大学学员班临时党支部活动。

【生活待遇】 落实老干部生活待遇。为5名正厅级离休干部提高医疗待遇标准。参照省直做法，联合医保、财政等部门转发文件，提高市直离休干部医疗费统筹标准。到定点医院走访，检查指导各项医疗改进政策落实情况，发现和解决离休干部就医过程中遇到的新问题。配合医保部门完成2018年度离休干部医疗费节余返现工作。解决老干部的特殊困难和实际问题。投入帮扶资金近5万元，为18名特困离休干部购买电视机、洗衣机、床等生活用品，进行实物帮扶，改善老干部生活条件。全市各级投入资金189万元，帮扶生活困难离休干部294人。退休干部健康休养工作。6月11日至25日，组织1批市级老干部和3批局级老干部238人到临江、抚松进行每期7天的健康休养。

【组织老干部学习】 老干部学习活动阵地建设。争取省里的学习活动阵地建设奖补资金132万元，各级老干部工作部门改扩建学习活动场所4640平方米，全市老干部学习活动阵地建设得到提高。各级老年大学和老干部活动中心围绕庆祝新中国成立70周年，组织市、县两级老干部艺术团、老年大学艺术团、老年书画研究会等，创作歌颂伟大祖国的发展变化、弘扬爱国主义精神的精神文化作品，开展主题鲜明、健康向上、寓教于乐的学习活动。老干部工作信息化建设。采集离退休干部和工作人员信息3万余条，为平台的基础信息录入维护做出贡献。指导各级老干部工作部门建立微信公众号8个，建立老干部工作人员微信群118个、离退休干部党支部书记微信群39个、离退休干部党员微信群183个。

【组织老干部活动】 向老干部发放十九大精神学习资料，为新时代传习所征订《求是》《半月谈》等13种党刊和《人民日报》等3种党报，建立电子学习资料库，内存《毛泽东》《红色娘子军》等党史纪录片和革命电影等30余个影视资料。1月31日，组织91名老干部参加全市离退休干部经济形势报告会。3月20日，召开中心工作会议，通报全年工作任务，表彰174名先进离退休干部。为老干部发放《夕阳红》《老同志之友》，为支部书记发放《离退休干部党支部学习参考》。5月中旬，组织15名老干部党支部书记参加全市离退休干部党建工作推进会暨离退休干部党支部书记培训班。推进离退休干部党支部建设，将原来的45个离退休干部党支部调整为26个，完成支委的改选工作。2019年支部安排送学39人次，看望住院老干部党员18人。发放书记工作补贴23.4万元，发放离退休干部常规费用2000余万元。为8名易地安置和异地居住老干部报销医药费18.5万元。元旦春节期间普遍慰问老干部864人，五一劳动节期间普遍慰问老干部827人。国庆节期间普遍慰问老干部近800人。开展“送学、送关爱、送健康”活动，发放离退休干部“健康智能手环”近900份，发放离休干部“生日蛋糕卡”约780张。看望住院老干部200余人次。对18名生活特殊困难的老干部进行精准帮扶。以实物帮扶形式集中解决葛子义等14位老干部的特殊困难。主办全市200名离退休老干部参观兴隆保税区、老干部局庆祝建国70周年文艺演出、庆祝建国70周年老干部书画摄影作品展3个大型活动。全年各协会组织活动30余次，参与活动人数1500余人次。举办八一老兵联谊会，庆祝建国70周年书画摄影展，“大手牵小手”庆十一书画笔会等活动。艺术团开展文艺演出10场，并应邀参加吉林省电视台《天下乡亲》录制表演并参加吉林电视台第六届吉林省市民文化节。艺术团承办迎国庆70周年专场文艺演出，参加全市离退休干部迎国庆文艺汇演。摄影俱乐部以“国庆礼赞，大美瞬间”为主题，举办老干部第三届摄影展。本届摄影展参展作品120幅。举办庆祝建国70周年书画摄影联展，记录美好瞬间，抒发老干部的爱国之情，讴歌党的丰功伟绩。

【老年教育活动】 招聘5名全日制硕士研究生在编人员；面向社会选拔录用10名合同制优秀人才，其中，全日制本科5人，硕士研究生5人。在全国62所老年大学优秀教学大纲建设校评比中，老年大学获2019年全国老年大学“优秀教学大纲建设校”二等奖。开展书画作品展，展出作品500余幅、书法作品300余幅；开展各层级的庆祝建国70周年文化活动，美术系和书法系组织学员参加由全国老龄办、中国老龄协会主办，中国老年大学协会承办的《我和我的祖国》全国老年人文化艺术大赛。美术系的学员项新获一等奖、韩宪文获二等奖、张本元和倪英岚获三等奖、韩钰华获优秀奖，书法系的学员刘淑芝获书法作品一等奖。

【调研宣传】 组织老干部发挥与党和国家同心同德、同呼吸共命的作用，开展理论宣讲179场，听众5500余人，传承红色基因和优良传统，做坚定人们理想信念、培育核心价值观、关心教育下一代等方面的引领者。开展“多彩生活新作为”活动。弘扬奉献、友爱、互助、进步的志愿服务精神，部署开展老干部志愿服务工作，邀请市委宣传部志愿服务处负责人做专题辅导，全市组建老干部志愿服务团队121个、拥有老干部志愿者2101人，开展医疗服务82次，法制宣传、法律援助41次，纠纷调解、义务监督133次，树立老干部发挥作用的响亮品牌。开展“我看新中国成立70周年新成就”专题调研活动，撰写专题调研报告。开展“赞美新中国、寄语新时代”主题征文活动，收到征文132篇。表彰发挥作用先进典型。召开“长春最美老干部”表彰大会，表彰12名“最美老干部”。省委老干部局、省民政厅、省老龄事业发展基金会联合举办“吉林省老年公益爱心大使”评选表彰活动，长春市推荐的4名老干部和4名老干部工作人员获得表彰。开展全国全省离退休干部先进集体和先进个人评选推荐工作，规范完成13个先进集体、30名先进个人的推荐工作。

（王媛媛）

保密工作

【完善领导体制机制】 2019年，全市10个县（市）区均挂牌成立保密办（局），除绿园区原保密委专职副主任年初因工作调整暂未配备外，其他地区均配备保密委专职副主任，专职保密干部配备到位90%。将落实党政领导干部履行保密工作责任制情况纳入市委组织部考核内容。

【保密工作会议】 3月21日，中共长春市委保密委员会2019年第一次会议召开，市委常委、市委秘书长、保密委员会主任马延峰对全市保密工作提出要求。3月25日，召开全市重点涉密单位保密工作会议，传达学习市委保密委员会会议精神，安排部署2019年各项具体工作任务。

【保密监督检查】 对全市100余家重点机关、单位自查自评工作开展现场督查，对存在问题的单位进行跟踪指导，保证整改工作落实到位。依法开展案件查处，对《保密法》第48条规定的12种违法行为开展经常性的监督和检查。在全国“两会”、庆祝中华人民共和国成立70周年等关键时间节点启动保密专项检查，开展全市重点部位及重要军事设施周边环境安全保密检查工作，结合实际提出管控措施并协调各方力量对存在的问题进行整改。

【定密管理】 2019年，长春市成为国家和省“双层级”密点标注试点工作城市。新增宽城区、安监局、东北师大等试点单位，对全市所有密点标注试点单位进行业务指导，对新增试点单位涉密事项进行细化和确认。8月，市保密局在省密点标注工作培训座谈会上进行交流发言，介绍工作经验。9月下旬，组织试点单位召开密点标注阶段性工作总结座谈会，总结经验、交流成果、排解疑难。结合保密自查自评督查，对试点单位开展现场指导，答疑解惑。在此基础上，对两年来密点标注试点工作进行梳理和总结，形成专项报告向国家、省保密局汇报。

【涉密人员保密管理】 3月，市保密局与市委组织部、市公安局、市国家安全局、市人社局、市外事办6部门共同印发文件，对涉密人员出国（境）的相关保密管理要求予以补充、规范和完善。7月，市保密局与市委组织部、市公安局、市国家安全局、市人社局、市社保局、市工信局7部门共同会签转发国家保密局与有关部委联合制定的关于加强涉密人员离职离岗保密管理工作的文件，共同提出机关、单位要建立健全涉密人员保密管理机制，落实离职离岗涉密人员保密管理各项规定。7月2日，市保密局与市委组织部、市人力资源和社会保障局围绕“涉密人员保密管理”共同举办保密管理部门、组织部门、人事部门“三方”人员业务培训班，300余人参加培训。市保密局创新载体开展全市机关、单位涉密人员年度统计工作，通过统计数据发现问题并及时纠正，对涉密人员实施动态管理和记账式管理。将涉密人员保密管理工作进行责任分解，列出任务清单，制定工作措施，以责任清单督促责任落实。2019年，吉林省保密局全文刊登介绍长春的经验做法，5月8日，长春市应邀参加国家保密局召开的部分省市涉密人员保密管理工作座谈会并作发言交流。

【网络保密管理】 做好涉密信息系统分级保护管理和审查工作，配合吉林省保密科技测评中心完成对相关单位涉密网络的测评工作，并依法对其开展涉密信息系统行政审批，经查验合格后颁发运行临时合格证。推进保密综合业务网系统建设。开展非涉密计算机保密技术防护系统补装工作。完成涉密计算机信息统计。

【保密宣传教育】 依托与市委党校共建的“长春市保密教育实训平台”开展保密教育轮训，全年培训领导干部、青年干部、涉密人员、专兼职保密管理人员、新任职干部及市直机关、县（区）直机关公务员等1.5万人。利用自建网络教育平台“长春保密观”开展3期保密法治宣传教育线上答题活动，2.5万人参加。开展“4·15全民国家安全教育日”宣传教育活动，组织全市各机关、单位参加《国防法》《国家安全法》《军事设施保护法》《保守国家秘密法》和《反间谍法》“五法”普法知识竞赛，全市8000人次参加竞赛活动。组织“保密伴我行，护航新时代”保密宣传教育作品征集活动，征集各类保密宣传教育作品上百件，并汇编成册。应各机关、单位邀请，为全省保密系统、全市巡察系统、汽开区、经开区、宽城区、农安县、九台区、一汽集团等单位作保密教育专题讲座，近3000人接受教育。

【保密技术保障】 配齐配强保密专业设备，提高对市委、市政府等重要涉密部门部位和市级领导的服务保障工作。建设各种保密技术监管平台，发现问题、堵塞漏洞，发挥科技强密的作用。开展核心和重要涉密人员手机安全检测服务，全年检测各类智能手机多部。

【保密依法行政】 做好国家政务服务平台接入政务服务事项及应用审核工作；对市保密局权责清单进行重新梳理和审查，梳理出6大类15项权责事项；开展互联网+监管工作；规范保密行政执法行为，严格落实“谁执法谁负责”责任清单，及时清理行政执法主体和执法人员；规范开展行政执法监督检查及案卷评查工作；做好行政执法与刑事司法衔接；规范完善市保密局行政执法公示平台，全面推行行政执法公示制度、执法全过程记录制度、重大执法决定法制审核制度；开展保密审查，完成国家秘密载体印制资质（乙级）初审15个。2019年，法治实事项目被长春市依法治市办公室、长春市司法局评为“‘谁执法谁普法’十大优秀普法案例获奖单位”。

【保障涉密活动安全】 参与市“两会”等重大会议的保密管理，确保会议进行。监督指导国家教育考试、国家职业资格考试、全市公务员录用和事业单位招聘考试的保密工作，履行保密部门职责，提前与承办部门沟通，到考试保密工作第一线，了解考试保密工作实施情况，对试卷的清点、分类、保存、押运、分发到销毁等保密工作的重点环节依法进行指导，保障考试工作的进行。开展涉改部门保密工作督导，4月18日，召开全市涉改部门保密工作会议，对机构改革中的保密工作进行安排部署并进行业务指导。6月下旬，对6个机构改革中的合并单位开展进驻式保密检查，排查问题、堵塞漏洞、消除隐患、提升能力。6月26日，对新成立的6个单位进行集中座谈指导。

（刘为维）

党 校

【教学培训】 突出主业主课，创新教学形式。突出“党校姓党”根本原则，将习近平新时代中国特色社会主义思想作为理论教育的重中之重，完善“理论教育、党性教育、长春振兴发展、领导素质与能力”四大板块内容，构建“4+x”教学布局，打造更为科学、完善的课程体系。开设“习近平新时代中国特色社会主义思想”专题教学单元，开发增设教学新专题30余讲；强化党性教育，提高党性教育实效，将党章、党规党纪、理想信念、革命传统教育作为党性教育的重要内容，加大党章和党规党纪等党的基础性常识性知识教育，将“不忘初心，牢记使命”主题教育融入学员党性锻炼，以文艺演出的形式开辟党性教育第二课堂；围绕长春全面振兴全方位振兴，组织学员对不同选题到相关市直部门及部分企业开展市情专题调研；增加高端外请报告比重，在县局级领导干部进修班一、二期，外请报告在整个专题教学中占比为45%和47.8%，在中青班占比为75%，25人次外请教师在主体班教学评估中获评优秀课。丰富班次体系，提升培训实效。提高领导干部综合素质，开展研修培训；提升领导干部专业化能力，开展专题培训；加强高素质专业化年轻干部队伍建设，开展长春市中青年干部培训；增强往届选调生履职能力、拓宽眼界视野，开展2017届、2018届选调生进阶培训；提高新入职选调生理论素养和党性修养、实现身份转变和综合素质转型，开展2019届选调生初任培训。采取分段式培训模式，即“校内理论教学+市内工作调研+域外跟班学习+域外集中培训”，打破原有单一的集中培训模式，培训内容，培训实效。全年外请报告147场（常规班次45场，专题班和研修班86场，选调生16场），其中，外请市领导11人次，局级及以上领导38人次，高端专家学者56人次。精准培养师资，打造精品课程。选派年轻教师到域内外参加各级各类培训；举办全市党校系统“请进来”师资培训。邀请全国党校系统精品课获奖教师、湖南省委党校黄湘燕教授和山东省委党校杨珍教授为全市党校系统教师进行专题培训；对标中央党校精品课标准，打造校院“用学术讲政治”样板课，组织参与全国党校系统第五届精品课评选。在全省党校（行政学院）系统第四届“精品课”评选中，鲁雁和于建玮2位老师以第一名和第四名获评全省党校（行政学院）系统精品课，市委党校获得全省党校（行政学院）系统优秀教学组织奖。“用学术讲政治”，深化教学改革。出台校（院）《深化“用学术讲政治”教学改革实施方案》；突出“用学术讲政治”的教学改革理念，将“用学术讲政治”的教学改革理念贯穿教学全过程，严把竞课关、新课试讲关和课程评估关；出台校院《2019—2022年学科建设规划》，完善学科体系建设，用学术讲政治的学科基础；召开全市党校系统“用学术讲政治”教学改革专题研讨会。通过对标对表、交流经验、畅谈体会，使全市党校系统教师统一思想，凝聚共识；将“用学术讲政治”教学改革与“不忘初心，牢记使命”主题教育相结合，开展全市党校系统深化教学改革，落实“用学术讲政治”专题调研。

【学术研究】 2019年，提出以教研部为依托和以沙龙的形式开展学术活动，举办纪念“五四运动”100周年学术沙龙。创新设立科研团队，制定科研团队建设工作方案，推动科研质量提升。努力寻找征文、课题申报渠道，探索搭建平台。组织申报各级各类项目10次，立项44项；组织结项各级各类课题12次，44项课题通过验收。组织科研评奖2次，17人次申报，7人次获奖。组织征文活动6次，收到论文65篇，获奖40篇。登记科研成果224项，其中，出版著作4部，比2018年增加3部；公开发表论文88篇（含专刊导刊），其中，C刊4篇；全国中文核心7篇，比2018年增加4篇；学习时报1篇。以服务长春全面振兴全方位振兴为已任，聚焦市委市政府重大决策部署，密切关注社会热点、民生难点，利用党校教师和学员两种资源，发挥党校教师的理论优势和学员的实践优势，开展前瞻性、战略性、应用性研究，将党校打造成高端智库。有7篇资政报告（或调研报告）获得省市领导签批。其中，副省（部）级以上签批4篇，3篇获市政府领导批示。1篇调研报告被长春会展管理办公室采纳。通过党校《智库专报》呈送市委市政府主要领导决策咨询成果17篇；编辑出版以五大发展理念、市域社会治理为主题的《领导参阅》6期。发挥学员思想库作用，全年4期县局级领导干部进修班市情专题调研，实地调研单位60余家，完成调研报告127篇，5期正处长进修班完成建言献策224篇。

【师资培训】 实施“名师培养工程”，建设高素质专业化的干部队伍。年内到中央党校培训20人次，到省委党校培训18人次，请进来师资培训75人次。领导干部专题培训31人次，组织部调训4人次。组织推荐优秀年轻干部人选9人次、市管干部4人，提拔正处级领导干部5名，组织推选吉林省有突出贡献专家1人。组织职称评审，参评9人。完成专业技术岗聘用晋升6人，完成专业技术三级岗聘期考核工作。招录5名行政干部，招聘3名教师，引进高级职称专业技术人员2名。

（王　斐）

党　史

【党史研究】 编撰出版《长春大事记》（2018年卷）《中共长春党史人物传》（第二十卷）《长春解放英雄谱》；完成《吉林执政实录》（2018年卷）《吉林大事记》（2018年卷）《吉林省党史专家论文集》等有关长春地区内容编撰任务。

【党史资政】 完成《一汽创建时期党的建设的历史经验》《解放战争时期长春党组织密切联系群众的历史经验与现实启示》《文革前长影创建发展的历史经验》和《榆树市小乡典型经验的当代启示》等党史资政报告。完成发表《六十六载艰苦奋斗谱写一汽辉煌篇章》《擦亮金色名片牵引世界未来——中车长客建设发展之路》2篇发展经验材料。完成市直机关党建重点课题研究工作，上报《关于长春市直机关加强理论学习，提高政治站位，创新理论指导实践方式方法的研究》，获机关党建研究评比二等奖。

【党史宣教】 完成地方党史课程进党校任务，以《为人民的幸福而奋斗终生——长春党史那事那人儿》为题，为市委党校选调生班次、市老干部局、市城管系统等多家单位授课6次。完成由市“不忘初心、牢记使命”主题教育领导小组办公室主办、长春市文化广播电视和旅游局、长春市群众艺术馆承办、中共长春市委党史研究室指导的“不忘初心、牢记使命，讲革命传统、诉长春情怀”主题教育报告会。推进媒体宣传工作。通过中国共产党长春历史网及时发布工作信息，全年刊发30余篇文稿，点击量超过万次。提升“长春党史”微信公众平台内容质量，打造“党史上的今天”“赏名画知党史”和“学习园地”等栏目。按计划编发《春潮》双月刊，严格审核稿件内容，合理设置纪念专栏、资政专栏、城市亮点、党史研究、党史人物等栏目，内容更加贴近中心、贴近实际，更具有学术性和资政性。推动党史“七进”活动（进企业、进农村、进机关、进校园、进社区、进军营、进网络），指导全市16家党史教育基地和40家党史示范单位开展宣教工作。对“二道沟邮局——中共在长春第一个通讯站旧址”进行修缮工作。与南关区委等部门沟通，落实省委常委、市委书记王凯“关于恢复中国共产党在吉林省的第一个党支部旧址的建议”的批示精神，该项工作正在推进中。

（都　鹏）

档　案

【概况】 首批认定10件馆藏档案实物为革命文物，举办《不忘初心牢记使命—馆藏红色档案文献特展》，被市直机关工委确定为全市开展主题教育实践基地。已有27家单位在市档案馆举办主题教育活动，参观人数700余人次。协助政协举办展览。市档案馆与市政协文史委合作举办“庆祝中华人民共和国成立70周年暨人民政协光辉历程”国家级主题展览。提供50余份档案资料及图片，帮助制作仿真件。截至12月末，有3.4万人次参观展览。服务查档工作。为省公安厅查询解放前长春地工档案，以实际行动纪念为解放中国做出巨大贡献的中共地下工作者；在全市机构改革中，配合多个部门做好理清合并前单位档案查询；配合全省“扫黑除恶”专项斗争，接待公安、纪检、监察、法院等部门办案查询。在国际档案日期间，正式启动官方微信公众号“长春守藏官”，发布档案工作资讯，用档案讲故事，讲档案中故事，用新媒体发出档案声音，扩大社会影响力。

【服务民生】 做好退伍军人保障服务，为439名退伍军人补办社保、医保、办理社区登记等事项出具原始凭证；出具681份人口出生证明档案，为孩子们办理入托、入学、游学、出国等提供原始凭证；为154人出具学籍档案证明，为学生进行学历认证、职称评聘提供依据。

7月1日，举办《不忘初心牢记使命—红色档案文献特展》（汤　明　提供）

接待查询工人调配证存根、毕业生报到证、职称、聘干、农转非等民生档案3628人次，出具各类证明材料4480份。跨省联动，拓展异地查询，长春市档案馆与成都市档案馆、福州市档案馆、济南市档案馆及北京市海淀区档案馆签订民生档案跨馆异地利用服务工作协议，解决百姓异地查档难题，变“群众奔波”为“信息跑腿”，让利用者在档案事业创新发展中有更多的“获得感”和“满意感”，档案馆公共服务能力得到提升。截至12月20日，接待查档5600多人次，利用档案11000多卷（件），复制、打印档案资料近7万份。

【文物认定】　市档案馆在市文物局支持下，推荐10件馆藏档案精品申报红色革命文物。经过省级文物专家鉴定，具有革命历史价值。这是长春市档案馆历史上首次开展红色革命文物认定工作。10件文物既有实物、书信，又有布告、证照，再现长春在新中国建立期间的历史担当和历史贡献，对厚植、挖掘长春红色革命文化具有重要意义。

【《新中国的记忆——接收长春经验批转全国》专题片拍摄】　在中央档案馆的支持下，长春市档案馆与长春广播电视台共同拍摄电视专题记录片《新中国的记忆——接收长春经验批转全国》（上、下集）。讲述长春解放经验受到毛主席和中央军委的肯定、把经验批转各大解放区和野战军的往事。该片在长春电视台多个频道播放，在腾讯视频网站点击量690次。6月10日，市档案馆举行馆藏革命文物首次命名媒体发布会暨《新中国的记忆——接收长春经验批转全国》首映式。时任长春市委常委、市委秘书长马延峰出席仪式并讲话。新华社、中央人民广播电台、《中国档案报》、吉林广播电台、长春广播电台、《长春日报》等多家主流媒体进行报道。

【基础业务建设】　委托第三方对全馆消防设施、用电线路、电气状况等进行检测并落实整改意见；召开节假日安全工作会议，强化安全责任，加强值守与应急；严格执行双人入库制度；保证数据安全，做到每周1次完全备份，每天1次增量备份。全年无档案安全事故。接收进馆91家立档单位档案10万余卷件；征集感动中国人物刘英俊烈士及亲人照片近百张，历史版图书16件。收到日本友人越泽明先生捐赠的《1895-1945年长春城市规划史图集》。收集清末及民国时期报纸，下载电子图片6万多幅；扫描《吉林画报》和《国都新京》图片近600幅，完善馆藏门类。完成国家重点档案保护与开发项目《长春历史地图》征集及出版，通过市档案局组织的专家验收。首次将保存在机构中和散存在民间的长春各个历史时期的舆图、街路图及其他类别的地图进行整合，填补长春地方历史空白，具有较高的学术价值、社会价值、经济价值。

【档案信息化】　启动并实施“长春市档案馆档案数字化项目”。以项目化管理带动信息化建设。中标公司按照合同要求有序开展馆藏纸质档案数字化工作，著录及校正目录1.6万条，扫描图像16.5万幅。开展电子档案接收，对机构改革后直接面向立档单位接收电子档案这一新情况，制定相应工作流程，设计专用表单。完成全市62家市直机关电子档案数据接收，接收目录数据27000多条，电子文件近2万件。接收33家助产机构2017年度出生医学证明档案电子数据5万余条。

（汤　明）

重点工作

【概况】 2019年，召开人民代表大会1次，常委会会议9次，主任会议21次，审议制定修订修改地方性法规20件，听取审议“一府一委两院”工作报告29项，开展视察、调研32次，执法检查1次，专题询问1项，作出决议、决定8项，任免国家机关工作人员387人次，为推动长春发展提供法治保障。

【代表大会】 长春市第十五届人民代表大会第三次会议于2019年1月14日–17日召开。会议听取和审议长春市人民政府工作报告；审查和批准长春市2018年国民经济和社会发展计划执行情况与2019年国民经济和社会发展计划草案的报告，批准2019年国民经济和社会发展计划；审查和批准长春市2018年预算执行情况和2019年预算草案的报告，批准2019年预算；听取和审议长春市人民代表大会常务委员会工作报告、长春市中级人民法院工作报告、长春市人民检察院工作报告。补选刘忻为长春市市长，补选祝永安、史长友为长春市第十五届人民代表大会常务委员会副主任，补选李成员为长春市第十五届人民代表大会常务委员会秘书长，补选王晓东、王继荣、杜福、明翔、曹力为长春市第十五届人民代表大会常务委员会委员，补选程凤义为长春市中级人民法院院长。在长春市委书记王君正的监誓下，新当选市长，长春市人大常委会副主任、秘书长、委员，长春市中级人民法院院长，长春市人大有关专门委员会组成人员进行宪法宣誓。会议以按表决器的方式表决通过各项决议和决定。

1月14日，召开长春市第十五届人民代表大会第三次会议　（张　剑　提供）

【常委会会议】 举行常委会会议9次，即长春市第十五届人大常委会第十七次至第二十五次会议。1月8日，市十五届人大常委会举行第十七次会议。市人大常委会主任钱万成，副主任吕凝、王铁茗、王明德、甘琳，秘书长吴强及常委会委员39人出席会议。市人大常委会副主任王铁茗主持全体会议。副市长王海英，市中级人民法院代院长程凤义，市人民检察院检察长盛美军，市监察委员会负责人，市人大及其常委会各部门负责人，部分市人大代表，各县（市）区人大常委会负责人，市政府有关部门负责人，常委会机关干部列席会议。会议审议并表决通过市十五届人大三次会议议程（草案）、日程（草案）、主席团和秘书长名单（草案）、主席团常务主席名单（草案）、副秘书长名单（草案）、决定列席人员名单；审议并表决通过《长春市第十五届人民代表大会常务委员会代表资格审查委员会关于个别代表的代表资格的报告》；听取主任会议关于提请补选吉林省第十三届人民代表大会代表的议案；审议通过市人大常委会工作报告；听取市政府关于长春市“十三五”规划实施情况的中期评估报告的说明；听取市政府关于2017年度国有资产管理情况的综合报告；听取市政府关于市十五届人大二次会议议案办理情况的报告。会议还审议有关人事事项，补选刘忻为吉林省第十三届人民代表大会代表，选举结果报吉林省人大常委会代表资格审查委员会确认，决定任命宋驰为市商务局局长。

2月28日，市十五届人大常委会举行第十八次会议。市人大常委会主任钱万成，副主任甘琳、祝永安、史长友，秘书长李成员出席会议。市人大常委会副主任王明德主持全体会议。副市长王路，市监察委员会主任王长久，市中级人民法院院长程凤义，市人民检察院负责人，市人大及其常委会各部门负责人，部分市人大代表，各县（市）区人大常委会负责人，市政府有关部门负责人，常委会机关干部列席会议。会议审议并表决通过《长春市第十五届人民代表大会常务委员会代表资格审查委员会关于个别代表的代表资格的报告》《长春市人大常委会2019年工作要点》；听取市政府关于市十五届人大三次会议议案办理方案的报告。会议还审议有关人事事项，表决通过有关人事任职的议案。

4月25日，长春市十五届人大常委会举行第十九次会议。市人大常委会主任钱万成，副主任王明德、祝永安、史长友，秘书长李成员出席会议。市人大常委会副主任甘琳主持全体会议。副市长王路，市监察委员会主任王长久，市中级人民法院院长程凤义，市人民检察院负责人，市人大及其常委会各部门负责人，部分市人大代表，各县（市）区人大常委会负责人，市政府有关部门负责人，常委会机关干部列席会议。会议审议并表决通过《长春市第十五届人民代表大会常务委员会代表资格审查委员会关于个别代表的代表资格的报告》；听取副市长吕锋所作的关于扫黑除恶专项斗争工作情况的报告、副市长周贺所作的关于2018年环境状况及环境保护目标完成情况的报告、副市长王路所作的关于提请审议修改部分地方性法规的议案及说明。会议还审议有关人事事项，表决通过有关人事免职辞职事项，表决通过《长春市人大常委会关于修改部分地方性法规的决定》。

6月27日，市十五届人大常委会举行第二十次会议。市人大常委会主任钱万成，副主任王明德、甘琳，秘书长李成员及常委会委员38人出席会议。市人大常委会副主任祝永安主持全体会议。副市长贾晓东、王海英，市监察委员会负责人，市中级人民法院负责人，市人民检察院负责人，市人大及其常委会各部门负责人，各县（市）区人大常委会负责人，市政府有关部门负责人，部分市和区人大代表，市人大常委会机关干部列席会议。会议听取市政府关于提请审议制定《长春市电梯安全管理条例》的议案及说明、关于提请审议修订《长春市城市供水条例》的议案及说明；听取并审议通过《市十五届人大常委会代表资格审查委员会关于个别代表的代表资格的报告》。会议还审议有关人事事项，表决通过有关人事免职事项。

8月29日至30日，市人大常委会举行第二十一次会议。市人大常委会主任钱万成，副主任王明德、甘琳、祝永安，秘书长李成员及常委会委员40人出席会议。市人大常委会副主任史长友主持全体会议。副市长周贺、贾晓东，市中级人民法院院长程凤义，市人民检察院检察长盛美军，市监察委员会负责人，市人大及其常委会各部门负责人，部分市人大代表，各县（市）区人大常委会负责人，市政府有关部门负责人，市人大常委会机关干部列席会议。会议听取市人大法制委员会关于《长春市电梯安全管理条例（草案）》《长春市城市供水条例（修订草案）》审议结果的报告；听取市政府关于提请审议修订《长春市统计管理条例》的议案及说明、关于提请审议制定《长春市农村环境治理条例》的议案及说明、关于提请审议制定《长春市农作物秸秆露天禁烧和综合利用管理条例》的议案及说明；审议并表决通过市十五届人大常委会代表资格审查委员会关于个别代表的代表资格的报告；听取市人大常委会执法检查组关于检查《中华人民共和国水污染防治法》贯彻实施情况的报告；听取市政府关于2019年国民经济和社会发展计划上半年执行情况及下半年主要工作安排的报告；听取市政府关于2018年财政决算和2019年上半年预算执行情况的报告；听取市政府关于2018年度市本级预算执行和其他财政收支情况的审计工作报告；听取市人大财政经济委员会关于长春市本级2018年财政决算和2019年上半年预算执行情况的审查结果报告；审议市人大财经委关于2019年国民经济和社会发展计划上半年执行情况报告的审查报告（书面）；听取市政府、市中法、市检察院关于保障全市民营经济发展情况的报告。会议还审议有关人事事项，表决通过有关人事免职事项，表决通过《长春市电梯安全管理条例》《长春市城市供水条例》；表决通过《长春市人大常委会关于长春市本级2018年财政决算的决议》。

9月29日，市人大常委会举行第二十二次会议。市人大常委会主任钱万成，副主任祝永安、史长友，秘书长李成员及常委会委员35人出席会议。市人大常委会副主任王明德主持全体会议。副市长王路，市人民检察院检察长盛美军，市监察委员会负责人，市中级人民法院负责人，市政府有关部门负责人列席会议。会议审议并表决通过市十五届人大常委会代表资格审查委员会关于个别代表的代表资格的报告；听取有关事项的报告；审议并表决通过有关事项。

10月29日–30日，市人大常委会举行第二十三次会议。市人大常委会主任钱万成，副主任祝永安、史长友，秘书长李成员及常委会委员33人出席会议。市人大常委会副主任甘琳主持全体会议。副市长周贺、王海英，市中级人民法院院长程凤义，市人民检察院检察长盛美军，市监察委员会负责人，市人大及其常委会各部门负责人，部分市人大代表，各县（市）区人大常委会负责人，市政府有关部门负责人，市人大常委会机关干部列席会议。会议听取市人大法制委关于《长春市农村环境治理条例（草案）》《长春市农作物秸秆露天禁烧和综合利用管理条例（草案）》和《长春市统计管理条例（修订草案）》审议结果的报告；听取市政府关于提请审议制定《长春市城市管理条例》的议案及说明、关于提请审议制定《长春市饮用水水源保护条例》的议案及说明；听取市人大社会委关于提请审议制定《长春市文明行为促进条例》的议案及说明；审议并表决通过市十五届人大常委会代表资格审查委员会关于个别代表的代表资格的报告；听取市政府关于提请审议2019年市本级预算调整方案的议案；听取市人大财经委关于2019年市本级预算调整方案的审查结果报告；听取市人大常委会视察组关于全市城建重点工程建设情况的视察报告；听取市政府关于全市农村环境治理工作情况的报告；听取市政府关于全市科技创新工作情况的报告。会议还审议有关人事事项，表决通过《关于提请补充市十五届人大常委会代表资格审查委员会组成人员的议案》；表决通过《长春市农村环境治理条例》《长春市农作物秸秆露天禁烧和综合利用管理条例》和《长春市统计管理条例》；表决通过《长春市人民代表大会常务委员会关于批准2019年市本级预算调整方案的决议》；表决通过有关人事任职的议案。

常委会第二十三次会议期间，召开全市农村环境治理工作专题询问会议，市人大常委会主任钱万成，副主任王明德、甘琳、祝永安，秘书长李成员及常委会委员出席会议。市人大常委会副主任史长友主持会议。分市人大农业与农村委员会委员、市人大代表、各县（市）区人大常委会主要负责人和政府相关负责人列席会议。

11月28日，市人大常委会举行第二十四次会议。市人大常委会主任钱万成，副主任王明德、史长友，秘书长李成员及常委会委员38人出席会议。市人大常委会副主任祝永安主持全体会议。副市长贾丽娜，市人民检察院检察长盛美军，市监察委员会负责人，市中级人民法院负责人，市人大及其常委会各部门负责人，部分市人大代表，各县（市）区人大常委会负责人，市政府有关部门负责人，市人大常委会机关干部列席会议。会议听取市人大常委会关于召开长春市第十五届人民代表大会第四次会议的决定（草案）的说明；听取市人大常委会视察组关于全市重大项目建设情况的视察报告。会议表决通过市人大常委会关于召开长春市第十五届人民代表大会第四次会议的决定。

12月27日，市人大常委会举行第二十五次会议。市人大常委会主任钱万成，副主任王明德、祝永安，秘书长李成员及常委会委员39人出席会议。市人大常委会副主任史长友主持全体会议。市监察委员会主任王长久，副市长周贺，市人民检察院检察长盛美军，市中级人民法院负责人列席会议。会议审议并表决通过了市十五届人大四次会议议程（草案）、日程（草案）、主席团和秘书长名单（草案）、主席团常务主席名单（草案）、副秘书长名单（草案）、决定列席人员名单；听取市人大法制委员会关于《长春市城市管理条例（草案）》《长春市饮用水水源保护条例（草案）》和《长春市文明行为促进条例（草案）》审议结果的报告；审议并表决通过《长春市第十五届人民代表大会常务委员会代表资格审查委员会关于个别代表的代表资格的报告》；听取市十五届人大常委会第四十六次主任会议关于提请补选吉林省第十三届人民代表大会代表的议案；听取《长春市人大常委会关于进一步加强各级国家机关联系人大代表的意见》的起草说明、《长春市人大常委会组成人员密切联系基层人大及代表实施办法》的起草说明、长春市人民代表大会常务委员会工作报告（审议稿）的起草说明；听取市政府关于2018年度行政事业性国有资产管理情况的专项报告、关于2018年度市本级预算执行和其他财政收支审计查出问题整改情况的报告、关于市十五届人大三次会议议案办理情况的报告；审议有关人事事项，表决通过有关人事辞职免职事项。会议表决通过拟提请长春市第十五届人民代表大会第四次会议审议的长春市人民代表大会常务委员会工作报告（审议稿）；表决通过《长春市城市管理条例》《长春市饮用水水源保护条例》和《长春市文明行为促进条例》；表决通过《长春市人大常委会关于进一步加强各级国家机关联系人大代表的意见》；表决通过《长春市人大常委会组成人员密切联系基层人大及代表实施办法》；表决通过有关人事任职的议案；经无记名投票表决，通过姜保忠等9人任职事项。

立法监督

【概况】 审议制定《长春市饮用水水源保护条例》，明确水源地保护区划定和调整程序等重点问题，用法治的力量保护生命之源、健康之本。解决大气污染防治突出问题，审议制定《长春市农作物秸秆露天禁烧和综合利用条例》，从立法层面建立秸秆禁烧和综合利用长效机制。加强城乡治理领域立法，以法治建设美好家园。审议制定《长春市城市管理条例》，这是吉林省首部综合规范城市管理和执法工作的地方性法规。根据农村环境特点和治理要求，审议制定《长春市农村环境治理条例》，依法推动生态宜居美丽乡村建设。审议制定《长春市文明行为促进条例》，修订《长春市统计管理条例》，审议制定《长春市电梯安全管理条例》。修订《长春市城市供水条例》。坚持党对立法工作的领导，将《长春市城市管理条例》等4部法规草案提请市委研究审议。加强法律监督和普法宣传，保障法律法规有效实施。对《中华人民共和国水污染防治法》开展执法检查，对《长春市安全生产条例》《长春市燃放烟花爆竹安全管理条例》等地方性法规贯彻实施情况进行检查调研，推动政府、企业和全社会增强法治意识。对16件规范性文件进行备案审查，维护法制统一。开展“普法宣传年”活动，举办“人民讲堂”11期，推动法律法规有效实施。

听取审议计划执行、预算执行、审计工作、行政事业性国有资产管理等情况报告，审查批准2018年度财政决算和2019年度预算调整方案。组织三级人大代表到12个县区、开发区，对重大项目建设情况进行视察，推动重大项目加快建设、重点产业加快集聚。围绕发展民营经济和科技创新，开展专题调研并听取审议专项工作报告，推动“一府两院”统筹整合扶持政策，强化民营经济司法保护。聚焦防范化解重大风险，听取审议政府性债务、财政投资重大项目等情况报告，推动政府牢牢守住不发生系统性金融风险的底线。加强生态环保工作监督。听取审议2018年度全市环境状况和环境保护目标完成情况报告，对湿地保护、垃圾分类、畜禽污染防治等情况开展调研，促进政府自觉扛起生态环保政治责任。组织三级人大代表到乡镇、村屯，对农村环境治理情况进行视察，听取审议农村环境治理工作情况报告并开展专题询问，促进各项工作落实。加强司法工作监督。对全市扫黑除恶专项斗争开展情况进行视察并听取审议“一府两院”专项工作报告，推动构建长治久安的工作格局。审议依法行政工作情况报告，提高法治政府建设。对公共法律服务体系建设、仲裁改革及执行、诉讼监督等工作进行视察和调研，对《关于加强社会治安防控体系建设的决定》执行情况进行检查，打造安全稳定的社会环境。增强监督实效。邀请人大代表参加视察、检查活动，聘任20名监察司法咨询委员，壮大咨询专家队伍，依靠人大代表和专家提高工作水平。组织三级人大代表对环保基础设施、轨道交通、路网体系等城建重点工程建设情况进行视察，推动城市功能不断完善、承载能力不断增强。对违建拆除、工地环境、交通秩序等城市乱象治理工作进行视察，推动城市管理向人性化、科学化、精细化、现代化迈进。

7月16日，市人大常委会领导视察法律相关工作

（张　剑　提供）

【代表活动】　2019年，培训市级人大代表700余人次。制定《关于进一步加强各级国家机关联系人大代表的意见》《市人大常委会组成人员密切联系基层人大及代表实施办法》。开展“走进基层听民意、走进机关促发展”主题实践活动，市、县两级人大代表参加活动6200余人次，参与“软环境建设明察暗访”75人次。创新组建“人大代表助企联盟”，走访企业590余户，帮助企业解决诉求320余件。邀请各级人大代表列席常委会会议，参加立法论证、视察检查、调研座谈等活动1000余人次。提高议案建议办理质量。实行重点建议领衔督办制度，《关于推动民营经济快速发展，为长春振兴提供强大支撑的议案》《关于提高城市管理“四化”治理成效的议案》两件大会议案，17件重点建议由常委会相关副主任、秘书长领衔督办。召开调度会、到承办单位视察等方式，推动办理质效。在“一府一委两院”的努力下，市十五届人大三次会议确定的2件议案和270件代表建议全部办结。

（张　剑）

重点工作

【概况】 2019年，长春市全年地区生产总值增长3%。发展后劲不断增强，一汽加大在长产能布局力度，一批重点企业增资扩产，招商项目质量、规模、数量有明显提升，国家高新技术企业户数倍增，科技型“小巨人”企业户数增加32%，日均新设立企业超过100户。城乡环境质量稳步提高，城市空气质量、重点流域水质的改善程度均排在全国前列。城市管理水平不断提升，“全国文明城市”荣誉称号复牌，第4次获评“国家卫生城市”。民生事业稳健发展，新增就业10.2万人，城镇登记失业率控制在3%以内，城乡居民人均可支配收入增长7%和8.6%。

【经济发展】 全市规模以上工业增加值比2018年增长6.2%。规模以上工业总产值比2018年增长1.5%。全年开复工超10亿元项目112个、超亿元项目445个，一汽丰越RAV4换代、华大基因测序仪等128个超亿元产业项目竣工投产。支持本地企业扩能改造，一汽丰越、一汽-大众、长客等130余户规模以上企业增加投资。举全市之力支持一汽、长客等重点企业发展。一汽集团整车产量增速高于全国平均水平8.6个百分点，销量增速高于全国平均水平8.7个百分点，市场占有率从12.3%提升到13.6%。红旗汽车产量从3.3万辆突破10万辆。新能源汽车产量增长4倍、销量增长3.5倍。

粮食总产量94.3亿千克，增长9.1%。实施玉米保护性耕作26666.67公顷。发展优质特色绿色农业，新建6个高标准农田核心示范区、20个绿色有机农业示范园区，新认证“三品一标”农产品100个。省级以上和市级龙头企业数量分别发展到131户和196户。农机化水平90%。

开展“农村人居环境集中整治”，430个村整村推进厕所改造，1393个行政村实现生活垃圾收集转运处理，完成1972千米“畅返不畅”农村公路整治。获评吉林省“百村示范、千村提升”工程引领村23个，示范村235个。获得吉林省美丽乡村20个。

改造升级长影不夜街等一批特色夜市，欧亚汇集、这有山等特色商务综合体投入运营。社会消费品零售总额增长3.9%。以市场化为主，高水平、大手笔打造莲花山冰雪大世界、净月雪世界、雕塑公园冰雪天地，成为冬季旅游网红打卡地。举办汽博会、农博会、雪博会、航空展等170个规模以上展会。龙嘉机场旅客吞吐量增长7.6%。全年接待海内外游客1亿人次，旅游总收入超过2000亿元。金融机构本外币各项存款余额增长9.7%，贷款余额增长13.2%。亿联银行存款规模增长146%、贷款规模增长290%。上海证券交易所企业上市服务站正式落户长春新区。春城热力香港上市，赢时物业、英辰科技在新三板挂牌。

【改革创新】 新企业开办审批用时减到1小时以内。9类工程建设项目从立项到竣工验收审批时限承诺最短15个工作日、最长50个工作日。统筹推进重点改革任务，政府机构改革顺利实施。国企管控员工总量、规范投资行为、退休人员社会化管理取得新成效。公交体制改革启动实施。农村土地确权全面完成。长春新区“标准地+承诺制”改革走在全国前列，人才管理改革实验区案例获评全国人才工作创新“最佳案例”。“温馨村小”创建成为中央改革发展攻坚克难创新案例。课后免费托管服务“蓓蕾计划”入选“2019中国改革十大年度优秀案例”。

构建以一汽、吉大、光机所、应化所为代表的大企、大学、大所产学研创新联盟，科技成果加快转化。新认定国家高新技术企业744户，总数1322户，总量增幅居副省级城市第一位。新认定科技型“小巨人”企业277户，总数1147户。技术合同成交额增长39.6%。专利申请量增长15.3%。开展大众创业、万众创新，“双创”基地176个，在孵企业4600户。14项科技成果获国家科学技术奖。8.1万名高校毕业生留长创业就业。新增2名院士，新建4家院士工作站。

【优化环境】 为制造业、小微企业等市场主体和个人减税142亿元。降低城镇职工基本养老保险单位缴费比例、医疗保险单位缴费比例。降低重点工业企业用水、燃气、蒸汽价格。偿还拖欠民营企业、中小企业账款46.3亿元。

【对外开放】 融入共建“一带一路”，启动创建中韩（长春）国际合作示范区工作。兴隆综保区业务额增长31%。长满欧班列进出口货物增长6.6%。整车进口口岸投入运营。高新技术产品进出口额增长13.2%。增开3条国际航线。建立外籍专家子女就学、本人就医、申办居留许可绿色通道，“120”提供外语无障碍服务。中车长客法籍专家马小克、长春理工大学日籍专家富江敏尚获中国政府友谊奖。推动区域协同发展。加快推动长吉一体化、长春公主岭同城化，长吉接合片区获批国家城乡融合发展试验区。深化与天津、杭州对口合作。天津长春无水港开通运行。推动哈长城市群建设。

【城乡发展】 启动编制长春现代化都市圈规划，完成市政设施、公共服务等23个专项规划。完成人民大街历史文化街区维修改造，百年长街旧貌换新颜。新建19条城市道路，完成5条街路大中修，实施8座桥梁维修加固。一汽物流铁路线、机场大道等停工受阻多年的工程复工，吉林大路快速路和一汽大众物流专用通道投入使用。启动第三轮轨道交通建设，地铁6号线以及地铁2号线东延、轻轨4号线南延工程开工。新建3座公园，新植改造75处绿化精品，增加绿地251公顷。水文化生态园荣获美国景观建筑师协会等3家国际权威机构评奖。开展“城市乱象集中整治”。拆除违法建筑236万平方米。清理工地临时用房及围挡，火车站、西客站、文化广场、伊通河沿线等城市主要节点面貌焕然一新。

【生态环境】 全年环境空气质量优良天气306天，优良率83.8%。2318家“散乱污”企业全部完成整治，淘汰20蒸吨以下燃煤锅炉597台，秸秆综合利用率88%。落实河（湖）长制，新建改造12座污水处理厂，启动建设85处乡镇污水集中处理设施，饮马河、伊通河流域水质得到改善。石头口门、新立城水源地一级保护区1266.67公顷耕地退耕还草还湿，水质达标率100%。主城区生活垃圾分类覆盖率60%。实施农防林更新改造、林地清收还林、防沙治沙造林、“三北”五期造林等工程，完成营造林4591公顷，恢复矿山生态636.9公顷。按时完成大棚房整治及自然保护区、水源地保护区违建别墅清查整治。

【文化活动】 《长春故事》文化读本进入校园。长春博物馆对外开放。完成央视春晚长春一汽分会场等重大演出任务。举办高水平音乐会10场，开展公益演出300场。长影乐团“周末音乐会”成为文化惠民新品牌。发展群众体育运动。158所城区中小学体育场馆对外开放。举办70余场国际国内体育赛事。

【居民生活】 新建改造101处集中供水工程，改造危房2411户，1280户贫困户脱贫，贫困村全部出列，贫困发生率降至0.02%。民生事业稳健发展，幸福长春行动计划和增加城乡居民收入“暖流计划”全面完成。新增就业10.2万人，农村劳动力转移就业118万人，城镇登记失业率控制在4%以内，企业退休人员基本养老金人均增长5.4%。实施“菜篮子”工程，向困难群众发放价格临时补贴。向4.3万名残疾人提供精准康复服务。新建第二福利院和15个社区养老中心。大病保险报销比例提高5%，抗癌药物个人先行自付比例降低5%，异地就医更加便捷。启动实施惠及3.9万户居民的老旧小区改造。完成未登记房屋确权1161万平方米。改造棚户区6294户。安置超期回迁居民3098户。

【社会管理】 开展扫黑除恶专项斗争。打掉涉黑团伙13个、恶势力集团32个、涉恶团伙83个，查处“保护伞”58人。命案和有影响案件全部告破。行政村驻村辅警全覆盖。建立应急管理体系，成立综合性消防救援队伍。推进安全生产专项整治，事故起数下降7.2%，遇难人数下降2.8%。加强信访和市长公开电话工作，解决群众合理诉求。规范供热、出租车行业管理，供热投诉减少52%，出租车投诉率下降30.2%。

【公共事业】 新增4所义务教育学校。全市各类教育学校1505所（不含幼儿园，以下同），其中，普通高校40所，成人高校8所，中等职业学校93所，普通高中74所，初中学校274所，小学1006所，特殊教育学校9所，工读学校1所。全市各级各类学校当年招生39.1万人。其中，普通本专科生14万人，成人本专科生3.5万人，研究生2.1万人，中等职业1.7万人，普通高中4.4万人，初中阶段6.4万人，小学6.9万人，特殊教育183人，工读34人。全市各类学校在校学生137万人，在校教职工12.2万人。全市独立设置幼儿园828所，当年招收幼儿4.3万人，在园幼儿11.5万人，教职工2万人。

全市卫生医疗机构4918个，拥有医疗床位5.6万张，卫生技术人员5.9万人。每千人拥有执业医师和执业助理医师3.4人。市辖区建成社区卫生服务中心85家，城区人口覆盖率100%。335.4万农民参加新型合作医疗，常住人口参合率97.1%。

全市文化（文物）事业机构250家，艺术表演团体8家，艺术表演场馆5座，公共图书馆12家、艺术馆和文化馆12家，文化站163家，文化艺术研究机构1家，文物保护研究机构1家，文物保护管理机构4家，博物馆23家，文化市场管理机构6家。全市广播电视台6座，节目21套，中波发射台和转播台2座，转播台24座，广播人口覆盖率100%。

全年承办瓦萨国际越野滑雪系列赛、长春国际马拉松赛、中国冰雪汽车短道拉力锦标赛等国际国内大型体育赛事70余项次。开展各级各类健身活动1000余项次。长春市及长春市输送的运动员参加年度国际和全国比赛74项次，获世界系列比赛冠军6个，全国冠军53个。运动员孟繁棋获世界冬季两项青年锦标赛青年组女子12.5千米个人项目冠军，是中国运动员首次站上世青赛青年组的冠军领奖台；运动员张宣在单板滑雪平行项目世界杯北京云顶站比赛中获第四名，创造中国子运动员该项目国际比赛历史最好成绩；18岁运动员魏绍轩在射箭世界锦标赛上获男子团体反曲弓项目冠军，是中国队在该项目的历史首枚金牌。

（邹东东）

市长公开电话

【概况】 2019年，市长公开电话全口径受理反映的问题952670件，比2018年上升59.62%，其中，“12345”热线受理915431件，网站受理24842件，读报读网受理1561件，人工智能接听2760件，微信受理4980件，其他途径受理3096件；依法合理答复337673件，转交网络单位办理614997件，办结率99%以上，反馈率96%以上，群众满意率87%以上；举办局长接待日12次，接待来访人数4955人次，受理问题2054件，办结2008件，办结率97.8%。在年度受理交办工作中，未发生一起敏感、热点问题迟报、漏办现象。在广西贵港市举行的人民网《领导留言板》2019年度工作会议上，长春市被《人民日报》评为“2019年人民网网民留言办理民心汇聚单位”“2019年人民网网民留言办理工作10周年贡献奖”，读网工作连续10年受到《人民日报》赞誉；受理处获省委、省政府“巾帼建功先进集体”称号。

【跟踪督办】 结合“元旦”“春节”“中秋”和“国庆”等重要时机，在系统内开展“告别烦心事，放心过佳节”主题活动，各网络单位重点围绕供水、供热、供电、燃气、有线电视、交通、困难救助、欠薪、物业、市容卫生等方面存在的直接影响市民过节的问题进行排查，解决问题14380件。跟踪督办供热、供水、安全等方面所涉重点问题300余个；运用现场办公、会议协调、问题专报等方式，综合协调处理征拆补偿、产权办理等难点问题近百个；1月–12月，市长公开电话督办重要事项46712个、重复投诉事项26296个、一批热点、敏感问题得到稳控和处理。

重新修订下发《市长公开电话工作管理规范》《市长公开电话考评实施方案》，建立“三次以上重复投诉办理主要领导签批把关”机制，推行“系统自动在线调查、人工随机抽样调查、第三方社会机构辅助调查”的“三位一体”市民满意度调查模式，实行“系统反馈不满意件自动退回重办”制度，加强对市民诉求办理质量的监控管理力度；推进“长春市社会治理非应急信息服务平台”上线运行，实现语音识别自动受理、大数据挖掘分析、实时数据预警预报、自动在线反馈调查等诸多智能化服务功能；1月30日，智能语音机器人“小优同学”正式上线运行；6月1日正式开通外语专席，为在长的外籍人士提供24小时话务服务；8月，上线智能语音受理功能，让人工智能服务春城百姓；9月30日零时，长春市长公开电话微信公众号“长春市12345”正式上线运行，市民只需动动手指，即可通过微信服务平台反映问题。

【信息宣传】 编发工作专报、简报、要情周报173期，其中，市长公开电话落实市政府“肃、转、提”专项整治活动总体安排部署，对市民反映的行风方面问题实行专项办理，编发行风问题专报58期，督办行风问题24类6500余个；市长公开电话深度实践“不忘初心、牢记使命”主题教育活动，向市政府领导和重点单位通报民情民意和处理情况；通过中央、省、市各级新闻媒体对市长公开电话工作进行宣传报道近500余次，提升群众知晓度，增强政府公信力。

（苏再利）

民生工作

【脱贫攻坚】 2019年，对国家和省脱贫攻坚成效考核的44个问题、中央脱贫攻坚专项巡视的17个问题分别制定155项和59项措施，使全部问题得到整改；投入资金4.6亿元，建设产业项目151个，全面补齐住房、饮水等短板弱项，实现“两不愁三保障”目标。实现1280户2838人脱贫、剩余7个贫困村全部出列，超额完成目标任务；全市贫困人口剩余369户874人，贫困发生率降至0.02%，脱贫攻坚取得成效。

【生态环境】 开展挥发性有机物专项治理行动，对全市106家挥发性有机物排放单位集中整治；开展“散乱污”企业排查整治行动，排查并整治散乱污企业2318户，关停取缔877户，治理改造1365户，搬迁入园46户，促进企业稳定达标排放；淘汰20吨以下燃煤锅炉597台，减少煤炭不充分燃烧产生的有害气体；协调资金3.33亿元，用于石头口门、新立城水源地一级保护区土地休耕、居民和企业搬迁以及封闭防护工程建设，完成两大水源地一级保护区内土地休耕1308公顷，进行还草、还湿。

【社会保障】 提高困难群体救助水平，按户（人）均500元标准，为低保分类施保家庭、特困供养人员发放节日补贴。推进居家和社区养老服务体系建设，为城区近万名符合条件的10类老人按照每人每月200元标准给予补贴；建设全市养老服务信息化平台，打造互联网+居家养老服务监管平台，提升居家养老服务水平。开展农村居家养老邻里志愿服务，为全市146个贫困村的孤寡失独、失能失智、高龄特困和高龄空巢等特殊困难老人提供“两访、三查、四助”居家养老服务，形成农村居家养老服务的“长春模式”，得到民政部和省民政厅认可。

【教育惠民】 新增普惠性幼儿园15所、学位2188个；启动4所中小学校建设，提供公办教育学位8070个，义务教育段学校布局优化。落实“温馨村小”计划，通过装备音体美器材、信息化设备等措施，改善农村小学办学条件，相关经验成果被中组部纳入中央“贯彻落实习近平新时代中国特色社会主义思想、在改革发展稳定中攻坚克难的创新案例”。强化校外培训机构管理，建立黑白名单制度，设立公开举报平台，整治违规办班、补课、收费行为。落实中小学生减负30条措施，减轻中小学生课业负担。推行阳光操作，整肃教材（辅）选用、校服订做、营养餐采购方面的不正之风。为就读于农村幼儿园的低保家庭幼儿和就读于小学、初中、高中的低保及低保边缘家庭学生按每人每年1000元标准发放生活补助；通过“爱心圆梦”“我心飞翔”中高考助学项目，向562名贫困家庭学生发放慈善助学资金99.55万元。

【文化卫生】 开展音乐、舞蹈、美术、摄影、表演等文化艺术普及公益培训，培训群众50万人次；引进音乐会10场。开发浙江、广东、福建等地旅游线路8条，开拓国际航线；举办2019长春市农民丰收节暨乡村旅游节，拓展乡村旅游发展空间；举办第二十二届中国长春冰雪旅游节，组织冰雪文化艺术、冰雪体育竞技、大众冰雪体验等123项特色鲜明的主题活动；举办第二十三届长春冰雪节，围绕五大板块，打造四大滑雪场、五大冰雪温泉、十大冰雪乐园，推出冰雪产品41处、冰雪活动124项。举办群众性应急救护公益培训（讲座）110余场；通过基层卫生能力提升培训工程培训基层医务人员1036人次；推进市属医院支援乡镇卫生院开展特色专科建设，在15家乡镇卫生院建立特色专科专家门诊。

【公共交通】 完成地铁1、2号线23个站点周边公交线路的规划调整；地铁6号线、2号线延线工程、轻轨4号线南延工程轻轨3号线东延工程进展顺利；吉林大路快速路开通运行。完成长春至双阳、长春至长德新区、长春至九台区客运班线公交化改造工作，促进主城区与双阳、九台、新区一体发展。完善站务设施服务功能，拆除人民大街不具备站亭功能的“广告亭”256个，结合吉林大路快速路工程新建20座公交候车亭，人民大街火车站南至四环段等主要街路87个公交候车亭和76个集合式站牌建成并投入使用。主城区新增20处智能信号灯控路口，安装路口微波车辆测器等智能信号设备，提高道路通行能力。集中治理机场、火车站、客运站等人流密集区出租车拒载、绕路、索要高价、甩客等违法违规运营行为，出租汽车各类违法违规现象明显减少。

【城市精细化管理】 完成历史遗留未登记房屋确权1161万平方米；打造22个市级物业服务标准化精品项目，10个省级物业服务标准化精品项目。完成新建、改造供热、供水、供气管网344千米；完成同志街、人民大街等5处积水点改造。主城区新植街路42条，新建大块绿地33宗；启动芳草、天香、花溪、长客等公园建设项目，完成时序目标。实施工地环境整治和扬尘治理，强化实地监督检查，开展围挡提档升级，落实扬尘防控措施，拆除修复各类闲置、破损、不合格围挡120余处。在全市公共机构推广生活垃圾分类，完成分类收集容器、分类储运、分类投放标识等设施普及。

【公共安全】 实施餐饮业质量提升工程，全市27879家餐饮服务单位中A级店648家，为学校供餐的33家集体用餐配送单位全部达到A级。建设生猪、肉鸡、肉牛等无抗生素养殖试点示范基地40家，畜禽总量23.68万头/只（无抗养殖基地40家，品种包括猪、牛、鸡、羊4大畜种，产能70万头/只）。对流通领域的成品粮油进行全面抽检，全年抽检1000个批次的产品，确保城乡居民吃上放心粮油。

【乡村振兴】 推进农村人居环境整治工作，开展村庄清洁行动，乡村存量垃圾基本做到清仓见底。主城区和开发区农村生活垃圾收运处置体系基本建立，全市投入资金1.8亿元，建成乡镇生活垃圾转运站168座，配备生活垃圾运输车辆1600台，县（市）、区生活垃圾收运体系覆盖90%以上行政村。市财政按每户1000元标准，补助各县（市）、区、城区（开发区）改厕资金1.01亿元，全年开工52596户、完工25526户，农村改厕工作取得进展。实施农村生活污水治理，强化河湖长制管理，推进重点镇、重点流域乡镇污水处理设施建设，完成55个农村乡镇污水处理设施建设。完成1972千米“畅返不畅”农村公路整治。

【便民利民】 推进公安交管“放管服”工作举措，开展“警保联动”车驾管社会服务，市民可就近到指定保险公司营业网点办理注册登记、转移登记、变更登记、抵押登记、注销登记及检验标志核发、通过自助机查询缴纳罚款、代为补牌、补证（需要邮寄）等车驾管业务。推行增值税专用发票网络代开，解决小规模纳税人代开发票难题；在全市15个基层征收局办税服务厅部署自助终端222台，为纳税单位提供更便捷的渠道，节省纳税人办事时间。

（李　强）

外　事

【建设国际化城市】 提出长春市建设国际化城市总体思路和目标，以世界先进城市为标杆，把城市建设成功能完善、社会文明有序、生态环境优美、法治体系健全、生活安全舒适、人文特色彰显的现代化、国际性大都市圈核心城市。借鉴国内外先进城市经验，提出长春市创建国际性城市的指标体系，指标体系分为3个部分：国际化城市标准指标、国际化城市功能性指标、国际化城市获得性指标，包括30个具体指标。拟定《推进国际化城市建设行动》，包括7个行动计划，38项具体工作。

【打造国际营商环境】 成立“打造国际营商环境联席会议机制”，参照国际营商环境评价标准，制定长春市营商环境指标体系，成立“外国友人咨政联谊会”，搭建外企和外籍人士征求意见的直通渠道。市长召开外企征求意见座谈会，了解企业和外籍人士在长春市生产生活遇到的问题，第一时间解决外籍人士来长健康体检证明问题；将重点企业外籍技术人员的外国居留许可和工作签证由原来的1年–3年改为5年；协调教育部门出台了子女就学相关规定，解决一批子女就学问题；建立外国专家就医绿色通道；市外办同市急救中心共同建立了4种语言的120电话24小时呼救系统。市政府为活跃外籍人士在长的业余文化生活，举办“2019在长外国友人新春音乐会”；出资800万元与长影乐团每周举办一次音乐会；利用中国传统节日让外籍人士领略中国文化，走入中国家庭。为方便外企和涉外事项的办理，出台便民服务措施，实现领事认证“最多跑一次”，2019年，为涉外企业和市民办理领事认证近8万份，比2018年增长121%，得到社会认可；为方便企业对外业务交流，主动办理APEC商务旅行卡，为62户企业104位企业高管办理APEC商务旅行卡。

【对外合作交流】 组织企业参加“2019年澳门国际环保合作发展论坛及展览”“第24届澳门国际贸易投资展览会暨2019年葡语国家产品及服务展”，推动长春市企业与葡语国家经贸交流的渠道；利用大连达沃斯年会宣传推介长春，对接日本日立公司、三菱重工、瑞穗银行、韩国斗山机械、中国东软集团等世界500强和新领军企业，达成合作意向；推动长春市企业融入“一带一路”倡议，与市工商联共同举办“长春—印度商贸洽谈会”，对接装备制造、新能源、仓储物流、高新技术、电子商务、大健康、生物医疗等项目；举办2019中日企业家峰会，中日两国80家企业出席了峰会。助推长春市汽车产业全面对外合作，利用市长访问日、德，协助一汽集团推动日、德汽车企业的交流，与日本丰田、日本马自达、德国大众、德国奥迪等企业签署新的合作项目。在全球汽车行业低迷的情况下，日本丰田发动机、一汽丰越在长春市扩大投资近30亿元人民币。9月与韩国北方经济合作委员会、企划财政部、产业通商资源部、蔚山市政府、大韩商工会议所、大韩贸易振兴公社、三星SDI、韩亚金融集团、韩亚银行、现代汽车、现代重工业、CJ集团，就中韩国际合作示范区建设和项目合作进行交流。韩国北方经济合作委员会委员长权九勋（副总理级）两次访问长春市，推动中韩合作和中韩示范园区建设。韩亚金融集团会长金正泰率团访问长春市，就韩亚金融集团支持中韩合作和示范园区建设与长春市签订全面战略合作协议。韩亚集团决定在长春市设立10亿元基金支持韩资企业投资合作，推动韩亚银行在长春市设立东北中心。利用“东博会”“汽博会”“农博会”“雪博会”主动邀请国外机构、国外企业、国外友人，开展项目对接和经贸洽谈。

2019年是中俄建交70周年，长春市承办“中俄青年同走70年友谊路”长春站活动。代表团瞻仰苏军烈士纪念碑、参观苏联专家援建的汽车厂、聆听老专家的珍贵回忆、种植友谊树、欣赏友谊音乐会。承办“中德城镇化研讨会”，有300多位中德嘉宾出席研讨会并形成系列成果。参与国际交流活动，派团出席在阿根廷、乌拉圭举办的世界城市联盟大会；在菲律宾举办的UCLG亚太区换届大会；在俄罗斯举办的世界冬季城市市长会工作会议；在日本松山举办的中日韩友城大会；在英国伦敦举办的2019全球可循环经济峰会；在法国里昂举办的中法健康论坛；在比利时布鲁塞尔举办的世界轨道交通大会。冰雪吉林经济走向国际化，开展外国驻华使节走进长春活动，西班牙、摩洛哥等6个国家20余名外交官考察长春市的冰雪项目。开展中美建交40周年系列纪念活动；与美国驻沈阳总领事馆共同举办“继往开来，中美建交40周年”图片展；向离任的总领事颁发“长春友谊贡献奖”，市委书记王凯会见新任总领事。

【对外宣传】 与央视法语频道共同开展“瓦萨滑雪节”的转播工作，使法语国家第一次了解长春的冰雪运动。外语网站开通领事专访专栏，对离任和新任的驻沈阳8名总领馆的总领事进行专访。邀请驻华使、领馆参加大型活动，全年邀请使领馆36个团组，100余人次。与媒体合作，利用境外媒体交流平台，推介招商引资政策，企业和产品，市外语网站利用5种语言新开辟“长春名人”“长春名企”和“长春名品”专栏，发近百条信息；央广国际在线开辟“长春外事交流”专栏；开辟长春市与国际友城互动专栏；中央媒体和地方媒体发布外事消息500条。

【促进对外开放】 成立“一带一路”工作处，建立“长春市一带一路”专家库，编制企业《“一带一路”保障指

7月1日，“中俄青年同走70年友谊路”中俄代表共植“中俄青年友谊树”

（李　珺　提供）

南》。公正集团在俄罗斯农业产业项目全面实施；中医康复和中医培训项目全面签约；鸿达集团在缅甸和柬埔寨承建身份证和电子护照信息系统工程，电力工程项目签约。助推“长满欧”“长珲欧”海外仓建设。

加强长春市国际园区建设，中俄、中白工业园区占地面积10平方米、建筑面积5万平方米的新址落成，形成融资、项目引进、产业孵化、企业上市的经营新模式。园区有落地项目80个，进区签约企业100户。

中日智能产业园区，引进日本智能项目，推动工业企业升级改造。中加生物医学产业园区引进大健康项目，推动长春市健康产业。

推动中俄地方合作，长春市政协主席綦远方为团长的长春市政协代表团于10月30日-11月6日对俄罗斯，哈萨克斯坦进行访问。介绍长春市招商引资的相关政策和园区建设情况；为中俄中白科技园进行人才招聘和项目引进；与俄罗斯经济联盟、哈萨克斯坦阿拉木图工商联签署合作协议；与中国驻俄罗斯大使馆就共同在俄开发二战历史遗迹达成合作意向。

【“外事+”模式】 创新外事工作思路，按照“外事+”的工作模式，提升对外合作水平和国际化城市建设步伐。推进国际体育合作的市场化模式，与吉林省中青旅合作开展国际马拉松赛事活动。向俄罗斯、日本、德国等友好城市派出选手参赛，邀请俄罗斯、埃塞俄比亚等25个国家和地区选手参加国际马拉松赛事，使长春市马拉松赛事国际化水平逐年提高。举办“中韩友城乒乓球友谊对抗赛”，举办中俄青少年篮球夏令营，全年举办国际体育赛事15项次。

做好在国外“讲好中国故事”，推进长春市文化国际合作。参加加拿大温泽2019友好城市艺术展，俄罗斯哈巴罗夫斯克“第29届亚太国家新星青少年艺术节”；巩固传统交流项目，举办“第24届中韩（长春·蔚山）书法美术交流展”；举办“2019中日花道艺术交流会”；与德国驻沈阳总领馆共同举办德国钢琴家“独奏音乐会”，全年举办国际艺术活动22项次。

推动外事国际化合作与交流，举办第二届中外合作办学校长论坛，来自美国、加拿大、澳大利亚、中国近120位大学校长出席，活动收到加拿大现任总理及多位国会议员、美国多位国会议员发来贺电；推动国际学校建设，与德领馆就支持长春德国国际学校达成共识，与日领馆共同推动长春日本国际学校的建设，推动长春美国国际学校的建设工作；推动吉林外国语大学为长春市非洲友城加纳库马西培养25名留学生项目；开展中国与新西兰教师交流项目；韩国蔚山30名学生代表团访问长春市，与中学生开展交流；在吉林大学举办“外国留学生文化节”；吉林大学学生代表团访问友城瓦南布尔，与迪肯大学建立校际学生交流项目；市外办与吉林外国语大学签订外事专业人才培养合作协议；法国高等教育吉林省推广中心在长春师范大学成立。

【因公出国管理】 2019年，全市行政事业单位因公出国执行113个团组，340人次，分别比2018年减少4%和12.6%。其中，党政团组63个，党政人员159人次，分别减少12.5%和18.9%；事业单位团组50个，事业单位人员181人次，分别增加10%和减少6.2%。国有企业团组51个，企业人员177人次，分别减少26.1%和18.4%。全年因公出国团组无违纪违规现象出现。建立出访监督和评价标准体系，及时跟踪任务进展和落实情况。

（李　珺）

应急管理

【概况】 2019年，长春市生产安全事故起数、死亡人数持续第6年保持“双下降”。成功应对台风“利奇马”“罗莎”“玲玲”带来的50年一遇汛情，实现汛期内水库无垮坝、国堤无决口、人员无伤亡。完成以安全稳定环境迎接新中国成立70周年的任务，以及“春晚”长春分会场、汽博会、农博会、长春航空展等重大会事的安评和应急保障任务。

【安全生产责任制】 印发《企业安全生产主体责任“五个必须落实”》40条刚性规定，压实企业主体责任。市、县两级政府全部以副职分工为依据，成立若干安全生产和消防协调督导组，完善政府以及各部门班子成员安全生产责任清单。全市10万余户企业全部纳入安全

6月18日，长春市2019安全生产月宣传咨询日活动启动仪式

（长春日报社　提供）

生产网格，并按照安全生产社会监督公示制度，以实名制的形式落实属地和相关部门的监管责任人。

【完善法制机制】 出台《长春市安全生产条例》，强化法制引领和法制保障。制定《长春市加强安全生产监管工作实施办法》，从44个方面规范安全生产工作。制定《贯彻落实〈吉林省应急管理部门安全生产监管执法人员依法履行法定职责制度〉的举措》，从加强能力建设、健全规章制度、完善执法措施、加大监管执法等方面，推进规范化执法。制定《长春市安全生产重大事故隐患和违法行为举报核查及奖励办法》，对接到的举报件逐项核实、严肃查处。全年处罚款38.1万元，发放举报奖金6.5万元。加强燃气安全联合执法、联合巡查、入户检查、技术改造。

【安全风险管控】 突出煤矿、危险化学品、道路交通、建筑施工、城镇燃气等14个重点行业领域，加强风险分级管控和隐患排查治理，强化双重预防。全年排查核定的75处重大危险源和283个重大风险单位，全部建立责任清单，强化精准监管，实现“零事故”。

【宣教应急演练】 组织条例宣传贯彻、应急演练等活动，制作事故警示片、发布致市民公开信、召开新闻发布会，及时向全社会通报事故和安全注意事项。组织重点行业领域应急演练3400余次、参演66万余人。依托长春职业技术学院成立市应急管理教育培训中心，开展应急管理队伍培训3次360人次，组织“三项岗位”人员7516人考试。

【安全隐患排查治理】 咨询国际知名安全管理机构，制定安全生产通用检查表和15个重点行业领域安全生产重点事项检查表；聘请专家现场指导、培训企业安全管理人员开展隐患排查整改，解决监管部门和企业对隐患排查不懂不会、走过场的问题。各地各部门对发现的问题隐患实行清单化、闭环式管理，全年查出70804项隐患，全部整改销号。对吉林省新大石油、中石油凯旋油库等重大安全隐患分别给予处罚，全部完成整改。

【重点战线监管】 煤矿方面，加强煤与瓦斯突出、冲击地压、水害严重、采深超千米等高风险煤矿的全面“体检”会诊，强化矿井提升、运输系统安全生产标准化动态达标检查，及时发现问题，消除隐患。开展煤矿“夏秋百日攻坚”安全整治专项行动，整治“超能力、超定员、超强度”生产等违法违规行为。抽查双阳区、九台区煤矿企业32矿（次），行政处罚14.7万元。全年未发生安全生产责任事故。

非煤矿山方面，开展春季复工生产专项检查和夏秋安全专项整治，杜绝企业违规开工和带着安全隐患开工。市本级督导抽查开工生产企业8户次，责令停产整顿企业2户；属地应急局开展执法检查81户次，下达执法文书38份，发现隐患103项，整改102项，暂扣安全生产许可证14户，责令停产停业及停止建设6户，实施罚款行政处罚12户，罚款92万元。全年未发生安全生产亡人事故。

危险化学品和烟花爆竹方面，组织各县（市）、区开展危险化学品领域风险研判工作，完善危险化学品“一图一表”，并制定针对性的安全风险防控和监管措施。开展烟花爆竹批发企业安全整治专项执法检查行动，对九台区、双阳区、农安县、榆树市、德惠市11户烟花爆竹批发企业开展排查。排查出主要问题32项，涉及违法行为16项。对2项重大隐患实施挂牌督办（已完成整改），责令2户企业停产停业整改，对相关企业违法违规行为立案调查，罚款23.5万元。城区烟花爆竹批发企业去库存、城镇人口密集区高风险危险化学品生产企业摸底排查等工作取得阶段性成果。全年未发生安全生产亡人事故。

工贸行业安全监管方面，开展液氨制冷、粉尘涉爆、金属冶炼企业安全隐患排查专家服务活动。成立3个专家服务组，采用“启动会+现场服务检查+总结会”形式，对246户重点领域企业，开展“全覆盖”专家服务指导活动。大检查排查整改一般隐患3830项，行政处罚77.6万元。对57户非重点行业领域企业进行移除，纳入相关行业主管部门加强行业监管。对18户涉及危险化学品重大危险源工贸企业开展专项隐患排查，督促行业监管部门落实重点监管，确保重大危险源的辨识、评估、登记建档、备案和管理符合国家法律法规和标准规范要求。全年未发生安全生产亡人事故。

【培训考试】 严格规范安全生产中介服务和生产经营单位主要负责人、安全

11月，开展煤矿安全检查　　（长春日报社　提供）

管理人员、特种作业人员等“三项岗位人员”培训考试，6月16日，长春市应急管理教育培训中心在长春职业技术学院揭牌。全年开展教育培训3次300余人次，保障安全生产“三项岗位”人员考试29场，安全生产“三项岗位”人员考试总计报考7414人，实际参加考试6555次，合格4307人，平均通过率65.7%。

【问责追责】 采取“执法处+监管处室”和“市、县两级协同执法”的方式，整合执法资源，打击各类非法违法行为，推进企业主体责任落实。通过修订安全生产目标管理考核办法，加大执法考核权重，引导各地各部门加强执法。各地各部门普遍采用暗查暗访、“双随机一公开”等检查方式，强化执法的实效性和威慑力，处罚款6293万元，消除安全生产“零执法”“零处罚”。

【事故调查】 牵头调查处理长春市新亿佳塑业有限责任公司“5·25”较大火灾事故、吉林省中奥能源电力工程有限公司“7·12”较大坍塌事故、吉林省易航测绘地理信息有限公司“8·28”较大中毒和窒息等6起事故。审核县区调查处理的一般事故调查报告和情况报告15起，追究党政纪责任和组织处理12人，追究企业刑事责任4人，约谈事故多发及执法不力的县区主要领导和部门领导8人。

【地震监测】 落实震情值班制度，加强震情短临跟踪、宏微观异常核实和台站管理各项工作，确保观测仪器正常运转、观测数据连续可靠、重要信息及时上报；建设完成龙家堡矿区流动矿震监测台网，协助省地震局完成“国家地震烈度速报与预警工程”德惠基本站和农安基本站的选址、地勘和建设工作；推进与武汉导航院合作共建北斗系统地壳运动观测中心事宜，武汉导航院免费支持长春8套北斗观测设备，安装到位。

【防震减灾风险防控】 完成全市应急避难场所核查工作，划定各级应急避难场所105处，占地面积878.12万平方米，辐射周边411个社区（村），可临时转移安置176.48万人；协调市测绘局将应急避难场所建设纳入《长春市综合防灾减灾规划》，绘制完成全市已建应急避难场所分布图及拟建应急避难场所选址图；有序应对松原“5·18”5.1级地震和龙家堡“6·9”矿震事件，迅速启动应急响应，及时报告震情趋势。

【举报投诉办理】 全市12350安全生产举报投诉各类事项72件，办结率100%。受理12345市长公开电话交办件、省市领导交办信访件、群众来信259件，接待来访人员43人次，全部按时办结。

（秦延荣）

地方志编纂

【概况】 2019年，长春市地方志编纂委员会有“参公”事业编制25名，实有20人，内设秘书处、市直工作处、年鉴工作处、资料编研处、县（市）区指导处5个处室和机关党总支，下辖长春市方志馆（长春道台衙门博物馆）1个正处级事业单位，编制6名。

【续志资料征集】 加大对全市130余个部门和单位的资料征集和指导力度，下发《2001-2018年资料长编参考模板》。特别是对机构改革后新成立和整合的部门进行重点调度和沟通，落实负责领导和撰稿作者，明确任务和完成时限。2017年和2018年资料上报110家和80家，100余万字；2001-2016年资料长编上报10家，50余万字。

【年鉴获奖情况】 《长春宽城年鉴（2018）》入选国家精品年鉴工程（全国共10部），获全国地方志优秀成果特等奖。主管副市长贾丽娜做出“很好！市地方志和宽城区地方志工作认真，成效显著，希望再接再厉”的批示。在全省年鉴质量评估中，《长春年鉴（2018）》获全省优秀年鉴奖。

【在全省率先实现“两全目标”】 综合年鉴覆盖率在全省排名第一。10个县（市）区、2个试点开发区出版年鉴14卷（宽城区和南关区出版2卷）。在全省率先完成二轮修志任务的基础上，综合年鉴覆盖率100%。宽城区地方志办公室被评为“全国地方志工作先进集体”。

【开展援疆服务】 根据《全国地方志系统支援西藏、新疆地方志工作的意见》要求，完成《阿勒泰市志》100万字修改、《阿勒泰年鉴》约55万字编审和创刊工作，并应邀组织人员到阿勒泰市进行面对面指导和业务培训，开展志、鉴及实务3个方面的业务培训工作，得到阿勒泰市地方志的认可。

【资政调研活动】 参与长春—公主岭同城化发展问题调研、农产品地理标志资源状况调研、可移动文物普查调研等工作，以及人民大街改造工程，为长春市经济社会发展提供相关历史依据资料。

【编纂地情书籍】 启动青少年《“知家乡，爱家乡”三字经》编撰工作，通过查找考证大量资料，完成《三字经》的初稿编纂工作，报送吉林省地方志编纂委员会进行终审。《三字经》正文部分98阙1176字，释文部分约5万字。涵盖地方历史、红色记忆、经济发展、特色文化、科教事业、生态环境、社会民主和核心价值观等8个方面内容。

【理论研究】 2019年，市地方志有1篇论文入选《中国地情报告》，被吉林省《今古大观》刊物选用。在吉林省地方志学术年会（2019）论文评奖中，长春市选送9篇论文，其中，获一等奖2篇，二等奖1篇，三等奖2篇。

【《长春，以共和国的名义》展览】 为庆祝中华人民共和国成立70周年，长春市地方志编委会举办《长春，以共和

6月19日，长春市政府副秘书长卢福建陪同吉林省政协副主席赵晓君一行参观长春市方志馆　（崔玉恺　提供）

国的名义》展览，内容包括主要城市荣誉、长春概况、建置前的古长春、长春厅建置至民国初期、东北沦陷时期的长春、解放战争时期的长春、当代长春和展望未来8个部分，110幅图片、15块展板，全面展示、宣传长春市历史与经济社会发展取得的辉煌成就。展览在市委党校和方志馆展出，印刷1000本宣传册免费向市民发放。

【中指办领导到长春调研】　7月25日，中国地方志指导小组办公室（以下简称“中指办”）党组书记高京斋到长春市就“两全目标”推进、地方志工作机构改革及人才队伍建设情况进行调研。吉林省方志委党组书记、副主任李云鹤，长春市政府副秘书长卢福建陪同调研。调研组在九台区召开座谈会。会议由长春市政府副秘书长卢福建主持，并介绍长春市总体情况。长春市地方志编委会党组书记、副主任杜福从强化依法治志和党建引领、推进实现“两全目标”、强化地情研究与开发和促进修志为用4个方面汇报长春市地方志工作的总体情况，就存在的问题和困难做了说明，对下一步工作提出意见建议。高京斋对长春市地方志工作给予肯定。

【方志馆服务】　开展史料征集。全年征集资料1000余种。地情、爱国主义教育和查阅咨询服务质量提升。接待游客近万人次，平均60人次/天，团队49个；开展方志讲堂5次；爱国主义教育活动7次。其中“一二·九”爱国主义教育活动分别被中国政府网、《吉林日报》、新浪新闻、城市速递等媒体上报道。强化安全保障工作。方志馆成立安全领导小组，制定完善安全管理制度和突发事故预案，层层签定安全工作责任书；每周二召开安全例会，实行全天侯24小时值班安保。开展消防实战演练1次、消防讲座3次。加强安全隐患排查，形成《长春市方志馆（道台衙门博物馆）基本情况及安全隐患问题报告》上报市政府，对安全隐患提出意见和建议。

【开展主题教育活动】　6月19日，吉林省政协党组成员、副主席赵晓君，省政协党组成员、秘书长肖模文，省政协副秘书长、办公厅主任孙谦等一行80余人到长春市方志馆开展“不忘初心、牢记使命”主题教育相关活动。长春市政府副秘书长卢福建及市地方志编委会相关领导陪同参观。省政协副主席赵晓君等观看《百年衙署的经世沧桑》《城市记忆—长春地情展》《方志阁》和《末代皇帝溥仪起居室》等展览、展厅。

【方志数字化服务】　2019年，市地方志对长春地情网网站在线书库栏目进行全新改版，提供方志、年鉴及地情书籍等的在线阅览功能，加快方志数字化工作的建设进程。有6部志书实现在线阅读，网站的读者体验和服务功能得到提升。接待上门及电话查询单位和个人60余次，其中包括共青团市委、市政府办公厅、市财政局、市国安局、市工商局、长春百货集团等多家单位和一些历史爱好者。

（崔玉恺）

中国人民政治协商会议长春市委员会

重要会议

【全体会议】 中国人民政治协商会议长春市第十三届委员会第四次会议于2020年1月6日–9日举行。中共吉林省委常委、长春市委书记王凯等领导出席会议，听取大会发言，参加小组会议、联组会议和委员论坛，与委员们共商推进长春全面振兴全方位振兴大计。长春市委书记王凯在开幕会上讲话。会议审议批准市政协主席綦远方代表政协长春市第十三届委员会常务委员会所作的工作报告，审议批准市政协副主席孙英利代表政协长春市第十三届委员会常务委员会所作的关于提案工作情况的报告。委员们列席长春市第十五届人民代表大会第四次会议，听取并协商讨论长春市长刘忻所作的政府工作报告，听取并协商讨论长春市中级人民法院工作报告、长春市人民检察院工作报告，协商讨论关于长春市2019年国民经济和社会发展计划执行情况与2020年国民经济和社会发展计划草案的报告、关于长春市2019年财政预算执行情况和2020年财政预算草案的报告。会议期间举行大会发言和主题为“建设长春现代化都市圈”的委员论坛。审议通过政协长春市第十三届委员会第四次会议决议。市政协主席綦远方主持闭幕会并讲话。

【常委会议】 2019年，召开6次常委会议。1月8日，召开市政协十三届十次常委会议，审议通过关于召开政协长春市第十三届委员会第三次会议的决定，政协长春市第十三届委员会第三次会议议程（草案）和日程，政协长春市第十三届委员会第三次会议秘书长、副秘书长名单，政协长春市第十三届委员会常务委员会工作报告（审议稿），政协长春市第十三届委员会常务委员会关于十三届二次会议以来提案工作情况的报告（审议稿）；听取市政府《关于实施创新驱动战略，建设国家创新型城市的建议案》办理情况的报告，市委办公厅关于市政协十三届二次会议以来提案办理情况的报告，市政府办公厅关于市政协十三届二次会议以来提案办理情况的报告；审议通过中国人民政治协商会议长春市委员会全体会议工作规则和修订后的中国人民政治协商会议长春市委员会常务委员会工作规则；书面审议各专门委员会2018年工作报告；同意增补刘利、郝肖峰为政协长春市第十三届委员会委员。1月14日，召开市政协十三届十一次常委会议，听取全体会议各组对王君正在市政协十三届三次会议上的讲话、政协常委会工作报告、提案工作报告、政府工作报告及其他报告讨论情况的汇报；审议政协长春市第十三届委员会第三次会议决议（草案）；同意接受何泉秀辞去副主席职务，同意郝肖峰为副主席候选人，刘利为常务委员候选人。1月15日，召开市政协十三届十二次常委会议，听取全体会议各组对有关人事事项、会议决议（草案）讨论情况的汇报，听取政协长春市第十三届委员会提案委员会关于十三届三次会议提案审查情况的报告，通过有关人事事项，通过政协长春市第十三届委员会第三次会议决议（草案），同意将人事事项和决议（草案）提交全体会议进行审议。3月27日，召开市政协十三届十三次常委会议，传达习近平总书记在全国两会上发表的重要讲话精神和全国政协十三届二次会议精神，审议通过政协长春市第十三届委员会专门委员会调整设置和相关人员任职决定，决定增设农业和农村委员会，并对原有专门委员会名称进行调整，对新更名的专门委员会主任、副主任进行重新任命。7月26日，召开市政协十三届十四次常委会议，听取副市长周贺关于2019年全市经济社会运行情况和下半年工作安排的通报；会议围绕“构建创新生态体系，培育民营科技企业”协商议政，听取专题发言，审议通过《关于构建创新生态体系，大力培育民营科技企业的建议案（审议稿）》；同意免去董龙常委职务，免去马光等30名委员，增补马剑钢等30名委员，同意常新担任农业和农村委员会主任职务，吕冬雷担任经济委员会主任职务，戴清春担任经济委员会副主任职务，毛彦军、张利彪、张海悦担任农业和农村委员会副主任（不驻会）职务；通报关于变更公主岭市代管关系的情况。9月24日，召开市政协十三届十五次常委会议，传达学习中央政协工作会议暨庆祝中国人民政治协商会议成立70周年大会精神，审议通过《政协长春市委员会委员履职工作规则（试行草案）》《政协长春市委员会委员年度履职量化考核办法（试行草案）》，围绕“推进垃圾减量化”协商议政，市政府相关部门通报工作情况、听取专题发言。

参政议政

【协商议政】 开展重点调研16项、监督性调研视察18项，就“构建创新生态体系，大力培育民营科技企业”“推进垃圾减量化”召开专题议政性常委会会议2次，就“加强医疗扶贫工作”“完善养老服务体系”和“发挥政协港澳委员作用，连通粤港澳大湾区国家战略”召开专题协商会3次，围绕“破除体制机制障碍，打造最佳营商环境”“农村土地托管经营情况”“可移动革命文化遗产征集保护利用”“助推义务教育均衡发展”和8次立法协商召开协商座谈会12次，形成调研报告40份、视察报告14份，提案立案274件，其中，提交建议案1件，征集社情民意信息176条，政协委员1200余人次参与各项履职活动。

【凝聚共识】 庆祝新中国成立70周年暨人民政协成立70周年高标准举办主题展览、“我和我的祖国”文艺演出等系列庆祝活动，全国政协副主席刘奇葆、省政协主席江泽林、市委书记王凯等领导和300余个单位团体、近4万人参观中华人民共和国国旗国歌国徽诞生珍贵档案展、长春解放史料展和政协长春市委员会发展历程展。16个委员活动小组全年开展视察调研、学习交流、扶贫济困、问诊送药等各类活动50余次。坚持和完善新型政党制度，为各民主党派和工商联在政协履职搭建平台、创造条件。全面贯彻党的民族政策和宗教工作基本方针，举办民族团结进步联谊座谈会，组织少数民族界、宗教界委员“看发展、看变化”，开展“坚持我国宗教的中国化方向，引导宗教与社会主义社会相适应”专题调研。强化对港澳委员思想政治引领，深化香港与长春合作交流，组织侨、台界别委员及界别人士座谈，加强人民政协对外交往。

9月5日，市政协工作人员参观调研庆祝新中国成立70周年暨人民政协光辉历程主题展览 （辛显瑞 提供）

【提案办理】 广大政协委员和参加政协的各民主党派、人民团体以及政协各专门委员会提交提案328件。经审查，立案274件，转社情民意或工作参考30件，并案4件，撤案20件。在立案提案中，建议案1件，委员提案238件，党派团体提案27件，政协专门委员会提案1件，委员活动小组提案7件。立案提案转交市委办公厅、市政府办公厅、市中级人民法院等部门办理。53个承办单位开展协商，落实提案建议。其中，关于建设法治文化主题公园的提案，市林业和园林局予以采纳，着手立项和选址，扩大开展法治宣传教育的主题场所。关于尽快解决律师会见难问题的提案，市公安局增加看守所律师会见室、提讯室24间，推行多项律师会见预约举措，会见难得到有效缓解。关于优化长春市40、50人员办理养老保险补助业务流程的提案，得到回应，审批流程已由四级审批改为三级审批，缩短审批时间，为百姓提供方便。

【立法协商】 发挥法律顾问组专业优势，根据协商内容有计划邀请相应界别的委员和群众参与协商，全年出席立法协商座谈会100余人，围绕8部地方性法规草案提出修改意见650余条，使立法协商成为全市立法工作的重要环节，为法规条例的出台奠定群众基础和社会共识基础。

（辛显瑞）

纪检监察

【案件查处】 监督推动“两个集中整治”，重点监督检查城市乱象、农村环境集中整治行动不落实、贯彻决策部署不到位、工作推动不力等问题。会同公安、交通等部门开展出租车非法营运、大货车违法行为及背后腐败和“保护伞”问题专项治理，打掉3个黑车团伙犯罪组织，采取强制措施75人，查扣涉案车辆113台，对19名黑车车主的非法营运案起诉审判，对公职人员腐败问题立案10件10人，查处“保护伞”5人；会同民政等部门开展殡葬领域突出问题专项整治，对8家非法墓地4家公益性公墓非法转经营性墓地停止经营，排查各类散埋乱葬坟头440533座进行清理整治。抓实信访举报办理。严把信访举报“入口关”，加强举报问题线索研判和督导，精准受理办理信访举报件。全市纪检监察机关接收信访举报10653件，处置问题线索4369件。在市信访局信访接待大厅搭建市纪委市监委群众来访接待平台，建设新的电话举报接听场所，3月5日，新建12388电话举报受理系统正式上线。市纪委市监委召开审查调查和监督检查工作会议，对查办案件工作作出专门部署。重点消减存量，零容忍遏制增量，聚焦党的十八大以来查处的重点对象，紧盯审批监管、扶贫开发、生态环保、民生资金以及公共财政支出等重点领域和关键环节，严惩贪污贿赂、滥用职权等职务违法和职务犯罪，加大对同级党委管理干部审查调查力度。全市纪检监察机关立案2583件。其中，涉及市管干部64人，比2018年增长88.2%；处级干部208人、乡科级干部288人，留置242人。给予党纪政务处分1830人，移送司法机关处理111人。开展案件质量评查。对省纪委省监委案件质量评查中发现问题反馈意见，市纪委市监委制定《案件质量评查发现问题整改工作方案》，指导各级纪检监察机关认领账单，对号入座，举一反三，研究制定整改措施，限期整改落实，提高办案审理质量。树立办案安全是政治的思维意识，严格执行审查调查工作纪律规定，强化审查调查安全底线。定期开展留置场所安全督导检查，及时发现问题，排查风险隐患，堵塞各种漏洞。建立健全日常审查调查和留置场所安全管理制度，实行天巡查、周总结、月通报，与市卫健委、市公安局联合印发《留置场所医疗服务保障工作管理办法（试行）》，确保办案安全万无一失，做到安全责任零事故。

【体制改革】 推进治理结构和治理能力现代化，实现由“形的重塑”到“神的重铸”。由“两个为主”拓展为“三个为主”。落实各级纪委书记、副书记的提名和考察以上级纪委会同组织部门为主，查办腐败案件以上级为主的基础上，推进落实对下级纪委日常履职情况的考核以上级纪委为主。重新修订市本级和县（市）区、开发区查办案件考核评比办法，科学设置查办同级党委管理干部考核权重，树立以工作实绩论英雄的业绩考评导向，完善考核评价机制，推动案件查办工作提质增量，增强纪检监察机关查办案件的政治效果、纪法效果和社会效果。推进执纪执法贯通、有效衔接司法。执行《中国共产党纪律处分条例》《中国共产党纪律检查机关监督执纪工作规则》，修改完善市纪委市监委监督检查工作规程、问题线索审查调查工作规程等5个法规性文书，会同政法机关建立健全协作配合机制，在处理违纪、违法和犯罪问题时，贯通使用纪法“两把尺子”，严格执行纪律标准、监察法标准、刑事审判标准。实现监督“全覆盖”。赋予派驻纪检组监察权，在各开发区设立纪检监察工委。市纪委市监委制定关于县（市）区纪委监委向所属部门和乡镇（街道）派驻纪检监察机构改革方案，推动县（市）区一级纪检监察机构向基层延伸，确保把法定监督监察对象全部纳入监督监察范围。

行政监察

【党风政风监督】 纠正“四风”，在抓常抓细抓实上下功夫，拓展作风建设成果。立查惩改不停步。市纪委市监委对19起违反中央八项规定精神典型案件进行通报曝光。开展4次明察暗访、突击检查，发现乱发奖金补贴、公出借机旅游等问题线索62个，立案18件，组织处理17人。坚持“四风”问题严惩处，形成震慑。全市纪检监察机关对违反中央八项规定精神问题立案174件、处分180人。对监督检查中发现的问题，列出清单，对账销号，督促整改落实，建立长效机制。整治形式主义和官僚主义问题。把落实“两个维护”作为重中之重，从政治高度破除形式主义、官僚主义。贯彻中央办公厅印发《关于解决形式主义突出问题为基层减负的通知》和省委出台的具体措施，对全市整治形式主义、官僚主义问题作出重点安排，重点整治扶贫领域、扫黑除恶、生态环保工作中存在的形式主义、官僚主义问题，配合做好市扶贫办脱贫攻坚会议纪要造假、榆树市贫困人口识别不精准等调查工作，追责问责12人。全市纪检监察机关运用“四种形态”处理3771人，其中，第一种形态1891人，第二种形态1540人，第三种形态132人，第四种形态208人，分别占比50.1%、40.8%、3.5%和5.6%。在高压反腐肃贪的基础上，放大纪检监察机关的监督效应。按照职责分工，重在纪律监督无禁区、监察监督全覆盖、派驻监督零距离、巡察监督常态化。组织两轮常规巡察，第六轮常规巡察于5月中旬结束，发现问题1015个，推动被巡察单位边巡边改问题104个，移交问题线索213个，立案16件，留置4人；第七轮常规巡察于10月底结束。

【专项整治】 抓好中央扫黑除恶督导“回头看”任务的整改，推进扫黑除恶监督执纪问责工作向纵深发展，推动落实“两向两要”“办案协作区”和“三个结合”工作机制。全市纪检监察机关立案166件，其中，惩治涉黑涉恶腐败19人，打掉“保护伞”46个，追责问责101人。对榆树市刘立军涉黑案件，立案46人，挖出“保护伞”14人。强化线索管理，对中央督导组交办的123件涉黑涉恶线索，进行处置，其中，立案44件152人，给予党纪政务处分74人，组织处理42人，移送司法机关19人。对中央脱贫攻坚专项巡视反馈问题，制定市纪委市监委巡视反馈意见整改及督导工作方案，对市本级扶贫领域腐败和作风问题直查直办力度，按序时进度上报整改情况，对中央巡视组转办的107件问题线索进行调查核实，给予党纪政务处分62人，组织处理18人，通报曝光典型案件5起。开展生态环保环境治理，对省环保厅交办的问题线索认真查处，追责问责49人，对九台区苇子沟街道，波泥河镇等6个乡镇（街道）秸秆禁烧工作不力的问题，追责问责61人。开展“大棚房”专项治理，会同相关部门成立7个检查组，走访项目现场60余个，调阅资料1000余份，推动检查发现的7072个问题全部整改到位。开展公款购买高档烟酒专项整治，会同工商、药监等部门集中检查集贸市场、商场超市、烟酒专卖店等市场主体2154个，推动相关市场主体整改标有“特供”“定制”字样烟酒类商品102件；通过调阅烟酒税控发票，发现公款购买高档烟酒问题线索9个。开展教育“乱收费、有偿补课、校内经营”专项整治，会同教育部门重点核查民办中小学乱收费，实地检查在职中小学教师违规组织或参与有偿补课892次，查实举报25起，处理违规补课在职教师25人，规范中小学国有资产出租、出借、经营及违规占用行为，排查405个食堂风险隐患。开展医疗“乱收费、收红包、索回扣”专项整治，会同卫生健康部门监督检查医疗机构2727家，下达卫生监督意见书751份，罚没金额33.7万元，责令整改297家。开展人防系统腐败问题专项治理，通过自查和巡察发现问题244个，受理问题线索46件，立案62件，留置13人。

【推进“三不机制”】 市纪委市监委立案市管干部违纪违法案件64件，比2018年增长88.2%。重点查办一批党员领导干部严重违纪违法案件。纠正与防范，把权力关进制度的“笼子”，督促市直部门主要负责人落实“五个不直接分管”制度规定，建立健全“集体领导、正职监管、副职分管、科学决策”的工作机制。围绕避免党员干部在工程招投标建设项目中受“围猎”和钱权交易问题，会同市建委修订《长春市部分国有资金投资工程项目采取随机方式定标的实施办法（试行）》，从制度执行层面斩断利益输送链条，防止党员干部腐败。开展经常性的谈话函询和教育提醒，对党员干部身上的问题早发现、早提醒、早处置。全市纪检监察机关开展谈话提醒522人次、谈话函询992人次，谈话诫勉205人次。筑牢不想腐的堤坝。召开全市警示教育大会，通报2018年以来全市党员干部违纪违法典型案件及警示教训，使党员干部受警醒、懂法纪、知敬畏、守底线。制作警示教育专题片《边界》《折戟沉沙》，编写《监察委头一年》《忏悔录》，编辑《村干部违纪违法案件百例百评》，在市纪委市监委网站和省市主流媒体曝光典型案例，教育覆盖全市10万余名党员干部，做到用身边人和事教育身边人。出台《关于做好对受处理处分干部教育关怀和管理使用工作的意见》，对近年来因违纪违法被移送的党员干部开展“回访教育”，回访监狱服刑人员7人，了解其认罪悔罪和改造情况。

（姜　硕）

民主党派和工商联

中国国民党革命委员会长春市委员会

【教育活动】 开展“不忘合作初心、继续携手前进”主题教育活动，制定《“不忘合作初心、继续携手前进”主题教育活动实施方案》，召开主委会、常委会和全委（扩大）会9次，传达学习中共十九届四中全会、民革中央和民革省委全会精神、《中共中央关于加强中国特色社会主义参政党建设的意见》等重要文件精神，中共长春市委十三届七次、八次全会精神，增强“四个意识”，坚定“四个自信”、做到“两个维护”。邀请全国政协副主席、民革中央常务副主席郑建邦作“中国近现代政党制度发展之路”专题报告，邀请省委统战部研究室负责人做《坚持多党合作增强制度自信》专题辅导，提高对新型政党制度和对民革初心的认识，对全市民革组织的思想政治建设工作提出要求。各基层组织领导班子以“丰富学习内容，创新学习方式，注重学习效果”为原则，开展学习活动。邀请吉林省全民阅读协会负责人为市委会理论学习中心组成员分享《梁家河窑洞的灯光》读书心得，深化对习近平新时代中国特色社会主义思想形成的认识和理解。举办“祖国颂·中国梦”文艺汇演、纪念新中国成立70周年艺术作品展。联合市委统战部，邀请原青海省政协副主席、民革青海省委主委马志伟举办《四代政协人、传承爱国情》专题报告会。纪念孙中山先生诞辰153周年，组织全体委员和基层组织负责人向长春科技学院孙中山铜像敬献花篮，传承弘扬中山精神，凝聚干事创业力量。以“明确参政党责任使命”为主题，通过“理论授课+实践教学”的形式，加强新党员培训，市委会领导为新党员代表佩戴中山先生像章，赠送“六个一”礼物。杜剑主委以《如何做一名合格民革党员》为题，为新党员上党课。组织40名新党员赴重庆开展红色教育实践教学培训。为市委会委员、基层组织负责人、机关干部购置《民革与新中国的建立》《民革前辈与新中国》和《与共和国同行——各民主党派与中国共产党团结合作70周年纪念专刊》等书刊，铭记民革优良传统，搞好政治传承。以“长春民革”微信公众号、网站、期刊以及《团结报》多媒体阅报屏为主要宣传平台，扩大宣传半径、宣传品牌活动、推广典型事迹。全年撰写、编辑各类稿件160余篇，民革中央、团结报等中央媒体采纳6篇，统战纵横、协商新报、长春统战等省市媒体、刊物采用25篇，长春民革微信公众号推送信息159余篇，网站推送信息100余篇，点击阅读量2万次。编辑《长春民革》4期、《长春中山书画院理事名册》《长春民革大事记》等“外宣品”。获2019年度《团结报》发行征订工作先进集体，机关干部刘莎莎获2019年度特约通讯员优秀奖。参加第十六届民革北方城市旅游风光摄影展，征集长春自然风光、人文景观、风情民俗等方面的图片60幅，展示长春城市新亮点。

【参政议政】 履行参政议政“一把手职责”，通过完善机制，强化督导，提高参政党履职实效。根据党员职业和智力优势，将参政议政专委会分为三农工作、经济发展、城建环保、科教文卫、社会法制5个工作组，增补16位委员。指导各小组围绕行业领域精准选题，推动各基层组织联合调研，发挥党员专业优势为中共市委“2020年经济运行专题议政会”建言献策。召开全市参政议政工作暨社情民意信息培训会议，选送15名参政议政骨干党员参加上级民革组织培训，提高参政议政意识和能力。召开参政议政工作委员会2019年度工作暨专家顾问评审会，对24个基层组织上报的29个调研课题进行综合评审，9个课题被确定为年度市委会级重点课题。形成3篇调研报告，10个调研课题成果分别报送市委统战部等有关部门。2019年，全市民革组织和党员把握“参政参到点子上、议政议到关键处”目标要求，政协提案和大会发言屡创佳绩，提高反映社情民意信息工作质量。《关于全面打造“夜长春”，大力发展城市“夜经济”的建议》被评为市政协十三届三次会议以来优秀提案，列为2019年度市政协主席重点督办提案，为长春冰雪夜经济暨长春冰雪大世界等一批夜经济项目的启动起到促进作用。《关于加快提升长春市开放平台体系的建议》被市委市政府研究室采用，市委常委、秘书长马延峰批示“可以成为下一步我市对外开放工作的重要参考”。民革党员朱东等《关于深入挖掘鹿文化内涵，打造双阳鹿乡百亿级乡村振兴示范小镇的建议》《关于树立城市文化品牌彰显城市特色的建议》被评为市政协十三届三次会议以来优秀提案。民革党员李娜《关于加强废旧物资回收利用的建议》在市政协专题常委会上发言，民革党员周骁男《加强长春市医疗扶贫工作的建议》在市政协专题协商会发言。兰亚春、朱东、李娜、汪鹏辉、韩庆敏被评为优秀政协委员。编辑上报社情民意41篇，其中，民革党员李娜《关于增加长春市地铁移动支付的建议》得到长春市市长刘忻批示并落实；《关于“高利贷入刑”及有效干预高利借贷的建议》《尽快建立健全汽车零部件禁用物质要求的国家强制标准》被市政协采用直报省政协、全国政协。市委会获全市统战系统2018年度“议政调研成果奖”、获市政协2018年度“反映社情民意信息先进单位”称号，机关干部刘莎莎被评为市政协优秀信息员。在民革吉林省庆祝新中国成立70周年表彰大会上，兰亚春等8人被授予参政履职模范党员称号。参与由中共长春市委宣传部主办、市政协、市电视台等部门联合承办的《文化地图·心灵盛宴》节目录制，市民革参政议政专委会副主任王静作为特邀演讲人，将《关于打造“不夜春城”、大力发展城市夜经济的建议》的提出背景、意义、规划等建议，以通俗易懂的演讲形式，通过电视荧幕传达给观众，提升提案的宣传效果。

【服务地方经济】 制定《民革长春市委会关于对口九台区开展脱贫攻坚民主监督工作方案》，成立由农业、法制、医疗、教育、电子商务等相关领域党员、专家为主要成员的调研工作组，到九台区开展脱贫攻坚民主监督专项工作，完成《加快立法进程，将脱贫攻坚纳入法制轨道》的调研报告。在全市民主党派脱贫攻坚民主监督专题协商会上得到市委主要领导的肯定。服务小微企业提升能力。发挥民革金融支部专业优势，联合省工信厅、市电子商务协会、长春市绿科云城创业孵化基地，共同举办“助力域内小微企业双创能力提升、增强企业核心竞争优势”——民革金融论坛，围绕运营发展、法律风控、资本运作等方面进行交流研讨，宣传一批优秀创业案例。举办吉林省留学回国人员海归项目投融资对接会，5位海归创业者展示交流项目，对小微企业发展起到示范引领作用。推进“博爱牵手”活动。指导各基层组织按照“制度化、品牌化、长期化”的原则，联合省市志愿者协会、街道社区、孤儿院养老院等开展“博爱牵手”公益活动40余场次。民革朝阳区“庆七一、献真情”慰问孤老活动，民革绿园区“关爱情暖冬行、圆梦留守儿童”公益活动，民革宽城区、二道区“让爱传递，温暖同行”关爱环卫工人文化慰问活动，民革德惠市主题公益演出，民革东北师大委员会与德惠市岔路口镇中心小学“结对子、种文化”活动，长春中山歌舞团文化惠民展演活动等等，各具特色，亮点纷呈。民革南关区、民革吉大一院支部联合南关区残联在南关区育智学校开展“用爱助残健康成长，星星的孩子有快乐有梦想”助残日主题活动，推进中山·医教结合特教儿童帮扶项目，扩大长春民革“中山”品牌社会影响力。8月，双阳区发生严重洪涝灾害，市委会第一时间发出捐款倡议，各基层组织积极响应，在3天内募集善款128650元，送到双阳区慈善会。在民革吉林省庆祝新中国成立70周年表彰大会上，中山·医教结合特教学生帮扶行动、抗战老兵关爱计划被评为民革吉林省委十大社会服务品牌。开展中山法律援助工作。长春中山法律援助工作站“同心助法”宣讲团，走进绿园区新奥蓝城社区等，开展助力扫黑除恶、“反对校园欺凌，保护未成年人成长”主题普法宣传。在12月4日“国家宪法日”，组织民革法律界、企业界党员到吉林省高院参观模拟法庭，并与省高院法官围绕“为民营企业发展营造良好法治环境”座谈交流。

【海外联谊平台】 召开长春中山文化艺术院第二次全体理事大会，表彰先进集体和优秀个人，推举产生艺术院第二届理事会领导机构，成立中山书画院和中山歌舞团。组织中山书画院到台湾地区花莲县举办“丹青溢华彩，吟咏两岸情”书画作品交流展暨交流笔会。近50幅题材丰富、风格独特的精品力作得到台湾地区当地书画家的赞许。两岸书画家共同创作的近40幅书画作品，收录于花莲县洄澜诗社《2019年庆祝创社64周年暨两岸名家与社员诗书画作品联展集》。与花莲县宜昌“国小”就搭建长台两地基础教育交流平台，打造交流品牌项目达成意向。长春中山文化艺术院院长朱臣、副院长苏显双应邀参加由吉林省文化和旅游厅主办的“缤纷四季·精彩吉林”文化旅游推介交流会，以中华传统书画为媒，推动与日韩等国家的交流互通。苏显双应邀到新加坡和美国参加“丝路翰风——百位中国书法博士作品邀请展”“写意精神——中国书法创作世界巡展”，让世界了解中国书法，了解中国，推动海外联谊工作上新台阶。

（王庆军）

中国民主同盟长春市委员会

【概况】 2019年，中国民主同盟长春市委员会（以下简称市民盟）有基层组织42个。其中，盟委31个，直属支部11个，盟员3498人，平均年龄

5月11日，民盟长春市委领导班子召开“不忘合作初心　继续携手前进”民主生活会
（张　宇　提供）

52.79岁，高中级职称2614人，担任市级以上人大代表11人，市级以上政协委员36人。

【组织活动】　推进“不忘合作初心，继续携手前进”主题教育活动，把握主题教育“守初心、担使命，找差距、抓落实”的总要求，将学习教育、履职尽责、查找不足、整改提高贯穿主题教育活动全过程，开展主题教育推进会、基层组织调研会、民主生活会，指导各基层组开展主题讲座、视频学习、座谈交流等专题学习活动20余次。以“弘扬爱国奋斗精神建功立业新时代”为主题，举办书画巡展活动，收集书画作品百余幅；组织盟员观看音乐剧《黄大年》。盟员参加盟省委巡讲、报告会、诵读会及“礼赞祖国讴歌时代”文艺演出。参加市政协《我和我的祖国》文艺演出。举办主题教育培训班、学习研讨等10余次，参加盟员600余人次，提交心得材料170份。举办“我和我的祖国”“重走抗联路、传承民族魂、建功新时代”红色教育、基层调研座谈会等主题教育活动。召开思想宣传信息员培训会议，提升思想宣传工作队伍整体素质和能力；建立宣传信息员管理平台，做好思想宣传信息工作的自觉性和主动性。推动传统媒体和新兴媒体的融合发展，管理好、利用好“一刊一网一号”宣传阵地，完成《长春盟务之声》出版；升级改版盟市盟网站和手机端网站，更新对外报送信息稿件310篇次；公众号更新文章50篇，关注度增加60%。落实《各民主党派中央关于新时代组织发展工作座谈会纪要》和民盟中央组织工作会议精神，规范组织发展工作程序。2019年，发展新盟员148人。推荐29人参加盟中央、盟省委新盟员培训班，向盟省委、市委统战部推荐后备干部、代表人士等300余人，推荐21名盟员参评“新时代青年先锋”。在基层组织中开展“弘扬爱国奋斗精神，建功立业新时代”“四个一”活动。推进“盟员之家”建设，激发基层组织活力。全市有14个基层组织建立“盟员之家”17个。吉林大学盟委、吉林农业大学盟委、长春工业大学盟委获盟中央“高校基层组织盟务工作先进集体”，张友民获“高校基层组织盟务工作先进个人”，徐宏获“民盟思想政治建设和宣传工作先进个人”称号。长春市6名盟员获“庆祝中华人民共和国成立70周年”纪念章。盟市委获民盟中央“民盟思想政治建设和宣传工作先进集体”称号。

【参政议政】　2019年，收集整理参政议政材料96份，向市委政研室报送材料3份，向省盟报送乡村振兴论坛材料6篇，完成市委专题议政会关于对长春市经济运行等方面材料2篇。在市政协十三届四次会议上提交个人提案14份，市政协团提案5份并做大会发言。参与市政协“义务教育均衡发展”专题调研，形成调研报告。参加宁夏“一带一路”研讨会，盟市委提交参会材料2篇。在民盟全国副省级城市第十五次盟务工作（沈阳）联席会议上，做大会交流发言。召开参政议政工作会议，表彰为参政议政做出突出贡献的10个参政议政先进集体和25名参政议政先进个人。制定《民盟长春市委会关于开展脱贫攻坚民主监督工作实施方案》，成立领导小组，到德惠市脱贫攻坚第一线，对口德惠市开展脱贫攻坚民主监督工作，市盟领导分别带队到德惠市同太乡苇子村、林家村，走访调研，实地检查扶贫情况，对同太乡林家村开展脱贫攻坚包保对接，开展“六个方面”民主监督，完成调研报告报送市委统战部。

【服务社会】　市民盟各专委会、各基层组织拓展社会服务渠道，扩大“四叶草”品牌影响力，在捐资助学、走访慰问、弘扬传统文化等方面开展活动20余次。为纪念五四运动100周年，市民盟联合长春文庙举办“弘扬五四精神放飞青春梦想”五四青年节集体成人礼公益活动。普教专委会开展第7次“春风送暖”支教活动，“四叶草”社会服务队开展“周末大讲堂”进高校、进社区活动10余次。

（张　宇）

中国民主建国会长春市委员会

【概况】　2019年，中国民主建国会长春市委员会有基层组织126个，其中，基层委员会14个，总支部34个，支部委员会和支部78个，小组1个（市委会直属基层组织27个）。市委会设同级监督委员会1个，直属专门委员会6个。会员1737人，具有高级职称的347人，占会员总数的19.9%；具有中级职称的584人，占会员总数的33.6%；会员中担任各级人大代表、政协委员职务的有220人，占会员总数的12.7%。2019年度发展会员93名，平均年龄37.7岁，全部具有大专以上学历，其中，博士研究生4名，硕士研究生12名；具有高级职称的5名，具有中级职称的11名；县区级政协委员2名。

【思想教育活动】 下发《民建长春市委员会关于加强思想政治建设的实施意见》，明确市委会加强思想政治建设的目标、任务和方法等内容。组织学习培训，学习习近平总书记关于加强和改进统一战线工作等系列重要讲话。举办骨干会员思想建设培训班，感悟“一大”红船精神，在黄炎培故居、胡厥文生平事迹展览馆等爱国主义教育基地，接受民建优良传统教育。市委会制定主题教育实施方案，成立领导小组，召开动员部署会议，分解量化主题教育工作任务42项，全部完成。12月22日，市委会领导班子召开民主生活会，开展批评和自我批评。开展纪念新中国成立70周年和主题教育征文活动，收到征文78篇；编发《长春民建》主题教育活动专刊，收录班子成员文章7篇，在长春民建网站上开设主题教育活动专栏，收录相关文章47篇；班子成员牵头调研，形成调研成果12份。发挥宣传阵地作用，通过新闻媒体，市委会网站、会刊和公众号，在民建中央网站等会内外副省级以上新闻媒体，刊发宣传报道稿件1516篇（次）。编辑《长春民建》会刊6期。市委会主要领导和机关干部11人形成12篇理论研究成果。

【参政议政】 履行议政建言职能。市政协十三届二次会议上的2份团体提案及1份委员提案被评为市政协优秀提案。会员所在的民建界别活动小组获履职贡献奖和活动组织奖，布和等8名市政协委员被评为优秀委员。在2019年初的长春市两会期间，民建界别的人大代表、政协委员提交建议和提案45份。机关执笔撰写《关于引导区块链技术及相关服务健康发展的建议》《关于运用大数据和人工智能推动金融服务乡村振兴的建议》。在市政协十三届三次全体会议上提交团体提案6份，其中《关于加快跨境电商综试区建设和发展的建议》作为大会发言，被选为市领导督办提案。委员肖辉山提案《关于推进城市治理现代化的建议》被选为大会发言。推进调研课题。全年完成45份调研成果，其中《关于动力电池回收利用及报废处理的建议》等19份调研成果报送民建中央调研课题征选，13份调研成果作为报送市政协团体提案备选材料，2份调研成果被民建省委选用作为报送省政协团体提案材料。专题调研成果《关于推进商品合理减化包装的建议》报送市政协和民建省委。12月10日，调研成果《关于促进人工智能与实体经济深度融合的建议》在中共长春市委专题议政会上，得到中共长春市委主要领导以及政府有关部门的认可。反映社情民意。反映社情民意297件，报市委统战部、市政府、市政协各47件。《关于汽车制造配套产业本地化发展的建议》被中共长春市委《决策参考》采用，《关于完善公交停靠设施建设的建议》等4件社情民意被市政协采用。《关于加油区禁止使用移动支付付款的建议》得到市长刘忻签批；报送民建省委157件，《关于继续推进司法体制改革的建议》等9件社情民意被民建中央采用。民主监督。聚焦脱贫攻坚，组成脱贫攻坚民主监督专题调研组，7次到扶贫一线调研，到农安县的2镇4村实地走访座谈。6月21日，调研成果《关于进一步助推扶贫产业提质增效的建议》在全市民主党派脱贫攻坚民主监督专题协商会上，得到中共长春市委主要领导以及市政府有关部门的肯定。12月3日，在民建中央脱贫攻坚表彰大会上，市委会获先进集体奖，2名会员获先进个人奖。

【社会服务】 社会服务见实效。在九台区莽卡乡三道村开展的保险助力脱贫攻坚活动，实现单笔理赔金额8万元。九台区支部会员通过电子元件外包加工，帮助部分贫困户实现家庭内就业，月增收1000余元。农大支部会员对接“东木西草”大球盖菇种植项目。品牌活动出精品。市委会与双阳区人民政府在长春科技学院共同主办“2019年度百企千岗扶贫助企招聘会”。双阳区基层委员会作为承办单

5月8日，民建长春市委员会助残扶贫电动轮椅捐赠仪式 （张洪禹　提供）

位，全程参与筹备工作，协调相关单位同步开展具体工作，组织219家招聘企业，为长春科技学院2020年应届毕业生以及双阳区农村剩余劳动力等各类求职人员提供3500余个就业岗位。应聘人员达成就业意向808人（其中，大学毕业生605人，农民工203人）。服务企业促发展。组织5名会员参加“中国风险投资论坛”、9名会员参加“中国非公有制经济发展论坛”，推荐相关会员参加民建中央“新生代企业家培训班”、省工信厅“传承精英培育班”学习，部分会员参加民建省委“建华课堂精益管理高管研修班”学习。举办“新零售业态升级”“路演奇迹”和“打造企业自身核心竞争力”等3期本地专题培训，组织长春民建“经济界会员及中小企业高管到成都研修班”等域外学习。创建“长春民建服务企业家会员微信群”，有200余人入群。

（张洪禹）

中国民主促进会长春市委员会

【概况】 2019年，中国民主促进会长春市委员会（以下简称市民进）下辖地方组织1个，基层委员会12个，27个基层支部，内设8个专门委员会。有会员2070人，其中，教育文化出版等主体界别会员1491人，占72%；中上层会员1676人，占81%；大学以上学历1501人，占72.5%。会员中有各级人大代表23人，各级政协委员120人，其中，全国政协委员2人，省人大代表3人，省政协委员12人，市人大代表14人，市政协委员17人。

【思想建设】 将“不忘合作初心，继续携手前进”主题教育活动作为全年重点工作来抓，开展“弘扬爱国奋斗精神，建功立业新时代”活动。参与2019年参政党理论研究课题招标活动，报送6份课题招标书。向民进吉林省委会推选民进长春师范大学委员会主委吕萍为“我身边的榜样”。下发《民进长春市委会关于开展“不忘合作初心，继续携手前进”主题教育活动的工作方案》。通过座谈会、研讨会、报告会，诵读和故事会等形式开展集中学习。参观新中国成立70周年等展览、建言献策、慰问老兵、教育论坛等形式将主题教育与履职尽责相结合，确保主题教育不走过场。为庆祝新中国及人民政协成立70周年，面向全市会员开展征文活动，收到征文29篇，其中有部分文章被吉林民进刊发。举办第五届会员书画作品展和笔会活动，展出近100幅书画界会员新近创作的优秀书画作品。召开“盛世中国，讴歌新时代”文艺界会员座谈会。组织17名书画界会员参与省委会书画展览；选送节目参加省委会及市政协组织的庆祝活动；向省委统战部报送70年成果展览资料等。

【宣传活动】 打造民进长春市委会宣传墙，展示近两年市委会的各项工作成果，设计开辟长春民进开明书画院单独版块，制作长春民进宣传片，推广民进历史，宣传民进理念。落实《民进中央关于进一步加强宣传思想工作的意见》及中共长春市委统战部2019年民主党派信息工作会议精神，市委会举办第五期通讯员培训班，30余名通讯员参加培训。市委会上报各类信息近150条，微信公众平台发布信息140条，网站更新信息125条，被《团结报》及网站、民进中央网站等上级部门或主流媒体刊登或发布200余次。

【组织建设】 2019年，发展新会员96名，对现有2070名会员档案逐一登记造册，编辑印发《会员通讯录》；整理205名企业家名册。对8个专门委员会人员名单进行调整。举办首届联系对象培训班，向市委统战部推荐10名后备人才，参加长春市2019年民主党派领导班子及骨干成员进修班。市委会形成《民进长春市委员会关于基层组织建设的指导意见》下发各基层组织，制定《组织建设意见和主题年工作方案》，并按照方案要求组织全机关工作人员下基层，进行协调指导和动态考核，作为优秀基层组织评选的重要依据。2019年，市委会被评为“民进全国组织建设先进地方组织”；4个基层组织被评为“民进全国组织建设先进基层组织”；5名会员被评为“民进全国组织建设先进个人”。

【参政议政】 举办年度参政议政工作会议，通过参政议政工作办法集智聚

4月10日，民进长春市委员会工作人员到榆树市开展脱贫攻坚民主监督实地考察调研

（王　丹　提供）

力做好参政议政工作的工作机制。对2017-2018年参政议政优秀集体和优秀个人进行表彰，确定年度参政议政调研立项课题20余个。向市政协十三届三次全会提交党派提案4篇，其中《关于纠正幼儿教育“小学化”倾向的建议》，被市政协主席会议确定为重点提案，刊登在全国政协印发的《每日社情》。完成长春市政协十三届二次大会民进团体提案的面复、答复工作，其中《关于制定政策、吸引及留住大学毕业生在长就业创业的建议》作为2018年市政协领导督办重点提案。市委会向长春市委统战部提交2篇调研报告。向中共长春市委报送的“关于加强长春汽车零部件生产企业与一汽生产需求衔接配套的建议”，在长春市年度专题议政会上向市领导进行汇报。向长春市政协报送社情民意10篇。市委会被长春市政协评为反映社情民意信息先进单位。

【脱贫攻坚】 制定《民进长春市委会关于开展脱贫攻坚民主监督工作实施方案》，对榆树市脱贫攻坚工作进行民主监督。考察调研小组2次到榆树市贫困村实地调研，召开座谈会听取榆树市扶贫办脱贫攻坚工作的汇报。从20余个村屯中了解榆树市教育脱贫领域工作现状，形成调研报告，在全市民主党派脱贫攻坚民主监督专题协商会上进行汇报。

【社会服务】 “民进社区行”活动在原有基础上，加强与社区的联系，通过在社区建立“民进之家”的方式，参与社区管理，提高服务质量，扩展服务对象。各基层组织发挥主观能动性，开展各类公益活动67次，捐赠物资价值近70万元。民进长春市委会结合主题教育活动精神，开展“民进社区行”会员书画作品巡展活动，在市内5个社区1所大学以接力形式举办书画巡展6场。依托长春民进开明书画院，2019年春节之前，市委会在全市范围内开展“春联万家”活动，各位书画院理事书写春联3300对，福字3500张。开展公益培训讲座、笔会、书法比赛等各类活动119次，培训人员涵盖学生24500人次，教师3186人次。

（王　丹）

中国农工民主党长春市委员会

【概况】 中国农工民主党长春市委员会（以下简称市农工党）有基层组织28个，其中，基层委员会5个，总支委员会6个，支部15个，筹备组1个。2019年，全市党员1144人，平均年龄49.3岁。其中，医药卫生界581人，占党员总数的50.8%；政府机关、司法机关、民主党派机关90人，占党员总数的7.9%；新的社会阶层人士125人，占党员总数的10.9%。具有高级职称的有619人，占党员总数的54.2%；具有中级职称的有307人，占党员总数的26.8%。农工党党员中担任各级人大代表、政协委员的有82人，其中，担任省人大代表的1人，省人大常委1人；担任省政协委员1人。机关现有专职干部7人。

【参政议政】 市农工党围绕国家、省、市中心工作和人民群众关心的热点、难点问题，发挥医药卫生、人口资源和生态环境界别的优势，由主委刘林林任组长、专职副主委张继良为副组长，组建由多个相关专家学者组成的调研组，就脱贫攻坚、医养结合、基层医疗机构处理医疗垃圾能力、人力资源服务产业园服务能力、农民专业合作社发展现状、餐厨垃圾治理等问题开展各类调研20余次，形成调研成果11篇。其中，《关于加强无偿献血工作的建议》得到时任市委书记王君正的现场批示，一些积压多年的问题得到解决；《关于加强健康扶贫工作的建议》得到副省长李悦书面批示。2篇建议均被长春市政协采用并以社情民意的形式上报吉林省政协和全国政协。关于加强医养结合体系建设和健康产业发展方面的2篇建议，在中共长春市委专题议政会上向市委书记王凯进行专题汇报。在农工党中央理论研究评选活动中，农工党员葛君梅撰写的《政协提案质量改进的思考与实践》获二等奖。在农工党全国15个副省级城市第二届联席会议和东北四省五市联席会议上，市农工党就相关调研课题做典型经验发言。常态化开展社情民意工作，全年面向基层组织、骨干党员征集社情民意70余条，向农工党吉林省委会、中共长春市委统战部上报50余条。

【社会服务】 2019年8月，市农工党主委刘林林带领由医疗专家和企业家14人组成的工作组，到贵州省大方县顺德街道开展精准医疗健康扶贫活动及脱贫攻坚情况调研，捐赠总价值10万元的药品，提供9个类别、27家企业的350余个就业岗位信息，为68户贫困群众提供精准医疗服务，得到当地党委政府和群众的好评。整合资源，发挥优势，开展社会服务工作。市农工党组织吉林大学第一医院支部、吉林大学第二医院支部、长春中医药大学委员会、南关区委员会、朝阳区委员会、绿园区委员会、宽城区委员会、汽开区委员会、长春市中医院支部、长春市中心医院支部、长春大学支部、榆树市支部等基层组织开展义诊健康咨询、医疗技术帮扶培训等形式社会服务主题活动。在全体农工党员的共同努力下，社会服务工作向深层次广领域延伸。全年开展健康培训讲座72次，培训3万余人次，为6700余人次提供医疗健康服务。开展“同心助医”主题活动。3月9日，市农工党组成医疗专家组，在主委刘林林、专职副主委张继良的带领下，携手“扁鹊公益”活动共同到白城市通榆县开展同心助医健康帮扶活动，为当地近520位群众就医提供医疗服务。4月，市农工党到莲花山度假区四家乡开展脱贫攻坚健康服务活动，为当地100余名群众开展健康咨询，并向当地卫生院捐赠价值8000余元的药品。10月22日，市农工党与省药监局共同开展健康扶贫活动，到汪清县鸡冠村进行精准健

8月28日，农工党长春市委会到通榆县医院开展健康扶贫活动 （宗　伟　提供）

康扶贫义诊及科普宣讲活动，为200位村民提供健康咨询服务。市农工党组织长春中医药大学委员会、长春市中医院支部、长春市儿童医院支部的党员专家，多次在吉林资讯广播、长春交通之声等媒体上，进行中医科普知识普及，为传统中医文化发声。全市农工党各基层组织结合自身优势，开展和参与医疗、扶贫、宣传等公益活动50余次。多名农工党员到青海、新疆、贵州等地开展巡回医疗、联合教学、支医、扶贫等工作，为祖国边疆稳定繁荣发展和人民群众幸福生活贡献力量。

【组织建设】　为适应参政议政工作，发展一批医疗、经济、法律、金融等领域的专家学者和新的社会阶层代表人士。2019年发展农工党员74名市农工党完成南关区委员会、绿园区委员会、汽开区委员会，中医药大学委员会、榆树市支部换届工作及各专委会换届工作，一批德才兼备、年富力强、具有一定参政议政能力的农工党员走上基层领导岗位。

（宗　伟）

九三学社长春市委员会

【概况】　2019年，九三学社长春市委员会（以下简称市九三学社）有117个基层组织（含23个委员会、94个支社），有社员2759人，平均年龄54.8岁，高级职称占50.3%，其中，中国科学院院士1人，博士生导师41人。社员中有省人大代表3人，省政协委员11人；市人大代表5人，其中常委3人；市政协委员32人，其中常委6人。

【参政议政】　制定《参政议政调研工作的奖励办法》。九三学社长春市委员会2019年度参政议政工作会议上确定2019年度的议政调研工作方向。各位参政议政骨干社员结合自身专长完成《加强传统村落文化遗产保护利用，促进乡村振兴发展》等14个调研报告。3月，社省委下发《关于就“促进科技型民营企业高质量发展”开展调研的通知》，参政议政专委会主任翁连海提出《创设清廉亲切与深度融合的政企联动机制搭建东北区域科技民营企业协同创新平台》的建议，得到社中央、社省委的重视。5月11日，由九三学社中央主席武维华率队，来自国家发改委、科技部、工信部、财政部、中国人民银行、国家税务总局、国家知识产权局、中国证监会等有关部门组成的调研组，到长春浪潮云计算有限公司开展实地调研。提出《关于聚焦在优化营商环境，激发微观主体活力的建议》等多项专题调研报告，其中《关于“聚焦新一代信息技术，助推长春数字产业发展”的建议》作为社市委在市委专题议政会上的发言材料。对中共长春市委、市政府重点关注问题，社市委完成《如何深入推进国资国企改革，更好发挥一汽国有企业的吉林全面振兴主力军作用》《关于长春市建设“养老村”，低成本解决城乡养老难题的建议》等4篇提案提交市政协。做好社情民意信息工作。发挥基层组织参政议政信息员和新社员的作用，全年收集社情民意信息52篇。其中九三学社长春市绿园区委员会安璀颖提交的《关于完善残疾人公益岗聘用管理的建议》，得到长春市副市长吕峰签批。

【理论学习】　组织社员重点学习习近平总书记在纪念五四运动100周年大会上的重要讲话精神。组织做好全国“两会”的收看、学习和贯彻落实。开展参政党理论研究。九三学社中央上半年在全社开展“五四运动精神与新时代九三学社发展研讨会论文”征集，九三学社东北师范大学委员会高玉秋、九三学社长春市绿园区委员会安璀颖、九三学社长春市朝阳区委员会李晓霞提交论文。社市委和市社会主义学院联合申报市委统战部统一战线理论政策研究课题，完成《新型政党制度在基层落实有效途径的研究——以长春市为例》的论文。开展“不忘合作初心、继续携手前进”主题教育活动。8月开始，社市委组织全市社员参加社中央“网络课堂”专题政治辅导，参加由中共吉林省委统战部、九三学社吉林省委、中共长春市委统战部举办的主题教育活动讲座。9月3日，社市委举办“不忘合作初心，继续携手前进”主题活动知识竞赛。九三学社长春市书画院组织20余幅作品参加“不忘初心，同心奋进”庆祝中华人民共和国成立70周年暨中国人民政治协商会议成立70周年吉林省诗书画印展览。九三学社吉林大学委员会、九三学社长春中医药大学委员会

4月19日，九三学社长春市委组织骨干社员进行学习培训　　(孙亚楠　提供)

开展“重走抗联路”红色教育活动，缅怀先烈事迹，感受红色精神。在社中央开展的“不忘合作初心，继续携手前进”主题征文活动中，社市委收到征文30篇。社内外宣传报道。社市委以《长春社讯》、社市委网站、微信公众平台、基层组织工作群为平台，报道各类社务工作。2019年，出刊社讯4期，报送信息56篇，其中，被社中央采纳27篇，被社省委采纳49篇，被协商新报采纳5篇，被中共长春市委统战部、团结报等网站采纳5篇。

【组织活动】 制定和完善基层组织工作制度。制定《九三学社长春市委员会基层组织工作细则（试行）》《九三学社长春市委员会基层组织领导班子工作职责（试行）》《九三学社长春市委员会基层组织量化考核办法（试行）》《九三学社长春市委员会常委以上领导及机关干部联系基层组织制度（试行）》，明确基层组织领导班子的职责。推进组织建设。“走基层”，了解基层组织现状。社员的理论学习，提高参政党意识，明确政治使命。社市委对骨干社员和新社员组织2次培训，增强社员的政治意识、大局意识、责任意识。开展社务活动，增强基层组织活力与凝聚力。社市委为庆祝“三八”妇女节举办由社市委副主委、吉林大学委员会主委续颜主讲的专题讲座活动。由九三学社长春市委员会承办的“科普中国——科学大咖面对面”活动在吉林大学举行，中国科学院院士、中国农业科学院哈尔滨兽医研究所研究员陈化兰作题为《禽流感病毒认知与防控》的主题科普报告。九三学社一汽集团委员会举办第三期“九三学社一汽委员会创新论坛”。九三学社东北师范大学委员会举办党外专家大讲堂活动，邀请社内专家李佐锋教授做题为《图模型的思想和方法》的讲座。

【社会服务】 捐助病困、慰问孤老。九三学社长春市直属法律综合委员会走进南关区鸿城街道、德惠市边岗村和松花江村开展新春慰问活动，为贫困家庭发放米、面、油等慰问品；举行“爱在耳边，畅听未来”助残活动，向南关区残联捐赠百台助听器。九三学社绿园区委员会对雁鸣湖社区165户残疾人家庭进行春节慰问。九三学社朝阳区委员会走进天宝社区开展慰问老兵活动。社市委号召全市各基层组织开展赈灾募捐，为灾区捐款59148元。九三学社宽城区委员会为东广街道社区居民举办法律知识讲座。九三学社二道区委员会在二道区英俊镇开展扫黑除恶宣传及法律服务进乡村活动。九三学社长春市直属第一委员会来到荣光街道四通社区居民开展主题“理性投资，从我做起”的金融知识讲座活动。开展医疗义诊、健康讲座，服务百姓，造福百姓。九三学社长春市中心医院委员会到南关区桃源街道桃源社区，为社区居民做体检和义诊，联合九三学社绿园区委员会在铁西街道龙泉社区开展“波澜壮阔70年，同心助医进社区”健康义诊活动。九三学社双阳区委员会开展“不忘合作初心、继续携手前进”主题教育实践暨“美好双阳同心健康行动”义诊活动。捐资助学，关注青少年健康成长。九三学社绿园区委员会在长春市第七十八中学开展第三届“同心助学爱心圆梦”捐资助学活动；九三学社长春市卫生联合支社走进童晟集团南湖校区，进行婴幼儿高发传染性疾病的防范知识普及。九三学社长春市直属法律综合委员联合社会爱心人士，举行“激扬五四风采，走进长春市特殊教育学校大型公益活动”。6月21日，中共长春市委书记王凯走访市级各民主党派，召开全市民主党派脱贫攻坚民主监督专题协商会。社市委主委张红星作《对贫困地区加强产业扶贫的建议——关于对双阳区开展脱贫攻坚民主监督工作的调研报告》的发言。助力科技企业升级。九三学社长春市委员会发挥党派优势，与省科协沟通，同时联系吉林省博士联合会、中共长春市委统战部，为市社成员所在的吉林省合天吉公司申报院士工作站建立沟通桥梁，协同省科协完成对企业的考察。

(孙亚楠)

长春市工商业联合会

【教育活动】 制定《长春市工商联开展“不忘初心、牢记使命”主题教育工作方案》，组织全体干部开展集中学习13次，实地参观4次，收看廉政教育影片7次，研讨交流4次，培训学习21次。调查研究做到“四个结合”，组织全体干部到企业开展调研，形成调研报告，进行座谈交流；结合“万人助万企”活动实地走访企业，收集实际问题19个，研究解决或流转。查摆问题做到“六个深入”，对照主题教育要求，通过党支部会、党小组会、座谈会等形式进行谈心谈话、自查互查、征求意见，查找出5个方面65个问题。整改落实体现“三个发挥”，在主题教育专项整治、班子及个人整改、破解难题等方面，将整改落实与工作实际相结合，长抓不懈、改出成效。

【搭建民营企业服务平台】 搭建企业服务平台。结合商会大厦功能定位及民营企业实际需求，整合金融、法律、税务、会计等机构，组建企业服务联盟，选出10个行业的80户企业进入企业服务清单。搭建纠纷调解平台。加强与市司法局合作，建立健全民商事矛盾纠纷调解对接机制，指导基层工商联、商会组织组建50家民商事调解委员会，开展民商事调解工作，为会员企业调解矛盾纠纷68次，标的金额1.1亿元。搭建法律服务平台。加强与市司法局、市检察院合作，在商会大厦7楼成立“长春市民营企业法律维权服务中心”“长春市检察院助企服务工作室”，举办“‘检察护航民企发展’检察开放日活动”，为民营经济发展提供法律服务和法治保障。

【经济交流合作】 举办“全国知名药企走进长春对接会”。全国工商联党组成员、副主席李兆前，省委常委、市委书记王凯，省政协副主席、省工商联主席李维斗，市长刘忻出席此次活动。成立东北三省四市工商联（总商会）联盟。贯彻落实习近平总书记到东北三省考察的重要指示精神，推进东北三省民营经济发展，由长春市工商联发起倡议，与沈阳市、

5月8日，长春市工商联（总商会）发起成立东北三省四市工商联（总商会）联盟

（沙显光　提供）

哈尔滨市、大连市工商联共同成立东北三省四市工商联（总商会）联盟，发布《联盟宣言》，推动区域民营经济合作共赢。深化对口合作。组织30余户民营企业到天津参加“2019中国企业国际融资洽谈会暨民企投融资洽谈会”等活动，实地考察天津国家级众创空间、静海区林海循环经济开发区；邀请杭州市企业家代表团长春参加东北亚博览会，考察长春新区、凯利市场等招商引资项目，长春市与天津、杭州两地相关产业项目对接。坚持“走出去”“引进来”相结合。组织长春市企业家经贸代表团访问德国、英国、美国相关城市和华人商会；举办“中韩经贸对接会”“日本企业经贸合作交流会”；组织民营企业1000余人次参加“第二届中国国际进口博览会”等国内大型经贸活动，拓展民营企业发展思路，促进经贸交流合作。

【基层工商联建设】 按照“五好”县级工商联标准，加大对创建“五好”县级工商联的工作指导力度，全市10个县级工商联，达到“五好”县级工商联标准。指导长春新区成立工商联组织。工商联所属商会建设。制定《关于促进长春市工商联所属商（协）会发展规定》《长春市工商联所属商会管理办法》，筹备召开长春市促进工商联所属商会改革和发展工作会议。成立长春市工商联旅游产业、服装服饰2家商会。长春市工商联装饰材料商会、冀商商会被全国工商联评为“四好商会”。

【参政议政】 开展民营经济发展情况、民营企业助力乡村振兴情况、商会发展情况等专题调研，形成《长春市民营经济发展情况调研报告（2019）》等调研报告。其中，《关于促进长春市民营经济发展的调研报告》《关于推动民营企业科技创新的建议》获2019年全省工商联系统优秀调研成果奖。《关于推动民营企业人才建设的建议》成为市政协十三届四次会议大会发言材料，《关于推动民营企业科技创新的建议》获市政协优秀提案奖。

（沙显光）

长春市总工会

【概况】 2019年，市总工会有10项工作受到国家和省级表彰，有5项工作在国家和省相关会议上介绍经验；全国人大常委会副委员长、中华全国总工会主席王东明专程到长实地考察长春市产业工人队伍建设改革工作；省政协副主席、省总工会主席李龙熙4次对市总有关工作作出重要批示。中央和省、市主流媒体宣传报道长春工会工作800余篇（条）。

【文化技能竞赛】 开展宣传庆祝活动300余场（次），参与职工近20万人（次）；以“中国梦·劳动美——与共和国同成长、与新时代齐奋进”为主题，承办全省职工庆祝新中国成立70周年文艺汇演；围绕全会重点、亮点工作做好新闻宣传，开展“爱国情·奋斗者”系列报道。活跃职工文化生活，举办“送文化·走基层”活动，为20余万名职工提供服务；举办各类职工体育赛事，全市有450余家基层单位的4600余名职工参与。市总工会连续4年获“长春市宣传思想文化工作创新奖”。配合省总工会召开省暨长春市庆祝五一大会，全市获国、省、市三级五一劳动奖章125人、奖状25个、工人先锋号28个，评选表彰第四届长春工匠100名，其中2名长春工匠获第三届吉林工匠荣誉称号。在吉林省劳动模范表彰大会上，全市有17个单位被授予省劳动模范集体、10人被授予省特等劳动模范、87人被授予省劳动模范。为3541名离退休和困难劳模发放誉津贴和低收入补助347.8万元。第二批劳模工匠学历班76名学员毕业。全市组建“劳模创新工作室”155个，完成创新项目675项，获得国家专利163个，创造直接经济效益1.9亿元。

【脱贫攻坚】 落实脱贫攻坚任务，全年投入1372.6万元，开展“春送菜苗、夏送项目、秋送助学、冬送温暖”系列扶贫活动；改善包保贫困村环境设施建设，硬化道路16千米，危房改造30户，为687户接通自来水；通过发展养殖业，实现贫困户人均年增收4017元，市总工会包保的3个贫困村，115户建档立卡贫困户256人，全部实现脱贫退出。

【劳动和技能竞赛】 开展“当好主人翁，建功新时代”主题劳动竞赛，全市参赛企业3971户，参赛职工22.6万人，开展技术革新874项，提出合理化建议50.1万件。聚焦长春现代化都市圈建设，开展三大类100场123个工种职工技能大赛，创新增设八大员群体技能大赛，场次和工种比2018年分别增加69%和50%；有20余万名职工参赛，3355名职工进入决赛并得到晋级，激发广大职工的劳动热情和创新活力。

4月28日，吉林省暨长春市“五一”劳模表彰大会召开　　（王　拓　提供）

【“一卡一险”建设推进】 召开“一卡一险”工作总结表彰大会，对40个先进集体和100名先进个人进行表彰。截至年末，工会会员卡办理人数超过90万，服务项目38项，投入资金2.1亿元，普惠职工210万人（次）；互助保障会员39.5万，为17.7万职工支付保障金1.79亿元。对女职工和患重大疾病职工新增2项保障项目，女职工特殊疾病保障范围由8类拓展为13类，保障额度由1万元提高到1.2万元；职工重大疾病保障范围由25类拓展为30类，保障额度由5000元提高到1万元。

【帮扶救助】 “两节”期间，全市各级工会筹集2644.6万元，走访慰问2.3万名职工和462名驻村书记。投入121.5万元，开展金秋助学、“会校企”联合助学活动，资助困难职工、农民工子女395人。组织1505人参加“求学圆梦行动”。投入140万元，对3万名职工进行防暑慰问。开展“春雁回归·农民工平安返长”活动，为1769名外地农民工提供交通补贴36.5万元。投入45.5万元，为1.7万名环卫工人办理职工意外伤害互助保障计划。全市10706户城市困难职工实现解困脱困，占建档总数的96.9%。全市建成职工服务站443家、户外劳动者服务站383家，19家职工服务站被评为“吉林省优秀职工服务站”。

【职工维权】 集体合同建制率91.2%，覆盖企业1.9万户，受益职工66.6万人。举办长春市首届集体协商竞赛，参加全国竞赛取得第5名。促进基层民主政治建设，编印《长春市企事业单位职工代表大会规范操作指南》。发挥法律服务律师团、“劳动争议调处中心”“劳动合议庭”作用，为职工提供法律服务2537次，争取经济利益2488.6万元。维护女职工特殊利益，新建“爱心妈咪小屋”20个。投入36万元安装50台直饮水机，为4137名户外劳动者提供健康饮水。市总工会连续16年被评为全国“安康杯”竞赛活动优秀组织单位。

【工会改革】 代市委、市政府印发《长春市新时期产业工人队伍建设改革实施方案》，从5个方面提出17条改革举措。印发《长春市总工会关于产业工会改革的实施意见》，将4个驻会产业工会调整为5个，推动工会的组织体系向开放性转变、管理模式向多元性转变、运行机制向民主性转变、活动方式向群众性转变。强化经费支撑保障，推动工作重心下移，改革以来用于职工活动、维权支出和对基层经费补助1.3亿元；15个县区总工会全部配备兼职副主席，代表大会代表、委员、常委中劳模和一线职工比例分别为60%、30%和15%以上，完成县区工会改革目标。

【建会入会】 举办省暨长春市八大群体及万名商场信息员集中入会仪式，成立长春市快递行业工会联合会。投入160万元专项资金和100万元职工互助保障计划，鼓励和吸引八大群体、农民工集中企业建会入会。2019年，全市新增农民工会员10万人；八大群体职工集中的企事业单位建会920家，建会率66.8%；八大群体职工5.9万人，入会4.1万人，入会率69%，超额完成省总工会下达的任务指标。

【“智慧工会”建设】 依托“数字长春”建设，推进工会工作信息化、规范化、科学化，全市实名制采集会员信息95万，占会员总数的90%。完成信息化平台二次开发和手机客户端研发工作，将工会业务全流程由“线下”搬到“线上”。打造“指尖上的工会”“长春工惠”APP正式上线运行。“长春工会”微信公众号关注人数23.8万，阅读1686万人次，居全国前列。长春工会网上工作平台获“全国互联网+工会普惠服务最具影响力平台”称号。

（王 拓）

共青团长春市委员会

【主题教育活动】 出台《新时代长春共青团宣传思想文化工作规划（2019-2023年）》，对基层团委，要求专人专岗，建立信息监测考核系统。开展主题活动。举办纪念五四运动百年历史回顾展，省委常委、市委书记王凯参观展览，召开全市各界青年座谈会并发表讲话，激发全市各行各业青年贡献长春高质量发展的奋斗热情。开展“我和我的祖国”“我与祖国共奋进”“争做新时代好队员”等主题团队日、仪式教育、参观寻访、报告宣讲等活动近8400场。线上线下一体开展专题教育活动，各级团组织开展线下主题活动1.9万场次，覆盖团员青年70万人次。开设“青年大学习”网络团课、知识竞赛，有734.2万人次参与。创新宣教载体。在长春光华学院、超凡教育集团分别建立2个长春青思俱乐部分站；在公园、社区、学校、书店建设7个红领巾宣讲团分站；在高校建立“青马”社团36个、建立“青马遇见红领巾”基地2个，扩大意识形态工作阵地的有效覆盖。

【树立青年典型】 评选推荐“新时代长春青年先锋”“全国向上向善好青年”、少先队十佳百星等优秀青少年典型670人，其中，1名青年获全国道德模范提名奖，2名向上向善好青年受邀到京出席纪念五四运动100周年大会，1人获“中国青年创业奖”，1人获选“新时代吉林好少年标兵”。举办青春故事分享会45场次。

【宣讲活动】 成立由市委党校、高校教师、媒体从业者、少先队辅导员、机关干部等43人组成的青年讲师团，围绕习近平新时代中国特色社会主义思想、十九届四中全会精神、党史国史等开展宣讲162场次。红领巾宣讲团宣讲员从9人发展为1461人，利用节假日到人员密集场所开展宣讲活动，传承红色基因、传播红色文化。建立了由网络编辑、网宣员、网络文明志愿者和新媒体联盟共同组成的新媒体工作队伍，在网上弘扬主旋律、传播正能量。

【“网上共青团”建设】 建立以微

信、微博、抖音平台为重点的长春共青团官方新媒体矩阵，粉丝474万人次，在全团377个地市级微信排名中稳定在前20名，最好成绩第一；在全国近20万个政务微博中最好成绩综合排名第9，全省最好排名第一。

【少先队改革】 专题向市委常委会议汇报少先队工作，与市教育局联合出台《长春市少先队改革实施方案》，深化少先队改革。与长春师范大学合作，量身定制符合长春实际的少先队文化建设和课程体系，为全市辅导员配发少先队活动课教材，规范课程内容。

【助力城市发展】 打造九台区波泥河镇锦绣村人居环境整治示范村，开发“农村群众激励超市”手机微信小程序，开展“垃圾收集清理习惯养成”“自觉维护村集体环境”等活动，发挥群团优势，助力农村人居环境整治。开展的“小手拉大手齐心扮靓美丽新农村”长春市青少年助力农村人居环境集中整治行动等工作得到省委常委、市委书记王凯肯定性批示，全市农村人居环境现场会上专门调研团市委捐建的锦绣村文化广场。发动青年志愿者参与火车站区域综合治理，参与志愿者5381名，服务旅客70万人次。助力乡村振兴。实施“农村青年人才”培养计划，开展“新时代长春乡村振兴青年先锋”“十佳来长创业青年”“十佳返乡创业青年”的评选表彰，挖掘青年人才48人；实施新型职业农民培养工程，培训农村青年致富带头人500人，组织1500名青年参加农村电商人才训练营暨“火山致富合伙人”百人计划，通过培育新产业新业态青年人才促进乡村振兴；实施“农村青年党员培育工程”，为农村青年“小能人”进入党组织开辟绿色通道，为基层党组织输送新鲜血液。实施“青年人才助推农产品上行”计划，建设“长春青年返乡创业园”和“长春青年可视化电商创业中心”孵化平台，培育本地“带货主播”50余人，联合打造“靠山庄”“阿凡优品”等长春农产品互联网品牌，带动大米、杂粮杂豆、山珍等长春特色农产品通过互联网销往全国。

5月27日，团市委组织志愿者服务2019长春国际马拉松赛事　（马　赫　提供）

【青年创新创业】 举办长春市2019年青年科技创新创业大赛、长春数字产业青年人才创新创意设计大赛、首届长春青年移动应用创新创业大赛，无偿发放创业扶持资金320万元，人才奖励资金76.8万元，培育和吸引532个优质创业项目。将长春青年创业工场正茂园区扩建至3万平方米，提供融资对接、市场推介等全链条服务，培育亿元企业4户、千万级企业12户，园区企业年销售收入5.2亿元，全面推动优秀创业企业优做强。

【青年跨国跨地区合作交流】 举办青年创业企业日本研修班，组织到丹麦进行商贸互访，开展津长、杭长青年企业家交流合作，吸引12家天津、杭州电商企业入驻津长、杭长青年创业园发展。省长景俊海在日本出访期间，专门看望在日本丸红公司研修的长春青年创业者，对长春共青团服务青年创新创业工作给予肯定。

【青年志愿服务】 承接2019长春国际马拉松赛、长春航空展、长春雪博会、全国关心下一代工作会议等重大赛会志愿者的招募、培训和保障工作，动员2942名志愿者投入服务工作，培训23场次，服务时长6.1万小时，服务参赛、参会群众10万余人次。实施“七彩假期”青年志愿者关爱农村留守儿童项目，发动375名志愿者稳定联系服务农村留守儿童1081名；实施志愿助老“模拟家庭”项目，组织青年志愿者“一对一”或“一对多”常态慰问、陪伴孤寡老人；组织教师志愿者为贫困村儿童提供免费艺术特长培训，编排的节目在吉林省少儿春晚中演出。联合公安局、城管委、火车站地区管理局、长春新区、轨道交通公司等单位，共同开展地铁志愿服务、春运暖冬行动、垃圾环保分类、禁毒防艾宣传、“最多跑一次”服务等30余个项目，精准服务城市管理、社会发展和群众需求。

【希望工程】 支持长春市青少年基金会运行，增补基金会理事，提升基金会筹措资金能力。建立基金会风控、内控制度，完成青基会由非公募向公募性质转变，推动基金会取得AAAA级社会组织和慈善组织双重认定，社会组织免税资质和公益性捐赠税前扣除资格，募集社会捐赠1437万元，用于希望工程支出836万元，确保希望工程可持续运转。实施新时代乡村少年成长计划，在德惠、榆树、农安建设新时代乡村少年成长中心，选聘支教老师到农村进行艺术特长培养，授课1472课时，惠及6093名儿童；开展乡村少年城市体验活动，惠及522人；建设红领巾爱心书屋12个、梦想厨房3个，解决农村孩子看书和吃饭问题；启动校园足球提升计划，开展足球特训营和英才集训，提高校园足球普及率，选拔和输送少年足球人才。

【构建“大权益”工作格局】 建立长春市“青年发展规划”局际联席会议制度，探索构建各方齐抓共管青年发展的工作机制。深化“共青团与人大代表、政协委员面对面”工作，组织人大代表、政协委员中的青联委员围绕青少年相关热点问题提出政策倡议，做好青少年利益诉求代言。维护新兴领域青年群体权益，联系自由撰稿人、独立演员歌手、自由美术工作者和新社会组织从业人员等新兴青年群体，打造“筑梦空间”活动阵地，帮助一大批新兴青年群体激发创造活力。全面深化青少年事务专业化社工工作，争取市、县两级匹配资金830万元，在东北三省率先开展青少年事务专业社工工作，建设百人青少年社工专业队伍，实现全市城区和开发区82个街道、乡镇全覆盖。通过服务，成功疏导有严重心理问题青少年70人，解决综合性问题青少年131人，援助生活困难青少年3000余人。开展的“青少年法律关爱行动”被市委、市政府列为2019年长春市法治建设10件实事。长春市未保委作为唯一一个地州代表在全省未保委会议上做未成年人保护工作典型经验介绍，副省长李悦在大会上对长春工作3次点名提出表扬。

【推进共青团改革】 在团市委十六届六次全委（扩大）会议上审议通过《共青团长春市第十六届委员会关于设置专门委员会的决议》《共青团长春市委员会委员、候补委员提案工作制度》等4项工作制度，提高团代表的群众性、广泛性，为基层和青年群众表达诉求建立有效机制。解决基层共青团“缺人员、缺编制、缺经费、缺场地”的突出问题，将区县团委由原来的不足3人，增加到市辖区团委4人以上，县（市）5人以上；团干部配备率由改革前的68%提高到92%。在经费保障方面，市本级工作经费由原来的100万元增加到近900万元，县（市）区团委全部按照所辖青年人口人均1元至2元标准配备工作经费，在场地保障方面，新建190个“青年之家”实体化阵地，形成青年身边的共青团服务“门店”。联合市教育局出台《长春市中学共青团改革实施方案》，在市第30中学、第88中学、第52中学试点建设3所团校，全面推进学校共青团改革。

【基层组织建设】 依托“智慧团建”系统，建立覆盖13.78万名团员、8905个团组织的数据库，将团员发展情况、组织关系转接情况、团组织生活开展情况等全面管理起来，整理整顿基层团组织4876个，团员组织关系转接率99.9%，破解以往应届毕业生团员“离校即失联”的“学社衔接”难题。对青年分布特点成立“创业青年”“快递小哥”等9个新兴领域团工委，新建非公团组织853家，协调市教育局成立长春市民办学校团委，解决民办学校“无编号团员”问题。严把团员“入口关”建立3级团员发展预审制度，严格落实一人一编号制度，科学管控团学比例、团青比例，解决“全员入团”问题。

（马　赫）

长春市妇女联合会

【主题教育活动】 各级妇联开展“不忘初心、牢记使命”主题教育，在全市举办“巾帼心向党，礼赞新中国”诗歌朗诵大赛，以打动人心的原创诗歌诉说对祖国和生活的热爱；开展“巾帼践行三注重共建文明新长春”主题演讲比赛，从长春发展的宏伟蓝图中，汲取前进的动力；举办“幸福长春，情定军营”军地联谊活动，开展“巾帼心向党礼赞新中国”“长春巾帼大宣讲”等活动1200余场，3.2万人次参与。

【服务妇女发展】 落实高质量发展要求，实施“创业创新巾帼行动”，组织妇女手工“创悦市集”、开展“创悦竞赛”系列活动，培训养老、育婴、茶艺、电商等技能人才4858人次，一批茶艺、家政、插花等女性职业技能人才脱颖而出。助力乡村振兴和脱贫攻坚，开发草编项目，实施草编高级人才培养储备计划，培养草编带头人的带动能力和管理能力，培训“吉林巧姐”创业导师160人，草编等农村妇女手工技能3985人次。举办吉林省暨长春市“吉林巧姐”草编大赛，国家农业农村部部长韩长赋，省委书记巴音朝鲁、省长景俊海、市委书记王凯等省市领导亲临现场并给予肯定。长春草编产业扶贫项目获中国妇女手工创业创新大赛银奖，在人社部第二届全国创业就业服务展示交流活动中获得优秀项目奖。组织农村家庭参与人居环境整治，以创建“美丽庭院、干净人家”为突破口，开展各层级评选活动1122次；以引导绿色、健康、文明生活方式为宗旨，开展“三送六进”服务75场次，技能培训3000余人次；以改变农村人居环境为根本，发动女企业家筹措资金170万元对口援建双阳区栗家屯、小南岭屯，栗家屯“联心广场”投入使用。

【家庭文明创建行动】 实施家庭文明创建行动，推选市级“最美家庭”100户，省级“五好家庭”“净美家庭”等典型40户，全国“最美家庭”3户。举办吉林省暨长春市“携手新时代·树立好家风”首场事迹报告会，承办全国妇联“家和万事兴——家教家风主题展”“梦想启航——好家庭好家风”巡讲。实施家庭教育支持行动，落实“幸福长春”行动计划，实施“幸福家庭360”公益大讲堂项目，采取“空中+网络+线下”的多媒体融合形式，开展巡回讲座和公益活动534场次，“早教进社区”“360家长课堂”公益服务797场次，直接受益家庭超过55万户。实施家庭服务提升行动，实施“母亲邮包”“微光情暖万家”等公益项目，为839户困境家庭发放爱心物资24万元；开展“共享书香，快乐生活”亲子阅读、“童心颂祖国，快乐庆六一”等公益活动300场次，受益儿童1.4万人。“快乐假期，与爱童行”关爱困境家庭儿童活动被中国妇女网等媒体大篇幅报道。

【维护妇女权益】 开展“巾帼暖人心”系列行动，全年为16713名贫困妇女开展“两癌”免费检查，实现贫困村适龄妇女和建档立卡贫困妇女的双覆盖，全国妇联副主席谭琳批示：“是值得总结的好经验”。启动社区反家暴干预项目，推动10个县（市）区、148个乡（镇）街、1825个社区（村）全部建立妇女儿童公共法律服务平台，打造集普法宣传、信访接待、法律援助、心理疏导、司法鉴定、救助帮扶于一体的妇女儿童维权全链条服务模式。完善专业化家事纠纷解决机制，在经开区法院挂牌成立家事调解工作室，推动调解与诉讼环节有效衔接，在司法审判前端打造维护妇女儿童合法权益的“绿色通道”。全年接受案件261件，调解案件56件。国务院关注的“五岁病童成为网红”、全国妇联关注的“整形医院歧视女性广告”事件，得到全国妇联书记处书记、副主席黄晓薇批示。“幸福家庭”法律护航行动被纳入长春市法治建设10件实事。

【组织建设】 在非公企业和社会组织推广复制“1+3+X”工作模式，市、县（市）区及乡镇（街）三级在新型社会组织新建妇联36家，全市建成148家。在全国率先探索打造村民小组、村屯、居民网格“妇女微家”，建立20个“微”妇联试点、878个屯（组）妇联和妇建联盟10个。召开基层组织建设现场会暨农村人居环境整治工作推进会，全国人大副委员长、妇联主席沈跃跃在对长春市基层妇联改革服务农村人居环境整治给予肯定，《中国妇女报》在头版报道。推进“万人助万企行动”，推出“党建带妇建”“经济发展”“权益维护”“素质提升”4大类8项内容的服务菜单，建立“助企呼应机制”，通过推行助企“三个联动”“三个行动”，打造具有妇联特色助企服务模式。机关21名助企干部对接企业18户，帮助企业解决问题11项。

（张　邺）

4月10日，召开长春市贫困妇女“两癌”免费检查工作协调会（张　邺　提供）

长春市台湾同胞联谊会

【概况】 2019年，长春市台湾同胞联谊会（以下简称市台联）有台胞99人，台属2.6万余人。基层组织14个。

【打造品牌项目】 2019年，在全市台胞台属中开展“同心·六个一”活动。“六个一”活动通过给台湾地区的亲友写一封介绍长春发展变化的家书；搭一条两岸民众交流的桥梁；提一条参政议政的好建议；为家乡的社会发展出一份力；为家乡的经济发展招一个商；帮扶一个困难的台胞台属等多种活动形式搭建长台两地间交往桥梁，增强在台亲友对一个中国的认同感，促进长春市社会经济发展，服务台胞台属，为家乡发展献计出力。6月5日，长春市台胞台属工商人士联谊会成立大会在长春中日友好会馆举行。省、市台联班子成员、各基层台联会长、台胞台属工商人士代表、省冀商商会代表、新闻媒体记者60余人参加成立大会，市台办副主任宋丽君、省冀商商会会长赵忠昌共同为“长春市台胞台属工商人士联谊会”成立揭牌。市台联驻会副会长黄彪夫在讲话中指出长春市台胞台属工商人士联谊会的成立，既是台联组织发展的一项重要举措，也是结合“大众创业、万众创新”的一个全新实践，为台胞台属中优秀工商人士们搭建的一个平台。为迎接新中国成立70周年，长春市台联于9月26日召开长春市台胞台属工商人士“迎国庆，谋发展”座谈会，市台联工商人士联谊会代表20人参加座谈。座谈会上，工商人士代表共同祝福共和国70华诞。

【学习活动】 3月26日，市台联召开传达学习全国“两会”精神报告会。市台联在长副会长、各基层台联会长、副会长及台胞台属代表近50人聆听报告会。全国政协委员、省台盟主委、市台联会长孔令智对“两会”和习近平总书记重要讲话精神、李克强总理在政府工作报告中强调的对台工作方向和部署、

1月31日，市台联走访看望台胞台属 （李震寰 提供）

国台办主任刘结一在“部长通道”答问中做介绍。落实习近平总书记在《告台湾同胞书》发表40周年纪念会上的重要讲话精神。6月26日，市台联举办长春市台胞台属“不忘初心，牢记使命”专题报告会，各县（市）区、大厂、高校50余名台胞台属参加。11月1日，市台联举办“长春市台胞台属专题报告会”，各县（市）区、大厂、高校近30名台胞台属代表参加。

【联谊活动】 1月31日，长春市台联开展“两节”走访慰问活动，市台联驻会副会长黄彪夫、秘书长徐昕代表市台联走访看望部分台胞台属。市台联向14名65岁以上老台胞，10名生活困难台胞，25名生活困难台属发放慰问金。市台联于3月6日举办“三八”妇女节联谊会，在长女性台胞台属代表近百人参加联谊活动。市台联驻会副会长黄彪夫首先代表市台联向在座的全体女同胞致以节日问候。

（李震寰）

长春市归国华侨联合会

【侨联活动】 开展“迎新春、话团圆”系列活动，帮助困难侨界群众排忧解难，把党的关怀送到困难侨界群众家中。做好困难群众生活状况动态调研工作，争取省侨联扶困资金，掌握困难侨界群体情况，元旦、春节前夕向省侨联报送36位困难归侨侨眷补助信息，获得省侨联冬季困难补助和春节走访慰问金3.6万元，市侨联配套5700元，走访慰问困难归侨侨眷55户。协助农安、德惠2名长期患病朝鲜老归侨申请特殊困难补助6000元，解决他们看病就医费用。联络海外侨社团和15个副省级城市侨联以及长春市归侨侨眷，全市各级侨联组织邀请接待海内外侨社团6个，80人次。举办“海归公开课”走进高校、“留学人员联谊沙龙”及海外知名学者进院校、社区科普交流等活动10余次。举办“迎新春、话团圆”春节联谊联络系列活动。通过基层侨联组织征集海外侨社团给家乡父老拜年视频，向海外长春人社团发送新春贺函等活动推动海外联谊工作的开展。活动征集4个海外侨社团的拜年视频，归侨侨眷向海外发送新春贺函150多份。举办“国内知名侨商长春新区行活动”，邀请海内外40多知名侨商来长春新区、长春经开、净月高新区洽谈对接，推动双方在高端制造业、新能源汽车开发等领域进行合作。组织县区侨联参与邀请、接待，促进县区对海外联谊工作的了解，推动双方建立联系，拓展对外联谊联络工作面。组织侨务工作团组出访西班牙、希腊、土耳其等国家，通过开展引智项目发布，组织侨界民营企业家与海外侨社团洽谈合作项目的方式加强对外联谊工作，与6个海外侨团建立联系，并与西班牙青田同乡会、希腊华人华侨联合会、土耳其华商会3个重要社团建立友好合作关系。

【基层建设】 10月25日，长春市第六次深化改革会议审议通过《长春市侨联改革方案》，11月5日，经市委同意，市委办公厅印发《长春市侨联改革方案》（长办发〔2019〕39号）。把“侨胞之家”阵地建设作为侨界思想政治引领的工作品牌打造。以党建带侨建，将侨务工作融入社区活动，利用社区资源优势，推动侨联各项工作的开展。全年各级侨联组织和社区“侨胞之家”组织全市侨界群众和社区居民近千人次参加由中国侨联主办和省市侨联主办各类活动。其中参加中国侨联主办的“第二十届世界华人学生作文大赛”征集作品390篇，提供参赛作品30篇，9篇作品获奖，其中，一等奖2篇、二等奖4篇、三等奖3篇，4名教师获优秀指导教师；参加“第四届世界华侨华人摄影展”提供参展作品46幅，2幅作品获优秀奖。参加省侨联主办的“我和我的祖国·祖国美、家乡美”手机摄影展提供作品80幅，11幅获优秀奖、“侨心永向党，奋进新时代——吉林省‘侨胞之家’庆祝中华人民共和国成立70周年系列活动”选送汇演节目3个，摄影、书法作品51幅参加汇演和巡展，8幅摄影书法作品获奖。由市侨联举办的第五届“喜迎建国70周年祖国在我心中”乒乓球赛，全市12个基层侨联工作组织19个代表队104名运动员参赛，参与活动的归侨侨眷和社区居民200余人，是历届参赛人数最多，规模最大、影响最大的一次活动。各基层侨联组织和社区“侨胞之家”利用春节和建国70年节点，举办以联谊联络和庆祝建国70周年为主题的各类活动。东风社区、蓝山社区、长久社区、理工大学等社区“侨胞之家”通过省侨联“侨胞之家”验收，蓝山社区被评为省侨联红旗“侨胞之家”，长山花园被评为省级“侨胞之家”。

（吴思羽）

长春市残疾人联合会

【就业富残】 开展“就业援助月”活动，举办各类招聘会14场，落实残疾人创业就业扶持政策，为按比例安排残疾人就业企业提供社会保险补贴900余万元，惠及4400余人。与长春市财政局共同印发《长春市残疾人辅助性就业机构扶持政策实施方案》，对残疾人职工和就业指导师给予岗位补贴，每安置1名残疾人按照当地最低工资6个月标准给予机构运行补贴，投入264万元，惠及残疾人180人。在九台区“善满家园”举办全国支持性就业研讨会，中国残联副主席陈国民出席会议，对长春市残疾人辅助性就业工作给予肯定。投入65.96万元，分别对16家超比例安置残疾人就业单位给予补贴，对36名个体从业残疾人给予摊床位补贴，企业安置残疾大学生就业补贴2人，为1名创业残疾大学生、1家首次开办按摩院、3家就业（扶贫）基地和1名创业带头人提供补贴。选送15家残疾人优秀企业参加2019年中国（长春）文博会，选拔11家残疾人企业参加东北亚博览会，现场实销4.6万元，达成意向86万余元，激发残疾人灵活就业热情。继续对有职业技能培训需求的残疾人实行“有一培一”，全市培训残疾人9594人（次），新增城镇残疾人就业2406人，分别完成任务目标的104.3%和114.6%。

【扶贫济残】 困难残疾人生活补贴和重度残疾人护理补贴惠及残疾人12.4万人（次），其中，生活补贴4.7万人，护理补贴7.7万人。继续按照城镇每人每月500元、农村每人每月300元的标准，为“三无一靠”成年重度残疾人提供生活补贴，全年投入460万元，惠及902人。按照每人每年50元的标准，投入357.7万元，为7.3万名就业年龄段残疾人购买意外伤害保险。投入740万元，为4200名残疾人提供托养服务补贴。实施5个残疾人脱贫攻坚项目，投入1869.8万元，惠及8248人，其中，托养服务1823人、家庭无障碍改造1731户、购买农机服务2216户、发放辅助器具2264件、实用技术培训576人。对11555名建档立卡内残疾人入户走访2次，新办证1683人，确保贫困残疾人及时享受惠残政策。长春市的残疾人扶贫和就业工作在《中国残疾人》杂志进行报道。

【康复健残】 实施精准康复计划，为4.3万余名残疾人提供基本康复服务，覆盖率80%以上。将提高残疾儿童康复救助补贴标准纳入2019年建设幸福长春行动计划，长春市政府出台《关于建立残疾儿童康复救助制度及实施意见》（长府发〔2019〕3号），将听力残疾儿童救助补贴标准由每人每年1.32万元提高到2万元，孤独症、智力残疾、肢体残疾（脑瘫）儿童由每人每年1.2万元提高到2.4万元，全年服务各类残疾儿童1093人。为贫困肢体残疾人居家康复提供每人1800元的补贴，服务残疾人2898人。“爱耳日”“残疾预防日”期间发送宣传短信20万条，提升公众的残疾预防和健康意识。

【教育智（志）残】 实施扶残助学项目，投入640万元，资助残疾学生及贫困残疾人子女学历教育1783人。其中，本科660人、专科428人、中专241人、高中404人。投入8.1万元，资助27名残疾儿童接受学前教育。投入216万元，资助大龄自闭症、智力障碍青少年职业教育180人。投入17.8万元，为178名残疾人提供成人教育补贴。向吉林省残联中等职业学校、吉林广播电视大学特殊教育学院推荐学生26人，录取25人，保障残疾人的受教育权益。

【文化乐残】 承办中国残疾人艺术团“共享芬芳，共铸小康”长春专场公益巡演，与吉林省残联共同举办“不忘初心、牢记使命”主题教育典型事迹报告会，郎小明、赵博、刘海涵、张运波、程云起5人作报告，展现残疾人自强不息的精神风貌和残疾人工作者不忘初心、甘于奉献的风采。结合庆祝建国70周年和市残联成立30周年，在《长春日报》开设事业发展30年回顾专版，印制《长春市残疾人联合会峥嵘岁月三十年》画册，举办第一届“爱之翼”残疾人文艺大奖赛、第二届“东科杯”征文活动、“献礼祖国华诞，重温红色经典”文艺汇演，举办长春市残疾人自强模范暨助残先进集体和先进个人表彰大会，对10名残疾人自强模范、7名扶残助残标兵和17家扶残助残先进集体、20家基层单位、50名残联系统工作者进行表彰。“残疾人文化周”期间，全市各级残联开展文化活动50余场，丰富残疾人的精神文化生活。在《吉林日报》彩练网、《长春日报》、市广播电台等23家省市电视台，报纸、广播媒体发布宣传报道200余篇，播出《与爱同行》广播专栏24期，通过《手语夜新闻》为听障人士获取资讯提供便利。

【体育强残】 举办第三届中国残疾人冰雪季启动仪式和2019年长春市残疾人旱地冰壶比赛。组织参加在天津举办的全国第十届残疾人运动会暨第七届特奥会，长春市取得11金16银13铜。长春市残疾人冰壶队获得听力男子组第4名、听力女子组第4名和轮椅组第7名。配合中国残疾人运动管理中心完成十三五“关爱计划”、群众性体育活动调研。举办中国残疾人民间足球争霸赛吉林分区赛，来自全省的8支代表队、80名运动员参赛，为残疾人康复健身和互动交流搭建平台。实施“康复体育进家庭项目”，为1305户残疾人家庭提供康复体育服务。

【数字服残】 全年发布和报送网站信息1271条。其中，中国残联网站采用1164条，吉林省残联网站采用1198条；向长春市政府网站报送信息591条，采用171条，总分855分，在79个政府部门中排名第七，获市政府网上宣传先进单位、标兵单位称号。推进第三代智能残疾人证换发工作。宣传推广中国联通“三同卡”，为残疾人及残疾人工作者办理“三同卡”4.1万张。率先将32项服务事项纳入政府“一门、一网、一次”，残疾人办事更加便利。

【公益助残】 2019年，募集物资1100万元，“集善工程—助听行动”为听障患者捐赠助听器200台，总价值996万元。实施中央财政支持项目，为残疾人发放轮椅100辆，蛋白粉900罐，价值10万余元。实施上海拉夏贝尔项目，发放服装2万件，价值60余万元。发起建立“脑卒中·爱心基金”50万元，为特困患者提供救助。设立“树忠助残奖学金”，连续5年奖励长春大学优秀残疾学生。

【依法维权】 接待残疾人来访来电2300余人次，其中，电话解答2135次，来访解答170次，处理市长公开电话承办单320件，做到件件有回复，事事有回音。发挥市残疾人法律援助工作站作用，解答残疾人法律咨询140余人次，免费代理案件3起，举办“12·4”宪法日宣传讲座，开展普法进社区活动，发放宣传材料500余份，提高残疾人工作者和残疾人的法律意识。残疾人、残疾人亲友和残疾人工作者担任各级人大代表和政协委员，建言献策，发挥了参政议政作用。举办长春市无障碍环境建设培训班，全年为1700户贫困残疾人家庭进行无障碍改造，使残疾人的生活更加便利。

（孙连涛）

长春市红十字会

【概况】 长春市红十字会是市直属副局级参公单位，编制6人。根据《红十字会法》，市红十字会主要工作职责是“三救”（备灾救灾、救护培训、人道救助），“三献”（宣传推动无偿献血、造血干细胞捐献、遗体和器官捐献），红十字青少年和志愿服务，以及其他符合人道主义宗旨的社会公益事业。

【人道救助及备灾救灾】 开展募捐筹资工作，提高人道救助能力。向社会募集款物17万余元，慰问困难群众200余人；春节前夕开展“红十字博爱送万家”活动，走访慰问南关区环卫工人，二道区、双阳区、榆树市困难群体，发放款物价值12万余元，把党和政府的关怀和温暖送到千家万户；扩大救助覆盖面，对25例患重大疾病的贫困群众进行人道救助，救助金额5万元；审核上报贫困家庭白血病与先天性心脏病患儿救助申请20例，确定拟资助贫困家庭白血病与先天性心脏病患儿25例；加强备灾库的规范化管理，配备消防器材等设备，确保物资储备安全；5月12日，联合省红十字会在净月潭国家森林公园举行“爱心相伴、‘救’在身边，红十字伴你公益徒步行”暨纪念“5·8世界红十字日”和全国“防灾减灾日”宣传义诊活动，向市民免费发放药品并科普防灾减灾相关知识。

【应急救护培训】 做好《建设幸福长春行动计划》工作中“开展应急救护公益培训（讲座）100场的任务”。组织全市红十字会开展应急救护培训“进社区、进农村、进学校、进企业、进机关、进展会”活动。全市举办应急救护公益培训（讲座）110余期（场），培训群众6000余人。其中，市红十字会开展36期（场），培训群众1900余人；在市财政资金紧张的情况下，通过多种方式完成全市新增自动体外除颤仪20台；为长影世纪城、长春世界雕塑公园申请中国红十字会“红十字救护站”援建项目，配置自动体外除颤仪各1台。

【志愿服务】 开展红十字特色志愿服务和青少年工作。“情暖夕阳，‘医’路相随”养老志愿服务项目获得中国红十字会总会资助，为长春市多家养老院、社区提供护工培训、医养照护、义诊、心理辅导和温馨陪伴等志愿服务18场，参与志愿者210余人次，为45位老人建立医疗档案，向3家养老院捐赠助行器等价值3.2万元医疗康复设备；参与长春国际马拉松、汽博会等大型活动的急救志愿服务工作，派出红十字志愿者90多人次，提供自动体外除颤仪36台次；连续第10年开展高考温馨志愿服务活动，在主要考点外设立志愿者服务站，为考生和家长提供眼部检查、血压检测、心理疏导、急救药品和物品寄存等爱心服务；加强对志愿者的培训。选拔70余名优秀红十字志愿者先后开展2期应急救护培训。建立志愿者信息库，将志愿者个人信息及参加志愿服务情况进行信息化管理；推进红十字青少年工作，为多所高校、中小学校举办应急救护知识讲座，组织高校、中小学校近5万人参加全国红十字青少年知识竞赛，获得中国红十字会竞赛组织奖一等奖。

【“三献”工作】 清明节前夕，开展发放宣传资料、知识宣讲、传播致敬遗体（器官）捐献者微信专属头像等多种宣传和缅怀遗体（器官）捐献者的活动；开展17期“热血周末”志愿服务活动，组织无偿献血服务志愿者在中东献血屋和市中心医院献血屋，宣传无偿献血、造血干细胞捐献，协助捐献者进行登记；6月1日，全省志愿服务日，开展“热血春城大爱相髓”“文明实践·志愿长春”主题实践活动，宣传无偿献血、造血干细胞捐献；12月1日，开展“寒冬瑞雪、情暖春城”世界艾滋病日暨国际志愿者日活动，组织100余名志愿者宣传普及无偿献血法规政策、造血干细胞捐献流程、以及艾滋病防治知识，并组织集体献血；3名志愿者成功捐献造血干细胞，长春市捐献40余例，为白血病家庭带去生命火种。

（熊思幸）

长春市消费者协会

【概况】 2019年，全市各级消协接

待消费者来访和咨询14100余人次，受理消费者投诉12823件，受理群体投诉案15启，投诉解决率95.56%，为消费者挽回经济损失832.8756万元；加倍赔偿17件，加倍赔偿金额91271元；支持消费者起诉32件；诉转案46件；通过诉调对接解决投诉35件。开展各类消费教育活动135场次；通过媒介发布消费警示91条、消费提示310条；编写发布消费维权警示案例101宗；编印消费维权手册集印制5万册；向社会发放各类宣传材料81000份。开展消费调查8次；商品比较试验3次；约谈侵权企业13次；开展理论调研11次，发布调研文章11篇；有16份稿件在中央广播电台、工人日报、中国消费报等国家媒体发表。2019年获中消协商品比较试验集体奖和单项奖；获省、市社科联标兵奖；收到消费者送来锦旗18面。

【消费维权】 市消协解决16起，涉及到近2000人群体投诉案。解决涉及50余人对猎豹汽车质量问题纠纷案；解决8起涉及房地产销售乱收费及商品房质量等问题群体投诉案；解决法律依据不明确、责任认定难、久拖不决30余起投诉疑难案等问题；解决汽车召回中给消费者设置不平等条款；叫板立邦漆知名企业提供质检报告无法律效力并拒绝承担质量责任等问题，保护消费者合法权益。向政府提出建议。将消费教育纳入中小学课堂提案得到教委采纳；在天燃气调价听证会所提出的“加大政策宣传，让市民了解反映国家政策及规定得到采纳”、对九台区划为城区而天燃气价格高于城区价格应实行同城同价得到相关部门重视。商品比较试验发挥“指南”作用。开展3项比较试验品类定位于消费者关注较多随身携带小家电升级产品，将比较试验的功能定位于“行政监管的补充、质量标准的补漏、维权方式的补全”，在引导消费和履行监督职能，助推企业发展起效用。提升监督工作实效。强化对重点及难点领域社会监督，把消费调查作为提升维权能力的新抓手，开展对7城区消费满意度调查、农贸市场营销环境、线下7日无理由退货承诺实施状况、出租车行业满意度及天燃气服务质量等行业满意度调查；开展保健品市场、儿童零食、文具（休闲食品和饮料）等重点消费领域的调查，并在调查报告中提出存在问题和建议，取得成效。关注消费结构的变化推进诚信自律。以诉求为重点，以问题为导向，以需求为中心，改进和创新工作方式方法，改变以往“背靠背”喊话的方式，将职能综合运用建立舆情处置应急机制，对消费领域热点焦点问题进行舆情分析和预警，就共享汽车、二手车、商品房等社会热点维权事件及时表态发声，督促经营者落实维权责任，疏解消费者情绪。约谈经营者效果突出。就三大通信运营商在经营活动中存在“霸王条款”、乱扣费及营销服务不规范履行约谈；就商品房销售乱收费等问题约谈部分地产商，促进问题快速快速解决；就汽车营销、家具业制“陷阱”侵权问题开展集体约谈，敦促企业整改侵害消费者合法权益的经营行为。消费教育活动。组织全市联动开展老年消费教育“进社区、进养老中心、进农村等系列活动，推动相关部门联合开展保健食品专项整治活动，促进老年消费市场环境的改善；结合重要时间节点，围绕网络、儿童、大学生、老年、农村和金融等消费领域，契合年主题，聚焦预付费跑路、保健品虚假宣传、收藏品销售给老人洗脑、非法收集个人信息等信用严重缺失问题，开展“三送五进”、普法教衣等系列消费宣传教育活动，重点通过揭示经营者在消费领域的失信行为，增强消费者防范欺诈能力。用好舆论引导优势，加强日常舆情监测和分析，在春节、“十一”长假期间及重大活动期间，开展消费投诉热点及维权舆情监测专题分析和发布。投诉便利化程度。推进区域经营店面网络消费维权绿色通道、推进线下实施7日无理由店面签约，有3个辖区实现全覆盖，促进企业和消费者之间的诉调对接，方便消费者投诉。协调中消协及腾讯建立市消费者协会智慧315微信公众号信息化平台，畅通农村消费维权渠道，打通消费维权“最后一千米”，借助网络提升维权效能。

（钟　萍）

军　事

长春警备区

【战备建设】　长春警备区组织拉动演练，完善指挥通联网系，完成统配电台检修维护，升级改造值班系统和会议系统，抓好国防工程维护管理。抓好信息服务机制落实，完成编组潜力数据会审，完成基干民兵编组，加强民兵营连部和战备库室建设。做好省军区和军委国动部检查验收准备。升级改造训练基地。将民兵应急和专业力量纳入地方应急力量体系。严格军事训练检查督查。抓实业务基础、基本技能和体能训练，组织机关带人武部主官强化训练。基地驻训民兵比例为训练任务数60%。开展学生军训和军事职业教育，完善教学配套建设。突出重要时节和重点部位安全防控，常态落实检查排查和安全风险评估，提高部队正规化管理水平。

【国防动员】　长春警备区调整国动委组织机构，完善运行机制，抓实国防动员潜力统计调查和重点潜力资源核查，做好预备役登记掌握专业技术兵储备，与地方相关部门对接，实现动员力量军民融合。适应“一年两次征兵”改革，落实征兵办公室军地合署办公，2月、6月组织征兵宣传月活动，5月底前完成年度兵役登记；2月、8月开展体格检查、政治考核、役前训练、审批定兵；突出大学毕业生征集，加强大学生预备连建设，探索在机关、企事业单位征兵途径；巩固“朝阳规范化征兵”现场会成果，规范征兵工作秩序方法，建立军地纪检部门参加的廉洁征兵监管机制，完成年度兵员征集任务。

【服务保障】　长春警备区加大巡视巡察反馈问题整改推进力度，开展经济适用住房专项清理、公寓住房专项整治、房地产遗留问题整改和军用土地调查“三清一调”工作，做好迎接上级巡视巡察问题整改“回头看”检查准备。开展“遏增量减存量”问题自查自纠活动，做好取消家底经费、上缴结余经费和预留解决经费工作，完善经费使用管理常态化检查机制。做好民兵武器装备仓库改革整编工作，组织报废武器装备弹药调运销毁，做好参加省军区先进民兵装备仓库和先进库管人员“双先”评比表彰活动。协调同级地方政府，提升装备配备率和平时战时保障能力。加大基础设施修缮维护力度，做好军车管理、干部疗养、医疗保障、物资采购、油料供应、伙食调剂等服务保障工作。

【民兵调整改革】　成立以长春市市长刘忻、副市长吕锋为正副组长的民兵调整改革领导小组，与市政府联合下发《长春市2019年民兵整组工作方

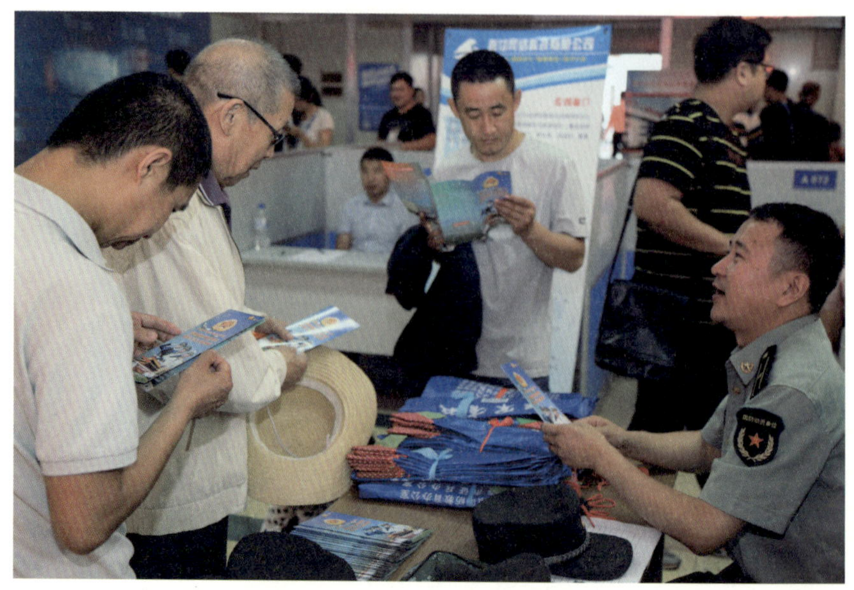

6月22日，长春警备区在省人才市场进行征兵宣传　　（陈　建　提供）

案》，召开整组工作部署会、民兵应急营新建协调会；组织民兵整组业务培训、民兵管理系统培训、民兵调整改革考评标准业务培训，6次向市领导进行专题汇报，5次召开协调会，3次组织拉动点验。组织民兵体检政考，完成民兵应急营部办公场所、装备器材、库房设置等10余个建设项目。迎接国防动员部民兵调整改革检查工作全省排名第一。

【应急准备】　联合市应急部门修订《军地抢险救灾协调联动机制》和《长春市防汛应急方案》，对车辆、操舟机等防汛器材进行全面检修，统计驻长部队可动用兵力、装备、物资、器材等，实现军地预案有效对接。与市、县两级应急管理局和气象局建立专线电话，落实汛情、灾情及气象预警通报制度。防汛期内，组织朝阳区、南关区人武部民兵应急分队在训练基地轮流备勤，做好防汛准备。

【军事训练】　警备区两级党委常态化进行整改落实，提升党委议战议训质量，分析年度和各阶段战备训练形势，形成备战鲜明导向。按照《国防动员单位军事训练大纲》落实基础训练，提升基地化集中轮训质量。警备区和人武部结合实际进行修案落案，将任务分解细化，军地统筹顺畅高效。加强作战值班管控，有针对性地组织值班培训认证。加强军地对接互动，组织民兵参加军地多种力量联演活动，确保每名分队人员遇有情况行动迅速。抓好按纲施训落实，提高能力素质。开展群众性练兵比武活动，人武部在组织分队训练时，班排之间组织“训练尖子”“队列之星”等形式多样比武竞赛活动，通过评比激励、表彰奖励等形式激发民兵练兵热情。

（陈　建）

武警长春市支队

【冬季野营拉练】　1月13日-21日，支队组织首长机关带机动分队野营拉练，5天行军258.5千米。拉练途中，穿插安排强行军、急行军、武装奔袭和夜间行军，重点完成5大类40余个重难点课目训练，提升部队实战能力。

4月4日，武警长春支队在方华烈士纪念碑前举行“传承·2019清明祭英烈”公祭仪式　（刘　权　提供）

【安全保卫】　吉林省第十三届人民代表大会第二次会议、政协吉林省第十二届委员会第二次会议分别于1月26日-30日、1月25日-29日在长春市召开。长春支队动用兵力，完成省人大代表临时住地的警卫任务和担负省政协委员临时住地的警卫任务。7月22日-23日，长春支队完成中共吉林省委十一届五次全体会议现场警卫勤务。

【爱国教育活动】　4月4日，长春支队到方华烈士纪念碑前举行“传承·2019清明祭英烈”公祭仪式。礼兵为革命先烈敬献花篮，向革命先烈致敬。9月3日，为纪念抗日战争及反法西斯战争的伟大胜利，长春支队与伪满皇宫博物院共同举办“铭记历史砥砺前行”，纪念中国人民抗日战争胜利74周年活动。官兵们参观伪满皇宫博物院，传承和弘扬爱国主义精神。

【推进“智慧磐石”工程建设】　11月1日，武警部队信通局副局长高翔带领工作组到长春支队检查调研“智慧磐石”工程建设推进落实情况。听取“智慧磐石”工程建设情况与相关设施介绍，查看“科技强勤”相关设施，对“智慧磐石”工程建设工作进行指导、提出具体要求。

（刘　权）

人民防空

【概况】　2019年，长春城区审批符合人防建设规定项目107项。其中，签建人防地下室84项。参与地铁6号线、7号线、2号线东延、4号线南延工程的初步设计评审、重点站和一般站建设规划评审，对地下空间开发利用兼顾人防要求严格把关。

【未登记房屋确权专项治理】　市人防办把未登记房屋确权专项整治工作作为改善民生重要措施。加大无籍房办理力度，办理33项。对各种违法违规现象处罚追缴，下发责令整改通知单62份，现场核实勘察63次，与建设单位约谈沟通70余次，提供现场技术指导40余次，处理24项，办结建设项目11个，追缴结建费2662万元，督促整改验收面积5.8万平方米。

8月1日，人防机动指挥训练　　（石忠华　提供）

【训练保障】　市人防办开展指挥所信息系统互联互通训练33次、机动指挥所开设训练9次、地面指挥中心视频会议联通9次，组织全市人防机动指挥所跨区域拉动演练，提升人防组织指挥和信息系统战备水平。完成全市群众防空队伍整组和人防专业队组建工作；完成“9・18”全市警报试鸣及群众疏散隐蔽演练任务。强化人防通信和信息云平台建设，完成人防地下指挥所信息系统有效迁移对接。

【人防工程维护管理】　市人防办制定实施《长春市人民防空办公室涉密工程招标投标管理暂行办法》，报市纪委备案，确保涉密人防工程建设管理制度化、规范化。完成人防指挥车库建设任务。承担省委、省政府连片人防工程管理维护工作。加强早期人防工程跟踪管理、走访巡查，及时发现问题抢修维护。投入资金83.81万元，对城区内14项人防工程进行抢险维修。市人防办投入315万元，从8月1日开始，历时49天，对人民大街人防商场的23个出入口、13个通风竖井、2个冷却塔进行拆除改造，在市政府规定的时限内全部高质量完成。全市实现平战结合收入3364.84万元。

【安全生产】　市人防办落实市委、市政府《关于推进安全生产改革发展的施实意见》，建立健全安全生产责任制。市本级组织安全检查30次。举办全市人防系统消防安全培训班，效果良好。

【依法行政】　市人防办完成对人防部门19大项、39小项行政权力梳理核对，实现行政权力项目、法定依据、执行程序等多项内容全面对标和统一。举办全系统法制培训。按照“六五”普法规划要求，结合《全面推进依法行政实施纲要》主题宣传活动，开展“法治长春”创建和“扫黑除恶”行动集中宣传。

（石忠华）

消　防

【概况】　2019年，长春市发生火灾2402起，死亡12人，受伤6人，直接财产损失1326.66万元。长春市消防救援支队被部局评为2019年度执勤训练工作先进单位、消防监督管理工作先进单位，被市委、市政府评为精神文明先进单位，被总队评为优秀党委、先进支队。13人立二等功、37人立三等功。

【安全治理】　完成“防保迎”消防执法专项行动、“六大领域”专项整治、大型商业综合体等11类重点场所专项整治和东北亚博览会、雪博会、马拉松等270余次大型活动安保任务。检查社会单位3.4万家次，发现火灾隐患2.09万处，督促整改2.05万处，临时查封318家，三停82家，罚款603万元，拘留37人，整改销案重大火灾隐患13家。推动政府将消防工作纳入绩效核定内容，将消防违法行为纳入企业诚信评价体系，将12项消防违法行为纳入安全生产重大隐患和违法行为举报核查及奖励范畴。组织全市指战员到所住小区开展义务查火患志愿服务活动。开展“开学第一课”“5・12”防灾减灾日、“消防宣传月”等活动。支队在央视《新闻联播》《新闻直播间》等栏目播出新闻近百条。

【灭火救援】　组建高层、地下、石油化工等10大类17个应急救援专业队，完成全省72小时跨区域地震救援和抗洪抢险实战拉动演练任务。在部局、总队、支队比武竞赛和支队消防运动会上取得骄人成绩。

【战勤保障】　全年落实消防经费3.45亿元，推进消防站建设项目10处，新征召政府专职消防员200余人，16座小型站投入执勤，依托团山街消防站建立50人的供水专职队。在全市新建32处数、模兼容双频基站。瞄准全灾种、大应急，优化装备结构，提升专业性能，通过总队集中采购消防员基本防护装备28种15000余件套。

（董晨鹏）

政法委及综治

【概况】　2019年，有多篇调研报告在全市优秀调研成果表彰中获奖。《长春市扫黑除恶专项斗争工作调研报告》获一等奖，《关于政法机关加强党的领导和政法队伍建设及司法体制改革的调研报告》获三等奖，《关于加强反邪教工作的调研报告》获优秀奖。

【维护社会稳定】　加强隐患排查和重点侦控，侦办多起在省部产生重要影响案件。破获各类邪教组织违法犯罪案件179起，为基层培训教育转化骨干60人。开展矛盾纠纷排查化解，排查不稳定群体，人民调解组织成功调解案件19335件，预防纠纷3792件。全年实现“五个不能发生”的工作目标。打击非法信访行为，处理违法上访1829人次。

【扫黑除恶专项斗争】　全市侦办涉黑涉恶案件128起，公诉涉黑涉恶案件73起403人，一审判决涉黑涉恶案件43起225人，二审判决涉黑涉恶案件16起102人，查封、冻结、扣押涉案资产折合人民币3.72亿元，查处黑恶势力“保护伞”58人。制定《关于在办理黑恶势力犯罪案件工作中加强政法部门协作配合的规定》，提前介入引导侦查涉黑涉恶案件46件。在群众中选聘100名“扫黑除恶人民监督员”，对22名举报线索群众兑现奖励资金18.55万元。调整撤换基层组织中不合格、不胜任村党组织书记16人，及时清除“四种人”1204人。长春市被国家和吉林省确定为扫黑除恶重点培育城市。

【平安长春建设】　全年批捕5639人、起诉9250人，审结138329件，新发命案破案率100%，省统计局社情民意调查中心测评长春市2019年群众安全感满意度95.12%，比2018年提高1.71个百分点。在全市1692个行政村配备驻村辅警，市公安局在全省现场会上作经验介绍。开展平安建设示范项目创建，45个综治中心标准化示范点建设项目和“雪亮工程”示范城市建设项目全部验收合格，农安县的“农安长安”工程和双阳区的“1+3+X”基层治理模式的创新实践被评为全国“创新社会治理典型案例”活动最佳案例。推进智慧政法建设，长春市的智慧政法经验材料在第二次新时代政法工作创新交流会上进行书面交流。主动申报全国市域社会治理现代化试点市（州）。

【法治长春建设】　制定《2019年司法体制改革任务台账》，完成既定改革任务。市委政法委完成机构改革和职务职级并行改革。巩固“基本解决执行难”成果，出台《关于进一步解决人民法院执行难的实施意见》等指导意见，办结各类执行案件25666件，比2018年上升13.82%。对50部地方性法规、47部政府规章进行修改与废止，对市政府出台的109件各类规范性文件及13项政府协议进行合法性审查，审理行政复议案件5268件。强化执法监督，监督立案40件、撤案25件，纠正漏捕128人、漏诉112人。推进公共法律服务平台建设，在全市5598个网格设立法律服务工作点，实现法律顾问在全市村（社区）全覆盖。

【助力长春振兴】　开展乱象集中整治，出动警力、执法人员13.5万人次，联合执法行动1239次。推进专班抓项目，保障龙嘉机场大道建设项目、广东大厦建设项目等重大项目早日达产达效。推动农村人居环境整治，完成桥涵建设、自来水改造等公益类项目。加强对民营企业司法保护，对妨害公司企业管理秩序等类犯罪批捕235人，对民营企业家及工作人员依法不批捕150人、不起诉177人。强化知识产权司法保护，成立东北地区首家知识产权法庭。深化“放管服”改革，将全市160项公安行政审批项目缩减为60项，证照核发工作时限压缩30%，取消各类证明事项177项。开展“万人助万企”行动，解决问题222个，法律事务和专家服务功能组协调解决具体问题44个。

（王　鑫）

公安

【概况】 2019年，长春公安机关打好扫黑除恶、乱象整治、防范化解重大风险“三大攻坚战”。打掉涉黑团伙13个、恶势力犯罪集团32个、涉恶犯罪团伙83个，抓获公安部督捕A级逃犯3人、B级逃犯1人、省督逃犯190人，中央督导组批转555条线索全部“清零”，转化战果165条，扣押、冻结涉案资产3.72亿元，向纪委监委移交公职人员涉黑涉恶犯罪线索243条384人；整治交通、治安乱象，站前区域“两黑两拉”现象大幅下降，打造“一街两路”、伊通河等交通、治安文明示范区；开展P2P、互联网金融乱象整治，妥善处置“吉林文投”“鼎邦”“万邦”等案件。开展“十大专项战役”，84起命案现案全部破获，命案发案数创建局以来最低；开展“三打击一整治”和“云剑”行动，到境外成功侦破“8·04”电诈案件，捣毁位于菲律宾马尼拉市源头窝点，将125名犯罪嫌疑人包机押解回国；破获禁毒“两打两控”部督、省督目标案件9起，公安部禁毒局在长春召开全国吸毒人员“清隐”行动现场会；网安“净网2019”被公安部网安局评为“全国净网专项行动优胜单位”；开展集中打击食药环“昆仑行动”，破获危害食品安全及制假售假案件85起，涉案金额1亿元；“猎狐2019”成绩在全省排名第一，缉捕、劝逃境外逃犯8人；在公安部部署的打击涉税犯罪“百城会战”中，发起全国集群战役4起，涉案金额125.34亿元；完成国庆70周年安保维稳任务，取得“进京非访、个人极端、暴恐案件、重大事故、负面舆情”5个零发生的优异成绩；信访积案化解攻坚和到省进京访治理实现“一降、一升、一低”，全市进京非访登记比2018年下降43.7%，依法打击处理违法上访人员1299人（次），上升48.5%；完成汽博会、农博会、东博会、“5·26”长春马拉松、长春航空展等351项大型活动和84项等级警卫任务。支持服务一汽发展，涉及治安、交通、证照、维稳、服务等近200个难题得到破解，提请公安部在全国发起集群战役，被盗用出厂合格证信息的334台一汽大众商品车进入销售环节，为一汽挽回巨额经济损失；全警助力“万人助万企”，到53户企业开展精准服务，整改各类隐患182处，化解矛盾纠纷163个。打掉“暴力虚开”发票团伙14个，抓捕61人，挽回国家税款损失46.33亿元、地方财政收入损失11.6亿元。全市1692个行政村全部配备“一村一警”，在信息收集、排查矛盾、人口管理、治安管控等方面发挥重要作用，农村地区刑事、治安案件下降16.7%和17%；农安县整治农村“四无车辆”在省厅现场会作经验介绍；视频共建共享点位超额完成全省“民生实事”确定的538处建设任务，“一号工程”情报云入选“2019长春市新型智慧城市建设十佳优秀案例”；提前完成省厅下达的Y库30万数据建设任务，实现“长春地区男性人口覆盖、各家系全面建库”的目标；投入经费1000万元，建成全国公安机关首家拥有核磁、CT设备的虚拟解剖实验中心；技侦936手段比武获全国一等奖，建成全省首个“国家一级互联网监控中心”，并被评为“全国公安机关互联网监控优秀单位”；完成援疆维和、扶贫攻坚等专项工作，获部省级以上荣誉22项，有249个集体、2574名个人立功受奖。

【安全保卫】 出动警力12.1万人次，严把大型活动审批、安检、容量、现场“四关”，确保各项活动安全。完成351项重要会事和大型活动安保任务。其中航空展、东博会、农博会、汽博会等大型会展活动110项，第三届中国长春马拉松赛、CBA篮球联赛、中甲、中乙、女超、文艺演出等大型文体活动140项、中国改革2019年会、省市“两会”、全省妇女大会、政协大会等党委政府会事活动101项。

【扫黑除恶专项斗争】 全市刑侦部门核查黑恶线索2700条，转化战果672条，特别是中央督导组进驻吉林省期间，接到中央督导组批转线索555条，年内实现中央督导组督办线索清零。打掉涉黑团伙13个、恶势力犯罪集团32个、涉恶犯罪团伙83个。开展“扫黑恶、治乱点、保民安”百日攻坚战、百日追逃攻坚战等9个专项行动，打处恶势力犯罪集团15个，刑拘团伙成员140人，破获刑事案件89起，抓获公安部A级涉黑逃犯杨某某，省厅督捕涉黑涉恶目标逃犯赵某等21人。

【打击毒品犯罪】 全市移送起诉涉毒案件280起（占全省42.4%），破获涉毒团伙案件26起（比2018年上升12.5%），其中部督目标案件5起、省督目标案件4起；移送起诉涉毒犯罪嫌疑人539人（占全省34.4%）；缴获各类毒品61.79千克（占全省39.2%）；查获吸毒人员1690人（占全省41.5%）；强戒347人（占全省37%）。在全省“禁毒2019两打两控”专项行动中，长春市总排名第二。

【打击经济犯罪】 全市经侦部门破获各类经济案件720起，为前4年平均数的260%；打处人犯1209人，比2018年提升171.7%；挽回直接经济损失37959万元，是2018年的34.48倍。侦办“文投”“鼎邦”等涉众经济案件，攻克“1·03”“9·17”“墨香玉”等系列涉税大案，猎狐境外逃犯8人，发起云端4个，全省经侦系统6个考核项目中，金融、云端、涉税、积案清理4项第一，打假、猎狐2项第二，综合得分118.5分，位列全省第一名。

【社会治安乱象专项整治行动】 围绕涉黄涉赌、黑彩票、黑旅店、黑车等突出问题，组织7次全市集中清查行动，整治6个治安乱点，查处治安乱象案件1990起（刑事案件204起、行政案件1786起），打处3119人（采取刑事强制措施477人、行政处罚2642人）。其中查处涉黄涉赌案件400起

（刑事案件67起、行政案件333起），打处1350人（采取刑事强制措施176人、行政处罚1174人）；查处涉毒案件1018起（刑事案件117起、行政案件901起），打处1096人（采取刑事强制措施182人、行政处罚914人）；取缔未经许可擅自经营“黑旅店”104家，行政处罚106人；查处“黑商户”制假贩假案件14起，采取刑事强制措施46人；打掉非法运营“黑出租车”团伙6个，对73名犯罪嫌疑人采取强制措施（起诉19人、取保54人），查扣无运营手续“黑出租车”195台，训诫喊客拉客人员135人。全年查处涉黄涉赌案件776起（刑事案件174起、行政案件602起），打处人犯3167人。

【整治涉枪涉爆违法犯罪】 完成为期2年的打击整治枪爆违法犯罪专项行动。期间，全市公安机关破获涉枪涉爆案件140起（刑事案件52起、治安案件88起；部督案件4起），打处人犯197人（采取刑事强制措施94人、治安处罚103人）。全市收缴枪支684支、各类子弹35517发、炸药11358.9千克、雷管8846枚、黑火药152.2千克、索类爆炸物品14.5米、炮弹93枚、手榴弹24枚，教练弹3枚，收缴管制刀具9419把、仿真枪587把、弩39把；收缴剧毒化学品60.61千克、易制爆化学品13.27千克，全省治安系统排名第一。

【打击拒不支付劳动报酬案件】 配合人社、住建等部门开展4轮巡查行动，侦破拒不支付劳动报酬案件15起，对12名犯罪嫌疑人采取刑事强制措施，帮助4000多名农民工追回拖欠工资。

【打击制假售假犯罪】 破获1起部督特大非法销售假冒一汽丰田注册商标汽车配件案，打掉1个非法生产、销售假冒汽车配件的犯罪团伙，抓获犯罪嫌疑人7人，收缴假冒一汽丰田注册商标的汽车配件780种、2万余件、价值1000余万元、打标机3台、打印机1台、电脑3台。

【服务民营经济】 制定《长春市公安局服务民营经济和民营企业助力长春振兴发展25条措施》。公安机关民警走访企业万余户，发现并整改隐患69处；与大型民企对接，建立挂牌警务室21个；全市各派出所通过官方微博、微信发布安全防范信息410条；排查企业及周边各类矛盾、不稳定因素85个；化解企业及周边各类矛盾、不稳定因素67个；破获涉企案件310余起，刑拘560余人，建警企联系包保机制，市局、各县（市）区局领导班子成员，每人联系包保2户民营企业。5月14日，按照市委市政府“万名机关干部下基层助力万户企业发展三年服务行动”暨“万人助万企”活动要求，市局党委委员每人包保6户民营企业，实施“一对一”服务，9位党委委员与53户民企进行对接。

【出入境管理】 全市出入境系统受理审批签发中国公民出入境申请659389件，签发证件317808件，签注341581件。其中签发护照186175件，前往港澳通行证54件，往来港澳通行证92455件，往来台湾通行证39121件；外国人居留许可7003件，普通签证111件，外国人停留证件354件；受理外国人永久居留申请23人、发放外国人永久居留身份证（绿卡）21人、服务在长外籍人才943人次，其中符合新政270人次；引进高端人才26人，其中“千人计划”人才6人；成功侦破“5·08”“5·31”涉外案件，抓获犯罪嫌疑人3名；查处外国人“三非”案件75起，处罚违法人员105人，遣送出境10人，协助省厅监狱管理局遣送5人。

【“净网2019”专项行动】 全市网安部门破获主侦案件120起，抓获犯罪嫌疑人390人；侦办配侦案件1256起，抓获犯罪嫌疑人1692；抓获网上逃犯241人；落地初核和巡查推送各类涉“黄赌枪毒拐”网上线索401条。侦办的“王某某伪造国家公文案”“吉林省心悦网络科技有限公司遭到恶意DDOS网络攻击案”被公安部列为督办案件。

【“一村一警”工程】 按照不低于“建制村与驻村辅警1：1”的比例，全市1692个建制村全部配齐驻村辅警，驻村辅警配合民警核查采集各类信息21561余条；协助开展涉稳重点人管控6940人次；协助治安巡逻、疏导交通、纠正交通违法行为4323次；协助检查各类行业场所、单位1568次，整改隐患422处；排查处置各类矛盾纠纷2451起；解决群众困难事项214项；服务群众1654人次；为派出所提供有效线索123条；协助抓获治安违法行为人496人，协助抓获刑事犯罪嫌疑人71名，破获刑事案件73起。

【信息采集】 全市派出所采集核查标准地址信息4319281条，实有人口信息5276669条，实有房屋信息2857053条，实有单位信息81207条，从业人员信息131337人;核查率100%，准确率96.46%；新增人口10余万人，清理垃圾数据30余万条。通过信息采集服务实战，民警入户发现清除各类治安、火灾隐患438起，化解矛盾纠纷1200余件。

【宣传活动】 公安机关完成扫黑除恶、交通和治安“两个专项整治”等中心工作宣传，完成春节、清明、“五一”等节日安保宣传，完成“5·26”长春马拉松赛、70周年大庆安保等重要安保宣传，参加领导调研、检查指导、会议宣传等报道540人次，编发内网图文报道575条；在各类媒体刊发稿件770余篇，其中中央级媒体76篇；加强新媒体宣传，长春公安宣传微信影响力评测在全省位居首位。妥善处置涉警舆情21起，未发生重大负面涉警舆情。开展“我最喜爱的人民警察”和“最美基层民警”“吉林好人”“长春好人”等推荐评选活动，推进第三届“最硬警队、最美警官、最美警嫂、爱岗敬业标兵”评选活动。全局获集体一等功1个、集体二等功3个、集体三等功17个、集体嘉奖17个；荣获个人一等功1人、个人二等功42人、个人三等功265人、嘉奖381人，评选各类先进个人

812人，向省委宣传部、市委宣传部和省公安厅推荐各类先进典型60人。

（陆亚戈　刘　璐）

【交通秩序整治】　开展酒驾醉驾、机动车不礼让斑马线、假牌套牌、国省道重点违法、农村面包车超员等专项整治行动，以及“逢五”“逢十”和周末夜查统一行动。纠正各类交通违法行为263万件，其中，酒驾6299件，醉酒1716件，毒驾67件，无证驾驶6038件，驾驶拼装、报废车1694件，超员3350件，超载10569件，超速136046件，假牌套牌705件，闯红灯85999件，违停603817件，机动车不礼让斑马线59532件，吊销驾驶证2556本，暂扣驾驶证4387本，查扣摩托车、电动车27474台，拘留954人。抓获网逃嫌疑人22人，移交治安、刑事案件5件。收集各类线索62件，审核刑事、行政案件2792件，刑事拘留79人，行政拘留875人，扣留违法车辆3.5万台次。联合政府部门清理违法占道经营7.9万处，取缔占道早晚市场10处，查扣非法营运车辆257台。施划道路交通标线63万平方米，新增交通标志301面，隔离护栏3.5千米，增设826处斑马线“停车让行”文字及标牌。升级改造人民大街沿线83面大型指路标志和分向行驶车道标志为主动发光标志。对29处交通标志进行整合，与路灯、信号灯、监控卡口等杆位实现多杆合一。

【特勤交通安保】　全年完成全国、省市两会等大型会事安保32次，春节、国庆节等重大节日交通安保任务7次，完成长春国际马拉松、航空展、一汽心连心、中甲足球联赛等大型文体活动37次，完成东北亚博览会、汽博会、农博会等大型展会安保勤务6次，完成一级警卫任务1次，二级警卫任务4次，三级警卫任务6次，省市领导公务调研勤务66次，文投集团非法集资等应急处突稳控任务7次。

【源头治理】　排查整改交通事故易发多发隐患路段10处。清理逾期未检验、逾期未报废、违法未处理车辆17266台次，客货运重点车辆清网、清违和报废率、审验率均达98%以上，培训记满12分驾驶人9882人次。查扣“百吨王”1043起，对6316名货运驾驶员实施降证处理。开展春运交通安全整治、预防重特大交通事故专项整治、“百日攻坚”安全整治、冬季交通安全整治行动，道路交通事故死亡469人，比2018年下降23.7%。

【农村交通安全整治】　制定下发各类文件34份，《督办整改通知单》13份。整治农村交通安全，总结农安“四无”车辆整治经验在全省推广，清理“四无”车辆25.7万台，办理农机落籍3.9万台，为4.2万名农民考取摩托车驾驶证。全市122个农村派出所全部建立交管勤务室，配齐1警2员，负责交通违法治理、交通事故处理、交通安全宣传、牌证登记办理，农村交通事故死亡人数比2018年减少36.1%。推广农村交通安全管理信息系统及APP应用，APP处理交通事故2.68万件。

【交通科技建设】　交警支队新建350兆数字电台集群系统，全员配发移动执法终端，实现地理定位、号牌识别、车辆追踪等新功能。安装不礼让斑马线违法抓拍监控设备72处，新建交通诱导屏57块，使主城区内交通诱导屏135块，实现主次干路交通诱导屏覆盖率达90%以上。集成指挥平台高效完成1500处卡口、7200处视频监控设备的重新命名和备案工作，接入自建视频监控180处、高空设备30处，优化数据传输质量，提升数据传输速度，图片识别准确率达90%以上，交管基础设施建设达到全国领先的国际化水平。交警支队深度强化交管科技应用，全网式视频监控发现处置各类警情24.9万件，智能对比、布控查缉部督假套牌车辆58台，集成指挥平台应用全省领头。运用大数据交通控制技术，科学调整交通信号配时，全市灯控路口智能化率93%。俄罗斯、朝鲜、吉尔吉斯斯坦、柬埔寨考察团就此到支队交流调研，全国有15个城市到长春学习。

【交管便民服务】　办理车驾管各类业务372万笔，其中，办理新车注册业务14.2万笔，市区保有量166.5万辆，地区保有量209.6万辆。新增驾驶人17.6万人，市区驾驶人252.9万人，地区驾驶人285.5万人。建设“警邮合作”网点43个，开设绿色通道窗口，推行“预约服务”“上门服务”和“只跑一次”服务。为党政机关和企事业单位上门查验车辆4200余台，提供挪车服务1239次。全市交管业务办理服务窗口277处，交管服务半径基本实现一千米之内。与人保财险、中国平安等3家保险公司开展“警保联动”，保险公司派员进驻大厅指导市民快速拆除事故现场，交通事故手机APP处置率77.8%。设立事故快速理赔中心28处，实行“互碰自赔、互碰快赔”。利用网络学习教育平台完成计满1分教育培训32000余人次，占全部培训人数的61%，始终名列全国第一。推行驾驶员违法记分审验教育网上学习，成为全省第一家开通此业务支队，并在全省推广长春经验。女子助学岗勤务成为全国文明城市创建新亮点。

（潘　东）

检　察

【维护社会稳定】　严厉打击各类刑事犯罪，批捕6373人，起诉10731人；贯彻宽严相济刑事政策，不批捕2829人，不起诉1600人，适用认罪认罚从宽制度办理案件3972人。对待群众信访严格做到“7日内程序性回复，3个月内办理过程或结果答复”，实现办理周期内信件信息、电话和网络案件回复率3个100%。高质量完成新中国成立70周年等重要节点安保维稳工作，连续15年涉检信访进京零登记。

【扫黑除恶】　突出依法严惩，批捕涉黑涉恶犯罪582人，并案后起诉73件

391人，办理一批重点案件，起诉率97.76%。彻底摸排线索，排查1998年以来8万余册卷宗。通过自行补充侦查，起诉“保护伞”案件4件。参与“城市乱象集中整治”，对出租车非法营运等突出问题，发出检察建议69份。中央督导组给予充分肯定，高检院推广相关工作经验。

【化解金融风险】　依法办理“老妈乐”“文投集团”、境外电信诈骗案等破坏金融管理秩序和金融诈骗类案件，批捕421人，起诉494人，追赃挽损4438.7万余元。严厉打击危房改造、家电下乡等扶贫领域“蝇贪”“鼠窃”。防止刑事被害人因案致贫、因案返贫，办理司法救助案件12件，核拨救助金45万元。参与污染防治攻坚战，批捕破坏生态环境犯罪52人，起诉175人。围绕饮用水源地保护等重点领域，启动公益诉讼诉前程序148件，提起公益诉讼9件，督促清理污染和非法占用河道2.6千米，关停和整治违法排污企业28户，回收和清理固体废弃物360吨。

【营造营商环境】　出台《服务保障长春经济高质量发展实施意见》，开展“万人助万企”行动，选派91名干部对接民营企业，立足检察职能解决问题30个；设立“助企服务室”，举办“企业家大讲堂”，向企业家赠送政策法规选编，工作经验被市委推广。对非公经济人员依法审慎采取羁押性强制措施，不批捕167人，不起诉202人。依法维护市场经济秩序，对妨害公司企业管理秩序、扰乱市场秩序、侵犯知识产权等犯罪，批捕301人，起诉342人。

【未成年人检察】　推进“扫黄打非·护苗2019”专项行动，与市教育局联合开展预防性侵害学生及校园安全工作专项检查。打击侵害未成年人权益犯罪，批捕247人，起诉388人。对涉嫌轻微犯罪并有悔罪表现的未成年人，不批捕154人，不起诉43人；依法从严惩治批捕365人，起诉543人。落实“法治进校园”，成立志愿者法治宣传队，发挥法治副校长作用，开展法治宣讲和模拟法庭百余次，邀请学生走进检察机关25次。

【刑事检察】　加强对刑事立案、侦查、审判活动监督，监督立案104件、撤案127件，纠正漏捕159人、漏诉226人，追诉遗漏罪行273人，对侦查违法行为提出纠正意见315件；抗诉24件，法院改判、发回重审18件。强化刑事执行监督，羁押必要性审查建议采纳率96.6%，监督纠正减、假、暂不当案件668件，监督社矫收监执行18人，同步监督国家特赦案件194件。发挥检察职能参与反腐败斗争，对监委移送案件决定逮捕92人，起诉138人，依法办理北京市政协原副主席李某某受贿案等重点案件。

【民事检察】　对民事生效判决、裁定、调解提请抗诉66件，提出抗诉21件，发出再审检察建议43件，检察建议13件。办理民事审判活动监督案件80件，检察建议法院采纳率89.58%。聚焦“规模性造假”“居间造假”等问题，开展“虚假诉讼专项监督攻坚年”活动，立案34件。监督、支持法院依法执行，检察建议被法院采纳57件。依法办理范某申请执行活动监督一案，督促执行拖欠工程款及利息40.2万元。

【行政检察】　办理行政诉讼监督案件56件，对行政审判活动违法情形，提出检察建议7件。开展行政非诉执行专项监督，发出检察建议213件，采纳204件，采纳率95.7%，吉林省检察院在长春召开现场会推广工作经验。发出行政违法行为监督检察建议170件，被采纳151件，采纳率88.82%。参与重点行业领域乱象整治，对商户私占公共停车位等社会热点问题，督促行政机关依法履职。

【公益诉讼检察】　对城市二次供水、动物诊疗机构非法排污等问题，提出检察建议318件。对少数检察建议不能有效落实的，提起诉讼19件，推动问题解决。开展公益诉讼“回头看”，对虚假整改、未能落实检察建议的，提起诉讼4件。通过“大数据平台”采集有效案源602条，支持发出检察建议121份。

【能力建设】　组织“业务大竞赛、岗位大练兵”，开展业务培训68班次，培训检察人员5540人次，实现高质量教育培训全覆盖。入额院领导带

10月16日，市检察院收到民事执行监督案件当事人锦旗　（刘靖潇　提供）

头办理案件2801件，其中检察长办理377件。重视“智慧借助”，发挥专家咨询委员会作用，通过业务咨询提升办案专业水平。研发运用“数据核查管家”，评查案件1350件。

【各界监督】 向市人大常委会专题报告扫黑除恶专项斗争和保障民营经济发展情况，通报检察工作，编发代表委员联络专刊500余册。梳理33条代表委员意见建议，及时反馈。聘任62名市级人大代表担任公益诉讼监督员，邀请代表委员视察检察机关、参与案件公开审查，零距离接受监督。与司法行政机关共同推进监狱规范执法，开展巡回检察试点，发出检察建议13份，督促纠正执法活动问题94个。保障律师执业权利，提供阅卷2140次，听取意见3754人次。邀请人民监督员监督个案办理87件，参与听证会、检察建议现场宣告送达等司法活动15场次。优化12309检察服务中心功能，同步完善实体、热线、网络三大平台，为群众提供一站式服务。公开发布终结性法律文书4700余份，案件流程信息16000余条。实现“检察开放日”常态化，邀请600余名各界人士走进检察机关。运用多元化新媒体宣传平台，推送工作动态4000余条，接受人民监督。

（刘靖潇）

法 院

【概况】 2019年，全市法院受理各类案件145439件，结案138329件，分别比2018年增长8.15%和24.25%，诉讼案件审限内结案率99.32%；人均受案219.03件，人均结案208.33件，均排名全省前列。其中，市中院受理各类案件18991件，结案17659件，分别增长9.76%和19.18%；人均受案156.95件，人均结案145.94件，保持全省中院第一。

【扫黑除恶专项斗争】 全市法院受理一审涉黑案件8件，审结7件；受理一审涉恶案件68件，审结58件，判处237名黑恶犯罪被告人，其中108人被判处5年以上有期徒刑，重刑率45.57%。强化“打财断血”成效，依法收缴涉案“黑财”948.3万元。推进“打伞破网”，开展“一案三查”，排查移交涉黑涉恶及腐败问题线索326条，有23条经查实被公安机关立案侦查或监察机关立案调查。依法审理杨某某案、刘某某案等重大涉黑案件，对组织者、领导者、骨干成员从严判处；强化案件质量全程监管，在定罪量刑方面严防“拔高”和“降格”，确保办成铁案。

【化解金融风险】 对“吉林文投”案提前介入指导，严把罪与非罪标准；审结全省首例因私募债券引发的虚假陈述案件；依法审理鼎融鑫网络平台系列案件，严格审查“P2P”、网络投融资引发的纠纷；审结金融借款、担保、证券、保险、民间借贷等案件13763件，涉案金额162.96亿元。依法审理涉环境资源类案件136件，双阳法院审结公安部督办的石某某等10人、榆树法院审结李某某等13人污染环境刑事附带民事公益诉讼案件，均判决赔偿高额污染治理费用；助力“农村人居环境集中整治”，依法审结涉河道整治、违建大棚拆除等行政案件148件。

【营造法治化营商环境】 参与“专班抓项目”，强化纠纷化解和法律保障，助推万达现代文旅、广东大厦等重大项目建设。开展“万人助万企”行动，选派助企干部111名对接服务企业98户，到欧亚卖场、亚泰集团等企业开展普法宣讲286场，发出司法建议47份，处理反馈问题51件。助力“城市乱象集中整治”，处理涉城市拆违、社会治安、道路交通综合整治等行政案件216件。依法慎用查封、扣押、冻结等强制执行措施，精准帮扶合心机械、万易科技等企业解决上市前重大法律问题，清理国家机关、国有企业拖欠民营企业债务案件28件。服务优化营商环境，成立专门领导小组，选派9名法官到北京参加全国城市营商环境评价；推动成立长春市破产管理人协会，凝聚行业力量保障供给侧结构性改革；专项打击、纠正虚假诉讼16件，促进社会诚信体系建设。

【打击刑事犯罪】 全市法院审结各类刑事案件12311件，其中市中院审结5197件。依法审结煽动颠覆国家政权、邪教组织犯罪126件。依法审结故意杀人、抢劫、故意伤害等严重暴力犯罪案件2305件，非法集资、金融诈骗、电信诈骗等涉众侵财型犯罪案件192件，涉毒犯罪案件885件。妥善审理北京市政协原副主席李某某受贿案、辉南县委原书记付某某受贿案等重大职务犯罪案件34件39人，其中厅局级以上8件8人。依法审结拐卖、性侵、校园欺凌等案件451件。依法办理减刑假释案件4730件，对211人不予减刑假释，做好9类服刑罪犯特赦工作。

【解决民商事纠纷】 全市法院审结各类民商事案件74726件，其中市中院审结7854件。依法审结土地承包、宅基地流转等涉农案件781件。依法审理股权转让、股东资格确认、公司决议等案件363件。依法审理长生生物等企业破产清算案件31件，将产能化解、企业退市与职工安置、债权人权益保障一并纳入法治轨道。长春知识产权法庭与省、市市场监督管理部门联合开展“维权直通车”活动，新收案件813件，审结805件；对侵权行为依法适用惩罚性赔偿，审结的侵权案件得到省高院通报表扬。

【化解行政争议】 全市法院审结各类行政案件2809件，其中市中院审结759件。审结行政许可、行政登记等案件128件。审结土地和房屋征收等案件113件，依法支持吉林大路快速路等重点工程建设。审结检察机关提起的行政公益诉讼案件8件，督促行政机关依法履行职责。协调撤诉、和解案件213件，促进行政争议实质性解决。加强府院联动，定期发布行政审判白皮书提出意见建议。与联通公司合作，拓宽执行送达与通知新方式；发布执行悬赏公告，动员社会力量参与执行活动；与阿里巴巴、京东等平台合作，提升司法网拍的成交率与溢价率。集中开展“春雷”“夏日闪电”“秋猎”和“冬季风暴”专项活动，采取“凌晨执行”“夜间执行”和“假日执行”集中行动159次，出动警力3738人次。严厉打击规避执行、抗拒执行行为，公布失信黑名单3345条，限制高消费19388人，司法拘留626人，罚款135万元，移送拒执犯罪14件。

【处置涉民生案件】 审结教育、医疗、住房、就业等案件10568件。依法严惩危害食品药品安全等犯罪案件46件。审理供用电水气、热力合同纠纷案件68件。审理劳动纠纷案件5897件。处理涉军纠纷和案件，与北部战区军事法院共建军人军属维权机制。审理家事纠纷案件9798件，综合运用心理疏导、人身安全保护令、离婚冷静期等制度维护家庭和谐。办结司法救助案件1350件，依法缓减免诉讼费679.75万元。

【一站式诉讼服务中心建设】 当场登记立案率95%以上，民事一审案件网上立案率83.67%；跨域立案358件，受理全省首起跨省域立案案件；朝阳法院推进公证参与送达等辅助性事务，南关法院与辖区多家金融机构联合推行送达地址确认制度，缓解送达难题。推进一站式多元解纷机制建设，与市工商联建立民营经济纠纷诉调对接机制，在省内率先与建筑业协会搭建诉调对接平台，全市法院与80家人民调解组织、行政部门、行业调解组织建立诉调对接关系；34家调解组织、235名调解员进驻法院线上调解平台，健全线上线下一体化解纷渠道。全市法院以调解、撤诉方式结案25204件，诉前化解纠纷5894件。

【畅通群众诉求渠道】 开展领导干部接访下访和包案攻坚活动，市中院审委会专题讨论信访终结审查案件，并邀请人大代表、政协委员列席，全年处理上级督办信件120件、群众来信368件，接待到访3200余人次。全市法院344件重点信访案件化解323件。建立律师参与信访化解长效机制，引导群众依法表达诉求。发挥院长督办制度功能，全年督办各类案件、事项517件，办结397件。完成全国“两会”、国庆70周年、十九届四中全会等重大会事信访维稳工作，全市法院6人受到省高院嘉奖，市中院涉诉信访局获集体二等功。

【智慧法院建设】 打造全流程网上办案新模式，利用移动微法院等平台，网上立案64273件、电子送达4514次、远程开庭1210次、视频接访32次。加快完善智能辅助办案系统，推进电子卷宗随案同步生成和应用，融合类案推送、文书纠错、扫描归档等功能，促进审判提质增效。依托司法大数据管理平台，对案件节点信息实时采集、同步跟踪、预警通报、网上评查，实现案件全程动态监控。市中院获评全国“互联网+智慧法院”先进单位。

【各界监督】 接受人大监督，向市人大常委会专题报告扫黑除恶专项斗争、服务民营经济发展等情况，邀请人大代表视察法院、旁听庭审、现场调研120人次，采用“面复”方式答复意见建议9件。全国人大代表团到长视察，肯定长春法院工作。接受政协民主监督，办理委员提案，邀请政协委员视察、座谈63人次。接受检察监督，落实检察长列席审委会制度，办理检察建议，院庭长带头审理抗诉案件。接受社会监督，通过公众开放日、庭审观摩等形式让群众近距离感受法院工作，邀请媒体记者参加法院活动360人次，人民陪审员参审案件15502件。

（李禹峰）

司法行政

【服务经济发展】 出台《长春市司法局服务全市“四项重点工作”任务清单》，服务“专班抓项目”，对万达文旅影视城等20个项目的政府协议进行合法性审查。重点服务“万人助万企”，出台《支持和促进民营企业发展22项措施》，全市76支法律服务团队为937户企业免费法律体检，出具体检报告369份，提供法律顾问服务3649件，代理诉讼案件3289件，办理涉企公证1099件，培训企业高管1.3万余人，推送法律风险防范信息1.7万余条，调解企业纠纷524件，提供涉企法律援助服务511件。启动为期3年的“送法进万企、普法促振兴”主题宣传活动。在首批14家法律服务机构开办“助企法治沙龙”，成立130余人的律师讲师团。在喜马拉雅轻学堂软件等平台上线54部“助企法治沙龙微课堂”短视频。市司法局设立助企工作队10支，组建法律事务顾问组10个，80名局机关干部对接助力70户企业，收集并流转办理企业问题136个，办结销号77个。注重营商法治环境建设，将7户民营企业确立为立法联系点，对3部法规中涉嫌增加企业负担、减损民营企业合法权益、限制市场竞争的条款进行修改。建立长春市民营企业法律服务中心，建成全国首个数字化仲裁受理服务大厅，在全国率先开通面向社会企业的仲裁法律服务咨询电话，建立全市民营企业信息库。实施公证便民和法律援助民生实事项目，全市提供公证服务30万件。在全省率先成立12家公证家事法律服务中心，提供公证家事服务5万多件；推出46项“最多跑一次”服务清单，建立专职调查员服务队伍，外出调查3400多次；开通12辆公证便民助企直通车，上门服务500余次。以农民工、贫困户等特殊群体为重点，开展法律服务零距离、紧急情况零手续、特殊人群零跑动等“六个零”法律援助服务，开展“退役军人法律护航行动”。办理法律援助案件1872件，解答群众咨询17093人次。发放脱贫攻坚法律援助绿卡3万张，对持卡人提供“一免七优先”服务，组织扶贫律师团走访贫困村73个，提供援助服务1827人次。

【推进依法治市】 组建市委全面依法治市委员会，成立立法、执法、司法和守法普法4个协调小组。出台《中共长春市委全面依法治市委员会工作规则》和协调小组工作规则、办公室工作细则。印发《市委全面依法治市委员会2019年工作要点》和4个协调小组工作要点。将法治建设情况纳入市直部门和县（市）区、开发区绩效考核，配合组织部对市管干部和市直领导班子依法行政内容进行考评。对15个县（市）区、开发区进行法治督察。各县（市）区、开发区完成依法治县（市）区委员会和委员会办公室组建工作。下发《长春市2019年法治政府建设重点任务分解》，细化分解105项具体任务。做好法治政府建设示范创建申报工作，长春市有11个单位被确定为法治建设整体性全局性工作层面、法治建设基本架构层面、法治建设具体工作层面联系点。完成9件地方性法规立法，修改13件，完成政府规章审核和修改工作4件。完成对51部地方性法规、52部政府规章的修改和废止审核。对市政府下发的规范性文件提出废止84件、修改30件的建议，对各县（市）区和市直各部门上报的20件规范性文件进行备案审查，下发整改意见书8份，出具合法性审查意见书114份，提出合法性审查意见400余条。推进全市行政执法主体和执法人员“两清理”工作，对全市2000余名执法人员和法制工作人员进行集中培训。对部分县（市）区和3个执法机关行政执法工作进行督导检查。强化对全市107个行政复议综合窗口建设，办理行政复议案件6493件，其中市本级6119件。接待行政复议来访人员4000余人次。全市行政应诉621件，其中市本级经复议后提起行政诉讼案件93件。修订《长春市国家机关“谁执法谁普法”普法责任清单》，明确机构改革后75个市直部门和单位普法责任。开展主题普法宣传，组织法治文艺专场演出5场，观看群众4000余人，发放普法宣传品8000余份，现场解答群众咨询1100余人次。在全市范围内开展“宪法宣传周”活动。开展各类宪法学习宣传活动100余场次，发放宪法法律宣传资料18万份，所悬挂宪法宣传标语、挂图9000余幅，借助各类媒体展播宪法普法宣传视频近10万次。组织普法讲师团专家为企业做“依法治企”集中宣讲活动6场，受益企业5000余户。

【维护社会稳定】 开展“大排查、早调解、护稳定、迎国庆”专项活动。召开全市推进“百姓说事点”创新发展现场会。全市建立各类人民调解组织2769个，调解矛盾纠纷19587件。15名人民调解员获吉林省“我最喜爱人民调解员”称号。2名人民调解员被评为“全省人民调解专家”。市涉法涉诉信访法律服务中心接待信访群众1900余人次，解答法律咨询233件，有效化解案件74件。开展强戒所“六化建设提升年”活动，开展驻在式检查。部署落实敏感时间段的社区戒毒（康复）安全稳定工作，与市禁毒办建立数据交换机制。推进“互联网+社区矫正”工作，与市检察院联合开展“驻在式”督导检查，成立长春市社区矫正大队。在市社区矫正中心举办社区矫正对象集中教育训班85期。制定奖励办法，鼓励群众参与扫黑除恶专项斗争，强化律师代理涉黑涉恶案件监督指导工作。在司法行政系统开展“决战三十天国庆安保攻坚行动”，在司法行政戒毒系统开展“国庆安保百日行动”。

【公共法律服务】 市级和15个县（区）、开发区公共法律服务中心全部完成，建成乡镇（街道）工作站171个、村（社区）工作室2086个，在全市4898个网格普遍设立法律服务工作点。依托公共法律服务指挥中心，通过420个点位的监控联网系统和视频会议系统、通讯系统，实现对全市法律服务办事窗口无缝覆盖。实体平台提供法律服务13.3万件。将长春法律服务网与市政务服务综合平台对接，实现数据互通共享，使申请人申报需提供的材料减少39.3%。完成长春法律服务网移动端升级改版，实现与法网PC端同步。增加人民满意度评价模块、仲裁服务板块和仲裁人员搜索功能，实现在线申请仲裁业务。长春法律服务网访问量7万余人次，在线咨询数2000余次，群众满意度94.4%。延长12348法律服务热线坐席服务时间至晚23：30分。增加仲裁业务在线咨询模块，实现与长春仲裁委员会服务热线对接，统一受理仲裁业务咨询。实时对热线数量、类型、各类案件占比及热线满意度、咨询人地域分布等数据进行分析及可视化展示。提供法律服务4.69万件，受理量比2018年增长44.1%，全省业务占比68%。强化指挥中心枢纽作用，通过组建一个团队管理、依托一个中心统领、强化一条中枢指挥、建立一套系统派转、应用一套数据共享、集成一张地图调度，促进三大平台一体融合。

（经广胜）

宏观调控

【编制规划】 启动经济和社会发展“十四五”规划编制工作，制定规划编制工作《总体方案》，统合构架全市“三级四类”规划体系，细化分解54个重大战略课题，梳理谋划一批纳入国家和省“十四五”规划的重大平台、重大产业、重大项目，编制《长春市“十四五”规划基本思路逻辑框架图》《全面建成小康社会主要指标测算表》等系列成果。推动构建现代化产业体系。围绕推动实施产业培育发展工程，打造具有国际知名度的“车城”“影都”，建设北方“光谷”“食谷”“药谷”“智谷”“金谷”，编制《长春市汽车产业优化升级规划》《长春市生物医药产业发展规划》《长春市通用航空产业规划》《长春市物联网产业发展规划》《长春市电影产业发展规划》《长春市物流产业发展规划（2019—2024）》《长春市人参产业发展规划》等，完善产业发展顶层设计，谋划产业链、产业群和产业生态。统筹调控全市要素市场需求和供给，编制《长春市秸秆综合利用产业发展规划》《长春市能源结构调整规划暨煤炭消费总量控制规划（2019—2020年）》，制定《长春市天然气稳定协调发展的实施意见》，下发《长春市加快现代农业三大体系建设工作方案》《长春市生态文明建设目标评价考核实施方法》《全市消费扶贫分工的通知》等系列指导性文件，推动新发展理念落地落实。

【专班抓项目】 发挥“专班抓项目”综合协调办公室职能作用，协调建立健全专班组织机构和运行机制，推进各项工作落实。组织各专班协同推进市级领导包保重大项目205个、44个停缓建项目实现重新启动，谋划增量项目298个、总投资1500亿元的71个项目实现签约和落位。年初计划的1104个亿元项目，有912个项目实现开工，完成投资1335亿元，项目开复工率超过80%。

【刺激消费升级】 制定《长春市关于加快推进夜间经济发展的工作方案》，助推夜间经济成为推动新一轮消费升级引擎。起草《长春市深化产教融合的工作方案》，印发《关于促进长春市乡村旅游发展提质升级的实施意见》，成功获批全国家政服务业“提质扩容”领跑者行动重点推进城市，促进各领域产业融合和消费升级。举办“庆祝人民空军成立70周年航空开放活动·长春航空展”和2019中国（长春）通用航空发展大会，吸引近50万人次观展，获《人民日报》等主流媒体广泛宣传报道，成为国内规模和影响最大的航展之一。以重大项目为龙头，推动“这有山”等一批

10月1日，长春市文化旅游特色消费示范街区的“这有山”开始运营

（长春日报社　提供）

新业态、新模式商业项目投入运营，京东亚洲一号等一批线上消费的物流枢纽项目加快推进。

【重大基础设施建设】 按照“两年、三批”要求，推动第三轮轨道交通建设，轨道交通2号线东延、4号线南延、6号线全面开工，推进3号线南延、5号线一期和空港线一期前期手续办理进程。推动龙嘉机场三期扩建项目前期工作，争取列入国家民航发展“十四五”规划重点项目。推进一小时经济圈环线高速公路东环线（一期）建设，二期项目前期工作。围绕服务全市重点产业平台谋划7大类57个重大基础设施项目，培育经济发展新动力。

【结构优化转型升级】 推动产业结构优化。围绕建立“2+5”现代化产业体系，谋划7大类重点产业链、3大类基础设施链和“1+6”发展平台（营商环境平台、创新平台、开放平台、协调平台、绿色平台、共享平台），形成全市产业发展和项目谋划的全景图。推进国家服务业综合改革试点，完成“十三五”国家服务业综合改革试点中期评估工作，28个集聚区入驻企业近4500户、解决就业近10万人、实现营业收入160亿元。重新修订《长春市现代服务业创新发展试点区内服务业用地出让价格修正系数确认和监管实施办法》，助推万达文旅项目成功落位，推进青怡坊国际旅游文创产业园等6个项目。

推动城乡结构优化。开展国家城乡融合发展试验区申报工作，长春新区、九台区、莲花山、净月区、双阳区作为长吉接合片区重要组成部分入选国家城乡融合发展试验区，成为东北唯一、全国10个片区之一。推动特色小镇和小城镇建设，起草《长春市重点镇突破行动（2019—2022年）实施方案》，红旗国际小镇作为全国第一批特色产业小镇典型案例获国家发改委推介，推进科大讯飞人工智能小镇、香江集团健康山谷小镇等一批特色小镇建设。

推动动力结构优化。聚焦打造国家区域创新中心，推动以IT产业为重点的战略性新兴产业培育，助推华为研究院、科大讯飞区域总部、浪潮产业基地、神州数码物联网等科技前沿的大企业、大项目落地长春。争取承办“双创周”主会场，推进各项申报工作。形成《关于我市物联网产业有关情况的报告》等一批课题成果。申报奥普光电获批国家企业技术中心，全市国家级企业技术中心7个。组团到古巴就合作建设创新中心事宜进行对接，推进中古生物医药创新中心建设。

【民生领域建设】 按照“两不愁三保障”要求，参与脱贫攻坚各项任务，推动5个区的农村饮水安全巩固提升工程实施方案获批，完成《长春市加快现代农业三大体系建设工作方案》《2018年全市农村经济发展报告》等系列政策文件和研究成果。回应社会热点关切，创新举措支持公交改革，依法依规启动出租车价格调整，推动公交票价调整。做好全市高尔夫球场清理整治情况回头看工作。

【中韩国际合作示范区建设】 协调各方就合作重点、目标任务达成共识，形成《中韩（长春）国际合作示范区总体方案》上报省和国家，与国家调研组对接，推动示范区申报工作。围绕落实《方案》内容，协调成立示范区领导小组，起步区和总体选址初步划定，对标雄安新区的建设规划全面启动，三星SDI动力电池、恒大新能源汽车等一批重大项目落位。

【对口合作】 推进津长产业合作园、津长双创示范基地、吉浙服务业合作发展示范区、吉浙新经济园区等平台载体建设，“天津自贸区协同创新中心”在长春新区和兴隆综保区挂牌，“天津长春无水港”“长春天津海港”分别在两地挂牌，长春—天津港海铁联运班列开通运营。长春大米直营中心、长春名优农产品营销中心在天津和杭州常态运营，长春与天津、杭州粮食企业实现粮食代收代储10.5万吨。推动与天津合作项目20个，总投资109.3亿元；与杭州合作项目37个，总投资385.3亿元。

【区域协调发展】 聚焦落细落实“一主、六双”产业空间布局，编制《长春经济圈规划实施方案》及2019年重点工作，出台《关于支持长春经济圈高质量发展的若干政策》，提出7个方面14条举措助推经济圈建设。推动哈长城市群建设，推动哈长双方频繁互动，建立哈长城市群协同发展联动机制，推动中欧

10月17日，“长满欧”一汽·奥迪专列抵达长春兴隆铁路口岸

（长春日报社　提供）

班列联合运营、窗口地段互投旅游广告、重要旅游景点互享同城待遇等重点事项。推动公主岭市变更代管关系全面启动，与公主岭城际通道富民大街实现通车、腾飞大路实现单幅通车。加快长吉一体化进程，助推长吉北线改造、长吉高速拓宽、机场快速路建设。

【改善营商环境】 出台《关于支持实体经济发展的若干政策》《关于鼓励支持各城区、开发区推动实体经济发展的若干政策》，大幅降低实体经济成本。有294户工业用水企业和11户用汽企业受益，仅在用水、蒸汽方面每年就为企业减负6600余万元。开展电力直接交易，全市103户用电企业受益，13个园区被列为省售电试点园区，降低企业用电成本近3000万元。完善价格预警监测调控机制，建立健全冻猪肉储备制度、社会救助和保障标准与物价上涨挂钩联动机制、市场价格预警监测调控工作联席会议制度，主动应对食品价格上涨，完成全年物价涨幅控制目标。推动投资项目在线审批监管平台建设，落实网上并联审批。完成市本级审批、核准、备案、节能事项255项，全部实现“一口受理、信息共享、并联办理、限时办结、一口出证”。

【绿色发展】 完善生态文明建设评价考核机制。围绕落实中央环保督察整改反馈意见，出台2019年度全市地区绩效考核方案，大幅提高生态环保类指标权重。以《长春市绿色发展指标体系》《长春市生态文明建设考核目标体系》为抓手，实施年度评价和五年考核。组织市直有关部门和县（市）区、开发区，分解落实当年目标、落实作战单位责任，完成全省2018年能耗总量和强度“双控”指标考核任务。调整能源结构。推进国家电能替代试点，建立生产煤矿煤质监管长效机制。围绕一汽新能源等行业企业发展需要，制定《长春市2019年新能源汽车充电基础设施建设实施意见》，完善电动汽车充电桩布局。围绕全市电网建设需要，推动市政府与国网吉林省电力公司签署战略协议。整治高铁沿线隐患问题。统筹推进全市节能减排重点任务，城市LNG应急调峰储配项目开工建设。争取国家和省增量配电业务改革试点，全年单位GDP能耗下降1.5%、能耗增量控制在60万吨标煤。谋划推进重点项目、细化落实“五化”利用任务，起草《长春市秸秆综合利用三年行动方案》，推动秸秆发电、生物质供热，推动3个大型秸秆发电项目年处理秸秆超过70万吨。召开2019中国（长春）秸秆产业博览会，全市秸秆综合利用率提高到88%左右。

亚泰国际医药健康产业园　（长春日报社　提供）

【推动东北振兴】 落实加快东北振兴政策意见。对接国家《关于支持东北地区深化改革创新推动高质量发展的意见》（中发〔2019〕37号），结合全省分工和长春市实际起草任务分工方案，具体细化谋划一批重大平台、重大项目，推动任务落地。推动产业转型升级示范区建设。编制《长春市产业转型升级示范区建设2018年度自评报告》。推动中车长客长春车辆公司整体搬迁改造等一批重大项目落地，争取亚泰医药、中实环保等技术改造项目纳入第二批中央预算专项，推动产业转型升级。开展金融助振兴活动。搭建银企对接平台，建立一站式金融服务实体经济平台，举办“金融助振兴—吉林行动”长春专场活动，136户企业（项目）与金融机构进行对接，意向贷款额870亿元，签约授信157亿元。长春市获中央及省预算内投资项目91个、争取资金11亿元，接近2018年同期水平。

（韩江雪）

统　计

【统计核查评估】 强化对企业会计和统计人员统计报表制度、统计指标含义和统计一套表平台上报等内容培训。对全市规模以上工业企业和500万元以上固定资产投资项目开展大规模企业数据核查；建立乡镇（街道）初审，县（市）区、开发区二审，综合审核三级联审制度，制定数据质量评估管理办法；组织各县（市）区、开发区严把企业“入库”和“退库”关，月度入库“四上”企业332户，入库5000万元以上在建项目法人单位104户，年度省级终审通过入库企业216户，退库1603户。

【统计督察】 在全市范围内开展全面自查。召开全市统计局长工作会议，部署落实自查工作。两次专门听取各县

（市）区、开发区整改工作情况汇报，各地对不符合条件的入库企业全部退库，对各类原因造成的数据不实问题进行全面整改。抓好统计数据质量。以市政府办公厅名义印发《关于进一步加强统计工作提高数据质量的通知》。加强统计内网自查。对全市统计专网安全进行专项检查，规范网络安全管理制度，对发现的问题进行督促整改。

【统计服务】 利用统计数据资源，服务经济社会发展。建立长春市宏观经济统计监测平台。完成宏观经济基础数据库及监测预警系统、数据可视化系统、数据长春手机APP客户端等“一库三系统”建设。实现全市经济运行监测全景式展现、立体化分析、可视化跟踪、视觉化监控。抓好重点企业和重点区域的监测预警。强化对重点企业的监测，掌握企业生产经营情况和问题困难，及时预警预测，为重点企业提供统计咨询和保障。每月梳理汇总县区和开发区三大板块主要指标完成情况，对数据波动大的提示提醒，对发现的突出问题及时上报和反馈，提出合理化意见建议。每季度梳理副省级城市、东北四市的指标情况，综合研判发展态势，分析差距、问题、短板，为经济发展提供决策参考。加强经济运行分析和研判。编发统计内参36期，统计快报6期。注重用统计数据宣传长春发展成果。通过各类媒体向社会发布反映经济社会发展的数据和图表。与《长春日报》等媒体建立长期合作关系，及时公布发展成果，通过长春统计微讯公众平台发布各类统计资讯50余篇。出版《长春统计分析报告》《数说长春》等书籍，为各级党政领导决策和分析研究长春经济社会发展提供重要参考。主动服务企业。8月，班子成员分别带队，对各地项目进展情况、入统情况，以及企业的生产运营、劳动用工、技改创新、投融资等方面进行调查研究。在“万人助万企”活动中，对全市包保企业干部进行统计业务培训。在“专班抓项目”活动中，对各项目专班干部进行统计业务培训。开展小微企业核实认定，助力小微企业享受优惠政策。长春市小微企业认定100余户。

【统计调查】 成立以常务副市长为组长，24个部门参加的经济普查领导小组，下发《长春市人民政府关于认真做好全市第四次全国经济普查工作的通知》。在全省率先召开普查宣传工作会议，开展普查宣传工作。利用“统计开放日”“四经普宣传月”“宪法宣传日”开展大型宣传活动。市县两级到位经费1683万元，其中市级财政到位1000万元，完成普查机构组建、普查试点、普查区划分、部门数据收集整理、“两员”选聘、业务培训、宣传发动、单位清查、现场登记、查疑补漏、数据审核、检查验收等各项工作。普查工作进入平台数据处理及汇总阶段，汇总全市法人单位72713户（单产业法人71505户，多产业法人1208户），占全省的38%，比第三次经济普查增长31.7%；多产业法人所属的产业活动单位12156户，比第三次经济普查增长67.9%；全市登记产业活动单位83661户，对个体户进行抽样调查2.6万户。

【统计信息公开】 履行主动公开义务，定时、定期在网站发布政务和经济信息55篇。对群众关心的问题予以解答。对申请人申请公开事项，第一时间解答回复，对不在职责范围内的请求予以合理建议，帮助申请人及时得到答复。加强“双随机一公开”监管平台管理，每年定期对执法检查人员名录库和抽查企业名录库进行动态管理，实行持执法证上岗和资格管理制度，对执法人员库中人员资格进行审核、清理、补充。出台市统计局双公示（行政许可、行政处罚）制度，在市局官方网站公布。落实《长春市政府部门权力清单和责任清单动态调整管理办法》，做好权责清单的调整和应用。

【“双随机”执法检查】 完善“双随机”抽查方案、实施细则和抽查清单，对影响统计数据质量的关键环节进行重点执法检查。把“四上企业”和“四经普”作为重点，形成专业处预警、法规处和专业处联合执法的工作机制，组成联合执法检查组，实施靶向抽查，对新增的115户服务业企业，按照20%的比例抽取23户企业进行检查。在全市统计系统抽调执法力量，成立7个统计执法检查组，重点对国家统计督察和各地自检自查发现问题的企业开展执法检查和立案调查。组织系统内干部以“请进来”的方式举办2期统计法知识培训；与市委组织部在市委党校联合举办全市统计法律、法规培训；印发《国家统计执法资格考试培训资料》。

【信用体系建设】 召开专题会议研究部署落实统计领域信用建设工作，明确工作思路和工作重点，建立平台，编制清单。在局官方网站建立“统计失信企业公示平台”“统计从业人员严重失信行为信息公示”专栏，出台《关于实施行许可和行政处罚》，形成本部门的“四张清单”，即诚信典型范围清单、严重失信行为及主体清单、守信激励政策措施清单、失信惩戒政策措施清单。深化统计信用制度改革，加强企业统计信用管理。把统计信用建设作为统计法治建设的重点工程，围绕“建立制度、构建机制、完善平台”，加速推进统计信用制度改革，加强企业统计信用管理。

（于　冰）

国有资产监管

【概况】 截至2019年末，国资企业资产3449亿元，比2018年增长3.8%；负债1958亿元，增长6.5%；所有者权益1491亿元，增长0.5%；营业收入303.3亿元，下降1.4%；上交税费15.5亿元，各项指标保持在合理区间。

【增长亮点】 国有企业运行保持平稳态势。市属企业水务、公交、供热、长热、天然气等公益类企业原材料及要素成本持续上涨，以内部挖潜增效等手段提升保障能力；长发、轨道交通、城开、润德等功能类企业推进转型发展；欧亚、建工、国投等竞争类企业，保持盈利水平。欧亚集团营收160亿元，比2018年增长2.6%，利润7.9亿元。驻长中省直企业中车长客股份公司坚定走出去发展战略，东北工业集团向百亿级迈进，国网长春供电公司增强服务地方经济发展能力，东电院、长春卷烟厂等企业在逆境中保持发展事态。

【营商环境优化】 水、气、热等要素企业提高服务质量，压缩报件审批时限，项目建设用水审批由3天压缩到1天，工业项目供气由30天压减到3天，供热实行实时开栓。降低全市重点工业企业供水、燃气价格。抓实国有企业拖欠民营企业账款清欠工作，结清拖欠民营企业历史账款736笔、7.2亿元，清欠工作走在全市前列。

【资产监管】 印发《市国资委以管资本为主职能转变实施方案》，明确监管事项和授权、放权事项，提高监管的针对性和有效性。聚焦国资委自身职能转变，调整优化国资委内设机构和职能配置，构建系统完备、科学规范的国资监管职能体系。聚焦规范投资行为，制定印发投资监管后评价办法，落实国有企业投资监管负面清单制度，健全事前、事中、事后一体化投资监管体系。审核2018年42个投资项目落实情况，推动国有资本投向公益及公共领域。聚焦债务风险管控，制定企业负债约束方案，强化负债规模和资产负债率双重监管。组织企业开展自查排查，查清各类风险“漏点”，加大动态监测力度。平台公司强化风险管控，严防金融债务断链风险发生。聚焦精益管理，开展提质增效专项行动，强化用工成本管控，实行管理人员竞聘上岗和工资总额预算管理，开展员工定岗定编定员，公益类和功能类企业减员809人。压缩企业管理层级和法人数量，确定清理退出子企业39户（含5户参股企业），退出16户。推动企业挖潜增效，公交集团将辅业推向市场，自主经营；供热集团运用热网在线实时监控调节，节约成本2557万元。

【国企改革】 健全中国特色现代国有企业制度，建立董事履职制度，开展外部董事述职述责，向3户市属企业选优配强外部董事9人。推进混合所有制改革和股权多元化改造，突出行业优势企业战略性选择标准，轨道交通集团、润德集团与万科长春公司合资合作，开展装配式装修和房地产开发；长热集团纳入国务院国资委国企改革“双百行动”，10月24日在港交所上市，募集资金3.15亿港元。加快公交集团内部改革，借鉴先进城市公共交通一体化发展成熟经验，整合轨道交通、地面汽电车公共交通资源，筹建全市公共交通主体线网投资发展平台。推进历史遗留问题解决，加快企业办社会职能分离移交，助力驻长中省直企业轻装上阵，三供一业分离移交收尾工作基本完成，40户驻长中省直企业涉及的92个分离移交项目完成改造，一汽、长客等企业27个重大分离移交项目改造高质量完成，供水、供热保障有力；厂办大集体改革稳妥推进，会同财政、人社、社保等部门，在遵循长春先行试点历史的基础上，统筹制定改革实施方案、企业范围界定、职工接续养老保险等“1+6”改革文件，确保前后衔接顺畅；国有企业退休人员社会化管理全面铺开，牵头制定实施方案，召开全市动员部署大会，对接一汽、长客、长春铁路等人员集中大户，推动各项工作先行开展。

（李杨兴）

市场监督管理

【概况】 2019年，市场监管局机构组建、队伍融合。加强市场监管，防范市场风险，强化消费维权，推进质量强市战略，各项工作取得成效。市局获国家总局12315技能大比武挑战赛一等奖，获2019中华品牌商标博览会贡献奖。市局信用监管处被中国市场监管报社评为先进集体。

【专班抓项目】 围绕拉长产业链条、促进产业集聚，推动36个医药企业项目落地，总投资129.5亿元。协助企业解决药品生产许可证延期、产品原料出口、企业合法经营等问题，确保项目建设顺利推进。12个项目完成主体建设，完成投资39.9亿元。洽谈项目16项，8项达成初步合作意向。

【市场整治】 集中开展破坏市场竞争秩序、食品生产经营、特种设备等6个方面整治，严厉打击违法违规行为。排查各类市场主体79868户次，立案1462件，结案1183件，罚没款1668万元，为群众挽回经济损失2370万元。打掉“食用冰”“塑料颗粒”等黑加工点72处，销毁不合格食品20余吨。

【市场管理改革】 牵头负责11项改革任务，压缩行政审批时限、“证照分离”改革等7项任务全面完成，4项改革任务因新的法律法规实施予以调整。推出《审批事项易错清单》、“容缺受理”、营业执照免费快递送达服务，实行“审核合一、一人通办”，对申请材料齐全、符合法定要求的10分钟审批完毕。截至年末，全市新登记市场主体13.50万户，比2018年增长6.7%；市场主体总量84.79万户，增长9.7%；“个转企”1124户。通过网络信息共享，实行“多证合一、一照一码”，破解“办照容易办证难”“准入不准营”等突出问题。改革名称登记方式，取消名称预先核准，涉改事项整体处理率达90%以上，稳居全省首位。推进“e窗通”系统应用，实现注销“一窗申请、一网通办”，注销登记材料由9份减至4份，降低企业退市制度性成本，全年通过便利化注销企业5000户。

【网络监督执法】 开展“2019网剑行动”，与市公安局、网信办联合整治涉医网站乱象，处置涉黄赌及无备案的问题网站114个。开展电子商务平台责任专项行动，检查平台59个，抽查网店1680户，处置违法违规问题139个。

【知识产权保护】 全年专利申请量16529件，比2018年增长10.1%。专利授权量8314件，增长8.2%，有效发明专利量11279件，增长14.1%。强化商标注册及质押“双授权”窗口建设，商标注册受理业务由2项增至24项，全市注册商标9.69万件，占全省46.76%。办理股权出质业务1266笔，受理质权登记12件，累计融资金额1.193亿元，股权出质金额292.20亿元，被担保金额633.94亿元。

【违法行为治理】 严厉打击传销、不正当竞争、消费侵权、合同欺诈、质量违法等严重扰乱市场秩序违法行为，查办各类案件621件，罚没180.8万元。落实减税降费政策，依法整改商业综合体超标准收取电费问题，立案查处相关企业20户，挽回经济损失1400万元。市属媒体广告违法率低于0.2%，位于全国先进行列。被国家总局评为反不正当执法重点行动表现突出单位。

【消费维权】 指导400余户商业零售企业（门店）建立线下无理由退货制度。全年新增放心消费示范店（企业）279户、商圈（街区）12个，完成省民生实事工作任务。开展预付式消费侵权专项整治行动，受理预付式消费投诉348件，为消费者挽回经济损失20.8万元，涉“预付卡”投诉下降30%。推行消费环节经营者首问制度，鼓励引导大中型商业零售企业建立先行赔付制度。全市夯实消费维权服务站405个，落实两项制度的商场、市场和企业186户，占全市大中型商业零售企业的91%。引导更多企业成为ODR在线消费纠纷解决单位，ODR在线消费纠纷解决企业149户，占全省总量40%。推进消费投诉信息公示，公示信息1.4万件，占全省公示总量90.7%，代表吉林省在国家总局消费投诉公示工作座谈会做经验介绍。在全省率先建成并运行12315行政执法指挥中心，受理咨询投诉9.8万件，比2018年增长159.35%，占全省受理总量42%，投诉办结率100%，为消费者挽回经济损失5640.02万元。

【食品安全监管】 推进整治食品安全问题联合行动，查处各类食品安全案件436件，罚没630余万元，取缔无证黑窝点4个。开展校园守护行动，净化校园周边食品经营环境。推进“明厨亮灶”改造工程，完成改造9907户，其中学校食堂（幼儿园）覆盖率100%。完成食品安全抽样检验17432批次，合格率99.5%。

【药品质量安全监管】 开展药品化妆品医疗器械安全隐患专项整治行动，紧盯高风险品种、重点区域，开展隐患排查和飞行检查。排查企业10081户，立案138件，罚没款104.28万元，撤销GSP认证证书16户，移送公安机关立案2件。

【特种设备安全监管】 出台《长春市电梯安全管理条例》。全年检查企业1694户，检查各类设备12833台，发现整改隐患77项，查处违法行为51起，罚款61.5万元。治理“三无”及老旧住宅电梯146台，督促企业新购置液化气钢瓶3.8万只。

【产品质量安全监管】 加大监督抽查力度，全年抽查检验20余种433户生产企业生产的898批次产品，423批次流通领域的学生用品、消防器材、电线电缆、小家电燃气灶具烟花爆竹等产品。建立“长春市产品安全追溯平台”，形成产品“来源可溯、去向可追、责任可究”追溯体系。

【质量提升行动】 成立质量发展委员会和标准化委员会，出台《关于开展质量提升行动的实施意见》《深入实施标准化战略推动长春高质量发展的指导意见》等3部规范性文件。参展2019中国国际商标品牌节，一汽集团、一汽轿车、双阳区鹿业协会、吉林省参业协会、长春大米协会、中之杰食品有限公司获2019年度品牌商标博览会金奖。培育推荐14户企业参评“吉林省十大服务业名牌”，8户企业获评，占比80%。争创“第三届吉林省质量奖”，组织15户全市领先企业完成申报。开展“百城千业万企对标达标提升”专项行动，在平台上发布对标结果自我声明58个、对标方案4个。指导5户企业开展标准化良好行为试点和技术标准提升工程示范单位建设。颁布实施地方标准5项。

【完善监管机制】 市局机关、12个派出分局、8个直属分局改革全部完成，完成权力清单调整，修改调整行政权力事项962项。组织法制培训，出台《行政处罚案件审理集体讨论工作规则（暂行）》等制度，规范执法程序及执法行为，强化案件审核及执法监督。推进“双随机、一公开”监管。牵头推进全市“双随机、一公开”“互联网+监管”工作，指导各级各部门认领监管事项清单9887项，编制检查实施清单7208项。全市开展“双随机”抽查2892次，检查市场主体6.9万户，检查事项6528项，比2018年提高71.65%。强化协同监管和联合惩戒。归集涉企行政许可与备案信息9.5万条，行政处罚信息1.1万条，被执行人、严重违法失信企业名单等受限主体518户，其中，老赖受限333人次，严重违法失信企业受限90户，经营异常名录企业受限95户。常态化清理吊销“僵尸企业”2084户。逐步完善应急管理体系建设。《长春市食品安全事故应急预案》，开展基层应急演练，做好舆情监测，妥善处置食品安全应急事件4起。

（霍馨媛）

财　政

【概况】 2019年，压减一般性支出20%、“三公”经费30%；争取转移支付资金210亿元，争取中央财政支持住房租赁市场发展资金3年累计24亿元，争取新增债券170.7亿元，盘活存量资金14.8亿元。全市一般公共预算收入420亿元，剔除不可比因素，地方级财政收入和税收收入分别比2018年增长2.6%和3.5%；全市一般公共预算支出896亿元，增长0.2%。

【财政支持】 支持全市4项重点工作，落实减税降费政策，为各类市场主体减负196亿元；落实资金近140亿元，支持地铁、人民大街改造、吉林大路快速路、保障性安居工程建设等重点项目；筹集产业引导基金145.4亿元，重点支持汽车等支柱产业和光电信息等战略性新兴产业发展；拨付8亿元，支持一汽发展和红旗小镇建设。支持拓展陆海空联运对外开放通道建设；支持中韩国际合作示范区创建；推进与天津、杭州对口合作，长春公主岭同城化、长吉一体化协同发展。

【保障民生】 保障幸福长春行动计划、“暖流计划”、脱贫攻坚等民生领域重点工程和重点项目；支持教育均衡发展，落实医保、社保、基本公共卫生服务、养老、就业等政策；保障打好蓝天、碧水、黑土地、青山和草原湿地“五大保卫战”和美丽乡村建设；解决饮水安全、危房改造等“两不愁三保障”短板问题；推进公交体制改革和厂办大集体改革，支持“扫黑除恶”和打造“平安长春”。

【财政改革】 推进财政事权和支出责任划分改革，制定基本公共服务和医疗卫生领域改革方案；建立预算绩效管理与项目库一体化信息平台，开展重大支出政策事前绩效评估；在全省率先开展非税收入收缴电子化改革，探索互联网+非税收入管理新模式；推进国库集中支付电子化管理改革，建设市级财务综合服务平台；推进国有资产改革，建立实行国有资产月报、年报制度；完善行政事业单位内控制度建设，加强会计人员培训管理；深化政府采购放管服改革，加强采购资金监管；推进国有金融资本管理改革，拓展金控和担保业务，统筹利用股权投资、产业基金、融资担保等政策支持重点产业发展；推进存量隐性债务化解，建立完善定期监测问责机制，坚决守住风险底线。

（李　硕）

税　务

【税务收入】 2019年，全口径收入973.4亿元，占全省的54.7%，剔除不可比因素，比2018年增长2.4%。地方级财政收入占全市地方财力的85.7%，增加2.3个百分点。全年新增减税降费142.4亿元，惠及纳税人、缴费人32.3万户（次）、153.7万人（次），经过国务院、审计署和总局等9轮督导检查，未发现大的问题。减、免、退税（费）419.5亿元。

【优化营商环境】 开展“大的上门、小的上网”，走访一汽、长客等大企业，直接与财税人员座谈，问需求、解难题。召开专题会议为一汽解决问题。设立“税务秘书”对接招商企业，亮明身份，表明态度。到厦门、杭州、义乌等地学习先进经验，结合长春实际进行服务创新。提高办税效率，推广电子税务局，涉税事项8大类41项298个业务网上办；放置服务终端135台，发票代开自助办；落实“最多跑一次”，198项业务一次办；实施套餐服务，多项业务集中办；审核关口前移，31项业务前置办；服务提质增效，压缩服务事项环节153个，缩减服务事项76个，限时业务即时办；形成工作合力，跨行业联动办；归并税收报表，取消行政审批事项187项，简化表证单书82份，申报业务合一办。服务机构下沉，全市98个税务所到乡镇（街道）办公并设立办税服务厅，打通服务“最后一千米”。优化营商环境指标。办税窗口即办事项时间降至8分钟，纳税人依申请35项业务试点办理时长压缩80%，企业开办时间缩至20分钟，留抵退税的办理降至1天。纳税次数减至6次。实行对外支付税务备案电子化，做到无纸化退税。

【依法行政】 对总局内控监督平台推送的执法过错信息全部清零，在全国领先。在系统中申请的税收征管流程节点超时事项和依职权的税收征管流程节点超时事项全归零。社保费和非税收入征管职责划转及征收工作。完成2018年度社保部门实缴城乡居民基本养老保险人数的96.3%，其中有10个单位征收率超100%。城乡居民基本医疗保险费征收在集中征缴期内完成超过全省四分之一的征收任务，实现总征收率和建档立卡贫困人口征收率“双过百”。

【依法治税】 排查移交涉黑涉恶线索10条，查处涉黑涉恶涉税案件24件，查补税款、滞纳金及罚款3660.33万元，市扫黑除恶专项斗争领导小组刊发两期简报，宣传长春市税务局经验。《长春日报》进行专项斗争专栏报道。启动打击虚开骗税专项行动。成功侦办“1・03”“1・04”“4・03”“6・13”“9・17”“会战1号”等一系列虚开增值税发票团伙案。两年专项行动查处虚开、骗税企业2342户，涉案金额125.34亿元，涉案税额15.07亿元，涉案发票13.7万份。铲除虚开发票团伙14个，端掉虚开窝点5个，抓捕61人。直接挽回国家税款损失46.33亿元，挽回地方财政收入损失11.6亿元。成立专班对新登记的纳税人注册地址、生产经营地址进行核查，判定虚假注册纳税人1369

3月11日，长春市税务局与驻长商会、行业协会“减税降费惠民生”共建签约仪式

（孙鑫彤　提供）

户。长春市的防虚打虚工作出现虚开户数、份数、金额“三个大幅度下降”趋势，各项指标在全国居于优先行列。

（孙鑫彤）

审 计

【概况】 2019年，通过对102个项目开展审计及审计调查，查出问题金额236亿元，其中，违规金额18.8亿元、损失浪费金额1.7亿元、管理不规范金额215.7亿元，审计发现非金额计量问题471个，向纪委监委、司法机关和有关部门移送案件线索和处理事项45起。

【政策执行跟踪审计】 对长春地区“放管服”改革政策措施落实情况开展跟踪审计，主要审计清理规范涉企收费、清理拖欠民营企业中小企业账款、政策性融资担保机构运行、中小企业助保金池贷款运行等方面政策措施落实情况，抽审单位168个，抽查项目200个，抽审资金总额114.7亿元。

【财政审计】 对市级财政预算管理以及26个市直单位预算执行情况开展审计，对1个区政府、1个开发区及2个单位财政财务收支情况开展审计，查出财政决算（草案）编报不够准确、预算管理不够全面规范、部门预算编制不够科学、预算执行刚性不够、资金资产管理不够规范等问题金额81亿元。8月，代表市政府向市人大作预算执行审计工作报告。

【民生资金和项目审计】 突出“三农”、社会保障等社会热点，安排对扶贫、乡村振兴、惠农补贴“一卡通”相关政策落实及资金使用、保障性安居工程、残疾人保障金等民生项目及资金开展审计。在保障性安居工程审计中，依托多部门数据进行关联比对，查出安居工程住房空置、个别住户违规享受住房保障待遇等问题金额9744万元，通过跟踪整改，促进资金归还原渠道85.1万元，促进闲置资金拨付使用8194.45万元，取消保障对象资格或调整保障待遇69户，腾退收回被违规分配使用的住房20套，促进安居工程复工或加快工程建设进度涉及住房3141套。在农安县和双阳区的乡村振兴相关政策落实及资金使用情况审计中，重点抽查涉农专项资金3.5亿元（占60%），涉及31个项目、17个单位、25个乡镇、57个村，入户调查79户农户、13个新型农业经营主体，查出存在政策措施落实不到位、涉农项目绩效不佳、涉农项目建设管理不规范等方面的问题16个。在对榆树、农安、德惠、九台、双阳、二道等县（市）区2018年度扶贫政策措施落实和资金分配管理使用情况的审计中，涉及各类扶贫资金5.5亿元，扶贫项目303个，乡镇（街道）88个，入户调查296户，审计中发现4个方面81个问题。

【政府重大投资项目审计】 对伊通河综合治理、长春奥林匹克公园体育场馆钢结构工程、旧城改造、轨道交通建设项目、市政府建管中心建设项目等7个重点项目开展审计，审计项目投资额671.55亿元，涉及单项工程556个。审计中，加强工程造价的真实性、合规性审查，遏制高估冒算、减少损失浪费；对投资项目建设推进情况等内容进行重点监督，揭示未按期开工竣工、执行进度缓慢等问题，促进项目管理规范和有效开展。

【领导干部经济责任审计】 落实两办印发的《党政主要领导干部和国有企事业单位主要领导人员经济责任审计规定》，工作中重点关注领导干部贯彻执行重大决策部署、决策制定、党风廉政建设以及财务真实合法效益等情况。通过对46位领导干部开展任前和任期经济责任审计，查出领导干部应负领导责任问题金额5.4亿元。

【企业审计】 对长城投、长城开、长发集团、润德投资等4家融资平台，公交集团、长热集团、长春天然气集团、水务集团、市国有资本投资运营（集团）有限公司及市直党政机关、事业单位所属134户企业开展专项审计。重点关注资产负债损益真实性和完整性，关注企业经营业绩、重大决策、深化改革、风险管控等情况。对4家融资平台公司的审计调查，包含所属及参股企业139户，4家融资平台存在融资成本偏高、债务偿还压力大、经营管理有风险等问题金额74.68亿元，移送案件线索及事项20起，其中，向市监委移送2起，向上级主管部门移送11起，向内部集团纪委移送6起，向有关单位移送1起。在公交集团审计中，存在人员成本高企业负担重、公交广告资源未充分取得经济效益、非公交业务投资过大亏损较多、内控制度不健全等问题3.57亿元，移送案件线索及事项3起，其中，向市监委移送2起，向市公安局移送1起。

【生态审计】 根据省厅授权，对双阳区党政主要领导开展自然资源资产任中审计，重点抽查生态环境、自然资源、水利、发改等6个部门，奢岭、齐家等6个乡（镇、街道），发现双阳区存在目标责任状未完成、水源地保护区保护不力、违法占地督促不到位等问题。同时，指导10个县（市）区审计机关开展自然资源资产审计工作。

（华伟男）

农业

综述

【概况】　2019年，全市粮食总产量94.3亿千克；园艺特产业新增棚膜、林果、花卉各666.67公顷，园艺特产业产值235亿元，成为农民增收致富的大产业；农业产业化经营新增省级龙头企业9户、市级24户；建设高标准农田4.1万公顷，新晋级省级现代农业产业园1个；新增全国绿色食品原料标准化生产基地6000公顷、总量3.5万公顷。“两大水源地”二级保护区内绿色有机农业示范区创建启动实施；主推玉米保护性耕作新技术26.67万公顷，农机化水平提高1.5个百分点、达90%。德惠、双阳继农安、榆树、九台之后入选“国家全程农业机械化示范县”；双阳区获评全国农村一二三产业融合发展先导区创建县，入选全国乡村振兴农村创新创业十佳优秀案例，是吉林省唯一入选的县（市）区。

【农业结构调整】　经济作物播种面积9.75万公顷，比2018年增加1.44万公顷。重点培育10个特色农产品优势区，“一村一品”“一乡一业”加速形成，蔬菜、花卉苗木、瓜果、食用菌、君子兰等园艺特产业基地规模不断壮大，棚膜经济成为新增长点，全市棚膜发展到2.09万公顷。园艺特产业产值235亿元，增长2.2%。渔业产量3.3万吨，产值26亿元，与2018年持平。“专班抓项目”开工建设存量项目30个。农产品加工业规模以上企业产值600亿元，休闲农业及乡村旅游业销售收入28亿元。

【现代农业建设】　2019年，建设高标准农田4.1万公顷，5县（市）区新建千亩以上高标准农田核心示范区6个。完成“两区”划定任务。创建市级以上现代农业产业园12个，德惠肉鸡现代农业产业园成功晋级省级产业园，推广水产健康养殖技术示范面积453.3公顷，建设新立城水库等8个净水养殖示范区。

【创建全国绿色有机农业示范市】　新建标准化绿色有机示范园区20个、总数60个，新增绿色有机环境监测面积6.3万公顷、总面积30.3万公顷，新认证“三品一标”农产品100个、总量586个。“两大水源地”绿色有机农业示范区创建落实项目4个，覆盖面积3.7万公顷。新认定区域公共品牌5个、市名牌农产品20个，推动农产品品牌化，优质玉米的“黄金名片”和绿色水稻的“白金名牌”在全国打响。

【农村人居环境整治】　启动农村垃圾治理、污水治理、厕所改造及粪污治理、村容村貌提升四大攻坚战。开展村庄清洁行动，重点开展“九清”、治理“八乱”，建立“五项机制”。清理农村生活垃圾68万吨、畜禽养殖粪污等农

省级农产品质量安全标准化示范基地　（陈晓超　提供）

业生产废弃物54.5万吨，拆除残垣断壁27000余处，迁移柴草垛94000余处。农村厕所改造力度加大，主推卫生旱厕，厕所改造整村推进数量430个，年内完成3.75万户改厕任务。落实省“百村引领、千村提升”工程，建设省级引领村23个、省级示范村235个，评选出“长春市美丽乡村示范村”10个。打造美丽庭院7000个、干净人家14000户。

【农村改革】 重点打造30个乡级联合社、300个村级核心社。全市农民合作社新增1013个、总数17076个；家庭农场新增597个、总数5095个。农村土地流转比例50.7%，提高6.1个百分点。完成农村集体资产清产核资“回头看”、检查验收工作，启动集体组织成员身份确认、经营性资产折股量化工作。

（陈晓超）

畜　牧

【概况】 2019年，全市肉类产量、禽蛋产量、奶类产量分别为94.2万吨、41.4万吨和5.8万吨，比2018年分别增长-4.1%、1.5%和-3.0%。全市生猪发展546.4万头，牛发展199.7万头，羊发展83.4万只，分别减少27.1%、8.6%和6.5%；家禽发展3.7亿只，增长12.1%。全市牧业产值439.4亿元，增长2.5%；牧业增加值216.7亿元，增长2.4%。

【畜禽废弃物资源化利用】 开展全市规模以下养殖密集区域及重点河流两侧等环境敏感区域养殖情况摸底调查，对秸秆粪污快速腐熟还田等两种粪污资源化利用模式进行调研论证，形成建设指引、投资估算报告及环境影响论证报告。推进规模养殖场和大型养殖场粪污处理设施配套建设。印发《长春市大型畜禽养殖场粪污处理设施建设实施方案》和《关于突出做好大型规模养殖场粪污处理设施建设的通知》。加强环境监管，确保畜禽粪污实现规范处理和资源化利用，保证综合利用率稳步提升。与市生态环境局联合下发《关于开展规模畜禽养殖场排查切实加强环境监管的通知》，对全市规模畜禽养殖场开展排查整治。以市政府办公厅明电形式印发《关于加快推进畜禽粪污综合利用两种技术模式推广应用的意见》，分别在主城区、榆树市、农安县、双阳区开展畜禽粪污集中处理中心及公共粪污暂存设施建设、秸秆粪污堆沤腐熟还田技术模式推广试点、村级粪污全量收集中心、高标准大容积秸秆粪污无臭膜覆盖堆沤发酵场等项目建设，基本实现畜禽养殖密集区域粪污收集、处理全覆盖。推进产业转型升级。健全畜禽养殖污染治理相关规章制度，加强对禁止养殖区域及环境敏感区域的统一监督管理。引导种养结合农牧循环发展，编制不同规控级别的种养循环发展规划，引导农牧业循环经济发展。全年完成新建公共粪污暂存点超过500处、畜禽粪污资源化利用机构20家，年粪污处理能力280万吨。全市规模养殖场粪污处理设施装备配套率90%以上，畜禽粪污综合利用率85%以上。

【无抗养殖技术示范推广】 对各地上报的无抗养殖基地进行现场考核、筛选，确定40家无抗养殖基地，品种涉及猪、牛、羊、禽四大畜种，主要采取中草药饲料添加剂及功能性生物（发酵）饲料两种无抗养殖技术模式。申报无抗养殖专利4个、申报无抗养殖技术标准3个，举办4期无抗养殖技术培训班，培训500余人次。开展抽样检测工作，检测无抗产品2个批次，11个样品；检测无抗饲料4个批次，51个样品，检测结果全部达到无抗标准。

【秸秆饲料化利用】 推进农作物秸秆综合利用各项优惠政策，组织养殖场（户）进行秸秆饲料化利用基础设施建设。全市新建（改建）砖石混凝土青（黄）贮窖项目82个，总容积77085立方米；开展秸秆青黄贮制作的企业229户，制作数量307619立方米；使用生物制剂处理农作物秸秆的企业55户，购置费用124万元，上述项目申请市级财政补贴资金1033.06万元。畜牧技术推广机构组织科技人员到养殖场和养殖户，在秸秆青（黄）贮、氨化、膨化、秸秆颗粒饲料制作等方面提供技术指导和服务。

【畜牧业项目建设】 结合全市重大项目专班工作，加大畜牧业招商引资力度。全市有吉林正大食品有限公司孵化厂、种鸡场项目等11个新建续建项目，总投资56.9亿元；德惠市现代农业产业园项目（肉鸡）等10个增量项目，总投资148.6亿元。在已有谋划增量项目的基础上，联合一批有前景的企业谋划新的增量项目。如广泽集团、伊利集团谋划乳业小镇项目，和无抗产业协会联合谋划无抗产业园项目，和国内先进的畜禽粪污处理企业谋划长春全域畜禽养殖废弃物资源化利用项目。

【畜牧业信息化管理体系建设】 启动“长春市畜牧业信息化管理综合服务平台”项目建设，借鉴杭州、青岛等城市先进经验和做法，构建“1+2+N”可持续发展的创新模式。主要建设：1个平台（即畜牧业信息化管理综合服务平台）、2个中心（即畜牧业指挥决策中心、畜牧业信息化管理大数据中心）和N个涵盖畜牧养殖、防疫、饲料、兽药、检疫、屠宰、分割、销售、诊断、监管等方面的子系统。平台软硬件建设基本完成。

【动物疫病预防控制】 按国家要求强制免疫病种6种，即高致病性禽流感、口蹄疫、小反刍兽疫、布鲁氏菌病、猪瘟和鸡新城疫。禽流感免疫5188.91万只禽、口蹄疫免疫易感动物784.63万头只，小反刍兽疫免疫羊55.44万只，布鲁氏菌病免疫易感动物124.2万头只，猪瘟免疫猪533.67万头，鸡新城疫免疫鸡4891.45万只，其应免畜禽的免疫密度100%。重大动物疫病监测，完成全市口蹄疫、禽流感、猪瘟、鸡新城疫、宠物（犬猫）疫病的监测工作。开展口蹄疫、禽流感等14种动物疫病流行病学调查，全市调查规模饲养场765个、散养户39693个、诊疗机构40个、屠宰场

8个，流调猪272128头、牛25124头、羊22486只、禽302.5万只、马属动物19匹、犬1433条。全年全市无重大动物疫情发生。在5月公布的全省重大动物疫病防控绩效管理考核中，长春市畜牧业管理局总分位列全省第1名。

【非洲猪瘟疫情防控】 在全市范围内开展非洲猪瘟日排查工作。全市排查规模场点13.7万个次，排查猪5205.3万头次；排查散养户238.62万个次，排查猪9346.8万头次；排查生猪屠宰场点15277个次，排查猪43.16万头次；排查猪无害化处理场点823个次，排查死亡猪29.87万头次，未发现不明原因死亡和可疑病例。全市年屠宰5万头以上的屠宰企业全部按期配备非洲猪瘟PCR检测设备和检测人员，开展非洲猪瘟检测工作。动物消毒灭源工作，采购消毒器材75台套，使用消毒药品77.49吨，对全市范围内109个乡镇的饲养场、饲养大户、散养户、屠宰场、牲畜交易市场、运载工具、动物产品储存场地等进行“地毯式”大消毒。在消毒月期间，全市消毒规模饲养场796个、规模饲养户12233个、散养户321590个、牲畜交易市场4个、屠宰场（点）61个、运输车辆1513台次，总消毒面积5697.39万平方米。

【动物检疫和动物卫生监督执法】 开展产地检疫、屠宰检疫、报验及储藏后检疫工作，加强对生猪屠宰企业非洲猪瘟检测的监督管理，对于出具非洲猪瘟检测报告的，予以出具《动物检疫合格证明》，并在备注栏里注明检测的方式、方法和检测时间等信息，从检疫环节开展非洲猪瘟等动物疫病的防控。对辖区内的动物养殖场、屠宰场、无害化处理场及牲畜交易市场开展以动物防疫条件为主要内容的监督检查。重点对相关场所消毒设施和无害化处理设施设备运行情况、引进口蹄疫易感动物情况、检疫申报落实情况等进行专项检查。出动执法车辆60余台次，执法人员240余人次，检查相关场所近100家次，全年立案查处案件12件，罚款47000元。

【畜产品质量安全和畜牧业生产安全监管】 打击私屠滥宰违法行为。对全市私屠乱宰易发区域进行横到边、竖到底的拉网式排查。出动执法人员1244人，执法车辆412台次，受理投诉举报26起，查处私屠滥宰案件8起，取缔私屠滥宰点3处。屠宰场标准化建设，规范屠宰经营行为。对规模以上屠宰场进行审查，不符合要求的下发整改通知。开展畜产品质量安全风险监测，抽检肉类、蛋类160批次、480个样品，检测结果全部合格。开展市级“瘦肉精”抽检2887个批次，7791个样品，均无阳性样本。兽药饲料质量安全监管，增加抽检批次，建设兽药追溯体系，开展专项整治。制定《长春市畜牧行业安全生产管理办法》，并于2019年12月3日市政府第40次常务会议审议通过。会同市安委会聘请专家对涉氨制冷、粉尘涉爆企业进行排查。排查涉氨制冷企业20户，饲料生产企业54户，查出隐患2864项，全部整改完毕。完善《长春市畜牧业管理局生产安全事故应急预案》，提高应急处置能力。制定《畜牧企业安全生产标准化评定细则》，推进安全生产标准建设工作。开展建档立卷工作。对业内粉尘涉爆和涉氨制冷企业等重点企业逐一组织排查，完善“一企一档”安全监管台账。开展“防风险、保平安、迎大庆”安全执法检查、教育培训、应急救援演练等专项行动。

（佟 宇）

水利建设

【概况】 2019年，聚焦“专班抓项目、万人助万企、城市乱象集中整治、农村人居环境整治”等全市重点工作，推进重点江河湖库治理、河湖长制“清四乱”、脱贫攻坚农村安全饮水、水资源管理、水源地治理保护、防汛减灾等工作，长春市在全省实行最严格水资源管理制度考核中排名第一，新华网以“长春走出一条独具特色的北方缺水城市治水兴水新路子”为题，对长春市水生态工作进行宣传报道。

【专班抓项目】 成立水利基础设施重大项目专班，结合“十四五”水利发展规划和实际需要，开展调研，围绕水毁工程等5个方面，谋划一批工程项目，包括饮马河水污染治理和水体达标工程、新凯河公主岭交界段河道治理工程、拉林河饮马河防洪补短板工程、榆树引松济卡工程。

【行业整治】 打击非法采砂52起，移交公安机关26起，拆除采砂管理房180个，清理采砂船335条、采砂机具247台

新凯河水系治理——观澜湖湿地　　（刘 星 提供）

套；强化开展地下水治理，处理盗采地下水84起；加强伊通河中段整治和长效管理，清理河堤路机动车违停、刷车，纠正违规施工、铲除开荒种地、乱贴小广告等乱象，取得阶段性成果。将农村人居环境集中整治纳入河湖长制，推进农村水环境治理，清理垃圾围坝，完成2697条4267千米排涝沟淤积排查。

【河湖治理工程】 推进伊通河中段、新凯河水系、饮马河流域、两大水源地综合治理。推进新凯河（永春河、富裕河）水系综合治理，完成投资10.3亿元，防洪、清淤工程全部完成，沿线6座湿地、3座净化站陆续完工，“三园一带”基本建成，新凯河水系70千米河道实现河畅、水清、岸绿、景美，成为长春市西部城区的生态景观带。推进饮马河流域综合治理，完成投资12.45亿元，饮马河流域81项水污染治理项目完成54项，23项在建，饮马河流域水质与2018年相比明显改善。推进石头口门和新立城两大水源地一级保护区综合治理，1308公顷休耕土地实现退耕还草还湿，水源地水质或优于三类，水质达标率100%；首次尝试冬季生态放流，全年由石头口门和新立城水库向饮马河、伊通河补水1.1亿立方米。

【河湖监管整治】 推进河湖水污染防治、水环境综合治理等8个方面32项工作任务。完成河湖“清四乱”和中纪委、水利部主题教育专项整治任务，排查清理河湖“四乱”问题4221处，乱采、乱堆、乱建问题全部解决，乱占问题等到遏制；对省河长制考核反馈问题进行梳理，确定整改任务11项，制定整改措施30项，督促各县（市）区、责任单位完成整改任务6项、整改措施22项；完善河道垃圾清理长效机制，开展为期50天的河湖清洁整治专项行动，清理河道垃圾8.5万立方米，全市河湖环境明显改善；完成《长春市河湖水系控制线及用地规划》编制审批，划定253条（段）河湖管理范围，总长4196千米，在省内首创布设河湖保护“蓝桩”17984个；调整各级河长和河长制成员单位责任人职责，实行“千分+”考核办法，制定《河湖长制成员单位考核办法》《河湖长制年度考核细则》《市级河湖长联系部门（河长助理）制度》，采取“四不两直”方式集中开展暗访督导3次，下发河湖长制督办单15次，并跟踪督办。

【水资源保障】 完成《长春市节水行动方案（2019–2035年）》初稿编制工作，落实最严格水资源管理制度，对各县（市）区进行2018年度最严格水资源管理制度管理和考核，在省里考核中长春市排名第一；加强水源地日常巡查保护，常态化开展垃圾清理，对两大水源地一、二级保护区和准保护区进行巡查，发现并协调各地整改问题32项，水质优于三级比例提升。

【农村防汛抗旱】 全市投入抗旱资金21810万元，启动抗旱井7603眼，新打抗旱井1052眼，浇灌面积3.39万公顷。组织各地开展汛前检查、隐患排查及修复，储备防汛物资，落实抢险队伍。进入主汛期，受台风“利奇马”“玲玲”影响，长春市出现强降水，来水量大，造成严重洪涝灾害。组成6个专家组，对5个县（市）区和城区进行技术指导，对全市蓄水工程科学调度，最大限度防灾减灾，调蓄19个大中型水库汛末蓄水量9.6亿立方米，保障河道生态用水。

【水利行业监管】 开展扫黑除恶专项斗争，深挖排查案件线索53个，配合公安和纪检部门做好涉黑案件的调查取证，开展一案一整治，强化水务系统日常管理、工程管理、财务管理、人事管理。规范采砂管理，完成松花江榆树段、德惠段、九台段以及拉林河榆树段河道采砂规划审批。加大安全生产监管力度，明确全市172座水库大坝安全责任人，开展安全生产督导检查11次，对全市36项在建水利工程进行检查指导，促进全市水利工作安全有序推进。深化审批制度改革，实行水土保持和水资源区域评估，实现并联审批。加强水利工程监管，将水利工程招标投标全部纳入长春市公共资源交易市场进行管理，完成水利工程招标投标80项（含外县），中标金额13亿元；完成28个水利基本建设项目的初步设计批复。2019年，长春市中央和省级水利发展资金投资项目43个，批复总投资5.86亿元，完工项目19个，在建项目24个，完成投资2.85亿元；解决13个水利工程项目因配套制度不完善无法开展竣工验收的难题。推进生态环境保护督察整改工作，中央环保督察及“回头看”整改任务15项，按时序要求整改完成13项；省生态环境保护督察整改任务11项，按时序要求整改完成9项。

（刘　星）

园艺特产业

【概况】 全市园艺特产业播种面积16.7万公顷，产值235亿元，比2018年增长2.2%。全市设施园艺面积20868公顷，产值63.2亿元，占园艺特产业总产值的27%。

【蔬菜产业】 全年蔬菜播种面积9.9万公顷，产量50.2亿千克，蔬菜产值107亿元。其中，设施蔬菜播种面积1.6万公顷，产量15.5亿千克，产值53.4亿元；露地蔬菜播种面积8.3万公顷，产量34.7亿千克，产值53.6亿元。

【花卉苗木产业】 全年花卉苗木7774公顷，产值13.3亿元，比2018年增长5.05亿元。长春市花卉苗木产业主要分布在九台、榆树、双阳、绿园、宽城等地，其中九台波泥河镇花卉苗木产业区被列为长春市5大现代农业试验区之一，是中国北方花卉苗木基地。君子兰产业持续健康发展，君子兰种植规模223公顷，产值1.4亿元。

【食用菌产业】 全年食用菌生产规模14456万袋，年产量0.7亿千克，区域性发展特色初显。除以袋料栽培为主的香菇、黑木耳、平菇3大类外，食用菌种类、数量和产量都不断扩大，人工栽培的食用菌发展到10余种。

【水果产业】 全年水果种植面积6316公顷，产量1.7亿千克，产值12.87亿元，比2018年增长2.62亿元。水果生产主要以鲜食葡萄和两瓜为主，此外龙凤果、苹果梨、金红苹果、李子、杏、杂梨、山楂、海棠等均保持一定生产面积。南果北种技术逐渐成熟，部分热带水果在现代农业园区成功引进、种植，木瓜、火龙果、香蕉等陆续上市，采摘价格可观。

【经济作物】 全年经济作物种植面积34872公顷，产量4.1亿千克，产值8.7亿元。主要品种为珠葱、葵花、“三辣”、烤烟等。

【“四带一区”建设】 推进“长双、长九、长德榆、长农特色农业产业带和长春环城特色农业产业区”“四带一区”建设。以城市周边、公路沿线、乡村景区和山水林田湖为特色，引导农民种植花卉苗木、果树、油菜等经济作物，发展农旅结合、观光农业、生态农业、休闲农业和农家乐等产业，以特色农业的优先发展，带动和促进一二三产业融合。

【特色农产品优势区培育】 打造榆树设施蔬菜，双阳绿色有机蔬菜，农安“三辣”、甜瓜，德惠布海、升阳露地蔬菜，九台波泥河花卉苗木、上河湾水果，德惠吉旦沟、菜园子外向型设施蔬菜等10个特色农产品优势区。

【园艺特色乡镇】 打造设施蔬菜特色乡镇13个，包括榆树的八号、榆树进步、德惠的菜园子、双阳的奢岭、农安的华家等；露地蔬菜特色乡镇4个，榆树的弓棚、德惠的布海、农安的烧锅、九台的兴隆等；打造花卉苗木特色乡镇4个，包括榆树的弓棚、九台的波泥河子、绿园的合心等；瓜果产业特色乡镇3个，包括榆树的红星、九台上河湾、双阳的平湖等；食用菌特色乡镇3个，包括榆树的土桥、农安的农安镇、双阳的齐家；特色经济作物乡镇3个，包括榆树的太安、农安的伏龙泉、九台的纪家等。

3月21日，第十五届中国长春君子兰节开幕式　　（项　微　提供）

【棚膜经济建设】 2019年，全市新建标准棚室800余公顷，按照省政府棚膜经济补贴标准，争取到棚膜补贴资金5300余万元。连续3年全市新增棚室万亩以上，位居全省首位。

【特色产业园区建设】 截至2019年末，全市建成2公顷以上规模化省级棚膜经济园区121个，创建13.3公顷以上国家级园艺作物标准园20个，省政府命名的特产之乡6个。推进基地建设，设施园艺面积每年以666.67公顷左右扩大规模。提升设施园艺基础设施水平和完善产业链条，加强园区的水、电、路等基础配套设施及采后处理、冷链储藏、初深加工等基础设施建设。

【秋菜收贮】 全市秋菜产量22亿千克，市政府下发《长春市人民政府办公厅关于做好2019年秋菜收贮供应工作的通知》，加强对秋菜生产的指导服务，确保秋菜质量安全。

【君子兰节】 3月21日–25日，第十五届中国长春君子兰节在春莲花卉城举行。由吉林省花卉协会、吉林省君子兰协会、长春市贸易促进委员会、长春市农业委员会君子兰产业发展办公室共同主办。以“花卉展示、文化传播、技术交流、商品交易”为主题，“展示风采、弘扬品牌、创业创新、做强产业”为理念，设置花卉展销、文化展示、名花评选、花匠评选、摄影大赛、高峰论坛、商网服务、赠送花籽等内容。第十五届中国长春君子兰节展厅面积1.2万平方米，设展位700个，日参观人数1.8万人次，签订意向合同金额6800万元，销售收入突破3000万元。来自辽宁、黑龙江、天津等30余个省市花卉协会或君子兰协会参展，外地参展商231人，外地协会参展数量和观展人数均创历史新高。

（项　微）

乡村产业发展

【概况】 2019年，全市农产品加工规模以上企业产值548.9亿元；休闲农业及乡村旅游产值28亿元。市级以上农业产业化重点龙头企业327户，其中，国家级17户、省级114户、市级196户。

【招商引资】 制定《2019年农业招商引资工作方案》，围绕玉米全株深加

第十七届中国农产品交易会参展企业产品　（杨海波　提供）

工、绿色健康食品加工、肉禽精深加工、循环经济产业等谋划包装农业招商重点项目50个，计划引资657.6亿元。到青岛、北京、杭州等地开展招商引资，促成计划总投资30亿元的“首农峪口（长春）肉鸡蛋鸡全产业链项目”、总投资5亿元的东北易华录长春“智慧农业”示范基地等项目的签约。组织企业参加“第十七届中国国际农产品交易会”“第二十二届中国农产品加工业投资贸易洽谈会”“中国安徽农业产业化交易会”等，开展现场对接、产品展示、项目推介等活动。在第十八届长春农博会组织的“长春市特色优质农产品暨农业重点招商项目推介会”上，吉林省广超牧业有限公司与北京首农食品集团华都峪口禽业有限公司、吉林省松江佰顺米业有限公司与浙江省粮食集团有限公司等14个项目现场签约，签约总额87.07亿元。吉林省“农业对外合作暨‘一带一路’国家双向投资洽谈会”在长春召开，15个国家工商会及农业机构代表参会。

【项目培育与管理】 创设现代农业及农产品加工重大项目专班，36个存量项目开工建设32个，29个增量项目签约17个，计划总投资165.7亿元。抓住培育和管理两条主线，开展市级以上龙头企业评选、监测工作，新增省级龙头企业9户、市级龙头企业24户，49户市级龙头企业通过监测。以“带农、助农、富农”为目标，培育发展一批农业产业化联合体，制定《2019年长春市农业产业化联合体培育工作方案》和《长春市市级农业产业化联合体管理暂行办法》，组织各县（市）区开展试点培育工作，九台区牧硕农业产业化联合体等19户被认定为市级农业产业化联合体，吉林德翔农业产业化联合体等13户被评为省级农业产业化示范联合体。德惠市获评吉林省农业产业化联合体试点创建县。倡导“一村一品”“一乡一业”。2019年，榆树市红旗村（有机大米）获评全国“一村一品”示范村镇，农安县农安镇群众村（胡萝卜）等10个村镇获评吉林省“一村一品”示范村镇，榆树市大坡镇城南村（水稻）等9个村镇获评长春市“一村一品”示范村镇。坚持对中粮、大成、皓月、德大等40户重点企业经济运行形势进行调度分析，掌握全市农产品加工业运行态势，跟踪指导服务。

【产业融合】 全市创建省级现代农业产业园6个、市级12个；创建休闲农业及乡村旅游国家级星级企业8个、省级星级企业34个、市级示范点42个；各类乡村旅游经营单位220余家，休闲农业及乡村旅游业销售收入28亿元。双阳区获评全国农村创业创新典型县、一二三产业融合发展先导区创建县，成功入选全国乡村振兴农村创新创业十佳优秀案例；农安县获评全国生态文化旅游县，春江堰家庭农场入选首批国家农村产业融合发展示范园；双阳区太平镇肚带河村被农业部评为2019年中国美丽休闲乡村，鹿乡镇被《农民日报》评选为2018年中国乡村振兴先锋榜十大榜样之一；净月高新技术产业开发区友好村被评为全国乡村旅游重点村。2019年，双阳区太平镇肚带河村获评国家级美丽休闲乡村；天怡温泉、秀水庄园和香泉生态园等3家单位晋升为省级休闲农业和乡村旅游星级企业。新认定榆树市大辉绿色生态采摘园、农安县梦想田园等6家单位为“2019年度长春市休闲农业和乡村旅游示范点”。辽金时代、春江宴、御龙温泉、天怡温泉等4家休闲农业企业获评国家级休闲农业和乡村旅游示范星级企业。

（杨海波）

综 述

【工业生产】 2019年，长春市规模以上工业（年主营业务收入2000万元以上工业企业）总产值比2018年增长1.5%，增加值增长6.2%。规模以上工业中，按类型划分：轻工业产值742.4亿元，下降11.5%；重工业产值7847.5亿元，增长2.9%。按所有制划分：国有工业产值4710.2亿元，增长1.7%；集体工业产值0.8亿元，下降23.7%；股份制企业产值2444.9亿元，增长2.3%；外资企业产值1399.8亿元，与2018年持平。按隶属关系划分：中央工业产值5777.1亿元，增长4.7%；市及市以下工业产值2782.8亿元，下降4.6%。

【经济效益】 2019年，长春市规模以上工业企业主营业务收入9347.1亿元，比2018年增长2.2%；税金455.2亿元，下降8.1%；利润695.2亿元，增长3.3%。长春市工业产品产销率99.4%，增长2个百分点；总资产9117.5亿元，增长0.9%；总负债5317.1亿元，增长6%。全市规模以上工业企业1385户，其中，盈利企业1125户，亏损企业260户。

【重点产业】 2019年，汽车、食品、装备制造业、材料、能源、医药和光电信息等7个重点产业合计产值8338.6亿元，比2018年增长1.9%。其中，汽车工业产值6362.7亿元，增长3.9%；食品工业产值482.1亿元，下降14.4%；装备制造业（不含汽车制造业）产值511.2亿元，下降1.2%；材料工业产值140.1亿元，下降6.2%；能源工业产值615.4亿元，增长3.4%；医药产业产值153.6亿元，增长4.7%；光电信息产业产值73.5亿元，下降15.3%。

【工业投资】 2019年1月-12月，全市工业固定资产投资比2018年下降36.6%。汽车产业投资增长14%，成为全市工业投资亮点。从三大板块完成工业投资情况看，开发区板块合计完成工业投资占全市工业投资的比重超过70%，工业项目向开发区集群集聚。

【重点项目】 2019年，全市重点推进亿元以上工业项目350个，其中，50亿元以上项目6项，10亿元以上项目45项，5亿元以上项目95项，1亿元以上项目350项。一汽项目。一汽大众T99NF车型升级换代（新款奥迪A6L）、RAV4新车型导入及扩能、红旗H7换代技术改造等52个一汽集团重大项目进展顺利。传统产业项目。中欧友谊食品药品产业园、吉通中德工业园五期、隆源化肥产业园、华沃农业2万吨双孢菇加工、鹏鹞秸秆生物肥、泰盟智能化工厂等168个项目实现开（复）工建设。战新产业项目。长沙远大住宅产业化、源泉智能制造产业园、万丰智能机器人、阜元医药器械、东北亚3D打印产业园、同

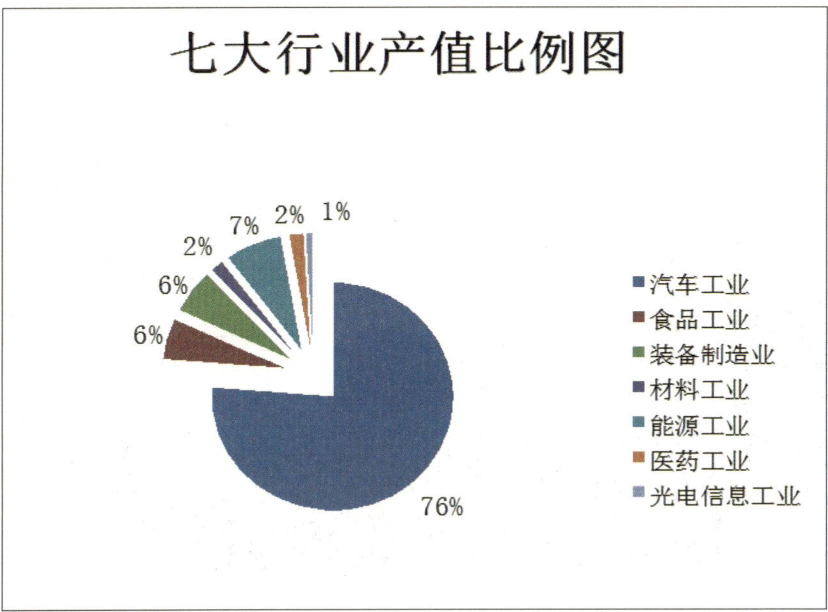

仁医药颗粒饮片基地、禹衡光学高分辨率传感器等113个战新产业项目实现开（复）工建设。全市重点调度的投产达效项目中，一汽红旗H5车型技改、红旗HS5车型技改、红旗HS7车型技改、解放J7平地板车技改、长光卫星航天信息技术产业园、长客动车组检修基地一期、福耀集团前挡风玻璃生产线技改等204个项目实现增量产出，新增产值255亿元，其中新投产重点项目74项，实现新增产值92亿元；130个重点达效项目实现增量产出，新增产值163亿元。

【存量项目推进】 先进制造业重大项目专班和战略性新兴产业重大项目专班推进存量项目288个，完成投资215亿元。一汽丰越全新RAV4换型提升项目竣工投产，全新RAV4“荣放”下线，亚泰明星制药11亿片（粒）固体制剂、华大基因测序等项目投入试生产，红旗长春基地H平台改造、富奥瀚昂新能源汽车零部件、汇维科技智能化生产线、吴太医药产业园、万丰智能机器人、大口径空间光学载荷综合环模实验平台等一批重大项目建设进展顺利。项目问题破解。先进制造业重大项目专班和战略性新兴产业重大项目专班协调解决121个项目问题，源泉智能制造产业园项目土地征拆和平整、鹏霖新型装配式建筑建材产业园未批先建和周边基础配套设施完善、华大基因测序资金短缺、莱沃医疗器械税务手续办理等问题解决。先进制造业重大项目专班和战略性新兴产业重大项目专班谋划招商项目283项，其中推进到谋划阶段项目73项，洽谈阶段项目59项，签约阶段项目116项，落位阶段项目35项。华为东北研究院、智能环卫装备制造产业园万达影视全产业链、中车长客高铁运维基地等一批项目签约。

【技术创新】 2019年，新晋省级企业技术中心12户，新认定市级企业技术中心15户。全市市级以上企业技术中心218户（其中，国家级7户，省级169户，市级42户）。新认定20个产业技术研发中心。全市有产业技术研发中心91个。新认定产业技术公共服务平台5个。全市产业技术公共服务平台42个。新列入市级制造业创新中心（第三批）培育计划1户，并推荐列入省级制造业创新中心（第二批）培育计划。全市有市级制造业创新中心培育计划项目9个，并全部推荐列入省级制造业创新中心培育计划，其中3个被省工信厅批准建设省级制造业创新中心。举办“2019长春市重点企业与高校院所项目对接会”。各县（市）区、开发区、驻长高校院所及有技术需求和成果需求的企业代表260余人参加大会。会议推进合作对接项目174项，其中，工业产业化成果项目95个，关键技术项目47个，技术（融资）需求项目32个。下发《关于支持院士长春创业项目申报工作的通知》。长春市在长或双聘院士70名，在长建立院士工作站27个，院士开展创业项目35个。编制《2019年长春市技术创新工程指导性计划》，其中各类计划项目260个，包括企业技术创新项目89个，产业技术公共服务平台重点培育44个，产业技术研发中心重点培育40个，企业技术中心重点培育87个。

东北亚国际机械城会展中心　　（长春日报社　提供）

【节能与资源综合利用】 2019年，兰舍硅藻新材料有限公司、一汽解放汽车公司轴齿中心、长春一汽富晟汽车毯业有限公司、吉林省万和光电集团有限公司等4户企业被认定为国家级绿色工厂；一汽解放汽车公司车桥分公司被认定为国家绿色产业链；长春春和塑料包装有限公司全生物降解聚乳酸制品、长春宏源墙体材料厂煤矸石烧结空心砖等3大类8种产品被认定为国家级绿色设计产品。全市规模以上工业企业综合能源消费量908.28万吨标煤，全市规模以上工业煤炭消费量2730.1万吨；全市工业用电总量162.1亿千瓦时，占全市工业综合能耗总量的21.93%；工业天然气用量4.1亿立方米，占全市工业综合能耗总量的5.8%；工业汽、柴油消费量8.59万吨，占全市工业综合能耗总量的1.39%。能源加工转换行业（发电、供热、燃气）综合能耗总量587.6万吨标煤，占全市能耗总量的64.69%；汽车制造业综合能耗总量130.3万吨标煤，占全市能耗的14.35%；非金属矿物制品业综合能耗59.2万吨标煤，占全市的6.52%；农副食品加工业综合能耗总量54.1万吨标煤，占全市的6.0%。全市规模以上工业年综合能耗100万吨标煤以上的为吉林龙华热电股份公司1户；年综合能耗10万吨~100万吨标煤企业12户，综合能耗总量577.4万吨标煤，占全市63.57%；年综合能耗1万吨~10万吨标煤企业32户，综合能耗总量116.7万吨标煤，占全市12.85%；3000吨~1万吨标煤以下的企业59户，综合能耗总量31.04万吨标煤，占全市3.42%。节能服务和监察工作。结合“双随机一公开”开展节能监察服务工作，重点对铸造、工业喷涂（汽车行业）、玉米深加工、水泥等27户目标行业企业开展专项监察工作；对20户重点用能企业开展能效对标工作，提出合理性建议100余条；对全市12户高耗水行业企业组织开展水平衡测试工作，落实工信部《工业节能诊断服务行动计划》，与8个第三方机构签定合同，对轨道客车、亚泰水泥等31户重点企业组织开展节能诊断服务工作。

（张贵阳）

交通设备制造业

【中国第一汽车集团有限公司】 中国第一汽车集团有限公司，简称“中国一汽”。集团总部设有24个部门、1个研发板块和3个制造基地。集团企业管理层级分4层，其中，二级分公司7家、子公司26家；三级分公司36家、子公司65家；四级分公司121家、子公司4家。在册职工126157人，其中，专业技术职务高级职称5129人，中级职称7383人，初级职称8736人；研究生学历9641人，本科学历32093人，专科学历42100人，中专学历10354人，高中及以下学历31969人。在《中国500最具价值品牌》中，中国一汽品牌价值3008.36亿元，位列第9名，连续16年居汽车行业榜首。位列世界500强第87位。国资委通报2018年度和2016—2018年任期中央企业负责人经营业绩考核获双A级。

经营工作　全年整车销售345.9万辆，比2018年增长1.2%；营业收入6194亿元，增长4.3%；利润442亿元，增长2.6%。红旗HS5、HS7、E-HS3上市，HS5成为明星产品，HS7成为细分市场重磅产品。解放J6P领航版等优秀产品成功上市，智能网联商用车在业内率先运行。奔腾T99、T33等实现上市，产品布局优化。成功发布合资自主捷达品牌。全新一代速腾、新迈腾、捷达VS5等拳头产品上市，一批产品成为细分市场明星产品。一汽丰田发布丰巢战略，亚洲龙等3款新车成功投放，成为市场领头羊。

海外业务　在迪拜市场，打造红旗壹路出行样板项目，全年交付H5和H7轿车200辆。11月，携手红旗全系6款产品亮相迪拜国际车展，签约阿联酋、科威特和卡塔尔三国代理，首个海外红旗4S店投入使用。红旗产品销售到包括日本、韩国和挪威在内的23个国家和地区，并完成12个使领馆的车辆配置。全年出口商用车7511辆。推进东南非区域市场一体化发展，实现乌干达、卢旺达等市场新突破；菲律宾市场成功开发3家一级代理商，连续两年保持千辆出口规模。在缅甸，根据细分市场需求开发9款新品，发展4家代理。建成投产墨西哥ELAM KD组装厂，坦桑尼亚、乌克兰、乌兹别克斯坦、缅甸等KD项目取得阶段性进展。新增13国20家代理，新拓市场贡献增量超过千辆。推进乘用车出口产品向奔腾品牌切换，开拓欧洲、中亚市场，全年新开发12家代理商。开拓东欧、中亚、东盟等新市场，与缅甸、白俄罗斯两国达成产能合作计划。零部件业务全年利润1143万元，积累超过20家各类客户；产品行销20余个国家和地区。全年进口额230亿元。奥迪整车项目聚焦一空两路三港基础建设及服务升级，保障客户销售目标，提升客户满意度。

一汽·红旗轿车生产线　　（当代长春编辑部　提供）

改革发展　实施部门分类考核，完成“总部机关化”专项整改。推进分、子公司经理人员及内部各层人员市场化改革。实施定编定岗，压减管理层级和职能部门，增加新兴业务组织和人员。完成“业务重构和能力提升”第一阶段主要工作，明确总体业务架构和流程架构，形成总部直接运营红旗的管理体系；构建针对分、子公司的战略管理体系。推进集团知识管理体系建设，形成知识库并上线运行。

新兴业务　聚焦网约、租赁、出租三大市场，“旗妙出行”“T3出行”等平台上线运营，实现长春、吉林公务用车服务落地，形成线下规模化运力。围绕“品牌打造、制造主业、创新产业、文化创意”等方面，推进长春红旗小镇规划和建设。

合资合作　3月22日，中国一汽、东风汽车、长安汽车联合互联网、金融、零售等行业头部公司在南京签订合资协议，共同成立T3出行公司。T3出行与南京市江宁经济技术开发区签订投资协议，公司落户南京江宁。3月25日，中国一汽与西门子举行战略合作签约仪式，双方在数字化工业技术、智慧楼宇和智慧能源等方面展开合作，提升红旗工厂数字化建设，缩短产品开发周期、提升质量，探索“工业4.0”时代业务新模式。8月15日，中国一汽与德国巴斯夫集团举行战略合作协议签约仪式，建设联合创新实验室，围绕汽车产品涂装解决方案、轻量化车身材质以及可降低尾气排放的催化剂等领域展开合作。12月27日，中国一汽与阿里巴巴签署战略合作协议，以斑马智行系统为基础，打造下一代智能网联汽车，建设以云计算、数据智能、中台和移动协同技术为核心的数字化技术基础设施，推动汽车行业迈入云上智能时代。

技术创新　“旗境”智能座舱首次参加美国CES展，被《美国展览杂志》评选为“2019年CES最佳展台”。“移动N度空间”用户体验场景“红旗五觉智能巴士”，亮相2019年亚洲CES展；制定红旗“新能源·智能网联2030年技术发展战略”，在“第八届TIAA大会暨红旗品牌生态圈联盟大会”上发布。1月31日，与宁德时代合资成立时代一汽动力电池股份有限公司，推进T3框架下的动力电池产业合作；与国际领先电池制造商如三星SDI、LGC等开展合作洽谈；完成电驱系统产业化布局方案，与国际领先的IGBT制造商进行合资合作。7月15日，成立红旗产学研创新联盟，集团内招募解放、轿车、三富一启等公司，集团外招募中科院光机所、应化所、吉林大学等高校。

安全节能　未发生较大以上事故，未发生工伤死亡事故，较大以上事故隐患整改率100%。2019年，万元工业产值综合能耗下降12.95%，二氧化硫排放量下降31.13%，化学需氧量下降10.00%，氨氮排放量下降7.00%。

社会责任　对口帮扶西藏左贡县、芒康县，吉林省和龙市、镇赉县脱贫。打造品牌公益族群，“红旗梦想艺术课堂”惠及6个国家级贫困县的13万余名中小学生，奔腾绿动植被计划的10万棵梭梭树、碳汇林为阿拉善重建生态屏障，解放公司水性涂料新建非金属涂装线应用等11项环保项目实施落地。2019年，在中央企业扶贫考核中，中国一汽再获“好”评级，连续第5次获“中国优秀企业公民”称号。

（王艳红）

【中车长春轨道客车股份有限公司】

2019年，中车长春轨道客车股份有限公司（以下简称“中车长客”）员工总数（不含子公司）13659人。其中，具有高级专业技术职称1215人、中级专业技术职称1153人；高级技师466人、技师1447人；硕士及以上学历1056人。设立一级机构29个，二级机构123个，全资和控股子公司19个。是中国中车集团有限公司骨干企业之一。

规划发展　中车长客紧盯跨国经营战略目标，推进国内外战略布局、技术布局和产业布局工作。国内布局方面，推进深圳和北京二七公司增资、西安公司引资等工作，完善区域营销网络。海外布局方面，建立美国、澳大利亚、以色列等海外制造或检修运维基地，并根据国际形势，对不同区域建设思路进行调整。技术布局方面，国内外6个研发中心均走上正轨，欧洲研发中心并购工作稳步推进，形成以长春本部为主体、多地协同发力的研发格局。

经营管理　推动“6621运营管理平台”建设，推进精益制造体系贯标，建设一级精益车间4个、二级精益车间7个、三级精益车间13个，获评中车级精益车间5个，精益车间覆盖率68%；建设工位制节拍化生产线35条，精益标准示范线32条。开展降成本专项行动，解决影响成本管理的短板和瓶颈问题。初步搭建起设计成本管理体系，梳理8个平台项目的设计配置清单及7个平台项目的采购成本。完善两化融合管理体系，发布两化融合一、二级新型能力，通过国家两化融合管理体系认证评定及首次复审。

科技创新　在研发能力建设方面，开展国家级“一室、一站、一中心”建设工作，完成国家工程实验室二期工程建设并投入使用，具备15大类69个项点的CNAS检测资质；加强院士工作站建设及运行，联合行业顶尖专家，合作开展关键技术研究。在新产品研发方面，坚持以市场和客户需求为导向，完善公司产品谱系，填补部分产品和技术空白。在基础、前沿及核心技术研究方面，依托各地研发中心，系统规划并实施基础技术研究。4月，公司为以色列特拉维夫红线轻轨项目研制的首列车下线，车辆采用全球低地板轻轨车最高技术标准，在网络安全、防弹、防爆、可靠性、舒适性以及性能表现方面均达到世界一流水平。9月20日，由公司打造的新一代中低速磁浮列车亮相中国（长春）轨道交通博览会。作为成熟的商用磁浮列车，车辆交付于广东省清远市的磁浮旅游专线，开启磁浮交通+生态旅游的全新旅游资源开发模式，成为国内首列投入商业运营的磁浮列车。10月，公司获CJ5E电力动车组设计许可、制

以色列特拉维夫红线轻轨项目首列车下线　（王　阳　提供）

造许可双“准生证”。公司研发“接触网供电+动力电池”混合动力系统和“接触网供电+油电”混合动力系统两种样车。混合动力动车组的行驶动力依据车辆行驶状态由单个动力源或多个动力源共同提供。混合动力动车组在绿色低碳方面的探索在国际上具有示范效应。年内，多项创新成果获奖。其中，“京张高铁复兴号智能动车组”获中国设计红星奖原创奖银奖、“时速350千米复兴号中国标准动车组车体研究”获铁道学会科技进步奖特等奖、“地铁头车墨尔本（HCMT）”获中国专利外观设计优秀奖、“铝合金厚板搅拌摩擦焊方法”获吉林省专利金奖。

生产运营 全年实现安全生产零死亡、零重伤。运营方面，完善依法治企体系建设。以体系、流程、制度建设为依托，组织各系统开展层级式流程体系建设，制定各岗位工作步骤，将依法治企体系贯彻到岗位层级，形成以岗位为最小工作单元的操作规范。推进公司内部及下属各级子公司制度废改立工作，全年完成公司全级次3042个制度的废改立，优化公司基本制度体系和运行机制。

市场营销 铁路客车市场方面，实现高铁市场份额和配件销售稳中有升。城铁车市场方面，中标厦门、金华等新造项目。海外市场方面，悉尼双客二期采购项目、埃塞俄比亚轻轨转向架返修项目等合同签约。连续中标波哥大地铁和有轨电车项目。11月27日，中国企业联合体中标波哥大地铁一号线项目，中标联合体包括中国港湾和西安地铁，中车长客和加拿大庞巴迪为指定供货商。在整个项目中，公司作为中国港湾组建的联合体的指定车辆供货商，负责30列（7辆编组）GoA4等级无人驾驶地铁车辆的供货和长达20年的车辆维保服务。

人力资源管理 人才引进方面，构建集实习生培养、高校毕业生及留学生招聘和成熟人才猎取为一体的人才招聘体系，在国内30余所高校及德国5所一流工科院校开展招聘工作，首次面向铁路院校开展硕士研究生联合培养工作。人才机制建设方面，推进薪酬体系改革和人才发展“双通道”建设，完成技术系统人才发展通道聘任工作。人才培养方面，开展技术、管理、国际商务等各项培训，开展职工经济技术创新和岗位技能竞赛。干部管理方面，修订完善干部考核制度，发布反对“五种不良作风”工作方案。公司干部管理工作经验作为中车唯一推荐子企业，被国资委采纳，成为全国央企范围内学习的典型案例。

质量管理 运用ISO/TS22163体系的理念、原理和方法，结合公司质量工作的实际，对各子系统的质量管理体系进行梳理和融合，并以流程制度的方式将其固化。落实质量管理重心转移的要求，策划编制制度用以支持已编制的流程运行，实现市场投标、工作策划、业务实施、运维售后等各阶段工作质量管理全覆盖。开展质量提升活动，查找各系统在质量工作中的管理漏洞，通过改进和完善，实现各系统质量管理体系与实际工作需求的匹配。

（王 阳）

能源产业

【概况】 国网长春供电公司是国网吉林省电力有限公司所属的大型重点供电企业，主要负责长春地区电网规划、建设、运营和电力供应，供电面积1.94万平方千米，电力客户408万。公司设14个本部职能部门、21个业务支撑和实施机构、1户集体企业、6家县公司；有供电全民职工2197人，农电全民职工2584人。2019年，售电量213.33亿千瓦时，比2018年增长3.49%；日最大电力395.2万千瓦，增长11.36%；营业收入108.4亿元，减少1.88%，剔除政策性降价影响，增长1.03%；综合线损率6.52%，比计划降低0.06个百分点；供电全口径劳动生产率623万元/人·年，增长2.89%；电费回收连续20年“双结零”；实现第13个安全年。省公司企业负责人年度业绩考核排名第一。获中央企业先进集体、中国企业品牌传播优秀单位、中电联AAAA级标准化良好行为企业、吉林省模范集体等称号。获评国网“红旗党委”、庆祝新中国成立70周年活动保电先进集体。2名员工分获吉林省劳动模范、吉林青年工匠称号。

【供电安全】 深化安全责任清单应用，建立中层干部“问、述、评”安全述职常态机制。基层班子、管理人员全程参与作业当天班前、班后会。搭建24小时监控平台，线上审查“两票”、到岗到位等执行情况，纠正违章638起。建立动态“典型范例库”，指导查摆隐患3999项。采取独立耐张段改造、X光检测等措施，降低输电线路“跨高铁”风险。推进县域配电线路远方操作，故障平均处理时间压降7%。完善220千伏变电站全停及37项重要输电通道抢修预案。改造19台220千伏主变排油注氮装置，配齐变电站及电缆通道消防设施。成功应对台风“利奇马”“罗莎”过境。完成261项重大保电任务。通过公安部“护网2019”网络安全攻防演习。

【电网发展】 配合完成省公司、长春市政府《战略合作协议》签订，推动电网发展24项具体措施。贯彻“网格化”理念，编制重点城市电网规划。洋浦大街等28项工程开工，台北大街等15个大中型项目按期投运。调整“三个项目部”关键人员，满足作业层班组配置标准。打造“一人一卡、一点一机”试点，线上把关进场人员、实时回传现场画面。建成贺家、锦程大街“安全文明标杆工地”。完善各电压等级线路迁改流程，落实13项保障措施。与省联通公司签署5G技术合作协议，开展电力物联网业务场景落地应用。围绕“新模式、新业态、新服务”核心内涵，实施柔性负荷全量测控等20个项目，北湖综合示范区建设取得阶段成效。

【供电服务】 聚焦“少停电、用好电”，实行停电时户数“预算式”管控；综合治理配电线路143条，“治理”线路故障率压降62%；带电作业次数提升32%，年度停电时户数减少

14%。制定缩短10千伏业扩报装平均接电时间工作方案，临时、正式用电接电时长压降65%以上。试点开展小微企业“三零”服务，城市、农村160千伏安、50千伏安及以下免费接入。落实群众企业办事“只跑一次”要求，30项常用业务“一次都不跑”。在营业窗口发布《低压客户工程典型设计及造价参考手册》，指导压降办电成本。落实“万人助万企”行动，定制一汽丰田等35户企业电能质量提升策略，满足32个重点项目用电需求。成立“长电红旗志愿服务队”，提供特巡排查、能效诊断等增值服务。利用业扩配套基建项目包，建设88个园区及电能替代客户外网供电线路。

【电力改革】 分两批次降低一般工商业目录电价5.92分/千瓦时；与第三批增量配电试点亚泰医药园签订营业区划分协议，配合确定北湖科技园为第四批试点；促成政府成立“零利润”售电公司，指导6户企业“打捆”参与2.5亿千瓦时直购电交易。国资国企改革，11户“驻长”央企供电分离移交项目全面竣工；建章立制，实现集体企业经营平台实体化运营。承接“放管服”第一批清单74类事项。试点搭建集团智慧税务平台，建立税金“自动计提申报、集中扣缴核算”新模式。实施内设机构改革，区域营配业务深度融合。组织本部管理人员调研学习，解决一线难题349项。开展本部服务质效提升活动，整改突出问题101项。落实班组减负要求，将基础资料压减49.8%。

【经营管理】 加快电能替代步伐，实施德惠63处公共建筑“煤改电”，为一汽轿车建设4个电动汽车充电站。密切监督可控费用计划执行情况，及时约谈进度滞后单位，完成全年指标。资产数据治理，整改资产卡片信息7885条，营配调高、低压用户资源一致率保持98%以上。实现10千伏同期线损“日计算”。明确配套物资库存“储备定额”，交货及时率100%。开展福利费等8类专项审计，堵塞漏洞129处。查摆“关联交易、靠企吃企”6项典型问题。妥善化解3起失信风险。

（高田雨）

民营经济

【概况】 2019年，全市民营经济主营业务收入15298亿元，比2018年增长2%；民营经济增加值2987亿元，占全市GDP比重约50%；民营企业上缴税金完成450亿元，占全口径财政收入比重40%；民营经济市场主体83.6万户，占全部市场主体的97.5%，其中，民营企业户数22.3万户，增长7.7%；个体工商户61.3万户，增长11.9%；民营经济从业人员298.5万人，占全市城镇就业人口的82%。民间固定资产投资占全市固定资产投资的49.7%。国家高新技术企业户数实现倍增，新认定669户，总数1322户，增幅居副省级城市第3位；新增科技型“小巨人”企业277户，总数1147户，增幅32%；全市技术合同成交额370亿元；专利申请31052项，增长13.8%；新增国家级中小企业公共服务平台2个，新增省级37个，平台总数130个，其中国家级平台14个。截至2019年末，全市建成市级以上企业技术中心229个、市级产业技术研发中心91个、产业技术公共服务平台42个。

【政策支持】 市委、市政府出台《关于加快推进工业转型升级的实施意见》《关于大力推进科技创新的实施意见》《关于支持实体经济发展若干政策》等一系列重要政策性文件。通过出台支持实体经济发展的政策，将符合条件的制造业企业用水价格从6.8元/吨降到3元/吨，天然气价格从3.7元/立方米降到1.98元/立方米，蒸汽价格从252元/蒸吨降到150元/蒸吨，实现全东北价格最低。

【政务服务】 推进“一网、一门、一次”政务服务改革，办理事项293万件，受理满意率、出证满意率分别为99.93%和99.97%；全市2153项行政审批和公共服务事项全部实现“只跑一次”；一般工业类项目开工前审批时限压缩至5个工作日以内。推进商事制度改革，“多证合一”事项54项，实现“54证合一”，企业办照时间最短压缩至10分钟以内，启动移动办照业务，实现工商注册“零跑动”、办事“零距离”。

【改善营商环境】 印发《关于“破坏营商环境、违约失信、阻碍民营经济发展”问题专项整治方案》，回应市场主体、投资者和群众的诉求，协调和处理涉及营商环境问题。借助“万人助万企”活动，破解企业、项目发展的瓶颈问题。2019年，全市接收企业反映问题8221件，解决问题7409件、占问题总数90.1%。顶住财政减收压力，为制造业、小微企业、民营企业等市场主体和个人减税142亿元。偿还拖欠民营企业、中小企业账款46.3亿元。围绕国家营商环境评价体系的23类124项指标，从企业开办、施工许可、电力供应、贷款融资等全方位入手，出台《长春市优化营商环境攻坚计划》。

【服务平台建设】 重点推进东北亚区域性金融中心、中国长春人力资源产业园建设，完善长春科技大市场、长春产权交易中心等平台功能。推进“政产学研用金介”七位一体云平台，汇聚域内外科技成果转化项目和需求25万余项，整合专利、商标、版权等数据8.79亿条。围绕主导优势产业，集中打造10大产业集群，建成28个特色产业园区，为重点产业、重大项目以及抱团发展、快速发展提供重要支撑。围绕融资服务、创业服务、人才培训等10大领域新增国家级中小企业公共服务平台2个、省级中小企业公共服务平台37个，总数130个。全市建成市级以上企业技术中心229个、市级产业技术研发中心91个、产业技术公共服务平台42个。

【融资服务】 发挥长春综合金融服务平台功能，推出“厂房贷”“云税贷”等产品，信贷需求近6亿元，实际为企业贷款24.5亿元。市中小企业担保公司

10月24日，吉林省春城热力股份有限公司成功在香港联交所主板上市
（陈思秀　提供）

建立绿色通道，为“万人助万企”180户对接企业以优惠费率提供融资担保需求，放款33.1亿元。市金控集团与14家银行签订《银担合作协议》，增加授信金额98亿元，合计授信201.5亿元。举办“金融助振兴—吉林行动”长春专场活动，136户企业达成意向性融资额度870亿元。举办“万人助万企”企业融资对接会，促成融资意向近5000万元。长春科技金融创新服务中心推出科技信贷、科技小贷、“双创”微贷、专利保险、专利质押融资等系列科技金融产品，为1200余户民营企业提供投融资超过170亿元。鼓励企业上市融资，春城热力在香港上市，赢时物业、英辰科技在新三板挂牌。

【创新服务】　构建以一汽、吉大、光机所、应化所为代表的大企、大学、大所产学研创新联盟，科技成果加快转化。搭建企业与国内外科技创新优质资源对接桥梁，为本地科技企业与中科院相关研究机构达成合作项目459项、增加销售收入299亿元、增加利税32亿元。以长春新区为核心的长吉图科技成果转移转化示范区获批，是国家在东北地区布局的唯一一家成果转化示范园区，打造涵盖光电子、新材料、生物医药等5个专业技术平台的长东北科技创新中心，引进高水平研发机构60余家。全市技术合同成交额比2018年增长25%。专利申请量增长13.8%，14项科技成果获国家科学技术奖。金赛药业、吉通集团、永利激光、北方灌装等科技企业成为行业排头兵。

【转型升级】　实施民营经济振兴发展行动计划，培育“专精特新”中小企业，推动民营企业小变大、大变强、“四下”变“四上”。实施品牌培育工程，在2019中国国际商标品牌节，长春市双阳区鹿业协会、吉林省参业协会、长春大米协会、中之杰食品有限公司等6个品牌获2019年度品牌商标博览会金奖。培育推荐14户企业参评“吉林省十大服务业名牌”，8户企业获评，占全省的80%。坚持“传统产业品牌化、支柱产业高端化、新兴产业规模化”发展思路，推进汽车零部件产业质量品牌建设，成立长春汽车零部件检测认证产业联盟，集聚德国莱茵、瑞士SGS等国际国内知名检测认证机构。推动企业创建标准化试点，支持和引导企业创建国家级、省级标准化良好行为企业。

【重点项目建设】　落实重点项目包保责任制，全年开复工超10亿元产业项目112个，超亿元产业项目445个。华为、浪潮、科大讯飞等一批领军创新型研究院所落户长春，宝能、恒大、万达、阿里等知名企业投资新项目，签约项目到位资金比2018年增长35%。金赛药业生长激素、吉林中润钢结构制品、吴太医药产业园、万丰智能机器人等410个重大项目开工。重点跟踪推动华为东北研究院、北汽皓月生态小镇等一批项目实现落位或签约。围绕7大重点产业板块，采用“产业链条全景图+精准招商目标企业”方式，编制《长春市重点产业招商地图》，明确312个重点招商方向，3000余户招商目标企业。

（赵立力）

商贸流通

【概况】 2019年，全市社会消费品零售额3119.6亿元，比2018年增长3.9%。其中，限额以上1181.3亿元，下降3.7%；限额以下1938.3亿元，增长8.7%。

【指标运行特点】 从地域看，乡村零售额增速高于城镇。全市城镇社会消费品零售总额2882.3亿元，比2018年增长3.8%，占全市零售总额92.4%；乡村社会消费品零售额237.1亿元，增长4.7%，占全市7.6%，乡村增速高于城镇0.9个百分点。从消费形态看，餐饮收入增速高于商品零售。商品零售额2748.6亿元，增长3.7%，占零售总额88.1%；餐饮收入371.0亿元，增长5.0%，占全市11.9%，餐饮增速高于商品零售1.3个百分点。从规模看，限额以下增速高于限额以上。全市限额以上企业实现零售额1181.3亿元，下降3.7%，占零售总额37.9%；限额以下单位实现零售额1938.3亿元，增长8.7%，占零售总额62.1%。限上零售额一直呈负增长态势，下降幅度在6.6%和2.6%之间浮动。上半年下降幅度呈逐月收窄态势，下半年下降幅度有所扩大。

从各板块完成情况看，城区增速高于县（市）区和开发区。城区实现零售额的56.2%，比2018年增长4.2%，增速分别高于县（市）和开发区1.0和0.3个百分点。新区、朝阳区、南关区、二道区增速高于全市平均水平，净月增速与全市持平。

2019年长春市限额以上零售额完成情况表

单位：亿元

月份	当月	比2018年±%	累计	比2018年±%
2	77.6	−10.6	178.4	-6.6
3	100.1	-2.6	281.2	-5.2
4	111.9	0.6	392.9	-3.6
5	95.5	-2.5	488.2	-3.4
6	97.0	1.3	585.1	-2.6
7	97.52	-5.4	681.93	-3.0
8	92.87	-4.5	773.81	-3.2
9	102.7	-6.5	880.61	-3.6
10	94.23	-4.8	966.45	-3.7
11	100.4	-2.1	1063.45	-3.6
12	119.54	-4.3	1181.29	-3.7

2019年长春市县（市）区、开发区社零额完成情况表

部门	绝对量（万元）	比2018年±%
全市	31196113.9	3.9
城区	17517885.9	4.2
南关区	1858828.5	4.2
宽城区	3059409.3	3.3
朝阳区	8760978.8	4.5
二道区	2618974.8	4.1
绿园区	1219694.5	3.4
开发区	6221456.3	3.9
净月区	864091.2	3.9
新区	1394474.8	4.8
经开区	1977719.1	3.7
汽车区	1971942.0	3.5
莲花山	13229.2	3.3
县域	7456771.7	3.2
双阳区	837873.7	3.5
九台区	1533688.2	3.1
农安县	1704175.5	3.0
德惠市	1637085.0	3.2
榆树市	1743949.3	3.3

从商品类值看，13类商品中“七升六降”。汽车类零售额占全市限上零售额26.7%，增速比2018年下降9.2%。石油及制品类零售额占全市限额以上零售额11.6%，下降3.9%。服装鞋帽针纺织品类占全市限额以上零售额14.7%，增长2.5%。粮油食品类零售额占全市限额以上零售额10.4%，增长3.1%。汽车、石油、服装、粮油等4大类产品零售额占全市限额以上零售额63.4%。家具类、金银珠宝类、中西药品类、化妆品类、体育娱乐用品类保持增长，但因零售额占比较小，拉动作用有限。

2019年长春市限额以上商品零售类值情况表

指标	绝对量（万元）	比2018年±%
合计	11621015.1	-3.4
其中，1.粮油、食品类	1228297.1	3.1
2.饮料类	82860.1	-2.8
3.烟酒类	160758.6	-6.6
4.服装、鞋帽、针纺织品类	1741858.1	2.5
5.化妆品类	191423.1	1.4
6.金银珠宝类	427133.4	5.2
7.体育、娱乐用品类	100942.8	6.8
8.家用电器和音像器材类	591151.4	-4.7
9.中西药品类	540987.0	0.8
10.家具类	396962.5	12.7
11.通讯器材类	175242.8	-10.3
12.石油及制品类	1366287.8	-3.9
13.汽车类	3149410.5	-9.2

【扩消费促增长】 开展“五一欢乐购”“消夏购物节”“金秋购物节”“红旗车促销”“商圈购物节”和“新春商品大联展”6个板块促销活动，形成政府引导、企业主体、跨界联动、媒体助力的扩消费促增长长效机制。一汽红旗轿车与欧亚等大型商贸企业跨界合作开展联合促销受到消费者欢迎。长春市促销活动得到省商务厅肯定。发展夜间消费，朝阳、宽城、经开等城区的商贸企业结合企业自身特点和优势，挖掘夜间消费潜力。新增欧亚汇集朱丽夜市、欧亚台北大街物流园夜市、中东夜市、长影不夜街等8个特色夜市，夜间经营的餐饮、娱乐、休闲等消费场所738处。

【国家供应链体系试点城市建设】 提升试点企业物流标准化水平，物流绩效考核平台信息统计显示，试点企业标准托盘使用率94.79%，标准化设施设备占88.32%，装卸货效率比2018年提高2.54倍，货损率降低50.81%，综合物流成本降低25.24%。

【商贸流通业转型升级】 增设省级“电商镇”“电商村”各1个，全市省级“电商镇”“电商村”分别为3个和17个。开展2019—2020年度省级电商示范企业创建工作，新增“吉林省顺丰速递有限公司”等9户省级电子商务示范企业。推进电商扶贫，推广“贫困户+合作社+企业+电商”运营模式。

【行业业态完善】 巴蜀映象、长影新天地2条步行街入选吉林省首批8条步行街改造提升试点。对桂林路胡同和重庆路申报国家级步行街试点进行调研。

【家政试点城市获批】 11月“全国家政服务业提质扩容‘领跑者’行动重点推进城市（区）经验交流会”上，长春市成为全国32个领跑试点城市（区）之一，是东北三省唯一列为试点的城市。家政服务业作为朝阳产业，对促进就业、精准脱贫、保障民生具有重要作用。

【商务信用体系建设】 开展商务领域诚信体系建设。成立长春市宾馆酒店餐饮行业“诚信联盟”，首批联盟64名成员企业共同承诺开展诚信经营。开展宾馆、饭店高管参加的住宿行业高质量发展培训，提升从业人员素质。建立家政企业和家政服务员信用记录，构建以信用为核心的新型行业管理体系。

【特种行业发展】 加强拍卖、二手车等行业监管，执行拍卖管理规定，加强审核监管。设立拍卖企业4户，全市拍卖企业拍卖成交场次188场，成交额3.2亿元。 有14户二手车企业完成备案手续，全市二手车交易18.25万辆，比2018年增加2.7万辆，增长17.8%。

【行业安全管理】 加大行业安全宣传培训，全市各级商务部门利用LED、条幅、宣传板等，滚动播放宣传标语3000余次；媒体视频等报道6次。督促落实安全生产责任制，制定下发《全市商贸行业冬春安全整治大会战告知书》等。组织全市重点商贸企业160余人开展消防安全约谈培训会议。加强成品油市场监管，严格执行“企业安全生产主体责任五个必须落实”，对全市572座加油站进行年检。开展成品油流通市场“安全生产隐患排查治理百日大会战”行动，抽查加油站20座，整改安全隐患15个。全年无重特大商贸安全事故。

（赵兴华）

供销合作

【概况】 2019年，长春市供销合作社联合社（以下简称市供销社）系统由1个地（市）级供销社、5个县级供销社和123个乡镇基层社组成。其中市供销社有1户资产经营公司、7户股权占90%以上的绝对控股企业和16户参股企业，主要分布在农业生产资料、再生资源、干鲜果品、日用消费品、农副产品、商品批发（集贸）市场等经营领域。按照国家总社规定的内部统计原则，市供销社系统商品购进总额实现127.5亿元，比2018年增长12.42%；商品销售总额实现150.1亿元，增长15%；消费品零售额实现158043万元，增长6.51%；农副产品收购额实现270671万元，增长13.77%；再生资源收购额实现34474万元，增长16.69%；商品交易（批发）市场交易额实现419244万元。其中，农副产品市场交易额410154万元，增长26.55%；再生资源市场交易额8870万元，增长13.6%；利润总额实现12827.34万元，增长17.7%；资产总额166625.34万元，增长8.3%；所有者权益113232.98万元，增长12.76%。市供销社在全国计划单列市和副省级省会城市供销社综合业绩考核评比中，被中华全国供销合作总社（以下简称国家总社）评为一等奖；在吉林省供销合作社（以下简称省供销社）系统综合业绩考核评比中获一等奖。

【农业社会化服务体系建设】 市供销社系统土地托管面积5.07万公顷，土地流转面积1.5万公顷，配方施肥面积3.79万公顷，统防统治面积2.05万公顷，农机作业面积2.09万公顷。农业生产服务额实现2769万元，农村互助资金实现1210万元，比2018年增加420万元。售给农民的农业生产资料实现268412万元，减少4.25%，销售各种化肥641955自然吨，减少147137自然吨。

【流通服务体系建设】 市供销社系统开展“新网工程”建设，县及县以上企业开展连锁经营和配送业务的企业17户，拥有配送中心23个，连锁经营网点1970个。推广“互联网+流通+服务”供销社电子商务模式，电子商务销售额实现82635万元，比2018年增长48.91%。推进全市农村假冒伪劣食品专项整治行动，对德惠市、绿园区和长春新区的农村假冒伪劣食品专项整治行动落实情况及工作开展情况进行监督、检查，抽查食品市场和食品生产企业各6户，对发现的问题及时整改。

【规范基层社】 对123家基层社进行审核，完成“一社一卡”填报工作。对

9月5日，长春市精准扶贫信息服务平台安装触摸屏　　（江冠男　提供）

农安县、九台区等7家基层社进行改造升级，提升经营服务功能。发展农民专业合作社及联合社，各类农民专业合作社312个，比2018年增加28个，入社成员18164个，带动农户16878户。加强农村综合服务平台建设，村级综合服务站933个，增加60个。庄稼医院180个，增加5个。

【社团经营活动】　长春市优质农产品在天津市宁河区家乐超市和杭州市富阳区政府特优农产品直销中心销售。8月16日至25日，第十八届中国长春国际农业·食品博览会暨第二届供销特色农产品展销会在长春市农博园4号展厅举办，组织17个涉农龙头企业、专业合作社参加，邀请省外对口合作单位天津市、杭州市的5个名优企业参展，展示11类300多种农副产品，现场销售金额9.5万元，线上销售金额14.7万元，签订订单44万元，意向合作订单55万元，发放产品宣传页2万余份，吸引20余家客商前来展厅洽谈合作。全年市供销社系统举办培训班7期、培训700人。

【国家政策资金】　市供销社向国家争取吉林省服务业发展专项资金486万元，有5户企业、6个项目得到政策资金扶持，其中分配给双阳区田园风情农民专业合作社50万元、榆树市供销社36万元、长春市农产品经纪人协会新型农民社员培训费21万元。

【农业招商引资项目】　在国家总社安排下，通过招商引资，市供销社设立长春一、二、三产业融合发展股权投资基金，江苏恚泉供销合作发展基金投入3000万元，省供销社投入1000万元，总规模1.06亿元，投资双阳区华泰鹿业有限公司1万头梅花鹿养殖基地，带动双阳区梅花鹿产业发展。

【精准扶贫】　2019年，市供销社驻村扶贫队从市社落实扶贫资金2.1万元，争取项目资金530万元，帮助卧虎村建档立卡贫困户10户20人全部实现脱贫，贫困村实现脱贫摘帽。助力精准脱贫攻坚，打造闵屯地瓜特色农产品品牌。配合乡镇帮助卧虎村评选为全省示范村。加强卧虎村基础设施建设，新修水泥路1.5千米，砂石路5千米，安装路灯369套，新修围墙300米，改造围墙500米，建垃圾池7座，化粪池8842立方米。组织70名村民参加职业技能培训，实现扶贫与扶智共振。做好行业扶贫工作，在全市未脱贫的8个扶贫村建立精准信息服务平台，完成长春市2019年脱贫攻坚工作任务。做好消费扶贫工作，市供销社在长春供销生鲜超市崇智路店和长春明珠供销综合市场内设立吉林省供销特色农产品展销中心和扶贫专柜，40个摊位。

【安全生产】　狠抓安全生产，市供销社检查29家（次），排查各类安全隐患112处，对全系统相关人员开展安全教育培训2次。

（江冠男）

粮食流通

【推介长春大米品牌】　市粮食和物资储备局组织长春大米骨干企业参加成都粮酒会、福建洽谈会、浙江农博会等9个展会，通过特装展示、现场品鉴、特价销售和宣传推介等方式宣传长春大米。5月，开展长春大米进社区活动，组织骨干企业在杭州市绿城丽江公寓开展“长春大米进社区”活动。9月和11月，与上海闵行区粮食和物资储备局开展对接活动，组织企业参加“闵行文创购物节”，现场推介、销售长春大米。申注长春大米地理标志证明商标。委托市粮油卫生检验监测站牵头编制《长春大米团体标准》，于9月1日起实施。对直营店开展验收，发放补贴款。鼓励引导企业入驻大型电商平台，佰顺米业、吉富米业、林江农业、君菲集团等长春大米企业纷纷在天猫、淘宝、京东等电商平台开设直营店，销量逐年攀升。在上海《新民晚报》、成都《华西社区报》、杭州《都市快报》、宁波《现代金报》上开设长春大米宣传专栏；与长春市广播电视台开展合作，在《城市速递》栏目中投放广告、开设长春大米专栏；在高速公路和机场高速公路两侧投放3块户外广告，宣传长春大米地理标志证明商标和中国优质粳米之都。

【粮食收储】　利用广播、电视、报纸、互联网等媒体，开展粮食收购政策、储粮知识和市场价格信息宣传，让农民掌握国家政策调整情况和相关信息。利用全省玉米收购贷款信用保证基金，解决收购资金不足问题。指导县（市）区有条件的国有粮食企业开办粮食银行业务，为农民代烘干、代储存。落实《长春市应急储备成品粮油管理办法》，以政府采购形式，确立4户应急成品粮油承储企业，确保2.4万吨水稻和1600吨食用油应急储备落实到位，为城区居民口粮应急提供安全保障。结合玉米资源优势，在国内有影响力的媒体开辟专栏，宣传长春饲用玉米，拓宽销售渠道，长春玉米外销增幅明显。截至5月末，全市入库新粮622万吨，其中玉米536万吨，水稻86万吨，实现农民粮食应卖尽收。

【粮食安全省长责任制考核】 市粮食和物资储备局协调成立市政府考核领导小组，对5县（市）区和市直11个部门进行考核。完成迎接省里考核工作，长春市粮食安全省长责任制工作在全省位居前列。

【市场监管】 开展政策性粮食库存数量和质量大清查工作。组织县（市）、区粮食部门和粮食企业开展自查和普查，摸清全市粮食库存家底，提高仓储规范化管理水平。加强盐业市场监管，对全市城区无碘盐供应销售情况排查摸底，开展第26个全国防治碘缺乏病宣传日活动，查处涉盐违法违规行为，协调处理盐业信访案件1个。

【粮油检测】 制定全年成品粮油1000个批次检测计划，检验覆盖成品粮油批发市场、农贸市场、粮油连锁超市和各县（市）、区粮油市场，全部完成抽检任务。组织市、县两级粮油监测站对农民手中余粮（主要是玉米）进行质量安全调查，特别是对未售余粮及时进行真菌毒素检测，检测结果农民手中余粮质量较好。开展业务培训，内容涉及管理体系、抽样技术、检验能力和数据处理等相关知识。开展食盐产品检测扩项和标准变更申请工作，完成食盐产品检测扩项26个参数，其他扩项1个参数。原粮、成品粮及油脂申请标准变更5个参数，扩项10个参数。

【安全储粮】 对个别县市存在地趴粮实际，组织县、市两级专业技术人员，到村屯农户指导农户科学储粮，向农户发放安全储粮知识手册，提高农户科学储粮意识和储粮水平。督促企业落实粮情检查制度和驻库监管制度，确保储粮安全。采取网格管理、巡查督导、明查暗访等措施，开展安全生产整治专项行动，实现储粮安全和生产安全。推进九台市、榆树市、德惠市等地17个粮食产后服务体系建设项目，为农户提供代清理、代干燥、代储存、代加工、代销售等服务，项目全部竣工。

【物资储备】 市粮食和物资储备局增加战略物资储备等相关职责。建立内设机构，接收市民政局和市商务局的转隶人员和相关储备物资，修改完善《长春市救灾物资管理办法》《长春市冻猪肉储备管理办法》。8月中旬，针对双阳区、朝阳区发生洪涝灾害，为灾区紧急运送2500套棉被褥、1000件棉大衣和500盏应急灯等救灾物资，保障转移安置受灾群众生活。按照《吉林省应对非洲猪瘟疫情影响做好全省市场保供稳价工作的实施方案》要求，长春市新增冻猪肉储备1970吨。

（郭峻石）

烟草业

【概况】 2019年，全地区卷烟零售户24932户，卷烟零售户毛利率9.6%。全年销售卷烟28.78万箱，比2018年增加0.33万箱，增长0.94%；全年税利总额18.03亿元，增加9900万元，增长6.7%。全年一、二类卷烟销量99329.80箱，增加12708.10箱，增幅12.34%；一、二类比重39.72%，增加4.98个百分点。行业重点品牌销量增长10041.35箱，增幅3.98%；重点品牌销售比重99.70%，增加2.94个百分点。推广重点适用技术，优化烟叶种植布局，培育新型种植主体，挖掘烟叶质量优势，烟叶库存量创历史新低。截至收购结束，全区收购烤烟7.01万担，占收购计划的83.82%；均价23.96元/千克，比2018年提高0.3元/千克；上等烟比例37.20%，提高11.89%；烟叶销售11.65万担，实现锐利6832万元。

【市场监管】 全年查处各类涉烟违法案件391起，比2018年增长11.48%；查扣各类非法卷烟2185.27件，增长12.79%；非法烟丝、烟叶1167.52吨，查获走私新型烟草专卖品8.84件，案值1438.96万元，增长32.61%。以提高市场净化率和许可证后续监管为“两条”主线，全年抽查卷烟零售商户29765户，平均市场净化率98.66%，提高0.19个百分点。开展中小学周边卷烟零售店专项清理，下发3万余份警示标识至各商户经营场所。排查清理虚拟商户、一户多卡、大户控制小户897户，大户销量占比和户数占比均实现历史性突破。完善协同监管机制，加强大户监管，紧盯苗头性、倾向性问题，开展真烟非法流通治理。行政许可事项实现清单制度管理全覆盖，许可证办理时限缩短到5个工作日，窗口服务质量显著提升。

（庄政学）

旅游业

【概况】 聚焦“文旅深度融合”和“高质量发展”两大任务，整合和开发文化旅游资源，开展特色旅游活动，开辟新的旅游航线，强化文化旅游市场监管，全市旅游产业快速发展。2019年，到长旅游人数10156.5万人次，比2018年增长13%。旅游总收入2191.4亿元，增长15.1%。旅游外汇收入22874.0万美元，下降23.9%。长春消夏艺术节、长春冰雪节、周末音乐会、避暑峰会等品牌活动得到人民日报客户端、新华网、央广网、解放军报等中央主流媒体宣传报道。获得“避暑旅游十佳城市”“避暑旅游十强城市”“避暑旅游样本城市”称号。

【特色旅游资源开发】 开发冰雪旅游产业，制定印发《关于印发〈关于推进长春市冰雪旅游产业发展的实施方案〉的通知》，促进冰雪旅游产业发展。挖掘避暑休闲旅游，印发《关于加快推进长春市避暑休闲产业创新发展的实施方案》，以避暑旅游为先导，构建“大生态、大健康、大文化、大休闲”产业格局。深化红色旅游，有1部红色演艺节目和6件文创产品入选全国红色旅游文创产品和红色旅游演艺创新成果征集评选活动。打造乡村旅游，印发《〈关于促进长春市乡村旅游发展提质升级的实施意见（2019年—2022年）〉的通知》，强化规划引领，完善乡村基础设施建设，优化乡村旅游环境，丰富乡村旅游产品。2019年，乡村旅游接待1617.78万人次，比2018年增长33.01%；旅游收入88.52亿元，增长45.13%，成为拉动长春市经济发展的重要增长极。辽金时代文化园、慢山里分别被评为吉林省AAAAA级、AAAA级乡村旅游经营单位；净月高新技术产业开发区友好村入选第一批全国乡村旅游重点村名单；庙香山度假区等11户企业被评为吉林省AAA级乡村旅游经营单位。

【文旅特色活动】 举办2019长春消夏艺术节，接待海内外游客4923.07万人次，按可比口径比上届增长10.38%，实现旅游总收入1007.87亿元人民币，增长16.30%，平均停留时间3.07天。2019年11月1日到2020年2月8日，举办以“激情冰雪，幸福长春”为主题的第二十三届长春冰雪节。由于受新冠肺炎疫情影响，冰雪节仅持续2个月，全市接待游客2216.8 万人，比2018年同期下降30.29%；实现旅游收入510.59 亿元，下降27%。开展“5·18世界博物馆日”主题活动。推出文旅融合活动——“长春遗址博物馆一日游”，组织文博爱好者对长春各大遗址博物馆进行游览。开展“中国旅游日”主题活动，结合5月19日“中国旅游日”，启动长春文旅惠民卡夏季套票，推出景区降价、旅游扶贫助残、旅游奖励优惠措施。举办吉林省红色故事讲解员大赛长春选拔赛，推出一批感染人、教育人的红色故事，掀起长春红色旅游热潮。47名选手脱颖而出。5名选手参加全国红色故事讲解员大赛，王月和王漫获国赛“金牌讲解员”和“优秀讲解员”荣誉。

【旅游市场推广】 省、市领导带队，到西安、太原、哈尔滨开展市场营销活动；与杭州、天津进行对口合作交流，召开“浙里出发·去吉林”主题推介会。组织相关旅游企业分别参加“2019南京国际度假休闲及房车展览会”“2019西安丝绸之路国际旅游博览会”“第十五届海峡旅游博览会”、北京“2019亚洲文化旅游展”“2019年中国北京世界园艺博览会‘吉林省日’”主题推介活动和“2019南京国际度假休闲及房车展览会”“2019广东国际旅游产业博览会”“2019中国旅游产业博览会”“2019中国国际旅游交易会”等展会，积极宣传推介长春市文化旅游资源和产品。

【旅游航线开发】 新开通和增加3条旅游航线和2班航班。在与乌拉尔航空公司多年成功合作的基础上，协商乌拉尔航空公司于5月至10月季节性开通长春—伊尔库茨克—莫斯科航线。与南航吉林分公司协商，4月初开通长春—名古屋航线。12月底前，长春—东京航班由每周2班增加至每周4班。协商青岛航空公司开通长春—茨城航线，增加长春市对日航点。保持长春—上海—新加坡航线运营，长春—香港直飞航线和海参崴—长春—曼谷运营至10月末换季，长春—芽庄航线实现持续运营。10月27日开始冬航季，新增中国联合航空、河北航空和顺丰航空等3家公司运营。机场运力总体规模达36架，其中东方航空、中国国际航空、长龙航空和红土航空等公司合计新增8架。2019年，长春机场开通航线182条（国内168条、国际12条、地区2条）、通航城市83个（国内70个、国际11个、地区2个）。完成起降98469架次，比2018年增长6.34%；旅客吞吐量1393.49人次，增长7.44%。

【重点产品宣传】 根据不同季节、不同时段的文化旅游产品特色，加大对长春市重点文旅产品包装推广力度。对长春市博物馆进行重点推广，在仲夏时节组织全媒体到莲花山花海、九台大贝花海现场采风，制作利于传播的精美短视频，在新浪、凤凰、新华网等平台制作专题图集，以音乐、动画等具有冲击力的效果扩大宣传面，吸引大量游客前往“打卡”观光。强化庙香山滑雪场、莲花山世贸滑雪场、净月潭滑雪场和净月雪世界等经典冰雪产品宣传的同时，引导媒体重点突出天定山滑雪场、长春冰雪大世界、长春雕塑冰雪天地、欧亚冰雪奇遇等一批冰雪新产品，邀请今日头条文旅达人、网红、自媒体大V组成采风团，邀请马蜂窝“先锋体验官”组成“城市探客”小组，共同走进长春冰雪，在新媒体平台沉淀大量优质原创的长春冰雪攻略和游记。长春冰雪大世界试营业当天吸引游客近1万人，开业当日入园总人数2.16万人。

【文旅市场监管】 制定《法治政府建设重点任务分解》，办理相关案件127件，处罚金额100余万元。建立完善行政处罚听证程序并依法召开听证。完善行政复议各项制度，依法答复行政复议、行政诉讼各1件。加强法制宣传，“城市热读普法讲堂”入选全市“谁执法谁普法”十大优秀案例。推行“双随机一公开”监管模式，开展A级旅游景区复核检查，推进行政审批改革，优化营商环境。推进广播电视科技创新，加强长春地区视听节目宣传管理，加强媒体融合发展。推进“扫黑除恶”专项斗争，开展文化娱乐领域重点行业领域乱象整治工作行动，检查旅行社及服务网店、各类文化娱乐场所3500余家，实现无死角，全覆盖。收缴非法出版物4万余册；立案查处违规经营网吧56家，罚款12.4万元；查处旅游违法违规案件9起；取缔二人转演出场所2家；下达《责令改正通知书》175份；52家文化娱乐场所在集中整治期间停业或退出市场。检查涉嫌非法安装使用卫星地面接收设施的宾馆、酒店等场所178家次，拆除非法安装使用的卫星地面接收设施98套；拆除小区居民非法安装使用的卫星地面接收设施4000余套。网吧违规接纳未成年人现象得到有效遏制，无证经营场所全部下达整改通知书。

(王靖然)

会展经济

【概况】 2019年，长春市举办规模以上各类展会活动170多个，比2018年增长10%以上。展览总面积330万平方米，增长10%以上。展会直接收入82亿元，带动其他相关产业收入720亿元，分别增长10%。实现税收4.1亿元，增长10%以上。安排直接就业3.3万人。其中5万平方米以上展会7个。全市拥有会展企业86户，形成以重点展会组委会和大型会展集团为主，以中小办展公司为辅助的办展格局。百瑞国际会展集团、长春国际会展中心有限责任公司、长春市农业博览园、长春维达展览服务有限公司、长春晶远国际会展集团成为能够承办大型会展活动的会展龙头企业。全市拥有展览场馆11处，展览总面积130万平方米，其中室内展览面积40万平方米。长春国际会展中心能够提供室内展览面积10万平方米，可设置国际标准展位5000个；2个会议中心建筑面积2.4万平方米，设有大小会议场所6处。长春农博园室内外展览面积72万平方米，其中室内面积10万平方米。长春职业技术学院、吉林省艺术学院、长春大学旅游学院、吉林经济技术管理学院、农大发展学院开设会展专业，培养了大批会展专业人才。

【2019第二十二届广告印刷及LED照明博览会】 3月11日–13日，由长春市会展业协会主办，长春维达展览公司承办的2019第二十二届广告印刷及LED照明博览会在长春国际会展中心举行。展览面积2.4万平方米，展位数量1000多个，参展商500多家，国内众多顶尖的喷绘雕刻标识及LED领军企业亮相展会。展品分为广告产品、LED产品和霓虹灯产品3大类。新型印刷设备、智能订制成行业新宠，VR融入是行业的新技术融合。

【第二十四届长春国际建筑装饰及材料博览会】 4月10日–12日，由吉林省建筑装饰业协会主办、长春维达展览服务有限公司承办的“第二十四届长春国际建筑装饰及材料博览会”在长春国际会展中心举办。展会规模9万平方米，来自省内及沈阳、哈尔滨、佛山、北京、广州等近2000家参展商参展，其中行业领军企业170户，吸引近6万名专业观众到场洽谈合作。展会设门窗白钢门车库门防盗门展区、橱柜衣柜移门木门展区、建筑节能防水保温展区、供热供暖水处理展区、公共安全产品展区、厨电卫浴吊顶展区、家具集成家居及木工机械展区等9大展馆。展会期间，协议成交额8.2亿元人民币。

【2019中国东北亚清洁能源（供暖）产业博览会】 3月19–21日，由中国建筑材料流通协会、吉林省能源局、长春市会展办主办，中国电供暖专业委员会、长春市贸促会承办，长春巨达会展服务有限公司执行的2019中国东北亚清洁能源（供暖）产业博览会在长春国际会展中心举行。展会规模3.2万平方米，参展企业521户，涵盖东北三省及北京、天津、上海、浙江、山东、广东、河北、江苏等省市，展位1628个，特装展位占

80%以上，逛展观众4万人次，意向成交额近8亿元。

【2019长春连锁加盟展览会】 5月18日-20日，由吉林省商务厅、长春市贸促会主办，长春维达展览服务有限公司承办的2019长春连锁加盟展览会在会展中心举办。展览面积3万平方米，设餐饮食品、教育培训、加盟服务、品牌加盟、美容健身、医疗保健、创业致富等展区，30多家纸面媒体、40多家杂志、50家网站覆盖性宣传，317家品牌企业参展，企业意向签单额2.7亿元人民币，观众38520人次。参展行业涵盖餐饮、房产、零售、旅游、健体美容等近800项创业连锁项目，是东北三省规模最大、覆盖行业最广的专业展会。

7月13日，第十六届中国（长春）国际汽车博览会盛况　　（宋　丹　提供）

【中国（北方）新零售产业博览会】 5月24日-26日，由长春市商务厅、中国国际贸易促进委员会长春市委员会主办、长春晶远国际会展集团承办的中国（北方）新零售产业博览会在长春国际会展中心举行。本届展会以“新技术、新零售、新生活”为主题，吸引北京、上海、济南、石家庄、青岛、南京、秦皇岛、沈阳、大连、哈尔滨等17个城市的9457家专业客商到会采购洽谈，参观人数18000人次。阿里巴巴、苏宁易购、亚泰电子商务、小视科技、南京商维宝、易点达等多家企业签订合作协议1.4亿元，意向订单7000余万元，总额近3亿元人民币。展会设4个展馆8大展区，521个展位。省内外831家媒体、900多名记者参与报道。

【中国（长春）儿童教育产品博览会暨东北教育装备展示会】 5月25-至27日，由长春市贸促会主办、中吉国发实业有限公司承办的中国（长春）儿童教育产品博览会暨东北教育装备展示会在农博园举行，集中展示学前教育、基础教育领域最优质的装备，为行业搭建学术交流和产业合作平台。展会设3个展馆，3.5万平方米，观众5万人次。

5月25日，中国（北方）新零售展产业博览会　　（宋　丹　提供）

【第十六届中国（长春）国际汽车博览会】 7月13日-22日，由中国国际贸易促进委员会批准，中国汽车工程学会、中国汽车工业协会、中国汽车流通协会、长春市贸促会共同主办的第十六届中国（长春）国际汽车博览会在长春国际会展中心举行。本届汽博会展览面积20万平方米。同期举办中国汽车行业高峰论坛、中国长春汽车节、一汽厂庆之夜等活动。参展厂商141个，来自14个国家和地区；参展品牌152个，展车数量1300辆，其中新能源及油电混合汽车达百辆，比上届增加25%；豪华、概念车、首发车300多辆。新车发布及各项活动120余场次。网上注册购车意向观众近3万人，近万人展商服务人员、700多家媒体、5000余名记者，观众60万人次，现场销售车辆3万余辆，成交额60亿元。

【第十八届中国长春国际农业·食品博览（交易）会】 8月16日，由国家农业部、吉林省政府和长春市政府共同主办，长春市人民政府承办的第十七届中国长春国际农业食品博览会在农博园拉开帷幕，本届会期10天，吸引26个国家150余户农业及食品企业参会，2000余

8月24日，第十二届中国东北亚博览会（宋　丹　提供）

户国内农业企业参会，展示展销国内外农产品及食品2万余种、320余个厂家上千种农机产品、80余户养殖企业150余个畜禽良种、60余户农资企业1000余种优质农资产品、30余个厂家近千种农村新型能源环保设备。本届农博会设有品牌展销与经贸交流、产业示范与科普教育、设施装备与人居环境、论坛峰会与赛事活动、联动办展与网上农博5大板块、35项内容，全省各市（州）、省直有关部门和来自260个国家的代表团参展。举办吉林省乡村振兴高峰会议等9场论坛峰会，举办长春市招商引资推介会等6场大型推介洽谈活动，达成134项经贸合作，意向性签约额201亿元，现场交易额5.03亿元。观展人数140万人次。

【第十二届中国东北亚博览会】　8月23日–27日，由经国务院批准，由商务部、国家发展改革委、中国贸促会和吉林省人民政府共同主办的第十二届中国东北亚博览会在长春国际会展中心举办。本届展会新设主题馆5G新时代馆、东北亚国家馆、东北振兴与对口合作馆，组织劳模专场、军人专场、农民专场和学生专场，展览面积7.5万平方米，国际标准展位3502个。有境内外1337户企业和机构参展。其中，来自东北亚5国和英国、法国、德国、美国等45个国家和地区的企业和机构592家，占总户数44.28%；来自北京、上海、天津、陕西、辽宁、黑龙江等17个省（区、市）的企业、机构以及中央企业262户，占总户数19.6%；省内企业483户，占总户数36.12%。展品涵盖39大类、333小类、万余种商品。参观超过13万人次。来自16个国家的副部（省）级以上政要43人参会。109个国家和地区的3万余名客商，国内外经贸代表团组218个。世界500强企业49户，大型跨国公司82家，央企15户，中国500强企业14户，民营500强企业9户，副总裁以上人数49人，知名金融投资机构51家，国内外商协会194家，采购商314家。签约项目93个，合同引资额555.84亿元。

【第九届中国（长春）国际茶产业博览会】　9月6日–9日，由深圳市华巨臣实业有限公司、长春国际会展中心共同主办，深圳市华巨臣实业有限公司承办的第九届中国（长春）国际茶产业博览会在会展中心举办。展览面积2万平方米，设1000个国际标准展位，划分为全国名茶区、普洱黑茶区、港澳台及国际展区、老茶一条街、茶器茶具区、紫砂区、工艺品区、陶瓷区等，来自吉林、黑龙江、沈阳、云南、福建、湖南、湖北、河南、台湾、越南、斯里兰卡、日本等72个名茶产区的500余户企业参展，茗茶业企业参展，汇聚云南普洱、云南滇红、福建铁观音、武夷岩茶、梧州六堡茶、湖南黑茶、台湾高山茶、斯里兰卡红茶等各类名茶，以及宜兴紫砂、钦州坭兴陶、景德镇陶瓷、红木茶具、建瓯根雕等茶具工艺品。本次展会意向交易额近2亿元，现场成交9000万元，观展10万余人次。

【2019长春秸秆产业博览会】　9月8日–11日，由国家秸秆产业技术创新战略联盟主办，长春市农业委员会、长春现代农业示范中心有限责任公司、秸秆控股有限公司共同承办的“2019长春秸秆产业博览会”在长春农博园举办。展览面积5万平方米，汇集吉林、辽宁、黑龙江、安徽、河南、河北、内蒙古、山东、甘肃等全国20多个省市数百户企业，几十类、近千种秸秆产品。来自国家相关部委、吉林省、长春市及有关省市的领导专家及参展商、专业观众3万余人参加开幕式。本届博览会观展10万人次，现场成交额5.8亿元，意向签约额168亿元，博览会期间有来自全国各地数百户秸秆综合利用企业、千余种产品、设备参展，产品覆盖全国10余个粮食主产区，秸秆资源大省。同期举办全国工商联农业产业商会秸秆分会成立大会、第六届中国秸秆产业发展高峰论坛暨重点项目推介会签约仪式、第三届中国秸秆产业项目推介会暨投融资发展高峰论坛、中国首家秸秆产业专业媒体平台秸秆网上线仪式等系列活动。

【2019东北亚·长春新能源智能充电技术与装备博览会暨东北第三届新能源电动车及配件展览会】　9月14日–15日，由吉林省电动车行业协会主承办的2019东北亚·长春新能源智能充电技术与装备博览会暨东北第三届新能源电动车及配件展览会在长春国际会展中心举行。展览面积3万平方米，新能源汽车、电动车、充电设施、零配件、动力驱动系统、配套设备及关联产品参展。展会通过线上互联网线上线下展会同时进行，在线上蓝海浏览量1785次，访客量千余次。现场观众1万余人次，专业观众超40%，达成120项合作意向。

【2019“一带一路”中国（吉林）安全与应急产业博览会】 11月8日-10日，由中国应急管理学会、长春市贸促会、吉林省应急管理学会、吉林省应急产业协会共同主办，长春晶远国际会展集团承办的2019“一带一路”中国（吉林）安全与应急产业博览会在长春国际会展中心举办，展览规模5万平方米，设置4大类11个专题展区，近500余户国内外知名企业参展。活动包括“一带一路”中国（吉林）安全与应急管理创新论坛及8场分论坛、3场采购说明会、4场综合及专项应急演练。蒙古、孟加拉国、斯里兰卡、尼泊尔等11个国家集中采购。

【2019中国长春冰雪旅游节暨净月潭瓦萨国际滑雪节】 1月4日-2月19日，由长春市人民政府、中国滑雪协会、吉林省旅游局和瑞典诺迪维国际发展公司主办的“2019中国长春冰雪旅游节暨净月潭瓦萨国际滑雪节”在长春净月潭公园举行，来自32个国家和地区的1000多名专业运动员和滑雪爱好者参加中国瓦萨50千米赛、中国瓦萨25千米蓝莓赛，中国瓦萨2.5千米大众娱乐赛、国际雪联越野滑雪中国巡回赛长春站50千米、国际雪联世界罗佩特杯赛中国长春站50千米赛和2019中国大学生长距离越野滑雪赛等6项越野滑雪赛事；同时举办17项冰雪系列活动。国际雪联世界罗佩特杯赛中国长春站50千米和2019中国大学生长距离越野滑雪赛25千米赛同期举行。

【第十五届中国长春君子兰节】 由吉林省花卉协会、吉林省君子兰协会、绿园区人民政府、长春市花卉协会君子兰专业委员会共同主办，由吉林省君子兰协会、长春君子兰实业有限公司承办，历时5天的“第十五届中国长春君子兰节”于3月25日在春莲花卉城落下帷幕。展会设置花卉展销、文化展示、花卉论坛、名花评选、花匠评选、赠送花苗等一系列活动。展示长春市君子兰花卉优良品质的培养成果、君子兰的悠久文化及产业发展成效，加快长春君子兰产业基地、旅游观光基地、全民创业基地和出口创汇基地建设步伐。本届君子兰节展区面积15000平方米，设展台700个，划分为君子兰展区、文化展区、评选区及服务区4个展区，参会人员20万人次，辽宁、黑龙江、内蒙古、山西、沈阳、大连等省、市、自治区参展协会30个，交易额3000万元。

【2019中国（长春）文化产业交易博览会】 5月24日-27日，由吉林省会展业协会、长春市海州展览服务有限公司共同举办的2019中国（长春）文化产业交易博览会在长春国际会展中心举行。展览面积3.8万平方米，设11个展区，展出18类近万种展品。展会参展企业800多户，1500余展位，观展人数15万人次，商口交易额8000余万元。展会除汇聚国外珍品外，还有许多国内精品，包括台湾红珊瑚、诸暨珍珠、十堰绿松石、吉林松花石、东海水晶、凉山南红、辽宁岫岩玉、天然玛瑙、新疆和田玉等。同期举办安溪铁观音斗茶大赛、景德镇陶瓷DIY体验、景德镇陶瓷大师粉丝见面会、各种禅乐活动，以及有“世界首创、中国一绝”之称的景德镇瓷乐表演。

【第十五届中国（长春）国际动漫艺术博览会】 6月7日-10日，由吉林省文化厅、中国非物质文化遗产协会指导，长春市文化广电新闻出版局、中国国际贸易促进委员会长春市委员会、ChinaJoy组委会主办，长春动漫画协会承办，长春市艺联文化艺术发展有限责任公司执行的第十五届中国（长春）国际动漫艺术博览会在长春会展中心举办。有1500名动漫周边、游戏厂商参加本届动博会。组织、实施2019ChinaJoy Cosplay嘉年华东北赛区总决赛、吉林省英雄联盟电子竞技大赛、动漫原创展示、动漫展览交易、相关体验活动等20多项活动内容，参展近10万人次，促成现场交易额1200余万元。作为展会重要活动之一，有100余支动漫团队、近万名Cosplay选手参加2019ChinaJoy Cosplay嘉年华东北赛区预选赛，选拔出4组团体舞团1组单双人舞团代表东北赛区晋级8月上海总决赛。

【2019长春消夏艺术节】 6月15日，由长春市人民政府、吉林省文化和旅游厅主办的2019长春消夏艺术节在长春世界雕塑公园开幕。本届消夏艺术节围绕消夏避暑主题策划各类活动87项，其中开幕式及主体活动10项、文体消夏活动34项，夜间消夏活动6项，消夏花海活动6项，乡村旅游活动7项，亲子研学活动8项，红色文旅活动5项，传统民俗活动11项。

【第四届吉林冰雪产业博览会暨第二十三届长春冰雪旅游节展会】 12月13日-17日，由吉林省人民政府、北京冬奥组委会主办，吉林省文化和旅游厅、长春市人民政府承办的第四届吉林冰雪产业博览会暨第二十三届长春冰雪旅游节展会在长春国际会展中心举办。展览面积10万平方米，设置8个主题展馆，11项主体活动，8大系列、600余项文化、旅游、体育、节事等活动同期举行。各市（州）人民政府、吉林省各大滑雪场、全国36家知名博物馆、专业线生产厂家等机构单位5000余名参展嘉宾。现场成交额2.5亿元，意向签约金额10.8亿元。

（宋　丹）

金　融

综　述

【概况】　长春市人民政府金融证券工作办公室（简称市金融办）成立于2003年，正局级建制，内设于市政府办公厅。2009年10月，更名为“长春市政府金融服务办公室”，与市发改委合并设置。2012年12月，职责及机构编制调整，人事党务及行政后勤事务由发改委统管，业务独立运行。内部处室由初期的2个增加到4个。2013年11月，长春市信用信息服务中心成立，正处级建制，作为长春市政府金融服务办公室下属全额拨款事业单位。2019年3月，长春市政府金融服务办公室更名为“长春市金融工作办公室”（简称市金融办），作为市政府工作部门独立设置，正局级，内设8个处室，分别为综合处、银行保险处、资本市场处、融资服务合作处、金融稳定处、地方金融监管一处、地方金融监管二处和机关党总支。2019年7月，长春市信用信息服务中心更名为“长春市金融信息服务中心”，作为长春市金融工作办公室下属全额拨款事业单位。

【排查类金融机构风险】　在市场监管局、市公安局等相关部门配合下，3次排查全市各类投资、理财、小贷、保理、典当、信用互助合作社等金融类公司行业风险，排查企业1万多户。其中，排查小贷公司125户，对问题小贷公司主动注销15户，强制注销8户，名称及经营范围双变更69户，压降小贷公司92户，压降率73%；排查融资担保公司72户，处置不符合要求的融资担保公司29户，上报省金管局；排查典当行104户，合格的28户，需要整改的61户，现场整改事项275条，下发整改通知321条；排查商业保理公司94户，存在问题企业77户；排查P2P网络借贷机构13家、开展信用互助的农民专业合作社17家、其他投资理财类公司9000余户，移交公安立案12户。

【推动非法集资案件处置】　向各县（市）区、开发区交办非法集资陈案422起，随时督导跟踪案件进展情况，结案并案159起（结案40起，并案119起）。加快推动东盟案件处置，市政府与省政府签署责任状，承诺到年末完成资产处置。推动资产处置、信访维稳和舆论引导工作，归集资金5036万元。对省证监局提供的12户已立案和11户涉嫌非法集资的私募基金管理人，交由公安、信访开展调查。对省处非办提供的37户高风险预警企业和127户重点监测企业，协调人民银行和吉林银保监局进行后台风险监测和排查。

【金融领域扫黑除恶】　紧盯民间借贷领域，进行行业乱象整治。组织多部门联合对金融领域涉黑涉恶问题进行排查，建立有效工作机制，设立举报电话征集线索。向人民银行长春中心支行、吉林银保监局、吉林证监局、市工信局、市教育局搜集监管领域及“套路贷”“校园贷”等涉黑涉恶线索。挖掘线索20条，移交市扫黑办。对14起涉及发放“高利贷”和进行“暴力催收”的案件和市扫黑办向金融办提供的13起民间借贷领域涉黑涉恶案件进行情况梳理。在将相关情况向市扫黑办进行书面报告后，加强对小额贷款公司等领域的风险排查和清理整顿。公安部门侦破4起套路贷案件。

【打击非法集资宣传活动】　下发《长春市民间借贷行业领域、防范打击非法集资、金融领域扫黑除恶宣传教育活动实施方案》，联合银政保等金融监管部门、金融机构、各县市区开发区、各相关部门、各行业协会分头行动，推动宣传教育“进机关、进学校、进企业、进网点、进街道、进社区、进村屯、进家庭”。通过省通信管理局，向长春市辖区内移动、联通、电信用户群发公益短信1053万条。在大型商圈或繁华路段组织演出、发放宣传品，在全市主要街路和大型商圈25块LED显示屏、人民大街沿线公交站台、机场、火车站、地铁、公交车（61路、25路等路线）显示屏、建筑工地专栏进行宣传，公安干警进驻校园以案说法等形式加大宣传力度和覆盖重点人群。在长春马拉松赛道沿线公交站宣传栏放置25块宣传展板，马拉松当日宣传受众6万人次，日常受众每日约2万人次。牵头举办“整治民间借贷领域乱象”主题大型宣传教育活动，24家媒体参与宣传报道，抖音平台上现场视频浏览量超30万人次。

【服务实体经济】 出台《长春市优化营商环境攻坚计划（2019—2020）》，针对“获得信贷”指标提出11条有力措施；出台《关于营造安全高效金融环境的若干举措》；建立贷款风险补偿机制，上报《长春市小微企业贷款风险补偿基金管理办法》，增加中小微企业信贷供给，降低融资成本；上报《推进企业上市、挂牌长春行动计划（2019-2025）》，把推动企业上市作为全市重点工作，落实县（市）区、开发区责任，深挖上市企业潜在资源，构建上市服务体系，加大奖励扶持力度，加强督导考核；上报《长春市东北亚区域性金融服务中心建设实施意见》，推动金融集聚区发展。

【优化金融营商环境】 市金融办牵头协调人民银行、银保监局、市法院、市场监管局、市税务局等部门做好中央、省、市营商环境第三方评估迎检，到北京参加全国营商环境评价。到杭州、衢州、合肥等地学习考察，完善长春市未来3年优化金融营商环境计划。收集整理相关备考资料300余份，召开调度会议9次。

【推动“互联网+不动产抵押贷款”】 联合市规划和自然资源局、市房管局和省银保监局等部门，发布《关于加强不动产登记便民利企、服务合作推动金融降成本工作的实施方案》，确定吉林银行、亿联银行、长春农商银行、九台农商银行、工商银行长春分行等5家银行作为第一批试点机构，主要围绕信息共享、前置受理、线上审批、电子证照等方面开展合作。有2家上线运行。

【银企对接】 开展有史以来最大力度的银企对接活动，针对重点行业、联合相关部门、结合重点工作组织“万人助万企行动”企业融资对接会、“金融支持现代农业产业项目及脱贫攻坚对接会”、长春市市属国有企业与金融机构项目对接会、“金融助振兴—吉林行动”长春专场、一汽供应商融资对接会及汽车产业融资对接会等多场银企融资对接活动，达成融资意向近千亿元，实际融资额266.3亿元。挖掘长春市综合金融服务平台的线上服务效能，为中小微企业融资提供稳定、规范、高效的“一站式”服务，实现线上融资超10亿元。

【推动供应链金融发展】 促成吉林银行与一汽集团合作，制定《吉林银行促进长春市汽车产业振兴发展综合金融服务方案》，确立2家支行为服务长春市汽车产业的专业服务支行，创新“吉云链”“吉林银行创信供应链线上融资”等产品，提升汽车产业链资金供给效率和力度。对全市42家银行机构开展供应链融资情况进行调研，了解每个银行的业务开展情况、面临难题等，为制定政策奠定基础。

【推动企业上市挂牌】 协调省金管局、人民银行长春中心支行、市政府为企业出具相关证明文件，推动加快企业上市进程。开展精准调研，分批、分梯次重点培育上市后备资源。强化培训，提振企业进入资本市场信心。促成春城热力在香港主板上市，赢时物业、英辰科技在新三板挂牌。

【“专班抓项目”】 开展走访企业活动，走访企业20余次，创新开展金融服务。困扰世倍特汽车电子有限公司半年之久，涉及近1亿元人民币转口贸易结算难题得到解决。

【农村金融改革】 印发《关于进一步深化农村金融综合改革促进金融服务乡村振兴的通知》，提出10条重点任务。推进扶贫小额信贷，全市发放扶贫小额贷款1317万元，贷款余额639万元，贷款预期率为零；加快“三支柱一市场”建设，发展农村普惠金融，实现农商行和村镇银行县域全覆盖，农村金融服务点行政村全覆盖，年内办理业务35.29万笔，金额22.08亿元。

【金融招商合作】 依津长合作平台，与天津金融局签署金融发展对口合作框架协议，推进两市金融业务合作，加强两市金融领域合作，引进和推动天津地方银行、证券、保险、基金和租赁保理等金融（类）机构到长春延伸分支、开展业务，支持具备条件的民间资本在长春依法发起设立民营银行等金融机构，促成天津金融人才到长春市交流。与香港中小企业发展促进会签署战略合作备忘录，依托香港作为国际金融中心有利条件，打造长春在港金融培训与招商平台，共同推进长春市金融招商、金融科技推广应用、企业上市辅导路演、金融基础设施建设等。11月，到深圳进行金融招商考察，对接平安银行、深圳证券交易所，商定平安银行在长设立分行和深化与深交所合作等事宜，与深圳供应链金融协会、深圳市保理协会座谈交流，促成平安担保落地长春，平安银行在长设立分行纳入平安银行计划，已报银保监会审批。沟通协调光大集团、中信集团等全牌照金融集团，争取更多金融牌照落地长春市。推动韩亚银行在长春设立东北区域总部。

（张　琢）

中国人民银行长春中心支行

【概况】 制定《深化金融服务支持经济高质量发展助力吉林全面振兴全方位振兴的指导意见》，引导金融机构贯彻落实稳健货币政策。对考核达标的48家县域法人机构和7家农行县级“三农事业部”执行优惠准备金率。通过普遍降准、定向降准、再贷款、再贴现等向金融机构提供低成本资金576亿元。推动贷款市场报价利率（LPR）改革在辖区落地，减轻企业融资负担。省内国有、股份制银行新增贷款参考LPR定价比达85%以上，地方法人机构新增贷款参考LPR定价比达60%以上。全年企业贷款加权平均利率比2018年下降0.26个百分点。印发《中国人民银行长春中心支行关于切实做好吉林省2019年-2020年金融精准扶贫工作的实施意见》，推进金融支持精准扶贫。组织省内15个贫困县人民银行开展产业扶贫项目融资需求对接活动，投放项目贷款8.4亿元。引导银行机构推出“助保贷”“金穗增信脱贫贷”等个人精准扶贫信贷产品。全年发放扶贫再贷款28.2亿元。对贫困地区30家法人金融机构实施定向降准，释放可贷资金28.4亿元。完成2018年度吉林省普惠金融指标体系填报及指标分析报告撰写工作。推进吉林省普惠金融发展工作，选取亚洲最大的人参交易市场所在地——白山市抚松县万良镇开展“普惠金融综合试验区”建设。推进绿色金融政策制度设计，向省政府建言献策，出台《吉林省人民政府办公厅关于推进绿色金融发展的若干意见》，全省绿色信贷余额143.35亿元，比2018年增长20%。

【推进金融市场发展】 支持吉林银行发行小型微型企业贷款专项金融债40亿元，支持一汽汽车金融有限公司注册发行屹昂2019年第1期个人汽车贷款抵押贷款资产支持证券30亿元。举办“吉林省企业债务融资宣传推介会”，承销机构与发债方进行现场对接。协助吉林银行取得B类主承销商资质。建立吉林省债务融资工具信息披露与信息共享机制，全省企业债务融资工具发行金额是2018年1.02倍。联合上海票据交易所召开吉林省金融机构票据业务培训电视电话会议和票据业务座谈会，推动区域金融市场健康发展。制定《吉林省打好防范化解金融风险攻坚战实施方案》，建立风险提示函直发市县行政“一把手”机制，对全省9个市（州）政府以及德惠市、双阳区政府提示风险。介入包商银行被接管相关工作，防范化解重大金融风险取得实效。

【外汇管理】 简化小微跨境电商货物贸易收支手续，优化货物贸易外汇业务报告方式，推动跨国公司跨境资金集中运营新政落地，率先为一汽集团公司备案。帮助东北工业集团等企业进行海外融资，助推春城热力公司境外募集资金调回，为老旧供热管网改造提供资金保障。

【金融监管】 开展企业贷款风险、房地产金融风险、小微企业贷款质量下降等10余项风险专题调研。跟踪监测辖内8个地区14家地方政府融资平台公司财务数据。全省贷款加权平均利率比2018年降低0.08个百分点。向吉林省政府上报《关于企业与金融有关的注册行为实施前置管理的报告》，省地方金融监管局制定相关管理制度，从源头有效遏制非法金融业务行为。组织银行机构开展企业账户、个人Ⅱ、Ⅲ类帐户风险排查，健全风险监测和处置机制。建立省市县三级企业银行账户业务风险共享和风险提示工作机制，按月对辖内违规或多头开户情况进行风险监测。督促发生风险的银行机构妥善处置Ⅱ类风险账户398户。组织银行机构收集报送电信网络新型违法犯罪案例52例、异常开户风险事件33件、重大典型案件7件。按季对123家金融机构开展央行金融机构评级，对54家金融机构进行红线调整。完成《吉林省金融稳定报告（2019）》，开展金融机构稳健性评估。对59家投保机构开展存款保险费率核查，加强对吉林省金融机构流动性形势的跟踪监测及研判。开发吉林省地方法人金融机构流动性监测预警系统，按日监测高风险行（社）流动性指标，开展常备借贷便利操作，满足地方法人金融机构短期流动性需求。

【农村金融改革创新】 制定《吉林省乡村振兴金融改革创新试点工作方案》，开展乡村振兴金融改革创新试点，确定和龙、德惠、榆树、双辽4个地区为综合性试点，前郭、东丰、扶余等12个地区为特色性试点。推动“银担合作”模式和土地经营权抵押贷款推广，“银担合作”模式相关调研获省长景俊海批示。全省土地经营权抵押贷款业务由15个试点县扩大至全省38个县，贷款余额13.9亿元。试运行吉林省乡村振兴金融服务信息管理系统。组织辖区参与中国通信学会和中国金融信息网的2018-2019年度普惠金融优秀案例评选活动，“真扶贫，扶真贫—人民银行白山市中心支行扶贫再贷款”案例被评为助力脱贫攻坚优秀案例。

【稳健货币政策】 建立“长期+临时”再贷款限额管理模式，创设“扶贫再贷款+扶贫小额信贷”业务模式；创新“民营小微企业票据再贴现直通车”，被吉林省政府纳入《关于金融支持民营经济和小微企业发展的实施意见》，再贴现业务量是2018年的2.4倍。开展“吉林省金融支持民营和小微企业政策落实月”专项行动，实现融资规模62.7亿元。与省民营企业联合会建立季度银企对接机制，编印并发放《民营和小微企业金融服务产品手册》5000份。推动吉林市第一建筑公司成为东北三省首家与应收账款融资服务平台对接核心企业。引导金融机构发展“云税贷”等小微企业金融产品，推进创业担保贷款业务。全省普惠小微企业贷款余额1471亿元，比2018年增长29.3%，高于全部贷款增速19.3个百分点。全省民营企业（私人控股企业）贷款余额4820亿元，增长9.9%。

【外汇管理与服务】 推进“放管服”改革，上线政务服务网上办理系统和“互联网+监管”系统，提升行政许可项目办理效率，办理时间仅为规定时间的20%。全省线上、线下办理行政许可事件1228件。打击地下钱庄和网络炒汇等违法犯罪活动，规范业务制度流程，做好非现场核查。争取跨境金融区块链服务平台试点，吉林省成为东北三省唯一试点地区。10月28日平台正式上线。全省有22家银行加入平台，开通业务网点81余家，银行利用平台办理贸易融资业务32笔，金额600余万美元。事后核查资本项下业务686笔，指标核查率、业务类别核查率均100%。加强国际收支统计申报工作，规范业务制度流程。

【跨境人民币业务】 下发《2019年吉

林省人民银行系统跨境人民币业务重点工作安排》。将“扩大跨境人民币业务适用范围，促进贸易投资便利化”纳入吉林省“一带一路”建设5年行动计划；将“支持本外币资金集中运营、支持跨境双向人民币资金池业务”纳入“吉林省扩大开放100项政策措施”，将“推进人民币在周边国家的使用”纳入吉林省加快“双带”建设20项政策措施，开展“跨境人民币十周年”主题宣传月活动、主题征文、演讲比赛和总结大会。开展“走进吉林省百户重点企业提高跨境人民币结算量专项行动”，帮助吉林四环制药有限公司完成7年前股权转让业务。增加区域韩元报价系统一日多价模式，将辖内主要银行机构全部纳入韩元现钞挂牌交易机制，吉林省对韩跨境人民币结算量比2018年增长17.4%。通过珲春农商行推动俄罗斯滨海边疆商业银行与俄境内贝加尔商业银行、外贸银行签订人民币代理平盘协议，将吉林省与俄跨境结算网络由俄远东地区逐步延伸至西伯利亚和中部地区。全省对俄跨境人民币结算量8亿元，全省跨境人民币业务结算量433.6亿元，比2018年增长29.2%。

【支付结算管理与服务】 取消企业银行账户许可，企业开户时间平均缩短至1个工作日。推进移动支付便民工程建设，在全国率先开展“云闪付”APP线上办理ETC业务。拓展云闪付用户。全省拓展云闪付用户540.9万户，占全省人口的20%，高于全国3个百分点。全省改造商户42.97万户。吉林省发生云闪付交易7895万笔，比2018年增长1011%。推进农村地区非现金支付工具应用，升级“联银快付”产品，发生交易12.62万笔、金额167.06亿元，支持粮食等大宗农副产品收购实现全程非现金结算。促进助农取款服务可持续发展。在白山、白城、松原等地区试点推进助农取款、移动支付和农村电商共建，构建支付服务和电商服务融合兼备的综合服务体系，完成1500个“助农取款点+云闪付”升级改造。推动电子商业汇票普及应用，电票业务量14.90万笔、金额2180.70亿元，比2018年分别增长67.59%和14.75%；实现全省商业汇票再贴现电子化，办理电票再贴现业务10227笔、金额215.65亿元，分别增长142.98%和138.34%。

【征信服务与管理】 加强信用报告查询渠道建设，全省布设个人及企业信用报告自助查询设备186台。推广应收账款融资服务平台应用，在吉林市推动第一建筑工程有限公司与应收账款融资服务平台对接，为3户链上小微企业提供应收账款线上融资2098万元。截至12月末，通过服务平台促成融资103笔，融资13.8亿元。为全省347万余户农户建立信用档案，评定信用农户165万余户，评定信用村2453个、信用乡112个。松原市、舒兰市、洮南市等辖区开展的农村信用体系建设助力乡村振兴工作成效初显，松原市通过平台为4.3万农户发放信用贷款12.89亿元。舒兰市政府出资构建辖内第一个农村信用信息数据库，采集农户信息7万余户，舒兰市财政局优先对平安、白旗2个信用乡镇的贫困户发放的104万银行贷款给予财政贴息。洮南市评出信用农户1120户，获银行贷款3792万元，还贷率100%。应用吉林省征信非现场监管系统，监控接入机构日常查询行为。加大征信市场整治工作力度，对辖内未备案但以“征信”字样注册的机构进行集中治理，对10余家机构进行前置审核，督促17家机构完成注销登记。

【国库管理】 制定《吉林省国库会计标准化创建活动方案》《吉林省国库会计标准化考核评价管理办法（试行）》和《吉林省国库会计标准化建设量化考核评分表》，推进全省国库会计标准化建设。联合财政、税务、社保、医保等机构制定《关于平稳有序做好社会保险费征管职责划转后征缴工作的通知》《吉林省社会保险费征管职责交接工作方案》，建立沟通响应机制。与税务局联合下发《关于全面开展互联网方式签订授权划缴税款协议有关事项的通知》，组织商业银行开展“网签三方协议”测试并成功上线，实现缴税三方协议申请、签订和验证的一键式网络自助办理，每项业务的办理时间由1天至2天压缩到2分钟。推进国库信息化建设，实现全省退更免业务电子化，每笔退税业务从申请到办结时间压缩80%以上。开办线上缴费平台，实现政府非税收入全流程无纸化、缴费办理便捷化和数据服务标准化，将非税收入入库时间由原来10天缩短至最多5天。全省有48个财政部门上线，覆盖面68%。组织全辖国库在国债发行期内开展巡查，全省巡查承销机构网点1200余个，纠正不合规问题32个，整理上报典型案例10个。

【人民币现金服务管理】 召开全省反假货币工作联席会议第六次会议。全年收缴假币493.49万元。完成2019年版第五套人民币发行工作。全省投放发行基金1414.1亿元，回笼发行基金1251.4亿元，发行基金净投放162.7亿元，比2018年增加102亿元，上升168%。在全省开展人民币收付业务检查，检查银行业金融机构网点65家，完成银行业金融机构人民币收付业务非现场评估指标运行和分析工作，完成全省第四套人民币部分券别退出流通后续兑换工作。全省受理拒收人民币现金相关投诉20余起，确定拒现事实9起并妥善处置。指导银行业金融机构开展全额清分，完成“一口半”清分机清理工作。加大反假防伪工作力度，推广货发二代反假子系统试点，确保系统上线稳步运行。组织涉边口岸对携带人民币现钞出入境开展监测，完成珲春农商行对俄增加2家跨境对手行的申请及审批。

【反洗钱调查】 开展反洗钱调查80次，向公安机关移送地下钱庄线索31条，协助破获案件30起，涉案金额90亿元；向税务部门移送线索7条，协助开展涉税案件调查9起，破获2起；与公检法机关密切配合，推动3起贪腐洗钱案以刑法第191条洗钱罪宣判，实现吉林省洗钱入罪零的突破。开展全省金融领域扫黑除恶专项斗争，协助纪委监委、公安部门开展反洗钱调查50起，破获黑社会性质组织犯罪案件3起。

【金融消费者权益保护】 印发《中国人民银行长春中心支行金融消费者咨询投诉管理办法》，建立“12363”投诉处理回访制度与风险提示制度，提升金融消费者权益保护效能；充实“12363”热线人员力量、扩展业务范围。建立“12363”呼叫中心座席人员业务学习制度，建立业务培训长效机制。全省12363电话接听6000余次，受理处置消费者投诉205笔，投诉办结率100%，消费者满意度超过90%。

（鲁雪岩　孟昭璇）

中国工商银行股份有限公司长春分行

【概况】 中国工商银行股份有限公司长春分行作为工商银行总行在长春地区的分支机构，全辖机构127个，包括22家一级支行，104家二级支行及1家储蓄所，离行自助银行54家，覆盖全市7区3县（市），为全市550万个人客户和3万对公客户提供全面的金融产品和服务。截至2019年年末，存款总量突破1400亿元大关，比年初增加113.3亿元，创5年来最好水平。其中，储蓄存款增量创近10年来最好水平；各项贷款突破1200亿元大关，总量、增量时隔6年重夺同业首位；中收增幅17%，拨备前利润首次突破30亿元大关。

【服务实体经济】 工商银行长春分行综合运用表内外融资、商投互动等方式支持经济发展，支持公路、铁路、轨道交通、城市基础建设等领域，加大对制造业、现代服务业、现代商业等行业投入，完成伊通河和长春夹馅棚户区改造等一大批重点项目投放，实现多个单一项目融资额度超百亿的历史性突破。投入160亿元支持松通、双洮等7条高速公路项目，完成4条地铁线200亿元贷款储备。全年投放贷款767亿元，列全市金融同业前列。综合运用发债、并购、理财推荐等方式，支持一汽、中天能源、亚泰并购、吉电股份等一系列项目。

【服务民营企业】 工商银行长春分行坚持普惠金融“保本微利”经营定位，严控普惠贷款价格，确保优质小微企业以更低的价格拿到“造血资金”。全年普惠贷款人行降准口径增长3.7亿元，银保监普惠口径增长4.5亿元。

【服务百姓民生】 加大对教育、医疗、保险、交通等领域支持力度，参与社保卡、交通卡、校园一卡通、银医一卡通等民生项目。上线“一市一行一户”智能水费项目，为全市超过10万用户提供服务。在全国金融系统率先启动“争创百家不排队网点”工程，实施到店客户分析、分类施策、加大设备投入、行长坐班以及分行班子督导等一系列措施。不排队网点达标数量106家，客户服务满意率99.5%，超时等候客户占比3.45%，网点运营效率、客户体验显著提升。

【风险管控】 工商银行长春分行依托“互联网+不良资产处置”模式，成功处置国联电器抵债资产。全行反洗钱评级提升至AA级，县域评级整体提升至A级以上，创历年最好水平。全行可控类风险事件比2018年下降49个百分点，可控类风险暴露水平下降46.3个百分点。

（王　锟）

10月14日，中国工商银行长春分行召开打造域内“第一个人金融银行”论坛

（王　锟　提供）

中国农业银行长春分行

【概况】 2019年，长春分行辖18家一级支行（含本级营业室），170个分支机构，其中县域机构62个，城区机构108个。在岗员工3243人。全行各项存款余额690.4亿元，比年初增加77.6亿元。各项贷款余额538.7亿元，增加69.6亿元。

【服务“三农”】 对县域支行单独设立综合绩效考核体系，将“三农”贷款投放增速不低于全辖贷款平均增速作为指令性计划，突出服务“三农”主导地位。加大对县域支行财务资源倾斜力度，满足县域支行服务“三农”的场地、自助机具、电子设备资金需求。新招录大学生60%以上都分配到县域，增强县域支行的综合服务能力。与农业农村局、房地局、金融办对接，研究支持乡村振兴发展路径。长春分行设计研发“乡村振兴贷”和农厕改造项目融资方案，投放贷款1200万元。重点支持基础设施建设、县域棚户区改造、水电暖气热建设、旧城改造和新城建设以及水污染治理、垃圾处理等生态环保项目，贷款余额14.4亿元。支持现代农业发展，为榆树中粮生化、康大食品、省中部引水工程等企业投放贷款21亿元。推出“惠农e贷”，建立白名单4.9万户，授信额度31亿元，余额11.9亿元。加强“惠农通”工程建设。发放惠农卡109万张，设立“惠农通”服务点1008个，布放转账电话1521台，布放ATM自助机具207台，手机银行/网上银行客户5.9万户，做到农民足不出村、足不出户就能方便快捷办理现金、理财、民生缴费等各类金融业务。率先推出“农地贷”，投放4700万元。创新推出“吉牧贷”“农担通”和“金穗脱贫贷”等产品，其中“吉牧贷”投放1000万元，入选总行带动扶贫模式“十大案例”之一；“农担通”投放5.8亿元，余额4.3亿元。在农安创新推出“三辣贷”“大棚贷”，投放贷款740万元，在九台研发“苗木贷”，发放贷款7977万元。

【支持脱贫攻坚】　12月末，精准扶贫贷款余额15.9亿元。其中，个人贷款余额2703万元，带动帮扶973人。精准支持贫困户。为建档立卡贫困户发放扶贫贷款986户，余额1710万元，已脱贫人口贷款余额5560万元，服务1050人。聚焦农业产业化龙头企业、农民专业合作社、家庭农场等新型经营主体，扶贫贷款余额10.3亿元，带动帮扶1046人。派优秀干部挂职援助白城分行，聚焦镇赉、通榆、大安等国定贫困县，促进贫困人口增收脱贫。把长春九台牧业引荐给白城镇赉县，推进盐漠地生态农业建设。执行基准利率不上浮。年利率低于同业3个百分点以上，每年为农民节省利息支出近5000万元。

【服务地方经济】　支持重点客户、重点项目，实现与一汽集团、长客股份等客户合作的“零突破”，支持吉林移动、吉林大学等一批“大客户”，实现“三大通信”“五大发电”、交通运输等央企分子公司全覆盖，与总部在长高端客户全部建立业务联系，成为长春城市地下管廊、龙嘉机场等项目主要合作银行。2019年，各项贷款净增70亿元，增速为四行第一。支持民营企业和小微企业发展，推出小企业简式快速贷款、自助可循环贷款、供应链融资等系列产品，推行“一站式审批”模式，解决小企业融资难题。与万科、万达、中海、保利、华润、恒大、国信等7个品牌加强合作，加大对个人住房贷款支持力度。

（曲洪生）

中国交通银行股份有限公司吉林省分行

【概况】　2019年，在吉林省内长春、吉林、延边、通化、辽源、四平、松原等市（州）设有机构网点89个，有员工2067人。其中，长春市网点35个，员工972人；吉林市网点30个，员工505人；延边州网点13个，员工295人；松原市网点4个，员工58人；通化市网点3个，员工58人；辽源市网点3个，员工36人；四平市网点3个，员工44人。交通银行吉林省分行资产规模884亿元，比年初增加36亿元，增幅4.07%。其中存贷款规模均创历史新高，人民币各项存款时点余额839亿元，增长38亿元、增幅4.8%；人民币各项贷款时点余额633亿元，增长74亿元，增幅13%。经营利润稳中有升，全年实现经营利润13.9亿元，增幅6%。年末不良贷款余额14.4亿元，增加0.6亿元；不良率2.27%，下降0.19个百分点。

【支持实体经济】　加大对吉林省经济支持力度，支持省内基础设施建设、汽车产业转型升级等实体经济发展。年末全口径融资余额989亿元，超存款时点145亿元。其中对公实质性贷款比2018年增长49亿元，增幅12.8%。将一汽上下游、轨道交通等作为投放重点，“四大业态”（教育、医疗、汽车、公用事业）贷款余额实现增长18亿元、增幅19.6%。民营企业、制造业贷款余额分别增长4%和14.7%。降低国有企业杠杆率，推动“债转股”业务落地，办理完成中国水利水电第一工程局有限公司5亿元债转股业务，实现吉林省地区首单债转股业务突破。

【服务小微企业】　普惠金融保持良好发展态势，“两增长”贷款余额22.66亿元，比年初增长7.67亿元，完成率53.4%；户数2017户，增长526户，完成率156.7%。提升资产质量，实现不良额与不良率双降。普惠金融不良率1.66%，下降0.99个百分点。

【对公存款】　对公存款日均余额增长18亿元，系统、平台搭建对结算类存款拉动明显，其中仅“银校通”一项直接拉动存款13亿元。实现投行业务收入1.4亿元，债券主承销业务规模增长58%，省内市场份额提升至第三位。发挥托管业务优势，保持省内私募基金托管份额领先地位，托管运营分部服务收入增长42%。深化与一汽、东北证券、吉林银行业务合作，提高同业产品覆盖率。强化总行产品应用，推动同业低成本负债、同业存单计划完成率分别为549%和102%；同业再贴现、同业客户法人透支和ABS发行等7项创新业务破零。

【零售业务】　储蓄存款日均存款余额增长28亿元，结算类活期存款占比提升0.9个百分点。开展销售“清零”、高频沙龙等活动，带动手续费及佣金收入3.2亿元，其中财管收入1亿元，增幅分别为4.2%和24.6%；实现卡回佣收入2亿元；还原房贷资产证券化影响，个金资产业务余额增长近22亿元。在全行开展的第三届沃德杯广场舞大赛大型营销活动，线上线下一体化协同经营，带动有效活跃客户、沃德客户、行外资金和AUM指标较快增长，实现新增有效活跃客户近7000户、达标沃德客户近900户，新增行外资金10亿元，净增AUM5亿元。

【国际业务】　外币对公存款日均余额增长1200余万美元，国际收支量7亿美元。实现境内外联动收入近900万元。首笔全口径跨境融资业务落地，与总行离岸业务中心联动为一汽租赁有限公司发放金额7100万美元全口径跨境融资业务，利用境外低成本资金有效降低企业融资成本。

【客户拓展】 开展“对公客户专项营销”“百核千链”等拓展客户活动，推动对公客户比2018年增长23%。国际业务领汇财富重点客户完成164户。个人客户实现增长较快，搭建交通罚没款代收平台，4家异地分支行同步签订“一省一行一户”电业合作协议；开展企业行、校园行、广场舞大赛等活动批量拓展客户，带动有效活跃客户、代发工资客户、沃德客户、手机银行客户快速增长。提升渠道转型和网点综合经营能力，年末网点转型完成率100%；大额现金循环机、手持终端业务替代率分别增长28%和86%。推进四平支行升格省辖分行。

【风险管理】 加强总行风险监测系统功能应用，确定分行重点监测客户清单，加强重点客户监测管理。全年化解不良资产压降疑似僵尸企业贷款本金6.14亿元；清收不良资产本金1亿元，缓释化解4.34亿元，核销3.83亿元。

【服务提升】 加强服务基础工作管理，获评吉林银保监局消保“一级行”评价，吉林、延边2家网点获评五星。延边百花支行、吉林龙潭支行获评“2019年中银协文明规范五星级网点示范单位”称号，长春一汽支行获长春市文明办颁发“优质服务文明窗口”称号。参与创建活动，提升整体文明服务水平和品牌形象。

【履行社会责任】 为中国水利水电第一工程局有限公司办理5亿元债转股业务。支持省内实体经济发展，优惠减免包括对公网银转账手续费、保函手续费、开户手续费、询征函手续费、对公网银工本费、对公跨行柜台转账手续费、个人保管箱业务手续费等项目费用，为省内企业及个人减免服务收费753.23万元。开展“纪念新中国成立70周年文艺汇演”“向国旗敬礼”等活动，激发员工爱国爱党情怀。

（柳世炎）

中国建设银行股份有限公司吉林省分行

【概况】 2019年，各项贷款余额1930亿元。加大基础设施领域重大项目贷款投放力度，落实“金融助振兴—吉林行动”，支持一汽集团、中车长客等骨干企业转型升级。支持民营企业和小微企业发展，贷款余额547.5亿元。

【助力国企改革】 通过司法重整方式，完成通钢集团债转股工作。推进“新零售”发展，搭建一系列便民支付结算服务场景，有效满足百姓“衣食住行”全方位服务需求。发挥金融科技优势与“数字吉林”建设深度融合，与政府部门合作搭建一系列政务性民生性共享性金融科技平台。助力乡村振兴战略，全面推广“e农心合”综合服务平台体系，搭建13个平台，实现“裕农通”服务点全省8833个行政村全覆盖。开展扶贫工作，投入各类扶贫资金17.57亿元。

（贺楷元）

吉林银行股份有限公司

【概况】 吉林银行股份有限公司（简称吉林银行）成立于2007年10月。2019年，在吉林省内9个市州和大连、沈阳拥有11家分行、1家小企业专营机构、390个营业网点，发起设立10家村镇银行、1家贷款公司，参股一汽汽车金融公司。全行总资产3639.01亿元，比年初增加140.46亿元；其中，各项贷款余额2443.01亿元，比年初增加333.68亿元，省内贷款增量和存量居金融机构首位；其他生息资产1154.84亿元。负债3329.00亿元，比年初增加76.99亿元；其中，各项存款余额2867.87亿元，比年初增加234.61亿元，省内各项存款增量排名第1位，存量排名第2位。实现拨备前利润56.37亿元，增长15.56%（考虑当年消化历史财务包袱9亿元，实际增长34.01%），创近年来拨备前利润新高，提取各项拨备41.06亿元，实现税后利润12.30亿元；实收资本85.67亿元，资本公积57.56亿元。

【创新发展】 吉林银行推进第5次增资扩股，首批资金52.5亿元募集到位，银行跨入百亿注册资本商业银行行列。推进“五个统一”（统一授信、统一资金、统一财务、统一人力、统一数据）框架建设。获批B类债券主承销商资质，成为东北三省第2家获该项资质的法人银行。远程集中授权系统上线运行，智能化水平得到提升。“吉云链”开创线上保理新时代。联手韩亚银行共同推出吉韩通卡，这是国内首张共享跨国跨行金融服务平台的银行卡。举办同业合作交流论坛，与中国进出口银行、交通银行、兴业银行、中泰证券、大地财险等7家金融机构签署全面战略合作协议。

【服务实体经济】 加大贷款投放力度，新增贷款超过330亿元。为省属国有企业及支柱产业发展注入金融“活水”，促成金豆集团投资麦达斯铝业、省国有资本运营公司收购交投集团洋浦大街房地产项目，支持昊融集团重整，获吉林省政府高度肯定。

【服务小微企业】 探索“互联网+金融+大数据”创新模式，加强微信公众号、小微网贷业务、“吉税贷”网贷系统开发与利用；完善服务产品，丰富产品体系；利用“银政”“银银”“银保”平台，强化营销推动和考核激励。“两增两控”连续达标，达到央行“定向降准”标准。支持民营经济、小微企业，普惠金融贷款余额270余亿元，小微客户1.2万户。

【金融扶贫】 建立“总、分、支”信贷扶贫联动工作机制，全年向省内15个重点贫困县发放贷款23.92亿元，针对建档立卡贫困户发放个人精准扶贫贷款755万元，发放产业精准扶贫贷款超过2.13亿元。包保的2个村实现整村脱贫。

【服务乡村振兴】 服务“三农”方面，与吉林省农业融资担保有限公司签署战略合作协议，召开以“美丽乡村吉银相伴”为主题的“吉e农”百亿助推吉林乡村振兴战略发布会，全年投放38笔、2.29亿元。

【服务民生】 推出开放式周期滚续型理财产品、“吉久金”“四喜金”系列投资金条，推出延边地区韩币特色业务，联合长影、海航、京东发行品牌联名卡，推广ETC业务。强化金融科技应用，优化手机银行、网上银行、自助服务终端功能，与支付宝、财付通、云闪付对接，开展applepay业务、微信提现业务，提高自动化服务水平。2019年，全行个人客户1191.38万户，新增代发工资客户10.86万户；储蓄存款余额1542.00亿元，比年初增加189.47亿元；个人贷款余额（含信用卡）461.45亿元，比年初增加112.27亿元；销售个人理财产品280期，募集资金556.45亿元。信用卡22.73万张，借记卡1096.34万张，卡均余额5393.17元。

（武　蒙）

证券期货

【上市公司及后备资源】 2019年，吉林省有A股上市公司42家，占全国上市公司总数1.11%，全国排名第20位。42家上市公司中，沪市17家，深市25家；主板32家，中小板6家，创业板4家；制造业23家，信息传输、软件和信息技术服务业5家，电力、热力、燃气及水生产和供应业4家，房地产业3家，水利、环境和公共设施管理业2家，批发和零售业2家，交通运输、仓储和邮政业1家，建筑业1家；金融业1家；长春24家，吉林8家，通化6家，延边2家，辽源1家，白山1家。2019年，吉林省迁入1家上市公司（万方发展），尚有1家*ST上市公司（利源精制），2家ST上市公司（成城股份、中天能源）。吉林省A股上市公司总股本449.93亿股（其中流通股本413.69亿股），总市值3330.50亿元（其中流通市值3071.13亿元）。总市值在200亿元以上的有3家（长春高新、通化东宝、东北证券）。吉林省A股上市公司通过资本市场融资130.17亿元，其中，2家上市公司股权再融资70.17亿元，1家上市公司发行公司债券融资60亿元。截至2019年三季度末，吉林省A股上市公司总资产4648.46亿元，净资产1799.23亿元，比2018年末分别增长1.28%和1.51%。2019年前三季度，吉林省A股上市公司实现营业收入1232.29亿元，增长6.79%；净利润67.81亿元，下降10.51%，8家公司亏损，亏损21.67亿元。吉林省有上市在审企业3家（长春英利汽车工业股份有限公司、长春吉大正元信息技术股份有限公司、研奥电气股份有限公司），上市在辅导企业9家。

【新三板挂牌公司】 吉林省有新三板挂牌公司70家，占全国新三板挂牌公司总数0.78%，全国排名第23位。70家新三板挂牌公司中，创新层6家，基础层64家，无在审申请挂牌公司。2019年，吉林省新增2家新三板挂牌公司，减少16家新三板挂牌公司。吉林省7家新三板挂牌公司定向增发融资2.28亿元。

【证券经营机构】 截至2019年末，吉林省有证券公司2家，证券分支机构159家，占全国证券分支机构总数1.31%，全国排名第23位。证券分支机构中，证券公司分公司22家，证券营业部137家；吉林省内1家证券公司东北证券所属38家，吉林省外53家证券公司所属121家；长春90家，吉林24家，通化11家，松原8家，延边8家，四平7家，白山4家，辽源4家，白城3家。2019年，吉林省减少7家证券公司分公司、9家证券营业部。证券从业人员4，757人。吉林省证券交易额37784.53亿元，比2018年增长10.55%，占全国的0.50%。其中，股票交易额16493.85亿元；基金交易额1105.07亿元；债券交易额20127.94亿元。吉林省证券经营机构实现手续费收入8.29亿元，增长42.44%，占全国的0.91%。吉林省证券经营机构客户总资产3212.28亿元，增长42.99%；证券投资者开户数326.65万户，增长19.22%，占全国的1.39%。吉林省证券经营机构实现净利润2.04亿元，增长786.96%。吉林省有95家营业部开展融资融券业务，开立融资融券信用证券账户13.54万户，增长19.30%，获批可使用授信额度1545.69亿元，增长12.81%。

【期货经营机构】 吉林省有期货公司2家，期货分支机构8家，占全国期货分支机构总数的0.45%，全国排名第27位。期货分支机构中，期货公司分公司1家，期货营业部7家；吉林省外8家期货公司所属8家；长春7家，吉林1家。2019年，辖区减少期货营业部2家。期货从业人员188人。吉林省期货经营机构实现代理交易额21701.67亿元，比2018年增长139.38%，占全国的0.37%；手续费收入0.32亿元，下降37.25%，占全国的0.24%。期货投资者开户数3.33万户，增长6.64%。客户保证金余额12.07亿元，下降38.57%。期货经营机构实现净利润-0.32亿元，下降52.38%。

【私募基金】 吉林省完成登记的私募基金管理人76家，备案基金111只，管理资金规模295.75亿元。

【服务经济发展】 加大9个对口地区的专业指导及支持力度和重点辅导企业IPO推动力度，培育重点后备企业资源库。上市公司参与精准扶贫，吉林敖东、东北证券等5家上市公司投入扶贫资金724.86万元，帮助建档立卡扶贫人口脱贫175人。开展“保险+期货”试点工作，长春市双阳区、四平市铁东区、辽源市东辽县3个地区开展玉米品种的县域覆盖试点，覆盖当地玉米总产量60%以上，70余万吨，规模居于全国玉米品种试点前列。

（田海彬）

经贸合作

招商引资

【概况】 2019年，全市实际引进外资3.32亿美元，完成全年计划109.1%，比2018年增长20%。有日本、英属维尔京群岛、韩国等18个国家（地区）对长春市有直接投资。其中中国香港、日本、英属维尔京群岛为主要资金来源地，占全市直接利用外资81.8%。

【指标运行特点】 从产业投向情况看，外资投向主要集中在第二、第三产业。直接利用外资在第二产业1.59亿美元，占47.9%；第三产业1.73亿美元，占52.1%。直接利用外资在第二产业主要以制造业为主，分布在汽车制造业；第三产业主要投在批发零售业和商务服务业。从项目审批情况看，全市新批项目比2018年有所增长，合同外资有所下降。全市新批外商投资企业43户，增长7.5%；合同外资金额6.21亿美元，下降26.5%。在已投产外资企业中，增资企业13户，增加投资2.52亿美元；增加合同外资1.06亿美元。有72户世界500强企业落户长春市。从投资方式情况看，在新设立的43户外商投资企业中，合资企业17户，下降5.6%，合同外资3.2亿美元；外商独资企业26户，增长18.2%，合同外资3亿美元。

2019 年长春市利用外资分类情况表

单位：户、万美元

类别	新设企业	投资金额	历年累计
新设立外资企业	43	–	4169
其中，超千万美元企业	11	–	450
投资总额	–	107271.0	4460564.2
其中，超千万美元企业	–	78370.3	3175836.7
实际利用外资金额	–	33154.7	5250455.8
其中，直接利用外资	–	33154.7	–
间接利用外资	–	0	–
合同利用外资金额	–	62129.2	1629926.4
其中，超千万美元企业	–	48848.1	1059033.2
投资领域		合同外资	
第一产业	–	0	–
第二产业	10	20676.2	–
农副产品及食品	1	1233.0	–
光电信息	–	0	–
汽车零部件	2	8633.5	–
生物医药	1	10293.8	–

续表

类别	新设企业	投资金额	历年累计
其他	6	515.9	–
第三产业	33	41452.9	–
投资方式			
合资企业	17	32001.8	–
合作企业	–	0	–
外资企业	26	30127.4	–
外商投资股份制企业	–	0	–
合同外资前 5 位国家或地区			
中国香港	11	32268.1	818291.7
日本	6	5912.6	52956.1
韩国	3	2860.7	25209.6
中国台湾省	3	5106.6	52455.3
冰岛	1	10000.0	10000.0
世界 500 强企业个数	–	–	72

【营商环境优化】 建立外商投资企业投诉工作联席会议制度和外资企业专门服务队伍，提升长春市外商投资服务水平。开展外资企业需求调查，调查593户企业，有问题需求企业28户，协调相关部门研究解决。建立外商投资企业信息台账，强化服务。抓外资企业服务，帮助企业解决实际问题。全市实际引进外资比2018年增长20%。加大“放管服”工作力度，梳理涉及商务领域的7大类21项审批备案事项，提高审批备案效率。

（赵兴华）

对外贸易

【概况】 2019年，全市进出口完成995.7亿元，比2018年下降5.6%。其中，出口148.6亿元，下降2.6%；进口847.1亿元，下降6.1%。长春市进出口占全省76.5%，其中，出口占全省45.9%；进口占全省86.6%。

【指标运行特点】 全年长春市进出口下降幅度呈前低后高，逐月收窄趋势，进出口全年均呈下降趋势。其中，出口增长幅度为前高后低由正转负、进口下降幅度前低后高逐月收窄。出口增速前7个月保持正增长，从8月开始由正转负，由年初的增长13.7%回落至全年的下降2.6%；进口全年均呈下降状态，但下降幅度逐月收窄，由年初的下降32.8%收窄至全年的6.1%。进出口增速比全省平均水平低1.1个百分点，比全国平均水平低9个百分点。全市对“一带一路”沿线国家地区进出口222.1亿元，比2018年增长2.0%，占全市22.3%，占全市进出口比重提升1.6个百分点。在沿线国家和地区中，斯洛伐克、匈牙利、捷克共和国为长春市前三大贸易伙伴，其中，同斯洛伐克、匈牙利贸易分别增长2.3%和16.0%，捷克共和国下降5.3%，3个国家分别占对“一带一路”贸易额的32.8%、22.0%和17.2%。

民营企业首次成为出口第一主体。全市民营企业进出口实现123.6亿元，比2018年增长53.3%，占全市进出口总额12.4%，提升4.8个百分点，其中，民营企业出口52.1亿元，增长73.9%，占全市出口35.1%，占比首次超过国有和三资企业。国有企业进出口318.2亿元，下降8.9%；三资企业进出口554亿元，下降11.3%。

保税区企业进出口增长势头较好。长春兴隆保区实现进出口52.9亿元，比2018年增长4.2倍。其中，出口实现20.97亿元，增长3.7倍；进口实现31.96元，增长4.5倍。重点企业中，长春综保云仓供应链管理有限公司进出口34.4亿元、五丰进出口贸易（长春）有限公司进出口8.9亿元、科捷进出口公司进出口5.1亿元、吉林省誉丰国际物流进出口2.8亿元，以上公司进出口均为净增量，综保区企业净增进出口额42.7亿元，在一定程度上弥补了一汽集团进出口、一汽大众等龙头企业进出口大幅下滑造成的亏空。

外贸进出口主体有所壮大，但规模仍普遍偏小，进出口下降企业占比较大。长春市有进出口实绩（进出口额大于零）企业1057户，其中，出口企业695户、进口企业631户，分别比2018年增加58户、55和35户。进出口企业中，进出口额超1000万元的企业有221户，占进出口企业总数20.9%，进出口1亿元以上的企业54户、10亿元以上的有8户、100亿元以上的仅有一汽大众和一汽进出口集团公司2户企业。出口企业中，出口额1000万元以上的企业115户，占出口企业总数16.5%，出口1亿元以上的企业24户、出口10亿元以上的企业仅有综保云仓供应琏、一汽进出口公司和轨道客车3户企业。

2019 年长春市进出口综合情况表

金额单位：万元

项目	金额			比重		
	本期	同期	比 2018 年 ±%	本期	同期	比 2018 年 ±%
一、进出口总额	9957466	10546408	-5.58	–	–	–
出口额	1486168	1525384	-2.57	14.93	14.46	0.46
进口额	8471297	9021024	-6.09	85.07	85.54	-0.46
二、出口按商品构成						
初级产品	126888	148659	-14.65	8.54	9.75	-1.21
工业制成品	1359280	1376744	-1.27	91.46	90.26	1.21
三、进口按商品构成						
初级产品	172954	280619	-38.37	2.04	3.11	-1.07
工业制成品	8298343	8740405	-5.06	97.96	96.89	1.07
四、出口按企业性质						
国有企业	520398	722709	-27.99	35.02	47.38	-12.36
外商投资企业	444870	503061	-11.57	29.93	32.98	-3.05
私营及其他	520900	299614	73.85	35.05	19.64	15.41
五、进口按企业性质						
国有企业	2661344	2771766	-3.98	31.42	30.73	0.69
外商投资企业	5095230	5742954	-11.28	60.15	63.66	-3.51
私营及其他	714723	506304	41.16	8.44	5.61	2.82
六、出口按贸易方式						
一般贸易	935361	996419	-6.13	62.94	65.32	-2.38
加工贸易	329187	498098	-33.91	22.15	32.65	-10.50
其中，来料加工	12808	18051	-29.05	0.86	1.18	-0.32
进料加工	316379	480047	-34.09	21.29	31.47	-10.18
其他贸易	221620	30886	617.54	14.91	2.02	12.89
七、进口按贸易方式						
一般贸易	8041705	8801057	-8.63	94.93	97.56	-2.63
加工贸易	77764	114658	-32.18	0.92	1.27	-0.35
其中，来料加工	17141	14469	18.47	0.20	0.16	0.04
进料加工	60624	100190	-39.49	0.72	1.11	-0.39
其他贸易	351826	105193	234.46	4.15	1.17	2.99
八、农产品进出口额	305359	442744	-31.03	3.07	4.20	-1.13
出口额	149227	177577	-15.96	10.04	11.64	-1.60
进口额	156132	265166	-41.12	1.84	2.94	-1.10

注：其他贸易包括对外承包工程货物、保税仓库进出境货物等

2019 年长春市出口主要商品情况表

金额单位：万元

商品名称	金额			比重		
	本期	同期	比 2018 年 ±%	本期	同期	比 2018 年 ±%
总计	1486168	1525403	-2.57	-	-	-
* 机电产品	970303	968572	0.18	65.29	63.50	1.79
* 高新技术产品	118605	137549	-13.77	7.98	9.02	-1.04
主要商品小计	816952	902126	-9.44	54.97	59.14	-4.17
1. 汽车零件	179152	145037	23.52	12.05	9.51	2.55
2. 汽车	169072	216173	-21.79	11.38	14.17	-2.80
3. 轨道客车及零件	142473	238261	-40.20	9.59	15.62	-6.03
4. 实木复合地板	64699	71506	-9.52	4.35	4.69	-0.33
5. 抗菌素	56534	68820	-17.85	3.80	4.51	-0.71
6. 蛋白粉等食品残渣或饲料	46129	66638	-30.78	3.10	4.37	-1.26
7. 通断保护电器装置及零件	48937	51135	-4.30	3.29	3.35	-0.06
8. 液晶显示板	34767	635	5373.68	2.34	0.04	2.30
9. 内燃发动机	42508	3978	968.45	2.86	0.26	2.60
10. 服装及衣着附件	32681	39943	-18.18	2.20	2.62	-0.42

注：“机电产品” “高科技产品” 包括本表中已列名的有关商品

2019 年长春市进口主要商品情况表

金额单位：万元

商品名称	金额			比重		
	本期	同期	比 2018 年 ±%	本期	同期	比 2018 年 ±%
总 计	8471297	9021024	-6.09	-	-	-
* 机电产品	7722708	8184213	-5.64	91.16	90.72	0.44
* 高科技产品	1431843	1351089	5.98	16.90	14.98	1.93
主要商品小计	6476468	7500640	-13.65	76.45	83.15	-6.69
1. 汽车零件	2667742	3441555	-22.48	31.49	38.15	-6.66
2. 汽车	1746930	1763631	-0.95	20.62	19.55	1.07
3. 计量检测分析自控仪器及器具	565456	570263	-0.84	6.67	6.32	0.35
4. 通断保护电器装置及零件	370699	401947	-7.77	4.38	4.46	-0.08
5. 电视、收音机等电讯设备零件	338248	293215	15.36	3.99	3.25	0.74
6. 塑料及橡胶制品	216169	208939	3.46	2.55	2.32	0.24
7. 钢铁制品	179555	208005	-13.68	2.12	2.31	-0.19
8. 内燃发动机	177851	277360	-35.88	2.10	3.07	-0.98
9. 大豆	105672	220824	-52.15	1.25	2.45	-1.20
10. 集成电路	97978	109024	-10.13	1.24	1.29	-0.04

注： “机电产品” “高科技产品” 包括本表已列名的有关商品

2019 年长春市重点出口企业情况表

金额单位：万元

序号	企业名称	本期	同期	比 2018 年 ±%
	小计	1053237	1073200	-1.86
1	长春综保云仓供应链管理有限公司	183393	0	-
2	中国第一汽车集团进出口公司	169778	238062	-28.68
3	长春轨道客车股份有限公司	146721	237113	-38.12
4	大陆汽车电子（长春）有限公司	86572	139608	-37.99
5	吉林中粮生化能源销售有限公司	90595	95749	-5.38
6	帝斯曼生化中间体（长春）有限公司	56428	68790	-17.97
7	世倍特汽车电子（长春）有限公司	48147	0	-
8	福耀集团长春有限公司	31402	31778	-1.18
9	法雷奥压缩机（长春）有限公司	28917	12030	140.38
10	吉林大华机械制造有限公司	28309	35486	-20.22
11	一汽－大众汽车有限公司	22912	11796	94.23
12	长春德林木业有限公司（兴家地板更名）	22046	20823	5.87
13	长春迪瑞医疗科技股份有限公司	19325	16149	19.67
14	吉林新合木业有限公司	19320	23067	-16.24
15	长铃集团长春摩托车工业有限公司	18843	18679	0.88
16	长春大成实业集团惠成进出口有限公司	18216	0	-
17	长春大合生物技术开发有限公司	17941	78257	-77.07
18	吉林德大有限公司	15700	21331	-26.40
19	长春博泽汽车部件有限公司	15260	14667	4.05
20	锦湖轮胎（长春）有限公司	13412	9815	36.65

2019 年长春市重点进口企业情况表

金额单位：万元

序号	企业名称	本期	同期	比 2018 年 ±%
	小计	8110535	8614274	-5.85
1	一汽－大众汽车有限公司	4223309	4702604	-10.19
2	中国第一汽车集团进出口公司	2661344	2502473	-2.39
3	长春综保云仓供应链管理有限公司	160443	18	-
4	世倍特汽车电子（长春）有限公司	147450	0	-
5	大陆汽车电子（长春）有限公司	133967	358099	-62.59
6	长春轨道客车股份有限公司	120311	142108	-15.34
7	九三集团（长春）大豆科技股份有限公司	105672	220824	-52.15
8	长春富奥石川岛增压器有限公司	103479	92417	11.89
9	五丰进出口贸易（长春）有限公司	88946	0	-
10	科捷进出口有限公司	50841	0	-
11	长春博泽汽车部件有限公司	40496	44832	-9.67
12	长春皓月清真肉业股份有限公司	39399	27725	42.10
13	长春新运仓储有限公司	38108	47403	-19.61

续表

序号	企业名称	本期	同期	比 2018 年 ±%
14	一汽－凯尔－海斯汽车底盘有限公司	37368	41774	-10.55
15	法雷奥压缩机（长春）有限公司	30032	16570	81.25
16	一汽丰田（长春）发动机汽车有限公司	28570	33843	-15.58
17	吉林省誉丰国际物流有限公司	27451	0	-
18	长春奥托立夫贸鸿汽车安全系统有限公司	27181	38467	-29.34
19	吉林省国际仓储运输有限公司	24343	40762	-40.28
20	吉林省福达集团有限公司	21825	35062	-37.75

【搭建对外贸易交易平台】 组织外贸企业参加“广交会”“华交会”“加博会”“华博会”“高交会”“上海地材展”、中俄博览会、朝鲜平壤国际商品展、韩国首尔国际食品展等国内外展会，推动长春市商品和企业走向国际市场，“广交会”春秋两届出口成交额分别比2018年增长112.48%和18.6%。借助“进博会”这一国家级开放平台，组织452户企业开展经贸洽谈，实现意向采购金额9.48亿美元。

【跨境电商发展】 出台《中国（长春）跨境电子商务综合试验区建设实施方案》和《中国（长春）跨境电子商务综合试验区发展专项资金实施细则》，确定配套政策及资金保障，推动跨境电商发展，全年跨境电商交易额增长10%。

【加快服务外包示范城市建设】 在商务部2019年公布的“2017年度中国服务外包示范城市综合评价结果”中，长春市在全国31个示范城市中排名第16位，比2018年上升7位;在中西部和东北地区15个示范城市中排名第4位，上升4位，位列东北地区首位。制定长春市《促进服务贸易创新发展的实施意见》，举办“首届全球（长春）制造业服务外包峰会”，扩大国际、国内制造业及服务外包领军企业与长春市交流合作。全市服务外包离岸执行额10639万美元，比2018年增长10.6%，产业规模占全省84.0%左右。离岸服务外包执行额首次突破1亿美元。从业务类型来看，ITO（信息技术外包）、BPO（业务流程外包）、KPO（知识流程外包）分别为3569万美元、117万美元和6952万美元，分别占比33.6%、1.1%和65.3%。随着大量工业设计、检验检测、工程设计等知识流程外包（KPO）业务从制造业中剥离，知识流程外包业务占全市服务外包的比重持续扩大。从承接离岸业务国别来看，主要业务来源为美国、加拿大、日本、韩国、泰国等24个国家和地区;其中离岸业务执行额排名前三的国家分别为泰国、澳大利亚和美国，离岸执行额分别为3113万美元、2869万美元和2360万美元。主要涉及软件研发、工业设计、工程技术服务、光电子、生物医药、化工技术研发、呼叫中心业务运营、汽车导航系统研发及测试、维修维护服务等领域。

【开发区发展】 在全省112个开发区考核排序中，长春市4个国家级开发区位列全省国家级开发区排名前4位，13个省级开发区位列全省省级开发区排名前25位。解决高新区八一水库建设及区划、汽开区增设3个街道办事处、绿新大市场区域土地等开发区重大历史遗留问题。

【提升口岸功能】 国家海关总署同意兴隆铁路集装箱场站继续对外开放;长春新区国际港务区投入使用;推进进境食用水生动物、药品进口口岸申报;整车进口口岸通过验收，首批164台、货值6398万元的进口车辆抵达长春。航空口岸出入境人数和进出港运输架次分别比2018年增长6.8%和8.6%。

【拓展对外开放通道】 “长珲欧”班列完成运行测试，“长满欧”等中欧班列常态化运营。“长满欧”班列承运进出口货物45229标箱，货值135.48亿元。长春新区国际港务区承运1560标箱，货值5.59亿元。中欧班列承运货物46789标箱，货值141亿元。长春中欧班列在欧洲境内连接10个国家30个站点，在俄罗斯境内覆盖80余个站点。“长满欧”货运班列服务企业2100余户，不仅服务省内众多企业，还吸引大量国内、国际中转、过境及国际仓储货源。

【对外经济技术合作】 制定实施《沿中蒙俄开发开放经济带发展规划》方案，推动在俄罗斯、蒙古设立泰源俄罗斯农牧业产业园区、泽尔木霍尔木材工业园、中蒙现代农牧业园区等境外经贸合作园区发展。2019年长春市企业对俄罗斯、美国、加拿大、德国等8个国家（地区）的19户境外企业进行非金融类直接投资（户数比2018年增长27%），中方协议投资总额5676万美元，减少24%，投资领域主要包括农业种植、木材加工、能源开发、电子机械制造、生物医药、货物贸易等。其中，“一带一路”国家5个，占比26%。对外承包工程、劳务合作属地完成总额实现44497万美元，减少11%。其中，对外承包工程营业额23047万美元，外派劳务人员实际收入21450万美元，新增外派劳务6501人次。

（赵兴华）

长春海关

【概况】 机构改革后，长春海关在原有监管、征税、打私、统计等职能基础上，增加检验检疫职能。内设机构18个，下设17个正处级隶属海关单位，实现吉林省地级区域隶属海关机构全覆盖。推进新设隶属海关建设，长春兴隆海关、长春龙嘉机场海关、长春邮局海关、绿园海关完成更名挂牌，辽源海关正式开关，四平、长白山海关完成选址。机构改革“三定”工作在全国直属海关考核验收中取得第二名。

【业务改革】 长春海关分2批推进9项改革事项，承办的署级“全国海关报关单运行监控项目”完成开发测试和试点运行，启动“两步申报”首批改革试点。建立改革问题收集反馈机制，收集反馈、协调解决各类改革问题45项，其中上报海关总署3项。

【强化监管】 2019年，监管进出口货物619.7万吨，货值663.6亿元，进出境运输工具18.7万次，邮快件243.2万件。强化实际监管，构建4项联动机制，加强边贸、邮快递物品、跨境电商等重点领域监管。优化监控指挥中心功能，发布预警建议154条、纠正执法不规范情况22次。强化通关监管环节反恐工作，开展“扫黄打非”“龙腾2019”行动，查获违禁出版物860件、侵权货物1538件。加强后续监管，深化稽查集约化改革，办结稽查作业87起、核查作业111起，实现追补税款2.4亿元。严厉打击“洋垃圾”、象牙等濒危野生动植物及制品、毒品及精神类药品走私，查获并退运合金钢废碎料176.2吨，查扣象牙、犀牛角等211件，冰毒103.3克、盐酸曲马多2237粒、大麻油600毫升、氟硝西泮600粒；全链条严控非洲猪瘟，截获猪肉及制品511批次、1098千克，检出阳性结果25个。

【通关效率提速】 2019年，长春关区进出口货物整体通关时间分别压缩至38.03小时和1.92小时，分别比全国平均水平快3.38小时和2.08小时。推动78项办事事项实现“最多跑一次”，90%实现“零跑动”；“单一窗口”主要业务应用率实现100%。率先完成企业注销便利化改革；新增2户企业获得AEO高级认证。落实减税降费政策，减征增值税12亿元，特定减免税2.3亿元，进口货物利用优惠贸易协定享惠减免税款6295万元；开展专项清理整治、推动涉企收费下降53%。开展税政调研，上报20项报告、被海关总署采用1项。

【支持外贸发展】 推动珲春出口加工区升级为综保区、延吉空港保税物流中心（B型）通过验收，珲春设立跨境电商综试区。落实长春综保区21条新政，推动长春兴隆整车口岸开关运行，落实进口整车检验第三方采信等便利化措施，验放首批164辆进口汽车。支持中欧班列、珲马铁路、内贸外运航线、“滨海2号”增量运行，监管“长满欧”货物10.6万吨、增长44%，完成“长珲欧”完成首票测试。邀请俄罗斯远东海关局局长代表团到访，就加强双方合作促进跨境贸易便利化举行会晤，双方签订会晤纪要。支持吉林省开展内贸货物跨境运输新航线业务。2019年吉林省内贸货物跨境运输通过吉林珲春—俄罗斯扎鲁比诺—宁波舟山内贸货物跨境运输航线运输货物962个标准集装箱，重20708.4吨，货值3.7亿元。完成第十二届东北亚博览会、土库曼斯坦汗血宝马演艺活动监管服务工作。

【税收征管】 推动“关税保证保险”“汇总征税”和“自报自缴”、新一代电子支付等改革措施落地、扩大应用范围。推进属地化验、预裁定等工作。关区税收入库100.4亿元，其中，归类、审价等补税910万元。发挥统计监测预警作用，统计分析及监测预警信息被中办国办、总署、省委省政府采用60篇，其中，获署领导、省领导批示15篇。

【打击走私】 开展“国门利剑”“蓝天”“国门勇士”和“靖边”等联合专项行动，立案侦办走私犯罪案件87起、案值3.53亿元、涉税0.14亿元，查办行政案件366起、案值0.73亿元、涉税325万元，署局挂牌督办案件4起。其中查办走私濒危物种制品进境案件10起；侦办走私毒品案件9起。会同驻地边检、部队查办绕越非设关地走私违法案件103起。打好大庆安保维稳攻坚战，查办走私枪支进境案4起，查扣气动力枪支10支。

【检验检疫】 检验检疫进出口货物5.5万批次、货值521.4亿元，抽检不合格货物253批次、1.7亿元。检疫查验出入境人员293.2万人次、确诊传染病病例40人次，健康体检2.79万人次，确诊传染病病例151人次；设置外来有害生物监测点121个，关区首次监测到1种检疫性有害生物；对4类动植物产品的52个项目开展监控，报告监测结果661个；以最严格措施全链条防控非洲猪瘟疫情，口岸作业现场落实“3个100%”。落实进口食品准入制度，协助总署对古巴、玻利维亚等开展肉类、水产品进口准入考核，实现科曼多鱿鱼进口419吨，扩大资源性食品进口。严禁环保不合格煤炭进口，对检出氟超标的4682吨进口煤炭实施退运；检出不合格进出口危化品22批次、销毁6批次，有效防止安全事故发生。

（戴红梅）

开发区发展综述

【概况】 2019年，全市有各级各类开发区28个。其中，国家级开发区4个，即，长春新区、长春经济技术开发区、长春汽车经济技术开发区和长春净月高新技术产业开发区。省级经济开发区16个，省级工业集中区5个，市级开发区3个。

长春高新技术产业开发区于1988年5月经吉林省人民政府批准建立，1991年3月经国务院批准成为首批高新技术产业开发区，是吉林省第一个开发区和第一个国家级开发区。长春高新区地处长春市西南部，与长春南部新城和长春汽车经济技术开发区、朝阳区、南关区毗邻。辖区面积55平方千米，辖1个乡、1个街道办事处、7个村、19个社区，人口21.3万人。主导产业为汽车及零部件产业、生物医药健康产业、光电子产业、现代服务业、新材料新能源产业。

长春经济技术开发区于1992年7月成立，10月进入省级开发区序列。1993年4月，经国务院批准为国家级经济技术开发区，是国家最早设立的49个国家级经开区之一，规划面积112平方千米。2011年，吉林省政府依托长春经开区建设吉林省唯一的综合保税区，长春兴隆综合保税区于2014年3月正式封关运营，是全国第19个、吉林省首个综合保税区，与经开区实行“一支队伍、两块牌子”的运营管理模式。长春经开区辖区面积106.88平方千米，辖1个镇、4个街道办事处、29个社区、8个村，常住人口40万。历经27年开发建设，长春经开区坚持工业立区、产业立区，抓住实体经济和对外开放两大主题，形成汽车整车及零部件、农产品深加工、现代服务业三大主导产业以及智能制造、光电信息、国际贸易等八大战略性新兴产业的发展格局。

长春汽车经济技术开发区2005年9月挂牌成立，2012年经国务院批准晋升为国家级经济技术开发区，主要承担一汽办社会、发展汽车产业、建设长春西南新城区3项职能，是长春国际汽车城的核心区。开发区行政管辖面积110平方千米，建成区面积63平方千米，管辖2个街道办事处，9个行政村，总人口23万。被评为国家新型工业化示范基地、国家生态工业示范园区。

长春净月高新技术产业开发区位于长春市东南部，成立于1995年8月，原名为长春净月潭旅游经济开发区，2006年3月更名为长春净月经济开发区，2011年初，经吉林省人民政府批准转型更名为长春净月高新技术产业开发区，2012年8月，经国务院批准，晋升为国家级高新技术产业开发区。下辖3个整建制镇和7个街道办事处，区域面积478.7平方千米，总人口40余万人。主导产业为现代服务业。

【改革政策与措施】 按照国家《关于促进开发区改革和创新发展的若干意见》（国办发〔2017〕7号），《关于推进国家级经济技术开发区创新提升打造改革开放新高地的意见》（国发〔2019〕11号）和吉林省《关于开展开发区体制机制创新试点工作的意见》（吉办发〔2017〕15号），《关于促进开发区改革和创新发展的实施意见》（吉政发〔2018〕13号）4个对开发区改革创新的纲领性文件要求，研究分析、贯彻落实，结合长春市开发区实际出台长春市《关于促进开发区改革与创新发展的若干意见》（长办发〔2018〕5号）、《关于促进开发区改革与创新发展试点方案》（长府办发〔2018〕8号）2个开发区改革的政策文件，为推动长春市开发区改革提供政策依据，以市开发区领导小组名义下发《关于促进开发区改革与创新发展重点任务分解》，将改革任务细化为12个方面40项任务，分解到57个责任单位（其中牵头单位18个）推进落实，保障长春市开发区改革进行。

（刘一宁）

长春新区

【概况】 长春新区是2016年2月3日由国务院批复设立的第17个国家级新区，主体位于长春市东北部，紧邻长春市主城区，批复面积499平方千米，管辖范围包括长春高新技术产业开发区、长春北湖科技开发区、长德经济开发区、空港经济开发区4个区域。下辖2个乡、5个街道、51个村、32个社区，常住人口55万余人。2019年，按新口径统计，长春新区地区生产总值750.3亿元，比2018年增长6.4%；规模以上工业产值839.6亿元，增长5.2%；固定资产投资408.8亿元，增长16.2%；一般公共预算收入18.1亿元，增长8.8%，其中税收收入占84%；社会消费品零售总额139.4亿元，增长4.8%；各类市场主体月均增加800户，4.4万户；产业用地出让1.08平方千米，占全市28.3%。主要经济指标增速在市直开发区中排名第一。

【招商引资】 2019年，开展“走出去、请进来”招商活动近300次，引进内资187.42亿元、利用外资8070万美元，新引进产业类项目109个，包括总投资300亿元中国恒大集团长德经济开发区文旅小镇项目、总投资40亿元硅谷未来城项目、总投资14亿元冰岛安沃高新生物生产基因工程抗体类药物项目、总投资13.43亿元长春圣博玛生物材料有限公司生物医用材料和高值医疗器械研发与产业化项目、总投资8亿元长春桃李面包有限公司面包系列烘焙食品生产基地项目等。储备在谈项目183个，包括总投资1000亿元深圳市宝能投资集团有限公司产业集群、总投资200亿元东北亚国际物流枢纽及国际商贸合作区、总投资100亿元中国恒大集团新能源汽车动力电池、总投资60亿元广州富力地产集团有限公司长德富力城等项目。

【项目建设】 2019年，开工5000万元以上项目174个，总投资1377亿元，其中产业类项目93个，占53.5%。总投资94.5亿元天都国际商务中心3栋超100米建筑全部封顶；总投资63亿元龙翔国际商务中心A区完成主体建设，总投资50亿元亚泰医药产业园交付使用，总投资50亿元京东亚洲一号项目3栋单层库和2栋双层库全部完工；总投资50亿元晰晰现代农业产业园总部大楼、研发大厦部分投入使用；总投资35亿居然之家完成商业综合体主体施工；总投资25亿元新

长春新区–北湖科技园 （张 健 提供）

城吾悦广场商业综合体进行内部装修；总投资7.9亿元装配式建筑产业园中润钢结构项目部分生产线生产。富奥翰昂汽车零部件（长春）有限公司新能源汽车零部件、一汽轿车红旗车型装备能力提升等产业项目将建成投产。

【开放平台】 国际港完成核心区5平方千米基础设施建设，海关监管作业场所通过海关验收，中欧班列全年运行12列；国际空港海关监管快件中心、保税物流园区B型等功能设施推进建设，空港被确定为长春跨境电商综合试验区试点单位，临空经济示范区列入国家批复序列。长春中俄科技园建立8个国际联合实验室，成为吉林省内唯一“国家级国际引智示范基地”；长春中白科技园主体建筑封顶，长春中日智能制造产业园与近20户日本企业达成合作意向。吉浙新经济园区完成规划设计，津长产业园正式挂牌，均储备一批优质项目。与10个国家级新区签署战略合作协议。

【科技创新】 国家科技成果转移转化示范区核心区启动建设，联合区内高校院所、龙头企业及基金平台，搭建起科技成果转移转化合作联盟；中国知识产权运营服务中心及东北第一家知识产权法庭落户长春新区；华为研究院及联合创新中心正式落位，华为研究院投入运营；长春·中关村创新中心签约项目60个，长春北湖科技园三期完成主体建设，入驻企业360户；中科院（吉林）科技产业创新平台落户企业20余户。长春市科技大市场完成技术交易额390亿元，全区兑付创新券金额2323万元，高新技术企业480户，科技型“小巨人”企业发展到239户，均占全市三分之一左右；“吉林一号”卫星在轨卫星数增至16颗。上海证券交易所企业上市服务吉林工作站落户长春新区，开启企业上市融资“直通车”。吉林省英辰科技股份有限公司成为全省唯一新登“新三板”挂牌企业；吉大正元信息技术有限公司、长春英利汽车工业股份有限公司2户企业主板上市申请进入最后审核，新增5户企业进入省级上市后备资源库。推行“新金贷”贷款融资模式，建立“政府+银行+担保”合作模式，长春新区首期出资1000万元设立风险补偿金，担保公司提供等额保证金，银行按照风险补偿金总额放大20倍给予授信，重点为纳入“新金贷”支持范围企业提供贷款。“长白慧谷”英才计划评选高层次人才131名；投资4000余万元建成120套人才公寓；落实新引进优秀人才生活补贴、住房保障支持等人才政策，惠及区内1200余名优秀人才；“人才管理改革试验区”建设经验获全国最佳案例奖。

【城市建设与管理】 长春新区入选国家城乡融合发展试验区。“三路七桥”加快建设，重要路段和交通节点具备通车条件；国际物流园起步区7条道路部分实现通车，17条新建道路全面启动；空港经济开发区核心区主干路网基本形成，机场水电配套工程按时完工，确保机场二期投入使用和长吉高速正常通车。伊通河北北段综合治理工程基本完成，空港经济开发区核心区污水处理厂达标运行，饮马河空港经济开发区段水质常态化达到四类标准，春明湖园林景观工程推进。集中整治城市乱象，开展垃圾分类工作，改善城市秩序、服务功能，在全市城市管理工作考评中4次排名第一。集中整治农村环境，投资近1亿元，完成5个村12个社整治任务，西营城街道石人沟村被长春市评为10个美丽乡村示范村之一。加快“数字新区”建设，“雪亮工程”部分上线，“智慧城市”完成系统平台软件搭建工作，“数字新区运行指挥中心”建设完成。

【营商环境】 实施审批制度改革，推出4块“标准地”，最快9个工作日内完成施工前所有审批手续；长春新区政务服务中心可办理30余个业务板块1145项行政审批和公共服务事项，成为全省第一家全部门、全事项进驻的政务服务中心。开展“万人助万企”行动，打造高管微信群、企业家座谈会等服务品牌，及时有效化解涉企问题。通过组织企业开展市场拓展、融资租赁路演、到“双一流”高校招聘、域外培训等活动，助力企业发展；推出“重点企业巡礼”活动，帮助企业扩大宣传，提升企业品牌影响力。借鉴外地先进经验，制定并完善促进民营经济高质量发展、促进总部经济发展等8个方面扶持政策，在全省率先推出企业开办“零成本”惠企政策。长春新区以营商环境为主突破口的改革经验在吉林省全面深化改革委员会会议上作专题汇报，在《吉林工作交流》12期刊发，《经济日报》头版头条进行报道。

【民生服务】 “幸福新区行动计划”48项民生实事全部完成。实施长春高新区慧谷学校超强校区、空港经济开发区长春市直机关幼儿园等8个新建、扩建项目；长春通源医院二期主体完工，吉林国健高新妇产医院、吉林大学中日联谊医院北湖院区投入运营。组建长春新区及所属各开发区退役军人服务中心，精准扶贫任务基本完成，反馈问题全部整改；就业补助资金使用率100%，城镇登记失业率实际控制在4%以内。严格落实安全生产责任，组织重点企业开展应急演练273次。开展扫黑除恶专项斗争，打掉一批黑恶势力；解决群众反映突出问题62件，妥善处理多年积累长春万浦小镇小区、长春隆都世界湾小区等20余个重点难点信访问题。

（张　健　杨岚菲）

5月8日，长春兴隆综合保税区高新技术企业孵化园　（梁晓亮　提供）

长春经济技术开发区

【概况】 长春经济技术开发区（以下简称长春经开区）于1992年7月成立，10月进入省级开发区序列。1993年4月，经国务院批准为国家级经济技术开发区，是国家最早设立的49个国家级经开区之一，规划面积112平方千米。2011年，吉林省政府依托长春经开区建设首个综合保税区于2014年3月正式封关运营，是全国第19个综合保税区。长春经开区辖区面积106.88平方千米，辖1个镇、4个街道办事处、29个社区、8个村，常住人口40万。

【经济运行】 2019年，长春经济技术开发区地区生产总值（GDP）705.3亿元，比2018年增长5.4%，占长春市的11.9%；规模以上工业总产值934亿元，占长春市的10.9%；固定资产投资185.5亿元，增长19.4%；社会消费品零售总额197.8亿元，增长3.7%；进出口总额25.3亿美元，增长15.6%，其中，出口7.9亿美元，增长49.7%；进口17.4亿美元，增长4.73%。直接利用外资8667.8万美元，增长23.5%；利用域外内资178.99亿元，增长15.8%。一般预算全口径财政收入68.9亿元，区本级财政收入13.1亿元，增长3.1%。

【招商引资】 全年完成签约项目179个，比2018年增长38%。其中，亿元以上项目20个，包括5亿元-10亿元项目4个，10亿元以上项目4个。19个租厂房项目利用标准厂房20.66万平方米，9个项目实现当年签约、当年达产见效。

【项目建设】 全年落实5000万以上建设项目142个，其中，产业类项目111个，占比78%；10亿元以上大项目34个，占比24%。新项目建设快速推进，万丰、吴太二期、中通等重点项目进展顺利，丰田发动机、华众延锋彼欧等工业项目建成投产，顺丰等物流项目实现运营，瑞美、首地荟等现代服务业项目加快建设，摩天活力城成为长春新地标。会展中心获得中国十佳品牌，会展中心等4项国家级行业大奖。马瑞利、福斯2户企业年产值突破10亿元。

【转型升级】 全年25个项目扩能升级，总投资65亿元，全部达产后可实现产值百亿元以上。国家发改委、科技部、工信部、自然资源部、国家开发银行等五部门正式授予经开区“国家产业转型升级示范园区”称号，综保区工业孵化园、石墨烯产业园2个项目获得6076万元转型资金。大陆电子、富维安道拓等33户企业上榜长春工业企业100强，位居全市各县市（区）首位。

【科技创新】 新增国家高新技术企业62户，比2018年增长170%；新增吉林省科技小巨人企业24户，增长300%。三鼎变压器、大成生化获国家科技进步二等奖，珩辉光电、中盈志合获全国双创大赛初创组第三名，奥普光电作为全省唯一上榜企业入选2019年国家技术创新示范企业。科创广场等三大创新平台入住率95%以上，张洪杰、王立军、姜会林等院士团队项目取得进展。特别是王立军院士团队创办的慧眼神光公司“固态激光雷达智能芯片系统”项目入围国家工信部《新一代人工智能产业创新重点任务揭榜计划》智能网联汽车专项，标志从国家战略层面上确认公司的榜首地位。路易凯威、智宸光电、稳拓通信等孵化项目成长迅速，王会军院士与中农阳光共建的智能监测站完成全国千站建设目标。

【综保区建设】 综保区功能更加完善，发展质量明显提高，整车进口口岸实现“当年验收，当年运营”。药品进口口岸有望上半年获批。“长满欧”班列承运量10246标箱，比2018年增长8.7%，其中本地货物占比52%，货量增长67.8%。大连港至长春的全省首班海铁联运班列开通，天津长春无水港正式揭牌并实现试运行。新增注册外贸企业63户，227户，增长38.41%。综保区园区业务额100亿元，增长30%，其中一线进出口额50亿元，增长400%，总量和增速在东北综保区中均排名第一。

【基础设施建设】 全年增加绿化量23万平方米。大连路、东朝阳沟2条8.5千米的排水主动脉建成通水，解决专用车园区雨污合流问题。建成总长5千米的金钱沟截污干管工程，解决安龙回迁楼区域污水排放问题。安龙及金色家园二期回迁楼交付使用。兰州社区用房建设完成。大连路消防站和环卫基地办公楼建设完成。综保区及北区路网全面开工建设，为项目落位提供重要保障。综保区沈阳大路建成通车，打通北区的道路节点，提升交通出行效率。

【营商环境】 推进“万人助万企”行动，收集企业反映问题664件，解决639件，解决率96%，企业满意率100%。企业服务日等特色载体活动常态化开展，在载体创新上继续引领全市之先，首推政务“5+1”服务星期六和“局长窗口服务日”活动，获社会好评，诚信政府建设得到各界认可。全区260项常办业务审批时限压缩30%以上，98%的事项可实现“最多跑一次”，审批效率稳步提高。全年新增企业4363户，比2018年增长28.56%，新增个体工商户6606户，增长14.8%。全区各类市场主体69046户，增长18.13%。在《2019年全国经开区营商环境指数报告》中，经开区营商环境指数排名第16，企业增速排名全国第6。

【生态环境治理】 实施“农村人居环境整治”，对全区6个村21个自然屯实施环境整体改造，打造安龙、黎明2个人居环境样板工程。

【民生服务】 投资近20亿元，完成年初确定的85件民生实事。民生大厦投入使用。举办首届群众文化体育艺术节等文体活动，文化惠民初见成效。社区建设取得成效，新成立锦州社区，全区千米社区96%，农村服务用房面积全部达标，3家社区卫生服务中心即将投入使用。聘用制教师实现同工同酬，班主任津贴提到全市最高。力行小学交付使用，洋浦初中部、昆山、二十一中完成主体建设。华侨公寓、化油器宿舍等老旧散小区完成改造。供热质量提升，投诉量始终保持全市最低，供热集团连续两年位列全市第一。

（梁晓亮）

长春净月高新技术产业开发区

【经济发展】 2019年，长春净月高新技术产业开发区经济社会实现持续较快的发展，生产总值386.7亿元，比2018年增长3.2%。其中，一产增加值完成1.8亿元，增长11.3%，二产增加值完成66.2亿元，下降3.9%（其中，工业增加值完成22.8亿元，下降15.4%；建筑业增加值完成43.4亿元，增长5.5%）；三产增加值完成318.7亿元，增长5%。固定资产投资增速183.6亿元，增长8.2%。规模以上工业总产值80.9亿元，下降23.9%。地方级财政收入9.89亿元，增长10%。社会消费品零售总额86.4亿元，增长3.9%。实际利用内资143.2亿元，增长15%。实际利用外资3150.4亿元，增长10%。深化“专班抓项目，万人助万企”，列入专班服务项目116个，开复工92个。实施“精准招商”，引进产业项目63个，签约37个、直接摘牌21个，投资1338亿元。特别是万达文旅项目，作为长春市“专班抓项目”以来的千亿级项目，对于长春市现代服务业的转型升级，具有重要的带动作用。

【城市建设】 全年完成基础设施、公建设施、民生及乡村振兴等城建类投资20.52亿元。基础设施工程，和美路拓宽、丙四十六路等17条道路实现竣工通车，新建道路13.6千米，铺设排水管线52千米，新增沥青路面33.7万平方米，安装路灯1078盏，新设交通信号灯25

处，完成人行步道铺装35项31.5万平方米。西部供水加压泵站完成竣工验收，现已通水运行。净阳、净西、彩宇变电站正式实现并网供电，解决水、电供应紧张问题。铺设供热主线管道5千米，新增供热能力120万平方米。随道路同步铺设燃气、信息管线，全区燃气日供能力42万立方米。公建设施工程，公园禁车配套设施的正门地下通道、正门停车场已竣工交付使用，配备9套自动驻车系统1806个地下车位，为景区游客通行和停车提供便利。民生及乡村振兴工程，丰裕二期等19个住宅小区雨污分流改造工程完毕，完成管道施工1.9万米，砌筑井室907座，恢复沥青路面9.6万平方米。新建乡村道路44千米、安装路灯561盏，改善和提高乡村交通条件。生态治理工程，协调市相关部门解决伊通河南南段征拆问题，加快净月流域综合治理工程建设。区内各沟道黑臭水体已整治完毕。治理河道14.8千米，完成雾开河、后三家子沟、靠边王沟、靠边王支沟河道清淤3.5千米。供水移交工作，区域二次供水正式移交至市水务集团，纳入全市供水整体规划和运行管理范围。移交净月大街以西、博会路以东建成区供水面积近20平方千米，供水管线80多千米，供水居民小区79个、学校13所、商户218户、企事业单位119个。解决建区以来因管网末端水量不足、高峰期用水紧张问。市政维护，全年完成道路灌缝40万米、维修破损路面6.5万平方米，清掏排水管道80千米、污水井4000座，新建和融路排水管道1300米；完善监测路灯8000余套，信号灯58套；完成生态大街世光路路口、公园正门轻轨站点改造任务，确保区内交通顺畅，以及市政设施运行稳定。

【民生发展】 完成70件惠民实事。主要包括6个方面：破解教育难题，启动华蕴学校（九年制中小连读）、净月一实验中学、玉潭小学二期、净月潭实验小学综合楼的续建工作，完成明泽学校施工图纸设计和中部规划学校方案设计；打造文体活动项目，举办瓦萨滑雪节、森林马拉松赛、森林自行车赛等大型赛事，组织净月文博之旅、森林音乐会、农民趣味运动会等文体活动；完善基础设施，建设丙四十六路等道路20条，维修破损路面6.5万平方米，新建换热站5座、新增供热能力120蒸吨，公园正门停车库竣工投入使用、西门停车库年底安装完成，生态大街精品街路打造全部竣工；兜底做好社会保障，全区58个包保部门与1121户1784人完成扶贫对接帮扶，户均增收3000元；“寒冬送温暖”活动覆盖1494户2399人，慰问优抚对象1110人次，其中，“两节”期间慰问低保家庭984户、特困供养人员324人；优化生态环境，建设街心公园6处，实施飞虹路等绿化提升工程13项，完成造林132.4公顷，栽植苗木30万株，新增公共绿地42.8万平方米；提升政务服务，实行“综合预审+自助申报”的便民服务模式，开设24小时自助服务区，全年走进19户企业主动排解31个疑难问题。在所需资料齐全的前提下，一次办结率100%。

2019净月高新区农村人居环境整治活动大会　　（徐志英　提供）

【文化旅游活动】 长春净月潭瓦萨国际滑雪节再获中国十佳冰雪旅游节庆活动殊荣，实现冰雪体育、冰雪旅游与冰雪经济融合共赢；夏、秋两季，森林马拉松与山地自行车赛成功举办，在国际性与群众性上都有新突破。第十届冬季农业博览会、长影世纪城消夏灯会、净月潭音乐喷泉水景灯光秀、净月区“致敬祖国”系列活动精彩亮相，“好礼吉林”——以净月文创产品设计大赛、森林音乐会、城市趣味运动会、农民趣味运动会、龙舟赛、歌舞艺术展演等为引领的丰富而多元的文化旅游产品，推升净月文旅“金字招牌”，促进全市文旅市场关联度更高、产业链更长。

【项目开发】 成立由管委会主任担任组长、区领导班子成员任副组长的领导小组，下设综合协调办公室和督查考核办公室。设置4个重大项目专班：现代服务业重大项目专班、高技术产业（含战略性新兴产业、先进制造业）重大项目专班、文化旅游（含乡村振兴）产业重大项目专班和基础设施重大项目专班，分头开展工作。各专班瞄准5个环节，聚焦“5个加快”，即开工项目加快建设、重大项目加快谋划、跟踪项目加快签约、在谈项目加快落地、落地项目加快开工，推进项目建设。通过专班抓项目工作，解决项目建设中存在的问题，全面提速存量项目的建设，推进增量项目的谋划与招商。2019年，全区新开工项目92个，其中，新开工19个，续建项目73个。谋划项目10个，新签约项目39个，签约总额621.7亿元。

【农村人居环境整治】 2019年，成立整治领导小组，实施“五级书记一起抓、镇街村屯层层压”的责任机制，强力推进农村生活垃圾治理、农村改厕及粪污治理、污水治理、村容村貌提升“四大攻坚战”。全区动员近3万人次参与，清理柴草垛5199个，拆除玉米楼子3581个，修建边沟14466米，粉刷围墙9460米，设置垃圾桶12529个，完成5个乡村休闲广场建设，绿化美化道路31.5千米。新建55千米村屯道路，从“村村通”升级为“户户通”。在区机关内，60个部门与22个行政村、158个屯“点对点”帮扶，858名机关干部到11568户群众家中，全面包保。开展乡村振兴“十大工程”，打造7个“引领屯”，为农村真正“净起来、绿起来、美起来”打造样板屯。实现年处理垃圾5万吨能力，实现畜禽粪污全利用，农药包装废弃物全收集；落实改厕任务2603户，改厕工作覆盖1个社区，7个村51个自然屯，受益农户覆盖率60%。建设农村安全饮水点18处，覆盖3个镇13个村108个屯，受益农户约3.33万人保护区；投资15.79亿元对新立城水库流域采用PPP模式实施生态环境保护工程。落实河长制，15条区级河流、338条村屯沟渠实现管理全覆盖；新湖镇加官村获评“吉林省美丽乡村重点村示范点”、玉潭镇建国村获评吉林省乡村振兴“百村引领、千村示范”工程示范村、新湖镇西湖村和新兴村获评“长春市最美乡村”、玉潭镇友好村获评“长春市美丽乡村示范村”，玉潭镇通过国家卫生镇复检，新湖镇获评市级文明镇，玉潭镇友好村获评国家级乡村旅游重点村和市级美丽乡村示范村，新湖镇加官村等5个村被评为市级文明村、长山村等7个村被评为第八批省级生态村。

【城市乱象集中整治】 处理征收领域乱象12起，整治净月潭实验小学、中信三附小等校园门前机动车辆车速过快、没有斑马线和减速带问题16处，破获涉赌刑事案件2起，采取刑事强制措施5人、行政拘留3人；处理涉黄案件1起，行政拘留3人；查处不按实名制登记旅店4家；拆除临街大型导视牌28块、高空字架898块、墙体杂牌930块，清理各类条幅布幔2692条，规范商业牌匾504块；清理占道经营行为11080起，清理各类堆放物6030处，规范各类外溢经营行为341次，清刷非法广告30万余条，取缔各类沙场、料场14处、清理占道经营1200余起；对1户企业广告虚假宣传行为立案调查；查办农村销售三无、过期食品等事件5件，清理无证小作坊、小区车库私设食品加工点8处，查处食品生产加工“黑窝点”1户，随机抽查“饿了么”30户、美团78户，其中，对7户网络上商家名称与公示证件中商家名称不一致、3户供餐单位没有公示许可证的现象进行处理；检查食品销售场所113家、食品生产主体8户，排查出食品安全隐患问题7个，责令停产停业6户，捣毁“黑作坊”1个；检查中小学校、幼儿园、大中专院校、集体用餐配送单位340户，排查隐患数量12个；对诊疗活动和非卫生技术人员执业行为立案15起，处罚金额13.04万元；对50个工地进行全面摸排，对未批先建项目进行处罚546.8万元；对危险性较大的分部分项工程、特种人员上岗、扬尘治理工作立案15起，处罚金额26万元。

【吉林省特色小镇——玉潭镇】 玉潭镇的前身是长春市郊区农林乡，1966年由郊区新立城乡分出，设立农林人民公社，1983年改为乡。1995年长春净月潭旅游经济开发区设立时，市政府将农林乡交其代管。在由净月开发区代管之后，农林乡的行政隶属关系于1995年下半年划归长春市南关区，后又于1998年撤乡设镇，改名为玉潭镇。面积131.8平方千米，辖7个村，人口1.06万人。2017年3月，玉潭镇申报特色小镇。2017年6月12日被吉林省政府以“吉建村〔2017〕23号”文批准为吉林省第一批特色小镇。2019年，全镇地区生产总值118.35亿元，财政收入1.3亿元，规模以上企业总产值26亿元，一二三产业总量比重分别为2.27%、30.58%和67.15%，服务业总收入199亿元，比2018年增长9.7%。旅游产业增长迅猛，农民人均收入超过1.7万元。林地面积88平方千米，森林覆盖率66.08%。

（徐志英）

长春汽车经济技术开发区

【概况】 长春汽车经济技术开发区（以下简称汽开区）2005年9月挂牌成立，2012年经国务院批准晋升为国家级经济技术开发区，主要承担一汽办社会、发展汽车产业、建设长春西南新城区3项职能，行政管辖面积110平方千米，建成区面积63平方千米，管辖2个街道办事处，9个半行政村，总人口23万。晋升为国家级开发区后，被评为国家新型工业化示范基地、国家生态工业示范园区。

【经济指标】 2019年，地区生产总值676亿元，规模以上工业总产值4554亿元，固定资产投资130亿元。一般财政预算总收入15亿元。新增科技型小巨人企业28户，高新技术企业18户，新增“四上”企业16户。

【产业优势】 汽开区是省市汽车产业的核心区域，一汽集团总部、一汽解放、一汽大众、一汽丰越、一汽红旗等整车制造企业坐落区内，汽车及相关产业占总产值95%以上。区内形成“中、重、轿”三大系列多个车型的产品格局，具有年产整车160万辆生产能力；零部件企业300余户，有麦格纳、纳铁福、一汽大众发动机等影响较大的汽车零部件企业，形成较强规模的配套体系和零部件制造企业集群；有一汽技术中心、中国机械工业第九设计院有限公司、长春汽车高专等研发教育机构，构成国内汽车研发教育机构最密集地区；有高力北方汽贸城、汽配商街、华港二手车等汽车零部件及整车贸易基地。

【服务企业】 2019年，协调省市拨付专项资金10亿元，帮助一汽解决生产经营、物流交通等各类问题300余件。一汽大众物流通道断点、东山物流等30余个历史遗留问题得到解决。引进东师西湖学校，参与一汽嘉年华活动，承办一汽红旗供应商大会。成立7个功能组，41个助企工作队，精准服务679户企业，帮助企业解决问题284件，减税降拖欠款费13亿元，返还拖欠款7900万元。

【招商引资】 2019年，5000万元以上项目开复工125个，其中，一汽丰越荣放比计划提前50天下线上市，一汽大众新技术开发中心项目用2个月时间实现签约落地。天津提爱思美亚汽车塑料件项目等一批重点项目竣工。华航物流园、红旗HE焊装联建及红旗H平台改造等项目全力推进。举办正和岛企业、天津商协会、一汽红旗供应商走进汽开等活动，组织招商小分队北上京津冀，南下长三角、珠三角开展30余次定向招商活动，重点引进配套50万套商用车轮胎总成、一汽研发及检测中心、解放J7专用生产线等亿元以上项目。

【基础设施】 打通街路微循环，完成捷达大路、凯达北街、丰富路等断头路打通工程。推进一汽丰越备用水源、区域加压泵站工程建设。推进土地征收储备开发，全年征地220公顷，完成全年征地工作目标的220%，申请专项债券13亿元。实现土地收益16亿元。

【打造红旗小镇】 政企携手共同成立长春红旗国际小镇运营公司，发布长春红旗小镇发展战略，征集红旗元素设计方案。对老城区闲置厂房、废旧楼宇等可开发资源进行集中梳理，加快服务业项目的包装和落位，确定专家公寓、1958小镇会客厅、红旗大草坪、红旗创新大厦等20余个项目。一汽红旗解放博物馆、红旗解放造型中心、科技创新体验馆、一汽文化创意中心、启明黑科技等项目全面启动。

【城市乱象治理】 以“清仓见底”为总目标，全面打响户外广告清理、违法经营治理、违法建筑治理、城乡建设土地乱象治理、市容环境卫生整治、交通乱象整治“攻坚战”。拆除各类违法建筑60万平方米；清理超高土和各类垃圾20万立方米，清理违规停车场27个，近200万平方米；规范华港二手车市场经营秩序，历史文化街区违建全部拆除，一汽新总部、一汽大众周边环境改造全面完成。

【改善营商环境】 坚持挂牌服务、上门服务，全力做好企业的服务员、信息员、宣传员、警卫员、监督员。企业反映水电气热、道路交通、金融服务、人才创新等一批共性和个性问题得到解决，问题办结率高于全市11个百分点。全面推进“一门、一网、一次”政务服务综合改革，所有法人审批事项全部进入大厅，企业开办审批时间压缩至30分钟以内，工程建设项目审批实现全程网上在线审批、并联审批。一汽富维、长春丰越等多个项目在5个工作日开工。在政务大厅设立一汽工商事务顾问，成立一汽项目绿色审批通道、一汽外籍专家出入境绿色服务通道，实行24小时全天候预约服务。

【生态环境治理】 做好水环境、大气环境质量监测和生态环保督察回头看工作。加大区内河流水系监控整治力度，改善永春河、富裕河、新凯河水质以及两岸环境。提升东风大街、汽车大路、西湖大路等街路绿化美化质量。欧亚车百、汽贸商街、一汽总部周边等42处裸露地块全面复绿。岱山公园、锦绣公园等4个公园拆除围墙，开放办园。整体规划设计四环路绿化项目、长沈路出城口改造等工程，提高区域整体绿化水平。

【推进改革】 完成省市62项督察考核任务，按节点推进农村集体产权制度改革、红旗爱心储蓄所等8个方面24项改革任务。与天津经济技术开发区、天津宁河区、杭州大东区深入互访交流。

【民生服务】 2019年，发放低保帮扶资金1721.6万元，帮扶21156人次。开发就业岗位7594个，完成目标任务152%；城镇新就业6247人，完成目标任务139%。完成日新家园、前程家园等安居工程。加大教育投入，重建第三中学，东风学校、西湖实验学校等环境工程全面启动。做好卫生城复检工作，加强各类疾病防控。开展“奋斗新时代礼赞70年”系列文化活动，组织参加全市健身达人大赛、九套广播体操比赛，举办长春汽车经济技术开发区庆祝中华人民共和国成立70周年趣味运动会。

（陈晓杰）

信息产业

综　述

【两化融合管理体系贯标试点和认证】 组织企业申报国家、省两化融合贯标试点，指导获批试点企业开展两化融合管理体系认证。长春轨道客车股份有限公司、一汽轿车股份有限公司等20户企业获批国家级两化融合管理体系贯标试点，吉林省通用机械有限责任公司、长春一汽四环发动机制造有限公司等10户企业获批省级两化融合管理体系贯标试点；福耀集团长春有限公司、吉林亚泰（集团）股份有限公司、中车长春轨道客车股份有限公司、国网吉林省电力有限公司等4户企业通过两化融合管理体系认证。

【工业互联网发展】 “启明星云”汽车工业互联网平台，是国内第一家完整覆盖汽车产业链条的工业互联网平台、国内第一家覆盖汽车整车全生命周期一体化的工业互联网解决方案、国内第一家自主研发的具有自主知识产权的汽车工业互联网平台，在红旗新工厂、红旗物流、中国一汽零部件管理系统和红旗车联网实施应用，被工信部列入国家工业互联网创新示范工程项目。依托浪潮长春云计算数据中心搭建的长春企业云，为企业客户提供完整的上云解决方案和多种云产品，涵盖企业全方面的信息化部署需求，平台集合3000余种应用供企业选用，云端用户1.1万户。

【两化融合试点示范项目】 组织企业申报国家第三批智慧健康养老应用试点示范项目、2019年制造业“双创”平台试点示范项目，组织企业报名参加首届中国工业互联网大赛。通过专家评审，吉林省万易科技创业咨询有限公司的创宝网公共服务平台被工信部公示为2019年制造业“双创”平台试点示范项目（“双创”平台+区域合作类）。

（厉彦明）

长春市邮政管理局

【概况】 2019年，长春市邮政行业业务收入38.65亿元，增长21.80%；业务总量42.49亿元，增长30.80%。其中，快递业务量1.62亿件，增长24.88%；快递业务收入27.83亿元，增长23.16%。申诉中心为消费者挽回经济损失约56.9万元，处理结果满意率99.11%。

【政策保障】 修改《长春市邮政条例》，将安全监管制度纳入地方法规。市政府出台《推进电子商务与快递物流协同发展实施方案》《落实推进运输结构调整三年行动计划实施方案》《推进“四好农村路”发展实施意见》，与市商务局等5部门联发《城乡高效配送专项行动方案》，整合交通运输、邮政、农业等资源。优化快递业务经营许可审核流程，严控审批时限，办理许可核查296件，审核806次。新增快递末端网点179个，备案总数493个。完成邮政普遍服务审批3项、备案46项。

【邮政业务】 邮政网点整修翻建13处，新增车辆16台。顺丰丰泰产业园纳入哈长城市群发展重大物流项目。新增快递末端综合服务平台179个，总数496个，乡镇快递覆盖率100%。辖区内布放智能快件箱1390组，格口数15.23万个。邮政企业助力“只跑一次”，进驻政务大厅16家，警邮、税邮合作网点169处，邮寄包裹21.86万件，收入222万元。快递服务汽车零配件业务量125.22万件，业务收入2651.02万元，直接服务制造业产值1.7亿元。双阳鹿产品、圆通“吉林大米”“百世粮仓”爱心农场、九台水清清大米等项目进城配送31.1吨，业务量150.22万件，业务收入1141.97万元，直接服务产值4656.77万元。从业人员权益保护。成立快递业工会联合会，建立快递从业青年之家示范基地，109人次得市总工会“春燕回归”政策补贴1.5万元，组织免费体检200余人。完成快递专业技术人员职称初审115人次。1集体、1个人分获“长春市五一劳动奖状”及奖章，1人次被团市委授予“创新创业之星”。获第二届职业技能竞赛团体二等奖，2人次获“第二届最美快递员”。

【监督管理】 开展绿色宣传周，建立工作信息月报机制。办理人大、政协相关建议提案3件，获市建议提案办理工作先进单位，1人次获先进个人。主要快递品牌电子运单使用率96%，电商快件未二次包装率62.4%，循环中转袋使用率87.91%，布放包装废弃物回收装置376个。发挥寄递渠道安全管理联席会议机制作用，通过联合检查、签订安全承诺书、誓师大会等形式，强化制度落实，到县一级举办安全生产培训10次，培训1500余人。修订《长春市邮政业突发事件应急预案》，开展冬春邮政业安全生产集中整治，发布极端天气安全预警7次。获市禁毒工作先进单位，2人次获先进个人。强化“扫黄打非”工作，查堵非法出版物11116件。获省“扫黄打非”先进集体，1人次获省先进个人。

【行业治理】 通过双随机、联合执法、突击检查和专项检查等方式，检查邮政快递网点355个，出检889人次，下达整改通知书57份，行政处罚决定书49份，处罚金额18.3万元。完成邮政网点分级、建制村通邮、投递服务、机要通信、邮票发行以及时限测试、党报党刊见报等专项检查监测工作。监督员监督邮政网点236处，走访用户283人次，反馈问题32条。开展乡镇快递网点违规收费专项整治、快递服务优秀网点评选，实施“放心消费工程”，组织“诚信快递、你我同行”3·15宣传活动，发放宣传资料1万余份，现场解答200余人。完成邮政业“三新”单位核实认定工作，全市纳入统计企业355户。加强新闻宣传和政务公开，落实网络安全责任。获市政务信息报送先进集体，1人次获先进个人。

（刘　玥）

中国联合网络通信有限公司长春市分公司

【概况】 2019年，长春分公司主营收入25.7亿元，利润2.45亿元。实现移动业务发展96.6万户。创新业务发展模式，在教育、医疗、交通等领域应用实现突破，打造榆树医疗、德惠出租车、南关区教育钉钉未来校园等标杆项目。

【网络建设】 落实网络强国战略部署，推动网络攻坚，打造精品网服务能力。全年建设1581个基站，光改640个小区，4G网络覆盖率比2018年提升3%，光网络覆盖率提升3%。全方位网络保障用户个性化通信需求，采取制度化、监督机制提升服务质量。通过制定网络装维人员服务规定动作，规范客户接触面服务人员服务标准，全年服务类NPS值满分。获“公安部网络安全管理优秀团队”“人民解放军空军参谋部特殊贡献奖”。

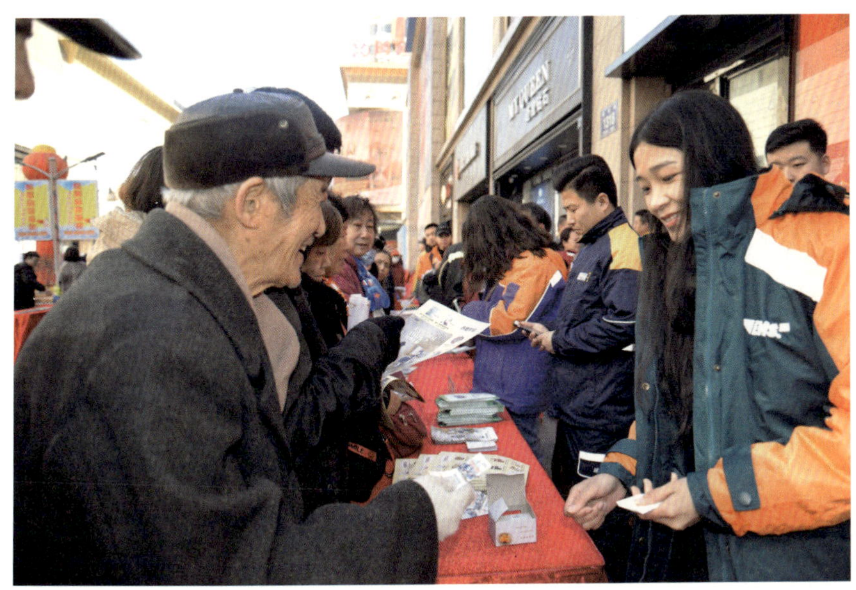

3月15日，3·15“诚信快递，你我同行”宣传活动　　（刘　玥　提供）

【运营管理】 推进划小改革，将资源配置到网格，采用市场化、契约化的选人用人机制。完成薪酬与业绩强相关，激励基层单元活力。培养人才队伍，完成专业人才和智慧家庭工程师认证，打造专业化工作能力；通过青苗选拔，培养年轻人才；通过引擎计划培训，培养员工IT支撑能力。

（夏莹博）

中国移动长春分公司

【概况】 2019年，中国移动长春分公司运营收入28.06亿元，4G用户量386.52万户，通信用户550.46万户；家庭宽带客户42.4万户，To-B业务收入3.53亿元。全年新增4G基站988个，5G基站1208个；全年建设主干管道109千米；新建家庭宽带小区325个，覆盖用户23.4万户，覆盖率61.8%；新建专线1120条，全年集客项目建设完成率、重点项目满足率100%。多项成果获集团公司、省公司管理创新和QC奖项。

【网络提升】 4G连续覆盖完成既定目标，消除县域网络“盲区”325个，93所高校升级网络覆盖。运用四象限分析法保障重点场景价值运营，定位2976个物业点。启动FDD1800连续覆盖建设项目，47天开通基站2378个，高负荷小区下降0.74%。打造5G优质示范区，人民大街全线、重庆路商圈、文化广场区域、欧亚卖场5G覆盖。推进网络提速降费，4G网络平均下载速率提升57.34%；完成“雪博会”“央视春晚”“国庆70周年”等重大活动的网络与信息安全保障任务。

【市场营销】 收入贡献度比2018年提升0.6PP，收入行差改善3.29PP；重点客户保拓率106.02%，超目标值1.02PP。聚焦融合增量与产品增收，家庭市场攻坚取得实效，净增家宽客户9.3万户。推动行业管理转型和To-B业务产品规模化拓展，To-B业务收入3.53亿元，达成年度计划109.31%。抢抓5G先发优势，5G

终端客户2.1万户，联合各产业研究院加强行业应用的示范引领，深耕党政、教育、医疗、商贸、石油等垂直行业5G业务需求，打造5G行业发展生态；签约5G战略合作协议4个，与吉林大学深化5G合作，成立“5G联合创新实验室”，联合吉大二院成功完成全国首例5G+3D打印多点联动远程手术指导教学；长春市儿童医院5G+儿童急救、中石化5G智慧加油站两个省级项目成功落地。投诉管控和问题整治，不知情定制下降61%，全网投诉率下降32.06%，市长公开电话平台客户满意度持续保持行业领先，通信行业排名第1。携号转网净携入客户229户。

【管理提升】 出台员工奖励办法，规范奖励工作，实施分层分类多元化激励机制。开展“降本增效”金点子征集竞赛活动，全年压降市场口成本8169万元、综合口成本1409万元；清理低效、无效资产价值8764万元；网络电费、维修费和铁塔服务费节约4238万元。清理长期未关闭工程项目2436个；呆滞物资金额下降5613万元，库存物资周转率12.82次，比2018年提升126.9%。推进“法治移动”建设，全面履行法治建设第一责任人职责，双重把控企业内外风险；安全生产责任切实落地，舆情和信访有效控制，公司运营安全平稳。

（张　研）

中国电信长春分公司

【概况】 2019年，公司主营收入13.9237亿元，占市场份额20.93%，行业排名第二。利润26598万元。移动用户份额16.02%，宽带用户市场份额32.48%。移动A口径出账用户数164万户，宽带计费用户59万户。DICT新兴业务投入应用，其中云、物联网、大数据、5G+、车联网、工业互联网等产品应用于智能视频云平台、智能通信云平台、金融风控平台、政务一体化平台、智能制造、智慧家居、智慧城市、智慧医疗等场景，实现应用拓展、网络传输、大数据采集、计算及存储能力云化等业务功能。

12月5日，中国一汽——中国电信战略合作签约仪式　（王丽梅　提供）

【网络建设】 提升网络运营能力，推进光网扩覆盖、无线网弱覆盖、无线网深度覆盖建设。无线网通过八期建设、动态扩容、5G专项等工程项目建设完成1.8G宏站277个、1.8G微站96个、高铁专项145个、L800M宏站164个、新技术室分PRRU10140个、传统室分490套、5G专项80个站址、配合联通5G建站680个。新增覆盖23.4万户，新增端口17.6万个。开通千兆试点小区9个，覆盖千兆用户1.2万户。IP城域网出口带宽扩容至1200G，出口利用率54%，宽带用户支撑能力提升至69万户，天翼高清用户支撑能力提升至35万户。建设完成政企精品OTN网络，具有80个100G波道能力，覆盖24个城域网机房，实现集团跨域政企大客户业务自动开通、动态提降速。完成无线承载网IPRAN成环改造，A类基站成环率提升到81.5%，提升网络稳定性。

【服务质量】 建立“微信服务通道”“投诉绿色通道”，提升服务品质和客户感知。通过总经理谈服务、倾听用户声音、倾听一线声音、全员优秀服务事迹评选等多种形式，提升全员服务意识、工作效率和支撑能力。主动发现客户服务中的“急、难、愁、盼”问题，并解决落实。通过正向奖励方式，围绕明查、暗访、投申诉等维度，开展一线人员服务能力提升竞赛，树标杆榜样厅店，提升服务水平。2019年度监管部门（工信、管局）申诉受理量、定责量、定责率同行业最低。

（王丽梅）

铁　路

【概况】　2019年，中国铁路沈阳局集团有限公司在长春经济吸引区内以运输汽车、铁路客车、粮食、煤炭、石油、医药、焦炭、化肥农药、建材等为主要货运服务项目，以日常旅客、出境、国内旅游、会展、节日旅游旅客运输为主要客运服务项目，为吉林省和长春地方经济发展做出贡献。长春境内铁路运输生产单位有10家，分别是长春站、长春北站、长春车务段、长春货运中心、长春客运段、长春车辆段、长春供电段、长春电务段、长春工务段和长春高铁基础设施段。

【主要运输指标完成情况】　2019年，长春地区铁路货物发送量665.4万吨，其中，发送粮食273.7万吨、煤炭68.2万吨、石油9.1万吨、化肥农药1.7万吨、医药7.2万吨，其他品类12.4万吨。

【铁路重点建设项目】　2019年，长春铁路综合货场工程完成投资1亿元；长春至白城铁路扩能工程完成投资1.5亿元。

【动力集中动车组运行】　按照中国国家铁路集团有限公司配属计划，沈阳局集团公司配属9组时速160千米动力集中型复兴号动车组。7月2日，长春车辆段成立动车车间，负责动力集中动车组的运用维修及乘务工作，首次将副司机与随车机械师岗位合并，实现乘务作业融合。6月17日至9月6日，分别在锦州职工培训基地、中车南京浦镇车辆有限公司、中车株洲电力机车有限公司，兰州、南京客整所对工作人员进行专项培训。10月13日6时55分，首列动力集中动车组到达长春站，经过零千米整备及试运行后，10月22日11时10分，C1553次列车从长春站始发开往松原站，标志动力集中型复兴号动车组正式在长白乌快速铁路投入运营，也是被称为“绿巨人”的全新动车组首次在东北地区亮相。

【长春站】　站内主要设备包括普速场和高速场上、下行正线各1条，普速场与高速场间联络线1条，到发线22条，牵出线5条，集中联锁道岔206组。车站设行车指挥中心1个，客运综控室1个，高架候车室1座，高站台9座，无站台柱雨棚9个，售票厅3个。长春西站主要设备包括上、下行正线各1条，到发线9条，集中联锁道岔43组，行车室1个，客运综控室1个，高架候车室1座，高站台5座，无站台柱雨棚5个，售票厅1个。龙嘉站主要设备包括上、下行正线2条，到发线2条，集中联锁道岔12组，行车室1个，候车室1座，站台2座，售票厅2个。车站在沈阳动车段长

10月22日，“绿巨人”集中动力型复兴号动车组列车正式开通运营

（李英奇　提供）

春动车所设行车室1个，在崔家营子设线路所1个。车站固定资产主要包括，长春站、长春西站、龙嘉站共设扶梯82部，直梯33部，自动检票闸机114个，人脸识别验票设备30部，自动售（取）票机102台，安检查危仪23台，中央空调系统7套，消防系统7套，职工食堂4处，综合公寓1处（内部设置浴池、健身房），净水设备和洗衣设备各1处，客运监控、引导、到发、广播、自动查询系统各1套，公务用车4辆，生产用汽车11辆。车站有职工1264人，其中，干部155人，工人1109人。全年客运收入338040万元，比2018年增加8555万元，增幅2.6%；旅客发送量3726万人，增加160万人，增幅4.5%。全年加开临客2108列，加挂车辆3101辆，多发送旅客120.1万人，创收9220.2万元。12月10日，车站正式实行高铁客票电子化。截至2019年年末，车站实现无责任较大及以上事故13447天，无一般B类及以上事故5392天，无责任人身重伤及以上事故5048天。

【长春北站】 车站中心位于长春枢纽京哈线1011.922千米处，龙北联络线自龙泉站起8.886千米处，长白线自长春北站起0千米处，衔接京哈、长图、长白线，为单向混合式三级五场，隶属于中国铁路沈阳局集团有限公司。长春北站始建于1988年，成立于1992年12月28日，全部开通使用于1999年8月9日。按业务量为一等站，按技术作业性质为编组站，主要承担哈尔滨、棋盘、四平、大安北、烟筒山方向货物列车改编作业和中转技术作业；办理专用线取送作业，是区域性主要编组站，管辖一间堡站、远达站2个中间站。车站有正线5条，到发线29条，编发线6条，分类线13条，西部线群联络线1条，专用线36条，货物线8条，换装线2条，禁溜线2条，迂回线1条，安全线1条，机待线9条，机车走行线1条，机车出入库线5条，牵出线2条，站内道岔374组，减速器23组，可控停车器54台，调度指挥中心1个、半自动化驼峰1座，固定调车机7台。一间堡站现有正线2条，到发线2条，货物线1条，道岔19组。远达站现有正线2条，到发线3条，货物线7条，牵出线1条，机待线4条，洗刷线4条，道岔40组。车站固定资产原值8805.16万元，净值4672.39万元。车站有职工656人，其中，干部83人，工人573人。全年日均接发货车260列，日均办理13756辆，其中有调3985辆，无调9391辆；办理辆数年度峰值为11月13日办理17520辆（到开325列，到163列，开162列）。中转时间完成3.1小时，一次作业时间完成22.8小时。截至2019年年末，车站实现行车安全生产5059天。

【长春车务段】 管辖京哈干线里程224.416千米，其区间包括十家堡、郭家店、蔡家、大榆树、公主岭、陶家屯、范家屯、大屯、长春南、米沙子、沃皮、布海、德惠、达家沟、姚家、陶赖昭、团山、扶余、蔡家沟站，闭塞方式为双线双向自动闭塞，日均办理接发列车242列，旅客列车132列。长白线里程121.336千米，其区间包括小合隆、开安、华家、农安、哈拉海、王府、七家子站，闭塞方式为双线双向自动闭塞，日均办理接发列车43列，其中旅客列车34列。长图线里程11.878千米，龙泉北联络线里程2.528千米，其区间包括长春东、龙泉、兴隆山、龙泉北站，闭塞方式为单线半自动闭塞，日均办理接发列车46列，其中旅客列车26列。京哈高速线里程249.883千米，车站包括德惠西、扶余北、公主岭南站，闭塞方式为分散自律调度集中，日均办理旅客列车204列。陶舒线（合资铁路）里程92.224千米，其区间包括五棵树、刘家店、榆树、新立镇、谢家镇站，闭塞方式为单线半自动闭塞，日均办理接发列车37列，其中旅客列车7列。长双烟线（合资铁路）里程89.802千米，其区间包括泉眼、奢岭、双阳、山河镇、五家子站，闭塞方式为单线半自动闭塞，日均办理接发列车26列，其中旅客列车12列。松团线（合资铁路）里程66.961千米，陶赖昭联络线里程6.963千米，其区间包括松原北、三井子、弓棚子、扶余西站，闭塞方式为自动站间闭塞，日均办理接发列车6列。管内有车站47个，办理客运业务车站有31个，总营业里程865.991千米。行车设备有到发线137条、牵出线34条、专用线242条、专用铁道12家、合资铁路3家、候车室31座、旅客站台55座（其中有风雨棚站台20座）、天桥6座、地道7座。固定资产净值6369.91万元。全段职工1597人，其中，干部212人，工人1385人。全年旅客发送量计划完成801万人，实际完成814万人；客运收入计划完成38490万元，实际完成41101万元，超计划完成2611万元，增长7.89%；一次作业时间计划完成19.6小时，实际完成19.2小时；中转时间计划完成4.9小时，实际完成4.7小时。截至2019年年末，车务段实现无责任重大、大事故5972天，无责任一般事故2943天，无责任死亡事故5972天，无责任重伤事故5972天，无责任轻伤事故587天，无责任火灾事故5972天。

【长春货运中心】 管辖京哈线四平至蔡家沟段，长白线长春至白城北段，白阿线白城北至伊尔施段，通让线太平川至太阳升段，平齐线四平至街基线，陶舒铁路陶赖昭至榆树段，长双烟铁路奢岭至五家子段，松团线松原至弓棚子段，长图线长春至兴隆山段，四梅线四平至平东段，长春货联线一间堡至远达段，小兴线小合隆至兴隆山段。有19个货运营业室，84个货运营业站、343家企业专用线，总营运里程1859.5千米。全中心（含陶舒、长双烟、松陶合资铁路）有货物线144条、专用线716条、专用铁道12条、货场及物流基地71个、货物仓库48座、货场雨棚23个、货运营业厅74座、货物站台59座。生产保障及接取送达汽车36台，其中，生产保障用车18台、接取送达车18台、门吊16台、抓料机27台、装载机44台、叉车49台、正面吊13台、扒料机6台、输送机188台、轨道衡13台。中心职工1804人，其中，干部214人，工人1590人。全年运输收入55.47亿元，货物发送量2956.1万吨，日均装车1523车，吨均收入率163.4元/吨。截至2019年年末，货运中心实现无责任重大、大事故2751天，无责任一般事故40天，无责任死亡事故2754天，无责任重伤2754天，无责任轻伤事故67天，无责任火灾事故2389天。

【长春客运段】 主要负责担当长春至齐齐哈尔、阿尔山、哈尔滨西、白城、呼和浩特、大连（北）、延吉西（珲春）、丹东、长沙南、昆明、乌鲁木齐、南宁、北京、西安、广州、上海虹桥、青岛北、东营南、厦门旅客列车的乘务工作。动车组列车58对，普速列车33.5对（直达9对、特快2对、快速17.5对、普客5对）。2019年新开行26对列车，其中，长春（西）—牡丹江（佳木斯）D119/120/121/122次，自1月6日起按开行文电开行；通辽—长春西（沈阳北）G8134/2次，自1月5日起按开行文电开行；长春—延吉西C1045/46/47/48次，自4月10日改为图定列车，按开行文电开行；乌兰浩特—阿尔山K7583/4次，自7月10日按开行文电开行；长白乌线列车自11月29日车体换型，新开行列车15.5对（含周末线2对，高峰线1对），按开行文电开行；长春—吉林C1251次自12月30日按开行文电开行；吉林—北京南G238/7次自12月30日按开行文电开行；动车组列车编组由单组变图定重连3对。固定资产原值17170.42万元，折旧2939.18万元，净值14231.24万元。全段职工5830人，其中，干部258人，工人5572人。全年收入计划完成19570万元，实际完成19356万元，完成年计划的98.9%，欠收214万元。春运完成收入3173万元，日均79.3万元；暑运完成收入5167万元，日均83万元。旅客发送量7183.5万人，其中，春运755.7人，暑运1507.7万人。全年开行临客列车147列。截至2019年年末，客运段实现无重大、较大安全事故4360天。

【长春车辆段】 地处哈大干线700千米处，管理跨度以长春为中心，包括图们、白城、通化、吉林4个异地车间。全路重要客车检修基地之一。配属客车2310辆，其中，硬座车662辆、硬卧车1055辆、软座车44辆、软卧车177辆、标准动车组81辆，行李车88辆、发电车60辆、餐车112辆、路用车21辆、代管邮政车10辆。配属时速160千米标准动车组9组81辆。主要承担客车段修（A2、A3修），和发电车柴油发电机组D级修等任务。承担长春至北京、上海、广州、三亚、重庆西、西安、乌鲁木齐、厦门、南宁、宁波、昆明、牡丹江；图们至北京、青岛北、香坊；通化至北京、青岛北；白城（乌兰浩特）至北京、东营南、青岛北、呼和浩特东等直达特快、特快、快速旅客列车和沈局管内多地快速、普通旅客列车的执乘、A1修、日常检修。长春至松原、白城、乌兰浩特、镇赉、通榆，时速160千米动车组的执乘和检修工作。全段主要机械动力设备（固资）保有量587台，其中，金属切割设备33台，锻压剪冲设备39台，动力设备55台，电气设备99台，木工铸工设备6台，试验设备117台，其他杂项设备96台，起重运输设备128台。金属处理设备9台，工程机械设备5台。拥有检修线49条，地沟线20条。临修台位10个，微控列车试验器5套，电动脱轨器5套，数控车轮车床5台，不落轮镟6台，DC600V地面电源14套。全段固定资产14871.23万元。有生产房屋48栋，面积184028平方米。办公房屋4栋，面积11460平方米。全段职工3238人，其中，干部197人，工人3041人。全年客车厂修359辆、客车段修928辆、发电车中修12辆、A1修1693辆、临修1697辆，客列检通过修40045列、570939辆。库列检入库列车检查17483列、231770辆。开行临客109列1431辆、旅游列车31组365辆、军运客370辆、客车加挂1367辆次、支南临客57辆。全段运输总支出有权支出108885万元，实际支出108853万元，节支32万元。截至2019年年末，车辆段实现无行车一般D类及以上事故997天，无职工责任轻伤以上事故1751天，无路风问题、无火灾爆炸事故、无特种设备事故5106天。

【长春供电段】 承担京哈、平齐、长白、长图、四梅、陶舒（委管）、长双烟（委管）、松团（委管）、长辽（委管）、辽开10条线路64个站1111运营千米线路的生产、生活供电维修管理任务。全段职工881人。全年检查接触网设备737.28条千米、隔离开关716台次、分段绝缘器525台次、线岔1879台次、擦拭Ⅲ级绝缘子3385支、避雷器204台次。利用检修列车对京哈线、平齐线设备进行平推，417.52千米。绝缘护套更换为绝缘备线1处，不符合技规标准上跨电力线拆除13处，加铠装预绞丝5处，线索互磨调整48处，绝缘防雾（污）闪整治，更换4KN绝缘子5支，更换硅橡胶绝缘子1578支，双线路腕臂整治3处。长白线更换架空地线更换预绞丝625处，京哈线限制管偏心螺栓安装628处，京哈线铁吊弦更换71根，京哈线绝缘滑板更换11个，长春北站非标吊弦线夹更换523个，接触网设备交叉跨越带电承力索处所加装双悬挂、检查绑扎128处。完成管内15座牵引变电所检修任务；完成京哈线四平和长春北牵引变电所综合自动化系统及交直流系统大修工作。完成长白线39台高压开关柜真空断路器传动连杆更换整治工作；完成三通牵引变电所主变压器压力释放装置补装防雨罩工作，涉及八面城牵引变电所2台主变4个压力释放装置；完成长白线牵引变电所高压熔断器更换工作。将频出故障的石家屯分区所、农安和王府牵引变电所的0.5A高压熔断器更换为1A高压熔断器。1C发现重点问题1067件，整治缺陷问题506件；2C装置对接触网正线检测252次56882千米，发现疑似问题228件，整改199件；3C装置检测报警缺陷122处，确认整改122处；4C分析支柱125332根，发现问题1191件，整改544件。四平市紫气大路跨铁路桥接触网迁改工程，拆除6组软横跨，架设9组硬横梁；长春车辆段开行时速160千米动力集中电动车组配套设施改造工程，架设接触网9.05条千米，钢柱70根，隔离开关10台，分段绝缘器17台，线岔11处；扶余货场改造工程，拆除G350支柱14根；公主岭市鸿丰物流铁路专用线新建工程（陶家屯站改），组立H93支柱2根，G450支柱2根，架设接触网0.42条千米；扶团上跨桥接触网迁改；四平—十家堡区间管廊顶管施工，拆除H93支柱4根，组立H93支柱2根、G350支柱2根，接触网悬挂调整6跨；泉沟站渡线架网施工，架设接触网0.45条千米，安装线岔2组、电连接2组。检修电力线路1555.5千米，发变配电装置3159台座，配电所预防性试验4座，开关远动调试1017台，受电线路检修28条，接地装置补强23处，完成率均100%；电力高铁方面，对4座变配电所进行传动试验，完成率100%，调试远动开关459台，完成率100%。处理侵限树木33760棵，扶正电杆699棵，更换电杆257棵（含四梅线电杆大修210棵、维修更换电杆47棵），更换紧固拉线413条，安装裂纹电杆卡具16处。对管内156座钢构灯塔进行螺栓紧固，加装防松脱螺母；调整电缆终端头固定抱箍位置174处，重新制作电缆终端头22个，重新更换电缆4条；更换管内老化、锈蚀严重的低压配电箱25面；安装电杆防撞墩106处，粘贴反光膜44处，安装拉线警示管33处。水害整治方面，对京哈线一间堡—米沙子、沃皮—布海水害地段电杆编制石笼护砌52处。电缆整治方面，更换管内部分运行年代长、电缆接头多的隐患电缆，共更换高压电缆7120米，低压电缆1230米；在开展电缆隐患排查整治期间，排查电缆3599条/948.90千米（其中，高压电缆1203条/442.94千米，低压电缆2396条/505.96千米），电缆台账建立3115条（其中，高压电缆1203条，低压电缆1912条），增补电缆标桩797个、安装电缆警示标牌126个、电缆标识的粘贴、喷涂237处、电缆保护管封堵245处、电缆标桩标记方向标识372处、电缆防护36处，配电所电缆铺设阻燃包6座。对京哈线陶家屯—大屯、米沙子—布海间108千米电力线路、34座箱变、变压器台进行逐杆逐台全面修。全年运输有权支出59577万元，实际支出59568万元，节支9万元。截至2019年年末，实现无责任重大、大事故5034天，无责任一般事故1348天，无责任人身重伤及以上事故3402天，无责任火灾5034天，无轨道车运行事故5034天。

【长春电务段】 全段管辖2317.96千米，承担京哈线、长白线、白阿线、平齐线、通让线、锡乌线、大郑线、长双烟线、陶榆线、松团线、四梅线、双山线、龙北联络线13条运输线路电务设备的维护工作，管辖119个站、13个场、自动化驼峰站5个。信号设备有98个微机联锁站，12个微机联锁场，144个微机监测站，TDCS设备84个站，CTC设备42个站。站内信号机4996架，区间信号机1566架；联锁道岔3869组；轨道电路5653个；道口25个（有人看护道口9个，监护道口16个），轨道车177台，机车104台，动车9组，全段信号设备换算道岔组数47769.38组。通信设备有长途光缆7169.76千米，长途电缆543.45千米，地区电缆2235.17千米，地区光缆1872.02千米，架空明线路590.23千米，传输设备612套，接入OLT设备22套，ONU设备348套，数据网设备162套，车站调度交换机192套，前台298台，声控记录仪284台，MCU会议设备2套，视频会议设备50套，音频会议设备82套，广播设备123套，现场视频设备1481套，光闭塞机39台，电报终端3套，高频开关电源450套，蓄电池886组，无线列调车站台132套，无线车次号车站数据接收解码器50台，道口预警设备35台，无线铁塔346座，无线列调便携台1109台，BTS设备284套，各类网管终端85套，全段通信设备换算109153.6皮长千米。全段固定资产39.37亿元。全段职工1681人，其中，干部316人，工人1365人。全年组织11937人次、上道1860次，检修信号机794架、轨道区段948个、转辙机395台，完成标准区间整治24个。补齐和增埋电缆标桩1179个，电缆警示牌1291个；网外电缆移至网内割接11处，1.73千米；电缆特性不良整治3.84千米；埋深不足下卧3.44千米；因塌方移设4.4千米。全年机房达标整治229个，直埋光电缆线路整治1569千米，架空明线路整治450千米，道口无线预警设备整治38台，列车广播设备整治117套，会议设备43套，运输视频改接整治116处，视频摄像头1461个；检查光缆径路138个区间，3340.12千米，鉴定直埋光缆线路138个区间，3340.12千米，检查架空明线路18个区间，403千米，通信电杆7502棵；鉴定桥槽384处，65.23千米；完成锡乌、陶舒、长白及长双烟线水害整治10处。将19台调车机无线电台改型为CIR设备、长春工电段41台轨道车CIR设备重新改号；完成222台车载无线设备电源排查整治工作和6版CIR线路数据升级工作（共53组106台动车组）。全年信号设备综合合格率99.36%，信号机地面显示合格率100%，道岔合格率92.61%，LKJ数据正确率100%，联锁关系正确率100%，通信设备综合合格率100%，无线通信设备合格率100%，有线通信设备合格率100%，机车电台出库合格率100%。全年总产值64571.93万元，全年直接支出3925.91元，间接费用支出1564.51，经营管理实现预期目标。截至2019年年末，电务段实现无行车重大、大事故25984天，无责任人身死亡事故25984天，无责任重伤事故21361天，无火灾事故25984天。

【长春工务段】 主要负责线路的线桥养护维修。线路设备正站段岔特线1439.545千米（正线1024.177千米、站段岔特线415.428千米）；正站段岔特线道岔1282组（正线道岔494组、站段岔特线道岔788组）；非路产专用线158.765千米，道岔106组。桥涵设备23252换算米，其中，桥梁401座/39365米/15767换算米，涵渠904座/20728米/4146换算米，河调276处/66274立米/1657换算米，地道4座/158米/60换算米，灰坑16座/635米/191换算米，限界架1431换算米。机械设备1932台，其中，机械动力设备1863台，各种机床9台，锻压、剪切设备1台，动力设备55台，木工、锻工设备2台，汽车维修设备2台。全段职工1798人，其中，干部172人，工人1626人。全年卸砟1194车，机捣1521.52千米（双镐）、稳定712.85千米，线路配砟82.9千米，线路打磨459.8千米，道岔机捣143组，道岔打磨69组，轨距精调142.126千米，更换失效轨枕及木枕下线2288根，曲线更换减磨胶垫6000块，冻害注盐210吨、冬病夏治111处，工电联合整治4407件，结题率97.74%；更换道岔伤损轨件270根，超临病害整治9289件，非标限位器整治50块，完成焊轨1010头，线路放散25.356千米。完成长春南站、长春站一场、长春北站二场、米沙子站、团山站、龙泉站站场及长春北站四场驼峰标准化创建。整治重伤焊缝337处；道岔无缝化119组、累计胶结接头1721头；更换长轨16.480千米；更换维修新轨5千米；无缝线路应力放散25.356千米；焊轨1010头。道岔大修51组，其中，米沙子站13组，长春站15组，长春南站9组，大屯站14组；道岔破底清筛37组，其中，龙泉北站11组、长春北站12组、龙泉站5组、长春东站9组；新轨大修28千米；新枕大修4.7千米；清筛大修54.3千米；有砟桥人工清筛0.4千米；曲线道岔边坡基础提强1.85千米；长春北站四场驼峰基础提强，Ⅱ型枕加密更换Ⅲ型枕325根，更换轨件41根，四场1至3道木枕换砼枕116根，29线、30线木枕换砼枕110根；道口大修2处，长双烟线10千米道口1处、龙北联络线6千米道口1处。综合维修桥梁4座/89米，综合维修涵渠10座/148.8米。更换高强度螺栓15个，修补圬工梁4孔，整修支座4座/64个，整治墩台裂损1座/1个，整治损坏涵渠10座/148.8米，限高防护架整修17座/20孔，水文检算10座。人行道及安检设施加固29座，其中，更换人行道板321块，人行道托架加固1968个。涵渠病害整治10座，更换失效木桥枕2座/3根，圬工梁泄水孔疏通6座，限高防护架改造2座/4个，护轨间距改造7座，上跨桥防抛网整治3座，立交桥排水整治1处。排水设备修缮12处/2068米，增设公铁并行防护桩1处/150米。截至2019年年末，工务段实现无一般D类事故2天，一般C类事故13276天，一般B类事故19536天，一般A类事故25986天。

【长春高铁基础设施段】 成立于2019年4月19日，原名长春工电段，8月2日更名为长春高铁基础设施段。管辖高铁营业里程921.312千米，线路延展长度1799.257千米，有站场21个，线路所3个，动车所1个，主要设备有道岔441组，桥梁313座/459.821千米，隧道91座/161.294千米，涵洞658座，路基343段/311.086千米，防灾系统250处，信号机械室66个，通信机房539个，动车组车载设备106套，机车信号发码环线24条，牵引变电所18座，分区所19座，10KV配电所21座，AT所33座。固定资产净值25485.97万元。全段职工1876人，其中，干部237人，工人1639人。全年完成线路机捣作业470.568千米，长吉段轨道精调作业40.955千米，有砟轨道轨距精调36.490千米，线路大机打磨作业332.242千米，道岔大机打磨41组，补充道床380车/15200立方米，回填石砟615.32千米，集中整修道岔6组；焊缝平直度打磨857处；道岔鱼鳞纹整治152组；京哈高速千米标、半千米标更换3308个，无砟轨道防水层起皮掉块清理656.451千米；整治402处空心墩积水病害，增设吊围栏14处；改造长珲城际16座2.6米高桥梁防抛网；隧道病害缺陷整治2182处；防洪清淤480处/356立方米，清理桥梁涵渠97座120立方米；轨道作业车出车246次，437台次。检修列出车136台次，出车573台次，走行35993千米。哈大区间补偿电容更换2677个；整治信号中继站42个、电缆标桩92个、电缆警示牌35个；信号禁停牌整治3104个；排查24个车站电缆走向，发现问题474件；更换道岔芯轨表示杆连接铁螺丝143个；一体化绝缘破损整治114股道228处；更换12个车站的微机联锁控显机声卡；对63个管内车站及中继站电缆井进行集中整治；哈大客专正线地面应答器报文数据修改236台应答器；长珲接收器更换736台。全年兑现接触网停电天窗1276个，兑现牵引变电停电计划102个，兑现电力停电计划331个。接触网检修列全年完成天窗163个，完成821.132条千米的全面检查任务。接触网设备检修，分段绝缘器检修244台次，隔离开关检修1277台次，线岔检修732台次，避雷器检修856台次。接触网设备巡检，车站（含存车场、线路所）26个，巡检104次的任务，完成率100%；供电线56个，巡检224次，隧道91个，巡检91次%；轨道车巡检单元160个，巡检160次。建段以来接触网处理问题库缺陷4577件（一级A类32件、一级B类85件、二级A类1455件、二级B类1978件、非标问题1027件）。变电所亭检修73座，变电所亭巡检286次。检修电力线路145千米，开关远动试验10149台，电力变电设备巡检278次。全年运输有权支出27348.76万元，实际支出27355.27万元。截至2019年年末，高铁基础设施段实现无特别重大事故257天，无重大事故257天，无较大事故257天，无一般A类事故257天，无一般B类事故257天，无一般C类事故257天，无一般D类事故257天。

（李英奇）

公路运输

【交通投入】 完成长春经济圈环线高速公路九台至双阳段一期项目投资12.52亿元，超额25.2%。完成国道饶盖公路长春至依家屯段项目公路段投资9.2亿元，并依法完成城市段施工招标。公路养护投资14303.8万元，其中，小修保养3757.3万元，养护大修工程5389.8万元（省补2018年投资），安全生命防护工程1517.7万元（含省补2018年投资），路树补植110.7千米、投资268.4万元，京抚公路安龙泉互通至拉林河大桥段保通3046.6万元（含2018年保通资金1617.3万元），桥梁维修改造投资324万元。

【公路路网】 全市公路总里程24344.2千米，其中，高速公路467.6千米，普通干线公路1315.1千米，农村公路22561.5千米，建制村通畅率100%、自然屯通畅率87.4%，完成“四好农村路”建设计划150千米。“畅返不畅”农村公路整治1972.8千米，占全省总量17.4%；完成贫困村农村公路提标改造建设102.3千米。

完成“四好农村路”建设计划150千米　　（杨九龙　提供）

【公路养护】　全市国省干线公路专业养护694.4千米。开展干线公路补植路树工程，其中，珲阿线补植樟子松284棵，金叶榆107棵，龙东线补植垂榆1003棵，长双线补植金叶榆385棵。

【公路水路运输运量】　全市货运量11649万吨，占全省31.3%。全市有危险货物运输企业117户，危险货物运输车辆2374台。全市有水路运输企业5户，机动船舶122艘，船员336名，渡口32道，浮桥2座，非机动船及水上游乐设施500余艘。

【城市客运运量】　城市客运系统客运量9.7亿人次。其中，轨道交通（不含有轨电车）客运量2.05亿人次，比2018年增长61.4%，占全市公共交通总量21%，比2018年提高6.5%；公共汽电车客运量7.65亿人次。市区有公共汽电车4388台、公交线路251条，公交线路总长度5009千米，公交专用道212.8千米，日均客运量210万人次。

【通行费征收】　全年普通公路收取通行费8911万元，绿色通道减免6.8万台次，减免金额145万元。重大节日小客车减免35.8万台次358万元。

【运输企业】　全市有客运企业214户，其中，县（市）区班线客运企业12户，旅游客运企业73户，个体客运户129户；市区有客运企业77户，其中，班线客运企业5户，旅游客运企业72户。全市有营运客车4336台，其中，县（市）区班线客运车辆1943台、旅游客运车辆13台；市区有营运客车2380台，其中，班线客运车辆511台，旅游客运车辆1869台。

【执法监管】　综合执法支队现场查扣非法营运车辆473台，立案473件，结案228件；查处拒载、索要高价、绕道、不使用计价器等违法违规行为517件，立案517件，结案376件，吊销从业资格证已结案47件；受理投诉举报案件12394，罚款820万元。法制审核1824件，召开行政处罚听证会10次。接到复议案件62件，形成复议答复书60件。行政诉讼应诉通知4件，出庭应诉4件，结案3件。执法文书公告送达78件，吊销从业资格证案件移交相关部门及业务处室110件。

【行业整治】　完成长春至双阳区、长德新区、九台区客运班线一体化改造。整治出租汽车行业乱象，机场区域有143天零投诉；火车站区域日均投诉量由10件下降到4件，下降率60%；全市出租车万车投诉率下降到0.67，比2018年下降32%，低于全国同行业标准0.33。客运北站与火车站实施一体化改造，建成长春旅游客运集散中心。

（杨九龙）

城市公共交通

【公交线网建设】　地铁6号线以及地铁2号线东延、轻轨4号线南延工程陆续开工。轨道集团运营5条轨道交通线路，全长100.17千米，其中，轨道交通1号线18.14千米，轨道交通2号线20.5千

9月20日，人民大街公交候车亭改造工程所有候车亭安装到位　（杨九龙　提供）

米，轨道交通3号线31.9千米，轨道交通4号线16.33千米，轨道交通8号线13.3千米，日均客运量56万人次。

【场站设施建设】 完成人民大街历史文化街区站亭站牌提标改造，拆除不具备站亭功能的“广告亭”256个，对沿线原有公交站点重新规划，新建标准化公交候车亭77处，集合式站牌76个。

【交通科技创新】 公共交通智能化应用示范工程通过验收。完成出租汽车智能监管服务平台网约车系统软件开发，15401台巡游车安装车载终端及智能LED顶灯。

【公交车辆更新】 更新公交车576台，超额完成44%，新能源车占比98.7%。更新出租汽车1967台。

【出租汽车行业服务】 市区有巡游出租汽车企业52户，车辆15401台，其中，个体经营车辆2428台，万人拥有率37.6台，日均客运量约90万人次。市区有36家网约车平台公司取得网约车经营许可，有13家网约车平台公司投入运营；取得《网络预约出租汽车运输证》车辆2526台；取得《网络预约出租汽车驾驶员证》驾驶员21672人。网约车行业日均呼叫单量约19万单，日均完成订单约14万单。开展对不合规网约车违规运营稽查行动，推进网约车合规化进程。

（杨九龙）

南航吉林分公司

【概况】 南航股份吉林分公司是中国南方航空股份有限公司所属分公司之一，成立于1992年8月8日，是吉林地区唯一的中央直属国有民用航空运输企业，是吉林省唯一的基地航空公司。在吉林省内形成以长春为区域枢纽、以延吉和长白山两地为侧翼的基地布局。执管空客A320系列飞机22架，其中，空客A321飞机6架，空客A320飞机16架。分公司经营国内航线21条，国际、地区航线8条；始发通航点35个，基本覆盖国内重点城市，并拓展至日、韩等国际通航点。占有超过44%的市场份额，发挥着民航运输的主力作用。有员工2607人，其中，劳动合同制员工2040人，劳务制员工567人。空客机型飞行教员/机长143人，副驾驶员128人。乘务员519名，空警、安全员97人。持有机务维修基础执照人员230人，空客整机放行人员91人。获批准的维修项目包括A321机型C4检和5年检、A319/320机型C3检（含）以下，以及A320系列换发、结构修理、探伤等工作。连续保证250个月的飞行安全和315个月的空防安全。

【安全管理】 2019年，安全飞行8.49万小时/3.69万架次，客舱部获南航客舱系统安全管理先进单位。围绕“蓝皮本”建设排查资质能力不足人员，通过培训、补课确保岗位与资质能力匹配。实行“红皮本”制度，划定纪律的红线和底线，作为升职、评优的重要参考。加强驾驶舱作风管理，锁定重点人群，监控关键阶段，保持高压严打态势。开展月度专项风险分析17次，查找工作流程风险109项。提升风险识别精准度，发布安全提示71次。健全分公司风险源库、安全隐患数据库、安全绩效指标数据库，制定十大风险清单，完成安全隐患大清零等各项任务，理顺各部门安全管理体系。坚持安全从培训和训练抓起，全年新聘机长17名，维修厂开展管理干部“下连当兵”活动。组织飞行、机务、地服等一线单位技能大赛。实施换季、除冰、新版CCAR121R5手册等培训280余次。

【生产经营】 2019年，运输旅客592.54万人次，保障进出港行李269.56万件次。拓展航线网络的通达性。在稳定北上广深主干航线基础上，新开长春—北京大兴等航线8条，老会员的二次乘机比在南航各分子公司中排名第一，长春—东京航线边际贡献率在南航各分子公司中排名第一，获2019年度货运物流高端产品先进单位。强化成本控制，紧盯预算的过程控制，提高资源利用效率，落地员工食堂、机上垃圾清运和旅客迟达行李运送等业务外包，创收机务维修、地面服务、货物处理等第三方业务。

【运行服务】 2019年，执管航班31117班，航班正常率82.87%，比2018年上升4.31个百分点。出港正常率83.46%，比2018年上升5.28个百分点。保障川厦航航班3675班，完成两会等重大运输保障任务，完成T2航站楼搬迁转场工作。发挥GOC作用，12个保障单位31个席位入驻GOC，GOCC系统的使用及录入率99%以上，形成“集中管控、高效决策、沟通顺畅、系统联动”大运行体系。修订《航班正常性考核方案》《现场运行即时奖罚规定》，与分公司绩效考核直接挂钩。实时监控FNS网站和运行品质分析系统，每日编制《风险航班统计表》等运行重要信息，全年未发生航班时刻被取消现象。启动快速保障692班，恢复航班正常468班。协调空管、机场、兄弟公司及流控严重的杭州、南京等地，避免航班延误155班，避免恶性延误69班，避免航班在外站取消或延误86班。开展服务质量重点攻坚专项行动，狠抓服务重点提升“九件事”。航延投诉率比2018年下降44.69%，行李投诉率下降35.04%，有责投诉率下降10%。压降服务成本，树立“价值创造”理念，收入排名地服系统第5名，年度客舱清洁满意度在南航各分子公司中排名前6。涌现出朱琳乘务组空中救助旅客和地服部热情服务瓦努阿图共和国驻华大使等事迹，客舱部“祥云”班组获全国民航五一巾帼标兵岗，地服部常青藤班组获“中央企业先进集体”，班组长于洪浩作为先进个人推荐至民航局。

（王　赫）

城乡建设与管理

综　述

【专班项目建设】　建立“1+2+4+7”组织领导体系，即1个领导小组、2个办公室、4个工作组、7个指挥部。坚持亿元项目全覆盖，将棚户区配套设施建设及污水处理设施建设等民生关切项目纳入专班。破解征拆难题，总结净月高新区万达文旅项目征拆经验，从解决单一问题向解决一类问题转变，完成征收6472户。狠抓“停缓建”项目，推动17个项目开复工。启动一汽集团配套项目35个、服务长客厂区搬迁的建业大街延长线项目、万达文旅项目配套的长春至双阳公路项目。2019年，专班推进项目433项，开（复）工359项（完工55项），开工率90.7%；年度计划投资709亿元，完成719亿元，超额完成任务（完成投资率101%）。

【助企解困】　协调交通、国资、发改、城管等部门，到企业现场办公、了解需求，主动为企业减压降负，专项解决企业困难问题。帮助中水一局、中建三局、八局子公司等企业解决资质升级、消防审批、验收，施工许可等方面问题1177个。

【防范债务风险攻坚战】　根据国家关于清理拖欠民营企业、中小企业账款部署要求，偿还15.8亿元，清偿比例93%。将平台公司截至2018年8月末因城市建设和利息倒还产生的610亿元债务，全部纳入政府隐性债务管理系统。

【危房改造】　实施建档立卡贫困户危房改造，开展房屋安全鉴定，摸清建档立卡贫困户危房底数。2019年，建档立卡贫困户危房改造2411户，完成三类人群（低保、五保、贫困残疾人家庭）危房改造2156户。

【工程项目审批制度改革】　按优化审批流程，推行“一个窗口、一张表单”便捷服务，落实工程建设项目审批制度改革施工许可阶段和竣工验收阶段改革工作。施工许可阶段减少1个审批层级，8个审批要件，审批（不含招投标）时限由7个工作日压缩至4个工作日，工业项目压缩至2个工作日；竣工验收阶段，确定时限不超过12个工作日，政府投资项目和社会投资工业项目为5个工作日。

（张九高）

城市规划

【空间发展规划】　启动《长春市都市圈远景空间发展战略规划》等编研项目23个，完成规划条件、控规成果1000余项。形成长吉一体化、长公同城化、中韩国际合作示范区、红旗国际小镇等研究成果，完成人民大街历史文化街区改造提升工程。

【市政专项规划】　完成规划许可手续77件，管网综合审查60件，推动重点项目和民生工程落位。

【打造城市名片】　开展历史文化名城保护规划、城市雕塑规划管理和规划展览馆系列展览和公益活动，彰显长春“历史文化名城、雕塑文化之都和城市规划展览”3张城市特色名片。一汽历史文化街区保护工作被央视中文国际频道《记住乡愁》特别栏目以纪录片形式报道。

【国土空间总体规划】　编制《长春市国土空间总体规划（2020–2035年）》，探索构建“三级三类四支撑”的长春市国土空间规划体系。完成“出台长春市编制国土空间总体规划具体措施”“落实国家和吉林省关于全面实行永久基本农田特殊保护工作”2项改革任务。梳理综合交通体系规划框架，形成城市交通发展战略、对外交通系统、道路系统、公交系统、政策研究等规划成果。

（张亚雄）

城市建设

【交通基础设施建设】　吉林大路快速路、临河街南延长线、河堤东路绕城高速连接段主线通车，一汽大众物流通道完工，硅谷大街与绕城高速互通式立交桥、硅谷大街延长线通车，东部快速路南延长线完成主线桥梁结构，一大批重大基础设施项目建成通车。

改造后的人民大街 （张亚雄　提供）

【建筑业发展】　制定第二批扶持措施，引导大型房地产开发企业与本地施工企业结对发展，搭建合作平台。鼓励支持外埠大型建筑业企业特别是央企在长设立子公司，依托地铁项目，全年新增央企子公司18户，其中9户领取营业执照。建筑业全年产值25.5亿元，采取新承接项目产值纳入、在建项目产值转化等方式，确保税收产值留在长春。

【建设乱象整治】　开展扫黑除恶专项斗争，破解征收堵点。清理职业资格“挂证”行为，开展建筑市场执法检查。制定《长春市建筑业企业信用评价管理办法》，开展企业信用综合评价。建设完善过街通道、隔离设施，治理火车站区域乱象。

【城市精细化建设】　改造提升人民大街历史文化街区。维修养护44条主干路及69条南部新城道路，维护清洗快速路桥梁、隧道设施，清除路灯杆刀旗广告13113套。系统摸排调研全市老旧小区基本情况及改造需求，根据居民意愿和改造需求的轻重缓急制定试点方案、探索试点模式。

（张九高）

城市管理

【旧城改造管理】　开展关于旧改工程审计建议整改工作，调度长发集团，协调相关单位，推进资金支付等旧改工程各项收尾工作。到城区、开发区走访调研旧城改造提升工程，督促其推进工程验收结算工作，以及旧改工程后期长效化管理工作。完成与市建委老旧小区改造相关数据资料对接工作。

鑫祥生活垃圾焚烧发电厂——生活垃圾分类宣传教育基地 （王福刚　提供）

【生活垃圾分类】　下发《2019年度长春市生活垃圾分类工作实施方案》《2019年度全市生活垃圾分类工作计划》，明确生活垃圾分类工作的目标任务、实施范围、标准、资金安排和有关要求等内容。完成垃圾分类立法工作，经省人大批准，《长春市生活垃圾分类管理条例》于5月1日起施行。开展生活垃圾分类宣传工作，7月，开展生活垃圾分类“百人宣讲”活动，百余名机关干部到63个街道办事处开展生活垃圾分类知识讲座；8月，在“城市管理热线”开设生活垃圾分类专场，市区两级主管部门及街道和社区做客直播间，向市民宣传生活垃圾分类。

【循环经济环保产业园建设】　完成全市再生资源产业现状初步调查。全市每天再生资源回收量13200吨，年回收478万吨，位居全国第15位。全市有废旧物资回收企业1215户，就业人员约5万人，其中2/3为零散的收购网点。10月25日，成立长春市循环经济环保产业园项目推进工作领导小组，领导小组办公室设在市城市管理局。长春市循环经济环保产业园区选址于德惠市米沙子镇区域内，紧邻京哈高速公路出口，距离市中心车行距离32千米，总规划用地13.5平方千米，第一期规划用地3.3平方千米。按照“一园三区”设计理念，在产业园内科学布局固废处理区、再生资源回收利用和处置区、环保装备制造区三大板块，并配套建有环保科研基地、环保教育基地、再生资源交易中心等。9月25日，启动建设生活垃圾焚烧发电厂，作为循环经济环保产业园区的核心项目。

【农村生活垃圾治理】 现场检查外县（市）农村生活垃圾收运处置体系建设和运行情况、非正规垃圾点排查及整治工作情况，查看各县（市）区整治方案、工作计划、排查情况。督办外县（市）和有关城区整改检查中发现的问题。全市118处生活垃圾非正规堆放点全部整治完毕。

【市容环境乱象整治】 治理“三线一口”区域市容环境，清理废品收购站，对机场高速公路两侧违规设置的擎天柱广告予以拆除。整治占道经营、露天烧烤行为，疏堵结合清理城市“牛皮癣”。狠抓城市扬尘治理，强化工地管理，严厉查处违规清运渣土行为。2019年，全市拆除各类违规广告牌匾26221万块，清理各类宣传条幅2.2万余条，拆除楼顶字6178处；整治提升工地围挡76000米；取缔占道市场20个，清理各类占道经营14.7万处，清理取缔露天烧烤4783处，暂扣经营工具3321个；清理城市“牛皮癣”376万处，追呼停机野广告联系电话3.7万个，处罚118万元；查处违法违规渣土运输车辆1269台次，罚款306.8万元，批评教育80个建筑工地和1264台车辆，利用街路LED条屏曝光违规运输驾驶人和车辆信息101条次；拆除违法建筑236万平方米。

【环卫精细化管理】 建立环卫清扫保洁“模块化”精细作业模式。各城区、开发区实行道路“冲、扫、洗、收”组合式清扫、清洗模式，生活垃圾按“模块化”区域采取上门收集和居民定时定点投放的收集模式，实施环卫清扫保洁作业精细化、标准化和长效化。完成冬季清除冰雪工作，出动清雪作业车辆17849台次。在全市范围内开展春季环境卫生综合整治工作，集中清理主次街路、背街小巷及居民庭院等区域的清扫工作，采用小型清扫机械配合人工作业的方式，对全市三级街路以下的街路路边石、人行步道、居民区和楼间道等区域进行彻底清扫，全市出动环卫工人66980人次，出动环卫各类设备车辆9056台次，清洗街路648条，运出垃圾19720吨。开展“公共厕所革命”，全市布局城市公共厕所2192座，其中，保留原有水冲公厕89座、旧城改造公厕217座、新建改造公厕387座、引导商家开放自有公厕1089座、鼓励公共机构开放自有公厕410座，原有建成区公共旱厕全部拆除，提前两年完成目标任务。

【垃圾无害化处理】 推进生活垃圾焚烧发电厂建设，完成土地预审批复、项目申请报告审批、可研编制、稳评批复、规划调整等各项前期手续办理，9月25日正式开工。

【“走遍长春”专项行动】 组织市城市管理局、市建委、市林业和园林局、市规划和自然资源局、市房地局和市生态环保局6个部门分别成立工作组，到全市65个街道（乡镇）排查城市管理问题。2019年，全市各工作组排查上报问题7432件，整改完成6897件，整改率92.8%，发布《“走遍长春”专项行动专刊》39期。“走遍长春”专项行动被写进市委和政府工作报告。

【数字城管建设】 坚持以现代信息技术为支撑，打造集感知、分析、服务、指挥、监察“五位一体”的数字城管新模式。全市10个城区、开发区二级平台全部建设完成，以各街道（乡镇）和环卫专业队为主的三级平台建设85个，建设率100%，构建市、区、街三级数字化城市管理网络；整合公安高清视频、快速路视频监控、站前地区视频监控2.7万个，共享公网地图、长春气象信息系统。配备4G车载视频监控设备104台；接入蘑菇沟垃圾场和鑫祥垃圾焚烧发电厂视频监控8路、移动式垃圾转运站、公厕、工地监控278个；录入市容环卫部件信息12253条、车辆信息3706台（其中，3140台环卫作业车辆全部安装GPS，安

二道区将公厕与垃圾分类处置中心、工具间、垃圾转运站及环卫工人“爱心驿站”合建（长春日报社　提供）

装率85%）。通过公开招标购置4台无人机，城市管理监督检查视野开阔。2019年，数字城管发现上报城市管理案件199341件，长春市数字城管典型案例入选国家首套数字化城市管理教材，在全国推广。

【城市精细化管理】 出台《城市精细化管理基本标准》白皮书，包括市容秩序、环境卫生、园林绿化、工地管理、违法建设治理等16项管理标准。整改《长春市城市管理工作考评办法（暂行）》，修订《长春市城市管理综合考核评分细则》，将“月考评”变为“周考评、月通报、年度考核”相结合的方式，对各城区、开发区开展城市管理考评工作，每周向市政府上报《全市城市管理工作考评情况报告》。

【城市管理法规体系】 制定《长春市城市管理条例》《长春市城市建筑垃圾管理办法（草稿）》（2020年3月1日起实施）《长春市城市公共厕所管理办法（草稿）》；成立环卫管理协会、渣土管理协会。

【城市管理效能提升】 协调相关部门和单位落实整洁行动、畅通行动、拆违行动、绿化提升行动、老旧小区整治行动、城市管网安全运行6个专项行动方案。建立数据统计工作半月报制度，对工作进行梳理汇总并上报省城市管理联席会议办公室，调度各责任单位工作落实和推进情况。

【舆论宣传】 组织集中采访175次，在中、省、市媒体刊发报道1800余篇，中央电视台、新华社等中直媒体报道长春市等城市管理工作。与长春广播电视台联合推出《城市管理热线》栏目开播121期，2019年播出48期，全年接听市民热线860余万次，各部门和单位对市民反映的问题第一时间到现场核实处理并及时反馈，热线答复率100%。

（王福刚）

城市公共事业

【水污染防治攻坚战】 以水环境治理为重点，完成截污纳管120千米，治理吐口124个，清淤347万立方米，清理河道垃圾16万立方米；建成14座调蓄池和3座污水处理厂。完成75处黑臭水体治理，全部移交属地和相关单位进行日常管护。采取厂内挖潜，临时设施处理，施工降水整治，局部污水处理厂（临时设施）、泵站、调蓄池一体管理，管网排查修复及智慧水务监测等措施，控制非汛期污水厂溢流。伊通河靠山大桥断面（国考），COD、氨氮和总磷指标月均值达到年度省考标准。

【供热改革】 谋划14项20个任务推进供热行业供给侧结构性改革。采暖期供热投诉大幅下降，12319投诉量比2018年同期下降71.55%。

【供水保障】 修订《长春市供水条例》，明确市区两级管理边界和农村供水职责分工，强化供水工程质量、供水水质监督管理，保障居民饮水安全。

【交通堵塞治理】 成立城市与交通大数据联合实验室，编制《长春市城市交通发展白皮书》，解决快速路及中心城区30处常发堵点。交通大数据平台获中国地理信息产业优秀工程银奖，全国市政工程科学技术二等奖。

【城区洪涝治理】 改造城区严重易涝点19处，改造积水隐患位置111处，新建改造排水管线26.5千米，基本实现“中雨不积水，暴雨不内涝，特大暴雨城市运转基本正常”。“海绵城市”建设面积39.8平方千米，占城市建成区面积10%。

（张九高）

房地产业

【房地产市场】 制定《长春市建立和完善房地产市场平稳健康发展长效机制工作方案》，明确房地产市场发展目标和市场调控目标，形成土地供应、信贷税收、住房保障、住房租赁、市场监管等5个方面32条政策措施。2019年，商品房上市面积1226.3万平方米，比2018年下降16.2%；商品房销售113357套，销售面积1221.7万平方米，下降6.3%，销售金额1064亿元，下降1.2%，住宅供求比为1.01∶1，供需基本平衡。二手房交易90140套，交

长热集团调度指挥中心　　（长春日报社　提供）

易面积776.5万平方米，下降7.6%。住宅存增比为0.69∶1，商品住房销售均价8477.4元/平方米，增长9.2%。长春市入选全国16个首批中央财政支持发展住房租赁市场试点城市，争取24亿元奖补资金（2019—2021年），2019年到位8亿元。建立租赁住房项目库，制定支持租赁住房市场发展配套政策，筹集租赁住房近2万套、120万平方米。印发《长春市专项整治住房租赁中介机构乱象工作方案》，建立市、区两级管理体制，明确专项整治内容、措施和要求，协调市委网信办、市公安局、市场监管局等开展联合检查。

【棚户区改造】 实行市区联动机制，落实主体责任，强化调度和现场办公，帮助各城区、开发企业解决改造难题。发挥国有平台公司作用，推进改造项目。争取棚改专项债券35.73亿元，发放棚改专项贷款14亿元。2019年，全市改造棚户区6344户，夹馅棚户区1470户，完成年初计划5300户的119.7%。拆除棚户区建筑面积37.76万平方米，完成年初30万平方米计划的125.88%。15个项目、3098套棚改逾期整改任务全面完成。

【住房保障】 规范公租房年度复核、日常使用管理、公租房清退中政府部门联合执法、申请法院强制执行、社区管理和公租房运营管理等工作流程。租赁补贴发放8670户，2421.76万元，超额完成省厅年初下达的7800户任务。上缴市本级财政公租房租金7000万元，商业用房租金2400万元。

【未登记房屋确权】 制定攻坚实施方案，召开6次确权联审会和2次专题会，对1161万平方米未登记房屋进行审议确权，超额完成省政府下达的600万平方米和市政府确定的850万平方米年度整治任务。

【老旧住宅区管理】 2019年，约3000万平方米588个老旧小区，建立完善长效管理机制。开展物业服务小区消防安全检查，排查整改1093个隐患问题，隐患排除率为99.27%。指导各城区、开发区组织物业服务企业争创精品项目，有10个物业服务项目通过评审获“省级精品项目”、22个服务项目获“市级精品项目”，超额完成“幸福长春”行动计划目标。

【房屋权属管理与交易】 精简优化房屋交易业务流程，所有不动产登记业务全部压缩至3个工作日内办结，抵押登记业务2个工作日内办结，个人存量房交易实现1个工作日办结，4项业务实现立等可取。房产信息自助查询系统新增提取公积金所需“房产交易申报单”打印、产权证遗失打印“存根”等功能，承担50%以上的查询业务。开通房产档案个人房产信息互联网查询功能，市民通过市房管局官网或手机登录“长春市房产档案馆”公众号，可直接查询并打印个人住房信息、商品房合同备案信息、存量房信息等，部分房产档案查询业务实现“零跑腿”。2019年，受理档案查询174278件，完成省、市两级组织部门交办的领导干部个人住房信息核查4.8万件。房产信息查询工作在东北三省处于领先地位，达到国内先进水平。

【公房制度改革】 出售公房70万平方米，核发职工货币补贴资金417万元。采取主动上门、现场办公和面对面指导等措施，推动首钢柴油机厂、长春市拖拉机厂等国有企业和解放大路中学、滨河东区的公房出售工作。

【房屋安全隐患排查】 开展“冬春大会战”“夏秋百日攻坚”“迎大庆、保安全、严监管、促平安”大决战等行动，落实对老旧房屋、既有建筑玻璃幕墙等各类房屋安全隐患进行地毯式、拉网式排查。全市排查老旧房屋10699栋（次）、4846.23万平方米，对排查发现的76栋（处）房屋安全隐患全部整改完毕。

【信访办理】 全年接待群众来访、咨询12676批次13380人次，集体访85批次，受理市长公开电话9502件，处理局长信箱1280件次，办理上级交办件62件，组织信访隐患排查10次，召开信访协调会15次。信访交办案件办结率100%。

（程　游）

生态建设

环境保护

【环境信息报送】 全年报送环保政务信息730条次，其中，报生态环境部124条次，省生态环境厅299条次，市委、市政府122条次，市政府网站174条次。完成信息约稿11篇，在长春市环境保护网、微博、微信公众平台"长春市生态环境"实时发布环境信息6376条次。环境信息报送和被采用率在全市排名第一、列全省第一位。市生态环境局被评为"2019年度全市党委系统信息工作先进单位""2019年度市政府系统政务信息工作标兵单位""网上宣传先进单位"。

【生态环境保护督察】 中央环境保护督察、省生态环境保护督察及中央生态环境保护督察涉及96项整改问题，基本完成62项，34项正按序时推进；三次督察交办的6960件信访案件，办结6878件，还有82件未办结销号，办结率99%。

【法规与标准】 制定《长春市生态环境行为有奖举报实施办法（试行）》《长春市生态环境局关于行政处罚决定权限的规定》《重大行政决定和行政处罚案件集体审查委员会议事规则》和《长春市生态环境局申请人民法院强制执行工作指引》。市人大审议通过《长春市农作物秸秆露天禁烧和综合利用管理条例》，报送省人大审核并同意发布；市人大审议通过《长春市饮用水水源地保护条例》，报省人大审核。

【污染防治】 出台《长春市农业农村污染治理攻坚战行动方案》，起草《长春市柴油货车污染治理攻坚行动方案》，修订《长春市生态环境保护工作责任规定》。落实《长春市重点流域劣五类水体专项治理和水质提升工程实施方案（2019—2020年）》，推进全市重点流域水污染治理项目建设。制定《长春市环境保护专项资金项目管理办法（试行）》，申报污染防治资金项目，申请国家和省级专项资金支持，获2019年度中央大气污染防治专项资金4899万元（支持7个项目）及饮马河流域水污染治理省级专项资金2.98亿元（支持14个项目）。

【自然生态保护】 完成生态保护红线划定工作，划定面积587.6平方千米，拆除波罗湖自然保护区违建设施29处，波罗湖自然保护区、九台湿地保护区退耕还林、还湿1735.98公顷，"绿盾2017"核查的139个问题完成销号90个。完成13个生态保护修复治理项目储备库建设和自然保护区、生态保护红线区生态信息库建设。

【水生态环境管理】 推进《水污染防

新立城水库水源地水质达标率保持100%　　（陈　颖　提供）

治行动计划》《劣五类水体治理和水质提升实施方案》，聚焦劣五类水体和国省控断面水质达标，驻厂盯防所有污水处理厂和重点排水企业，专项督导帮扶落后地区水体治理，落实河（湖）长制，科学补水建立生态基流，200项劣五类水体治理工程加速推进。113个乡镇污水集中处理设施启动建设。对1185个入河排污口开展溯源整治，对1005个企事业单位和城市雨洪排口进行一对一管控。全市水体各项污染物指标比2018年大幅下降，国控断面靠山南楼、砖瓦窑桥断面消灭劣五类。

【大气环境管理】 落实《长春市打赢蓝天保卫战三年行动计划实施方案》和“一微克”精细化管理行动，从“控煤、降尘、管车、治排、禁烟”等方面入手，集中开展柴油货车、挥发性有机物、城市扬尘、散煤综合整治等专项行动，突出细颗粒物（PM2.5）和臭氧协同治理。完成2318户“散乱污”企业整治，实现动态清零；淘汰建成区外20蒸吨以下燃煤锅炉495台；安装挥发性有机物高效治理设施99台（套）；实行农作物秸秆“全域全时段全面管控”。

【土壤生态环境管理】 制定《坚决打赢黑土地保卫战实施方案》，完成农用地土壤污染状况详查，开展重点行业、企业用地土壤污染信息采集和风险筛查。推进涉镉等重金属行业、企业全口径排查整治和污染防控，83户土壤重点监管企业，除停产企业外，均完成土壤自行监测并公开监测结果。开展耕地轮作黑土地保护利用试点工程，实施农药化肥零增长行动，推广秸秆全量还田保护性耕作面积17万公顷。推进农村人居环境整治，关闭或搬迁养殖场1629家，完成17家新改扩建粪污集中处理中心建设，全市1713万吨畜禽粪污实现资源化利用。

【固体废物与化学品环境管理】 2019年，城区产生医疗废物7133.446吨，全部无害化处置，处置率100%。长春市（除双阳区、九台区、榆树市、农安县、德惠市）日产生活垃圾4882.47吨，年总产生量178.21万吨，其中，卫生填埋处理108.54万吨，焚烧发电处理69.67万吨，处理率100%；各城市污水处理厂产生污泥33.66万吨，污泥含水率约80%，处理率100%。全年办理跨境转移危险废物商榷函31份，其中，转入11份，转出20份。

【重污染天气治理】 修订《长春市重污染天气应急预案》，对组织机构、预警分级、应急响应三部分内容进行修改完善。市政府印发《长春市重污染天气应急预案》。

【农村环境保护】 启动《长春市农业农村污染治理攻坚行动方案》，开展农村垃圾治理，推进完成51个乡镇污水集中收集处理设施建设。出台建设环境标准，在全市范围推进分散式畜禽粪污处理设施建设。开展农村污水现状摸底排查，全市101个行政村完成环境综合整治。

【辐射安全监管】 开展全市放射源安全检查专项行动，全年检查核技术应用单位117家次，放射源应用单位（含武警总队医院）35家，检查覆盖率100%。开展闲置废旧放射源排查，督促用源单位制定废源收贮计划，收贮吉林省黄金食品有限公司、吉林大学白求恩第一医院、吉林省人民医院等5家单位6枚废旧放射源，收贮率100%。

【环境影响评价】 完成环境影响评价报告书18项、环境影响评价报告表85项；入河排污口许可9个；危险废物收集经营许可3项、废弃电器电子产品处理资格许可1项、建设项目竣工环境保护固体废物验收3项；辐射安全许可业务81件、放射性同位素转让业务28件。核发汽车制造、锅炉、水处理等29个行业，1042件排污许可证。

【生态环境监测】 完成长春市内国、省、市控55个地表水监测点位的监测工作，完成2200个样品的分析测试工作；采集酸雨监测点样品120个，获得有效监测数据1440余个，未出现酸性降水；完成功能区噪声16个监测点位，区域环境噪声120个监测点位，道路交通噪声85个监测点位监测工作；完成对农安县、榆树市和德惠市6个试点村庄的环境空气、地下饮用水、土壤环境质量和县域地表水体的监测工作；完成长春市105个土壤基础点位的样品采集、制备以及全省644个样品和62个质控样品的有机氯农药（六六六和滴滴涕）的检测工作。

【生态环境执法与排污收费】 全市办理生态环境行政处罚案件428件，处罚金额2067.598万元。办理案件34起，其中，按日计罚2起，处罚金额540万元；查封扣押18起；限产停产3起；移送行政拘留案件9起；移送涉嫌环境犯罪案件2起。“淘汰落后产能”规定行业，排查企业69户，其中，重点行业企业56户，重点行业在建企业3户，停产企业（含重点行业停产企业）10家。开展秋冬季专项执法检查，检查企业2181户，发现存在问题企业813户，发现问题912件，其中，涉气403件，涉水61件，涉土1件，涉固废危废317件，涉噪声16件，涉生态2件，涉环境安全55件，涉建设项目57件，集中核实、整改、查处。

【生态环境应急】 全市组织排查环境风险企业1636户（次），出动车辆1165台次，人员3329人次，排查隐患47处，整改完成44处，限期整改3处。更新较大、重大环境风险源企业台账71户，全市编修突发环境事件应急预案企业267户。组织市、区和企业三级联动，应对危险化学品泄漏事故，防范次生环境污染的实战演练。修订《长春市突发环境事件应急预案》。

【环境质量】 全市环境空气质量优良天数306天，空气质量优良率83.8%，优级天数124天；二氧化硫、氮氧化物等主要污染物浓度下降。全市9个国、省考核断面中，水质为优良等级的断面

优级天数124天　　　　　　　　　　　　（陈　颖　提供）

比例44.4%，劣五类水体比例22.2%；8个国家考核断面，6个断面达到考核目标，靠山南楼、砖瓦窑桥2个断面消除劣五类，其他断面水质大幅改善；地级以上水源地水质稳定达标，地下水8处点位符合考核要求；城市集中式饮用水水源地水质达标率保持100%并持续改善。全市土壤环境质量总体保持稳定。长春市区域环境噪声昼间等效声级平均值55.6分贝（A），比2018年下降0.1分贝（A），整体水平等级三级（一般）；道路交通噪声昼间平均等效声级69.5分贝（A），下降0.1分贝（A），道路平均车流量3133辆/小时，昼间道路交通噪声强度等级二级（较好）。

【生态环境宣传教育】　在国省市重点新闻媒体发表新闻报道稿件266 篇次；在新华网、国际在线、中国吉林网、中国长春等网站发表宣传稿件798 篇次；新闻稿件被人民网、新华网、中国新闻网、新浪、凤凰等 20余家主流网站及时转载 869余次；完成省级“绿色学校”年度复检；会同市教育局编写《绿色学校（国际生态学校）创建指南》等指导性文件；开展生态环保知识理念进学校、进企业、进社区等“十进”活动；会同市教育局、市妇女儿童活动中心等部门，联合开展“生态主题教育月”“保护美丽河湖建设美丽家园”等系列生态环保宣教活动；联合环保社团组织和环保志愿者，开展生态环保有关宣传教育培训活动100余项；向社会公众开放南部污水处理厂、市环境监测中心站、教育部重点实验室、环境教育基地等专题教育场所。

【信访投诉】　办理12345市长公开电话交办案件19572件，办结率100%、满意率95%，反馈率100%；办理人民网领导留言板诉求问题39件，局长信箱反映问题134件，局长接待日12次、问题13个，来信、来访和电话投诉（市本级）问题4215件，读报、读网发现问题41件，上级转办环境信访问题31件；办结省、市两级信访部门及领导签批交办环境诉求问题21件，互联网环境问题投诉472件。办理12369环保举报热线信访案件1420件，办理微信投诉2038件。

（陈　颖）

土地资源保护

【土地利用】　全年供应土地3119公顷，土地成交价款和纯收益达2010年以来历史最高水平。为122个项目出具用地预审意见163件。推进城乡建设用地增减挂钩工作，解决“三抓”项目用地指标537公顷。

【土地保护】　长春市实际耕地和基本农田面积，均高于省里要求，被省政府评为“优秀”等次。推进国土空间生态修复，完成废弃矿山修复治理791公顷。

【督查整改】　完成违建别墅清查整治和环保督查整改工作，长春市经验做法被省违建别墅问题清查整治领导小组办公室在全省推广。2019年，与国土相关的中央环保督察反馈问题整改任务有6项，省级环保督察反馈问题整改任务有7项，完成整改12项。开展“未批先用、批而未供、供而未净、欠缴出让金”专项清理行动，土地资源精细化和集约化管理水平提高。

【地理督查监测】　加强执法监管，如期完成上级赋予的土地例行督察、专项督察，以及土地、矿产卫片执法工作任务。成立城市地理国情普查及监测领导小组，推进地理国情普查及监测工作，智慧长春时空大数据云平台项目设计书通过自然资源部评审。

【网络体系建设】　加强数据中心和网络安全体系建设，完成电子政务信息系统、不动产登记信息管理平台、土地执法监察平台改造升级，开发移动办公、空间数据处理及三维仿真公示系统。

（张亚雄）

园林绿化

【概况】　2019年全市森林覆盖率8.08%，城区绿化覆盖率41.5%，绿地率36.5%，人均公园绿地面积11.6平方米。

【植树造林】　推进农防林更新改造、林地清收还林、防沙治沙造林、“三北”五期造林等工程，全年造林4204公顷，超计划完成5.1%。其中，人工造林846公顷，人工更新1027公顷，“三北五期”1464公顷，防沙治沙林67公顷，清收林地还林800公顷。实施补植造林230公顷，完成约320个村屯绿化补植，完成公乡路绿化里程198千米434公顷。

长春公园油菜花海景观　（张晓东　提供）

【公园建设改造】 启动芳草、天香等公园建设项目，南湖公园、串湖三园、儿童公园等局部生态修复项目。对公园实施局部改造、修缮和绿化补植，公园拆铺、拆废还绿，拆除面积7230平方米，还绿7390平方米。2019年，长春市公园绿地148个，面积4253公顷；景区、森林公园3处，面积15443公顷。

【街路和大块绿地建设】 完成人民广场、卫星广场等景观修复，对人民大街、解放大路至人民广场路段拆违破硬，打造连续流绿空间。对街路围挡、池头等打造城市街路景观。引进彩叶槭树等20余个乔灌木绿化新品种，扩大桦树、木绣球等应用范围，数量和质量为历年同期最高。2019年，主城区新植街路42条，新建大块绿地33宗，补植街路341条、绿地107宗，栽植乔木138288株，灌木327716株，绿篱模纹175991平方米，花卉、草坪1407417平方米。

【机场路迎宾大道景观提升】 投资1.15亿元，栽植乔木29959株、灌木3788丛、绿篱44209平方米、花卉112163平方米、草坪691856平方米，回填种植土2500立方米，余方弃置794立方米。安装设置花柱外装饰12个，完成海浪纹、祥云纹、水波纹景墙彩绘工作，摆放花箱、花架13组。设置电影、汽车文化主题景观各4组，动车文化主题景观6组，假山30座。

【人民大街提升改造】 采取增绿、扶绿、造绿等措施，设置10余个大型立体彩化花坛，栽植花卉30余个品种500余万株、树木20余个品种1万余株、绿篱100余万株，铺装8000余平方米树穴地板，拓增绿化面积7.1万平方米。整形修剪人民大街全线4000余株杨树、2000余株黑松，达到通风、透光效果，增强树木长势，对部分倾斜树木进行扶正，降低危倒风险。

【义务植树】 4月15日，组织吉林省、长春市党政领导干部600余人在长春市南溪湿地公园开展集体义务植树活动。市直有40余个单位1500余人参加春季义务植树活动，栽植乔木约30000株。此后，省、市领导分别到各县（市）区参加当地的义务植树活动。

【林产经济】 引导国有林场和农民栽植木本粮油经济树种，邀请省、市各大媒体宣传大果榛子和樟子松嫁接红松产业项目，新增大果榛子面积200公顷，发展苹果、林下参等林业产业园225公顷，全市林业总产值23.66亿元。

【庭院绿化】 启动“森林绿化全民化”三年行动，采用树苗奖补、技术奖补、人工奖补、设备奖补等方式，启动一汽总部、一汽大众、吉林大学、10所市属学校和40余个单位庭院绿化、人民大街沿街两侧的33个单位庭院墙基绿化。结合消除裸露地面行动，投资约50万元，向各城区、开发区发放草籽12839千克、花籽280千克。

【村屯绿化美化】 编制《长春市林业和园林局关于在农村人居环境集中整治中村屯绿化美化的实施意见（2020–2021年）》和验收细则。结合实施乡村振兴战略，2019年，着手推进377个村屯和16个示范村屯的绿化美化，完成15个村屯的选址、作业设计、造林绿化等工作。

【森林资源保护】 以保护湿地、森林公园、国家公益林为重点，开展打击涉林违法犯罪行动，推进林业生态资源保护、系统修复和综合治理。开展“绿盾行动”和“2019打击破坏森林及野生动物资源违法犯罪专项行动”，严厉打击滥砍盗伐等涉林违法犯罪行为。立刑事案件85起，刑事拘留25人，网上通缉逃犯4人，抓获历年网上通缉逃犯5人，移送审查起诉45起。组织各县（市）区完成公益林落界工作，实现全市林地“一张图”。加强湿地和保护地管理，对2处自然保护区、4处湿地公园、3处森林公园落实保护措施。加强野生动物保护，开展清网行动6次，检查非法经营鸟类市场3次，救护国家二级重点保护野生动物8只，省一般保护野生动物15只，放飞诱鸟及猎获物500余只。

【森林防火和安全生产】 全年出动宣传队119个，宣传车2482台次，发放防火命令4250份、宣传单（品）98600份，悬挂标语1934张。与各县（市）区和相关基层单位逐一签订防火责任状，层层压实工作责任。对清明节、备春耕、秸秆禁烧期等重点时段，从严野外火源管制，重点时段、重点区域防火巡查全覆盖。长春市连续39年无重大森林火灾发生。

【“幸福长春·温馨公园”创建】 印发《2019年创建“幸福长春·温馨公园”实施方案》，在各公园、广场开展激情兰桡音乐节、郁金香观赏节、牡丹文化节、荷花观赏节等文化主题活动30项。印发《关于加强公园水面安全管理工作的紧急通知》《关于对修剪树枝进行资源化利用的通知》等，提升公园精细化管理水平，加强公园专项管理。2019年，评选出“幸福长春·温馨公园”创建优胜单位16个。

【城市乱象集中整治】 编制《长春市园林绿化工程施工基本技术标准》《长春市园林绿化苗木选用质量标准》《长春市公园绿地养护管理标准》和《长春市道路与交通设施用地附属绿地养护管理标准》。落实精细化管理措施，处理人民大街、西安大路、新民广场、延安大路等主要街路绿地危倒树木186株，树木折枝、枯枝7361处，修剪树木16353株。规范围挡、树篦子和修剪工作，开展生态木屑推广应用，利用约810立方米木屑完成8000平方米的绿地覆盖。清理绿地内废弃物150余吨，撤运垃圾、超高土25000立方米。完成人民大街、西安大路等主要街路沿线890余个树篦子的修复工作。对工地实施围挡作业，采取降尘降噪措施，利用遮阳网对草坪生长间期进行遮尘覆盖。

【环城绿化带和西部防沙林带管护】 通过悬挂防火旗帜，发放防火宣传资料，提醒广大群众谨慎用火，严防森林火灾事故发生。组织人员发放森林防火宣传单1000余张，张贴森林防火命令700余张，悬挂森林防火旗200面、防火条幅30条。严格落实24小时值班制度，加强对重点地段的看护和监控，全年“两带”未发生大面积森林火灾。完成190公顷树木修枝打杈，补植树木1100株，林地除草420公顷。集中开展环境卫生综合整治，采取徒步“拉网式”方式，清理环城绿化带内的垃圾、开荒种地、私搭乱建等现象，清理林地内排水沟30000米，挖排水沟2300米，铺设排水管线110米，平整土地26000平方米，清理歪倒病死树800株，清理开荒种地9处、私搭乱建100处，清理垃圾60立方米。设立病虫害防治监控点30处，设置美国白蛾诱捕器150套，防治面积370公顷，保障“两带”林木安全。

【有害生物防控】 对所有国有、集体及个人苗木生产及经营销售单位进行产地检疫，种苗产地检疫面积1622.6公顷，检疫率100%。执行检疫要求书制度，对外地调入苗木及时进行复检，未发生延误或未签办事件，检疫签证率100%。全面检疫监管松材线虫病疫木及其制品，落实松木及其制品调入复检告知、经营及使用“松木及其制品”登记备案和调入后的复检申报等制度，排查违法违规运输、加工、经营和使用松材线虫病疫木及其制品行为，查清疫木及其制品来源。维护2019年林业有害生物及野生动物疫源疫病信息管理平台，完成各常规监测调查种类发生数据的审核和上报工作。对美国白蛾，全市布设378个监测点，全面监测美国白蛾越冬代成虫，监测到美国白蛾雄成虫4头，比2018年下降88.5%。对松材线虫病害，对全市4.38万公顷松林进行全覆盖普查，未检测出松材线虫病。完成日本松干蚧监测调查。应急储备2吨无公害防治药剂。开展松毛虫越冬后的监测，采取阻隔法、飞机施药、地面施药等无公害防治措施，完成防治面积6700公顷。开展常发性林业有害生物青杨脊虎天牛、青杨天牛、杨干象、杨树溃疡病、杨树烂皮病等防治工作，完成防治面积392公顷。引进松材线虫病自动化分子检测系统，提升疫情鉴定水平，保障松材线虫病防控工作顺利开展。全市预测预报准确率96.96%，无公害防治面积3741.27公顷，无公害防治率100%，林业有害生物成灾面积0公顷。

【园林植保】 检疫乔木899株、灌木362042株、水生植物24732100株。全市防治食叶害虫6057街次，乔木1152995株，灌木2346009平方米。防治刺吸式害虫1162街次，乔木127268株。光肩星天牛专项防治6048街次，约851121株寄主树木。完成街路病虫害防治17613次。采取无公害防治措施，适时开展突发性、常发性园林有害生物防控工作，防治面积近7000公顷。

【树种引进栽培】 推进《长春古梨树资源保育研究》《北美香柏高效栽培及繁育示范》《绿化彩色树种与冬季常绿阔叶树种培育、驯化栽培技术研究》《北美红枫引种繁育及栽培技术研究》《优良彩叶槭树引种繁育及栽培技术》《珍稀野生草本植物引种繁育及规模化生产技术研究》《适合长春市街路的应季及宿根花卉开发与研究》《长白山区濒危木本观赏植物迁地保护技术研究》等科研项目，《长白山区濒危木本观赏植物迁地保护技术研究》获2019年吉林省科技进步三等奖。修缮生态林业科普馆，新增标本、展板、图片、投影仪等设备设施，展示林业和园林科研新技术和生态环境保护成果，接待游客4万余人次。组织野生鸟类放飞活动，进行护鸟爱鸟宣传，与长春市明泽学校长期合作开展科普教育。东北植物科普园栽植冰凌花、杜鹃花、红豆杉等2万余株，栽植头石竹200余株，引进长白山濒危野生草本植物16种。

【国有林场管理】 重点对各县（市）区林业棚户区（危旧房）改造工作进行系统梳理排查，对改造任务申报、资金分配使用、建设、验收等方面进行全面摸排。申请国家扶贫资金63万元，帮扶九台区国有林总场上河湾管护站发展林业产业和修缮办公室，完成黑果花楸栽植和樟子松播种工作。

【服务乡村振兴】 制定全面落实乡村振兴战略实施细则，定期督导各县（市）区林业站工作开展情况。开展实用技术推广和建立示范基地项目。其中，农安县完成科技推广实验项目8项，实施泥浆造林技术推广和大棚容器育苗技术试验银中杨营养钵育苗项目，完成在沙化、碱化地区设立基地项目5项，示范面积293公顷。双阳区建设大果榛子、黑果花楸、育苗、林下参、大棚樱桃采摘园等基地6个，面积近10公顷。在长春市九台区城子街大贝村筹建长春市九台区大贝花海乡村旅游有限公司，吉林省林业工作总站将此服务项目作为典型上报国家林草局。

【古树名木保护】 跟踪普查全市“古树名木”和后备资源，更新档案记录，逐一落实保护措施。制定《评选“长春市十大最美古树名木”活动方案》，启动“长春十大最美古树名木”评选活动。

【园林绿化审批】 制定《长春市林业和园林局进一步优化营商环境工作方案》，重点开展和国家、省服务平台对接以及完成营商环境中绿化美化指标工作。认领国家、省服务平台监管事项95项，实现国家、省、市权责清单统一。完成审批职能整合，实现“两集中、两到位”。开展工程建设项目审批制度改革，压缩审批时限，减少办事要件。2019年，受理、办结林业和园林绿化审批事项289件。

【林业站标准化建设】 投资20万元，完成长春市九台区其塔木镇林业站的标准化建设。榆树市弓棚镇、土桥镇和新立镇林业站上报吉林省林业工作总站，申请2020年中央预算投资标准化林业站建设。

【环保督察】 完成胜利、友谊、梨花3个公园的水体治理，落实常态化管理措施。对破坏自然保护区、林地、湿地和草原问题，督促事涉地区和责任单位严厉打击违法行为。

（张晓东）

伊通河管理

【概况】 实施片区网格化管理模式，推行社会化购买服务，夯实河长制工作，伊通河综合治理工程全面收尾，工作重点由建设向管理转变。

【工程建设】 伊通河中段部分建设项目，全年完成投资3.2亿元。完成40千米园路景观建设，铺装广场5万余平方米；种植移植苗木5万余株，绿化约300万平方米；33千米绿道全线贯通；18座新建驿站及6座木屋完工，并开放11座公厕；9座新建园区陆续面向社会开放；5座河心岛完成景观建设。护岸改造工程完成4366米；闸站改造工程完成并投入使用。开展长新桥北主河道及月亮岛、欢乐岛、回忆岛、樱花岛副河道清淤，总清淤量约28万立方米。维护永宁路北人工湿地、兴华岛旁侧循环氧化工程、雪绒花氧化塘（西塘）3处生态治理试点工程，进入试运行阶段。完成自由闸旁侧循环接触氧化工程、卫星桥上游旁侧循环接触氧化工程、四化桥上游旁侧循环接触氧化工程3项水治理工程。完成伊通河中段6处黑臭水体整治，通过住建部与生态环境部联合督查。完成伊通河中段沿线照明亮化工程，形成完整景观照明带，便于市民夜间游览。完成堤顶路提升改造工程，翻新后的道路为市民的日常出行、徒步、骑行等提供便利，同时对河堤路进行封闭式管理，减少景区车辆出入。

【防汛排涝】 5月末，降雨频繁，新立城水库持续加大放流，最大泄洪流量200立方米/秒。全线24小时值守，做好各项应急准备和调度工作，将水损水毁损失降至最低，保障人民生命财产安全。

【水质监测】 每周巡查伊通河沿岸明沟、吐口断面；每月集中检测吐口，重点区域全天候监测；在河道设置11处监测断面，检测水质9次，对数据进行系统分析，掌握水质变化情况并明确水质变化原因。河道内存在的各项问题及时沟通各城区、开发区和相关责任单位，发函协调问题27次，逐一解决吐口、水质、岸线垃圾等问题，配合工程建设，维护良好的河流生态环境。2019年夏季，长春市降雨频繁，上游水库放流丰沛，通过科学调度水利闸坝，合理放流，及时更替景区蓄水。经水质监测数据分析，河道水质较往年有较大提升。

【执法监督】 开展乱象整治，清理烧纸行为500余人次，扑救各类火情15次；配合派出所制止噪音扰民21起；悬挂扫黑除恶宣传条幅70余条，悬挂展板20块；制止乱发小广告行为20人次；制止非法捕鱼行为980起，清理并销毁非法捕鱼网具地笼460余条，4980余米（现场销毁）；清理钓鱼行为17000余人次；封堵园区缺口160余处；自行维修河堤路进口门60余次；制止车辆带泥上路150余次（责令施工单位清扫）；

伊通河音乐喷泉 （国　徽　提供）

及时发现上报园区内设施、树木损坏情况300余次；制止乱倒垃圾行为30次，清理垃圾7车；纠正施工单位违规施工行为30余次，清理甬道内施工单位车辆45台；督促清理施工区域建筑垃圾100余处；制止河堤路刷车行为70余次；清理绿地停车行为150余次；铲除市民开荒种地70余次（基本杜绝）；清理市民在林带内私自搭建的健身器材120余处；制止打弹弓行为45人次；制止不文明游园行为（攀折花木、采摘果实、涉水等）500余人次；加强东大桥早市场外溢整治工作，清理市场越界限经营行为80次；制止进入园区售卖商品行为219人次；制止遛狗行为60余次；制止露天烧烤行为160余起；在巡逻过程中安保队员见义勇为3次，对落水市民施以援手。

【河段绿化】　采取人工与机械相结合的方式修剪树木；采用人工除杂与机械割灌相结合的方式为绿地、花卉、树木除杂；病虫害防治工作使用洒药车3台，喷雾器12台；配合工程要求，开展现场勘查，树木移植，移植量统计等工作，伊通河中段铺设草坪6000平方米，播种单品野花6500平方米，栽植时令花卉1000平方米；秋植期间栽植面积21550平方米，在9个地块共栽植树木1334株（丛），其中，乔木1197株，灌木137丛。

【环卫保洁】　完善环卫规章制度，健全监管机制，提升园区、绿地、景观小品、驿站公厕、水面卫生。制定精细化管理标准，每天清扫广场、捡拾垃圾，每天擦拭两次座椅、果皮箱，擦拭一次木质地板、廊架，定期清理护栏、灯杆灰尘和蜘蛛网，及时清理园区野广告。清理园区内砖瓦石块、建筑垃圾640立方米；清理残枝、落叶1000余立方米；河堤路主要以人工保洁为主，每天清扫两次，及时进行巡保。清理河道漂浮物、淤泥925立方米，河内打捞树木60余棵。

（国　徽）

长春莲花山生态旅游度假区

【概况】　长春莲花山生态旅游度假区于2010年9月经省委、省政府批准设立，是由长春市委、市政府直管的省级开发区，位于长春市城区东部，北起长春新区、九台区，南至净月区、双阳区，西连长春主城区，东邻石头口门水库，实际管辖面积362平方千米，下辖两镇一乡，26个行政村，户籍人口约5万人（常住人口3万人）。

【经济发展】　2019年，地区生产总值9.68亿元，比2018年增长6.5%；29个新建续建项目完成固定资产投资36.7亿元，投资增速30%；服务业增加值增长5.4%；社会消费品零售总额增长3%；全口径财政收入3.7亿元，增长7.3%。

【招商引资】　主要领导带队“走出去”招商30余次，考察对接北京、上海、杭州等地的30余家知名企业或企业家；通过招商引资推介会等形式“引进来”招商200余次。新签约项目14个，合同引资额300亿元，单个项目投资亿元以上，10亿元以上重大项目10个；新洽谈项目18个，意向引资额616亿元。其中，央企国企3户，500强企业4户，行业龙头企业5户，转签约项目4个，转落地项目2个。

【项目投资】　2019年，开复工亿元以上项目29个，其中，新建项目13个，续建项目16个。全年投资36.7亿元，增长10%；到位内资27.06亿元，比2018年增长15.99%；到位外资951万美元，增长10%；全年出让土地近130万平方米。沿劝农大街打造国家级旅游度假发展带，构建冰雪避暑休闲产业集群。建设第二滑雪场、第三滑雪场、温泉康养等冰雪避暑休闲项目，申报国家级旅游度假区，打造集“冰雪加避暑、两极带四季、文化加生态、游乐加度假”的产业生态体系。落位天定山国际度假小镇项目，计划投资89亿元，规划总占地面积154万平方米，其中商业用地54万平方米。主要建设冰雪大世界、天定山滑雪场、主题商业街及配套住宅等。世茂冰雪小镇项目，计划投资100亿元，主要提升改造莲花山滑雪场，建设星级酒店、特色商街、精品民宿、生态社区等产品，酒店宴会厅及周边配套商街等基本建成，旅游地产板块即将开工。力旺森林温泉度假村项目，投资20亿元，主要建设温泉酒店、森林民宿、商业中心、森林公园等。另外，投资1亿元的俏天池主题驿站一期基本建成，包括木屋民宿、集装箱驿站、房车营地等，并举办2019全国攀冰锦标赛等。沿东自由大路打造文旅休闲产业带，构建音乐影视和现代农业产业集群。依托东北地区、吉林省、长春市和莲花山度假区特有的文化底蕴，把电影、汽车、农耕等文化元素融入到自然山水、大地景观和旅游项目之中，加快建设影视制作拍摄、音乐教育培训、现代农业体验等产业，打造独具特色的文旅休闲产业生态。签约国际音乐文化小镇项目，计划投资100亿元，主要建设音乐学院、演出剧场、原创基地、森林公园、生态社区及特色商街。沿东吉林大路打造商旅（会展）休闲产业带，构建国际商旅交流合作产业集群。围绕落实长吉图、长吉一体化战略和建设长春现代化都市圈，谋划建设“三园三心”，即中国园林博览园、马文化产业园、汽车运动文化产业园和文化创意交流中心、数字产业及IT创意中心、大健康产业中心，形成大项目带动、产城融合的高端服务业新区域，担负起长春现代化都市圈的国际会议会展、经贸文化交流功能。

【文旅产业】　2019年，举办攀冰锦标赛、中国汽车房车穿越集结赛、花海市民开放季、全域旅游峰会等活动。莲花山滑雪节系列活动展现莲花山度假区冰雪旅游和冰雪夜经济如火如荼的发展态势。首届“莲花山杯”国际陶艺大赛，29个国家和地区50位陶艺家创作180件作品，成为国内规模最大、参赛选手最多、范围最广的国际陶艺赛事，长春国际陶艺馆成为国际陶艺学会团体会员。国际雪联自由式滑雪空中技巧世界杯比赛、2019-2020赛季国际登联攀冰世界杯比赛，扩展莲花山冰雪文化、冰雪运动、冰雪旅游的国际影响力。

【建设管理】 完成乡镇城市规划和土地利用规划修编，为项目落位奠定基础。投资6亿元，新建3千米冰雪大路，改造提升市政道路和农村公路8.9千米，建设水、电、气、热管线42千米，保障项目建设和运营。开展农村人居环境整治，打造“五线二区”景区化美丽乡村示范村屯，改建围墙1万米，增设垃圾箱1400个，改造厕所850户，启动同心村生活污水处理工程建设，治理玉米楼子、柴草垛、杂物堆4000余处，栽树25万余棵，农村环境干净整洁。

【民生改善】 滚动实施“幸福莲花山行动计划”“暖流计划”，53项民生实事和24项增收计划全部兑现。开展“春风行动”，实现899人就业、再就业；贫困人口住院费用报销比例、慢病门诊报销比例分别为90%和80%；引进北京儒岸教育集团对基础教育质量实施整体提升；建成综合养老中心，新增养老床位369张；政务服务由“一次办一件事”向“一次办一类事”转变，群众办事更加方便。

【乡村整治】 开展秸秆禁烧、种植业结构调整、农业面源污染、产权制度改革、农村人居环境整治等工作。抓好产业扶贫，完善产业项目库，谋划龙丰果等产业。完成传统农作物种植12560公顷，种植结构调整面积1123公顷（种植大豆133公顷、大果榛子231公顷、花卉苗木200余公顷。种植高梁、黑果花楸、香瓜、菇娘、百合、板蓝根、蔬菜等经济作物）。智成农业科技有限公司有机农产品61个，被评为省级五星级乡村旅游度假企业、被教育部命名为“全国中小学生研学实践教育基地”；绿之源农业公司获得园艺特产业“三品一标”1个。农业面源污染防治大幅提升，推广有机肥项目和绿色防控技术，测土施肥180公顷，无人机喷施生物农药防治项目544.5公顷，农药废弃物回收率95%以上。开展农村人居环境整治，评选出“美丽庭院”300户，“干净人家”600户；改造农村厕所850户。开展宅基地调查，颁发集体土地产权确权证6300户。完成畜禽疫病免疫、动物疫病监测；投入资金80余万元，修建贮粪池87个，做好畜禽粪污资源化利用。

【发展软环境】 规范“权力清单、责任清单”，11类1456项行政权力全部下放到位。全年“一门式、一张网”受理审批4064件，办结3786件，办结率93.2%，满意率99.94%；办理“最多跑一次”业务8324件、“一次不用跑”业务464件。推行“两证整合”“五证合一”“准入双告知”“多证合一”“N证联办”工作制度，实现“交一份材料同时办理多个证（照）”“一窗受理、并联服务”，企业开办时限压缩到3天。推行简易注销登记和全程电子化登记，全年e窗通材料指导4500余次。“双随机、一公开”录入随机抽查清单事项127项，建立执法人员名录库6个，建立市场主体名录库10个、涉及主体数量34家，开展检查和跨部门联合抽查7次。支持民营经济，优化政策环境，为875个市场主体减免税费1300余万元，受益主体占市场经济主体总数的66.1%。营造“人人都是营商环境”的良好氛围，围绕开复工项目成立31个助企工作组。出台政务信用管理体系5项举措和6个重点领域诚信操作办法；公布行政许可和行政处罚事项1158项、信用信息380条；建立诚信档案740份；清理拖欠中小企业账款1.57亿元。固化营商环境制度65项。通过“问题大整治、服务大提升”等活动，整改落实问题138个。畅通信访渠道，办理营商环境投诉16件，为企业挽回直接经济损失220余万元。

（张育健）

基础教育

【学前教育】 全市学前教育机构1100个，其中，独立设置幼儿园828所，附设幼儿班机构272个。入园儿童4.3万人，在园儿童11.5万人，全市幼儿园教职工2万人，其中，专任教师1.1万人。民办普惠性幼儿园111所，在园幼儿1.6万人。为解决学前教育存在突出问题，市委市政府成立4个市级专班，市教育局与7部门联合制定《城镇新建居住区和旧区改造配套幼儿园建设管理的实施意见》《对无资质幼儿园进行清理整顿的实施意见》等3个文件，取缔无资质幼儿园1333所，治理小区配套园304所，扶持普惠性民办幼儿园14所，增加普惠性学位1350个。

【蓓蕾计划】 开展“蓓蕾计划”，推行二次托管试点，惠及全市20万小学生，“蓓蕾计划”入选2019中国改革年度案例。

【开放场馆】 联合体育、财政等部门制定《关于有序推进中小学体育场馆向社会开放的实施方案》，向社会开放学校158所，占中心城区中小学校总数85%。

【温馨村小】 实施“温馨村小”创建工程。为各县（市）区拨付专项资金1000万元，打造“温馨村小”100个。各县（市）区突出“内涵发展”，打好“管理、质量、特色”三张牌，形成各具特色的“温馨模式”。

【义务教育】 全市拥有小学1006所，初中学校274所，在校生分别为40.4万人和20.1万人。义务教育聚焦“均衡发展”，在通过国家义务教育基本均衡评估验收的基础上，推进高位均衡。召开大学区工作推进会，推行“大学区”办学模式改革。组建100个大学区，覆盖所有中小学。

【普通高中教育】 在校普通高中生12.2万人，招生4.4万人。高中教育聚焦“特色发展”，印发《长春市高考综合改革准备工作推进方案》，就高考背景下选课走班、师资配备、资源保障等进行准备。推进高中学生综合素质评价试点，实施增值性评价体系，扭转不科学的教育评价导向。推进高中集优集群发展，42所普通高中组建11个学校联盟体。录制高中“名师云课”，对学生开展免费在线辅导，30万名学生受益，“名师云课”案例入选教育部白皮书。

【特殊教育】 特殊教育聚焦“提升发展”，做好残疾儿童少年教育安置工作，启动《特殊教育提升计划》，指导各县（市）区制定区域特殊教育提升计划，促进优质融合发展。全年招生183人，在校学生0.1万人。

【民族教育】 民族教育聚焦“协同发展”，将民族中小学教育教学活动纳入大学区管理和高中教学联盟体的整体规划；建立健全新疆内地高中班安全稳定管理机制。

【民办教育】 优化营商环境，印发《关于规范民办学校管理 促进民办教育健康发展的若干举措》《关于下放民办义务教育普通学历学校管理责任清单的通知》，完善民办学校制度体系建设。完成62项行政审批及公共服务事项“只跑一次”任务，民办学校审批时限由原来的3个月压缩到20个工作日。印发《关于进一步理顺民办学校审批管理体制的通知》，推进简政放权，向城区下放民办义务教育学校审批管理权，理顺市、区两级管理体制，压实属地管理责任。

【学校建设】 开工建设10所义务教育学校，建成后可提供1.7万个公办学位，其中4所投入使用，提供学位6500个。在农村地区实施教育信息化2.0行动计划，以信息技术扩大优质教育资源覆盖面，全市1321所中小学校互联网接入率100%。

职业教育

【产教融合】 召开职业院校产教融合、校企合作推进会，50所院校、260户

11月28日，长职院工业设计实训教学　　（李大伟　提供）

企业参会，签约项目166个。召开中小学生劳动和职业启蒙教育职普对接现场会，确定18个单位、161个项目，认定20个公共实训基地、16个职业体验中心，面向中小学生开展劳动启蒙教育。开展“学历证书+职业技能等级证书”试点，长职院等6所国家示范校在老年照护、物流管理等5个项目开展国家级试点。

【职教成就】　汽高专和长职院被评为全国“双高建设计划”高职院校，教育部将连续15年投放建设资金6亿元。在全国职业院校技能大赛中，长春市中职学校获31块奖牌，占全省61%；高职院校获24块奖牌，占全省59%；由教育部主办的全国职业院校教学能力决赛中，长春市中高职院校获一等奖1项、二等奖2项、三等奖5项，占吉林省总获奖数的89%。

教育改革

【全市教育大会】　首次以市委、市政府名义召开教育大会，市委、市人大、市政府、市政协、市法院、市检察院主要负责人参会，4家教育行政部门负责人发言，会议下发《全面深化新时代教师队伍建设改革的实施意见》《关于加快发展现代职业教育的实施意见》等5个文件，为长春市教育改革发展绘制发展蓝图。

【构建改革发展布局】　市教育局与市发改委等4部门联合出台《关于深化教育体制机制改革的若干举措》，明确全学段、全口径、全方位教育体制机制改革14项重点任务，为教育改革发展搭建总体框架、规划顶层设计。以市委、市政府名义制定《关于全面深化新时代教师队伍建设改革的实施意见》，构建完善的教师培训体制、管理体制、待遇提升体制、职业发展体制。实施《基础教育质量提升工程实施方案（2018—2020年）》，推动基础教育质量提升工程，深化普通高中管理体制和新课程教学改革。

德育教育

【红色基因主题教育】　在小学初中挖掘育人元素，探索思政课“打开方式”，使思政课“有意义”“有意思”，开展“我和我的祖国”“歌唱祖国”“国旗下的誓言”等主题教育活动，引导广大少年励志报效祖国。在高中，以“早教育、早传承、早培养”为目标，选取7所高中为示范校，在全市开展“三早育苗”工程和“青年党校”建设，召开“三早育苗”工程揭牌仪式，通过模拟“两会”“听证会”等方式，赋予思政课“政治视野”，推进习近平新时代中国特色社会主义思想“进课堂、进教材、进头脑”。在高校，推进思政教师队伍建设，市属3所高校均成立思政部，思政教师、辅导员与学生比例均高于国家规定要求。开展“高校文明杯”竞赛活动，开展精神文明创建活动，中小学获省级以上文明校园39个，占全省25%。

【体育文化教育】　承办“筑梦冰雪·相约冬奥”全国学校冰雪运动系列竞赛暨嘉年华活动，开展“百万学子上冰雪”主题日活动，打造校园冰雪运动长春模式。深化学生体育教育，完成全市6万名考生体育考试，得到学生、家长和社会认可。推进“校园足球行动计划”，承办全市中小学生运动会，促进学生身心健康。

【教师培养培训】　与市人社局联合在全市教育系统开展职称评定工作，历史遗留的18829名教师职称问题得到解决。实施“强师计划”，招聘教育部直属高校应届毕业生150人。实施“特岗计划”，招聘376名特岗教师，补齐乡村教师配置短板。建立健全干部教育培训长效机制，举办“杰出校长”培训班等各类培训班24期，实现直属校级领导干部脱产培训全覆盖。实施“首批中小学明星教师培养对象三年培养计划”，组建77个名师工作室，研发课题416个，培养青年教师7000余人。

【师德师风建设】　评选50名“我身边的好教师”，召开先进典型事迹报告会，在全系统弘扬师道师德师风正能量。长春市3名教师被评为全国模范教师，1人评为全国教育系统先进工作者，1人评为全国优秀教育工作者。

教育保障

【控辍保学】　将控辍保学作为落实

"两不愁三保障"的底线任务，建立控辍保学责任体系和周报告制度，狠抓义务教育段建档立卡家庭失辍学儿童的劝返工作。省教育厅反馈的24名失辍学儿童少年通过劝返、送教上门等形式全部就学。

【教育资助】　召开3次脱贫攻坚领导小组会议、6次专题调度会，强化责任落实。做好"雨露计划"，220名长春户籍学生全部获得补助。对建档立卡贫困学生进行逐人比对确认，对5635户建档立卡贫困学生家庭开展2轮实地走访，发放资助政策宣传画、学生资助信息卡12万张。落实中央、省、市教育扶贫政策，为4.65万人次贫困学生发放资助资金2575万元，确保教育资助不落1人。

【教育助企】　成立由5名局领导任队长、10名处长任组长、20名中青年骨干任队员的助企工作队。35人对包保的30户企业进行实地对接走访。聚焦企业发展的重点、难点、痛点，采取"清单式""台账式"手段，协调解决个性问题20个，市功能组交办的企业反馈问题100%予以解决。发挥教育优势，突出职业教育服务产业转型升级，召开6户企业和3所职业学校参加的对接会，围绕产学研项目、实习实训项目签订合作协议，助力企业发展。

教育行政

【教育督导】　全年交流处长13人，提拔处长、副处长10人，晋升非领导职务55人次；交流校级领导干部42人、提拔21人。以建党98周年为契机，召开全市教育系统表彰大会，表彰先进党组织61个、优秀共产党员100名、优秀党务工作者66名。召开教育督导工作会议，建设市教育督导评估平台，开展"督政十项"，为完成教育重点工作提供保障。

【教育宣传】　打造以"长春教育发布"微信公众号为龙头的教育政务新媒体综合平台，全年发布信息600余条，粉丝数4.6万人，新华社每日电讯、学习强国、中国教育报等国家级媒体以及省、市媒体报道长春教育近千篇。

【校园扫黑除恶】　把校园周边治理作为扫黑除恶专项斗争切入点，建立12个工作制度，制定安全稳定工作文件37个，形成10个校园及周边秩序治理长效机制。召开各级各类安全会议10余次，下发"十五条"硬性措施，开展"八个一"活动，开展2次交叉互检、5次集中整治和20余次随机检查，查出安全隐患864个，整改835个，整改率96.6%。

【教育治理】　制定"三项整治方案"（《全市民办中小学乱收费专项整治实施方案》《治理在职中小学教师有偿违规补课实施方案》《国有资产出租、出借、经营行为及违规占用清查工作的实施方案》），开展教育乱象治理，社会反响良好。"三项整治"做法分别在中纪委网站、《吉林信息》《长春纪检监察信息》上刊发。

【教育对外开放】　落实中办、国办《关于做好新时期教育对 外开放工作的若干意见》要求，解决外籍人员子女入学问题。以德、日、韩为重点，推动中小学生境外研学旅行。推动市属高职院校与俄罗斯南俄国立技术大学开展联合培养项目合作，派遣11名专业技能名师到德国培训。以国际友好城市为纽带，推动对外人文交流，与长春市国际友好城市韩国蔚山广域市和新西兰马斯特顿市开展人员互访交流14人次。

（李大伟）

技工教育

【概况】　2019年，长春市有技工院校13所。其中，国家技师学院（高级技工学校）2所，省部级技工学校5所，合格技工学校6所。技工学校有教职员工759人，教师582人（其中，高级讲师105人，讲师115人）；实习指导教师170人（其中高级实习指导教师35人），"一体化"教师195人。在校学生17943人，毕业生4977人，就业率99%。

【专业建设】　全市各技工学校打造精品专业。建立以数控机械、机电一体化、汽车检测与维修、生物制药等专业为龙头的名牌专业，特别是各学校围绕全市十大产业对专业技能型人才需求，开发新专业，构建专业品牌的课程体系框架，为社会培养输送"产销"对路的学生。落实《吉林省技工院校教学管理规范、学生管理规

9月19日，农安县万家塔乡苇子沟村小学温馨课程　（李大伟　提供）

范、学生日常行为规范》，深化人才培养模式和教学模式改革，深化校企合作，创建与企业用工能力标准相适应的人才培养模式和教学模式。

【学校招生】 全年招生6140人，在全省处于领先地位。技工院校毕业生4977人，毕业生就业率99%。

【助学资金管理】 开展全市免学费、助学金大检查，确保国家资金安全。在春、秋两季开展技工院校免学费助学金检查工作。制定出台《2020届长春地区技工院校毕业生求职创业补贴工作方案》《长春市技工院校国家奖学金管理办法》。

【评优评先】 长春市6名教师获“2019吉林技能名师荣誉称号”；在参加“吉林省第二届黄炎培职业教育奖”评选活动中，长春市1所学校获“优秀学校奖”，1名校长获“杰出校长奖”，4名教师获“杰出教师奖”；参加省人社厅开展的“2020年技工院校三好学生、优秀学生干部、优秀学生”评选活动，长春市4名学生获省三好学生、2名学生获省优秀学生干部、1名学生获省优秀学生荣誉称号。

【内涵建设】 开展调研活动，针对全市技工院校2019届毕业生就业形势、公办技工院校师资情况开展调研并形成调研报告，推动公办院校师资队伍交流整合；完善技工院校教学教研、学生管理、德育工作、助学工作、就业工作专业团队建设，开展教师培训、公开课、优质课、校园开放日等系列活动。

【技能扶贫】 落实2019年“暖流计划”，公办技工院校免学费培养城乡新生劳动力4207人，完成全年任务140.2%。组织贫困家庭学生免费技工教育，招收建档立卡贫困学生9人。

（程红兵）

高等教育

【概况】 2019年，长春市有普通高校40所，成人高校8所。其中，教育部直属全国综合性重点大学2所，省属普通本科院校13所、普通专科院校5所、警察学院1所、司法专科院校1所，市属普通专科院校4所，民办本科院校7所、民办独立学院4所、民办专科院校6所。有国家级重点学科53个，省级重点学科231个；国家级重点实验室44个，省部（委）级重点实验室621个；享受国家级政府特殊津贴859人，享受省级政府特殊津贴1668人，享受市级政府特殊津贴31人；硕士学位授权点378个，博士学位授权点130个，博士后流动站85个。全市高校有专任教师31311人。其中，教员432人，助教3236人，讲师10560人，副教授10229人和教授5732人；有中国科学院院士13人，中国工程院院士7人；国家级突出贡献的专家学者29人，省级突出贡献的专家学者745人，市级突出贡献的专家学者93人；2019年全市在校学生505742人，其中专科生113328人，本科生342688人，硕士生50299人，博士生11135人；全年全市普通高校招收学生155554人，毕业生人数126764人。

【高校教学改革】 吉林大学制定《吉林大学关于加快建设一流本科教育，构建高水平人才培养体系的实施意见》（本科60条）和《吉林大学关于加快建设高水平研究生教育 全面提高研究生教育质量的实施意见（试行）》（研究生40条）。实施“创新示范课程建设计划”，举办首届智慧课堂教学创新大赛，开设卓越工程（医学）通识教育课程60余门，新生研讨课240门，构建起覆盖全校本科新生的研讨课、学科导论课体系。启动“拔尖计划2.0”改革计划，33个专业被教育部认定为首批国家级一流本科专业建设点，位列全国第4位。启动博士研究生综合改革计划。深化“学位授予质量监督保障服务平台”建设，推动实施吉林大学研究生学位论文预答辩制度，“双一流”建设单位博士学位论文答辩过程管理有效加强。与一汽集团共建“红旗学院”，与华为公司共建“华为信息与网络技术学院”，与中国移动共建“5G联合创新实验室”。全年近万名本科生参加86项大学生学科竞赛，获国际级奖69项、国家级奖675项。学校在2020年发布的全国普通本科院校教师教学竞赛指数排名中，位列全国高校第2位。

东北师范大学完善实践教学体系和应用型人才培养，打造U-G-S2.0，加强U-G-E实验区建设；针对卓越教师培养，完善实践教学体系，打造U-G-S2.0。启用郑州实验区，为河南、山东籍生源地公费师范生提供优质实践基地；新建青海西宁、新疆乌苏实验区，实现新、藏、青地区全覆盖，满足少民学生实践需求，完善实践基地功能与布局。推进U-G-S模式国际交流与合作，选派实习生到美国、加拿大等国实践基地开展实习。针对应用型人才培养，凝练U-G-E实验区建设成果，扩大影响力。打造以一流建设学科为主体、跨学科或者与高水平科研院所协作等多种形式的基地班，完善学科拔尖创新人才培养新机制。

吉林财经大学明确应用研究型的发展类型定位，明晰学校坚持为地方经济社会发展服务发展方向；实施“十三五”改革与发展规划中期考核总结，盘点梳理“十三五”实施以来学校整体工作进展，为下一步规划目标实现奠定坚实基础；启动“十四五”战略规划设计，邀请中国教育学会会长钟秉林、厦门大学教育研究院院长别敦荣等多位高校战略规划专家开展培训活动，制定《加快推进教育现代化实施方案》；做好博士授权审核申请准备工作，对标“申博”目标，推进博士授权单位与授权点各项指标提升。制定特色高水平学科建设管理暂行办法，新增数学硕士学位授权一级学科；经济学科被确定为吉林省2019年度基础学科拔尖学生培养基地。

吉林工程技术师范学院推进应用

型转型工作。召开吉林省地方本科高校转型发展联盟会议暨转型经验报告会、全国独立设置的职业师范院校教学改革研讨会，发布吉林省地方本科高校转型联盟转型发展行动宣言；加强校企合作，与学校合作企业347户；联合中科院自动化所、人工智能学会及多家知名企业共建“机器人产业学院”“圣威雅特产业学院”；申报教育部产学合作协同育人项目，在学校转型经验教育部调研汇报会和全省本科教育工作会上分别作交流发言，学校被评为吉林省转型发展示范校、吉林省本科人才培养改革示范高校（A类）、吉林省高校“三全育人”综合改革试点院校。完成省校两级19门课程思政立项建设，打造思政精品项目。强化舆论宣传，做好校园媒体融合，打造校报纸媒、校报微刊、多媒体数字报“三合一”新闻发布平台，讲好工师故事、传递工师声音。

【高校教学成果】 东北师范大学本科教学方面，制定出台《高水平本科教育振兴行动计划（2019–2023）》，构建东师一流本科教育“四梁八柱”；结合人才培养方案修订，推动公共课程改革，建设新生研讨课44门；承办首届吉林省本科高校智慧课堂教学创新大赛，学校8名教师获一等奖，数量位居全省之首；推进课程评价改革，1个专业完成国家三级认证，9个专业完成国家二级认证，18个专业获批国家“双万计划”一流专业。通过认证的专业数量、国家级培训授课专家人数及进校认证专家人数，均位列全国师范大学首位。研究生教学方面，推进首次直博生招生工作，打通本博一体化培养关键环节；开展博士生中期考核试点，扩大试点范围；加强学位授予过程监管，完善学位授予质量保障体系，将学位授予质量、学位论文质量与学位授权点合格评估、专项评估等相结合，制定质量评价新标准，拓展质量评价途径，构建研究生质量保障体系闭环。在2019年国家公布的学位授权点合格评估结果中，学校参评的43个学位授权点全部合格。

长春理工大学推进“大光电学科体系”建设，化学学科和材料学学科率先进入ESI排名前1%。召开学科预评估研讨会、一流学科建设推进会，开展校内学科自评估工作，为参加第五轮学科评估做好准备工作。完成全省本科高校核心竞争力指标专项规划调研工作，完成并报送物理学等8个高水平学科的发展规划。应对专业学位点调整机遇，增加6种专业学位类别。启动博士学位点申报培育工作，开展教育部新增博士硕士学位授权点的校内申报。加大专业建设力度，启动2020年度工程教育专业认证申请工作，9个专业提交申请书，机械设计制造及其自动化专业顺利通过专业认证协会的认证。优化本科专业结构，增加2个本科专业；获批15个省级一流专业，全部推荐申报国家级一流专业。拓宽基础与进行跨学科培养，获批2个省级基础学科拔尖学生培养基地，示范带动全校基础学科拔尖学生培养的建设。8门课程获批省级“金课”建设项目，获批2项省级虚拟仿真实验教学项目。

长春大学2个专业入选首批国家级一流专业，6个专业被评为吉林省本科高校一流专业，3个专业（群）被评为省级转型发展示范专业（群）。9门课程被评为省级线上线下、虚拟仿真和精品在线开放课程。推进校园文化科技建设，2019年“挑战杯”获省级奖项13项。全年组织各类就业洽谈会314场，提供就业和实习岗位37286个；2019届研究生初次就业率89.47%；本专科生初次就业率89.99%，各项指标居省属高校前列。

长春师范大学增加国家级精品在线课程1门，新增省级精品在线开放课程10门，总数上升为20门，吉林省“金课”建设项目5门，吉林省首批学科育人示范课程2门，吉林省虚拟仿真实验教学项目3项，2门课程建设成为吉林省首批学科育人示范课程。实施“多语种卓越国际化专门人才培养计划”，外语专业复语人才培养实验区项目获推参评吉林省人才培养改革示范区项目；“东北民族与边疆拔尖人才培养基地”获批吉林省2019年度基础学科拔尖学生培养基地。

【教学科研】 2019年，吉林大学自然科学到校科研经费首次突破15亿元，其中横向科研经费再次超过3亿元。国防科研经费首次突破1亿元，3项军委科技委重点项目获千万元以上支持，实现国防科技千万元级国家级重点项目零的突破。自然科学基金获批326项，资助经费超2亿元。获国家级科技奖励4项，其中，作为第一完成单位获自然科学二等奖1项、技术发明二等奖2项，作为参加单位获国家科技进步一等奖1项。哲学社会科学方面，获立科研项目582项，到账经费9014.5万元。重大项目立项取得进展，获立国家社科基金重大项目8项，立项数创学校“十三五”以来新高；获立教育部哲学社会科学研究重大委托项目1项。130余份研究报告被相关部门采纳应用，其中2份研究报告得到党和国家领导人批示，19份研究报告得到省部级以上领导肯定性批示。

东北师范大学在自然科学方面，承担国家及地方各类科研项目经费连续3年保持增长。作为第一署名单位发表SCIE论文篇数比2018年增长16%，创历史新高。其中，在超学科平均影响因子的期刊上发表论文增长22%，占发文总量62.8%。“低维氧化物半导体同质/异质界面构建与应用基础研究”项目获国家自然科学二等奖，这是学校科研强校战略及加强双一流建设取得的重要标志性成果。科研平台培育成效显现，增加省部级平台10个，多酸科学教育部重点实验室在评估中获批。在社会科学方面，高级别项目获立国家级重大项目7项，全国教育科学规划项目立项数量排名全国第一，国家级年度项目获立总数排名全国第三。获批教育部首批语言文字推广基地，教育部首批省部共建教师教育协同创新中心启动。马工程重大项目《习近平总书记教育重要论述讲义》结项，正式出版。中国农村教育研究院被授予“全国教育系统先进集体”。

吉林财经大学获吉林省2018–2020年高教科研工作先进单位称号，国家社科基金项目立项6项，省社科基金项目立项48项，科研经费1297.86万元，其中“吉林省文化和旅游资源普查”项目获批立项，中标经费535万元。教师承担横向项目50多项，比2018年增长92.3%，获得项目经费836.86万元，增长389%。发表南大核心期刊论文76篇，全国高校排名第191位，其中有11篇文章被《人大复印报刊资料》《高等学校文科学术文摘》等转载。获批吉林省社会科学重点领域研究基地1个；增加省级科研平台1个，校级3个，组建16个跨学科科研合作团队。“吉林财经大讲堂”首次开讲，徐显明等多位国内知名专家学者和杰出校友共举办高水平讲座9场。举办学术报告150余场，承办首届净月国际论坛、《管理世界》“服务业高质量发展与管理创新”学术研讨会、中国会计学会年会、中国金融管理学会年会、中国金融教育基金会金融院校交流座谈会、卓越法治人才培养研讨会等10多场国际国内高层次学术研讨会。

长春理工大学科研经费到款超过2亿元，比2018年增长37%。立项各级各类项目538项，增长46%。国家自然科学基金重点项目立项取得重大进展，立项数量仅次于吉林大学，资助金额和重点项目立项数量均为省属高校第一；人文社会科学高层次项目立项取得历史最好成绩，国家艺术基金实现零的突破。授权专利172项，发明专利授权量全国排名138名，居省属高校第一。新增省部级科研平台16个。获省部级科研奖励12项。与重庆两江新区联合建设重庆研究院，打造具有区域特色的科研成果转移转化和产业集群高地，总投资2亿元。与广东国防科技工业技术成果产业化应用推广中心共建佛山科学技术成果转化中心。

【人才建设】 长春理工大学2名教师获国家级人才称号，30人获省级人才称号。其中，18名教师获评吉林省拔尖创新人才，创学校单批次入选人数、入选层次历史新高。4名师资博士后获中国博士后科学基金面上资助。组织第三届“青年学者论坛暨高层次人才招聘会”，51名博士研究生通过考核。

吉林财经大学启动以绩效工资改革为核心的人事分配制度改革，学校绩效工资总额比2018年增长860万元，其中，约65%用于专任教师的绩效工资增长；出台《高层次人才引进暂行办法》，试行引进高层次人才年薪制，全职引进人才1人，非全职引进3人。修订《外聘任课教师管理办法》，试行达到法定退休年龄高级专家延期退休政策；开展“新时代教育教学思想观念大讨论”，举办首届教师素质能力提升培训班，举办教师教学技能工作坊，参加培训1000多人次。在吉林省举办的首届本科院校教师说课大赛中，学校教师获奖在省属高校中居于前列。

吉林建筑大学完善“人才特区”制度体系建设。全职引进学校首位千人计划外专项目专家，实现千人计划、院士的双突破。全职引进学校相关学科副高以上职称高层次人才10名，获评省突贡2人、省拔尖创新人才7人。在教育部长江学者特聘教授推荐项目中，联系2名引进人选，完成其中1名引进人选推荐工作。开展校级教学名师、教学新秀遴选工作，2名教师获评吉林建筑大学首批教学名师，9名教师获评吉林建筑大学首批教学新秀。

长春中医药大学公开招聘教师39人，其中博士21人，副高以上6人。出台《院士工作站研修管理办法》，推进院士工作站建设。全职引进留学归国人员2人；聘任特聘教授1人，客座教授4人。聘任3位教授入选第三批中医药终身教授。出台《长春中医药大学“杏林学者工程”青年科学家项目培养计划》。7人入选省级以上人才称号，其中3人评为省突贡，1人评为省优秀教师，3人为省拔尖人才。实施校院两级师资培养管理模式，设立“特色师资队伍建设项目”。划拨138 万元经费到12个二级教学单位用于开展特色师资队伍建设项目。鼓励教师在职提升学历学位，到国内外研修访学。年内在读博士38人，派出国外研修访问7人。组织两期100名骨干教师赴清华大学研修学习。完成2018年度职称聘任86人，其中正高14人，副高34人，中级38人。

【国际交流与合作】 2019年，东北师范大学有来自127个国家的1602名国际学生到校学习，比2018年增长5.5%；留学生预科部培养规模位列全国17所预科院校之首，预科教育结业统一考试通过率95.4%。派出各类海外留学人员增长28.2%。受教育部委托，学校牵头中蒙11所院校成立中蒙大学联盟，被列入外交部中蒙高级别人文交流机制。举办留日预校成立40周年庆祝活动，提升学校国际影响力。

吉林财经大学加入“高等院校新商科建设与国际化发展联盟”，举办与日本帝京大学缔结校际关系20周年系列活动，作为中俄教育合作典型高校参加国庆献礼片拍摄。扩展与世界排名前100的澳大利亚西悉尼大学等“一带一路”沿线和东北亚国家大学的交流与合作，海外友好高校数量超过50所。实施“高等学校青年骨干教师公派出国研修项目”，提升外派教师国际化教育教学理念、水平和能力。

吉林外国语大学成为全国首批“中非友谊”中国政府奖学金进修生培养院校，成功申报“丝绸之路”奖学金，获中国政府奖学金6人、“丝绸之路”奖学金3人；获批优秀本科生国际交流项目资格，5名学生获资助；招收国际学生332人，出国（境）学生846人；聘任来自20个国家外教45人（博士18名）。加入全球外国语大学联盟、中日人文交流大学联盟，承办国家汉办汉语教师岗前培训，出台“吉林外国语大学与‘一带一路’沿线国家高校合作重点布局路线图”；完成与韩国釜庆大学合作举办朝鲜语专业（传媒方向）本科教育项目申报工作；金融学等中外合作办学项目进展顺利，增加国际合作高校36个，与30个国家和地区185所高校建立国际合作。召开2019中韩经济社会发展论坛、中美青年对话会等6次国际会议，接待50余个国外代表团来校洽谈访问，邀请5位大使作报告，与海外高校、国际组织和教育机构签署63份协议；参加第十五届中日高等教育交流研讨会暨中日人文交流大学联盟第四次会议，参加孔子学院理事大会、孔子课堂剪彩暨成立四周年庆祝活动，与美国新泽西城市大学、哈德森郡社区大学等3所社区大学举行会谈并签署合作备忘录。

吉林建筑大学国际合作科研平台艺科建创意研究中心2019年第二届国际学术会议在保加利亚索菲亚大学召开，中外高校百余名学者参会。学校教师提交大会论文20余篇，全部在国际EI期刊上发表。美国、英国、德国、俄罗斯、日本、马来西亚等国家16个团组58人次到校考察交流。学校与俄罗斯太平洋国立大学、美国爱荷华大学、英国德比大学等签署合作协议，派出教师14名。办理行政领导干部及教师11个团组15人次到国外高校及科研机构交流访问。邀请英国德比大学、美国波特兰州立大学、美国杨斯顿州立大学、美国西北大学专家为学生做留学专题报告。

【学生工作】 长春工业大学以“易班（网络思政）文化节”为载体，在校园内营造新媒体育人氛围。新时代高校思想政治教育研究中心获批吉林省思想政治工作创新发展中心。“双十佳”大学生、“工大之星”引领校园风尚。2019年度发放奖学金652.58万元，获奖12716人次；完成10项 “5·25”心理健康节活动，学校成为全国高校心理委员研究协作组理事单位，3名学生获“全国百佳心理委员”称号。开展心理嘉年华活动，完成学生心理素质提升工程11项。参加第二届全国高校心理情景剧大赛并获优秀奖。主办由省教育厅指导的首届吉林省高校大学生心理情景剧大赛，获优秀组织单位，选送作品获优秀奖；完成“全国资助管理信息系统”“吉林省建档立卡学生精准扶贫信息系统”“学生资助综合信息管理系统”等信息系统录入工作。“爱心万里行”家庭经济困难学生走访慰问活动首次到新疆伊宁、阿勒泰地区，5个走访小组到访87户困难家庭，发放慰问金10万元；全年获国家奖学金30人，国家励志奖学金591人、国家助学金4316人、省政府奖学金100人，总计5037人，发放奖助学金1051.64万元。有214人申请应征入伍服义务兵役国家教育资助，发放金额247.69万元；有509人申请学费减免，减免金额57.92万元，发放292人次少数民族学生伙食补贴14.6万元、30人临时困难补助1.5万元，786人特殊困难学生补助33.81万元。

吉林外国语大学发挥“互联网+思想政治教育”功能，辅导员发表省级以上论文12篇，立项课题6项，1人获全国民办高校优秀辅导员称号，1人获省级辅导员年度人物入围奖、4人获互联网+大赛省级优秀指导教师。协助生源地贷款、诚信教育、推进医保工作，学生奖助学金覆盖率80.34%；升级“朋辈培训”特色工作模式，1人当选吉林省学生联合会执行主席，2人被评为省优秀团干部，1人被评为省十佳大学生；构建“吉外之星”荣誉体系，获全国民办高校学生工作创新奖、省国防教育活动优秀组织单位等；实施“金桥工程”，新建2个国外、2个国内校友会。学生获国家、省市奖609项，其中国家级和学科竞赛奖项均创历史新高；学生在媒体、网络发表文章1526篇，12个学生科研项目在省高教育学会立项，在省内高校居于前列；组建9支学工科研攻坚团队，申报2项省级课题，培育1项国家课题；打造“无人监考班级、无手机课堂、最美学习笔记、深阅读”等4项学风建设品牌；18568人次参与名家讲坛8场、大使讲坛5次、学术讲座4次；辅导员论文《对大学生自主创新创业意识培养途径的探讨》获得2019年全国民办高校学生工作创新成果奖。十国语言版《我们都是追梦人》入选团中央暑期社会实践井冈山专项，获2019年全国暑期“三下乡”社会实践“优秀团队”“全国大中专学生志愿者暑期‘三下乡’社会实践‘优秀团队’”等荣誉称号。学校获批吉林省第三批创新创业示范基地，承办省第五届“互联网+”大赛，获“互联网+”大学生创新创业大赛全国银奖、吉林省金奖6项，第六届“创青春”大赛金奖；成立长春志愿服务学院，获“全国志愿服务优秀团队”“市无偿献血优秀志愿者团队”等荣誉；在省市校级评选活动中，涌现学生先进集体235个，先进个人452人。

长春中医药大学实施“杏林青马工程”自我提升计划，创新大学生思想政治教育模式。加强网络思想政治教育，推进“易班”平台建设。与空军航空大学飞行基础学院开展军民共建，创新开展国防军事教育工作。开展新疆少数民族学生教育管理工作、学生资助工作和大学生心理健康教育工作。举办学校学工干部培训班。选派学工干部参加国家省市级各类培训50余人次。完成辅导员年度考核工作。获评全国第十一届高校辅导员年度人物入围奖、吉林省高校辅导员年度人物奖和入围奖、长春市高校十佳辅导员各1人，6人获全国高等中医药院校优秀辅导员和优秀学生工作者。

（陈正东）

2019年驻长高校情况一览表

学校名称	现职校级领导数					在校学生数					招生数					毕业生数					专业教师数					
	均龄	男	女	党员	其他	计	专科	本科	硕士	博士	计	专科	本科	硕士	博士	计	专科	本科	硕士	博士	计	教员	助教	讲师	副教授	教授
吉林大学	53.2	11	1	12	0	71404	832	41988	20164	8420	18820	0	10088	6896	1836	18039	529	9776	6405	1329	6603	0	22	1232	2414	2233
东北师范大学	51.9	12	1	13	0	28735	0	14571	12666	1498	8541	0	3784	4213	544	6950	0	2943	3628	379	1579	5	10	443	640	481
长春理工大学	55.4	7	2	9	0	20688	0	16158	3980	550	5620	0	4141	1346	133	4958	0	3819	1088	51	1237	0	37	451	511	238
吉林农业大学	52	9	0	9	0	21804	0	15564	2797	376	5115	0	3951	1053	111	4622	0	3713	853	56	1249	0	72	477	471	229
长春工业大学	56	8	1	8	1	22723	3243	16788	2549	96	6859	1162	4757	901	39	5606	951	3992	655	8	1234	0	68	563	387	216
长春中医药大学	54.3	9	0	8	1	12493	1406	9307	1615	165	3392	402	2341	568	81	2800	437	1829	496	38	751	0	69	271	245	166
吉林财经大学	54.63	7	1	8	0	13340	0	11176	2164	0	3705	0	2937	768	0	3201	0	2615	586	0	515	0	13	196	218	88
吉林建筑大学	56	6	2	8	0	15942	1	14780	1161	0	4270	0	3810	460	0	3863	0	3592	271	0	1068	0	151	454	339	124
吉林外国语大学	56	6	2	6	2	10850	0	10204	620	0	3156	0	2561	332	0	2382	0	2202	160	0	643	2	105	169	210	157
长春大学	53.25	6	2	8	0	16612	1043	15213	356	0	4394	361	3848	185	0	3863	308	3517	38	0	856	0	64	390	292	110
长春师范大学	54	8	1	8	1	0	3305	18453	849	30	0	1211	4878	354	9	0	1193	4435	171	0	1112	0	88	521	374	129
长春工程学院	49.5	7	2	9	0	16555	1943	14372	240	0	4493	606	3801	86	0	4060	555	3435	70	0	975	2	54	433	354	132
吉林工程技术师范学院	54	6	1	7	0	12837	1831	11006	0	0	3691	683	3008	0	0	3095	487	2608	0	0	767	0	75	353	242	97
吉林艺术学院	55	6	0	6	0	6418	0	5773	645	0	0	0	0	0	0	2143		1845	298	0	691	0	197	239	188	67
吉林体育学院	54.5	7	1	8	0	8755	1831	6456	468	0	2422	677	1582	163	0	1525	0	1412	113	0	610	0	155	266	132	57
吉林工商学院	55	6	1	7	0	15252	3406	11846	0	0	4738	1321	3417	0	0	4120	1107	3013	0	0	637	0	20	288	229	100
吉林警察学院	56.4	6	1	7	0	6737	1105	5632	0	0	1739	387	1352	0	0	1974	493	1481	0	0	296	0	38	150	77	31
吉林动画学院	50	5	3	4	0	11952	0	11952	0	0	3164	0	3164	0	0	3027	0	3027	0	0	568	0	207	209	106	46
长春建筑学院	53	7	4	10	0	14035	0	14035	0	0	3590	0	3590	0	0	3201	0	3201	0	0	728	20	111	293	227	77
长春科技学院	49	6	2	6	2	14194	3280	10914	0	0	4446	1456	2990	0	0	3751	1074	2677	0	0	711	11	121	220	240	119
长春光华学院	57	8	1	9	0	11710	366	11344	0	0	3085	196	2889	0	0	2850	97	2753	0	0	489	0	87	163	170	69
长春财经学院	54	9	1	10	0	11206	0	0	0	0	3050	0	0	0	0	2596	0	2596	0	0	546	5	71	217	169	84
吉林建筑科技学院	56	7	1	8	0	10725	0	10725	0	0	2978	0	2978	0	0	2346	0	2346	0	0	602	0	146	182	178	96
东北师范大学人文学院	64	8	1	9	0	11684	0	11684	15	0	3132	0	3132	4	0	2741	0	2741	5	0	468	9	103	184	123	49
长春理工大学光电信息学院	50	7	1	8	0	10293	0	10293	0	0	2690	0	2690	0	0	2429	0	2429	0	0	458	0	65	142	167	84
长春工业大学人文信息学院	62	9	3	12	0	10062	0	10062	0	0	2560	0	2560	0	0	2467	0	2467	0	0	500	0	60	202	192	46
长春大学旅游学院	53	4	3	6	1	8903	169	8734	0	0	2324	96	2228	0	0	2103	44	2059	0	0	392	0	98	149	109	36
吉林省教育学院	55	6	1	7	0	4857	2661	2186	10	0	3067	1587	1480	0	0	370	240	130	0	0	252	0	19	89	102	42
长春金融高等专科学校	54	5	1	6	0	7582	7582	0	0	0	3059	3059	0	0	0	2323	2323	0	0	0	254	1	73	83	68	29
吉林交通职业技术学院	51.6	6	1	7	0	9300	9300	0	0	0	4470	4470	0	0	0	2434	2434	0	0	0	336	12	19	139	133	33
吉林司法警官职业学院	53.14	6	1	7	0	4131	4131	0	0	0	0	0	0	0	0	1161	1161	0	0	0	170	0	42	62	39	27
长春医学高等专科学校	49	5	1	6	0	8713	7609	1104	0	0	5028	3932	1096	0	0	2122	2077	45	0	0	327	0	74	111	100	42
长春汽车工业高等专科学校	53	5	0	5	0	8315	8315	0	0	0	2968	2968	0	0	0	2984	2984	0	0	0	456	0	108	181	129	38
长春职业技术学院	52	6	0	6	0	11634	11438	196	0	0	4878	4878	0	0	0	3783	3663	120	0	0	549	0	59	229	219	42
吉林省经济干部管理学院	56.6	5	0	5	0	2297	2297	0	0	0	1961	1961	0	0	0	1297	1297	0	0	0	319	0	61	113	109	36
长春师范高等专科学校	55	3	3	6	0	6	3408	0	0	0	3408	1328	0	0	0	1328	700	0	0	0	700	0	29	47	111	1
吉林水利电力职业学院	54	4	0	4	0	4073	4073	0	0	0	3006	3006	0	0	0	0	0	0	0	0	61	13	23	15	10	0
长春信息技术职业学院	52	5	1	5	1	6483	6483	0	0	0	2276	2276	0	0	0	2317	2317	0	0	0	342	39	141	81	67	14
长春东方职业学院	54	4	2	3	3	6792	6792	0	0	0	2873	2873	0	0	0	1696	1696	0	0	0	284	165	58	17	11	33
吉林科技职业技术学院	46	7	3	10	0	8914	8914	0	0	0	3612	3612	0	0	0	2805	2805	0	0	0	564	26	61	364	95	18
吉林俄语专修学院	52	3	1	3	0	302	130	172	0	0	102	46	56	0	0	86	43	43	0	0	30	0	5	22	3	0
吉林城市职业技术学院	45	5	2	4	3	4412	4412	0	0	0	1235	1235	0	0	0	1346	1346	0	0	0	247	30	110	100	7	0
长春健康职业学院	50	3	2	5	0	2022	2022	0	0	0	1637	1637	0	0	0	0	0	0	0	0	135	92	47	50	22	16
总计	2301	275	58	312	15	505742	113328	342688	50299	11135	155554	47426	89109	17329	2753	126764	32361	82861	14837	1861	31311	432	3236	10560	10229	5732

2019年驻长高校教学、科研队伍情况一览表

学校名称	享受政府特殊津贴			突出贡献的专家学者			硕士学位授权点	硕士生指导教师	博士学位授权点	博士生指导教师	博士后流动站	院士数		重点学科		重点实验室	
	国家级	省级	市级	国家级	省级	市级						科学院	工程院	国家级	省级	国家级	省部委级
吉林大学	535	1534	0	15	369	24	61	3345	48	1715	44	8	3	35	70	14	315
东北师范大学	137	0	0	1	90	0	38	734	24	427	22	0	0	5	34	1	58
长春理工大学	12	41	9	4	41	13	121	764	40	261	7	0	1	1	16	2	27
吉林农业大学	46	43	3	5	42	15	20	828	9	137	9		1	1	3	20	60
长春工业大学	35	0	4	4	30	2	39	630	5	92	1	5	0	0	15	3	36
长春中医药大学	39	0	2	0	41	7	11	618	3	114	2	0	0	0	23	2	11
吉林财经大学	4	0	3	0	10	3	22	264	0	0	0	0	0	0	8	0	3
吉林建筑大学	2	8	0	0	20	4	16	416	0	0	0	0	1	0	6	0	1
吉林外国语大学	7	9	1	0	8	1	6	112	0	20	0	0	0	0	2	1	5
长春大学	2	0	0	0	6	2	15	325	0	5	0	0	0	0	8	0	13
长春师范大学	4	0	3	0	14	5	12	351	1	10	0	0	0	0	8	1	26
长春工程学院	3	0	0	0	12	0	2	0	0	0	0	0	0	0	6	0	23
吉林工程技术师范学院	3	1	0	0	7	1	0	49	0	0	0	0	0	0	6	0	5
吉林艺术学院	4	9	0	0	9	3	8	242	0	7	0	0	0	0	5	0	2
吉林体育学院	0	4	0	0	1	0	4	55	0	0	0	0	0	0	1	0	12
吉林工商学院	2	5	1	0	5	0	0	32	0	0	0	0	0	0	1	0	8
吉林警察学院	1	0	0	0	5	0	0	27	0	0	0	0	0	0	2	0	2
吉林动画学院	3	0	0	0	3	1	0	15	0	0	0	0	0	0	2	0	3
长春建筑学院	0	1	0	0	0	0	0	0	0	0	0	0	0	0	0	0	0
长春科技学院	6	0	0	0	3	0	0	0	0	0	0	0	0	0	1	0	2
长春光华学院	3	1	1	0	2	1	0	6	0	0	0	0	0	0	0	0	1
长春财经学院	5	0	3	0	3	0	0	66	0	12	0	0	0	0	1	0	1
吉林建筑科技学院	1	0	0	0	2	0	0	74	0	8	0	0	1	0	0	0	0
东北师范大学人文学院	0	0	0	0	1	0	0	0	0	0	0	0	0	0	1	0	0
长春理工大学光电信息学院	0	0	0	0	5	10	3	30	0	5	0	0	0	0	0	0	5
长春工业大学人文信息学院	0	0	0	0	0	0	0	7	0	0	0	0	0	0	0	0	0
长春大学旅游学院	0	0	0	0	0	0	0	2	0	0	0	0	0	0	0	0	0
吉林省教育学院	1	8	0	0	5	0	0	4	0	0	0	0	0	0	0	0	0
长春金融高等专科学校	2	0	0	0	4	0	0	0	0	0	0	0	0	0	0	0	0
吉林交通职业技术学院	0	2	0	0	0	0	0	0	0	0	0	0	0	0	0	0	2
吉林司法警官职业学院	0	0	0	0	0	0	0	0	0	0	0	0	0	0	0	0	0
长春医学高等专科学校	0	0	0	0	0	1	0	0	0	0	0	0	0	0	0	0	0
长春汽车工业高等专科学校	0	0	1	0	0	0	0	0	0	0	0	0	0	6	6	0	0
长春职业技术学院	1	0	0	0	1	0	0	0	0	0	0	0	0	5	5	0	0
吉林省经济干部管理学院	1	2	0	0	6	0	0	0	0	0	0	0	0	0	0	0	0
长春师范高等专科学校	0	0	0	0	0	0	0	0	0	0	0	0	0	0	0	0	0
吉林水利电力职业学院	0	0	0	0	0	0	0	0	0	0	0	0	0	0	1	0	0
长春信息技术职业学院	0	0	0	0	0	0	0	0	0	0	0	0	0	0	0	0	0
长春东方职业学院	0	0	0	0	0	0	0	0	0	0	0	0	0	0	0	0	0
吉林科技职业技术学院	0	0	0	0	0	0	0	0	0	0	0	0	0	0	0	0	0
吉林俄语专修学院	0	0	0	0	0	0	0	0	0	0	0	0	0	0	0	0	0
吉林城市职业技术学院	0	0	0	0	0	0	0	0	0	0	0	0	0	0	0	0	0
长春健康职业学院	0	0	0	0	0	0	0	0	0	0	0	0	0	0	0	0	0
共计	859	1668	31	29	745	93	378	8996	130	2813	85	13	7	53	231	44	621

科　技

科技创新

【概况】　2019年，全年认定高新技术企业744户，总数1322户，比2018年增长102%，实现历史性跨越，提前两年超额完成市委第十三次党代会确定的到2021年“力争全市高新技术企业累计达到1000户”的5年任务；认定吉林省科技小巨人企业251户，总数452户，增长125%；认定科技型“小巨人”企业301户，总数1147户；技术合同成交额464.54亿元，增长39.6%；争取省级项目1471项，占省立项总数82.6%，获扶持资金4.89亿元；获吉林省科学技术奖项目191项，占全省67.7%；长吉图科技成果转移转化示范区（核心区）项目全面启动。

【科技创新“双十工程”】　组织年度立项，瞄准长春市支柱产业和优势产业的重大、关键、共性技术问题，重点支持企业、高校、科研院所开发技术先进、引领性强、带动作用大、显示度高的新产品、新技术，立项28项。强化项目管理，对2016年到期的44个项目进行验收，合格41项，基本合格1项，不合格2项。开展中期调度，对2017年科技创新“双十工程”30项和科技创新医药健康项目20项进行中期调度，确定按计划进行项目42项，拖延完成项目8项。

【科技创新主体培育】　召开全市科技创新主体培育工作会，部署2019年任务。启动“高企、小巨人宣传月”活动，到15个作战地区推进，对重点培育对象实行“一对一”辅导。举办多场企业认定政策宣讲会、业务培训班，有840户企业、1300余人次参加。组织企业申报，组织2批次、853户企业申报高新技术企业认定，比2018年增长84%；322户企业申报科技型“小巨人”企业认定，与2018年基本持平。

【科技金融平台建设】　打造全国首家“互联网+科技普惠金融服务平台”，线下开展“1000万以下见保即贷”业务。科技金融创新中心组织投融资项目推介对接会222场（次），科技金融网站宣传科技企业2117户，科技金融红娘团队到科技企业服务2440次，为科技企业提供投融资32.03亿元，投融资206亿元，无一笔坏账发生。实施科技成果转化贷款（科转贷）项目、科技创新项目贷款贴息项目、科技企业新三板挂牌后补助项目，引导、鼓励和支持驻长金融、担保、保险机构面向科技型企业创新融资产品，拓宽企业融资渠道，降低企业融资成本。为93户科技企业贷款贴息2089万元，为3户科技企业新三板挂牌补贴90万元，为5户科技企业提供科技成果转化贷款1480万元。

【区域科技合作】　推进国家自主创新示范区申报工作，开展国际和区域间科技合作。促成中科院与长春市企业开展合作项目100余项，实现新增销售收入61亿元。特别是引进中科院近代物理研究所医用重离子加速器项目，亚泰集团、吉大医院将投资15亿元，建设吉林省白求恩重离子肿瘤医院。与天津市、杭州市开展对口合作，推动科技创新资源跨区流动和优化配置。长春中白科技园建设项目实现办公楼、综合楼、10栋孵化厂房主体封顶，开工面积近4万平方米，完成投资6000余万元。

【国外智力引进】　科技部批准长春市“因公出国（境）培训”“引进高端外国专家计划”项目12个，获国家支持资金221万元。分类分期解决外国人到华工作许可期限问题相关措施，建立服务保障及协调机制、在长工作外国人统计分析研判机制，为外国人来华工作提供便利。长春市1名外国专家获2019年度“中国政府友谊奖”，在国庆期间受到国家领导人接见，并受邀全程参加建国70周年庆典；3名外国专家获“长白山友谊奖”；18名在长春工作的外国专家获“长春友谊奖”荣誉称号。

【专班抓项目】　承担战略性新兴产业重大项目专班人工智能产业推进组工作。与企业和驻长高校院所对接，了解企业生产经营、项目和各高校院所人工智能科研、成果情况；与长春人工智能创新中心对接，谋划招商项目；召开全市人工智能产业座谈会，征求对长春市

《长春市地震局震情会商制度》，每月参加全省远程会商，每季组织区域联合会商，特殊情况启动紧急会商，开展“5・18”松原5.1级地震临时会商和“6・9”龙家堡矿震临时会商。

【震害防御】　把原市地震局所辖震害防御处以及相应职能、编制和人员划转市建委。朝阳区防震减灾科普教育基地和宽城区防震减灾科普展览馆获评国家级防震减灾科普教育基地。二道区防震减灾科普教育基地等5处场址获评吉林省防震减灾科普教育基地，各基地全年向社会开放。依托5个专业化综合台站，打造各具特色的防震减灾科普教育基地，配套建设集声光电于一体的科普宣教设施，全年承接社会公众参观1000余人次。利用“5・12国家防灾减灾日”“7・28唐山地震纪念日”等节点，组织各级各部门开展防震减灾宣传“七进”活动。由王春光撰写的通讯《前进中的长春防震减灾事业》在中国地震局《国家防震减灾》专刊发表。

【应急救援】　针对机构改革后全市机构、职能和人员变动情况，调整更新长春市抗震救灾指挥部组成人员名单，修订《长春市地震应急预案》，以市政府办公厅名义印发。2019年，市地震局配备2部海事卫星电话、1部应急通讯固定电话、1套传真设备、2台应急通讯车、20部对讲机。组织应急综合演练。“5・12防震减灾宣传周”期间，联合应急、教育等、卫计等部门，举办“长春市速测速报中心流动监测应急演练”“榆树市行政中心办公楼地震应急综合演练”和“九台纪家春华学校地震应急演练”等大型综合演练。与市测绘院联合编制长春市应急避难场所分布图，全市划定应急避难场所105处，占地面积878.12万平方米，可转移安置人数176.48万人，辐射411个社区（村）。推进应急避难场所建设纳入长春市《综合防灾减灾规划（2016—2020年）》。妥善处置地震事件。有力有序应对松原“5・18”5.1级地震和龙家堡“6・9”矿震事件，及时报告震情趋势。

（王春光）

社科研究

【科研立项】　4月，邀请吉林大学、长春理工大学、长春市委宣传部等大学和实际工作部门专家学者召开结项工作论证会，对2018年度13项课题进行结项论证，除2项成果进行修改，其他成果准予结项。5月，要求修改的2项课题完成上报长春市社科联（社科院），达到课题结项准，准予结项。3月，下发2019年度课题招标通知，收到项目申请书90余份，经专家论证，有9项成果作为招标课题，8项成果作为自选课题，5项成果作为自筹课题加以立项，立项22项目课题。所有结项课题全部完成并报科研处，完成结项课题论证工作。联合吉林大学、长春光华学院，完成吉林省社科十三五规划课题2项，分别是《哈长城市群建设中汽车产业的带动作用》《乡村振兴战略背景下吉林省农村电商生态系统评价与可持续发展研究》。

【社团管理】　制定《长春市社科联直属社团活动申报审批管理通知》《长春市社科联直属社团意识形态领域风险防范预案》等制度，规范社团健康发展。出台《长春市社科联联合所属社团共同开展社团活动实施方案》，联合长春市珠算协会在铁路社区开展“弘扬传统文化，珠心算活动进社区”活动；联合市员工帮助协会、周易协会，在长春市元亨物业公司举办“提升职工幸福指数”专题讲座；联合长春市法学会到企业、监狱开展“扫黑除恶专项斗争及爱国主义教育”宣讲；指导市电子商务学会召开全国电子商务人才培养高峰论坛暨2019长白山学术论坛。开展所属社团清理整顿，清理长春市世界语协会、证券理论研究会等20家社团。按照社团成立审核程序，吸收长春市电子商务学会、长春员工帮助协会、长春市国学研究会、长春市古陶瓷文化研究会等4家社团。

【社科普及】　在长春光华学院建成首个高校科普基地，在锦程街道所辖8个社区建成科普基地。邀请健康专家到市三十中学进行身心健康培训，促进师生树立健康生活观念；面向基层社区，邀请中共长春市委党校专家，以“打造共建共治共享的社会治理新格局”“读毛泽东诗词，在感悟伟人情怀中坚定理想信念”为题举办2场专题讲座；结合“双岗双责”及纪念建党98周年，在平泉社区举办长春历史图片展。面向社会发放《党的十九大精神读本》《长春记忆》《国学常识4》《中国共产党党旗史话》《生活中的心理学》和《珠算珠心算常识》等科普手册10余种2000余册，特别是《生活垃圾的简单分类与处理》，对长春市即将全面实施的垃圾分类处理有较强指导作用。

【刊物编辑】　《长春社会科学》刊发辅导讲座、专题论文、调查报告、图片报道等文章，把长春社会科学研究最新学术观点、成果奉献给读者，每期都突出1至2个重点专题稿件，为长春市经济和社会发展服务。全年出刊6期，刊发各类稿件90余篇、45万字。《要报》结合长春市改革、发展、振兴的重点、难点、热点，提出一些新的观点和具有针对性的意见建议，针对现实问题组织专稿、特稿，献计献策，提出可行性方案，为长春市领导科学决策提供依据和参考。全年编发12期近15万字。第4期《要报》刊发的《关于发展长春冰雪旅游的建议》被省委常委、长春市委书记王凯肯定性批示给省级相关部门。

（刘　薇）

文　化

文化产业

【项目建设】　推进现代诗公园项目建设，确定在南溪湿地公园的蝶湖区域作为现代诗公园建设地址。12月末，完成现代诗公园室外景观诗歌内容及载体，诗歌展馆、公园景观设计工作，建成诗歌展馆框架结构。推动八吉松花石产业园、青怡坊国际文创产业园、辽金时代文化园、知合动漫三期等重大文化产业项目（园区）建设，与市规划和自然资源局、净月开发区等相关部门协调解决文化企业在重点文化产业项目（园区）建设过程中遇到的困难和问题。做好“专班抓项目”工作。市委宣传部负责“招商·鑫茂智汇谷”和“莱茵国际温泉康养园”2个项目，协同有关部门推进用地规划调整等相关工作。

【资金扶持】　审查整理省级文化发展专项资金绩效指标运行情况。市委宣传部对获得2019年度省级文化发展专项资金扶持的吉林省装库创意“新三板”奖励项目、吉林省工艺美术集团工艺品研发展示中心贷款贴息项目、吉林省东坤房地产开发有限公司栖乐荟贷款贴息项目、庙香山度假区贷款贴息项目、紫玉木兰贷款贴息项目完成情况进行调度和审查，对各项目单位绩效指标完成情况的佐证材料进行收集整理，上报省委宣传部。开展2020年度省级文化发展专项资金申报工作，市委宣传部会同市财政局对申报的文化产业项目进行初审。其中，吉林省工艺美术集团有限公司申报的吉林省特色工艺品创意研发展示中心贷款贴息项目、长春市紫玉木兰工艺有限公司申报的吉林省蒙古族服饰手工生产基地贷款贴息项目符合此次申报条件，上报省委宣传部和省财政厅。

【文化企业交流】　4月12日至15日，市委宣传部组织长春市部分优秀文化企业家、各县（市）区委宣传部、开发区主管文化产业工作负责人到宁波参加第四届中国（宁波）特色文化产业博览会。展会期间，全市17户文化企业参展，现场成交额63万元，签约项目38个，签约金额1600万元。长春市委宣传部获优秀组织奖，长春城市展馆被评为最具人气奖，吉林省匠艺文化传播有限公司的展品获最佳展品奖。

【宣传推介】　10月23日，市委宣传部组织新华网、今日头条、《东亚经贸新闻》《长春日报》《长春晚报》、长春电视台、长春交通之声广播电台等中、省、市相关媒体及知名网络媒体对长春市重点文化企业进行集中采访，扩大长春文化企业知名度和影响力。截至11月上旬，各大媒体陆续刊（播）发东北亚文化创意科技园、高新区文创中心、林田创客公园、吉林省国家广告产业园、巴蜀映巷非遗中心的综合报道或专题报道。

（王诗尧）

【公共文化服务】　落实《公共服务保障法》。图书馆、文化馆、综合文化服务中心等公共文化设施实施免费开放，推进文图两馆总分馆制建设，开展公益性流动文化服务。5月18日，长春博物馆开馆试运行，约400件馆藏精品亮相。开展“我和我的祖国”群众性主题宣传教育活动，举办新春秧歌大赛、群众艺术团舞蹈大赛、市民读书节、文化艺术节、吉林省红色故事讲解员大赛长春选拔赛等活动，开展“5·18世界博物馆日”“中国旅游日”系列活动，提升群众文化生活品位。完成文化艺术普及公益培训50余万人次。出台《长春市群众文艺团体扶持管理办法》，扶持群众文艺团体30支。完成中央广播电视总台春节联欢晚会长春分会场演出任务，受到省委、省政府通报表扬。

【文化市场监管】　制定《法治政府建设重点任务分解》，办理相关案件127件，处罚金额100余万元。建立完善行政处罚听证程序并依法召开听证。完善行政复议各项制度，依法答复行政复议、行政诉讼各1件。加强法制宣传，“城市热读普法讲堂”入选全市“谁执法谁普法”十大优秀案例。推进广播电视科技创新，加强长春地区视听节目宣传管理，加强媒体融合发展。推进“扫黑除恶”专项斗争，开展文化娱乐领域重点行业领域乱象整治工作行动，检查旅行社及服务网店、各类文化娱乐场所3500余家，实现无死角，全覆盖。收缴非法出版物4万余册；立案查处违规经营网吧56家，罚款12.4万元；取缔二人转演出场所2家；下达《责令改正通知书》175份；52家文化娱乐场所在集中整治期间停业或退出市场。检查涉嫌非法安装使用卫星地面接收设施的宾馆、酒店等场所178家次，拆除非法安装使用的卫星地面接收设施98套；拆除小区居民非法安装使用的卫星地面接收设施4000余套。网吧违规接纳未成年人现象得到有效遏制，无证经营场所全部下达整改通知书。

（王靖然）

文学艺术

【创作出版】 出版的文集有长篇小说《红草原》、小说集《别来无恙》，儿童文学小说《大雪封山》《爷爷的森林》《天天的蓝风筝》《和豆豆姐姐一起读——六个小邋遢鬼》《和豆豆姐姐一起读——野狼遇见三只熊》《萌小芽科普童话绘本—陆地生物》《追月亮》《妖精谷》《大名鼎鼎的周一晚》《脸红》《拥抱星空的精灵》；散文集《卖相思豆的女孩你在哪》《天边的晚霞》；诗集《乐乡芳华》，纪实文学《五星红旗为什么这样红》《喝彩中国——奋斗》等。王怀宇的中篇小说《谁都想好》由《芒种》头题发表，《小说月报》中长篇专号选载。夏鲁平发表散文《汕尾那一片红》、中篇小说《拳师的忧伤》。赵欣发表小说《奶奶在和谁说话》《人参娃娃》。曹景常创作的纪实文学集《五星红旗为什么这样红》由江西高校出版社出版发行，并入选教育部“全国高校出版社主题出版重点选题”，被列入江西省教育厅2019年中小学“假期读好书活动”推荐书目，发表歌词《驿路歌谣》、短篇小说《远方有座爸爸的山》。长春作家协会会员发表长篇小说、中短篇小说、散文、诗歌等作品1000余篇（首），有多篇作品发表在《人民文学》《诗刊》等刊物上。长春作家在影视、动漫画创作上也有涉猎，发表电影文学剧本《平安是福》，拍摄微电影《密不透风》《准绳之下》《本案不敲发槌》和话剧《生命至上》等。在中国文联、省文联联合组织的全国文化扶贫“一个都不能少”征歌中，由作家陈旭东作词，赵黎东作曲，陈乃良演唱的《莫莫格》被评为优秀作品并在长影音乐厅演出。在中国文联、中国音协举办的“2019听见中国，听见你”原创音乐征集中，陈旭东与大平、李雷共同创作的歌曲《无名英雄》被评为优秀作品。作家协会谢华良的作品《陈土豆的红灯笼》获第十五届精神文明建设“五个一工程”奖。李燕的作品《卧底鱼》获第十四届中国民间文艺山花奖.优秀民间文学作品奖。12位作家获第五届吉林文学奖。书法家协会有8人次入选国家级重要展览。美术家协会有17人次入选国家级重要展览。

【文艺活动】 省、市美术家协会联合举办“庆祝新中国成立70周年吉林省美术作品展”。市美术家协会举办“盛世华章—庆祝中华人民共和国成立70周年长春美术作品展”；省、市书法家协会联合举办“庆祝中华人民共和国成立70周年吉林省书法作品大展”；长春美术馆与长春书法家协会、长春美术家协会共同举办“长春市首届中国书协、中国美协会员迎春书法美术作品展”；市作家协会举办“祖国颂·长春时光”征文活动，遴选出95篇优秀征文作品，以《春风文艺》专刊的形式结集发表；举办“我和我的祖国”大型征文活动；市摄影家协会举办“飞‘阅’长春俯瞰家园—庆祝中华人民共和国成立70周年航拍摄影展”；市戏剧家协会举办“不忘初心、牢记使命”戏曲专场演出活动，推出《白毛女》《洪湖赤卫队》《金沙江畔》《霓虹灯下的哨兵》等评剧选段、京剧《沙家浜》选段、吉剧《江姐》选段等节目；市音乐家协会举办长春市第二届青少年音乐家展演活动。邀请省级、国家级教学专家以论坛形式，从小提琴、钢琴、声乐、作曲等方面为音乐爱好者举办多场公益讲座。

【文艺交流活动】 书法家协会举办“长春市县（市）区书法作品展”。长春美术馆举办“第二十四届中韩（长春·蔚山）书法美术交流展”，从长春和韩国蔚山两地征集精选出252位书画家的作品。摄影家协会与市委宣传部外宣处在欧亚新生活购物广场，举办第三届“发现长春之美”暨庆祝新中国成立70周年摄影大赛，大赛收到400余名摄影爱好者2200余幅摄影作品。市作协举办“世界诗歌日”朗诵大赛，200余名作家、诗人和文学爱好者参加活动；市戏剧家协会举办吉林省第三届戏曲票友大赛长春地区初赛、暨长春市首届戏曲票友大赛。来自长春地区的47名戏曲票友的22个节目报名参加了本次比赛。音乐家协会与市教育局共同组织2019千童之志合唱比赛，与长春高新区共同组织教师合唱比赛。

【“我们的中国梦——文化进万家”活动】 市文联组建“红色文艺轻骑兵”小分队，设立长春文艺大讲堂、艺术特色社区、“结对子、种文化”艺术基地。于2019年元旦春节期间，在全市范围内开展“我们的中国梦——文化进万家”文艺志愿服务活动。组织文艺志愿服务小分队15支，以书法、文学、剪纸、摄影、音乐、舞蹈等多种群众喜闻乐见的艺术形式，开展文化惠民活动。在榆树市五棵树镇，市文联组织书法家、摄影家、民间艺术家组成文艺志愿服务小分队一行20余人，现场为村民书写春联和福字500余幅，拍摄全家福照片100余幅，赠送剪纸、窗花400余张。长春书法家协会自2019年元旦开始开展送万福进万家活动，到乡村、社区、机关、部队等地开展“送万福、进万家”活动10余次，参加活动书法家近百人次，15支志愿服务小分队为基层单位书写春联和福字近万幅。市摄影家协会到朝阳区西康路东社区、绿园区芙蓉社区等，为喜欢摄影的群众举办摄影作品赏析和演示讲解手机摄影拍摄技巧，拍摄标准相和全家福。长春民间艺术家协会组织多支小分队，走进长春市永吉街道平泉社区、榆树五棵树镇互助村、长春市明珠社区等开展剪纸辅导、猜灯谜、送剪纸等活动。

【“到人民中去”文艺志愿服务活动】 第6个中国文艺志愿者服务日到来之际，市文联组织广大艺术家到基层，以“到人民中去”为主题开展文艺志愿服务活动。长春戏剧家协会开展珲春社区评剧票友大联欢活动。来自社区的20多个评剧票友表演15个传统剧目中的经典唱段，受到珲春社区居民欢迎。长春戏剧家协会在长春大学举办“大美经典 声动校园”——中外经典戏剧朗读会活动。来自长大文学院中文系、千鸟话剧社、晨光文学社、玫瑰花蕊艺术坊的学生和戏剧爱好者朗读12个经典剧本的精彩片段。市文联和全市各县、市、区文联开展民间手工艺交流展示活动、送文化进军（警）营活动等20余项系列文艺志愿服务活动。市文联“三下乡”送文化下基层项目被省文明办评为全省优秀志愿服务项目，吴建民被评为吉林省优秀志愿者。

【“网上文联”建设】 长春文艺网进行改版升级，增加“文艺热点、新文艺群体、长春美术馆”等热点、重点栏目。建成文联动态信息、文艺名家名作、文艺志愿服务、各文艺家协会等频道，成为广大文艺家网上文联平台。

【提高办刊质量】 市文联下属有《意林》《春风文艺》2本刊物。《意林》杂志年出版48期，月发行量300万册，读者群覆盖3亿人。《意林》杂志组建“意林杂志公益讲师团”和“知名作家公益讲师团”举办公益演讲。《意林》杂志被评为“中国最具影响力的励志杂志”。《春风文艺》为市文联唯一一个文学内刊，每年出版6期。改版后设政策把握、栏目设置、作品质量、装帧设计等栏目。

（于柏秋）

群众文化

【概况】 2019年，长春市群众艺术馆开展两节系列活动、长春市歌舞大赛、春芽文艺演出、青少年艺术系列大赛、东北三省区域联动、庆祝建国70周年系列活动、公益培训等惠民乐民群众文化活动，完成公益培训45万人次；公益演出275场；展览23项。组织长春民俗秧歌队参加2019央视春晚一汽长春分会场录制，受到吉林省委吉林省政府通报表扬；获2019吉林省第五届经典诗文朗诵大赛优秀组织单位；获吉林省第十二届“长白之声”合唱节优秀组织单位；获庆祝“健康生活·悦动吉林”全省美术、书法、摄影优秀作品——现代民间绘画大赛（展）优秀组织奖；《长春文化》期刊入围第三届全国文化（群艺）馆期刊交流展示活动“2019年度期刊”。

1月21日，市文联文艺志愿服务小分队到榆树市五棵树镇互助村为村民拍全家福

（于柏秋　提供）

【“长春雕塑冰雪天地”系列文艺演出】 1月7日至2月2日，在长春雕塑博物馆举行“长春雕塑冰雪天地”系列文艺演出活动，举办演出25场。演出以吉林省内专业院团、优秀民间团体为主体，包括交响乐专场、民乐专场、歌舞专场、杂技专场、朝族风情专场、朗诵专场、戏曲专场、综合文艺演出等，近2万人次观看演出。

【央视春晚长春一汽分会场民俗秧歌演出】 2019中央广播电视总台春节联欢会吉林长春一汽分会场演出活动于2月4日举办，由长春市文化广播电视和旅游局组建的600余人的长春市民俗秧歌队参加节目录制。长春市群众艺术馆具体负责组建150人的秧歌队伍参加表演，同时负责长春市民俗秧歌队600余队员的排练、保障、统筹及协调工作。长春民俗秧歌队用3天时间完成组建，演员平均年龄60岁。从1月13日至2月2日历时22天，秧歌队集中排练16次，圆满完成录制和演出任务。

【系列文化活动】 元旦前后，在长春市群众艺术馆剧场和欧亚卖场举办4场新年音乐会。包括长春爱乐乐团交响乐专场，吉林艺海民乐团、长春吉韵民乐团的民乐专场和古筝专场音乐会。1月29日，长春市群众艺术馆新时代“红色文艺轻骑兵”文艺小分队到双阳区奢岭社会福利服务中心和奢岭街道新兴村，为孤寡老人、社区群众和村民送去2场文艺演出。1月28日至2月28日，长春市群众艺术馆在一楼大厅搭建东北大炕、城楼等东北年俗典型场景，准备具有民族特色的服装，摄影志愿者现场为市民群众拍摄全家福照片；举办“福悦万家”图片展，为市民群众讲解福文化；书法家现场为市民群众书写家风墨宝及春联、福字。接待400多个家庭、近5000人，赠送家风墨宝400余幅，赠送春联、福字5000余套。

【吉林省第十二届“长白之声”合唱节选拔展演】 5月19日，吉林省第十二届“长白之声”合唱节选拔展演暨“五月歌声”合唱音乐会在长春市群众艺术馆剧场举行。吉林省内33支合唱团，近2000人参加本次活动，举行1场展演、3场选拔赛。演唱形式包括童声合唱、女声合唱、男声合唱、混声合唱等。由专家评委选出4支优秀合唱团代表长春市参加吉林省第十二届“长白之声”合唱节决赛，获“参花·金奖”。

【“春芽”活动月】 5月31日，长春市第三十二届“春芽”六一晚会在长春市群众艺术馆剧场举行。来自长春市汽车经济技术开发区第一小学、长春市南关区金葵花艺术培训学校等团体的500余名小演员参加演出。6月2日，“童心向党、盛世花开”主题文艺汇演在长春市群众艺术馆剧场举行。6月15日，中俄国际青少年友好交流活动演出在长春市群众艺术馆剧场举行。6月22日，全国原创公益主题儿童剧《回家的希望》之《霹雳帕拉要回家》在长春市群众艺术馆剧场演出。

【“我和我的祖国”歌舞艺术表演大赛】 6月23日，举行“我和我的祖国”2019长春市歌舞艺术表演大赛歌手决赛、舞蹈决赛、合唱类中老年组决赛。活动覆盖全市5个城区、5个开发区，举办66场选拔赛，有212个社区参与，有285支舞蹈团和72个合唱团参加比赛。

【青少年艺术系列大赛】 5月，启动长春市第二十九届青少年艺术系列大赛。参加本次大赛选手6343余名，参赛作品2932余部，通过初赛选拔进入决赛阶段的作品有829部，艺术类593部，书画类236部。

【文学艺术沙龙】 6月6日，《听·说》第三期文艺沙龙——端午诗会，在长春市群众艺术馆3楼多功能厅举行。活动采用舞台朗诵表演与舞蹈情景演绎相结合方式，以诵诗、吟诗、舞诗、唱诗、演诗等形式，传承表达文化内涵。9月9日，《听·说》第四期文艺沙龙—中秋诗会，包括“月上春城”“情满人间”“千古明月”3个篇章。活动创新性地将诗歌以情景化模式演绎，将中国传统诗词文化与现代艺术表现手法相结合，歌颂人间亲情、祝福祖国繁盛。新浪吉林进行现场直播，吉林广播电视台生活频道、《吉林日报》《长春日报》予以报道。

【“消夏艺术节”百姓健康舞展演】 6月15日、6月16日和6月23日，第十三届长春“消夏艺术节”百姓健康舞展演活动进行3场展演活动。每场演出有10支演出队伍400余人参加，展演舞蹈有极具地域特色的花棍儿秧歌、令人眼花缭乱的曳步舞、动作轻盈的朝鲜族舞蹈、恢弘大气的藏族舞蹈、刚柔并济的太极扇、气势如虹的武术，还有时尚摩登的国际标准舞表演，给观众带来全新视觉感受。

【“红色故事”群星宣讲团宣讲活动】 长春市群众艺术馆“红色故事”群星宣讲团在吉林大学附属中学、中车长春轨道客车股份有限公司、中日联谊医院、湖东社区举办“传承红色基因，争做时代新人”主题宣讲活动、“追寻红色印迹，传承红色基因”—庆祝中华人民共和国成立70周年红色故事会等活动，让观众聆听红色故事，接受红色教育。6月，吉林省文学艺术界联合会授予“红色故事”群星宣讲团“吉林省优秀曲艺志愿团体”称号；12月，被吉林省曲艺家协会评为“2019年度吉林省曲协先进基层曲艺组织”。

【区域联动】 8月5日至8月7日，由哈尔滨、长春、沈阳3市群众艺术馆共同开展的东北三省省会城市群文优秀节目展演在哈尔滨市防洪纪念塔广场举行。长春市群众艺术馆为活动献上一场精彩文艺演出。11月5日至11月7日，由长春、哈尔滨、沈阳3市群众艺术馆共同举办的“群星绽放”2019东北三省省会城市群文优秀节目展演在长春市群众艺术馆剧场举行。11月6日，东北三省省会城市区域联动工作研讨会在长春市群众艺术馆会议室召开。会议研讨三市区域文化联动工作发展走向及2020年合作交流项目方式。

【农民丰收节暨乡村旅游节文艺演出】 9月23日，2019长春市农民丰收节暨乡村旅游节文艺演出活动在净月高新技术产业开发区新湖镇天怡温泉度假山庄举行。演出通过演员的演绎展现当代农民幸福生活和大丰收的喜悦之情。在演出中进行5项与农民百姓相关的颁奖活动，其中包括2019长春市十大种田能手颁奖、长春市特色乡村旅游民宿颁牌、长春市十大家庭农场主颁奖、长春市十大“双创”标兵颁奖和长春市2019年休闲农业与乡村旅游示范点授牌。

【国庆70周年系列活动】 9月30日，“庆祝中华人民共和国成立70周年——长春市群众歌舞精品展演”在长春市体育馆举行。演出节目选自近年来在长春市群众歌舞大赛中涌现出的讴歌党、讴歌祖国、赞美家乡的优秀作品，有19个群众艺术团体、9名获奖优秀歌手等1000余名演员参加演出。长春市主要领导，部分驻长高校、企业、外国专家代表，劳动模范、道德模范代表及社会各界群众代表观看演出。10月1日上午，吉林省暨长春市在长春市文化广场举行升国旗仪式，庆祝中华人民共和国成立70周年。长春市群众艺术馆组织16个合唱团的700名合唱团员参加升旗仪式。在长省市领导，以及在长科研院所代表，部分十九大代表、全国人大代表、全国政协委员和省、市党代会党代表、社会各界群众代表参加此次活动。

【长春国际爵士音乐节】 10月27日至31日，2019长春国际爵士音乐节在长春市群众艺术馆剧场举行。本届爵士音乐节特邀来自德国、立陶宛、匈牙利、挪威等国家的著名爵士演奏家，为长春市民带来8场不同地域特色风格的爵士乐，让观众感受到爵士乐的无限魅力。

【“群星耀冰雪”雪博会系列活动】 12月12日–17日，第四届吉林省雪博会暨第二十三届长春冰雪节开幕式系列活动在长春市会展中心举行。雪博会上，长春市群众艺术馆以“群星耀冰雪”为主题，设立展示互动区和表演区，通过综艺演出、展示互动和“千家万福”公益拍活动，向市民展现公共文化服务发展成果。

【公益培训】 长春市群众艺术馆面向市民群众、基层文艺骨干、驻馆艺术团、校园、机关企事业单位开展培训，全年培训学员45万人次。以中心馆、净月分馆为阵地，长年举办免费开放公益培训班，包括音乐、舞蹈、美术、戏剧、体育、曲艺、摄影等7个艺术门类22项专业在内的各类培训班183个，培训学员32.5万人次；在长春新区、双阳区文化馆、长春市群众艺术馆、第六中学等地举办长春市基层群众文化队伍骨干培训，包括腰鼓、合唱、管乐、声乐、舞蹈、摄影等专业，培训学员1万余人次；开展驻馆艺术团培训，培训学员近10万人次，到校园、机关、企事业单位开展培训，培训学员近万人次。

【展览活动】 举办“憧憬飞翔”李洪涛鸟类摄影作品展、“多彩的花季”少儿书画作品展、“淡墨坤岚”女画家书画作品展、“沃土·情深”农民书画大赛获奖作品展、“我和我的祖国”少儿书画展、农民摄影大赛获奖作品展、庆祝中华人民共和国成立70周年楹联作品展暨地书大赛获奖作品展、“我和我的祖国”吉林省“诺尔曼杯”书法大展、中国茶文化体验展——“陶蕴茶香”紫砂品鉴展、“水之彩——2019全国水彩画名家邀请展”“乐墨共享天地同和——中华传统乐论书法邀请展”等活动，深受群众欢迎。

（李欲伟）

【朝鲜族群众文化】 长春市朝鲜族群众艺术馆面向全市朝鲜族免费培训服务，辅导内容不仅局限于以往的舞蹈、声乐，还有受群众喜爱的百姓健康舞、朝鲜族舞基本功、伽倻琴、模特、电子琴、洞箫、合唱、小号、绘画等10多种培训内容。市民公益培训于3月份开始，全年培训2130课时，培训7.5万人次。利用学校周六、周日休息时间，每周对3所未成年人文化培训基地进行培训。培训项目有声乐、朝鲜族传统舞蹈、集体舞、伽倻琴等内容。未成年人培训2.3万人次。12月20日，举办“2019年长春市朝鲜族群众艺术馆培训展演”。

12月20日，长春市朝鲜族群众艺术馆2019年度培训作品展演　（赵香淑　提供）

2月19日，长春市朝鲜族群众艺术馆举办“与文化同行·向幸福出发”2019年第二届长春市朝鲜族正月十五传统掷柶戏大赛。大赛吸引来自全市朝鲜族各企事业单位及团体64支队伍，320名选手参加。3月31日，长春市朝鲜族群众艺术馆与长春市朝鲜族妇女协会共同举办长春市朝鲜族庆祝“三·八”妇女节活动。活动内容包括，第四十七次代理妈妈助学金发放、女性知识讲座、文艺演出等。进行花图、掷柶、顶罐等朝鲜族传统游戏活动。6月16日，长春市朝鲜族群众艺术馆在长春市朝鲜族中学举办2019长春市朝鲜族传统文化体育嘉年华。本次嘉年华由长春市朝鲜族群众艺术馆、长春市朝鲜族中学主办，由长春市朝鲜族小学、各朝鲜族企事业单位和群众团体协办，由长春市文化广播电视和旅游局与长春市民族事务委员会共同指导。包括传球、跳绳、摔跤、拔河等激烈的朝鲜族传统娱乐赛事。6月17日，由长春市朝鲜族群众艺术馆与延边电视台共同举办的“延边歌曲大热唱——长春篇”在长春市朝鲜族群众艺术馆剧场拉开帷幕，有13名选手进入决赛。7月2日，长春市朝鲜族群众艺术馆携长春市朝鲜族老年协会共同举办“我和我的祖国”第三届长春市朝鲜族老年人健康舞展演活动。活动吸引10支市朝鲜族老年协会团队，近200人参加。9月28日，长春市朝鲜族群众艺术馆举办“长春市朝鲜族大合唱比赛”。10月15日，长春市朝鲜族群众艺术馆与长春市朝鲜族老年协会共同举办“第四届长春市朝鲜族长寿老人祝寿活动”。12月30日，长春市朝鲜族群众艺术馆携馆办舞蹈团到九台新立进行“我们的中国梦”长春市朝鲜族群众艺术馆文化惠民演出。

9月8日–16日，全国第十一届少数民族传统体育运动会在河南省郑州市举行。吉林省代表队由286人组成，其中长春市朝鲜族群众艺术馆21人参加开幕式驻停表演、表演项目比赛、民族大联欢、表演项目颁奖晚会和对口单位慰问演出等活动。《愉快的掷柶游戏》《长白鼓韵》分获表演项目（综合类）一等奖和二等奖。9月27日，全国民族团结进步表彰大会在北京举行。大会表彰全国民族团结进步模范集体和模范个人，吉林省有21个全国民族团结进步模范集体和25名模范个人接受表彰。其中，长春市朝鲜族群众艺术馆获全国民族团结进步模范集体称号，这是该馆建馆以来获得的最高荣誉。12月13日-17日，长春市朝鲜族群众艺术馆参加“第二十三届长春冰雪节暨第四届吉林冰雪产业博览会”。通过独具朝鲜民族特色的文艺演出、陈列展示民族美食、朝鲜族传统器乐、观众体验、现场互动等形式，将民族特色与旅游产业相融合，展示朝鲜民族风貌。

（赵香淑）

文物保护与利用

【概况】　长春市有不可移动文物1603处。其中，全国重点文物保护单位13处27项，省级文物保护单位56处，市级文物保护单位136处，县级文物保护单位167处，尚未核定公布为文物保护单位的不可移动文物1231处。历史文化街区10个，其中，国家级历史文化街区1个（中国第一汽车制造厂历史文化街区），省级历史文化街区7个（人民大街、新民大街、南广场、伪满皇宫、中东铁路宽城子站、商埠地、宽城子历史文化街区），正在申报省级街区的2个（柴油机厂和长影历史文化街区）。

【革命文物保护利用】　加强革命文物保护利用，筹划东北人民解放军第一前线指挥所旧址二期工程思路；加强革命文物宣传，举办传承红色基因保护革命文物——吉林省重点革命文物图片展；完成全市31项中央文物的统计工作；组织参与东北革命文物保护利用联盟成立大会，全市有14家单位成为东北革命文物保护利用联盟成员单位。

【文物安全】　签订文物安全责任书，落实相关部门监管责任和管理或使用单位直接责任，文物安全责任制落实率100%。推进文物安全网格化管理机制，开展文物安全区域性网格化管理课题研究，该项工作列入国家文物局绩效考核指标。开展文物火灾隐患“回头看”专项行动、长春第一汽车制造厂早期建筑（生活区）92栋文物建筑文物安全隐患排查专项整治行动和暑期汛期及旅游旺季文物保护单位安全生产工作。

【文物保护工程】　完成郭宗熙旧宅、满铁图书馆旧址修缮工作。一汽生产区锻造厂外立面修缮工程、生活区70栋保护修缮工程、生活区保护规划等项目通过国家文物局审批。组织2次专家评审会，协调省文旅厅、二道区政府，研究探讨解决吉柴老家属区文物建筑的保护利用问题。支持中车集团对宽城子历史文化街区改造、长发集团对长春拖拉机厂改造项目建设，提供必要的政策和技术保障。推进长影二期工程、伪满皇宫旧址二期工程及伪满综合法衙旧址修缮工程，指导伪满皇宫旧址申请西区及禁卫军营区保护修复项目专项资金，审核般若寺保护规划及修缮早期建筑旧址、伪满皇宫旧址“三防”工程，设计方案。完成榆树秀水娘娘庙旧址修缮工程竣工验收工作，协调推进拖拉机厂生产区改造项目建设。

【文物执法】　加强文物保护单位检查，深挖涉黑涉恶涉乱违法犯罪线索，坚决打击各类文物违法犯罪。严格执行《长春市文物安全工作巡查计划》，对伪满综合事务所旧址、沙俄兵营旧址擅自修缮不可移动文物案件进行查办，行政处罚21万元。制止日本关东军西大营旧址擅自在文物保护范围内进行建设工程，办理国家、省文物局转办的吉大南校区日伪时期子弹库被拆除的群众投诉。

【非物质文化遗产传承保护】　有市级以上3个国家级项目，即榆树市的《东北大鼓》（2008年）、农安县的《黄龙戏》（2008年）、九台区的《平氏浸膏制作技艺》（2014年）。36个省级项目和40个市级项目；国家级、省、市代表性传承人25人，其中《黄龙戏》传承人赵贵君、《东北大鼓》传承人王连科被文化部命名为国家级非物质文化遗产代表性传承人。2019年，长春市县（市）区级的非物质文化遗产工作格局基本确立，项目划分到人。申报非遗项目，第四批省级非遗增补项目申报通过6个项目。参加4次推介活动，即2019珠峰文化旅游节非遗展、2019全国非遗曲艺周活动、2019陕晋文旅推介活动和2019吉林省非物质文化遗产节活动。

(王靖然)

长春报业

【概况】　2019年，长春日报社有职工1086人。其中，事业编干部316人，事业编工勤135人，退休333人，公司编71人，聘用人员231人。《长春日报》作品获国家及省、市各类新闻奖93件，包括一等奖17件，二等奖25件，三等奖38件。9月28日，在“壮丽70年奋斗新时代——2019全国党报媒体融合高峰论坛暨社长总编看昆明”活动中，《长春日报》获中国报业协会党报分会颁发的“全国党报媒体融合创新单位”奖；融媒体作品频频获奖。《庆祝改革开放40周年·谁是长春新名片》融媒体系列产品获全国副省级城市党报媒体融合优秀案例奖、中国报业新媒体项目创新奖；《青春的城市勇往直前长春马拉松赛直播》获评中国报业“深度融合发展”直播十佳奖。有多篇调研报告获奖，《关于推进媒体融合发展、壮大主流舆论责任担当的思考》获评2018年度长春市优秀调研成果评选三等奖，《长春日报社加强党报人才队伍建设研究》获评2018年度长春市优秀调研成果评选优秀奖，《长春日报“报纸问效”栏目问出推动发展实效》获评2019年度“长春市宣传思想文化工作创新奖”。

【新闻宣传】　在《长春日报》一版和

各平台推出贯穿全年的“在习近平新时代中国特色社会主义思想指引下——新时代、新气象、新担当”栏目。组织近百个《时评·群言》版及《理论新笔》版。围绕庆祝建国70周年，推出“我和我的祖国”“爱国情奋斗者”“壮丽70年，奋斗新时代”等重点版面、栏目。策划“共和国历史上的长春印记”系列报道，推出10块版迎国庆特刊。国庆前夕，利用新媒体平台开展“长春最美奋斗者”评选和送奖到一线活动。完成省市“两会”报道任务，完成“不忘初心牢记使命”主题教育、“扫黑除恶吉林亮剑”“治乱进行时文明再出发”“万人助万企行动”、农村人居环境集中整治等全市重大战役的宣传任务。5月26日，第三季长春国际马拉松赛开赛，30余位记者编辑再次出击，推出“激情长马　魅力长春——直播2019长春国际马拉松”，超过49万次阅读量，在新华社现场云周排行榜中位列第六；9月，长春日报社与市委网信办联合举办“新时代长春最美奋斗者”评选活动。10万余人次通过《长春日报》及其“掌上长春”“长春政事儿”“长春+”、长春新闻网等新媒体平台矩阵进行网络投票，最终选出吴亚琴等10名“新时代长春最美奋斗者”；12月19日至22日，长春日报社与中国城市融媒体联盟、长春市委宣传部、长春市文化广播电视和旅游局、长春莲花山生态旅游度假区共同主办“‘魅力冰雪’2019中国城市融媒体发展峰会暨全国百家党报社长总编长春主题采访活动”。

【融合发展】　党媒信息公共服务平台——长春云实现在云端搭建部署；解决长春新闻网权属问题，长春新闻网成为本报新闻网站；完成全媒体资源库系统建设；完成融媒体演播室建设。融媒体作品阅读量实现多个10万+。7月1日，本报策划推出《不忘初心、牢记使命，重温入党宣誓》H5作品，一天时间浏览量30万+。《快来点赞！长春各县（市）区、开发区，2018年都做了哪些实事》微信作品、《庆祝新中国成立70周年——长春最美奋斗者评选》H5作品、《长春·醉秋》H5作品均实现10万+阅读量。推出《长春文化地图》H5作品受到市委宣传部表扬。

（张春杰）

长春广播电视台

【概况】　2019年，长春广播电视台经营创收形势严峻，呈“断崖式”下滑，广告创收比2018年减少近7000万元。面对不利形势，全台压缩节目生产制作成本，对接资源，寻找经济增长点。全年完成创收1.3亿元。

【新闻宣传】　新闻栏目开展庆祝中华人民共和国成立70周年主题宣传活动，推出《壮丽70年·奋斗新时代》《爱国情·奋斗者》《我和我的祖国》《长春创造的新中国第一》等系列报道400余篇。突出抓好“专班抓项目”“万人助万企”“城市乱象集中整治”“农村人居环境集中整治”“扫黑除恶”“生态环境保护”“脱贫攻坚”等专题宣传。举办3期《电视问政》直播活动，播出45期《问政进行时》，线索整改率100%。融媒体新闻中心与长春市政协联合制作《政协论坛》，每月播出1期。还制作播出6期《人民讲堂》、6期《人民之声》节目，制作播出12期《振兴中的长春制造》系列节目。

【大型文化活动】　长春广播电视台举办各类大型文化活动200多场。制作播出“奔跑在逐梦路上”2019长春市春节联欢晚会；制作播出长春市直属机关庆祝中华人民共和国成立70周年文艺会演、“巾帼心向党·礼赞新中国”诗歌朗诵大赛、“童心向党”少儿文艺晚会、“感动”长春市首届非公党建“先锋人物”颁奖典礼、长春好人发布会等大型活动；举办《文化地图，心灵盛宴——长春市“十大三选”发布晚会》、长春文化大集、第十一届百姓购车节、全城歌唱等大型活动，完成2019长春市汽车短道挑战赛的现场直播和2019年长春国际马拉松的赛事直播等文体活动。与中央广播电视总台少儿频道、市委宣传部联合在长春拍摄30集儿童剧《驴友阿凡提奇妙假期》，前10集于十一期间在央视少儿频道黄金时段播出。

【文艺创作】　由长春广播电视台与长影联合出品的电影《黄大年》于跨年档在全国院线上映，8月，获中宣部第十五届精神文明“五个一工程”优秀电影作品奖。纪录片《科恩眼里的中国》获“庆祝中华人民共和国成立70周年全国电视节目展评展播评优”优秀纪录片奖。为庆祝新中国成立70周年献礼，大型电视纪录片《忠骨铸青山》于10月10日首播，获吉林省第三十一届电视文艺“丹顶鹤”精品纪录片奖和吉林省广播电视社教类一等奖。《发现长春》栏目制作完成播出52集。娱乐频道完成大小专题片62个，其中完成20集专题片和20集短视频《我和我的祖国》，与市档案局合作，制作完成2集专题片《共和国的记忆——接收长春经验批转全国》，与市图书馆合作，制作完成20集电视短片《书香长春》。

【栏目制作】　提高栏目质量，《创业梦想》《我是长春人》《百姓与法》《社区办事处》《优游行》《飞翔吧，绿荫少年》等节目形成品牌效应。其中，《百姓与法》获选“全国十佳法制栏目”；《车行天下》《良车日记》《科普新世界》《支队长热线》《交警直播室》《坐标·化周刊》等节目张力十足，《飞翔吧绿荫少年》《我要上电视》《长春生活圈》等新节目上线反响良好。

【媒体融合】　联网业务进行43场直播。直播部门包括综合频道、娱乐频道、汽车频道，还有省残联、共青团长春市委、市文明办等省市机关。直播内容包括马拉松、健美比赛等体育活动；大型文艺活动、晚会等文化综艺活动；会议、展会、商会等商务活动；讲坛、论坛、访谈等宣讲活动。各频率频道探索媒体融合发展路径，实现线上线下舆论场有效对接。其中，新闻综合广播利用微信公众号、微博、多媒体直播平台，全年刊播稿件1万多篇，浏览量超过200多万次。融媒体新闻中心新媒体集群14个端口线上收到用户互动消息超过60万条，阅读量超过340万次。交通之声推出“交通之声官方抖音号”，粉丝数量超过10万人次。全年直播节目的微信公众平台参与超过60万人次、微信公众号注册用户数超过23万人、微信公众号阅读量超过2000万次。各档节目移动端收听近1400万人次。大型歌唱比赛项目《全城歌唱》从宣传、报名和海选、晋级赛决赛各个阶段均利用新媒体进行操作传播，扩大社会影响。

【技术强台】 各频率频道实现安全优质播出目标。为加快推进长春与公主岭同城化发展，5月，长春广播电视台协调配合吉视传媒省公司，将长春有线电视信号传输到吉视传媒公主岭分公司，覆盖公主岭地区全境。加快推进技术升级改造，广播电视播总控媒资平台进入设备调试阶段。与吉视传媒沟通，拟定高清133通道为长春广播电视台高清频道在吉视传媒网络传输频道，完成高清频道播出前期准备工作。广电大厦7楼高清新机房进入设备调试阶段，启动广播直播间改造项目，广播电视播出安全和效果得到提升。

【举办扶贫公益节目】 新闻综合广播与中共长春市委组织部联合推出扶贫公益节目《我们在路上——第一书记代言》，播出35期。播出公益广告17万条次，播出约11万分钟。由主持人红叶（刘韵）创作录制的作品《手机的烦恼》获吉林省广播电视公益广告一等奖。高慧获2019年长春市“五一劳动奖章”；刘玢获2019吉林“五一劳动奖章”和2019年度吉林省“劳动模范”。

【开放办台】 长春广播电视台构筑“大外宣”格局，加强与上级媒体外联工作。全年在中央广播电视总台《新闻联播》《朝闻天下》等电视新闻节目中播出长春新闻27条；在中央广播电视总台中国之声、华夏之声等广播频率播出宣传长春稿件62篇。“三亚之声”与长春交通之声两地并机节目时长由7小时增加到10个小时，扩大长春、三亚两地听众群体。吉林省供销社海南推介会、吉林省曲艺团海南巡回演出、长春伪满皇宫海南互展交流活动、长影集团海南环球100奇幻乐园项目推介，都通过“三亚之声”在三亚和长春两地进行报道。

（王中庆）

长春出版社

【重点图书出版】 完成市委宣传部重点项目——《新时代长春文学丛书》。该丛书作为长春市向新中国成立70周年献礼的重点项目，能够体现长春市70年来文化发展。该项工作得到市领导多次赞许。长春出版社社与长春市教育局、长春市城市管理局共同编撰《长春市生活垃圾分类知识读本（中学生版）》《长春市生活垃圾分类知识读本（小学生版）》《长春市生活垃圾分类知识读本（幼儿园版）》系列图书，发放到学生、幼儿手中。配合市人大工作出版《奋进的历程—改革开放40年长春市人大及其常委会工作成果回眸》。为服务长春市文化建设，出版《长春市历史文化名城保护建筑测绘图集》（第一集）、《中国历史文化名城——长春》《长春大事记 2018》。重点古籍文化整理类图书《藤花榭本红楼梦》如期出版，填补长春出版社古籍出版空白。

【教材出版】 完成《中小学冰雪运动》教材的编辑出版和推广发行工作，推进落实冰雪运动进校园活动。组建《幼儿园操作资源包》主题材料培训团队，以教材培训带动教材营销。做好各项教材培训和教研工作。召开外研版英语教材培训、课题开题、图书漂流、寒暑假公益阅读，举办上教版英语教材培训、华师版数学教材培训、幼儿园教材培训等各类培训及教研活动30余次。

【数字出版】 监测世纪优学APP情况，打通移动端产品技术服务及产品规则，为长春出版社整体产品规划服务；完成长春出版社电子图书（信息）发布管理系统，进行图书数据录入工作；与讯飞合作，着力于纸质图书与智慧教育的结合产品的——“互联网+出版”产品《讯飞A I资源包》的产品设计，与讯飞、附中合作策划长春市《人工智能》教材项目。

【出版为地方经济文化服务的图书】 出版记录长春城市发展变化历程的《长春历史地图集》，自1800年长春厅设治开始至20世纪60年代初期的106幅地图，为城市史研究提供强有力佐证。由著名经济学家程恩富主编的《21世纪马克思主义政治经济学研究丛书》（共5册）获国家出版基金资助。反映著名历史学家、东北文献学家金毓黻先生学术著作与思想的《金毓黻文集》获国家出版基金资助。著名哲学家、吉林大学教授孙正聿的《辩证法与现代哲学思维方式》既获得“十三五”国家重点出版物出版规划项目，获得国家出版基金资助。《中华文化元素研究丛书》（16册）入选“十三五”国家重点出版物出版规划。出版《国旗人生—五星红旗设计者曾联松》，展示共产党员曾联松不平凡一生。

（许国哲）

电影产业

【《林海雪原》获第四届“亚洲彩虹盛典”奖】 1月12日，第四届亚洲彩虹盛典颁奖典礼在海南三亚举行，来自亚洲32个国家和地区的500多部电视作品角逐奖项。由长影集团出品的红色经典题材电视剧《林海雪原》获最佳动作剧奖，主演李光洁获优秀电视剧男主角奖。该剧在安徽卫视、山东卫视、黑龙江卫视及多家地面频道播出，获观众诸多好评。

【译配完成奥斯卡影片《绿皮书》】 3月1日，上映第91届奥斯卡金像奖最佳影片《绿皮书》，由长影译制片厂完成国语配音，长译配音演员、导演王利军担任译制导演。这是长影译制片厂继《荒野猎人》《水形物语》之后，再次为奥斯卡热门获奖影片译制中文版本。《绿皮书》根据真实故事改编，讲述在上世纪60年代美国，来自底层的白人司机托尼·利普与黑人钢琴家唐·雪利之间一段跨越种族、阶级的友谊故事。郭金非为维果·莫腾森扮演的托尼·利普配音，孟令军为奥斯卡最佳男配角、马赫沙拉·阿里扮演的唐·雪利配音。

【《春潮》获上海电影节最佳摄影奖】 6月23日，第22届上海国际电影节揭晓主竞赛单元金爵奖，由长影集团联合出品的现实主义题材影片《春潮》获最佳摄影奖。电影《春潮》由新锐女导演杨荔钠编剧并执导，实力派演员郝蕾、金燕玲领衔主演，讲述三代女性在同一屋檐下用怨怼表达爱意、又用爱意溶解怨怼的故事。

【《黄大年》入选“五个一工程”】 8月，第十五届精神文明建设“五个一工程”公布73部入选作品名单，由吉林省委宣传部推荐的电影《黄大年》、广播剧《大国工匠》、歌曲《时代号子》和图书《陈土豆的红灯笼》等4部作品上榜。其中，电影《黄大年》由长影集团根据时代楷模黄大年的先进事迹改编而成，是入选本届“五个一工程”优秀作品奖的10部国产佳作之一，也是长影作品连续4届获此殊荣。电影《黄大年》还入围北京大学生电影节主竞赛单元组委会推荐影片名单，作为由吉林省电影局主办的2019年度“影享吉林公益观影活动”重点影片之一在省内热映。

【《守边人》获优秀故事片奖】 11月28日，第四届巫山神女杯艺术电影周在重庆巫山县举行闭幕式表彰晚会。由长影集团出品的主旋律影片《守边人》从30部入围影片中脱颖而出获优秀故事片奖，长影集团总经理李庆辉获颁优秀制片人奖。巫山神女杯艺术电影周是经国家广电总局电影局批准的国内唯一以艺术类电影为主题的电影周，每2年举办1次。

【长影乐团举办音乐会庆祝香港回归22周年】 6月28日，长影周末音乐会之“庆祝香港回归22周年《共同走过》香港流行金曲交响音乐会”在长影音乐厅举行，长影乐团用一首首香港经典影视剧插曲和流行曲目陪伴大家度过一个难忘的夜晚，通过音乐方式向香港送上节日祝福。本场音乐会由俄罗斯国立雅罗斯拉夫尔室内乐团常任指挥、长影乐团签约指挥曲鑫执棒，以管弦乐、男女声独唱、男女声二重唱等多种音乐形式，带领全场观众回顾经典重温时光。

【庆祝建党98周年交响音乐会】 6月29日，在“七一”党的生日到来之际，由中国共产党长春市委员会、长春市人民政府主办，中共长春市直属机关工作委员会、长春市文化广播电视和旅游局、长影集团共同承办的“逐梦新时代——长春市庆祝建党98周年”交响音乐会在长影音乐厅举行。市直各有关部门负责人，文教系统党员干部职工、市优秀党员、劳动模范、社会各界群众代表650余人观看演出。

【长影电影艺术主题展】 8月19日，为庆祝新中国成立70周年，回顾“新中国电影摇篮”长影与共和国相伴走过的光影岁月，“庆祝新中国成立70周年——长影电影艺术主题展”在长影旧址博物馆揭幕。84张鲜为人知的长影电影剧照，25份珍贵的长影电影艺术家文献手稿，72张电影美术气氛图，144部长影经典影片视频片断，构成展出全部内容，带领观众回眸长影电影70余载发展历程和辉煌成就。

【《杨靖宇》首映式】 9月17日，由长影集团出品的庆祝中华人民共和国成立70周年献礼影片《杨靖宇》，在杨靖宇将军殉国地——吉林省靖宇县举行全国首映式。省委宣传部领导、电影《杨靖宇》出品方代表及影片主创团队、杨靖宇将军后代、靖宇县社会各界代表出席首映式并观看影片。活动由中共吉林省委宣传部、中共靖宇县委、靖宇县人民政府主办，长影集团、北京万龙飞腾影视文化传媒有限公司承办。

（赵　乐）

图书馆

【概况】 2019年，长春市图书馆经费总投入4128.5万元，其中文献购置费1200万元。订购中外文图书6.6万种，15.5万册。订购中外文报刊4503种。采购数据库54种，试用数据库91种。数字资源本地存储114TB。接受捐赠图书8614册。截至年底，长春市图书馆总藏量371.4万册（件），其中，普通文献315.3万册，电子图书56万册；数字资源本地存储总量114TB。全年外借各类普通文献88.6万册次，电子图书下载92万册次，网站访问量84.4万余次，远程数字资源访问量1975万人次，移动端访问量1274万人次，新语听书下载量80万集。解答咨询万余条，编辑《决策参考》10期、《立法信息快讯》24期。面向人大、政协开展课题咨询16项。利用“全国图书馆参考咨询联盟”平台提供参考咨询1.6万余条。接待读者165.7万余人次。新办理读者证2.6万余张。媒体报道近700次。新媒体矩阵发布信息近2600条，阅读量600余万人次，其中，微博440余万人次、微信140余万人次。编印阅读推广刊物《品读》7期，编印《长图视窗》4期。举办各类型读者活动711场次，参与人数18.5万人次。惠阅文化点单平台发布馆内活动近70项，报名活动近2000人；举办外出点单活动16场，受益人数约2400人。完善城市阅读书网实体网点建设，新建标准化示范性分馆4家、阅书房4个，在长实体网点数119个。全年为各分馆配送图书8.2万册，联动分馆开展读者活动68项。汽车流动图书馆借还近4万册次、服务2.5万人次，行驶里程近1.1万千米。配备RFID自助借还、自助办证设备和标签转换器等设备22台。

【长春院士大型展览暨同名图书发布仪式】 聚焦在长工作过的72位科学家群体，梳理其生平事迹和贡献，献礼新中国成立70周年。于7月举办“家国情怀 科学精神”长春院士大型展览，开展同名图书发布仪式。该项目是长春市图书馆自2018年“长春记忆项目”研究的一个重要成果，形成展览、书籍、数据库、图书专架、讲座五位一体传播推广模式。

【《伪满洲国联合协议会记录原始档案》获批国家图书馆民国文献整理项目】 该项目是国内研究伪满洲国联合协议会较为珍贵的原始档案，计划成书30卷。此次申报的《伪满洲国联合协议会记录档案》，是从中筛选的伪满协和会的档案资料，主要以伪满协和会的“全国”联合协议会记录为主，各地方联合协议会记录为辅，兼有伪满协和会相关图书，计70册，1.5万页左右。5月，《伪满洲国联合协议会记录原始档案》通过国家图书馆“2019年革命文献与民国时期文献整理项目专家评审会”评审，获准立项，收到《革命文献与民国时期文献整理项目申报立项通知》。

【“惠阅·文化+”系列服务项目】 推广使用“惠阅·文化菜单”读者活动综合服务平台。平台全面揭示长春市图书馆阅读推广活动情况，实现活动展示、在线预约、团体点单、赞助、合作申请等功能。用户点选后，即可坐等送活动上门。通过“惠阅”平台，长春市图书馆发布馆内活动近70项，报名活动近2000人；举办外出点单活动16场，受益人数约2400人。启动U书到校、U书到家服务。读者通过支付宝借书系统、长春市图书馆官网和微信公众号3个平台，网上远程选书下单，图书馆通过物流系统将书配送到读者家中或学校，全年外借图书10484册次。

【长春消夏阅读季暨市民读书节】 6月29日-10月13日，长春市图书馆承办2019长春消夏阅读季暨市民读书节活动。以“喜阅·书香之美”（6月29日-7月31日）、“共阅·春城仲夏”（8月1日-8月31日）、“爱阅·我的祖国”（9月1日-10月13日）3个时段为主题，由全市各级公共图书馆、社区图书馆（室）、阅书房、学校、商场、书香公交等80余家单位参与，在全市范围内开展12大类130项300余场活动。开幕式现场发布一年一度的《长春市民读书节市民荐读书目》；启动“3H”平台中的“惠阅·文化菜单”阅读推广活动服务平台、“爱贝阅读计划”；举行“阅读接力赛”起跑仪式。活动期间推出多项阅读惠民服务，包括图书馆“喜阅再升级”新书借阅您做主、“邮书到家”5000单快递图书免费送、“爱心助学”500台智能听书机视障读者免费使用、免费“邮书到校”等内容。

【全民阅读活动】 长春市图书馆举办迎新春、世界读书日、图书馆服务宣传周、六一嘉年华、市民读书节暨消夏阅读季、科普宣传周及庆祝新中国成立70周年等大型阅读活动，创新品牌活动内容。“城市热读”创新形式，探索访谈对话形式，增强互动性、开放性；创立全新的活动品牌“方寸时光”读书沙龙活动，面向成人大众读者开展读书分享活动；开展爱贝阅读计划，面向0岁至3岁幼儿及父母提供亲子阅读指导等服务，有100个家庭加入活动；创建长图“阅·唱团”，丰富阅读推广形式。

【文化交流活动】 在端午节期间举办中外家庭传统文化体验日活动。7月，举办“千年之交世纪之旅——欧洲文化线路中国巡展·长春站”大型展览活动。8月，举办“继往开来，中美建交40周年”图片展等大型活动。

【城市阅读书网实体网点建设】 建立长春市公安局特警支队等标准化示范性分馆4家，升级莲花山党群活动中心图书流通站为示范分馆，建设万科翡翠滨江等阅书房4个，在长实体网点119个。全年为各分馆配送图书8.2万册，联动分馆开展读者活动68项。调整汽车流动图书馆服务站点，设16个站点，全年借还图书4万册次、服务2.5万人次，行驶里程近1.1万千米。

【阅读推广项目】 《图书馆的“新零售”时代》《长图基于生态进化的“去中心化”服务模式》2个案例获第二届公共图书馆创新创意征集推广活动二等奖；《长春星火阅读计划》获三等奖；“长春星火阅读计划”项目获深圳读书月第五届领读者大奖“阅读空间奖”（图书馆）提名奖；《新媒体环境下基于问题导向的社会阅读力量联合服务体系建设案例》获中图学会图书馆跨部门合作实践案例征集二等奖；“小树苗·绘阅故事会”获2019年中国图书馆学会学术论文和业务案例征集活动三等奖；“小树苗·社会实践活动”案例获“吉林省公共图书馆未成年人阅读推广案例评选”一等奖；“城市阅读书网”项目获长春市“宣传思想文化工作创新奖”。

【新媒体宣传矩阵】 新媒体宣传矩阵由长春市图书馆移动客户端、手机网站、微信公众平台、今日头条、新浪微博、抖音短视频等新媒体平台组成，全年发布信息近2500条，阅读量530余万人次。其中，微博400余万人次、微信130余万人次。在中国新闻出版传媒集团、中国全民阅读媒体联盟举办的第四届“大众喜爱的50个阅读微信公众号”评选活动中，长春市图书馆官方微信公众号在3000多个阅读微信公众号中脱颖而出入围最终名单；微博入选2018年“全国十大图书馆微博”，影响力排名全国第9位。

（赵星月）

卫生健康

【概况】　健康长春建设再获佳绩，长春市第4次通过“国家卫生城市”复审。建立保障制度，落实医养融合全面覆盖，朝阳区红旗第一社区卫生服务中心《社区卫生服务中心与养老机构融合发展模式》的做法得到国家卫健委推广。建立家庭服务和托育服务有效衔接服务模式，长春市开展的普惠型托育服务在全国会议上介绍经验。推进国家社会心理服务体系建设试点，具有长春特色的社会心理服务体系建设经验在全国推广。市政府制定《长春市建立现代医院管理制度实施方案》，成立公立医院管理委员会。综合改革被列为全市深化改革10项典型案例之一。《长春市公立医院综合改革实践与探索》被编入《中国改革年鉴（2019卷）》。推进“最多跑一次”改革工作，优化10大类行政许可事项流程。各类审批事项提前办结率99.87%，群众满意率100%。提升危重孕产妇救治能力，长春市首次实现无产后出血死亡病例。市、县两级卫生健康机构完成机构改革。全市有卫生医疗机构4918个，比2018年减少4.3%。其中，医院、卫生院308所，减少3.8%。拥有医疗床位5.6万张，增长6%。卫生技术人员为5.9万人，增长3.5%。每千人拥有执业医师和执业助理医师3.4人。市辖区建成社区卫生服务中心85家，城区人口覆盖率100%。335.4万农民参加新型合作医疗，常住人口参合率97.1%，筹集资金25.5亿元，有218.1万参合农民受益，支付补偿金20.7亿元，占筹资总额81.4%。

【健康长春建设】　以市委、市政府名义印发《“健康长春2030”规划纲要》，建立高位统筹工作机制，预防为主工作方针得到落实。2019年，长春市新生儿死亡率2.70‰，孕产妇死亡率10.08/10万，低于全省全国指标。传染病报告发病率141.48/10万，比2018年下降4.81%，控制在全国低流行水平。实施健康促进行动，在农安县、绿园区推进健康促进县区建设。实施“护蕾计划”，建立4个健康教育实践基地，对市民全面开放。在吉林广播电视台开办健康栏目《金牌医生》104期，建立健康公交专线。举办全市健康科普技能大赛，获全国儿童健康科普大赛优秀奖。推进健康城市创建工作。加强净月区玉潭镇、农安县烧锅镇、合隆镇陈家店村省级试点健康村镇建设。确定榆树市为健康城市建设省级试点。烧锅镇、万顺乡通过省级卫生乡镇的考核。做好国家卫生城复审工作，整改问题1350个。南关区对53个征收地块和17个棚户区地块进行综合治理，长春市通过国家卫生城复审。

【医药卫生体制改革】　市政府印发《长春市建立现代医院管理制度实施方案》，推进吉大一院、长春市中心医院等5家国家现代医院管理制度试点。二级以上公立医院完成章程制定。在市中医院、市中心医院、市儿童医院3家医院开展薪酬制度改革试点，明确试点医院的绩效工资总额和分配办法。实施市属医院支援基层医疗卫生机构特色专科建设项目，市儿童医院、吉林肝胆病医院帮助15个乡镇卫生院建立儿科和肝胆内科。专科技术联盟作用日益增强，上下转诊的机制日趋完善。制定《长春市关于促进“互联网+医疗健康”发展的实施意见》，全市二级以上医疗机构完成应用场景改造，实现电子健康卡应用。确定38家“智医助理”试点单位，推进医联体智能服务。二级以上医院全部实现预约诊疗、就诊提醒、检验检查结果查询、自助打印等医疗服务，开通线上支付等便捷服务。成立公立医院党建工作指导委员会，加强改进公立医院党组织建设。

【健康扶贫】　围绕大病救治和慢病管理制定《长春市健康扶贫三年攻坚行动实施方案》等6个政策性文件，确保健康扶贫责任落实到位。开展健康扶贫政策培训118次，培训13160人次。印制健康扶贫《政策手册》2.5万册，发放至各级包保人员、村干部、第一书记和驻村队员，为贫困户印制张贴“一人一策”宣传画2.7万张。围绕健康扶贫大病救治、慢病管理、“先诊疗后付费”、家庭医生签约等问题进行整改，国家和省反馈问题全部整改到位。在全系统开展健康扶贫“排查见底、整改清零、巩固提升”三联动工作。成立23个包保组，县乡村家庭医生团队666个，9000多人次走村入户巡回走访，对所有建档立卡贫困户及人口进行12次随访，随访55万人次，发现问题立查立改。开展万名医生巡回诊疗，组织25个巡回医疗队，医务人员3400余人次，诊治15300余人次。先诊疗后付费救治贫困住院患者2232人次，重病兜底169人，慢病管理21600人，各类疾病救治管理率100%。全市建档立卡贫困人口签约率100%，“一人一策”完成比例100%。

【医疗管理】 组织专家对临床检验、病案、医院感染、急诊等进行15轮专项督导检查，对19家二级以上公立医院开展医疗质量监管评价检查，对相关医疗机构负责人进行约谈，下发整改意见书。取消不符合条件的4家医疗机构妇科内镜诊疗技术资质。依托14个质控中心开展相关法律、法规、标准及诊疗规范的培训，组织各类培训20余次，培训2000人次，开展督导检查20余次。5家县级中心医院制定医疗服务能力提升计划。德惠市医院被国家卫健委授予“示范卒中防治中心”，九台区医院通过国家胸痛中心认证。市级医院向基层医疗机构派出专家662人次，出诊889人次，授课98次，开展新技术新项目22项，7个专科。加强信息化建设，制作全市卫生地图，优化就诊流程。三级公立医院全部实现分时段诊疗和集中预约检验，预约挂号系统全部接入“吉林全民健康信息服务平台”，预约时段精确到30分钟。长春市妇产医院在第七届全国医院品管圈大赛中获一等奖。提升中医药服务水平，投入150万元建设双阳、农安中医药特色老年健康中心。在朝阳、南关、榆树、双阳4家社区卫生服务中心建设中医馆，中医馆总数203家。在市中医院建设省级煎药培训基地，3家医院升级为省级标准化煎药室。举办长春市基层医疗机构中医药科技成果转化培训班，组织“中药质量提升宣传周”“中医中药中国行”等大型活动。

【医疗乱象整治】 开展打击医托、医闹、号贩子、非法行医和黑救护等乱象行动。向有关部门报送“黑救护”线索70条，长期闹访、医闹线索24条。检查医疗机构1526家，约谈180人次，立案58件，罚款金额150.23万，处罚医务人员5名，吊销3家医院《医疗机构执业许可证》。开展“乱收费、收红包、索回扣”三项整治行动，将满意度调查结果纳入《长春市医疗质量监管评价指标体系》，与职工经济利益挂钩。对所有临床药品用量进行动态监测，成立处方审查委员会，实行药品经销企业“黑名单”制度，函询1件，约谈3人，提醒谈话1人、初核3件、立案2件，党内警告2人。落实医疗卫生行业综合监管制度，市政府印发《长春市关于改革完善医疗卫生行业综合监管制度的实施方案》，建立21个部门参与的医疗卫生行业综合监管联席会议制度，对医疗卫生行业进行全方位监管。

【基层卫生】 加强基层基础设施建设。实施乡镇卫生院能力提升项目，对101家乡镇卫生院进行设备更新。争取省级资金1340万元用于27家乡镇卫生院改造。投入经费168万元在84家社区卫生服务中心设置自助体检屋，为居民提供免费服务。长春新区中日联谊医院北湖院区、硅谷第一社区卫生服务中心等医疗机构投入使用，增加床位500张。经开区增加4家社区卫生服务机构。莲花山区投入243万元购置医疗设备。制定《长春市开展“优质服务基层行”活动实施方案》，开展基层医疗机构自评自建、提升整改工作。向国家推荐重点建设朝阳区前进社区卫生服务中心等3家基层医疗卫生机构。宽城区实施乡村一体化管理，提升村卫生室服务能力。对6类1036名基层医务人员进行系统培训。推进住院医师规范化培训，组织全科医生转岗考试、社区技能和临床技能考核。免费培养院校农村订单定向医学生130人。为村卫生室退岗乡村医生每月发放养老补助300元。落实国家基本公共卫生服务经费2644万元，对15个县区进行基本公共卫生服务全面考核，结果进行通报，拨付“以奖代补”资金688.6万元。在8个县区召开基本公共卫生服务推进会议，对存在的问题逐项指导，按条整改。

【公共卫生】 完成中盖结核病项目三期试点工作，国家项目办在考核中对长春市取得的显著成效给予肯定。在中盖项目10周年工作研讨会上，国家推广了长春市工作经验。率先启动国家消除丙型肝炎危害行动试点，对全国消除丙型肝炎危害行动起到示范和带头作用。推进国家社会心理服务体系建设试点工作，严重精神障碍患者规范管理率84.59%，服药率78.86%，工作成果得到国家督导组高度评价。加强传染病防治，建立长吉一体化传染病防控工作机制，促进重点传染病群防群控局面形成。市政府印发《长春市加强传染病防治人员安全防护工作实施方案》，对传染病政策落实、体系建设和防护工作进行规范。做好流感、出血热、手足口病等重点传染病防控，落实综合性防制措施，传染病总体发病率比2018年下降4.81%。规范免疫规划，理清系统内部相关责任，完成全市预防接种门诊分级分类。实施地方病防治专项攻坚行动，实现监测全覆盖。推进榆树等5县市省级慢性病综合防控示范区复审工作。加强职业病防治，开展尘肺病防治攻坚行动，加强重点职业病监测与职业病危害因素监测、报告和管理体系建设，监督检查医疗放射机构等4类机构87家，下达卫生监督意见书。及时处理万达广场爆炸事件和绿园区杨家小区煤气爆炸事故。完成2019年春晚长春分会场等医疗保障40多次。全血采集量40.3吨，比2018年增长18.3%；血小板19158单位，增长8.1%。献血总人次125232人次，增长12.6%。

【健康服务】 开展“母婴安全质量提升年活动”，孕产妇死亡率、婴儿死亡率均低于省指标。设立“长春市危重孕产妇救治技能培训基地”，对206名基层产科医师进行培训。取消3家助产机构执业资格。危重孕产妇和新生儿救治中心实现全覆盖。启用新版出生医学证明和母子健康手册，实施“提示卡”制度，做到孕产妇不漏管。孕前优生筛查完成率92.4%。增补叶酸项目完成率104.19%。全市孕产妇系统管理率、产妇早孕建册率、产后访视率、7岁以下儿童健康管理率等指标均提前达到国家、省“两纲”指标要求。乙肝阻断成功率99.8%。建立全市城镇奖励数据库，计划生育奖扶、特扶对象资格确认准确率、资金发放率100%。制定《关于开展关爱女孩行动综合治理出生人口性别比实施细则》，起草《推进3岁以下婴幼儿照护服务发展的实施意见》，规范托育服务。汽开区在8个大型公共场所建设母婴室。组织以“孝老爱亲、向上向善”为主题的“敬老月”活动，开展走访慰问、主题征文、送欢乐进机构文艺演出、老年健康跑、大型义诊等活动。推动医养结合和安宁疗护工作发展，21家二级以上综合医院设立老年病科，34家医养结合机构完成登记备案。长春市在全国安宁疗护工作推进会上介绍经验。编印《安宁疗护工作规范》《操作指南》，省肝胆病医院和二道区安宁疗护工作被《人民日报》刊载。组织“懂健康知识、做健康老人”宣传周活动，在9个社区开展国家老年人心理关爱项目试点。

（姜德强）

体　育

【举办马拉松赛】 5月26日，长春市举办第三届国际马拉松赛事。来自25个国家和地区，以及全国各省、自治区、直辖市的272个城市的3万名选手报名参赛，10个小时内名额全部报满。这次把马拉松赛冠名权免费留给一汽，实现“体育+旅游”“体育+文化”“体育+外事”融合。有近万名外地选手及其亲友共同来到长春，成为长春经济发展新元素。中央广播电视总台体育赛事频道（CCTV5+）、吉林广播电视台、长春广播电视台对赛事进行直播；《人民日报》、新华社、中央广播电视总台（CCTV5、CCTV5+）、人民网、新华每日电讯、央视网以及本地媒体共发布信息、稿件超过2000条（篇），浏览量超过3000万人次；长春城市形象宣传片在纽约时报广场“中国屏”播放，开创借助马拉松赛事在境外主流媒体宣传承办城市的先例。

5月26日，长春国际马拉松比赛举行发枪仪式　（柏淑芬　提供）

【全民健身】 提升城区“十分钟体育健身圈”，全市有健身步道1286套，比2018年增加240套；学校体育场馆面向社会开放数量有大幅提升。开展“全民冰雪季”“全民健身百日行”“全民健身日”、庆祝建国70周年全民健身系列活动等活动1000余项次，直接受益群众100万人次。健全市、县（市）区、街道乡镇、社区村屯4级全民健身组织网络，全市单项体育协会发展到435个（市级55个，区级380个）、全民健身站（点）2900个，其中晨晚练站点增加123个。社会体育指导员19611人。其中，国家级396人，一级2335人，二级11852人，三级5028人。

【体育公益培训】 整合冰雪资源，利用雪场和自然湖面，将冬令营项目调整为冰雪运动项目（越野滑雪、高山滑雪、速度滑冰、冰球、雪地球、雪合战、冰上龙舟7个冰雪项目），在净月潭滑雪场、庙香山滑雪场、南湖公园、南溪湿地公园等场地举办，投入60万元，开设126个班级，为学员免费提供专业冰雪运动器材和教练专业指导，在青少年中推广冰雪体育项目，近5万名青少年受益。夏令营公益培训包括软式棒垒球、攀岩、体育中考等19个项目，投入50万元，开设125个班级，近3万名青少年受益。按照不低于全市人口2‰的比例，开展市民体质监测服务，编写《2019年长春市民体质状况报告》。长春市成年人体质状况合格率92.47%，比2018年提高0.12个百分点。运用互联网等新技术，促进体育场馆活动预订、赛事信息发布等功能整合，方便健身群众。长春市代表国家出征世界杯跳绳大赛，获8金5银3铜，1人打破世界纪录；代表吉林省参加全国社会体育指导员交流展示大会，被国家体育总局社体中心、中国社会体育指导员协会评为“全国一等奖”“优秀组织奖”；在2019全国老年人气排球（男子组）交流活动中，被中国老年人体育协会评为“优胜奖”“体育道德风尚奖”；在吉林省体育工作会议上，长春市体育局被授予“全省群众体育先进单位”。

【竞技体育】 长春市运动员参加年度国际和全国比赛74项次，获世界系列比赛冠军6个，全国冠军53个；38名运动员入选国家队（集训队、青年队），为备战2020年东京奥运会、2022北京冬奥会提供人才支持。1月28日，长春市冬季2项运动员孟繁棋在斯洛伐克举办的世界冬季两项青年锦标赛中，获青年组女子12.5千米个人项目桂冠，是中国运动员首次站上世青赛青年组的冠军领奖台。2月24日，在国际雪联单板滑雪平行项目世界杯北京云顶站比赛中，长春市运动员张宣以0.07秒的微弱差距获平行回转项目世界杯第4名，创造中国男子运动员该项目国际比赛历史最好成绩。6月16日，18岁的长春市射箭运动员魏绍轩在2019年射箭世界锦标赛上，与队友合作，获男子团体反曲弓项目冠军，这是中国队在该项目的历史首枚金牌。12月8日，在2019-2020国际滑联短道速滑世界杯上海站男子1000米决赛中，长春培养输送的运动员韩天宇以1分28秒351的成绩夺冠。12月21日、22日，2019-2020国际雪联自由式滑雪空中技巧世界杯（第一站、第二站）长春站男子个人决赛中，长春市名将齐广璞分别以130.77、128.05的成绩为中国队夺得两枚金牌。第二届全国青年运动会长春市选派40支队伍、453名运动员参赛，获金牌35枚，157人次进入前8名，有93名运动员、23名教练员受到吉林省政府表彰。全年长春市开展竞技体育项目27个，其中冬季项目9个、夏季项目18个，各县（市）区体校、项目基地校、俱乐部、学校运动员在全省注册5161人，在训运动员超过1万人，为备战十九届省运会储备人才。为3家直属训练单位、11个县（市）区体校、3个项目基地学校重竞技、两射、冰雪项目的1300余名运动员进行选材测试和大纲考核。组织全市各级各类体校教练员参加省、国家级培训65人次。

1月29日，玩冰踏雪健康吉林吉林省大众冰雪体验赛　（柏淑芬　提供）

【体育赛事】　长春市承办国际国内高水平体育赛事70多场次（国际体育赛事7场次），项目涵盖滑冰、滑雪、马拉松、汽车、篮球、足球等。其中，举办2次全国汽车短道挑战赛，来自全国20余家车队俱乐部的300余名专业赛车手参赛。在国家体育总局的支持下，ITF国际元老网球巡回赛落户长春。全年长春市举办青少年各级各类体育赛事200余项次，体育后备人才基础得到增强。2019年，长春市被中国登山协会评为“2019全国攀冰锦标赛精品赛事奖”；被中国马术协会评为“2019全国马术场地障碍冠军赛优秀赛事奖”；被中国滑雪协会评为“2019长春瓦萨国际滑雪节国际雪联长距离越野滑雪积分赛最佳组织奖”；国家体育总局冬季运动管理中心专门发函，对长春市体育局在2018/2019国际雪联自由式滑雪空中技巧世界杯和全国第二届青年运动会空中技巧比赛中做出的突出贡献表示感谢。全国汽车短道挑战赛CCTV1综合频道、CCTV5体育频道、CCTV13新闻频道等媒体均对赛事进行报道。

【场馆建设】　完成五环体育馆、全民健身中心游泳馆的改造工作，局属各类场馆全部实现安全达标、品质提升、功能完善的目标。对净月潭、莲花山、庙香山3家高危险性体育项目场所进行检查，确保安全运营。对游泳场所开展“双随机、一公开”监督检查，通过综合监管平台对检查结果进行公示。开展高危险性体育项目许可工作，为天定山滑雪场、净月潭滑雪场、东华传媒有限公司等企业办理从事高危险性体育经营项目许可证。截至12月20日，全市体育彩票销售完成13.38亿元。4月11日，中共中央政治局委员、国务院副总理孙春兰到长春市调研，对长春市全民健身工程、青少年体育公益培训、体育场馆对外开放、体育产业及体育后备人才培养等工作给予高度评价。

（柏淑芬）

社会生活

城镇居民收支

【概况】 2019年，长春市城镇常住居民人均可支配收入37844元，比2018年增长7.0%；人均消费支出31507元，增长8.3%。

【城镇居民收入稳步增长】 长春市城镇常住居民人均可支配收入37844元，比2018年增长7.0%。长春市城镇常住居民人均工资性收入25266元，增长8.0%，占城镇居民人均可支配收入比重为66.8%，拉动可支配收入增长5.3个百分点，为可支配收入增长的主要支撑。长春市城镇常住居民人均经营净收入1802元，下降1.3%，占城镇居民人均可支配收入比重为4.8%，拉动可支配收入下降0.07个百分点。第三产业经营收入1776元，增长8.3%，占经营净收入的98.6%，提高8.7个百分点。长春市城镇居民人均财产净收入2773元，增长5.9%，占城镇居民人均可支配收入比重为7.3%，拉动可支配收入增长0.4个百分点。长春市城镇常住居民人均转移净收入8003元，增长6.5%，占城镇居民人均可支配收入比重为21.1%，拉动可支配收入增长1.4个百分点。

【城镇居民生活消费支出】 2019年，长春市城镇常住居民人均消费支出31507元，比2018年增长8.3%。长春市城镇常住居民生活消费八项支出呈现六升二降。其中，其他用品和服务支出1257.4元，增长23.7%，增幅居八项生活消费支出首位；交通通信和教育文化娱乐支出分别为4734元和4502元，增长21.7%和15.4%，增幅分列二、三位。居住支出6805元，增长9.0%；衣着支出2416元，增长3.1%；食品烟酒支出6831元，增长2.4%。此三类消费增长稳定，增幅分别位列四至六位。医疗保健支出3141元，下降0.4%；生活用品及服务支出1819元，下降3.4%。

长春市城镇常住居民衣食住行四大类生存性消费占消费支出比重呈现三降一升，其中，人均食品烟酒消费支出比重为21.7%，比2018年下降0.33个百分点；衣着消费支出比重为7.7%，下降0.25个百分点；居住消费支出比重为21.6%，下降0.21个百分点；交通通信支出比重为15%，提升1.13个百分点。人均教育文化娱乐支出比重为14.3%，提升1.02个百分点；医疗保健支出比重为10%，下降1.12个百分点；生活用品及服务支出比重为5.8%，下降0.62个百分点；其他用品及服务支出比重为4%，提升0.48个百分点。

（赵　伟）

民族工作

【概况】 2019年，长春市有51个少数民族，339374人。少数民族流动人口235850人。有满族、回族、朝鲜族、蒙古族、锡伯族5个世居少数民族，其中，满族205237人，朝鲜族55613人，回族50793人，蒙古族20201人，锡伯族1543人。有榆树市延和朝鲜族乡，九台区莽卡满族乡、胡家回族乡、双阳区双营子回族乡4个民族乡。43个少数民族聚居村。有长春市朝鲜族老年协会等6个市级少数民族社团；有皓月集团、老韩头、紫玉木兰等5户少数民族特需商品定点生产企业；市级朝鲜族群众艺术馆1所；民族中小学12所，乡级少数民族文化站4所；民族医院1所，民族乡医院4所。

【民族团结创建活动】 启动民族团结进步宣传月，利用广场大屏幕、广播和手机短信、微博等新型媒体进行民族团结进步宣传。开展“团结互助、携手共进”创建活动，举办“民族团结杯”故事分享会、摄影美术展和长春市少数民族庆祝新中国成立70周年文艺演出。榆树市延和朝鲜族乡结合“9·3”乡庆，举办庆祝新中国成立70周年大型文体活动；农安县以深化民族团结进步教育为主题开展户外宣传；各地开展宣讲活动，进行民族团结进步宣传，推动民族团结创建活动人文化、实体化、大众化。

【流动人口服务管理】 举办第四期新疆籍务工经商人员国家通用语言文

化政策培训班，开展“看长春爱长春”主题教育活动，组织参观长影历史博物馆和长春市清真食品生产加工企业。建立嵌入式社会结构，增进民族情感。慰问回族小学流动少数民族贫困学生，在吉林财经大学举办慰问少数民族学生座谈会，高新区双德乡富康社区与驻企单位联合举办“社企联盟共驻共建民族团结和谐发展”座谈会，各民族群众与长春灯泡厂高新线束分厂的新疆籍实习生共同参加“同谱民族团结曲共唱和谐幸福歌”广场联欢活动。增设二道区东盛街道亚泰社区省级少数民族流动人口服务站，新疆工作组与社区进行工作对接，建立常态化联系；在亚泰桃花苑社区举办“共促民族大团结，中秋月圆一家亲”联欢会。

【民族文体活动】 参加全国第十一届少数民族传统体育运动会，《愉快的掷柶游戏》和《长白鼓韵》分获表演项目综合类一等奖和二等奖。开展慰问走访活动，举办少数民族社团文艺骨干培训班，指导锡伯族文化促进会举办“不忘初心，不负新时代”大型纪念活动，指导市满族文化促进会举办第26届颁金节庆祝活动，指导朝鲜族群众举办正月十五传统掷柶大赛。举办新年音乐会蒙古族马头琴专场演出，传承和弘扬民族文化。

【民族乡村经济发展】 参与省少数民族乡村特色村镇评选工作，榆树市延和朝鲜族乡延和村和九台区莽卡满族乡三道村被评为吉林省少数民族特色村镇。推进九台区胡家回族乡民族民俗展示馆建设。对接新增扶贫村双阳区齐家镇张家村；组织全体扶贫包保干部到黄金村上党课，与包保户对接，捐赠衣物。9月30日，《吉林日报》要闻版以“产业发展助力精准扶贫”为题刊登“第一书记代言产品”，并发布第一书记代言产品公众号。

【依法行政】 完成18项行政许可，梳理实施清单。民族成份更改审核接待政策咨询50余人次，反馈满意率98%以上，依法为20名群众办理变更民族成份的相关审批手续，协调解决3名少数民族群众在户口迁移中确认民族成份的难题。审核2018年度少数民族特需商品定点生产企业贷款贴息，指导县（市）区开展清真食品检查，到商超、农贸市场进行抽查；加强马拉松期间清真食品监督；利用“双随机一公开”检查平台，对全市5户清真食品企业和个体工商业户进行检查，并发放清真肉食补贴。

（潘　爽）

9月8日，中国第十一届少数民族传统体育运动会在郑州开幕　（潘　爽　提供）

宗教工作

【概况】 2019年，长春市有佛教、道教、伊斯兰教、天主教、基督教5种宗教。有市佛教协会、市伊斯兰教协会、市天主教爱国会、市天主教教务委员会、市基督教三自爱国运动委员会、市基督教协会6个宗教团体。宗教活动场所431处，宗教教职人员737人。其中，佛教活动场所37处，佛教教职人员356人；道教活动场所3处，道教教职人员31人；伊斯兰教活动场所23处，伊斯兰教教职人员21人；天主教活动场所10处，天主教教职人员19人；基督教活动场所358处，基督教教职人员310人。

【宗教法治化】 开展宗教领域专项整治，治理滥塑大型露天宗教造像，治理燃烧高香，治理擅自设立宗教活动场所，推进宗教工作法治化进程。

【宗教中国化】 开展“坚持我国宗教中国化方向，引导宗教与社会主义社会相适应”专项调研，指导伊斯兰教、佛道教以宗教“中国化”为主题加强宗教思想建设，指导市基督教“两会”开展“落实践行、讲好故事”为主题的践行社会主义核心价值观活动，推进国旗、宪法和法律法规、社会主义核心价值观、中华优秀传统文化进宗教活动场所的“四进”活动，完善朝阳区松辉路基督教堂文化书屋建设，推进经开区城东基督教堂中国化学习室建设，指导南关区西五马路基督教堂爱国主义基地升级改造。

【和谐寺观教堂创建】 举办宗教团体、宗教活动场所负责人和宗教工作干部培训。开展以“规范”为主题的和谐寺观教堂创建活动，通过应用实践启动、典型示范带动、法律法规推动，促进活动规范、管理规范，解决宗教活动场所管理中存在的问题，提升宗教事务管理的法制化、规范化、科学化水平。

【宗教场所安全隐患排查整治】 落实安全生产责任制，制定《长春市民族事务委员会（宗教事务局）生产安全事故综合应急预案（宗教活动场所）》《长春市民族事务委员会（宗教事务局）突发公共事件应急预案（宗教活动场所）》和《宗教活动场所生产安全指导手册》。聘请安全生产专家对全市宗教活动场所负责人、安全员进行消防安全培训，开展宗教活动场所火灾防控工作，指导宗教活动场所进行消防安全演练。开展宗教活动场所消防安全检查，会同市消防支队对30余个宗教活动场所100余个问题限时整改，重大节日和宗教节日开展宗教活动场所错进检查。

【新中国成立70周年庆祝活动】 指导宗教界举办“我和我的祖国”主题文艺活动，召开新中国成立70周年座谈会等。9月10日，市基督教两会举办“我和我的祖国心连心”大型文艺汇演，参演人员近300人，现场观众1000余人。9月19日，长春市伊斯兰教协会在长通路清真寺举办新中国成立70周年庆祝大会。9月23日，长春市佛教协会举办新中国成立70周年祈福法会。长春市天主教界在东四道街天主教堂召开喜迎新中国成立70周年座谈会暨升旗仪式，市天主教两会成员、各天主教活动场所负责人及信众代表30余人参加座谈。各地基督教团体以及部分宗教活动场所分别举办文艺活动60余场。

（潘　爽）

人力资源和社会保障

【创业就业】 举办2019中国长春创业就业博览会，提供就业岗位7642个，达成就业意向1877人次，创业项目意向对接1473人次。实施高校毕业生“留长工程”，组织1.6万余户企业，开展校园招聘会500余场。落实就业兜底帮扶政策，开展“春风行动”、就业援助月活动，重点群体就业保持稳定。发放创业担保贷款5亿元，帮助2773名创业者破解发展瓶颈。建设95个农民工返乡创业服务中心，新增4个省级农民工返乡创业基地，6239名农民工返乡创业。全年城镇新增就业9.75万人，完成年度指标108.3%。城镇登记失业率控制在4%以内。农村劳动力转移就业118万人，完成年度指标105.2%。吸引和留住高校毕业生8.1万人，完成年度目标106.6%。开发就业扶贫专岗460个，组织扶贫专场招聘会57场，建立扶贫车间5个，开展对口帮扶招聘会3场，培育贫困村返乡致富带头人260名，完成建档立卡贫困劳动力培训191人。

10月25日，2019中国长春创业就业博览会签约仪式　（程红兵　提供）

【民生保障】 实施阶段性降低工伤保险费率50%的政策，全年为企业减负2.22亿元；开展援企稳岗“护航行动”，2019年全市发放稳岗返还资金1.69亿元，涉及企业8114户，惠及职工49万人。将经营困难且恢复有望的企业纳入稳岗返还补贴范围，涉及企业122户，惠及职工6.82万人，补贴金额6.19亿元。连续15年调整企业退休人员基本养老金待遇水平，每人每月平均涨幅135.88元，月平均养老金2718.18元，比2018年提高5.84%。工伤保险待遇实现七连调，增幅在4%以上。“暖流计划”惠及城乡居民1002万人次，实现增收53.71亿元，人均增收536元，比2018年度分别增长3.72%、6.08%和2.29%。社会保障卡发行量709万张。

【人力资源开发】 “高端人才年度奖励”和“人才住房保障支持”2个项目，市本级兑现奖励资金近7600万元。推进“强师强医计划”，面向吉林大学、东北师范大学开展“采兰计划暨强师强医”系列专场招聘活动，成功签约168人，意向签约218人。开展市场化引才，产业园51户入驻企业为本土企业引才3500余人。加强技能人才建设，评审长春技能大奖7人，长春技术能手10人。启动公立医院薪酬制度改革。解决外县（市）区中小学教师职称评聘历史遗留问题，10404名教师通过职称评审取得中级及以上职称资格。开展市政府部门绩效考评和全市表彰奖励工作，审核通过“高端人才年度奖励项目”材料4100份，增长117.5%；审核通过“人才住房保障支持项目”材料3275份，增长90.8%；441人入驻长春市人才公寓，累计入住978人；新成长技师1021人，增长98.6%；高级技师507人，增长174%。年内新增人力资源服务机构53家，全市总量186家。举办中国长春人力资源服务业创新发展大会暨“才聚春城”高峰论坛，搭建“长春招才引智工作站”和“人才市场化配置服务平台”，孵化“北方人力资源投资集团（长春）有限公司”。产业园入驻企业51户，全年为长春市引进各类人才1200余人。出台《长春市职

11月15日，在中国长春人力资源服务业创新发展大会暨“才聚春城”高峰论坛上，举行2019年度中国长春人力资源服务产业园优秀企业颁奖仪式

（长春日报社　提供）

业技能提升行动实施方案（2019—2021年）》，开展民办培训机构（中心）清理整治行动，推广职业培训管理系统，完成补贴性培训6.2万余人次，新增高技能人才3790人，技工院校招生比2018年增长19%。

【构建和谐劳动关系】　落实农民工实名制管理和农民工工资“精准支付”行动。2019年全市农民工欠薪案件立案数量、涉及农民工人数、涉及拖欠金额三项指标比2018年分别下降18.99%、23.85%和11.02%，连续4年呈大幅下降趋势。推进构建和谐劳动关系综合试验区建设。全市15个县（市）区、开发区与省人社劳动用工备案系统实现互联互通。推进国有企业工资决定机制改革、国有企业负责人薪酬制度改革。依法接待、处理仲裁案件11442件，结案率、调解成功率持续提升。信访案件办结率100%。

【行风建设】　在全市率先出台《规范性文件管理制度》。推进“互联网+人社”建设，“一网一门一次”和“最多只跑一次”事项154项，落实率100%。为群众解决涉及“证明材料多、排队时间久、办结时限长”等6大类13个具体问题，将12333咨询台人工坐席从6个增加到30个。

【劳动保障监察】　在全国率先推出劳动保障监察“首违警示”等4项制度，经验做法登上人民网、新华信用头条等主流媒体。正式上线长春市建设领域农民工工资支付“e网”监管平台。“e网”监管平台案例作为长春市政府唯一优秀案例，获评“新华信用杯”全国优秀信用案例。

（程红兵）

民政工作

【社会救助】　全市保障城乡低保对象9.6万户、14.8万人，全年支出低保资金7.4亿元。启动社会救助标准与物价上涨挂钩联动机制，提高双阳、九台区及三县（市）城乡低保标准，按每人每月25元标准发放价格临时补贴3900万元。提升2.35万名城乡特困人员救助供养标准，超过2018年度低保标准的1.3倍，全年发放基本生活补助1.63亿元。下放临时救助审批权限到乡镇（街道），建立乡级临时救助备用金制度，支出资金2973万元，解决3万人次困难群众临时性、突发性困难。解决5654名农村留守儿童无人监护、无户籍、失学辍学等问题。开展“寒冬送温暖”、火车站前乱象综合整治百日行动，全年救助流浪乞讨人员4556人。开展“幸福长春圆梦助学”活动，资助3825名低保、低保边缘家庭的中、高考学生，发放助学金1386.2万元。为27210名困难残疾人和46880名重度残疾人发放生活补贴和护理补贴8411万元。

【养老服务】　落实《关于全面放开养老服务市场提升养老服务质量的实施意见》，规范养老补贴发放。养老综合PPP示范项目第二福利院新建项目主体完工。全市养老机构398家，养老床位43029张。出台《关于清理新建住宅小区配建社区居家养老服务用房专项行动方案》，新建城市居住（小）区配建居家养老服务用房实现四个同步。创新安全监管风险专业评估模式，开展民政服务机构安全隐患专项治理，对80家民政服务机构进行安全风险评估，排查民政服务机构375家，培训从业人员2000余人次。投入1400余万元为6600余名符合条件的60周岁以上特困、失独等10类老人按每人每月200元标准购买居家养老服务。推进全国居家和社区养老服务改革试点，新建社区居家养老服务中心15个，全市共87个。在全省率先建立养老管理服务中心。开展全市“两访、三查、四助”农村居家养老邻里志愿服务，填补长春市农村困难老人定期探查巡访制度空白。

【殡葬管理】　推进全国殡葬综合改革试点，实行全体居民基本殡葬全免费，为19378名群众减免费用1864万元。在春节、清明节、中元节等重要节点集中开展文明祭祀及“禁烧”工作，开展第10届公益海葬和第7届清明文化周系列活动，引导广大市民移风易俗。承接龙峰殡仪馆停运后殡仪服务功能。印发《长春市殡葬领域突出问题专项整治方案》，全市清理散埋乱葬坟头44万余座，推进殡葬领域突出问题专项整治工作。

4月3日，吉林公安英烈广场、见义勇为纪念广场举行祭奠英烈活动

（长春日报社　提供）

【婚姻登记管理】　规范婚姻登记管理，更新全国婚姻登记信息管理系统，推进纸质婚姻登记历史数据补录，全市办理结婚登记6.5万对，离婚登记3.8万对，登记合格率100%。

【基层政权和社区治理】　民主评议全市村民委员会及其成员，规范全市村务监督委员会运行机制，修订全市所有村、社区的村规民约和居民公约。开展有前科劣迹村“两委”成员清理和补选工作，补齐全市741个村空缺的1144个岗位。全国首家独立开办的社区干部学院——吉林长春社区干部学院正式开班。评选出南关区龙兴社区等10个优秀社区工作法。启动全市社区干部“千人培训计划”，分两年对全市3000名社区干部进行全员轮训。提高全市3773名民选身份社区“两委”成员生活补贴标准每月300元。全市社区社会组织2772家。开展首届“福彩杯”公益创投，19个项目落地实施。召开社会组织助力脱贫攻坚项目对接大会，建立长春市第一支社会组织扶贫公募基金，100余家社会组织参与扶贫，惠及困难群众10000余人。开展社会组织清理整顿专项行动，共整改、注销和撤销登记200余家长期不年检、不活动的社会组织。建立健全社工人才职业水平评价、注册登记等制度，开展社工人才继续教育和专业培训，全市城区社工站425家，持证社会工作专业人才4139人。建立乡镇（街道）行政区划调整联审机制，推进公主岭市行政区划调整工作。转化第二次全国地名普查成果，全年新命名街路113条。

（李祥珍）

9月9日，长春市开展社区工作者“千人培训计划”培训班　（李祥珍　提供）

社会保险

【概况】　2019年，全市养老保险参保453.7万人，其中，城镇企业职工养老保险参保234万人，城乡居民养老保险参保195.7万人，机关事业单位养老保险参保24万人；失业保险参保105万人。全市“两金”（养老金和失业金）征缴191.1亿元，其中，城镇职工基本养老保险基金征缴183.9亿元，失业保险基金征缴7.2亿元。

【民生保障】　2019年，完成城镇职工基本养老保险养老金第15次提标工作，惠及全市66.9万企业退休人员，提标后市本级月人均养老金2718.2元，比2018年增长5.36%。全年发放“两金”224亿元，其中，为全市68万企业退休人员发放养老金210.7亿元，为84万享受待遇的城乡居民发放养老金11.2亿元，为1.7万名失业人员发放失业金2.16亿元。从2019年5月1日起，将参保单位的单位缴费比例由20%降低至16%。将缴费基数参数由长春市在岗职工平均工资调整为吉林省全口径城镇单位就业人员平均工资，缴费基数下调超过23.6%。统一调整个体工商户和灵活就业人员缴费基数，缴费档次调整为14个。全年落实降费减负政策减少企业和个人缴费28.7亿元。对符合条件的企业实施稳岗返还政策，年内为8330户企业发放稳岗返还2.38亿元。为2846名符合条件人员发放

11月29日，吉视传媒长春分公司与长春市社保局战略合作签约仪式

（张佳鑫　提供）

技能补贴455万元。为2.6万名建档立卡贫困人员代缴城乡居保费260万元。

【数字社保建设】　出台《数字社保建设2019-2021年总体规划》《2019年数字社保建设工作方案》，明确数字社保建设总的指导思想、基本原则、目标任务和总体框架。2019年6月，社会保险综合服务平台上线；9月，通过国家相关部门和专家的验收评估；10月，启用社保个人业务微信小程序，90%的个人业务可以网上办、掌上办。2019年9月，启动与吉视传媒合作的“社保服务进万家”项目，我国首批电视端社会保险信息化平台上线，长春市社保业务实现包括官方网站、网上公共服务平台、微信公众号、手机APP、有限电视等多种媒体形式的“24小时”在线服务，为全市450余万参保人员提供“足不出户查社保”的服务。

（张佳鑫）

老龄工作

【宣传教育】　开展人口老龄化国情教育。10月，开展人口老龄化国情教育进医养机构5场次，进社区5场次。11月28日，邀请东北师范大学、博士生导师赵继伦教授为各县（市）区卫健局、全市社区卫生服务中心120余名分管局长、主任及业务骨干做《中国老龄社会的困境及对策思考》专题讲座。全面开展“敬老月”活动。9月30日，举办“孝老爱亲，向上向善”2019年全市“敬老月”启动仪式。开展以“温暖重阳”为主题的走访慰问活动，副省长安立佳一行走访慰问亲亲园养老中心及百岁老人、特困老人；慰问常青藤养护中心等6家民办医养机构和12名高龄、困难老年人，送去慰问金3万元；走访离退休干部、空巢、失独老人、建档立卡贫困户440余户，发放纪念章、生日卡等物资及慰问金11万元。开展以“我和我的祖国”为主题的征文活动，征集作品100余篇。开展以“礼赞国庆、温暖重阳”为主题的送欢乐进养老机构活动。委托吉林伯桓戏曲文化传媒有限公司、长春市元明影音有限公司编排戏曲、歌舞、小品、相声等节目40余个，为10家医养结合机构和5家养老机构送去文艺节目。开展以“迎国庆、送健康”为主题的公益志愿活动。组织长春市中心医院、长春市中医院义诊服务队，在5大主城区各选取1个社区作为义诊服务点，向老年人和社区居民宣传老年健康知识，提供测量血压、血糖、健康指导等公益服务。“敬老月”期间，全市组织文艺演出、书画摄影展、联谊赛等各类文化体育活动34场，直接参与活动的老年人3000余人。

【权益保障】　开展消费维权宣传教育活动，通过发放宣传单、消费维权知识读本、现场答疑和讲座等形式向老年人宣传法律知识、维权知识。全年向老年人免费发放防诈骗手册2万余份。完成人大代表建议、政协提案答复工作。对市人大代表建议《关于提倡进一步丰富老年人文化生活的建议（第31号）》和市政协委员提案《关于“创造大同社会，共建幸福长春”的建议（第136号）》进行答复，并征求代表意见，满意度100%。全年接待来访老年人10人，电话来访12人次，反馈12345市长公开电话10余份，答复率及满意度100%。

【优待政策】　完成全市2.6万“三无”“五保”“伤残”“失独”“优抚”等困难老年人意外伤害险政府统保工作，落实福彩资金36余万元。完成2019年度高龄津贴发放工作。截止2019年9月，为12000余名老年人，发放高龄津贴5300余万元。配合市交通局完成老年人“一卡通”换卡工作，完成办卡任务45.5万张。制定在长居住的外国老年人交通优待政策，并督导落实老年人乘坐轨道交通及郊线车等新增优待项目。

【老龄问题调研】　联合吉林大学哲学社会学院课题组，收集整理1.5万份调查问卷，调取12个政府部门相关数据，深度访谈15个社区，出版《长春市老年人口及老龄事业发展（2019）蓝皮书》，共35万字，实现自2017年开始的每两年一次的老龄信息发布工作。调研论文《长春市老年人口医疗保障事业发展》《长春市特殊老年群体关爱体系建设》分获长春市优秀调研成果评选二等奖和优秀奖。

【老年人健康服务体系】　开展“懂健康知识，做健康老人”老年健康宣传周活动，悬挂条幅、制作板报、墙报、海报近400条（块），发放宣传资料5万余份、组织眼科专家、检查查体义诊39次，健康讲座40余场，宣传活动覆盖人群10万余人，有2万余人关注老年健康周微信平台，文章转载量50%。下发《关于进一步加强我市老年人健康管理工作通知》，每季度调度一次信息监测工作。11月28日，邀请省级专家为全市社区卫生服务中心老年人管理骨干进行业务培训，指导老年人健康管理及监测数据上报工作。老年人就医优待。8月，下发《关于开展老年人就医“绿色通道”自查整改工作的通知》，组织市、区两级卫健部门对辖区内医疗机构老年人就医绿色通道进行抽查整改。选取9个行政社区作为国家级老年人心理关爱项目试点，开展老年人心理健康状态调查及干预，提升老年人心理健康水平，项目涉及老年人1.4万人，由长春市第六医院承接，实施方案及承接方案已完成。6月3日，长春市作为唯一的试点城市代表在全国安宁疗护工作推进会上作题为《强化顶层设计、激发创制活力，全力推进安宁疗护工作不断发展》的经验交流。出版《长春市安宁疗护工作规范》《操作指南》两本工具书，指导开展疗护的机构规范开展相关服务。参加国家“安宁疗护”牵手计划长春站启动仪式并发言。在全市培育35个活动家种子，在各领域、各层面宣讲安宁疗护理念。选送省肝胆病医院的何敏主任参加全国安宁疗护骨干培训班。《民生周刊》2019年第15期刊登《长春：安宁疗护单病种定额支付》。

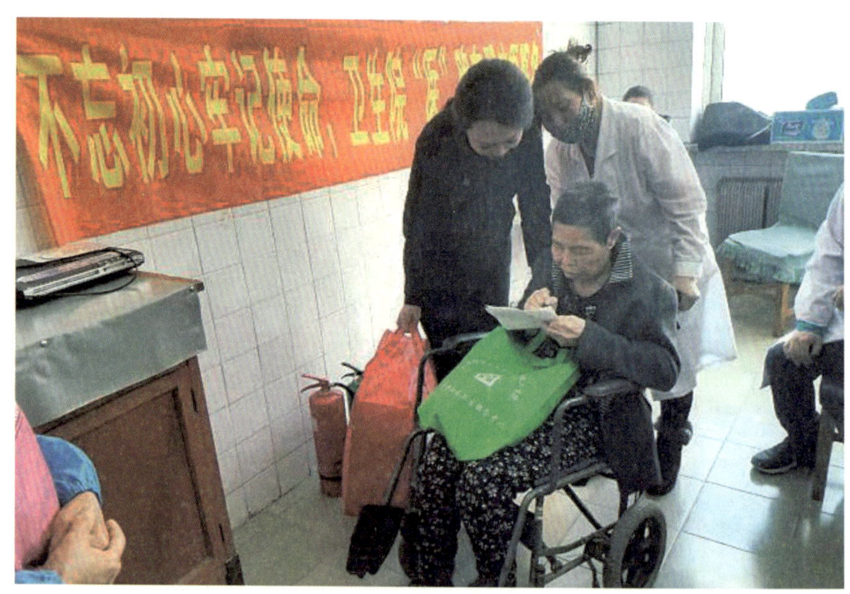

12月1日，兴隆山镇卫生院党支部组织“医”路有爱志愿服务队走进颐福安和夕阳红敬老院

（长春日报社　提供）

【医养结合】 作为国家级医养结合试点城市，全年报送各类汇报材料40余份。推动老年人“医、养、康、护”一条龙服务、一体化发展。8月，邀请市民政局、市医保局、省老年学学会、市卫健委基层卫生健康处组成联合调研组，对朝阳区泰康养老院、长发·颐天和红旗分公司等8家医养机构和养老机构进行调研，形成《关于加快推进我市医养结合工作的调研报告》。10月，分3个批次到青岛、重庆、长沙，杭州，沈阳实地考察14个单位，其中，医养结合机构8家、社区（乡镇）卫生服务中心6家，通过交流座谈、收集资料等方式，学习当地医养结合工作经验做法，形成《赴青岛、重庆、长沙、杭州、沈阳等5市学习考察医养结合工作调研报告》。全市有医养结合机构33家，医养结合床位1.4万余张，医护人员543人；安宁疗护定点机构26家，其中，22家医疗机构，3家医养结合机构，1家社区卫生服务中心，床位307张，医护人员409人。153家医疗机构与养老机构及居家社区服务中心签订合作协议。186所综合及专科医院开通老年人就医绿色通道，并建立志愿巡诊制度。组建家庭医生团队1252个，65岁及以上常住居民签约40.7万人。长期照护险定点机构53家。享受照护保险待遇11571人次，统筹基金支付2.2亿元。全市有29家医养机构取得省级长护险资格。5月，选送吉大一院、市二院和市中医院等4名医护骨干参加全国业务培训班。组织市本级及各县（市）区卫健及老龄系统工作人员40余人参加全省老龄工作培训会。11月28–29日，开展全市老龄健康综合业务培训班，对全市社区卫生服务中心负责老年人的家庭医生骨干100余人进行老年人护理需求评估标准培训，发放《长春市老龄健康工作文件汇编》《健康长春医养结合规范汇编》。全年设计调研方案8份，陪同调研机构6家。组织8名机构代表及社区骨干代表参加省级座谈，提交各类报告5份。完成选送3家医养结合机构参加国家级经验交流的材料组织上报工作。

（姜德强）

农安县

【概况】 农安县位于吉林省中部，松辽平原腹地，面积5400平方千米。下辖22个乡镇，377个行政村；4个街道，14个社区。2019年末，全县总人口1124626人，总户数384757户。其中，城镇人口214867人，农村人口909759人。农安县是全国产粮大县之一，全省人口超过百万的3个县之一。境内有大中型水库4座，波罗湖是国家级湿地自然保护区。油母页岩、陶土、天然气、二氧化碳等矿产资源储量丰富。全县地区生产总值251.4亿元；地方级财政收入8.1亿元；社会固定资产投资50.7亿元；社会消费品零售总额170亿元；工业供地量120公顷；工业用电量5.4亿千瓦时；城乡常住居民人均可支配收入分别为28521元和15082元。

【项目建设】 组建重大项目专班7个，确定62个专班项目，全年购买用地指标220公顷，整理土地增减挂钩指标95公顷、占补平衡指标2849公顷，统筹解决项目建设问题40个，引进内资79亿元。开复工5000万元以上项目73个，推进吉浙产业园等7个省“三早”项目，一汽大众整车试验场、富晟特必克汽车配件等项目建成投产，长沙远大住宅产业化项目实现当年签约、当年建设、当年投产。启动新安合作区建设，恒大文旅、远创装配式构件等一批项目签约落位。创新“零地”招商，模具产业园、南京惟思得客车等企业相继入驻，盘活僵尸企业20余户。

【农业建设】 全县粮食总产量40亿千克。完善新型农业经营体系，农民合作社发展到6500家，流转土地23.7万公顷，流转率63%。打造绿色有机农业示范园区15个，益农瓜菜专业种植合作社进入全国农村创业创新园区（基地）目录，市级以上农业产业化龙头企业51户，杭州“安厨”农业产业化服务中心启动建设。“安农赞”区域公用品牌注册推广，哈拉海6000公顷珠葱标准化生产基地通过国家验收，被评为全国首批绿色食品原料标准化生产基地。建设省级“一村一品”示范村镇3组，认证“三品一标”企业30户、农产品83个。成功防控非洲猪瘟等疫情，肉类总产量稳步回升。推进粮油绿色高产创建项目，落实“两区”划定面积34.8万公顷，新增高标准农田1.07万公顷。太平河综合治理工程主体完工，惠及沿线群众10万人。主要农作物综合机械化水平、农机总动力、拖拉机保有量等指标位列全省第一。粮食安全代表全省通过国家验收。

【工业发展】 新增规模以上工业企业15户，实现工业总产值131亿元。实施创新驱动发展战略，培育省市“小巨人”企业24户，认定国家高新技术企业11户，认定“专精特新”企业6户。缩短政府决策链和实施链，247名机关干部到215户企业问需问策，帮助解决实际问题159件，奥莱德光电、鼎恒建材发展势头良好，旺旺食品、隆源化肥生产能力稳步提升。

【文旅产业】 开展“国庆”系列文化活动。承办全国二青会拳击预选赛、中国长春汽车短道挑战赛、马文化旅游节等重大赛事，五台山遗址入选全国重点文物保护单位。打造各类休闲度假村、观光农业园30余处、农家乐300余处，省市级休闲农业、乡村旅游示范点和企业19家，辽金时代获评吉林省AAAAA级乡村旅游经营单位。

【提升审批效率】 深化“放管服”“最多跑一次”改革，企业开办审批时间压缩至外县市区最短。1390项业务全部入驻政务中心办理，“零跑动”事项211项，政府投资项目、社会投资项目审批服务分别控制在16个和15个工作日以内。

【脱贫攻坚】 开展脱贫“百日攻坚”，设立4级脱贫攻坚网格3806个，中央专项巡视反馈问题全部完成整改。67处安全饮水工程建成使用，完成938户贫困户危房改造。实施扶贫项目24个，修建贫困村道路25.76千米。新开发贫困户公益性岗位68个、“三无”贫困人口就业岗位131个。报销贫困患者就医费用298.4万元，6087户贫困户纳入五保、低保，实现252人脱贫、2个贫困村出列。

【城乡建设】 开展城市乱象集中整治，清理整顿10个行业领域乱象824处；建立健全市场准入、行业管理、重点监控等长效机制，杜绝房地产“未批先建”，同步推进无籍房产权办理。推进重大基础设施建设，完成“四好农村路”“畅返不畅”等7项工程建设，长安大道、西绕越线通车。新增便民停车场3处、停车位750个，路边停车位增加到1.2万个；新安装5处便民移动公厕，35户企事业单位自用厕所全部免费向市民开放。开展村庄清洁“夏秋战役”“抓九清”“治八乱”，统筹推进“生活垃圾治理、粪污治理、污水治理、村容村貌提升”等重点攻坚战役，2.2万户农村厕所改造梯次实施，生活垃圾焚烧发电项目启动建设，142个村级粪污收集中心建成使用。采用政府购买服务方式，382个村实现生活垃圾收集转运处理。推进粪污资源化利用，改建有机肥厂3户，规模养殖企业粪污设施配套率和资源利用率分别提高到86%和85%。国家卫生县城通过第2轮3年复审。

【社会事业】 开展民办园、校外培训机构专项整治“回头看”，严厉查处和打击在职教师校外办班。温馨村小创建被评为“贯彻习近平新时代中国特色社会主义思想、在改革发展中克难攻坚”创新案例。县医院与吉大二院开通“5G”远程会诊，被确定为全国现代医院管理制度试点，128个村卫生室实现新农合网上报销。新建村文化小广场59个，新增健身路径78套。落实就业优惠政策，新增城镇就业4333人，省级高质量就业示范村14个。转移农村劳动力30.2万人次，实现劳务收入54亿元。社会救助、抚恤和补助资金及时足额发放，养老机构发展到58家。

【生态治理】 全年投入环保资金1.82亿元，整改完成中央和省反馈环保问题31项。实施45项劣五类水体治理工程建设，竣工率98%，7个乡镇污水处理厂投入使用，海格、合隆和烧锅污水处理厂实现稳定达标排放。开展河湖“四乱”治理攻坚战，105个问题全部完成整改销号，伊通河、饮马河农安段水质得到改善。实施燃煤锅炉、城市扬尘、秸秆禁烧综合整治，推广保护性耕作技术10.7万公顷，秸秆综合利用率90%以上。依法查处违建别墅2处，161个大棚房问题全部完成整改。完成造林绿化1267公顷。向波罗湖生态补水6500万立方米，周边生态环境基本恢复到上世纪70年代初水平，《醉美波罗湖》专题片在“锦绣吉林”评选中获奖。

【省市扶持】 争取安全饮水、技术改造、保护性耕作项目资金8885万元、5000万元和4860万元，均居全省县域第一；争取现代农业发展资金3.9亿元，实现历史性突破，为高标准农田、高效特色农业、产业强镇、第一二三产业融合等项目提供资金保障。挖掘资源潜力，挂牌出让土地227.4公顷，获出让金16.2亿元、政府收益3.18亿元。全县120余项发展成果在省级以上媒体报道。

【举办中国长春短道汽车挑战赛】 9月21日至22日，2019“体彩杯”中国长春短道汽车挑战赛在烧锅镇新城村的长春德丰运动赛车场举行。本次比赛由长春市体育局、农安县政府主办，长春市体育彩票管理中心、农安县文化广播电视和旅游局、农安县烧锅镇政府、长春德丰汽车运动发展有限公司共同承办。来自全国各地60名赛车手同台竞技。比赛场地赛道为1.6千米沙石路面的路质，赛道是根据最新国际国内汽车超级短道比赛形式设计的，设计有主赛道和战术赛道，给车手和观众们带来全新赛车体验。

（赵立国）

2019年农安县经济和社会发展主要指标完成情况统计表

指标名称	单位	总量	比2018年±%
地区生产总值	亿元	251.4	-1.3
第一产业增加值	亿元	105.6	2.4
第二产业增加值	亿元	32.9	-7.3
第三产业增加值	亿元	112.8	-2.7
规模以上工业总产值	亿元	132.2	-21
地方级财政收入	亿元	8.1	-7.6
建筑业总产值	亿元	11.1	26.2
社会固定资产投资	亿元	50.7	-17.6
全口径社会消费品零售总额	亿元	170.4	3.0

榆树市

【概况】 榆树市位于吉林省中北部，地处松辽平原腹地，在世界黄金玉米带上，是长春、吉林、哈尔滨三市构成的三角区中心。面积4712.49平方千米。全市总耕地面积390970公顷。域内有松花江、卡岔河、拉林河3大水系，无崇山峻岭。辖9个乡、15个镇、4个街道，388个村、12个城市社区。有省级经济开发区、工业集中区各1个；长春五棵树经济开发区、吉林省榆树环城工业集中区。全市总户数433456户，总人口1223511人，其中农业人口1009254人。有满族、朝鲜族、回族、蒙古族、黎族、苗族、土家族、彝族、壮族、达斡尔族、锡伯族、布依族、瑶族、侗族、傈僳族、佤族、藏族、傣族、鄂温克族、哈尼族、羌族、哈萨克族、仡佬族、白族、景颇族、拉祜族、怒族、维吾尔族等28个少数民族。少数民族人口21275人，占总人口的1.73%。国内生产总值2216315万元，比2018年增长-3.7%；本级财政收入6.3亿元；下降6%。

【农业】 粮食播种面积约38.7万公顷。其中，水稻7.3万公顷；玉米29.1万公顷；大豆1万公顷；其他杂粮1.3万公顷。粮食总产量404.4万吨。其中，玉米323.3万吨；稻谷72.8万吨；大豆3万吨；其他5.3万吨。投资1.92亿元规划建设高标准农田9800公顷，投资4.65亿元的拉林河治理工程正式启动。实施保护性耕作8.47万公顷，深松深翻2.4万公顷。新增农机具4700台（套），落实农机购置补贴8400万元，主要农作物耕种收综合机械化率93%。投资476万元，在24个乡镇建立试验基地2000公顷。投资300万元，在五棵树镇临江村打造96.7公顷高标准旱田示范区，开展优质高效农业试验示范。投资1440万元，建立30个万亩高产示范片。投资2000万元对重大病虫害进行统防统治，飞机航化防治玉米、水稻病虫害面积4.67万公顷。农业规模经营主体发展到11380户，土地规模经营面积18.8万公顷。棚膜面积发展到4.67万公顷，棚膜园区发展到104个，棚膜蔬菜产值35亿元。全市“三品一标”认证企业28户，认证产品42个，产地监测面积8.57万公顷；建设全国绿色食品原料（水稻）标准化生产基地1.58万公顷，建设长春市级绿色有机食品园区8个。榆树大米被评为国家地理标志产品和2019中国农产品区域公用品牌。生猪、肉牛、羊和家禽分别发展到198.9万头、20.12万头、5.67万只和5771.37万只，牧业产值78亿元。

【工业】 全市规模以上工业企业139户，比2018年增加10户；产值64亿元。认定国家高新技术企业2户，新增科技“小巨人”企业2户，列入“专精特新”百户民营企业2户。开展重点招商考察90余次，新希望集团百万头生猪养殖、中粮集团精炼油脂、聚合丙交酯、柠檬酸钠、PHA加工、大连汇能热电联产、金风科技风力发电等一批重大项目达成合作意向。投资2亿元的吉林众友年产10万吨变性淀粉项目取得土地，投资3.7亿元的绿洁泰能热电联产项目完备手续，投资6300万元的榆乡豆制品加工项目主体封顶。投资5.4亿元的正大集团1座孵化场、5座种鸡场项目完成配套设施建设，中瑞生物质发电项目正式并网发电。

【第三产业】 投资2亿元的凯购城五星级商务酒店项目开工准备就绪，投资7.5亿元的凯购城商业综合体项目投入运营在即，新增各类市场主体5843户，民营企业发展到4253户，比2018年增长12.9%；个体工商户40857户，民营经济主营业务收入1089亿元，实现增加值273.3亿元，实缴税金6.22亿元。社会消费品零售总额176.34亿元，增长4.5%。

【园区建设】 长春榆树五棵树经济开发区地区生产总值130亿元，比2018年增长4%；工业总产值118亿元，增长3.5%；固定资产投资13亿元，增长13%；一般预算全口径财政收入6850万元，增长6.3%。总投资3亿元的吉林中瑞生物质发电项目并网发电。总投资9080万元的灿盛生化中间体（长春）有限公司压滤节能改造项目建成投入使用。吉林省榆树环城工业集中区固定资产投资1800万元，招商引资3.8亿元，一般预算全口径财政收入2715万元。总投资6300万元的豆制品加工项目办公楼、厂房、生产车间等主体建设完成。

【城乡建设】 投资4.9亿元，改造城市棚户区10个区段，征收房屋1462户、14万平方米。分配公租房82套。改造15栋旧楼房供水系统，完成41栋老旧小区居民楼供热管网改造任务。投资1983万元新建改造三盛路、向阳路等12条市区街路。投资5166万元新建工农大街北段、中心街和华昌路道路排水工程。开展市容环境综合整治，清理占道经营3500处，查处交通违法行为18.2万起，南建材、东胡同等多年未解决的店外经营、占道经营历史顽疾得到治理。开展违建别墅及大棚房专项整治，拆除违建别墅9处、大棚房23处。投资1.02亿元改造农村“畅返不畅”公路115千米、维修老旧路538千米。榆松高速竣工通车，全市境内设立4个出入口。榆陶铁路实现两次提速，增开客运列车班次，开通榆树至长春直快列车。

【生态建设】 植树造林630公顷，绿化村屯85个。建垃圾分类场2731个、秸秆粪污发酵场388个、临时中转站24个，配备保洁员6403人、清运车3262台，非正规垃圾点全部消灭。拆除违建别墅9处、大棚房23处。清除淤泥8万立方米，沿岸排污口全部纳入截流干管，五棵树河污染治理历史性难题取得进展。富田污水处理厂提标改扩建工程竣工，出水达到1级A排放标准，临江污水处理厂新建工程即将完工，卡岔河劣五类水体综合治理有序实施。全年处理市区污水1295万吨，比2018年增加65万吨，无害化处理市区垃圾17.74万吨，处理渗滤液4.38万吨，处理农村垃圾24.62万吨。无疫区建设、畜禽粪污资源化利用整县推进项目达到预期效果，全省畜禽养殖废弃物资源化利用现场会在榆树市召开。

【社会事业】　改扩建校舍2万平方米，维修改造学校31所。新建第三实验小学和第四实验幼儿园，创建长春市温馨村小34所。全市公开招聘教师122人。投资1.1亿元、建筑面积2万平方米的市医院妇儿科综合楼投入使用，投资6350万元的市医院住院综合楼、门诊综合楼的改造升级工程开工建设，投入2670万元对3家二级医院、15家基层医疗机构进行设备更新。新建标准化基层综合文化服务中心133个、农村文化广场65个。开展“悦动榆树”大型系列文体活动150余次，完成《榆树民俗文化》系列丛书编纂工作。开展“百万学子上冰雪”行动，举办全市中小学生“筑梦冰雪·相约冬奥”全国学校冰雪运动竞赛暨嘉年华、吉林省百万学子上冰雪主题日活动。

【人民生活】　城镇居民、农村居民人均可支配收入分别为26421元和15230元，分别比2018年增长7.5%和6.5%。开发城镇就业岗位6200个，城镇新增就业4033人，城镇登记失业率控制在4%以内。农村劳动力转移就业近30万人。城职保扩面新增4774人，征收39899万元，完成全年计划任务114%；失业保险参保人数1.88万人，征收864万元；城乡居保参保440579人。按时足额发放城镇职工、城乡居民养老金12.48亿元、低保金1.01亿元。1108名贫困人口实现脱贫，35个贫困村全部摘帽，改造贫困户危房868户，146个行政村水源井建设全部竣工。新建乡镇社会福利中心2个、农村养老服务大院57个，加快退役军人服务保障体系建设，建立乡（镇）街、村（社区）服务站400个。市医院与吉林大学中日联谊医院组建甲状腺科、乳腺科医联体，被确定为省级慢病管理示范区，被省政府评为医改工作先进县（市）。规范接种单位覆盖率100%，适龄儿童建卡、建证率100%。

9月30日，榆树至松原高速公路通车仪式　（刘艳成　提供）

【榆松高速公路建成通车】　9月30日上午9时，榆树至松原高速公路正式通车运营，榆树市结束不通高速公路历史。榆松高速公路项目是铁力至科右中旗国家高速公路（G1015）的重要组成部分，起自吉林省榆树市与黑龙江省五常市交界处，经榆树市、扶余市、松原市宁江区，终点为松原市大广高速公路解放互通处，全线设置柳树河、永利、榆树沟、八百垧4处服务区，城发、大房身、万发、三家子4处停车区，途经于家镇、榆树北、榆树、弓棚镇、扶余南、弓棚子、三井子、永平8个收费站，公路全长183.377千米，投资111.142亿元，由吉高集团承建。

（刘艳成）

2019年榆树市国民经济和社会发展主要指标完成情况统计表

指标名称	单位	实际完成	比2018年±%
国内生产总值	万元	2216315	-3.7
第一产业增加值	万元	889556	1.3
第二产业增加值	万元	226370	-6.8
第三产业增加值	万元	1100389	-7.2
规模以上工业总产值	万元	669061	-40.9
农业总产值	万元	1712564	13.7
全口径财政收入	万元	114886	-7.6

续表

指标名称	单位	实际完成	比2018年±%
本级财政收入	万元	63463	-6.0
固定资产投资额	亿元	39	-44.7
社会商品零售额	万元	1743949	3.3
新增实际使用外资额	万美元	-	-
民营经济增加值	万元	-	-
非私营单位在岗职工年人均工资	元	70173	20.5
城市居民人均可支配收入	元	26354	7.2
农民人均纯收入	元	15524	8.6
普通中学数	所	56	1.8
普通小学数	所	276	0
人口出生率	‰	2.54	-16.2
计划生育率	%	99.18	0.9
城乡居民储蓄存款余额	万元	2697035	15.3

德惠市

【概况】 2019年，德惠市地区生产总值502亿元，规模以上工业总产值90亿元，固定资产投资40亿元。谋划引进新项目，加速推进在建项目，开复工5000万元以上项目55个，其中，新建项目24个。才府玻璃全面达产、创威轨道交通项目正式投产、汉华汽车模具项目（一期）进行设备调试、达利短保食品项目即将竣工、华沃双孢菇生产及深加工项目开工建设。全市一般预算全口径财政收入15.84亿元，比2018年增长3.4%；地方级财政收入8.13亿元，增长5%。全市一般公共预算财政支出65亿元，增长9.9%。城镇居民人均可支配收入突破2.8万元，增长7%；农村居民人均可支配收入突破1.5万元，增长6%。在全省县域经济考评中，德惠市被吉林省委、省政府评为2018年度县域经济振兴发展优胜单位，从2017年度的全省第11位跃升至全省第5位，被评为全省县域经济争先晋位优胜单位。

【农业建设】 粮食总产量20.6亿千克。完善免疫无口蹄疫区建设，兽医实验室通过省级验收，成功防控非洲猪瘟疫情传入，争取到省级肉鸡现代产业园建设项目，畜牧业发展规模保持稳定，畜牧业产值75亿元。推进“全国农村一二三产业融合发展，开展产业兴村强县示范行动”项目，推进松花江流域水田生产现代化实验区核心区建设，推进吉林省乡村振兴战略试验区试点示范。培养农业产业化龙头企业，申报省级龙头企业3户、市级5户，新增“三品一标”认证农产品10个，农产品加工业销售收入496亿元。制定《农村人居环境整治三年行动方案》，聚焦农村生活垃圾治理、农厕改造及粪污治理、污水治理、村容村貌提升4项攻坚，配备农村垃圾清收设备，开展生活垃圾购买社会化服务试点，建立农村生活垃圾收转运体系。实施畜禽粪污资源化利用整县推进项目，新建规模养殖场粪污处理设施121处，畜禽散粪池276个，代表吉林省通过农业农村部畜禽粪污资源化利用“两率”第三方考核评估；完成农厕改造12000户；乡镇3个污水处理站和15个污水转运池主体竣工，沿河乡镇镇区污水处理设施实现全覆盖。完成农田林网新建造林219公顷。创建10个引领村90个示范村。

【招商引资】 引进长春市新北环保电厂、长春市LNG应急调峰储配站2个长春市重点布局项目；与长春市城市管理局合作，启动总投资380亿元、占地10平方千米、年利税20亿元的长春循环经济产业示范区项目。哈电生物质热电联产项目、上海朗意门业项目落地，金风科技、远景能源风能发电项目签约。

【城市建设】 惠新路公铁立交桥开工；西环城路、工农路部分贯通；完成日供水能力1.5万吨的市区备用水源地配套设施改造工程；吉林省中部城市引

8月15日，德惠市惠新路公铁立交桥开工仪式 （胡金宝 提供）

松供水工程德九支线项目正式签约，完成管线设计；智慧交通综合指挥中心主体竣工；“雪亮工程”进入招投标阶段；完成500套城市棚户区改造任务，完成45个老旧散小区巷路改造工程。推进城市乱象整治，开展高铁两侧、高速两侧、102国道两侧和主要出城口治乱专项行动，城区牌匾广告、违章占道整治专项行动，占道停车、占道经营、占道堆放问题基本清除，废品收购乱堆乱放、露天存放问题得到纠正规范，长期影响市容市貌的堵点问题得到解决。首批640台更新出租车开始运营，启动机动车礼让行人专项行动，城市交通秩序好转。

【风险管控】 加大全市安全生产9处重大危险源和城区5个重大风险点管控力度，完善安全生产网格化管理体系，全年生产责任事故和死亡人数均下降60%以上；抓好消防、食品药品等重点领域安全工作，全市安全生产形势总体稳定。健全金融风险防控处置机制，开展民间借贷领域乱象专项整治，查处非法集资案件6起、金融诈骗案件4起。成立政府投资项目管理办公室，从严政府投资项目全过程监管，节减项目投资1570万元。

【脱贫攻坚】 抓好中央、省和长春市反馈问题整改，中央专项巡视反馈问题全部整改到位；国家、省和长春市各项考评检查反馈问题整改完成116个，剩余3个即将整改完毕；严格落实“两不愁三保障”要求，投入1676万元实施12个项目，覆盖贫困户3628户；完成432户农村危房改造任务，建档立卡贫困户住房安全问题全部解决；投资3578万元，新建和巩固提升安全饮水工程25处，解决134户326名贫困人口的安全饮水问题；落实建档立卡贫困人员先诊疗后付费政策，实现家庭医生签约服务全覆盖和“四个百分百”。32个贫困村全部退出，脱贫3527户、7524人。

【污染防治】 对全市农村30个中小学、11个福利中心、18个卫生院供热锅炉实施煤改电改造；秸秆禁烧和综合利用齐头并进，管控露天焚烧秸秆行为，市区空气优良率92%以上。投资5.28亿元的31个劣五类水体专项整治和水质提升工程全部开工建设，东风污水处理厂（二期）、松柏污水处理厂、朱城子污水处理厂完成主体建设；压实三级河长、河湖警长责任，开展“清四乱”行动，对排查出的1104处“四乱”问题全部清理销号；根治非法采砂行为，首次落实砂石资源有偿开采制度，依法公开拍卖采砂权，扭转砂石市场混乱局面。开展土壤污染详查，强化农业农村面源污染源治理，推进农药化肥减量化使用，生态环境质量得到提升。

【改善民生】 实施增加城乡居民收入“暖流计划”，开展“春风行动”，开发就业岗位7300个，城镇新增就业5400人，失业人员再就业1500人，农村劳动力转移就业27.19万人次，劳务经济收入突破30亿元。推进拖欠农民工工资专项治理，农民工权益得到保障。落实优抚政策，做好复退军人创业就业服务。城镇居民人均可支配收入突破2.8万元，比2018年增长7%；农村居民人均可支配收入突破1.5万元，增长6%。建设完成龙凤学校小学部及附属设施主体工程，完成79所学校维修改造，打造15所“温馨村小”，查处14起教师乱办班等问题，治理规范校外培训机构和补习班203处。市人民医院医疗综合楼主体完工，卒中中心被评为全国“优秀数据管理卒中中心”，胸痛中心一次性通过国家认证，建立医联体304个。文体事业长足发展，新建文化广场45个，新建体育广场10个。推进扫黑除恶专项斗争，突出依法严惩、“打伞破网”“打财断血”重点任务，打掉涉黑涉恶团伙4个，打处涉恶人犯532人，清理有前科劣迹的村组干部240人，实施“一村一警”工程。

（胡宝金）

2019年德惠市国民经济和社会发展主要指标完成情况统计表

指标名称	单位	完成情况	
		总量	比2018年±%
地区生产总值（万元）	万元	2348185	–
第一产业增加值（万元）	万元	757812	–
第二产业增加值（万元）	万元	340552	–
第三产业增加值（万元）	万元	1249821	–
地方级财政收入（万元）	万元	77381	–
固定资产投资	亿元	33.3	–
社会消费品零售总额	亿元	163.7	–
粮食产量	万吨	206	–
人均地区生产总值	元	26660	–

九台区

【概况】 九台区位于吉林省中部，东经125° 24′ 50″ –126° 29′ 50″ ，北纬43° 50′ 30″ –44° 31′ 30″ ，属长白山与松辽平原过渡地带。东及东北与舒兰市和榆树市为界，南及东南同永吉县接壤，西与长春市为邻，西南同双阳区毗连，北及西北均界德惠市。辖14个街道、2个镇、2个民族乡，共18个乡（镇、街），310个行政村。面积3375平方千米，地表结构为“三山一水六分田”。耕地土质肥沃，是国家主要的商品粮生产基地，盛产玉米、水稻、大豆，以及瓜果、蔬菜等作物，是各种杂粮、杂豆的高产区域，苗木花卉远销全国。“一江三河”（松花江、饮马河、雾开河、沐石河）流经境内，石头口门水库是长春市最重要的水源地。煤、沙、矿泉水、沸石、钠基膨润土等矿藏资源丰富，龙家堡煤田和吉林省单机最大、投资规模最大的华能九台电厂是矿产龙头企业。九台区处于长春市和吉林市之间的交通走廊地带和长吉经济圈的核心位置，有“四横三纵一空”的立体化交通格局。长吉高速公路、长吉北线公路、长吉高速铁路、长图铁路横贯东西，九万公路、九双公路、莱口公路纵穿南北，长春龙嘉国际机场坐落境内，长吉城际高速铁路在九台区西营城街道设立中间站。2019年地区生产总值2298477万元。其中，一产增加值485220万元，比2018年增长8.3%；二产增加值598080亿元，减少8.5%，三产增加值1215177万元，增长0.1%。三产产业比重21.1：26.0：52.9。规模以上工业总产值1254400万元，减少11.2%。全口径和地方级财政收入分别为287536万元和114862万元，增长17.2%和45.7%。社会消费品零售总额1533688万元，增长3.1%。

【民生福祉】 2019年，完成283户566人脱贫，最后1个贫困村出列的目标。投资2.17亿元，实施农村饮水安全工程，解决14万人口饮水安全问题。拆除违章建筑2100处、37000平方米。棚户区改造完成投资8.78亿元，实施8个棚改项目。民生改善区文体中心项目建成使用，举办第二届全民运动会和全民艺术节，承诺办好的12件民生实事全部兑现。

【招商引资与项目投资】 明确引资方向，编制《招商引资产业链项目树》，改编《重点产业招商地图》《五百强企业信息库》。在长春地区出台《促进招商引资企业发展实施意见》《招商引资引荐人奖励实施办法》。投资50亿元的上海复星集团商业综合体、投资4亿元的浙江中财管道PPR管材等24个项目签订协议。引进内资125亿元。

项目投资。投资5亿元的阜元医药、投资2亿元的博涵医疗器械等38个项目开工建设，新建项目开工率85%。投资2亿元的吉林华奥汽车配件制造、投资2亿元的新诺达轨道客车配件制造等48个项目复工建设，续建项目复工率100%。投资48亿元的长春龙嘉国际机场二期扩建工程、投资2亿元的吉林泰禾装配式建筑等24个项目投产，建成项目投产率50%。全年实施5000万元以上新建、续建项目86个，完成投资65亿元。

产业转型。全面构建装备制造、农产品加工、生物医药、新材料、矿产能源等产业集群，工业企业突破1100家，规模以上工业总产值117亿元。总投资64亿元的11个重点服务业项目开复工，营业收入22.5亿元。全区接待游客450万人次，旅游综合收入23亿元，比2018年分别增长12.5%和15%。大学生创业园在孵企业36户。吉林省中工技师学院一期项目建设完成，中央重大项目专项2栋实训中心投入使用。全区发展高新技术企业26户、长春市级科技型“小巨人”企业19户，居长春外县（市）区第一。获专利权151件，其中发明专利权5件，居全省前列。

【开发区发展】 2019年，地区生产总值86亿元，比2018年增长7.5%；工业总产值175亿元，增长7.2%，其中规模以上工业总产值90亿元，增长8%；固定资产投资完成30亿元。“三早项目”。中弘铝业轨道客车、百思特科技、汽联机械等11个“三早项目”开工。储备项目。洽谈储备三大类19个优质项目，以上海复星集团酒店和地产、力旺集团城市综合体、吴中集团吴桐小镇等为代表的5个高端商服服务业类项目，意向投资总额超过400亿元。以吉林省万龙汽车部件、吉林省世圆机电设备、吉林省泉南智能装备、环嘉集团资源再生循环利用等为代表的11个工业类项目，总投资额度15亿元。以吉林省嘉恒医疗器械、吉林惠利现代装备、长春市永恒医药包装项目为代表的3个生物医药类项目，投资额度5亿元。卡伦湖国际生态新城建设。与上海复星集团合作取得进展，8月，土地摘牌，面积36万平方米，成交额5.4亿元，推进五星级酒店、高端商住项目开工前各项准备工作；吴中集团、力旺集团等一批国内500强企业对生态新城建设有意向，设计高端康养、高品质住宅、国际学校、商务中心、吉大附中等方案。中古生物技术国际合作区建设。康宁生物、钻智制药等高端研发型药企带动园区产业升级，博涵医疗、徐氏医疗、晟隆生物、阜元医药、菲洋生物、康宁生物等一大批创新药企相继动工建设。盘活嫁接企业。通过租赁、收购、合作等方式盘活特一食品、国泰人防等6户企业。服务企业。组织恒拓模具、银诺克药业等20户企业申报国家高新技术企业认证，组织华奥汽车、盛大电缆等14户企业申报长春市科技小巨人企业认证，协助50余户企业申报传统产业升级、绿色制造、首台首套等各类政策性扶持。组织钻智生物、康宁杰瑞等10余户企业申报2000余万元招商引资政策扶持资金。组织中科电缆、泽发家具等10余户企业参加第二届中国国际进口博览会，为企业提供展示沟通平台，帮助企业拓展市场。

园区管理。全年实施基础设施项目28个，投资8031万元。其中规模较大的项目包括投资1037万元的老镇区污水管线工，投资238万元的体育公园景观及附属设施配套工程，投资381万元东风村给水管线工程，投资886万元的污水处理厂道路基础设施配套工程，投资1736万元的福利中心建设工程，投资3025万元的南北区给水管线连接工程等。其余项目分别涵盖道路翻建、园区绿化、给水排水、街区改造、通信线路改造、电力配套等多个领域。

土地征收。成立3个攻坚工作组，4个一线指挥部，协调整合各方力量，对28项重点任务进行详细量化，倒排时间表和路线图，强力推进“百日攻坚”专项行动。兴福大路项目征收收尾；双泉村1、2、7社协议征收完成237户；3、5社完成129土地征收任务；332棚改项目完成188户村民选房及地上物、土地两费补偿协议签定，12公顷1852个棚室的认定完成；魏家村1、10社完成8800平方米用地征收工作；辽矿集团通风井项目完成所有协议的签订和补偿款发放；镇郊村88公顷拟征土地完成数据保全、测量登记和棚室鉴定工作；608家属区已签116户、镇郊2、5、6社398户集体土地上房屋完成数据保全和踏查测绘；和气1、10社119户做到一户一档；对李家店屯6户法院裁决的地上房屋进行依法强制拆除；484棚改项目后期遗留问题得到解决；“970”“1746”18、19两年棚改项目取得进展；完成88公顷与经开置换土地边界测绘以及老街污水管线、河道治理项目的数据测绘评估；完成所有已回迁户的房照灭籍工作；适时启动干雾海河环保治理、甲二路跨铁路桥基础设施以及中古生物医药产业园四条道路征收工作。

九台工业集中区。2019年，九台工业集中区地区生产总值14.45亿元；工业总产值32.78亿元，规模以上工业总产值28.4亿元；工业增加值7.23亿元，规模以上工业增加值5.63亿元；一般全口径财政收入0.88亿元，其中税收收入0.09亿元；固定投资2亿元。

招商引资和项目建设。2019年，集中区到武汉、南宁、营口等地招商，洽谈项目34个，意向性投资项目5个，跟踪项目7个。在谈项目4个，分别为：总投资10亿元的人福医药项目；总投资5亿元的威立雅危废处理项目；为技术落后和僵尸企业提供解决方案的盛隆电气项目；生态农药及配套机械的田园生化项目。新建项目3个：总投资1.6亿元的科工碳业项目；总投资2000万元的君隆物流项目；总投资1500万元的越达物流项目。续建项目1个：总投资4.37亿元的现代农业产业园一期项目。

国有土地集中整治。清理私搭乱建、乱堆乱放行为30处，清理出土地13万平方米。整理出土地总面积75万平方米。利用对外发包一平方千米土地租金40万元（财政先缴后返），对搬迁后整理出的闲置土地，分期进行绿化美化，春季首期分别在601地块栽种柳树9万平方米；西窑地栽种山杏11万平方米、茶条槭0.8万平方米，其他区域栽种女贞、珍珠绣线菊4万平方米，栽植面积24.8万平方米。

【农业发展】 2019年，全区粮食总产量约18亿千克。其中，玉米15亿千克、水稻2亿千克。粮食播种面积18.55万公顷，调减籽粒玉米10%，新增经济作物1.49万公顷，其中，新增蔬菜0.3万公顷、马铃薯0.5万公顷、杂粮杂豆0.18万公顷、鲜食玉米0.3万公顷、青贮玉米0.1万公顷、苗木花卉0.11万公顷。

东北亚精优农产品供给区建设。农业产业化龙头企业销售收入240亿元，龙头企业75户（国家级2户、省级以上18户、市级55户）。其中，金锣申请国家500强产业化加工企业，广泽、金锣、朱老六、雍达等农产品物流体系建设步伐加快。农产品交易市场31家。“三品一标”农产品认证45个。加强与天津农产品合作力度，扩大“第四批中国农业文化遗产—吉林九台五官屯贡米栽培系统”影响，打响“九台贡米”品牌知名度。

园艺特产业。全区新增标准化棚室215公顷，园艺特产业成为长春地区亮点。建设园艺特产之乡1个。

农业现代化。投资1.57亿元，8000公顷高标准农田完成设计。全区机耕面积12.2万公顷，机播面积15.7万公顷，农作物耕种收综合机械化率91%。推广稻蟹综合种养技术示范面积200公顷。

新型农业经营主体。绿野家源种植业家庭农场成为全省唯一国家级家庭农场示范典型。纪家街道绿野家源种植业家庭农场、其塔木镇金盛种植业家庭农场被评为长春市“十大家庭农场”。九台代表吉林省在北京介绍家庭农场先进经验。完成30个市级农民专业合作社创建、5个联合社组建。新建家庭农场170家，新建农民专业合作社120家。休闲农业与乡村旅游经营主体发展到24个、从业人数6700人、接待12.4万人（次）。

乡村产业。新打造乡村特色品牌100个，“一村一品”示范村14个。其塔木新鲜村、戟家村被评为吉林省“一村一品”示范村，波泥河街道清水村、龙嘉街道草城子村被评为长春市级“一村一品”示范村。香泉乡村旅游公司、秀水庄园被认定为长春市乡村旅游示范点。东师牧业、北大山电商申报国家级农村双创基地。农村生产性服务业营业收入超过2000万元，农村网络销售额突破100万元，其中农产品网络销售额20万元。农业产业化融合体发展20家，融合业态多元呈现。新发展综合种养等循环型农业，稻渔综合种养面积1333公顷。全区主食加工营业收入120亿元。新创建农村产业融合示范园10个，农业产业强镇1个。各类返乡下乡创新创业人员4000人，“田秀才”“土专家”和“乡创客”等本乡创新创业人员3100余人。唐家村成功申报省级双创基地，刘庆山、贾文亮被评为长春市级双创标兵。

数字型农业。九台区获“全国县域数字农业农村发展水平评价先进县”。“开犁网”“邮乐”网电子商务平台销售农资400吨。邮乐网上“林江农业”绿色大米在邮乐农品中营业额处于领先地位。农业信息化进村入户工程全面完成。建设村级信息服务站（益农信息社）283个，实现行政村全覆盖。朱老六食品、田野泉酱菜、向宇果仁、林江米业获得2019年长春神农杯名牌农产品称号。九台贡米获2019年长春市区域公共品牌。九台贡米纳入国家申报评选全球重要农业文化遗产名录。上河湾镇林果产业被评为省级特色农产品优势区建设。

集中整治农村人居环境。出台《九台区关于开展农村人居环境集中整治行动的实施意见》《九台区农村人居环境集中整治村庄清洁行动工作标准》和《九台区2019年集中拆违治乱攻坚月行动实施方案》等系列文件。建立“户分类、村收集、镇转运、区处理”垃圾处理运行机制。配备保洁员2359人，清运车804辆，转运车20辆，垃圾池和垃圾箱4150个，垃圾桶2万个，建立垃圾中转站24座，镇级垃圾中转站全覆盖。区财政列支2000万元，将农村人居环境改善及美丽乡村建设列入全区幸福九台民生行动计划，列支3026万元用于粪污资源化利用，列支2600万元用于垃圾收集费，列支1400万元用于垃圾转运费，村级转移支付筹集566万元。全区清理路边及屯内柴草垛19391个，清理占用公共空间玉米楼14602个，清理畜禽粪污散乱堆放点2376处，清理建筑垃圾及残垣断壁5105处，清理河道、沟塘、桥涵两侧垃圾30761吨，拆除违章建筑1037处，拆除沿街外挂楼梯门斗361处，拆除危旧房屋655间。绿化美化村屯220个，清理庭院4.1万个。其塔木镇刘家村建成东北三省第一家农民收藏博物馆，土们岭街道马鞍山氿遇田园综合体项目全面推进。打造清水村产业带动型、平安堡村旅游拉动型、马鞍山村三产融合型、山嘴村扶贫推动型、锦绣村改造提升型、大贝村村民自治型等6个农村人居环境专项整治模式。

推广新技术新模式。建设完成龙嘉街道红光村666.67公顷绿色水稻高效农业先行区。完成10公顷农业科技示范园区建设。新创建666.67公顷玉米高产基地。完成纪家街道太平村200公顷现代科技农业先行区。培养核心示范户2.5万户，农田灭鼠面积110666.67公顷，农业技术推广入户率95%，农业科技贡献率75%，检测土样65205组，测土配方施肥技术覆盖率95%。2019年5月、7月，全省水稻机插秧同步侧深施肥技术协同推广试点现场会、全省赤眼蜂防治水稻二化螟绿色防控飞防作业技术协同推广试点现场会在九台召开。新成立2个种子销售大厅、检测1120个样品，玉米合格率98.8%、水稻合格率93%，展示示范玉米新品种22个。大豆播种面积2500公顷，超额完成省下达的1333.33公顷的任务，超额占比87.5%。

农业面污染源控制。完成275家农业面污染源普查工作。完成农产品质量安全速测筛查样品2000个，定量检测样品80个。推进废旧农膜回收利用，2019年地膜覆盖面积比2018年减少45%。10000公顷水稻绿色食品基地获得中国绿色食品发展中心批准，国家级绿色食品（水稻）标准化生产基地取得实质性进展。下发绿色食品生产操作规程、田间生产管理记录册1.5万册。出台《长春市九台区饮马河流域及水源地畜禽散养户粪污收集设施建设项目实施方案》，项目计划总投资1267万元，在饮马河流经的4个街道23个村和水源地2个街道11个村建设储粪场54个，配备污水储存罐473个。完成禁养区内104户规模养殖户的复查、排查工作，禁养区内规模养殖场户没有出现复养现象。

龙头企业。总投资5亿元的200公顷广泽现代农业产业园区、投资4亿元的开心农业200万羽光伏生态养殖项目、东北亚苗木文化产业园、中国北方大樱桃产业园、吉林梅林禾润绿色基地等超亿元现代农业园区新（续）建项目投产达效。九台金色家园种植专业合作社总投资3.6亿元，占地105公顷，栽植金叶榆、紫叶稠李、三角枫名贵树种等30万株。农副产品深加工项目建设完成投资22.15亿元。

农村金融改革示范区建设。全区落

实支持开展粮食适度规模经营资金1392万元，畜牧业规模养殖项目资金800万元。农户土地承包经营权入股合作社、股份合作企业试点推进。农民住房财产权抵押贷款发放24笔，金额585万元。创新产品范围，扩大“三权”抵押融资产品的规模，推广融资租赁产品使用。金融机构贷款余额274亿元，涉农贷款余额142亿元，农作物参保面积123000公顷。

【城市管理】 治理违章占道。清理占道经营、店外作业、流动摊贩2000余处，城区主次干路堆放物品全部清理入室。查处未经批准违规占道设置宣传拱门543处，制止搞店庆及商业宣传活动200余起。联合交警、公安、交通等部门组成专业执法队伍，对占用停车位问题进行治理，清理占用停车位物品30多车，暂扣车辆20多台，清理僵尸车21台，主次干道占用停车位现象得到控制。规范市场秩序。对福星南门、西环路、军民路早晚市场进行规范管理。对五商店市场进行全天候规范管理，保持交通顺畅。开展20余次联合执法行动，规范市场秩序，整治市场外溢，清除平安市场强占摊位200余平方米，清除清运垃圾杂物20余吨。整治露天烧烤。与临街经营烧烤商户签订保证书130份，印制张贴通告250份，整治露天烧烤304处。净化校园周边。结合食品安全治理和平安校园建设等活动，对校园周边进行治理和看管，清理流动摊贩130余人次，处罚无照食品经营摊床40余处。整治户外广告牌匾。拆除未经批准、设施陈旧、存在安全隐患的户外广告设施和牌匾、楼顶字290余个。加强南部城区新建楼盘牌匾管理，对6个居民小区14处临街门市进行实地测量，确定牌匾规格。印制张贴临街牌匾标准通知书900余份，通知门市业主和小区物业规范设置管理，督促不合格牌匾及时整改，打造城市视觉景观。治理建筑垃圾和渣土污染。制定管理方案，划分责任，向城区基建工地下达通告30多份，下达整改通知24人（次），治理违规基建工地8起，带泥上路污染路面车辆40台次。规范再生资源回收行业管理。对城区内全部废品回收行业进行统计，对工信局登记在册的48家经营主体实地走访，制定《关于加强再生行业管理的告知书》逐户下达到位，对30余家废品回收站乱堆乱放等脏乱差问题进行规范治理。

环境卫生管理。完成68条主街路，50条巷路清扫保洁任务，机械化清扫率75%以上，清扫面积220万平方米。城区150余个弃管小区全部纳入清扫管理范围。垃圾收处。生活垃圾随产随清，清运总量7万余吨，更换垃圾箱（桶）1000个，设置分类垃圾箱300个，生活垃圾无害化处理率保持100%。公厕管理。水冲公厕24小时专人管理，城区旱厕实行分组管理，保洁责任落实到人，按照公厕卫生标准做好日常保洁，清掏粪便2.1万吨，处理公厕垃圾2.7万吨。

全年安全供水660万吨，新建供水管线7000米，维修受理2321件，新接3391户；供热总面积750万平方米，新建换热站8座、一次网5000米、二次网局部换段58处、老旧地沟外移改造45栋，新建阀门井111座，更换阀门2800余个；联合燃气公司发放燃气安全宣传册2万余册，组织燃气公司、2个加气站开展安全演练1次，联合质监、交通、属地安监站对区燃气市场进行5次检查整治，打击5家非法经营网点，对10户合法经营企业的违规行为，停业整改2户，责令8户企业整改完毕；处理污水638万吨，出水COD减排量2212吨，氨氮减排量136吨，处理污泥7633吨，脱水污泥含水率在60%以下；大中修道路1万平方米，维修方砖3078平方米，维修边石1114米，道路灌缝约13万米，维修路灯699余盏，大中修雨水井、检查井814座；人防收缴易地建设费1161.5万元；处理涉及楼房应急维修42件次，本年归集房屋维修资金3280万元，归集户数10713户，办理更名业务1350件；为市医院住宅楼74户居民办理无籍房产权登记，建筑面积4680平方米；接收235个工程档案资料，立卷4612卷，接待调卷档案1760卷。

【生态环境治理】 严控烟尘污染源，落实秸秆禁烧责任制，推广秸秆综合利用，实现全区“无黑斑、无火点”。治理涉尘企业，关停域内全部21家采石场，整改商砼站15家，整治取缔“散乱污”企业228户，淘汰燃煤锅炉554台，全年优良天数比例93.1%。

启动生态功能区划定，制定土壤污染治理与修复规划，确定土壤环境保护优先区域。完成275个农业面源污染点位调查，饮马河流域104家畜禽养殖场全部关闭，258家规模化养殖场建成粪污处理设施。开展“绿满九台”行动，全年栽植苗木300万株，完成清收还林433.33公顷，迹地更新造林93.33公顷，农田林网修复148.2公顷，“三北”防护林补植102.2公顷。九台区被全国绿化委员会表彰为全国绿化模范单位。

落实“河长制”。开展河湖“清四乱”专项行动，2465个河湖重点问题全部销号，清理河道垃圾500余吨。投资23.2亿元，实施松花江流域、饮马河流域水污染防治工程19项。龙嘉、东湖、其塔木污水厂建成投运，土们岭、兴隆、纪家污水收集设施投入使用。投资4600万元铺设管网6.7千米，城市南区实现雨污分流。小南河综合治理完成广泽沟、官地河河底清淤。全区水污染防治网格化监管实现全覆盖。

大气污染防治。制定《九台区2019年秋冬季至2020年春季秸秆禁烧管控包保督导工作方案》《九台区2019年秋冬季至2020年春季秸秆禁烧管控工作方案》《九台区2019年秋冬季至2020年春季秸秆禁烧管控执法联动工作方案》《九台区2019年秋冬季秸秆离田工作方案》《九台区2019年秋冬季至2020年秸秆烧除计划工作方案》，与17个乡镇签订《九台区2019年秋冬季至2020年春季秸秆禁烧目标责任书》。淘汰燃煤锅炉554台。检查10台工业窑炉，需要提标改造治理工业窑炉5台，完成20吨以上供暖锅炉监督监测8台次；生产锅炉烟尘监督监测32台次，出具有效监测数据120个，出具监测报告40份。TSP（颗粒物）监测数据9个，出具监测报告3份。对21家采石场实行联合执法检查；检查

4家建筑工地，规范施工作业；开展涉尘企业检查，检查商混15家、物料堆场7家。配合长春市机动车排气污染管理中心完成机动车环检机构环保检验能力比对实验并全部通过；对6家检测机构每周进行现场突击检查，未发现违规操作。对7家重污染天气管控企业进行现场排查；对9户重大、较大环境风险企业进行检查，确保无风险隐患。

水污染防治。化冰期对石头口门水源地入库河流进行全面排查；组织属地对“一江六河一库”排污口进行调查，实地抽查点位41个，绘制排污口点位示意图。开展“今冬明春”水环境专项整治行动，对48户涉水企业进行监管，强化区域内污水处理厂运行监督管理。对5家医疗机构水质超标问题进行处罚，收缴罚款50万元；对4家宠物医院进行专项排查，予以规范。加大加油站地下双层罐或防渗漏改造力度，列入2019年整改计划的23家加油站82个油罐，通过分期分批改造。开展整治“砂霸”专项行动，出动36人次、104车次，对松花江流域和饮马河流域进行排查，全部取缔关闭。对城镇污水处理厂进行“驻厂式”监管。开展水源地违建别墅的排查。

固体废弃物治理。检查4家工业固体废物堆放场所，均规范存储。落实《土壤污染防治责任书》的要求，督促签订目标责任书的7家企业进行土壤环境监测。

【城乡建设】 道路建设。规划四道街建设项目，总投资1.67亿元，全长4320米，红线宽50米，双向六车道，排水主管线1300米。干渠涵和排水箱涵建设完成，完成投资约2000万元。前进路公铁立交桥建设项目续建工程，总投资3.7亿元，为PPP项目，实现路桥通车，完成投资约3.5亿元。沿河街东段道路项目，总投资2433万元，全长1221米，红线宽34米，完成投资约1000万元。嘉鹏及新洲周边道路项目，总投资4500万元，为PPP项目，7条道路，完工5条，完成投资约3500万元。文体中心配套道路建设工程，总投资4600万元，分别为文体中心西侧道路和规划三号路。九溪新区道路工程包括10条道路及其附属工程，计划总投资11.83亿元，已开工。

公园及小南河生态治理。南山公园和花溪公园建设项目总投资3500万元，绿化面积17.3万平方米，完成绿化栽植和道路、景观桥和景观小品制作安装，完成投资约3400万元。小南河生态综合整治项目总投资10亿元，是PPP项目，对小南河进行污染治理和生态修复。社会资本招标的谈判和招标完成，项目建设期为3年。

雨污水建设项目。南区雨污水建设项目总投资4600万元，建设雨水管网4.2千米，污水管网2.5千米，建设雨、污水泵站各一座。铺设管线3.5千米，污水泵站地下主体施工完成，完成投资约3200万元。九台至营城污水处理厂管网建设项目，建设污水管线4.7千米，计划投资1870万元。

净水厂扩建项目。总投资4900万元，由规模2.5万吨/日扩建至5.5万吨/日。新建排泥浓缩间、脱水间及加氯间的土建工程和工艺管道工程，净化间主体已封闭，完成投资约3500万元。

保障房建设与房地产开发。棚户区改造项目，实施城市棚户区项目7个，其中，棚户区征收项目2个，棚户区房建项目2个，基础设施配套项目3个。全年完成投资总额约8.78亿元。其中，棚户区征收补偿费用约5.8亿万元，棚户区房建项目约2.83亿元，基础设施项目约0.15亿元。安置避险一期、二期建设项目，总投资1.6亿元，总占地面积3万平方米，总建筑面积6.25万平方米，建设11栋回迁楼、1栋物业用房和1栋设备用房。区政府为2000户家庭发放廉租住房补贴资金450万元。房地产开发项目8个，规划总面积41.16万平方米，完成投资14.53亿元。

危旧房改造和农村住房建设试点。实施农村危房改造353户，其中，建档立卡户277户、低保户26户、农村分散供养特困人员45户、贫困残疾人家庭5户。选定龙嘉街道饮马河村九、十、十一社（唐家湾子）为农村住房建设试点，5户示范户房屋主体建设完成。福星福临小区旧城改造项目总投资1925万元，改造道路、排水、停车场等。

【文化事业和产业】 设施建设。争取省、市专项资金390万元，新建农村文化小广场39处，配套全民健身路径39条。农村文化小广场全覆盖，文体活动中心项目完工。

全民健身活动。举办首届少年儿童围棋锦标赛暨九台区成人围棋段位赛、“体彩杯”元宵佳节秧歌汇演、“五四”运动100周年干部职工乒乓球赛等大型健身活动60场次。承办第一届全国农民冰雪运动会，九台区文化广播电视和旅游局被中国农民体育协会授予“突出贡献奖”。

惠民文化活动。举办相约春季农民画展、基层文艺骨干广场舞培训、庆五一广场文艺演出、“品诗词之美承中华文化”诗词知识与创作系列讲座，在省戒毒康复所举办“最为隽永是书香”主题读书沙龙等活动60场次。组织送戏下乡35场次，受益5万多人；免费播放电影3720场次，举办九台彩墨画培训、举办少儿器乐培训、美术爱好者培训、农民画培训、贫困村文艺骨干培训等各类培训20场次，培训文艺骨干3000余名。7位农民画作者在全国农民画大赛中获奖，入选全国展览。举办“中国好声音九台赛区海选”活动，郭皓夺得吉林省冠军。

第二届全民艺术节和全民运动会。活动由全民艺术节由系列展览（牛连和师生彩墨画展、九台历史文物展、民间艺术展、诗书画展、农民画展和摄影展）、艺术节启动暨文体活动中心揭牌仪式和大型文艺演出3个部分构成，是九台区历史上规模最大、影响最广泛的文化体育活动，标志九台区文化事业发展迈上新台阶。

【教育】 全区有生本教育校级子课题85项、学科子课题363项，其中23项课题入选长春市二期质量提升工程子课题。与进修学校共同组织开展小学青年教师“课堂教学成果”展示活动。各学科在2018年长春市青年教师大赛一、二等奖获得者中选出2名教师进行成果展示，通过课堂教学及教后反思、教学领导评课、学科教研员点评等形式打造高品质“生本”课堂教学。5月，开展全区教学开放日、开放周活动。近4万名家长走进校园，观摩生本教育课堂教学展示、课间活动等。对各校控辍保学工作、关爱留守儿童工作提出具体要求，小学在籍学生32661人，辍学率0%；初中在籍学生17984人，辍学285人，劝返29人，实际辍学256人，辍学率1.42%。全区建档立卡贫困家庭子女有12人辍学，11人入学接受教育，1名残疾学生重病重残，生活不能自理，无法接受教育。发挥“教学联盟”“学科联盟”的辐射、引领、帮扶功能。由九台一中牵头，举办以“沟通、合作、互补、共赢”为主题的教学联盟活动，以名师工作室为载体，9个学科18名老师进行授课，18名教师进行评课，各学科分头进行研讨活动。组织高中教师参加长春市“2019届精准备考暨学科素养立意下的命题趋势研讨会”，学习教育信息2.0背景下的教学、考试招生制度改革和课程改革的探索与实践、核心素养背景下的德育创新以及新课程背景下高考命题变革趋势等新高考课题。

完成全区未入学残疾儿童少年普查工作，实行“三残”儿童入学零拒绝政策。通过印发《九台区教育局关于印发〈进一步加快特殊教育事业发展的实施意见〉的通知》，明确九台区残疾儿童随班就读工作制度和送教上门工作制度；有395名适龄残疾儿童，其中，普通学校随班就读186人，送教上门70人，特教学校在校就读75人，送教上门64人。在区特教学校成立九台区特殊教育资源中心并投入使用。在吉林省中职学生组大赛中，九台区职业教育中心获一等奖1人，二等奖2人；在长春市优质课评选活动中，九台区职业教育中心2名教师获得一等奖，8名教师获得二、三等奖。发挥职业教育服务功能，开展各类社会培训工作，历时2个月，培训133人次，其中31人通过安监局特种作业上岗操作证考试，取得从业资格证书。对民办培训机构进行集中统计排查，给审批合格的24家民办培训机构下发办学许可证，其中，艺术类13家，学科类11家。

【卫生与健康】 为3657户贫困户张贴健康扶贫政策展示板；每一个贫困户建立一个健康扶贫档案包，为每户发放3轮健康扶贫宣传画。组建252支三级家庭医生团队，为建档立卡贫困人口建立“一人一策”诊疗方案，每月进行1次入户随访，进行家庭医生签约服务。组织4次大规模入户排查，完善贫困人口健康信息，建立“家庭医生”APP。以“共推‘厕所革命’，共促卫生健康”“5·20营养周”“周末卫生清洁日”为主题开展宣传活动，营造全民动手治脏、治乱、治污，搞好环境卫生的社会氛围。4月19日，组织全区单位和个人开展爱国卫生集中清洁日活动。

开展高中考期间饮水卫生安全专项检查，完成春季重点对学校防病工作的检查，经过检查，各校防病组织制度健全，均能开展晨检与因病缺课追踪，环境消毒等防病工作。对城区275家公共场所单位进行全面监督检查，下达卫生监督意见书75份，对存在问题单位责令限期整改，结合公共场所流动性大的特点，进行随时发现随时监管的方法，对新开业的行业随机监督检查，对停业倒闭的业主及时要求上交许可证。对城区3家自来水厂按要求每季度进行1次监督检查，下达卫生监督意见书，责令其做好水质监测、落实水质消毒及安全防护制度。查处各类医疗机构76家，其中，养生理疗馆3家，药店坐堂医1家，查处无证牙科13家，对牙科综合治疗椅进行封存并下达当场处罚决定书13份。查处医疗机构59家，立案12件。罚款人民币8.2万元。上级交办案件8件，均已结案。对8家放射诊疗机构进行机器防护性能检测和工作场所放射防护检测，放射工作人员进行个人体检合格。

核查全员人口平台系统基础信息数据，去除标记身份证重复22人，修改错误身份证号67处，清理黄色标识人口41人，全员人口信息主要数据项目完整率及逻辑关系准确率均99%以上。计划生育证件全部实现网上办理，实现“只跑一次”工作目标。再生育审批95例，发放《一孩生育服务证》1169例，《二孩生育服务证》807例，为独生子女家庭补发独生子女证1347例。2019年，确认全区农村部分计划生育家庭奖励扶助对象15960人，特别扶助对象1634人，完成计划生育特殊家庭在线录入和17594人生物认证工作。确认城镇独生子女父母奖励无职业388人，城镇有单位退休独生子女父母奖励342人。

【科技】 2019年，申报国家高新技术企业26户，申报省级小巨人企业15户（获小巨人补贴资金300万元），申报长春市级小巨人企业25户。上述3项指标均外县区排名第一。

实施国家级知识产权强县工程示范区《实施方案》，开展系列知识产权普及推广活动。对基层各层次对知识产权潜在的分类需要分别开展“知识产权企业行”“知识产权校园行”“知识产权农村行”“走访发明人”等活动。利用“4·26世界知识产权日”“中国专利周”等，发放专利的知识手册、传单等知识产权工作资料5万份，悬挂宣传条幅50条。同新时代文明实践活动相结合，同上河湾焦家村结对共建进行知识产权宣传，打造知识产权宣传长廊，科普宣传阵地，武装科技图书500册。

重点打造新时代文明实践站及“科普学堂”2个载体，开展“科技三进”活动即科技进乡村、进企业、进学校。通过“科技之冬”“科技之春”活动传科技知识进乡村，赶科技大集20余次，发放科普资料2000余份；通过企业大走访传科技政策进企业，走访科技企业20余户，进行科技政策解读、科技项目申报指导。3月11日，组织200余企业负责人参加九台区2019年专利申请及科技项目申报培训班，对科技创新主体培育工作、高新技术企业优惠政策、长春市科技型小巨人企业申报条件及注意事项进行详细解读，对专利挖掘与申请实务、普惠金融政策及各类贷款品种进行细致讲解。5月，开展主题为“科技强国 科普惠民”九台区科技活动周活动，9家成员单位，通过主会场、分会场的形式，采取科技展览、科技咨询、科技讲座等多样式的活动，让科技知识走进工农小学、走进公园广场、走进兴华社区、来到焦家村文明实践站等，开展10余个主题系列活动，吸引1万余人参与。

【社会保障】 开展“春风行动”等招聘会11场次，开发城镇用工岗位6800个，城镇新增就业4200人。全口径劳务输出转移22万人次，零就业家庭就业援助率100%。农村危房改造353户，其中建档立卡户277户。社会救助更加完善，城乡低保救助标准分别提高4.6%和2.5%。投入1700万元，设立长春市外县区首家工会职工经费。新建新华、公园、新洲3个养老服务中心，居家、社区、服务机构一体化养老服务体系建设稳步推进。社会保障卡持卡率74.3%，率先在长春地区实现综合服务窗口全覆盖。依法保护退役军人合法权益，连续九年被评为长春市“双拥模范城”。全区工矿商贸、道路交通、消防火灾3类事故死亡率比2008年下降71%，全年未发生较大以上安全生产事故，代表吉林省接受国务院考核，取得全国第三名。

（郭淑华）

2019年九台区经济和社会发展主要指标完成情况统计表

主要指标	单位	2019年完成	2018年完成	比2018±%
地区生产总值	万元	2298477	2228484	–0.9
第一产业增加值	万元	485220	394391	8.3
第二产业增加值	万元	598080	663611	–8.5
工业增加值	万元	517603	569238	–7.3
第三产业增加值	万元	1215177	1170482	0.1
三产产业比重	%	21.1∶26.0∶52.9	17.7∶29.8∶52.5	–
规模以上工业企业户数	户	193	209	–
规模以上工业总产值	万元	1254400	1412900	–11.2
规模以上工业销售产值	万元	1227100	1392600	–11.9
固定资产投资总额	万元	695715	1310009	–46.9
社会消费品零售总额	万元	1533688	1487573	3.1
公共预算全口径财政收入	万元	287536	245417	17.2
区本级财政收入	万元	114862	78833	45.7
其中：税收收入	万元	54450	50429	8.0
一般公共预算支出	万元	758937	650531	16.7
金融机构存款余额	万元	3100501	2720524	14.0
其中：居民储蓄存款	万元	2422450	2126205	13.9
金融机构贷款余额	万元	2646542	2680630	–1.3

朝阳区

【概况】 朝阳区位于长春市区中南部，是长春市科技、文化、经济、教育、商贸中心区。下设重庆、永昌、清和、红旗、桂林、湖西、南湖、前进、富锋9个街道，53个社区，永春、乐山2个镇，24个行政村和长春朝阳经济开发区。面积237平方千米。

【经济运行】 2019年，地区生产总值699.3亿元，全口径财政收入72.3亿元，地方级财政收入13亿元，规模以上工业产值581.51亿元。“四经普”确认法人和产业活动单位12000余户，列全市第一，新增“四上”企业106户，主要指标总量、增量保持全市前列。

【现代服务业】 推进16个重点服务业项目，万达中心、中东红街竣工运营，欧亚购物中心、宝能中心开工建设。全市首家保险产业园正式运营，年度利税超5000万元。总部经济、楼宇经济发展，赢时物业新三板挂牌，引入九天微星等企业33户。“夜经济”崛起，“这有山”建成运营，成为全省“网红打卡新地标”；四大商圈联动，成功举办“嗨购朝阳”购物嘉年华。服务业增加值450亿元，社会消费品零售总额876亿元。

【创新驱动】 出台科技创新政策30条，建设环南湖科技创新政策先导区，光电信息科技园、大数据产业园落位，园区总数20个，产值预计36.5亿元；中改双创被认定为“国家中小企业公共服务示范平台”，AI双创基地被评为“国家级科技企业孵化器”。发放企业科创专项扶持资金1046万元，新增国家高新技术企业115户、科技型“小巨人”企业37户，技术合同登记额49亿元，三项指标稳居城区第一。

【招商引资】 启动“1+N”招商工作机制，到京津冀、长三角、珠三角开展推介活动20余次。在北京举办“投资环境说明会”，签约项目6个，签约总额203亿元，恒大健康养生谷、中基温泉小镇投资超百亿元项目成功签约；摩捷共享汽车、滴滴出行等一批项目落户；AI试验区、星河湾综合体等56个产业项目正在洽谈，全年利用内资83.8亿元、外资2175万美元。

【产业平台】 推进开发区产城融合，启动双山棚改征收，保利项目合作落地；省市区联合打造“智能网联及新能源汽车供应链产业园”，配套政策同步出台，中法产业园等一批国际化、智能化项目相继签约；战略性新兴产业产值比2018年增长15%，致远新能源、三友国际环保产业园引领发展；域内硅谷大街延长线竣工通车，推进育民路拓宽改造、开运街南延长线建设。永春起步区征收超过50%，推进饶盖公路长伊段、伊通河改造等重点项目，城区外延发展空间逐步释放。乐山镇“线上线下”双渠道农产品展销平台建成运营，年销售额242万元，被省商务厅评为“电商乡镇”。产权制度改革“双证”工作法，被写入《人民日报内部参阅》。

【“三大攻坚战”】 精准脱贫。完成脱贫攻坚巡视反馈问题整改；信息化扶贫帮困平台建成运营，实现贫困人口动态管理、精准识别；发放低保特困救助金5183万元。向镇赉县捐赠帮扶资金300万元，助力民生基础设施建设；投入100万元扶持榆树市产业项目。防范化解重大风险。防范化解金融、政府债务、“三保”支出等各类风险，11件非法集资案件结案、销号。完成新中国成立70周年大庆维稳工作。防治污染。环保督察反馈问题整改销号51项，集中整治取缔“散乱污”企业44户。投入1000万元，鼓励支持秸秆综合利用；成立187个看护组，管控秸秆焚烧，持续保持零火点。建立电子监管平台，压实河湖长制综合监管责任。乐山污水处理厂建成试运行。

【城市乱象整治】 集中整治市场经营、城市管理等10个方面城市乱象，排查重点领域业户9600余家。

【农村人居环境整治】 投入1.14亿元，清运垃圾2.1万吨，改造厕所1100余户。集中解决8650人安全饮水问题，完成村庄整治规划设计。

【城乡建设】 修缮维护市政道路196条，施划停车泊位5万余个；完成开运福里D区、建工学院478户居民回迁工作；富锋清华园三期2632套回迁房全面开工建设。坚持破墙透绿、拆违还绿，新增街头绿地4处、彩化景观9处、亮化街路7条。建设“公交都市”农村公路132.5千米。启动前进大街棚户区、虎林路轻工院宿舍、欧亚卖场东侧规划路等一批历史遗留项目征收工作；完成硅谷大街、富强街旧改等15个重点项目征收任务；夹馅棚户区征收进展顺利，签约875户，释放发展空间1.3万平方米。

【城市管理】 综合运用无人机、全景鹰眼和千寻识别系统，打造“智慧化”城市管理新样板；整治城市顽疾，拆除违法建筑6200余处，高空字、高空牌匾1900余处；配合完成人民大街改造任务；建立全流程垃圾分类处理模式，提升垃圾减量化、资源化、无害化程度；开展清扫保洁模块化管理，主、次街路机械化作业率90%以上。

5月28日，朝阳区庆祝建国70周年暨家风家教主题宣传月“巾帼践行三注重 共建幸福新朝阳”主题演讲比赛在多功能厅举行 （范云皎　提供）

【民生保障】 社会服务。完成100项幸福朝阳民生任务。开发就业岗位1.4万个，安置就业1.2万人，零就业家庭保持动态为零。城乡居民基本养老保险和城镇居民医疗保险实现应保尽保。完善三级退役军人服务保障体系。开发区被评为全国模范劳动关系和谐工业园区。新建、改造社区16个，千米社区比例86%。解放、明德、朝实、北安四大教育集团运行良好，义务教育发展均衡；教育信息化工作经验写入互联网教育白皮书，向全国推广。基层医疗卫生硬件，公交医院移交运行，启动区医院迁址新建工程。“善满朝阳”残障人创孵示范园模式在全市推广，被中央电视台等多家主流媒体广泛报道。围绕庆祝新中国成立70周年，举办特色群众文体活动500余场；完成长春国际马拉松工作任务；举办全民健身体育大会。社会保障。抗击“利奇马”台风灾害，投入资金461万元，完成住房保障、堤坝修复等灾后重建。完善双重预防机制，安全生产工作保持全市前列。

（范云皎）

2019年朝阳区国民经济和社会发展主要指标完成情况

指标名称	单位	实际完成	比2018年±%
地区生产总值	亿元	699.3	4%
第一产业增加值	亿元	0.8	-39.80%
第二产业增加值	亿元	184.2	7.60%
第三产业增加值	亿元	514.2	2.80%
全口径财政收入	亿元	72.3	-26%
本级财政收入	亿元	13.16	-28.70%
全区规模以上工业总产值	亿元	581.51	5.46%
固定资产投资	亿元	67	-35.90%
社会消费品零售额	亿元	876.1	4.50%
服务业增加值	亿元	514.2	2.80%
民营经济主营业务收入	亿元	1832.6	8.50%
战略新兴产业产值	亿元	57.02	22.47%
民营经济增加值	亿元	399.6	9.20%

南关区

【概况】 南关区是长春市的中心城区，位于长春市市区中南部，是长春市的南大门。辖区东起伊通河与二道区隔河相望，西至人民大街与朝阳区接壤，南起新立城镇、永春乡边界与长春净月国家高新技术产业开发区、长春高新技术产业开发区为邻，北至新发路、上海路、光复路与宽城区相接。南关区下辖自强、民康、新春、长通、全安、永吉、南岭、鸿城、明珠、富裕、曙光、桃源等12个街道及幸福乡，7个行政村（八一村、红嘴子村、黑嘴子村、光明村、东风村、富裕村、东安村），59个社区和1个省级开发区（长春市南部都市经济开发区）。人口48.7万人，面积80平方千米，是长春市面积最小的城区。其中，南部都市经济开发区面积32.95平方千米，是长春市规划建设的城市新中心，也是东北亚区域性金融服务中心的核心区。2019年，全区地区生产总值427.9亿元。本级财政收入11.23亿元，引进内资52.1亿元，利用外资1341万美元。

【服务业】 实施“服务业立区”“服务业强区”战略，围绕“一区四带八大板块”产业布局，推动区域服务业转型升级、高质量发展。服务业总体规模，南关区各类市场主体突破7万户，其中，企业2.9万户，个体工商户4.1万户。在1.3万户纳税企业中，服务业企业8467户。其中，传统服务业企业4636户，纳税17.6亿元；现代服务业企业3831户，纳税41.5亿元。服务业整体结构，纳税市场主体13499户，国有企业和机构252户，占市场主体总量1.87%，税收占比39.52%；民营市场主体13247户，占市场主体总量98.13%，税收占比60.48%。民营经济发展成为南关区转方式、调结构、稳就业、保稳定的主要力量。服务业发展规模，全区规模以上服务业企业146户，其中重点行业服务业企业85户，其中，主营业务收入3000万元以上企业20户；5000万元以上企业11户；超亿元企业5户。在1418户商务服务企业中，专业咨询类企业270户，会计师事务所37家，法律服务及律师事务所65家，人力资源及劳务派遣企业152户。服务业主导行业，依据全口径税收比对，金融服务业（260户）税收占比48%，批零住餐（3929户）占比9.7%，租赁和商务服务业（2378户）占比5.6%，信息传输、软件和信息技术服务业（368户）占比1.25%，科学研究和技术服务业（457户）占比3.16%。

【打造南部新城】 规划新城未来发展，八一水库片区设计成果步入法定化阶段，推动绕城以南区域总体规划取得进展。全面启动八一村区域整体征收，新增供地330万平方米。协调推动11条（段）道路实现开工。强化征收攻坚保障，助推配套设施建设。高压管廊工程完成各类管线铺设11.5千米。推进产业规模化发展，新城4.6平方千米核心区域，集中落位亿元以上产业项目35个，亩产投资强度800万元。形成商务商业楼宇33幢，占全区楼宇总数的63%。引进大型金融机构151家，各类市场主体突破1万户。培育纳税超亿元企业5户、超千万元企业21户。在省级开发区综合排名中，南部都市经济开发区由2015年第54位跃升至第5位。

【项目建设】 2019年，解决涉及项目建设的瓶颈问题231个，推动50个亿元以上重大项目全部实现开复工，新增产业面积57万平方米，投资90亿元。项目数量、建设体量、投资规模均位居全市前列。商业综合体投入运营，全区超万米大型商业设施18个。总投资66亿元的华润中心、总投资45亿元的壹湖国际、投资32亿元的国文医院等一大批重大项目实施。围绕主导产业的链化延伸和战略性新兴产业的培育发展，制定招商选资路线图，到上海、天津、杭州、西安等地洽谈对接，推动58企服产业园、中建集团等8个产业项目落位选址，引进和储备云上汽车、金恒内控、蔚来汽车、吉林国文医院等一批体量大、业态新的项目。

【优化营商环境】 2019年，南关区出台助企发展16条新政，兑现奖励、表彰企业团队96个。实施大规模减税降费，为企业和个人减轻负担6.8亿元。诚信兑现创新创业补贴资金880万元，新增高新技术企业41户，科技“小巨人”企业13户，技术交易合同成交额25.3亿元。深化“放管服”改革，标准化公共服务中心实现全覆盖，“最多跑一次”事项98%，创新推行“一键帮办”“零跑代办”服务模式。

【推进改革】 推进10大领域109项改革任务落实。完成政府机构改革，8个涉改部门挂牌成立。推进农村集体产权制度改革，完成清产核资，跟进产权界定，通过国家阶段性督导验收。推进法治政府建设，长通司法所被评为“全国模范司法所”。对口交流合作取得重大成果，发起建立“拱墅—南关高质量产业发展人才培育基金”，开展两地企业互访学习交流，推动吉林植悦生态等企业实现双向合作。

【金融行业】 通过营造宽松优质的发展环境，培育金融、类金融市场主体1853家。进驻银行机构、保险公司分别突破100家，投资咨询企业首次突破700家大关。其中总部类银行机构11户，占全市省（市）级以上总部银行机构总量的50%。年内金保企业纳税28亿元，占全区总税收的45%以上。

【城市建设与管理】 2019年，南关区投入专项资金1.2亿元，修缮城市伤痕724处，维护老旧管网4.3万米，施划停车泊位2.6万个。配合完成人民大街更新改造，绿化新植街路4条、绿地15块，彩化点位23处，新增绿化面积18公顷。推动中安美寓、珲春街等棚户区遗留问题破解，梯次推进市政府宿舍、清明街等71个夹馅棚户区征收改造，东天街棚户区启动建设。完成公平路等19个市政建设项目征收任务，交付净地67万平方米。完成金宇大路出城口专项治理。启动楼体“净空”工程，拆除高空字525处。查处违法建筑2359处，更新改造围挡6.5万米。细化推动177个老旧小区实现物业自治管理。全面推开生活垃圾分类处理模式，实现城乡生活垃圾一体化收集转运。加大主街商圈、背街小巷和征迁区域的保洁力度，机械化清扫率提升90%以上。

【生态环境治理】 改造加油站双层罐47个，整治燃煤散烧行为260起。严控严管秸秆焚烧，连续5年实现“零点火”。完成高家店北沟水体专项治理工程。依法处置排口排污行为13起。清理漂浮物及临岸垃圾130余吨，基本消除辖区黑臭水体。

【民生保障】 开发就业岗位1.35万个，新增城镇就业1.23万人。发放各类救助资金7210万元，精实救助困难群众357名，贫困学生助学金标准实现翻番。结合德惠、大安实际，重点开展产业扶贫工程，帮助两地233户困难群众提前实现脱贫。

【社会事业发展】 幸福中心小学、华泽学校交付使用，新增学位2640个。推动4所新建学校启动建设，“入学难”问题得到缓解。跟进“区管校聘”改革试点任务，深化集团化办学模式。打造名校、名师、名校长工程，18名教师成为市级教学精英，西五小学校长丁国君被评为全国教育系统先进工作者。搭建双向转诊平台，推行分级诊疗制度。落实国家计生“两项奖扶”，受益群众4800人。被评为国家慢病监测先进集体、国家基层中医药工作先进单位。围绕庆祝新中国成立70周年，开展系列文艺汇演、惠民活动850余场，南关区代表队荣获全国武术之乡大赛团体一等奖。完成两卷《南关年鉴》编纂工作，在全市率先实现“两全”目标。巩固文明城创建成果，南关区被评为吉林省文明城区。

（杨　斌　刘　旭）

2019年南关区国民经济和社会发展主要指标完成情况表

指标名称	单位	实际完成	比2018年±%
地区生产总值	亿元	427.9	-0.5
第一产业增加值	亿元	0	0
第二产业增加值	亿元	41.6	4.7
第三产业增加值	亿元/平方千米	386.3	-1
单位面积产出	亿元/平方千米	5.3	-0.5
全口径财政收入	亿元	60.88	-18.4
区本级收入	亿元	11.23	-20.6
固定资产投资额	亿元	95	-32.09
社会商品零售额	个	68.45	-1.4
新增外商投资企业	万美元	5	67
新增实际使用外资	个	1314	10
个体私营企业	亿元	30782	12
民营经济增加值	个	196	8.5
普通中学数	个	9	-
普通小学数	个	21	-
各类医院	%	27	-3.57
绿化覆盖率	‰	34.66	0.32
人口出生率	%	9.14	31.51
政策生育率	-	100	-

宽城区

【概况】 宽城区位于长春市区北部。区域西部、北部与农安县相连，东北部与德惠市接壤，东部与二道区、九台区搭界，南部与朝阳区、南关区为邻，西北部与绿园区为邻。辖10个街道、1个镇，59个城市社区、20个行政村和长春宽城经济开发区、长春装备制造产业开发区。实际管辖面积166.95平方千米，户籍人口39万人。2019年，宽城区地区生产总值295.9亿元，全口径财政收入42.5亿元，全社会固定资产投资57.9亿元，实际利用内资85.2亿元，实际使用外资1195万美元。

【项目建设】 2019年，开（复）工项目45个，投资56亿元。其中，竣工和即将竣工的有泰盟智能制造工厂、信安包装和丰树物流园等11个项目。投资28亿元的万盛珑玺和投资10亿元的宝辉商业广场项目加紧施工；投资200亿元的中车科技园四季共享城、投资35亿元的中车长客检修运维基地、投资20亿元的阿里云东北生态运营中心、投资11亿元的宜家家居等项目的建设有序推进。全区新增亿元以上项目58个，总投资652亿元。

【农业和农村发展】 2019年，宽城区农作物总产量0.815亿千克，总产值2.05亿元。向农民发放农业支持保护补贴859.6万元。发展园艺特产业，年产值1.59亿元。培育市级农业产业化龙头企业1户、国家级农产品加工龙头企业1户。坚持标准化生产，提高蔬菜产品质量、引进新品种5个，新技术1项。申报补贴车辆及农业机械18台，农民享受购买补贴25.36万元。强化畜禽防疫，重大疫病免疫率100%；开展畜禽养殖废弃物资源化利用工作，年综合利用率90%以上。实施兰家镇2个村的饮水安全工程，受益村民2700人。引导农村土地承包经营权有序流转，新增农民专业合作社3家、家庭农场2家。投资747.6万元，实施兰家镇河道疏浚工程。整治农村人居环境，设置垃圾桶等收集设施2.34万个，使用移动式垃圾转运站点12座，解决农村垃圾“多而散”、清运不及时难题；推行无害化卫生旱厕模式，2545户农家厕所实现改造。欣园街道五星村被评为“长春市美丽乡村示范村”。

【城区建设】 2019年新建、续建道路6条，维修道路6条。完成长春市创建“公交都市”农村公路建设项目在宽城区域增加的25.9千米的勘测设计工作。落实区级、镇级、村级三级“路长制”，加强农村公路管理、养护。启动人民大街北段4个棚户区和北京大街东、西2个地块改造，促进“历史文化名区”打造。补偿安置棚改居民1160户。推进“河长制”实施，巡河13400余次，清运河道周边垃圾5000余吨，清理种植地块2400平方米，逯家明沟、千山明沟和团山明沟生态修复工程竣工。补植街路35条、补植绿地14块，种植乔木2605株、灌木968丛、绿篱9686平方米、花卉4527平方米；养护绿地100块、115万平方米，彩化绿地10块、5620平方米；绿化区政府中心公园、青年公园，种植乔木1727株、花灌木6.58万株、花卉18.5万株。绿化覆盖率43.15%。

【市容环境管理】 实施“天际线”治理工程，拆除楼体高空字577处。治理非法广告，对在公共场所随意张贴广告的相对人实行号码停机，停机号码7108个，罚款17.7万元。区域内设置公共信息栏4800余块。拆除违法建筑50余万平方米。依法依规管控，集中治理渣土运输、露天烧烤和占道经营摊亭。处罚违法运输渣土车辆135辆，罚款40万元，刑事处罚当事人3人；组织联合执法160余次，劝导烧烤商贩300余人次，收缴暂扣传统烧烤炉具130余套；拆除违规占道经营摊亭25个。开展“迎接国庆环境治理攻坚行动”，集中治理38个物业小区、54个老旧散小区、1920栋居民楼的环境卫生。清理堆放物10480处，清理毁绿种菜5866平方米，清理垃圾10105立方米；清理非法广告43.5万张，清理占道堆放物2392处；拆除违规广告牌匾862块、规范不合格牌匾222块，清除违规窗体字7119处、违规条幅384处；清运建筑垃圾4148吨。加大对站前、华正、黑水路3个商圈环境整治力度，达到免检标准。推进“公共厕所革命”，新建、改造水冲公厕69座，公共机构、公共场所开放公厕65座，拆除旱厕83座。开展生活垃圾分类工作，区域内建立“四分法”垃圾分类片区2个，“三分法”垃圾分类片区8个，30个物业小区、60家企业和331个公共机构参与垃圾分类工作。

【保障和改善民生】 2019年，开发就业岗位1.17万个，城镇新增就业1.12万人，城镇失业人员再就业4300人，就业困难人员就业1500人，农村劳动力转移就业1030人，城镇登记失业率控制在4%以内。保障农民工工资支付，当期支付率100%。为低保人员发放低保金7094万元，为城市低保人员缴纳医保资金206万元，为农村低保人员缴纳“新农合”资金9.1万元。为城乡特困供养对象发放生活照料补贴310万元。为残疾人8780人办理意外伤害保险，发放残疾人重度护理补贴和困难生活补贴7397人次、481万元。残疾人新增就业232人。居家安养和集中托养残疾人677人。精准康复服务残疾人1448人次。为计划生育家庭特别扶助对象1467人，农村计划生育家庭奖扶对象2399人发放奖扶资金。强化退役军人管理服务，各街道（镇）、各社区（村）建立退役军人服务站90处；解决军人11人子女入学和下岗失业、生活困难转业志愿兵（士官）18人就业问题；“八一”期间，走访军烈属、伤残军人等300余人，发放慰问金30余万元；优抚对象1100余人的优抚资金发放到位。全区建档立卡贫困户12户28人稳定脱贫，未返贫。

【社会事业发展】 新建、续建4所学校，其中2所学校竣工使用，新增学位6630个；宽城区朝鲜族小学被评为“吉林省首批美育特色学校”，长春市公共关系学校列入“吉林省示范性学校”；宽城区教育局被评为“国家义务教育质量监测实施优秀组织单位”。建设标准化村卫生室11家。完成宽城区养老服务指导中心改造工程，居家和社区养老服务改革试点等4个中央财政资金支持项目建设。长春市首个标准化“老年人社区日间照料站”在庆丰社区建成使用。宽城区残疾人托养中心建成使用，托养残疾人50人。全年组织群众参加2019央视春晚长春市“一汽”分会场演出、庆祝新中国成立70周年宽城“百姓大舞台”系列演出等文艺演出100余场。举办多元化全民艺术普及培训18期，惠民28.5万人次。推进“数字文化馆”建设，软件设施全面升级。区图书馆举办各项读书活动，参加2.5万人次。打造农村文化小广场2处，启动14处不可移动文物的修缮。举办冰雪趣味运动会、“健康宽城”徒步赛等群众性体育活动60余场，参加吉林省青少年田径锦标赛，宽城区代表队获团体总分第一名、奖牌总数第一名。全区有45户高新技术企业、26户科技型“小巨人”企业分别通过国家、省、市认定。坚持档案资源服务于民，全年接待查阅290人次、412卷（件）。《长春市宽城年鉴（2018）》入选第三批中国年鉴精品工程“中国精品年鉴”，获第六届全国地方志优秀成果（年鉴类）特等奖，宽城区《创新求实提升质量，合力编纂精品年鉴》经验在省方志委举办的业务培训班上交流。

【“平安宽城”建设】 通过“百姓法律大讲堂”向群众普及法律知识28场，发放法治宣传读本1.3万余册。为企业发展提供法律服务，企业反映法律事务方面问题办结率100%。全区“百姓说事点”464个，群众表达诉求渠道更加畅通。学习借鉴“枫桥经验”，加大社会矛盾纠纷预防力度，全年排查矛盾纠纷198次，预防99件，调解成功928件。实施法律援助，解答群众法律咨询5169人次，为受援人挽回经济损失517.24万元。化解各类信访积案150余件。强化安全生产监督管理，排查企业18416户次，整改隐患7071处。完成庆祝新中国成立70周年安保维稳任务。强化食品药品安全监管，营造群众放心消费环境，评选出区级“放心消费示范单位”8家。宽城区“传承发展新时代‘枫桥经验’，不断推进‘百姓说事点’工作取得新成效”经验在全省会议上交流；长春市坚持发展“枫桥经验”，推进“百姓说事点”创新发展现场会在宽城区召开；中央广播电视总台“中国之声”报道宽城区“百姓说事点”开展情况。宽城区2个街道（镇）和2个社区人民调解委员会被评为长春市先进人民调解委员会。集中整治城市乱象，有关经验在长春市召开会议上交流。“寻找最美家庭”活动在全区持续开展，评选出“最美家庭”30户。评选树立“宽城好人”45人，“宽城好人标兵”6人；涌现出“中国好人”1人，“吉林好人”1人，“长春好人”3人。宽城区团山街道长山花园社区党委书记、居委会主任吴亚琴被评为“新中国最美奋斗者”。区委宣传部被评为“2019年人民网网民留言办理民心汇聚单位”。宽城区被评为“长春市2017–2018年度文明城区”。

（张士学）

【长春宽城经济开发区】 长春宽城经济开发区（简称宽城开发区）为省级开发区，由宽城区直管，总面积45.2平方千米，划分为南部商贸服务板块和北部工业与物流板块。2019年，宽城开发区本级全口径财政收入1.97亿元，全社会固定资产投资16.48亿元，规模以上工业总产值28.36亿元，限额以上批发零售业销售额77亿元；实际利用内资20亿元，实际利用外资645万美元。全年开（复）工项目8个，总投资23.65亿元。培育高新技术企业13户、科技型“小巨人”企业25户。宽城开发区有注册企业9075户。加强基础设施建设，维修道路27条。甲四路自来水管线配套工程竣工。甲五路、北兴路供热管网和甲五路、富盈路燃气管网铺设，甲五路管网实现供气。兰家污水处理厂一期工程稳定运行。全年收储土地16宗、167万平方米；出让2个建设项目3宗土地，3宗工业用地进入招拍挂前期公示阶段。循环经济产业园，杞参食品，冷链物流等项目规划调整结束，3个棚户区改造地块控规成果的前期编制报审结束。完成“金达洲”商住及4S店项目建设用地出让组卷工作。调整土地利用总体规划6宗、24.2公顷。总投资3.8亿元，为失地农民建设新居4753套。建设企业孵化基地6处，总占地面积49万平方米，总建筑面积44万平方米。

（佟 莉）

【长春装备制造产业开发区】 长春装备制造产业开发区（简称装备开发区）为市级开发区，由宽城区直管，总面积26.9平方千米，划分为装备制造功能区、现代商住区、都市农业区等3个功能区。2019年，装备开发区全口径财政收入2.2亿元，全社会固定资产投资8.5亿元，规模以上工业总产值26.5亿元，限额以上贸易业销售额1.25亿元。招商引资16.8亿元，签约企业13户。全年有各类项目38个，总投资182.5亿元，实现开（复）工项目18个。其中，4个项目建成投产，2个项目主体建成。零配件产业园发展持续，年内入驻企业7户，共20余户，年产值11亿元、税收1.2亿元；总投资15亿元的智能制造产业园开工建设，有10余户企业准备进驻。推进“产城融合”，开发60余万平方米商住区域。建设总长度2.5千米的区域道路，服务项目落位。解决“万星地产”供水难题。完善3户企业电力配套设施，中车长客66千伏供电线路架设的前期工作完成。铺设天然气次高压管道3.5千米。铺设供热管线1.5千米，满足规划甲六路以南企业和“力旺地产”项目用热需求。全年征收土地46万平方米，拆迁5万余平方米，确保落地项目的开工和竣工。优化营商环境，选派53名工作人员到企业兼职，落实助企“八项措施”，助力企业解难题，优质服务促发展。这一做法由新华网、吉林电视台、长春电视台、《长春日报》等媒体报道，提升开发区影响力。

（王 速）

2019年宽城区国民经济和社会发展主要指标完成情况统计表

指标名称	单位	实际完成	比2018年±%
地区生产总值	亿元	295.9	–2.7
第一产业增加值	亿元	0.7	–49.3
第二产业增加值	亿元	87.8	0.5
第三产业增加值	亿元	207.4	-3.6
全口径财政收入	亿元	42.5	–20
本级财政收入	亿元	7.9	–31.4
地方财政支出	亿元	24	–10.4

续表

指标名称	单位	实际完成	比2018年±%
全社会固定资产投资	亿元	57.9	-36
利用内资	亿元	85.2	-14.1
实际使用外资	万美元	1195	12.6
绿化覆盖率	%	43.15	-
教育事业费支出	亿元	7	1.5
医疗卫生支出	亿元	2.1	-9
科学技术支出	亿元	2.5	260
人口出生率	‰	8.38	-
人口自然增长率	‰	6.11	-

二道区

【概况】 二道区位于长春市区东部，东与吉林市永吉县万昌镇相连，南与长春经济开发区、净月开发区接壤，西靠伊通河东岸，北与宽城区、长春高新技术开发区北区、长春经济开发区北区、九台市东湖镇相临。全区面积452平方千米，其中二道区直接管辖区域102平方千米，辖省级开发区—长春国际物流经济开发区，7街、1镇，44个城市社区、8个行政村，人口41万人。二道区交通便捷，区位优势突出，区内临河街、东盛（远达）大街、东环城路、洋浦大街、东部快速路贯穿南北，自由大路、吉林大路、机场快速路和东荣大路横跨东西，构成“四纵四横”的城区道路交通格局；地铁2号线、轻轨4号线穿区而过；哈大、长吉高速等交通干线与二道区紧密相连。长春龙嘉国际机场紧邻辖区东部，二道区是机场进入长春市区的首先区域和必经之地。吉林大路快速路主线于9月30日通车；二道区水源、电力、热力、燃气供应充足，路网、电网、信息通信网络和金融网络等基础配套设施完备，服务功能齐全。2019年，地区生产总值204亿元；全社会固定资产投资55亿元；规模以上重点服务业营业收入6.66亿元；规模以上工业产值81亿元；社会消费品零售总额261.5亿元；地方级财政收入6.4亿元。引进内资60亿元、利用外资4000万美元。

【项目建设】 2019年，新洽谈推动长春烯谷石墨烯产业园、恒大农业产业园等30个项目，引资总额约230亿元；签约圆通二期、中日跨境电商等12个项目，签约额近400亿元；开工建设亚泰产业园二期、鹏霖建筑产业园二期等40个项目，引资总额245亿元。新开工项目40个，竣工10个。特别是亚泰、鹏霖建材园建成运营，华润普洛斯等项目加快建设。全年滚动推进3000万元以上项目103个，其中，新建项目23个，续建项目41个，重点谋划项目49个。引进总部型、税源型企业50余户；洽谈推动项目30个，签约阿尔山金融科技小镇等12个重大产业项目，香江智慧健康特色小镇被列入吉林省首批特色产业小镇项目。承办首届东北亚电子商务峰会暨第五届（中国）长春电子商务产业峰会。

【城市建设】 打通新开西街、东丰

7月27日，二道区企业“家乡互动”在香港交易所上市仪式 （马 凌 提供）

路等6条道路，吉林大路快速路主线通车，完善立体交通体系。英俊镇新型城镇化基础设施建设主体竣工，东部区域承载能力增强。推进61项市区重点工程征收、21个棚户区、30个夹馅棚户区改造，整理用地160余万平方米，开发改造棚户区建筑面积106万平方米，回迁安置居民1000余户。全面落实10个重点行业领域专项整治，拆除违章建筑15.6万平方米，公园、商场、学校周边秩序得到有效治理。在全市率先完成“大棚房”整治任务。洋浦公园落成开放，提升伊通河、劳动公园、自由大路等沿线区域绿化彩化水平。吉盛坊仿古街被评为吉林省首批夜经济载体，盛兴门文化街、东新路文化产业大道成为市民生活新体验。完成厕所革命任务，城管执法队伍被评为吉林省“2019年度‘强转树’表现突出单位”。

【文化教育】 二道区有中小学26所，其中，中学10所，小学16所。义务教育阶段学生40630人，其中，中学13043人，小学27587人；适龄儿童入学率100%，中小学巩固率近100%。接收外来务工随迁子女2245名，进城务工人员子女入学率100%。全区“长春市学区新优质学校”26所。学前教育新增普惠学位1500个。2019年，教育技术装备总投资1479.1682万元，更新191套班级多媒体、3854套学生桌椅、10套微机室、LED显示屏100平方米、4套心里咨询室、2个录播教室、3个创客空间，全区公办中小学校硬件办学条件全部达到《吉林省义务教育学校办学标准》要求。教育装备创新案例获全国一等奖，“智慧教育云平台”获教育部优秀案例，集优化办学模式荣获“国家级基础教育教学成果二等奖”，经验在全国推广。

【卫生与计划生育】 区内各医疗机构437家，其中，公立医疗机构23家，民营医疗机构414家。全区6家社区中心全部通过省市复核评审。公共卫生应急工作通过国家级慢病防控示范区省级验收。承接老龄健康、职业健康、食品安全等新职能。推进分级诊疗建设，区乡村三级医联体建设实现全覆盖，全年巡诊1540人次。完善基层卫生机构基础设施建设。健康档案规范工作，完善档案2.14万份，位列长春市基本公共卫生项目绩效考核第一，在全省基层卫生工作会议上交流经验。实施全面两孩政策，2019年，全区出生人口2034人，死亡人口589人，人口自然增长率4.51‰，政策生育率100%；全年新增农村奖扶181人，特扶161人。全年发放扶助资金834.48万元，发放城镇无单位独生子女父母奖励费594人，118.8万元，位列长春市计划生育年度目标责任考核第一。

【社会民生】 完成民生实事80项、暖流增收任务41项。在全市率先实现退役军人服务保障体系全覆盖。残疾人康复中心、残疾人创业孵化基地建成使用。为5814名城乡低保及特困人员发放救助金近7500万元。启动应急预案简化救助流程。救助困难群众448人次，救助金额140万元。春节期间为困难群众发放450万元的慰问金和慰问品。二道区60周岁以上老年人6.9万人，全区养老机构25家，床位2348张，入住1594名老人。为符合条件的老人按每人每月100元和200元标准提供各类居家养老定制化服务。安全生产形势稳定，完成重大会事节点维稳任务。

【就业创业】 2019年，开发就业岗位12558个，城镇新增就业10028人，失业人员再就业4939人，就业困难人员再就业1500人，农村劳动力转移就业1003人，农村劳动力转移就业收入2006万元，城镇登记失业率3.31%。建立返乡农民工创业服务中心，服务返乡农民工50人（次），发放小额担保贷款320万元，扶持创业7人，带动就业50人。组织“就业帮扶、真情相助”残疾人专场招聘会、“春风行动”“2019年人力资源市场区街联动”系列招聘会38场，送岗直通车32次，到扶贫一线开展慰问走访。

【智慧社区试点建设】 二道区是民政部确定的全国首批50个智慧社区试点单位之一，采用“互联网+”模式，建立“一卡一库四平台”（虚拟市民卡，社区综合信息库，社区公共服务平台、社区综合管理平台、积分管理平台、监督反馈平台）线上管理系统，提供包括智慧党建、智慧养老、智慧教育等8大类40余项服务内容，与建设银行合作为智慧社区提供资金和技术支持，引进欧亚集团、圆通速递、大桥外语等商家，为二道区居民提供服务。线上与线下互动，以及引入“积分制”和多元化优惠服务，调动居民参与社区建设积极性。承接全省城市社区标准化试点任务。修订完善城市社区党建、群众自治、社团管理、文化生活、环境安全、为民服务等领域工作规范和流程，整理经济发展、综治维稳、科教文体等16类145项标准，二道区自定标准87项，构建城市社区标准体系，为社区各项工作提供科学规范的标准。试点工作在全省民政工作会议上做经验交流，国家民政部给予认可。

（马　凌）

2019年二道区国民经济和社会发展主要指标完成情况统计表

指标名称	单位	实际完成	比2018年±%
国内生产总值	亿元	204	-
第二产业增加值	亿元	45.2	4.1

续表

指标名称	单位	实际完成	比2018年±%
第三产业增加值	亿元	162	–
全口径财政收入	亿元	32	–
本级财政收入	亿元	6.4	–
固定资产投资	亿元	55	–
工业固定资产投资	亿元	–	–
社会消费品零售总额	亿元	262	–
实际引进内资	亿元	60	–
实际使用外资额	万美元	4000	–
个体工商户	户	50153	12.6
民营企业	户	18417	6.2
普通中学	所	10	–
小学	所	16	–
教育经费总额	万元	50037	–
科技三项经费	万元	–	–
卫生事业费	万元	5349.95	–
人口出生率	%	0.94	0.14
计划生育率	%	100	–
建成区绿化覆盖率	%	41.2	0.3

绿园区

【概况】 绿园区位于长春市区西部，东连朝阳、宽城两区，南接长春汽车经济技术开发区，西邻公主岭市，北依农安县。下辖春城、正阳、青年路、同心、林园、铁西、普阳7个街道办事处，60个城市社区；城西、西新、合心3个镇，24个行政村；长春绿园经济开发区（加挂长春轨道交通装备产业开发区牌子）、长春绿园西新工业集中区、长春皓月产业园区、长春西部新城开发区4个开发区。全区总面积216平方千米，常住人口60.4万人。2019年，接受中央扫黑除恶督导及“回头看”、国务院第六次大督查、国家统计专项督查、国家和中联办信访督办、省市巡视巡察以及专项工作督查检查。2019年，地区生产总值276.8亿元，比2018年增长1.1%；规模以上工业总产值511.0亿元，增长7.8%；引进内资9.97亿元；实际直接利用外资824.6万美元；全口径财政收入51.37，下降2.8%；本级财政收入9.50亿元，下降10.9%。

【经济发展】 推动区域协调发展，构建“2+2+5”生产力布局。打造长春公园、春城大街商圈，新城吾悦广场日均客流量2万人次，欧亚春城购物中心节日促销额2亿元。“夜经济”崛起，欧亚物流夜市日均人流量约2000人次、交易总额5000万元。西部新城现代服务业项目集聚。青怡坊国际旅游文创产业园、湖滨公园壹号地产项目启动建设，万龙银河城西区25栋住宅、2栋商业主体封顶，中海景阳公馆、万科城市之光84万平方米住宅和商业交付使用。长春西站周边围挡全部拆除。关闭龙峰殡仪馆遗体火化等功能并启动征收前准备工作，确定高压线迁改工程规划路由，87中学南阳校区主体工程封顶，站前核心区、同心湖地块加快征收。工业开发区提档升级。绿园经济开发区获评国家级新型工业化产业示范基地质量评价四星级开发区，今麦郎软化水生产线技术改造等项目投产。西新工业集中区凯达管业等项目竣工达产，万华汽车冲压件等项目主体竣工，新增2条10千伏供电线路，完成万米燃气管网建设。合心、西新污水处理厂一期工程建成运行。特色小镇建设。合心轨道客车文化小镇确定开发主体，柴家棚户区征拆住宅总量的87%。北汽皓月生态小镇、关东文旅小镇获评省首批特色产业小镇，启动4条道路征收，与东北师范大学签订绿园实验校合作办学协议，关东文化园传统民居四合院获批长春市特色乡村旅游民宿。航空文化生态小镇举办长春航空展，拆除棚户区1.9万平方米，新建围挡2510米，观展群众近50万人次，规模和影响进入国内航展前列。雁鸣湖特色小镇确定开发主体，启动征收前期工作。推动产业优化升级。规上工业企业发展到86户。战略性新兴产业占比80.2%。中车长春轨道客车股份有限公司研制的以色列特拉维夫红线轻轨列车成功下线，长春吉文汽车零部件股份有限公司获评全省自动化信息化融合管理体系试点企业，长春皓月肉业股份有限公司产值比2018年增长近30%。全区金融保险业税收留用收入增长152%。渤海银行长春分行存款余额、贷款余额分别比2018年增长101%和158%，综合绩效居系统同类行第一名。永诚财产保险股份有限公司成功落位。申请加入长春国家物流枢纽布局，北京中冷物流股份有限公司等5户企业纳入省级城乡高效配送第二批试点。吉林省春莲集团获评省AAA级乡村旅游经营单位。实施乡村振兴战略行动计划。推进农村集体产权制度改革，省级以上蔬菜标准园发展到18个，打造新农村屯、裴家屯2个精品屯。推进招商引资。到北京市、陕西省西安市等13个城市开展招商，对接“汽车、客车”配套、现代服务业等产业项目42个，与中南高科产业集团、京东智能、天安智谷有限公司等战略投资者洽谈特色小镇开发事宜，签约沈飞航宇机械制造有限公司IPV6等总投资42.9亿元的9个项目。与浙江省杭州市萧山区、天津市河北区对口合作顺利。

【改革创新】 推进政务服务综合改革。两级两类大厅全部实现“无差别一窗受理”，减少审批要件96项，压缩审批时限近40%，全区“最多跑一次”事项占比98%。推动社会组织创新发展。构建“1+2+3+4”社会组织示范发展框架，吸纳社会组织305家、志愿者1万余名，绿园区被确定为吉林省社会组织发展先行先试示范区。推进全国首批农村社区治理实验区建设，会同吉林大学探索“村企共建”等6项治理路径，经验做法在人民网等媒体报道，在全市深化改革会上交流，绿园区获评吉林省幸福社区建设示范单位。科技创新迸发新活力。组织申报省市科技计划项目26项，新认定高新技术、“小巨人”企业49户，转化“车用耐高温、耐磨损高分子减震橡胶材料”等技术成果。大众创业万众创新呈现新局面。长春青年可视化电商创业中心正式运营。省级以上双创载体发展到6户，新增“专精特新”企业7户。新增民营企业4816户、个体工商户9632家，增速位居全市前列。

【“三大攻坚战”】 开展防范化解重大风险攻坚战。排查金融类企业69户，整治小额贷款公司3家。化解存量债务及支付陈欠款项4亿元，申请省级债券6.5亿元，协调市级土地借款4.4亿元，解决重点项目资金缺口，避免新增隐性债务。落实“过紧日子”要求，压缩一般性支出10%，争取上级补助资金，抓牢“三保”底线。开展精准脱贫攻坚战。与长春市鼎庆经贸有限责任公司开展物流配送扶贫项目合作，贫困户年人均增加收益3415元。开通“先诊疗、后付费”就医通道，救治贫困户32人次。为6000名特困群众创设商业保险兜底救助项目，543人次受益。开展“两区带四县”扶贫协作和“消费扶贫、公益认购”活动，推广对口帮扶的长春市农安县、白城市通榆县农产品。开展污染防治攻坚战。全面完成20蒸吨以下燃煤锅炉淘汰改造，停产关闭违规商混企业3户，春秋两季秸秆禁烧实现“零火点”。落实“河（湖）长制”。完成双龙沟、荣鼎康城B区、娘娘庙明沟污水摘管工程。关停取缔“散乱污”企业532户。休耕新凯河行洪区农田112公顷。加大危险废物、土壤污染排查整治力度，减少农药使用量30%以上。落实国家清理“大棚房”问题和清欠民营企业、中小企业账款要求，全面完成2690个“大棚房”问题整治整改，偿还民营企业、中小企业账款5664万元，年度清偿率100%。

【城市建设管理】 征收拆违。完成长白A、建阳街地块棚改项目326户征收任务，通过国务院、中联办督查督办。开展征收“百日攻坚”，完成征收300户，实现全区责令交地“零突破”。全年完成征收2469户，拆除违法建筑34.8万平方米，伊通河治理等重点工程施工、生物地块10万平方米土地摘牌。旧城改造工程。覆盖422个小区的旧城改造工程全部竣工验收，改造总面积715万平方米，打通小区微循环道路134条，改造排水管网27.7万米，拆除违法建筑23.7万平方米。城市基础设施。丁三十四路、乙三路（南阳路至景阳大路段）竣工通车，小修维护道路90条，绿化补植街路43条，消除裸露地面6.3万平方米。棚户区改造。警备路以东等8个项目开工建设，西湖北一等3个项目确定改造主体，双丰大街等2个项目挂牌出让。整改棚户区历史遗留问题，建设建阳街等项目回迁房，通过房屋及货币化安置回迁居民388户。精细化管理。集中整治“三高一出口”周边环境，取缔废品收购站28家，清理超高土、垃圾9.7万吨，建设围挡8300米。拆除高空字450处。垃圾分类终端处置中心投入运行，在10个封闭小区、59家公共机构开展垃圾分类试点。优化乱点堵点交通秩序12处，一般道路交通事故起数比2018年下降31%。

【推进重点工作】 “抓专班”推动项目建设。深化“专班抓项目”举措，构建“1+2+5”领导体系，通过走项目、听诉求、查问题、做会诊，解决万华汽车冲压件项目地下供水管线排迁等一批难题，确保26个项目如期开工。“抓服务”助企业发展。开展“万人助万企”行动，全区152个工作组、573名机关干部到企业问实情、出实招、建机制，破解长客小环线项目土地手续办理等难题410个，提振企业发展信心。“抓治乱”规范城市秩序。全面整治12个重点领域58类、1.5万件乱象问题，清理非法广告44.8万处，规范娜奇美、四季青、辽阳街等市场秩序，整治关停商户325家，劝离商贩群众10余万人次。“抓整治”改善农村面貌。区财政投入7200万元，全面开展农村人居环境整治，解决3004户村民饮水安全问题，清理道路边沟56千米，改造农村户厕2634座。绿园区粪污资源化利用模式在全省农村人居环境整治现场会上做经验交流并推广，哈达村、裴家村分别获评省级“百村引领、千村示范”示范村和市级“美丽乡村示范村”。

【保障和改善民生】 社会保障。保障城乡低保对象3655户，发放低保金5500万元。开发用工岗位1.5万个，新增城镇就业1.48万人，零就业家庭保持动态为零。新增养老机构4家，区养老服务指导中心、2个社区助老餐厅和3个农村养老服务场所投入使用。帮助98名残疾人创业就业，收缴残疾人保障金5100万元。公共服务。通过全国中小学校责任督学挂牌督导创新区验收。公开招聘117名教师，引进38名东北师大毕业生。在全市率先建立教育人才库。2个国家级教育课题经验交流会在绿园区召开。通过国家卫生城市复审。家庭医生签约服务覆盖率、重点人群签约率分别为40.8%和70.8%。升级改造同心社区卫生服务中心二期和3个村卫生室，吉大一院全科医师规范化培训实践基地落位。开展文体活动90余场次，完成央视春晚一汽分会场演出、2019长春国际马拉松赛事保障，绿园区被评为庆祝中华人民共和国成立70周年吉林彩车工作先进单位。社会治理。开展15个领域安全生产专项整治，动态整改率95.6%。办结“两个专项攻坚”信访案件161件，隆都翡翠湾小区、长白A地块等历史遗留信访问题取得突破性进展。区公共法律服务中心、区退役军人服务中心和镇街、社区退役军人服务站投入使用。提前完成殡葬领域突出问题整治。持续巩固扫黑除恶专项斗争成果，刑事案件、行政案件立案数量分别下降4.7%和9.7%。

【民主法治建设】 办结115件市区人大代表建议和政协提案。完成第四次全国经济普查。开展“七五”普法宣传，建立政府常务会会前学法制度。深化政府工作目标化管理，执行日写实、周计划、月总结制度。

（景年国）

2019年绿园区国民经济和社会发展主要指标完成情况统计表

指标名称	单位	实际完成	比2018年±%
地区生产总值	亿元	276.8	1.1
第三产业增加值	亿元	128.3	–0.1
农业总产值	亿元	3.31	–31.1%
规模以上工业总产值	亿元	511.0	7.8
全口径财政收入	亿元	51.37	–2.8
本级财政收入	亿元	9.50	–10.9
社会消费品零售总额	亿元	122.0	3.4
利用内资额	亿元	9.97	3.5%
实际直接利用外资额	万美元	824.6	10.3%
进出口总额	亿美元	5.50	–19.63
城镇居民人均可支配收入	元	37844	7%
农村居民人均可支配收入	元	15455	8.6%
各类医院数	所	17	6.2
教育经费总额	亿元	7.19	14.8
卫生事业费	亿元	2.60	18.72

续表

指标名称	单位	实际完成	比2018年±%
绿化覆盖率	%	36.68	0.08
人口出生率	‰	6.54	1.3
政策生育率	%	100	0

双阳区

【概况】 长春市双阳区位于东经125° 26′ 30″ –126° 00′ 45″ ，北纬43° 16′ 06″ –43° 44′ 20″ 。地处吉林省中部，长春市东南部。东濒饮马河与永吉县相望，东南、南与磐石市毗邻，西南、西与伊通县接壤，西北与长春市净月开发区为邻，北、东北与长春市二道区相连，面积1677.04平方千米。其中，耕地109668.83公顷，占总面积65.39%；园地85.88公顷，占总面积0.05%；林地28405.59公顷，占总面积16.94%；草地1104.68公顷，占总面积0.66%；城镇村及工矿用地16092.22公顷，占总面积9.59%；交通运输用地5073.61公顷，占总面积3.03%；水域及水利设施用地6876.03公顷，占总面积4.1%；其他用地397.15公顷，占总面积0.24%。双阳区南北狭长，最长直线距离60千米，东西最宽直线距离39千米，其中，陆地面积1672.91平方千米，占99%；水域4.51平方千米，占1%。人口密度每平方千米233人。全区下辖4个街道、3个镇、1个乡，17个城市社区，134个行政村，总人口39万人。双阳区林地面积35838.24公顷，森林覆盖率15.32%，林木绿化率15.8%。其中，有林地25453公顷，疏林地21.34公顷，灌木林地378.01公顷，未成林造林地422.88公顷，苗圃地64.79公顷，无立木林地1783.39公顷（含采伐迹地189.52公顷），宜林地6933公顷，辅助生产林地781.83公顷。全区活立木总蓄积量2584655立方米，其中，有林地蓄积量2466035立方米，疏林地蓄积量786立方米，散生木蓄积量73立方米，四旁树蓄积量117761立方米。双阳区有国家级公益林1146.75公顷，位于江河两岸–饮马河生态区位内，涉及齐家镇、山河街道办事处、国有林总场烧锅管护站和甩湾管护站等单位；有省级公益林621.35公顷，位于吊水壶生态区位内，涉及公益林总场烧锅管护站和太平管护站；有商品林27415.88公顷，分布在全区8个乡镇（街）和国有林总场各管护站范围内。双阳矿产资源30余种。非金属矿产资源主要有石灰石、石英石、膨润土、磷矿石、硅灰石、大理石、花岗岩、矿泉水等。金属矿产资源有金矿石、铁矿石、铅矿石、锑矿石等。能源资源有煤、原油和天然气等。煤资源储量129680.97千吨，水泥用灰岩946721.5千吨。双阳区生产总值146.8亿元，按同比价格计算，比2018年增长1.8%。全口径、地方财政收入分别为14.08亿元和5.16亿元。社会消费品零售总额83.8亿元，增长3.5%。城、乡居民人均可支配收入分别为29124元和15281元。

【现代农业产业园建设】 建设高标准农田467公顷，林果种植、棚膜经济、绿色水稻分别发展到2333公顷、1467公顷、6000公顷，粮食产量保持稳定。加快鹿业和奢岭设施园艺现代农业产业园建设，市级以上龙头企业发展到49户。梅花鹿品牌培育运营中心挂牌成立，鹿业大数据云平台试运营，博文梅花鹿繁育基地建成交付使用，“双阳梅花鹿”入选中国农业品牌目录。向阳源、健圆山庄等一批农业嘉年华项目影响广泛。奢岭被评为省级一村一品示范村镇，鹿乡被评为全省特色农产品优势区。双阳区被列为全国农民合作社质量提升整县推进试点，入选全国乡村振兴农村创新创业十佳优秀案例。

【工业经济】 注重技术创新，纳入省技术创新计划项目11项，其中，新产品规模化推进计划5项，产学研协同创新计划3项，企业技术中心创新能力提升计划1项，产业关键共性技术攻关计划2项，全部完成年度计划。对纳入计划的新项目及时上报，完成市级企业技术中心1个，企业研发中心1个。审核省级技术中心7个，市级企业技术中心1个。新增高新技术企业3户、科技型小巨人企业6户、规模以上工业企业4户，战略性新兴产业值、规模以上工业产值分别为26亿元和56亿元，分别比2018年增长6.5%和6%。工业用电量3.5亿千瓦时，增长15%左右。

【服务业】 奢岭旅游度假区“三横三纵”路网框架全面拉开，新增高端住宅54万平方米，将军村影视基地建成使用，电视剧《鹿鸣春晓》监控尾声，盛世图腾马文化产业园成为中地合作交流新平台。举办第六届双阳梅花鹿节、草莓采摘节等节庆活动，太平肚带河村获评中国美丽休闲乡村，双阳区入选全国乡村旅游发展典型案例。全区服务消费品零售总额93亿元，比2018年增长14.8%。

【招商引资】 破解融资、手续办理等问题22个，征供地232公顷，实施大刘公路、莲花二次变电站等开发区基础设施建设工程10项。金盛未来城、红星美凯龙“梦吉林”等项目开工建设，中德产业园四期部分投产、五期厂房主体封闭，全年开复工项目76个，其中，超亿

6月6日，中国双阳梅花鹿节暨第二届鹿乡采茸文化节开幕　（何允贵　提供）

元项目53个、超10亿元项目5个。围绕政策导向和资金投向，谋划重大项目48个，获支持资金近2亿元。

【生态环境治理】　加大环保督察问题整改力度，38个中央和省环保督察反馈问题、326件交办案件得到整改。实施水污染防治工程20余项，杏树河截污纳管、三污扩容提标等工程开工建设，齐家、山河污水处理厂全面建成，砖瓦窑桥面水质提升、杏树河拦河闸等工程投入使用。改造农村厕所1.2万户，建设畜禽粪污集中处理站5个，农村生活垃圾治理社会化服务模式稳定运行、经验做法在全省交流。强化大气污染防治，加大餐饮油烟、道路工地扬尘等领域整治力度，全年空气优良天数320天。清理违建别墅19处，植树造林、矿山复绿306.7公顷，创建省级生态乡1个、生态村6个。

【城乡建设】　双阳区国土空间规划启动编制，奢岭镇总体规划获批，25个村庄规划通过审批。筹集资金9.35亿元，推进通阳路南、山河路西等13处棚户区改造，完成征拆22.3万平方米，1250户居民迁新居。投资2.58亿元实施12项城建重点工程，打造精品街路19条，改造老旧小区58个，升级公交站亭45个，新上新能源公交车61台，新增绿化美化面积3.87万平方米。双德公路大修工程竣工通车，长春经济圈环线高速公路双阳段开工建设，新建改建农村公路148千米。开展城市乱象综合整治，强化南北出入口、重点商圈治理，新增便民市场3处，拆除违建10.2万平方米，处理交通违法行为4.9万起，城区环境秩序得到改善，文明城创建、卫生城复审迎检初见成效。投资1.5亿元在全区开展农村人居环境整治战役。完成齐家、双营镇区改造，奢岭前城等25个引领村、齐家李家等10个示范村各具特色，太平小石被评为市级美丽乡村示范村。

【改善民生】　幸福双阳行动计划66件民生实事全部落实。落实基本医疗、雨露计划等帮扶政策，贫困群众全部住上安全房、喝上放心水。投资839万元实施养殖、棚膜等产业扶贫项目16个，为贫困户栽种龙丰果树苗2.8万株，产业实现全覆盖。中央、省市脱贫攻坚巡视和成效考核反馈问题整改率99.2%。开展“春风行动”，开发就业岗位7885个，转移农村劳动力11万人次。完成退役军人服务保障体系建设，203名退役军人实现就业再就业。完成社会保障“一卡通”制度改革，城乡低保标准分别提高到450元/月、3900元/年。改造农村危房978户，完成无籍房确权29.86万平方米。加强各领域安全监管，全年未发生较大以上安全生产事故。严厉打击各类违法犯罪行为，侦破“3·03”特大传销案件。

【卫生建设】　区医院门诊综合楼项目及地下停车场项目总投资9583万元，建筑面积27073平方米，该项目完工投入使用，打造基层中医综合服务区12个，国家、省市专家坐诊120人次。乡镇卫生院能力提升项目，为7家乡镇卫生院购置X光机、便携式彩超等20台医疗设备，使用资金219.5万元，设备全部到位投入使用。做好国家卫生城市复审迎检工作，重点解决市容环境卫生、健康促进、农贸市场等7个工作领域中突出问题，通过国家暗访验收。完成抗洪医疗求助任务，8月17日，双阳启动区、乡、村三级应急救治响应。在受灾较重地区设立救护点20个，出动120救护车31车次，派出医务人员283人次，出动救援车辆227台次，提供药品折合人民币1.84万元。免费为残疾人提供精准康复服务3500人次。投资2.37亿元实施教育重点工程4项，青少年活动中心、希望中学综合楼竣工。教育教学质量5年跃升工程成效显著，高考一本上线率连续两年超过11%。

【文化体育服务】　建设10个文化广场，行政村文化广场覆盖率97%。实施基层综合文化服务中心建设，完成20个屯组基层综合文化服务中心建设任务，并配发相应文化物资。明确妇女委员文化体育工作职责，发挥文化志愿者作用，带动屯组文体活动开展。文体活动中心体育场免费开放，融媒体中心挂牌成立，党校、档案馆综合楼投入使用，为文体活动注入活力。举办庆祝新中国成立70周年系列大型文体活动34场次，花棒秧歌被列为省级非物质文化遗产。

（何允贵）

2019年双阳区国民经济和社会发展主要指标完成情况统计表

指标名称	单位	实际完成	比2018年±%
地区生产总值	亿元	146.8	1.8
第一产业增加值	亿元	21.7	3.7
第二产业增加值	亿元	24.9	−1.3
第三产业增加值	亿元	100.2	2.3
全口径财政收入	亿元	14.1	−19.9
区本级财政收入	亿元	5.2	−34.6
粮食总产量	万吨	61.4	9.9
农业总产值	亿元	22.3	3.7
固定资产投资	亿元	44	−65.5
民营经济主营业务	亿元	963	10.7
社会消费品零售额	亿元	83.8	3.5
实际利用内资	亿元	14.519	−77.1
实际使用外资	万美元	902	10
城镇常住居民人均可支配收入	元	29124	7.1
农村常住居民人均可支配收入	元	15281	7.4
普通中学	所	24	–
普通小学	所	111	–
各类医院	所	18	–
教育经费总额	万元	88739	−2.8
医疗卫生经费	万元	35128	10.9
城市绿化覆盖率	%	40.5	0.3
人口自然增长率	‰	−2.3	–

2019年度全国三八红旗手获得者

李丽娟　长春理工大学光电工程学院吉林省光电精密测量与数字化装配科技创新中心主任

柴　丽　长春斯纳欧软件有限公司董事长

2019年全国五一劳动奖章获得者

黄维祥　一汽解放汽车有限公司轴齿中心热处理车间维修班组工人

赵英韬　中央储备粮长春直属库有限公司仓储保管科副科长

张　晶（女）　长春市第三十中学校长兼党支部书记

李　波　长春日报社副总编辑

第七届全国道德模范名单

全国助人为乐模范

刘启芳（女）　吉林省长春精诚社工服务中心理事长

提名奖获得者

张超凡（女）　吉林省长春市绿园区艺凡艺术教育培训学校校长兼党支部书记

李冬生　吉林省长春市朝阳区南湖街道湖滨社区居民

郑德荣　生前系东北师范大学原副校长、荣誉教授、博士生导师

2019年全国技术能手

杨永修　中国第一汽车股份有限公司研发总院

刘　岩　一汽铸造有限公司

2019年新当选中国科学院、中国工程院院士

陈学思　中国科学院长春应用化学研究所研究员

林　君　吉林大学教授

2019年国家杰青建议资助项目申请人

徐维林　中国科学院长春应用化学研究所研究员

田华雨　中国科学院长春应用化学研究所研究员

王春朋　吉林大学教授

李　峰　吉林大学教授

赵宏伟　吉林大学教授

鄢俊敏　吉林大学教授

2019年度全国优秀共青团员、共青团干部

全国优秀共青团员

李欣桐（女）　东北师范大学传媒科学学院广播电视编导专业2016级1班学生

孟星宇　吉林省长春市公交集团巴士公司一车队干事

徐家萍（女）　长春中医药大学附属医院肺病科护士

李雪微（女）　吉林大学第二医院呼吸与危重症医学科护士

苏可为　吉林外国语大学国际文化旅游学院旅游管理专业2016级2班学生

全国优秀共青团干部

柴进延　东北师范大学附属小学（中信校区）少先队大队辅导员
彭雨石　吉林农业大学团委书记
闻志斌（女）　吉林省长春欧亚卖场有限责任公司团委书记
梁　猛　吉林省长春市第八中学团委书记
李红岩（女）　吉林大学白求恩第一医院团委志愿委员
闫梦聪　团吉林省委基层组织建设部干部、白城市洮北区平台镇发家村驻村扶贫干部

全国巾帼建功标兵

柴　丽　长春斯纳欧软件有限公司董事长
胡艳萍　善满家园智障人康复托养中心创办人

吉林省巾帼建功先进个人

丛杉珊　长光卫星技术有限公司仪器仪表工程师
于湘晖　吉林大学生命科学学院博士生导师
李冬艳　长春人民印业有限公司董事长
王　颖　长春市第二中学高级教师
方　加　长春市妇联妇女发展部部长
王云霞　长春市长龙鹿业有限公司总经理
张超凡　吉林省超凡教育集团董事长
匡伟琦　长春市公安局户政管理支队支队长
付秀丽　长春公共交通（集团）有限责任公司巴士公司一车队驾驶员

吉林省第十五批享受省政府津贴专家

高层次人才类

马　军　中水东北勘测设计研究有限责任公司
王隶书　吉林省中医药科学院
乔　静　吉林省体育局冰上运动管理中心
刘　利　吉林省工商技师学院
刘　洋　长春工业技术学校
刘振利　吉林东光奥威有限公司
孙武文　吉林农业大学
李志明　吉林广播电视台
李　备　中科院长春光机所
张洪军　中庆建设有限责任公司
张　鹏　吉林工程技术师范学院
金正浩　中水东北勘测设计研究有限责任公司
孟庆峰　长春海关技术中心
赵尔哲　吉林派诺生物技术股份有限公司
夏金龙　吉林工商学院
韩庚军　吉林省美术馆
臧连生　吉林农业大学

“创新、创业、创优”人才类

于长福　长春市双阳区冠科种植专业合作社
于志良　长春欧亚卖场有限责任公司
于显志　吉林广播电视台
于　钧　吉林省铭医集团
门玉琢　长春工程学院
马士杰　吉林省戏曲剧院
王玉英　长春大学
王永君　长春建工集团有限公司
王　红　吉林省中实环境技术开发集团
王纵鹏　吉林省药品检验所
王宪涛　长春理工大学
王晓东　长春工业大学
王逸夫　长春光华科技发展有限公司
史　爽　吉林艺术学院
冯伟杰　亚泰医药集团有限公司
成　锦　吉林省西点药业科技发展股份有限公司
刘吉舫　吉林财经大学
刘洪涛　吉林省一夫智能科技有限公司
孙永峰　吉林农业大学
孙鹏远　中国一汽研发总院
李　义　吉林中粮生化有限公司
李兆君　吉林省水产技术推广总站
李　丽　中国移动通信集团吉林有限公司
李　晓　吉林农业大学
李　慧　长春工业大学
杨有海　中共吉林省委新长征杂志社
时东方　长春师范大学
邹玉涛　吉林省水利水电勘测设计研究院
应达时　长春市科技创新创业协会
辛丽娟　吉报集团东亚经贸新闻报社
张袅娜　长春工业大学
张海丰　东北电力大学
张海波　长春中医药大学
陈太春　吉林省鹰路科技有限公司
陈太博　吉林大学
金　磊　长春金赛药业股份有限公司
房学迅　吉林大学

赵立峰　吉林农业科技学院
郝广成　中庆建设有限责任公司
郝冬雪　东北电力大学
胡天伟　长春合心机械制造有限公司
徐建玲　东北师范大学
高　岩　吉林大学
高雪菘　吉视传媒股份有限公司
崔岳春　吉林省社会科学院
彭其俊　吉林广播电视台
韩　锐　吉林建筑大学
鲁　贺　吉林省巴黎春天百货有限公司
谢海明　东北师范大学
嵩之松　长春世鹿鹿业集团有限公司
潘殿琦　长春工程学院

专业技术人才类

丁　彬　中共吉林省委党校（省行政学院）
于青松　中车长春轨道客车股份有限公司
马丽霞　吉林省肿瘤医院
王天枢　长春理工大学
王　丹　中国第一汽车集团有限公司
王玉华　吉林农业大学
王　祁　吉林女子学校
王志国　吉林外国语大学
王志强　伪满皇宫博物院
王青竹　东北电力大学
王春生　中车长春轨道客车股份有限公司
王树峰　中国联通吉林省分公司
王海宇　吉林大学
王蕴枫　农安县教师进修学校
毛　刚　吉林省科学技术信息研究所
孔令博　吉林省实验中学
石东松　吉林省交响乐团
卢长伟　吉林省水利水电勘测设计研究院
卢奕南　吉林大学
田大原　吉林衡丰律师事务所
白　刚　吉林大学
白　莉　吉林建筑大学
白　娥　东北师范大学
边德军　长春工程学院
邢　楠　吉林财经大学
曲永军　长春工业大学
朱冬冬　吉林大学中日联谊医院
朱　明　中科院长春光机所
刘　刚　北方妇女儿童出版社有限责任公司
刘　闯　东北电力大学
刘克平　长春工业大学
刘　怀　吉林日报社
刘金红　吉林广播电视台
刘学智　东北师范大学
刘　洋　吉林省体育运动学校
刘贺家　吉林省会计人员服务中心
刘艳伟　长春合心机械制造有限公司
齐春艳　吉林省农业科学院
许金凯　长春理工大学
孙　勇　国网吉林省电力有限公司
孙爱东　长春建筑学院
孙智勇　吉林省妇幼保健院
孙　影　吉林省中医药科学院
芦小单　吉林省人民医院
杜亚丽　吉林省教育科学院
李　东　吉林省文物考古研究所
李亚东　吉林农业大学
李　克　吉林省发展改革委经济研究所
李英娟　吉林警察学院
李明革　长春职业技术学院
李春桃　吉林大学
李俊烨　长春理工大学
李　娌　吉林省经济管理干部学院
李雪艳　吉林省艺术研究院
杨国春　东北师范大学
杨国强　吉林省环境监测中心站
杨春桥　长春市水产品质量安全检测中心
杨晓光　吉林省太阳鸟再生医学工程公司
杨雪艳　吉林省气候中心
杨淑水　中移铁通有限公司吉林分公司
邱智东　长春中医药大学
佟守正　中科院东北地理与农业生态研究所
谷忠慧　中国移动通信集团吉林有限公司
邹文安　吉林省水文水资源局
邹德文　长春师范大学
张士俊　吉林省林业科学研究院
张大明　吉林省森林防火预警监测指挥中心
张以晨　吉林省地质环境监测总站
张延赤　长春市第六医院
张　闯　长春理工大学
张守琳　长春中医药大学附属医院
张秀宇　东北电力大学
张　岩　吉林省教育学院
张依群　吉林省财政科学研究所
张　肃　长春理工大学
张　保　中科院长春光机所
张晓胜　一汽集团公司工程与生产物流部
张铁华　吉林大学

张　然　吉林大学
陈云涛　吉林省节能评审中心
陈红兵　吉林省国土资源信息中心
陈　霞　吉林大学
邵志豪　东北师范大学附属中学
金国华　吉林省环境工程评估中心
金晓飞　吉林省农作物新品种引育中心
周颖华　吉林省教育科学院
郑继光　吉林省交通科学研究所
赵玉民　吉林省农业科学院
赵铁瑛　长春教育学院
胡雪峰　吉林省公路管理局
柳克祥　吉林大学第二医院
柳　影　吉林省肿瘤医院
钟　兴　长光卫星技术有限公司
姜本红　吉林日报社
姜立刚　吉林医药学院附属医院
姜　峰　吉林大学
姜　涛　东北电力大学
袁　雷　吉林大学
都兴林　吉林大学
徐丽鸣　吉林省蔬菜花卉科学研究院
徐科锐　吉林艺术学院
殷长春　吉林大学
高　强　吉林农业大学
郭连强　吉林省社会科学院
郭　威　吉林大学
唐冰开　长春工业大学
唐金魁　中科院长春应化所
黄　飚　吉林省疾病预防控制中心
曹玉峰　吉林省实验中学
崔凤山　吉林省煤田地质勘察设计研究院
崔　田　吉林大学
程玉辉　吉林省水利科学研究院
焦　杰　吉林省广播电视研究所
谢乃和　东北师范大学
谢华良　农安县作家协会
谢志元　中科院长春应化所
满江虹　吉林体育学院
綦　放　长春市第五十二中学
廖安勇　吉林外国语大学
颜　圻　长春市第六中学
冀书关　东北师范大学

高技能人才类

王　智　中国一汽研发总院
冯建华　吉林亚泰（集团）股份有限公司
朱廷旺　大唐长春第二热电有限责任公司
刘明军　长春中医药大学
刘建新　一汽解放汽车有限公司
刘新勇　东北工业集团有限公司
杜金平　长春市商贸旅游技术学校
金　巍　吉林艺术学院
胡俊祥　中车长春轨道客车股份有限公司
高　飞　长春高飞汽车维修服务有限公司
楚云杰　长春中医药大学附属医院

吉林省特等劳动模范

金　涛　一汽-大众汽车有限公司轿车一厂焊装车间奥迪AU516车型维修工段工长
罗昭强　中车长春轨道客车股份有限公司高速动车组制造中心调试车间高级诊断组工人
郭福生　长春公共交通（集团）有限责任公司北达汽车公司五车队驾驶员
王　璐（女）　长春市汇通创业技能培训有限公司业务主任
于志良　长春欧亚卖场有限责任公司董事长、总经理
姜　顺　长春市大地再生资源开发有限公司垃圾分类业务经理
华树成　吉林大学第一医院院长
陈　杰　吉林省第二实验学校校长
江　西（女）　长春五十二中赫行实验学校校长
王恩城　中国共产党长春市纪律检查委员会第十审查调查室副主任

吉林省劳动模范

冯　斌　一汽解放汽车有限公司卡车厂薄板车间模具钳工班班长
王　智　中国第一汽车股份有限公司研发总院试制所机加中心数控班班长
张　庆　一汽轿车股份有限公司制造物流部总装车间维修电工
何　岩　中车长春轨道客车股份有限公司转向架制造中心焊接一车间测量班工人
刘金江　富奥汽车零部件股份有限公司散热器分公司机动部铆焊工
钟安凯　长春禹衡光学有限公司机加车间数控班数控工
张　斌　长春燃气股份有限公司内线项目部施工班班长
王晓英（女）　长春市轨道交通集团有限公司运营事业总部客运二中心乘务三分部驾驶员
吴春明　长春公路客运集团有限公司高速公司东丰线路驾驶员
朱美玲（女）　中国工商银行股份有限公司长春分行人民广场支行柜员

丛利君　吉林省保安装备调拨中心有限公司器材商场销售员
胡海峰　农安公路客运集团有限公司检票员
宫艳波　长春恒拓模具有限公司维修工
刘大禹　长春奥普光电技术股份有限公司机加三车间工人
郑立娟（女）　长春新产业光电技术有限公司大功率车间工人
韩志成　长春市美科汽车零部件有限公司设备动力部电工
刘健军　长春市小不点美发有限公司美发技工
苏　展　吉林显锋科技制药有限公司研发总监
王彩云（女）　中国第一汽车股份有限公司红旗工厂技术处涂装技术负责人
张国军　长春电力集团有限公司二道配电工程分公司专责工程师
李长胜　长春水务（集团）有限责任公司生产调度部管网运行负责人
王志全　吉林烟草工业有限责任公司长春卷烟厂制丝车间主任
王永君　吉林省春莲园艺工程（集团）有限公司技术员
孙宝云　中粮可口可乐饮料（吉林）有限公司销售部总监
姜　惠（女）　恩德莱康复器具（北京）有限公司长春分公司技术经理
冯继平　东北工业集团有限公司董事、党委副书记、工会主席
李　斌　吉林亚泰（集团）股份有限公司党委副书记、工会主席
付爱民　长春保安集团有限公司副总经理
李　丹　长春市城市发展投资控股（集团）有限公司副总经理
王占富　吉林德惠农村商业银行股份有限公司董事长、党委书记
赵　琪（女）　吉林省寰旗科技股份有限公司总裁
曹　雪（女）　吉林省融奥建筑保温工程有限公司总经理
赵立红（女）　长春九州通医药有限公司董事长
王柏峰　长春三鼎变压器有限公司总经理
曹文生　长春城投建设投资（集团）有限公司党委书记、董事长
陈　瑞（女）　长春市供热（集团）有限公司党委书记、董事长
谭正荣　长春建工集团有限公司吉联工程管理公司总经理
冯宇平　吉林省民间工艺美术馆馆长、设计总监
朱亚波（女）　榆树市弓棚镇十三号村村民委员会农民
杜玉波（女）　农安县烧锅镇中兴村村民委员会党支部书记
曲艳昌　德惠市米沙子镇岫岩村村民委员会党总支书记、村委会主任
周明礼　长春市九台区波泥河街道办事处锦绣村村民委员会党总支书记、村委会主任
杜新波　长春市朝阳区永春镇农丰村民委员会党总支书记
谭世祥　长春市南关区幸福乡八一村村民委员会党委书记
杜一宝　长春市宽城区欣园街道办事处五星村民委员会党委书记兼村委会主任
赵大军　长春市二道区英俊镇胡家村民委员会党总支书记
孙　民　长春市民兴农牧专业合作社联合社理事长
付忠禹　农安县恒顺农牧专业合作社理事长
郭清莲（女）　德惠市大杨子农业生产专业合作社理事长
刘庆山　九台区四台村庆山农业机械化专业合作社理事长
李铁山　长春市双阳区尚家山野菜种植专业合作社理事长
石　岗　长春海德世汽车拉索有限公司制造部设备管理课设备管理员
陈宝文　长春羊草煤业股份有限公司二矿二采段段长
吴力东　吉林建工集团有限公司吴力强班组工长
毛凤廷　国家税务总局榆树市税务局党委书记、局长
刘　平（女）　农安县总工会常务副主席
姜进生　吉林德惠经济开发区管理委员会党工委书记、管委会主任
牛杰茹（女）　长春市九台区第三十一中学教师
韩占洋　长春市双阳区医院泌尿外科主任
初　颖（女）　长春市朝阳区明德小学校校长兼党支部书记
王　敏（女）　长春市南关区鸿城街道东风社区党委书记、居委会主任
李红云（女）　长春市宽城区柳影小学校长
高　伟（女）　长春市人民政府机关第三幼儿园园长
姜　杉　长春市公安局治安管理支队五大队大队长
张竞文（女）　长春经济技术开发区仙台小学校德育处主任
谷春玲（女）　长春高新技术产业开发区越达社区居民委员会书记兼主任
张　莉（女）　长春汽车经济技术开发区教育局党群办公室主任
魏　鑫　长春莲花山生态旅游度假区泉眼镇人民政府科员兼赵家村党总支书记、村民委员会主任
代新竹（女）　长春市南部新城公园绿地管理中心副主任
刘春宝　吉林省装饰材料行业商会会长
徐　红（女）　吉林大学第一医院胃肠内科暨内镜中心主任
刘　宝　东北师范大学生命科学学院学校自然学术委员会主任委员
刘　玢　长春广播电视台新闻中心主任
杨国慧　长春市人民医院院长、党委书记
王　昊　长春外国语学校校长
楚云杰　长春中医药大学附属医院推拿科主任
杜金平（女）　长春市商贸旅游技术学校教师
冷向阳　长春中医药大学副校长
房学东　吉林大学中日联谊医院副院长
张玉晶　长春市朝阳区南湖街道非公企业工会联合会主席兼联合党支部书记
张　晖（女）　长春农业博览园党总支书记、主任
孙艳秋（女）　长春市二道区退役军人事务局调研员
郑　屹　中共长春市绿园区委长春市绿园区人民政府信访局局长
宿洪大　国家税务总局长春市税务局第一税务分局局长

王乃庚　长春市森林公安局局长兼督察长
孙立忠　长春市政务服务和数字化建设管理局审批管理处副处长
张晓美（女）　中共长春市直属机关工作委员会办公室主任

第九届吉林省道德模范暨吉林好人2019年度人物

王艳梅　长春科技学院副校长
孟祥民（已故）　长春市二道区英俊镇原党委副书记、镇长
李思盈　长春市绿园区和平社区居民
路亚兰　长春市南关区长通街道龙兴社区党委书记、居委会主任

第九届吉林省道德模范暨吉林好人2019年度人物提名奖

吕　鹏　长春公交集团南通汽车公司5路车驾驶员
闫丽娜　长春市宽城区社区汇助老爱心志愿者协会会长
李林沅　吉林省物权农业发展有限公司业务部职员
王学文（已故）　吉林日报社二编室原主任
李　凡　吉林大学白求恩医学部原学部长、吉林大学健康研究院院长
张纯志　国家电网吕清森（长春城郊玉潭）共产党员服务队队长
高晓杰　长春市解放大路小学校长
孙　鹏　中国铁路沈阳局集团公司长春客运段客运一队列车长
王　凯　德惠市公安局交通警察大队直属二中队中队长
赵亚琴　长春市儿童福利院副院长
李虹彦　吉林大学第一医院副院长
徐清波　长春急救中心第四分中心主任
敖玉辉　长春工业大学博士生导师、教授
陈亚平　榆树市于家镇五家村小学教师
史保东　长春市朝阳区南湖新村中街居民（退役军人）
郑立萍　长春市双阳区双营乡黄金村村民

新时代长春最美奋斗者

吴亚琴　长春市宽城区团山街道长山花园社区党委书记
宣　明　长光卫星技术有限公司董事长
欧阳红生　吉林大学动物科学学院唐敖庆特聘教授
董吉洪　中国科学院长春光学精密机械与物理研究所空间光学研究三部主任
孟祥民（已故）　二道区英俊镇党委副书记、镇长
程传海　吉林省国家汽车电子高新技术产业化基地有限公司董事长
马　俊　长春市政府投资建设项目管理中心副主任
谢元立　中车长客股份有限公司焊接机械手班班长
胡艳苹　“善满家园”智障人康复托养中心创始人
李　彤　长春市儿童医院主任医师

第五届长春工匠（100名）

于霁晨　长光卫星技术有限公司光机装调工
马　强　中车长春轨道客车股份有限公司铁路车辆钳工
王　伟　吉林科技职业技术学院加工中心操作实训教师
王　辰　长春天然气集团有限公司管工
王　洋（女）　长春职业技术学院餐厅服务实训教师
王　颖（女）　吉林省工程技术学校钳工实训教师
王　睿　国网吉林省电力有限公司检修公司带电检修工
王东旭　中车长春轨道客车股份有限公司加工中心操作调整工
王莎莎（女）　长春职业技术学院餐厅服务实训教师
王铁柱　中车长春轨道客车股份有限公司铁路车辆制修工
王家卓　长春奥普光电技术股份有限公司加工中心操作工
王德亮　一汽-大众汽车有限公司维修电工
叶　鹏　长春汽车工业高等专科学校汽车维修实训教师
付长涛　中车长春轨道客车股份有限公司轨道车辆装调工
白继国　吉林烟草工业有限责任公司长春卷烟厂工程师
邢华祝　吉林大学钳工实训教师
师玉民　长春公共交通（集团）有限责任公司旅游汽车出租公司汽车维修工
吕健玮　中车长春轨道客车股份有限公司无损检测工
朱宝林　吉林烟草工业有限责任公司长春卷烟厂封装设备机械修理工
朱美玲（女）　中国工商银行股份有限公司长春分行人民广场支行柜员
朱瑞峰　中车长春轨道客车股份有限公司电工
任成伟　中车长春轨道客车股份有限公司铁路车辆制修工
刘　岩　一汽铸造有限公司产品技术部工具钳工
刘　鹤　大唐长春第二热电有限责任公司电焊工
刘延军　中国航发长春控制科技有限公司加工中心操作工
刘建龙　长春燃气股份有限公司管道工
闫立勇　长春兴泰电梯有限责任公司电工
闫莉（女）　吉林省琴航工艺品制造有限公司草艺编织
许　新　长春迪莉娅食品有限公司烘焙工
许家伟　中国第一汽车股份有限公司工程与生产物流部预批量中心汽车整车装调工
孙　科　长春市蓝梦职业培训学校美发师
孙洪坤　大唐长春第三热电厂锅炉检修工
孙维鹏　中车长春轨道客车股份有限公司焊工
孙福刚　东北工业集团有限公司吉林东光精密机械厂装配工
李　国　长春奥普光电技术股份有限公司非球面抛光工

李云峰　长春东北输送设备制造有限公司钳工
李东有　国网吉林省电力有限公司长春供电公司变电检修工
李延斌　长春燃气股份有限公司汽车维修工
李秀兰（女）　榆树市青岳精品编织有限公司草艺编织
李秀梅（女）　长春职业技术学院养老服务实训教师
李言春　中车长春轨道客车股份有限公司超声波检测工
李洪林　吉林亚泰饭店有限公司长春亚泰新城饭店厨师
杨　冬　长春公共交通（集团）有限责任公司巴士公司136路车队汽车维修工
杨　洋　一汽-大众汽车有限公司汽车装调工
杨宏伟　一汽模具制造有限公司模具钳工
杨艳超　吉林科技职业技术学院汽车维修实训教师
杨晓宏　中车长春轨道客车股份有限公司涂装工
沙泽英　长春汽车工业高等专科学校汽车维修实训教师
宋喜颖（女）　中公诚科（吉林）工程检测有限公司公路水运工程师
张　勇　吉林省勇福自动化设备有限公司维修电工
张　然　长春中车轨道车辆有限公司数控铣工
张东二　长春农业博览园作物栽培与景观设计师
张旭东　长春市绿化管理中心园林绿化高级技师
张兴野　中国第一汽车股份有限公司研发总院铣工
张金行　东北工业集团有限公司吉林东光精密机械厂维修电工
张治军　吉林大学厨师
张洪波　东北工业集团有限公司长春一东离合器股份有限公司焊工
陈子谋　长春汽车工业高等专科学校汽车维修实训教师
陈向龙　一汽-大众汽车有限公司维修电工
范英男　一汽-大众汽车有限公司维修电工
范英林　长春水务集团源水有限责任公司电工
林旭东　中车长春轨道客车股份有限公司铝合金焊工
尚　磊　中车长春轨道客车股份有限公司铁路车辆制修工
周　影（女）　吉林省吉福茶业有限责任公司茶艺师
周仁杰　中国第一汽车股份有限公司研发总院车工
周慎文　中车长春轨道客车股份有限公司数控冲床操作工
庞　丹　国网吉林省电力有限公司长春供电公司电工
庞　赫　国网吉林省电力有限公司长春供电公司装表接电工
郑晓旭　一汽-铸造有限公司模具制造车间铣工
封金祥　吉林科技职业技术学院加工中心操作实训教师
赵　青　吉林科技职业技术学院汽车维修实训教师
赵　杰　吉林信诚路用装备集团有限公司数控折弯工
赵　鑫　长春欧亚卖场有限责任公司企业信息管理员
赵医波　东北工业集团有限公司吉林东光精密机械厂加工中心操作工
段玉岩　长春奥普光电技术股份有限公司钳工
姜　航　中车长春轨道客车股份有限公司轨道车辆装调工
姜继春　上海纳铁福传动系统有限公司长春分厂维修钳工
贺红伟　中国第一汽车股份有限公司研发总院汽车发动机检验工
袁　丹（女）　长春欧亚卖场有限责任公司企业信息管理员
耿　富　中国第一汽车股份有限公司红旗工厂L联合车间汽车整车装调工
聂　喆　松辽水利委员会水文局（信息中心）通信信息员
钱春年　吉林省送变电工程有限公司变电一次安装工
高雪峰　吉林省榆树钱酒业有限公司品酒师
郭大勇　吉林科技职业技术学院汽车维修实训教师
郭华卫　中国第一汽车股份有限公司研发总院加工中心操作工
涂兴洲　长春房地（集团）有限责任公司房屋供暖总公司电工
黄靖宇　吉林科技职业技术学院汽车维修实训教师
曹　磊　一汽解放汽车有限公司商用车开发院加工中心操作工
崔弘亮　长春锅炉仪表程控设备股份有限公司铣工
康立新　吉林烟草工业有限责任公司长春卷烟厂电气工程师
彭大勇　中车长春轨道客车股份有限公司铁路车辆制修工
葛鸿明　吉林科技职业技术学院维修电工实训教师
董国微　吉林省和信科技有限公司计算机操作员
韩卓言（女）　长春欧亚卖场有限责任公司企业信息管理员
程保权　一汽模具制造有限公司模具钳工
鲁　聪　长春职业技术学校汽车维修实训教师
温晓明　吉林省送变电工程有限公司送电工
蔡　坤　一汽-大众汽车有限公司维修电工

（王英华）

市委十三届八次全会第一次全体会议报告

（2019年11月29日）

王 凯

同志们：

这次全会的主要任务是：深入学习贯彻习近平新时代中国特色社会主义思想，认真落实党的十九届四中全会精神，按照省委十一届六次全会部署，总结市委十三届六次全会以来的工作，研究落实推进国家治理体系和治理能力现代化重点任务。下面，我受市委常委会委托，向全委会报告工作。

市委十三届六次全会以来，面对严峻复杂形势和艰巨繁重任务，市委常委会坚持以习近平新时代中国特色社会主义思想为指引，在省委的正确领导下，团结带领全市广大干部群众，化挑战为机遇、变压力为动力，深入贯彻新发展理念，坚持稳中求进工作总基调，认真落实“打先锋、站排头”战略要求，以“四项重点工作”为抓手，全力做好改革发展振兴各项工作。

一、坚定不移推动习近平总书记重要讲话精神和对东北振兴工作重要指示精神落地生根

市委常委会认为，习近平总书记重要讲话精神和对东北振兴工作重要指示精神，为新时代长春全面振兴全方位振兴注入了强大的政治动力、精神动力和实践动力，是我们做好各项工作的科学指南和根本遵循。必须把学习贯彻总书记重要讲话和重要指示精神作为头等大事和首要政治任务，持续用力、久久为功，确保总书记重要指示要求在长春落地生根。

坚持把贯彻落实习近平总书记对东北振兴工作重要指示精神作为树牢“四个意识”、坚定“四个自信”、做到“两个维护”的具体实践，认真研究谋划振兴发展的战略载体，在市委十三届七次全会上，提出了建设长春现代化都市圈的任务目标和发展定位，进一步明晰振兴发展的现实路径和努力方向，得到了全市广大干部群众的一致认同和积极响应。

坚持把深入学习习近平总书记重要讲话和重要指示精神作为必修课，共组织召开30次市委常委会会议、29次市委理论中心组学习，认真学习习近平总书记在中央政治局集体学习会、中央和国家机关党的建设工作会议、中央财经委员会、庆祝中华人民共和国成立70周年大会上的系列重要讲话精神和习近平总书记在《求是》发表的重要文章，逐项研究推动落实，进一步强化了践行“两个维护”的自觉性和坚定性。

坚持把学习贯彻党的十九届四中全会精神作为重大政治任务，第一时间召开市委常委扩大会议进行传达学习，专门下发通知，认真安排部署贯彻落实工作。市委理论学习中心组开展专题研讨，推动党员干部用全会精神武装头脑、指导实践、推动工作。组织市级领导和各级党政主要负责同志带头深入基层开展宣讲调研，形成学习宣传贯彻全会精神热潮。

坚持站在政治和全局高度，主动接受中央脱贫攻坚专项巡视、国家脱贫攻坚成效考核、中央扫黑除恶第13督导组督导及“回头看”、中央宗教工作督查“回头看”、中央办公厅贯彻总书记东北振兴重要讲话精神回访调研、国务院第6次大督查、国家统计专项督察，深入开展违建别墅、大棚房清理行动，全力抓好问题整改，确保党中央决策部署落到实处。

二、认真开展“不忘初心、牢记使命”主题教育

市委常委会认为，“不忘初心、牢记使命”主题教育是党中央从战略和全局高度作出的重大决策部署。我们全面落实“守初心、担使命，找差距、抓落实”的总要求，牢牢把握学习贯彻习近平新时代中国特色社会主义思想这一根本任务，全力推动主题教育走深走实。

注重把学习教育贯穿始终，聚焦主题主线，采取理论中心组学习、主题教育读书班、专题学习研讨等多种方式，引领广大党员干部读原著、学原文、悟原理，探索推广领导“领学”、结对“帮学”、典型“带学”、以案“鉴学”等特色学习形式，不断深化学习实效。深入学习黄大年、郑德荣、张富清先进事迹，选树孟祥民等身边典型，从中汲取人格力量、精神力量、奋斗力量，筑牢了守初心担使命的思想根基。

注重把问题导向贯穿始终，在调查研究中发现问题、检视问题中反躬自省、整改落实中攻克难题，全市各级领导干部领题调研3900余个，检视问题1.2万余个，制定整改措施2.6万余条，深入推进中央和省市“17+1”专项整治任务，解决了一大批制约振兴发展、困扰城市建设、影响生态环境、群众反映强烈的突出问题，广大群众切身感受到了主题教育带来的新变化。

注重把统筹联动贯穿始终，认真抓好两批次主题教育的前后衔接，充分运用第一批主题教育成功经验，以制度化形式加以巩固，推动第二批主题教育取得更好效果。开展第一批主题教育单位整改落实“回头看”，让“病灶在下面、病根在上面”的问题在前后联动、上下配合中得以解决。

主题教育期间，我们迎来了新中国成立70周年华诞，全市上下认真学习贯彻习近平总书记在庆祝大会上的重要讲话精神，召开庆祝新中国成立70周年座谈会，举办人民政协光辉历程展、文艺汇演、升国旗仪式、群众性主题宣传教育等活动，广大干部群众接受了一场最深刻的爱国主义集中教育，进一步坚定了为实现中华民族伟大复兴而团结奋斗的信心和决心。

三、全力以赴打好“三大攻坚战”

市委常委会认为，打好打赢“三大攻坚战”，是决胜全面建成小康社会的内在要求，是实现高质量发展必须跨越的重大关口。现在已经到了最吃劲、最紧要的关头，必须始终坚持问题导向，拿出一往无前的魄力和决战决胜的勇气，不获全胜、绝不收兵。

坚决防范化解重大风险，认真贯彻落实中央和省市委关于防范化解重大风险的决策部署，狠抓源头防范，整治化解了27类2160个重点领域风险隐患，整治化解率达90%。研究制定营造安全高效金融环境的举措，健全金融风险防控处置工作机制，集中开展民间借贷领域乱象整治，妥善处置“吉林文投”“鼎邦”“万邦”等案件，积极做好长生问题疫苗案件后续处置工作。扎实推进政府存量隐性债务化解，政府债务风险总体可控。贯彻总体国家安全观，强化反邪教、反恐怖专项斗争，加强公共安全风险防范。认真落实安全生产责任制，全市安全生产事故起数和遇难人数同比实现“双下降”。

坚决落实脱贫攻坚各项任务，认真履行脱贫攻坚主体责任，召开8次市委常委会、5次市脱贫攻坚领导小组会，对脱贫攻坚工作进行系统部署，78项重点任务将于年底完成。认真抓好中央和省反馈问题整改，中央专项巡视反馈问题全部整改到位，国家和省脱贫攻坚成效考核反馈点对点问题将于年底前全部整改完毕。全力解决“两不愁、三保障”突出问题，全面完成年度危房改造、饮水安全及“畅返不畅”公路整治等任务，实现2761人脱贫、贫困村全部出列。

坚决整治污染防治突出问题，认真践行“绿水青山就是金山银山”的理念，大力推进生态文明建设，深入实施污染防治“五大保卫战”，扎实开展秸秆禁烧、挥发性有机物治理、饮用水源地保护、农村污染防治、生态修复等专项行动。全力推进饮马河等重点流域劣五类水体专项治理，伊通河流域综合治理成效日益显现。9个国、省考核断面水质明显改善，新立城水库和石头口门水库水源地水质达标率100%。1-10月全市环境空气质量优良天数254天，8月份空气质量在全国重点城市中排名第四。认真整改中央环保督察及“回头看”反馈问题，全市生态环境质量不断提升。

四、积极推动经济高质量发展

市委常委会认为，当前受宏观形势和经济下行压力持续加大的影响，加之结构调整尚未到位，我市经济下滑较大，主要经济指标处于低位，但也要看到，增速下滑的同时支撑发展的积极因素在加速集聚，转型升级面临阵痛的同时改革创新的内生动力在不断增强，长春振兴发展进入了最艰难、最关键阶段，必须强化忧患意识、责任意识，坚定信心、保持定力，变中求进、难中求成。

加快创新驱动发展，以长春现代化都市圈建设为引领，深入实施创新驱动发展战略，扎实推进国家创新型城市、区域性创新中心和吉林中部创新转型核心区建设。构建一汽、吉大、光机所、应化所产学研创新联盟，华为、浪潮、科大讯飞研究院在长落户。5G商业应用加快，首个5G地铁站开放，中国移动5G联合创新中心吉林开放实验室正式启动。国家高新技术企业和科技型“小巨人”企业达到“双千户”。国家知识产权运营公共服务平台北方平台、上海证券交易所企业上市服务站落户新区。“吉林一号”成功发射4颗卫星，在轨运行达14颗。4个国家级“双创”基地建设稳步推进，“双创”基地达171个，在孵企业超过4600户，创新创造活力不断释放。

加快集聚发展动能，务实开展“专班抓项目”，近200个重大项目推进难题得到破解，一汽丰越扩能、一汽大众新技术开发中心、京东“亚洲一号”等908个亿元以上重大项目实

现开复工，万达影视、恒大动力电池、浪潮PC机生产线、宝能绿色食品、威高医疗器械等一批大项目好项目相继落位。支持一汽改革发展和红旗品牌建设，启动建设红旗小镇，红旗汽车年产量从3.3万辆提升到10万辆。促进消费提档升级，大力发展以冰雪和避暑为特色的旅游业，全年接待国内外游客预计超1亿人次，总收入超过2000亿元，新建天定山滑雪场和长春冰雪大世界，“这有山”成为网红打卡地。春城热力、赢时物业、英辰科技挂牌上市。长春公主岭同城化顺利推进。

加快推进乡村振兴战略，务实开展“农村人居环境集中整治”，打好乡村振兴第一仗。着力抓好农村生活垃圾治理、改厕及粪污治理、污水治理、村容村貌提升4项重点任务，430个村实现厕所改造整村推进，35个乡镇污水处理设施年底前全面完工，1393个行政村实现生活垃圾收集转运处理。推动全国绿色有机农业示范市建设，新增绿色有机农业示范园区20个，克服春旱夏涝影响，全年粮食总产量预计实现195亿斤。加快推动城乡融合发展，12个省级特色产业小镇建设有序推进，新型城镇化进程不断加快。

五、全面深化改革和扩大开放

市委常委会认为，加快长春全面振兴全方位振兴，根本动力在改革、关键出路在开放。必须把改革开放进行到底，着力补齐体制机制短板，不断增强发展活力。

全面优化营商环境，务实开展“万人助万企”，认真落实《优化营商环境条例》，以迎接国家东北营商环境试评价为契机，深入推进“一网、一门、一次”政务服务综合改革，新企业开办审批用时压减到30分钟以内，9类工程建设项目从立项到竣工验收，最长审批时限17个工作日。持续推进“证照分离”改革，涉改事项整体处理率达90%以上。坚决落实国家和省减税降费政策措施，前10个月共为全市各类市场主体和个人减轻税费负担150余亿元，市直部门涉企行政审批中介服务实现零收费。深入开展清理拖欠民营企业中小企业账款工作，目前已清偿38亿元，超额完成年度任务。12000余名干部深入企业开展点对点服务，解决各类问题6100余件。

全面深化重点领域改革，认真落实中央关于深化党和国家机构改革决策部署，顺利完成全市党政机构改革，实现了队伍平稳过渡、工作有序衔接、职能整体优化。基本完成农村土地“三权分置”改革，稳妥推进广办大集体改革，积极推动公交、供热体制改革，统筹抓好财税、金融、社会治理、党的建设等100多项重点改革任务。“温馨村小”创建经验纳入中央改革发展攻坚克难创新案例，新区探索实施的“标准地+承诺制”改革走在前列，人才管理改革实验区案例获全国人才工作创新“最佳案例”。

全面推动开放合作，主动服务“一带一路”建设，全面对接国家重大战略，全力推动中韩（长春）国际合作示范区创建工作。务实推进与天津、杭州对口合作，天津自贸区政策协同创新示范区正式成立，天津长春无水港揭牌运营，津长双创示范基地、吉浙产业园等园区建设进展顺利。积极向国家申报设立临空经济示范区，长春至名古屋、莫斯科航线顺利开通，长春至大连海铁联运班列正式运行，中欧班列实现常态化运营，“长珲欧”班列完成首列入境测试，整车进口口岸通过验收。汽博会、农博会、长春国际马拉松等展会赛事影响力持续增强，长春航空展成为全国关注度最高的航空展会之一，我市获评“新中国成立70周年中国最具影响力会展城市”。

六、提升保障和改善民生水平

市委常委会认为，增进民生福祉是我们一切工作的出发点和落脚点。必须全面落实以人民为中心的发展思想，多谋民生之利、多解民生之忧，在发展中补齐民生短板，让人民群众在共建共享中有更多的获得感。

统筹做好就业增收工作，深入实施增加城乡居民收入“暖流计划”，全市共开发就业岗位12.9万个，城镇新增就业9.7万人，城镇登记失业率控制在4%以内，零就业家庭保持动态为零，农村劳动力转移就业118万人。成功举办2019中国长春创业就业博览会和人力资源服务业创新发展大会，积极推进中国长春人力资源服务产业园建设。推动全市建筑施工企业农民工工资线上监管，农民工工资拖欠问题得到有效整治。

统筹推进社会事业发展，积极推动城乡义务教育一体化，持续深化公立医院综合改革，普通人群大病保险报销比例提高5个百分点，为低保分类施保家庭和特困供养人员发放节日补贴，加快居家和社区养老服务体系建设，超计划完成棚户区改造和历史遗留未登记房屋确权工作，入选全国首批中央财政支持住房租赁市场发展试点，启动社会救助标准与物价上涨挂钩联动机制，建立“长春市产品安全追溯平台”，在全市公共机构推广生活垃圾分类，公共服务水平显著提升。

统筹加强城市建设管理，务实开展“城市乱象集中整治”，持续推进10个重点行业领域和火车站区域专项整治，拆除违法建筑221万平方米，整治户外广告2.3万处，建立健全市场准入、行业管理、重点监控等长效机制，机场、火车站区域乱象投诉量大幅下降。推进“走遍长春”城市精细化管理专项行动，加强历史文化名城保护，完成人民大街改造提升工程。推进城市重大基础设施项目建设，吉林大路快速路等一批路桥建成通车，地铁6号线、2号线东延工程和轻轨4号线南延工程、3号线东延工程启动实施，新建改造供热、供水、供气管网308千米，城市建管水平不断提高。

七、扎实抓好宣传思想文化工作

市委常委会认为，越是处于爬坡过坎的关键时期，越需要凝聚广泛的思想共识。必须牢牢把握宣传思想文化工作的领导权，切实为长春全面振兴全方位振兴提供有力的思想保证、强大的精神动力和良好的文化环境。

深入宣传贯彻党的创新理论，强化宣传工作条例的落实，坚持把学习宣传贯彻习近平新时代中国特色社会主义思想作为理论武装重中之重，突出抓好“关键少数”，充分发挥各级理论中心组示范带动作用，不断浓厚学习氛围。用好“学习强国”平台，依托新时代文明实践中心、新时代君子兰讲坛等阵地，开展灵活多样的基层宣讲，推动党的创新理论走进群众、深入人心。

深入贯彻落实意识形态责任制，强化对各类意识形态阵地的管理，扎实推进县级融媒体中心建设，围绕全市重点工作推进和重大政策实施，组织宣传报道和新闻发布，牢牢把握舆论主导权。庆祝新中国成立70周年“我和我的祖国”群众性主题宣传贯通全年。加强网络平台监管，改进重大突发事件和敏感舆情的引导处置，营造了良好的网络空间环境。

深入践行社会主义核心价值观，强化群众思想道德建设和爱国主义教育，扎实开展践行社会主义核心价值观主题活动，充分发挥道德模范、时代楷模、身边好人等示范带动作用，评选长春好人120名，7人入选“中国好人”，1人获“全国道德模范”荣誉称号。坚持抓培育、抓改造、抓整治、抓服务、抓统筹，长效常态化推进全国文明城市创建工作。

深入推进文化繁荣发展，强化文化振兴发展政策扶持，加快影视文创等产业园区建设。评选“十大文化公园”“十大艺术街区”“十大迷人夜色”等文化地标。电影《黄大年》入选第十五届精神文明建设“五个一工程”优秀作品，长影乐团“周末音乐会”成为文化惠民新品牌。出版70年百部《新时代长春文学丛书》。开展各类群众文化活动1300余场。圆满完成央视春晚长春一汽分会场等重大演出任务。

八、持续巩固良好发展氛围

市委常委会认为，人民民主是社会主义的生命。必须坚定不移走中国特色社会主义政治发展道路，不断扩大人民民主，加强法治建设，确保人民安居乐业、社会安定有序。

切实加强民主政治建设，全力支持人大及其常委会依法履行立法、监督、决定重大事项和人事任免职责。积极支持政协履行政治协商、民主监督和参政议政职能。充分发挥各民主党派、工商联、无党派人士服务振兴发展的独特优势。积极做好民族宗教工作，巩固发展民族团结、宗教和睦的良好局面。深入推进群团组织改革，持续加强国防动员和后备力量建设，全面推进军民融合和退役军人服务保障工作，争创全国双拥模范城“九连冠”迈出坚实步伐。

切实推动法治长春建设，组建市委全面依法治市委员会，大力推进全面依法治市和法治政府建设，积极做好《长春市农村环境治理条例》等法规立法和修订工作，持续深化司法体制综合配套改革，积极构建现代化诉讼服务体系，全面落实全民普法工作，全社会学法、用法、尊法、守法意识不断增强。

切实维护社会和谐稳定，坚决打赢扫黑除恶专项斗争，积极创建“全国扫黑除恶重点培育市”，全市共侦办涉黑涉恶案件128起，公诉涉黑涉恶案件73件、403人，判处涉黑涉恶案件39件、211人，查处涉黑涉恶“保护伞”58人，查封、冻结、扣押涉案资产折合人民币3.72亿元，群众安全感、满意度明显提升。全面加强应急管理，积极应对处置各类自然灾害和突发事件，确保人民群众生命财产安全。积极化解信访积案，圆满完成新中国成立70周年大庆期间安保维稳任务。

九、纵深推进全面从严治党

市委常委会认为，抓好党建是最大政绩。必须坚持和加强党的全面领导，坚持党要管党、全面从严治党，为长春全面振兴全方位振兴提供坚强政治保证。

突出抓好政治建设，认真落实关于加强党的政治建设的意见，严明党的政治纪律和政治规矩，全面彻底肃清孙政才和苏荣、王珉流毒影响。市委常委会专门听取市人大常委会、市政府、市政协、市法院、市检察院党组工作情况汇报。制定实施市管领导干部政治素质考察操作办法，严把政治关，确保广大党员干部始终在政治立场、政治方向、政治原则、政治道路上同以习近平同志为核心的党中央保持高度一致。

突出高素质干部队伍建设，坚持用新时期好干部标准选人用人，结合党政机构改革，科学调整配备各级班子，加大优秀年轻干部选拔培养力度，积极推进干部挂职交流，先后选派66名干部到天津、杭州挂职锻炼。制定关心关爱干部、受处分干部教育关怀和管理使用、公务员及时奖励等意见和办法。积极推进公务员职务与职级并行制度。推进人才发展体制机制改革，实施重点人才工程，营造人才安心安身安业良好环境。

突出基层组织建设，启动实施基层党组织建设质量提升工程，对169个软弱涣散村党组织进行整顿，选优配强驻村第一书记，净化村干部队伍。推进全国城市基层党建示范市建设，建成吉林长春社区干部学院，开展社区工作者队伍职业化专业化建设试点，打造一批城市基层党建示范典型群体。对非公企业和社会组织党组织实施星级评定试点，非公党建阵地建设进一步加强。

突出正风肃纪反腐，严肃查处违反中央八项规定精神问题，坚决整治“四风”特别是形式主义、官僚主义，切实减轻基层负担。对违反中央八项规定精神问题共立案174件、处分180人。建立重点工作月调度机制，营造干事创业、狠抓落实的浓厚氛围。注重发挥巡察监督作用，在全市开展两轮政治巡察和一轮脱贫攻坚专项巡察。巩固反腐败压倒性胜利态势，全市纪检监察机关共处置问题线索4369件，立案2583件，处分1830人，移送司法机关111人。

同志们，市委十三届六次全会以来，市委常委会高度重视自身建设，深入学习贯彻习近平新时代中国特色社会主义思想，自觉树牢“四个意识”、坚定“四个自信”、做到“两个维护”。模范遵守党章党规，严守政治纪律和政治规矩，认真贯彻民主集中制，严格遵守请示报告制度，带头开展“不忘初心、牢记使命”主题教育，认真解决存在的突出问题。坚持底线思维，增强斗争精神，积极应对各种风险挑战，全力推动党中央和省委决策部署落实。严格执行新形势下党内政治生活若干准则，认真组织召开2018年度民主生活会，围绕脱贫攻坚专项巡视整改、扫黑除恶专项斗争和“不忘初心、牢记使命”主题教育召开3次民主生活会，深刻进行党性分析，严肃开展批评和自我批评，认真抓好查摆问题整改。严格落实中央八项规定及其实施细则精神，模范遵守廉洁自律各项规定。

以上是市委十三届六次全会以来市委常委会的主要工作，这些工作的开展和成绩的取得，是以习近平同志为核心的党中央坚强领导的结果，是全市各级党组织和广大干部群众共同奋斗的结果。各位市委委员在各自岗位上心系大局、开拓进取，对市委常委会的工作给予了大力支持。在此，我代表市委常委会，向同志们表示衷心感谢！

一年来我们做了大量工作，但有些工作做得还不够好，仍存在不少问题和不足。稳增长任务还很艰巨，结构性矛盾比较突出，县域经济发展相对滞后。城市建设、生态治理、民生改善等领域还存在一些短板。群众身边的腐败问题时有发生，全面从严治党主体责任还需进一步压实。对这些问题，市委常委会高度重视，在今后的工作中要认真研究解决。请同志们对市委常委会的工作提出意见和建议，我们共同努力把工作做得更好。

政府工作报告

——2019年1月14日在长春市第十五届人民代表大会第三次会议上

刘　忻

各位代表:

现在，我代表市政府，向大会报告工作，请予审议，并请市政协委员提出意见。

一、2018年工作回顾

2018年是全面贯彻党的十九大精神的开局之年，也是长春振兴发展进程中极不平凡的一年。一年来，在省委、省政府和市委正确领导下，在市人大、市政协监督支持下，我们深入学习贯彻习近平新时代中国特色社会主义思想和党的十九大精神，统筹推进“五位一体”总体布局，协调推进“四个全面”战略布局，全面践行新发展理念，按照“打先锋、站排头”要求，解放思想、抢抓机遇，迎难而上、扎实工作，较好完成了全年各项目标任务。

（一）落实高质量发展要求，经济整体素质稳步提高。全市经济继续保持平稳较快增长态势。预计地区生产总值增长7%以上，总量迈上7000亿元台阶，占全省经济比重达到45%，比上年提高2.3个百分点。地方级财政收入完成478亿元，增长6.2%。规模以上工业增加值增长8%以上。实施亿元以上项目1206个，固定资产投资增长7%。社会消费品零售总额完成3028亿元，增长7%。城乡居民收入与经济增长基本同步。

积极推动汽车、轨道客车、农产品加工三大支柱产业优化升级，奥迪Q工厂、中粮聚乳酸等11个投资超10亿元工业项目竣工投产。加快培育先进装备制造、光电信息、生物及医药健康、新能源汽车、新材料、大数据六大战略性新兴产业，战略性新兴产业产值增长15.9%。启动数字长春建设，积极培育共享经济、数字经济、平台经济，促进互联网、大数据、人工智能与制造业深度融合，华为云计算、浪潮大数据等重点项目顺利推进。

成功举办汽博会、农博会、电影节等重要展会，会展业交易额增长11%。全年接待游客8900万人次，增长15%。龙嘉机场旅客吞吐量增长11.2%，欧亚汇集等4个商业综合体建成开业，5家域外金融机构落户长春。

出台实施乡村振兴战略规划。新建高标准农田4.88万公顷，推广保护性耕作25.4万公顷。高效特色农业、园艺设施农业、精品畜牧业稳步发展。

（二）深化改革开放，振兴发展动能持续释放。深化“放管服”改革，企业开办时间压减到3个工作日，工业项目审批时间压减到15个工作日，97%的行政审批和公共服务事项实现“最多跑一次”。启动“标准地+承诺制”改革试点，“多证合一”“证照分离”改革全面推开，“双随机、一公开”监管方式实现全覆盖。

国资国企、产权制度、投融资、农业农村、教育卫生等领域改革持续推进，探索形成了产业扶贫创新、盘活集体土地等长春特色的改革经验。完善落实民营经济支持措施，全年新登记民营企业3.6万户，总量19.7万户，民营经济占GDP比重达51%。

深入实施创新驱动发展战略，新增国家高新技术企业315户、科技型“小巨人”企业283户，完成技术合同交易额323.5亿元，增长52%。以长春新区为核心的长吉图开发开放先导区获批国家级科技成果转移转化示范区。落实“人才新政”20条，7.8万名高校毕业生留长创业就业，增长23.8%。

主动融入“一带一路”建设，纽伦堡枢纽及海外仓正式启用，长春获批设立汽车整车进口口岸和跨境电子商务综合试验区。加快拓展多元化市场，进出口总额增长10.4%。新引进央企和国内500强企业14户，实际利用内资、直接利用外资分别增长16%和9%。

全面落实全省“一主、六双”产业空间布局，稳步实施长吉一体化、长春公主岭同城化，持续推进哈长城市群建设，积极推动与天津、杭州对口合作。成功开展“外国使节团走进长春”等对外交往活动，城市影响力、知名度稳步提升。

（三）完善功能品质，城市现代化建设水平全面提升。强化规划引领作用，城市设计、城市总体规划、“多规合一”空间规划三项国家试点取得阶段性成果。

历时三年的旧城改造提升工程顺利完成，三环以内166平方千米城区旧貌换新颜。伊通河中段“五岛十园”景观、22座驿站、33千米绿道建成开放，水文化生态园、道台衙门博物馆、奥林匹克公园投入使用，侵华日军“第一〇〇部队”遗址园完成抢救加固并对外开放。新植街路58条，新建大宗绿地58块，植树造林4972公顷。

地铁2号线、轻轨北湖线载客运营，轨道交通三期规划正式获批，龙嘉机场T2航站楼、综合交通枢纽一期北区及火车站南广场综合交通换乘中心投入使用。提升改造维修路桥68条（座），“两横三纵”快速路部分续建工程竣工通车，长春经济圈环线高速公路启动建设。深入开展“走遍长春”专项行动，城市精细化管理水平稳步提升。

（四）加快绿色发展，生态环境质量持续改善。坚决贯彻习近平生态文明思想，全面推动中央和省环保督察反馈问题整改，严守生态、耕地保护、城市开发边界三条红线，努力构建生态环保长效机制。

深入落实河（湖）长制，提标改造9座污水处理厂，禁养区内规模养殖场全部关闭搬迁，伊通河、饮马河水质改善向好。建成区75处黑臭水体基本消除黑臭，长春获评“2018年城市黑臭水体治理示范城市”，石头口门、新立城两大水源地一级保护区实现全封闭管理，“全国水生态文明试点城市”通过国家验收。

淘汰20吨以下燃煤锅炉2435台，430所农村学校完成火炉取暖替代改造，坚决禁止禁烧区秸秆露天焚烧。从严整治工业烟粉尘、建筑工地扬尘、汽车尾气，空气质量优良天数比上年增加46天。扎实推进林地清收、矿山修复和退耕还草还湿。城市垃圾分类试点范围稳步扩大。

（五）办好民生实事，群众幸福指数日益提高，努力增加民生投入，幸福长春行动计划确定的98件实事全部兑现。

扎实精准推进脱贫攻坚战。启动实施产业扶贫项目155个，新建改造农村安全饮水工程101处，改造贫困户危房2934户，贫困村光纤、4G网络基本实现全覆盖，15个贫困村出列、1535户贫困户脱贫。

实施更加积极的就业政策，城镇新增就业11.4万人。继续实施城乡居民增收“暖流计划”，受益群众人均增收524元。城镇职工、城乡居民基本养老金分别提高6%和18%，失业保险金提高20.5%，工伤待遇标准提高5%。

上调低保对象基本医疗住院救助比例，为5.1万名残疾人提供精准康复服务，“三无一靠”成年重度残疾人补贴标准提高1.5倍，为9752名特殊和困难老人购买居家养老服务。城区居民基本殡葬费用全部免除。

改造棚户区住宅1.02万套，安置超期回迁居民2202户，完成“无籍房”确权登记12.9万户、1137万平方米，115个老旧小区物业建立长效管理机制。

深入创建“公交都市”，新增更新公交车辆400台，新建农村公路420千米，农村人居环境整治扎实推进，20个村获评省级“美丽乡村”。

新增义务教育学校6所、普惠性幼儿园18所。小学生课后免费托管服务“蓓蕾计划”被中央改革办作为改革经验向全国推广，成功举办第二届长春国际马拉松赛。

（六）创新社会治理，社会保持和谐稳定。自觉接受市人大及其常委会法律监督、市政协民主监督，主动接受社会和舆论监督，认真听取各民主党派、工商联以及无党派人士意见建议。

加强群众信访工作，提高局长接待日、市长公开电话工作水平，积极开展“电视问政”，聚焦旧城改造提升、农村水利、河（湖）长制、文明城创建，又解决了138件关乎民生发展的突出问题，深入开展“肃行风、转作风、提能力”行动，全面强化政府监管和行业自律，着力解决医疗卫生、出租车管理等领域损害群众利益的突出问题。拆除违建“大棚房”670处、9.2万平方米，严控政府隐性债务，全力防范金融风险。

建设“平安长春”，扎实开展扫黑除恶专项斗争，命案破案率100%，重大有影响案件全部告破，在全国358个地级以上城市群众安全感排名前移至第16位，公共安全视频监控联网应用“雪亮工程”如期竣工，深入推进安全生产专项整治，安全生产事故起数、遇难人数连续66个月“双下降”。

积极培育践行社会主义核心价值观，扎实推进全国文明城市创建，推动军民融合深度发展，驻长部队全面停止有偿服务任务基本完成，民族团结、宗教和睦良好局面进一步巩固。

过去一年，“两学一做”学习教育常态化制度化扎实推进，对照习近平总书记对德惠“6·3”特大火灾事故、侵华日军“第一〇〇部队”遗址、长生问题疫苗案件重要指示批示开展“回头看”，确保总书记重要指示批示全面落实。坚持从严治政，全面彻底肃清孙政才、苏荣、王珉流毒影响，认真落实中央八项规定精神，深入开展干部作风大整顿，开展解放思想推动长春高质量发展大讨论，严格依法行政，加强审计监督，驰而不息推进党风廉政建设。

工业稳增长和转型升级、老工业基地调整改造、深化商事制度改革落实事中事后监管、公立医院综合改革、“审批不见面、办事不求人”政务服务新模式以及九台区秸秆综合利用新样板等方面工作受到国务院通报表扬。国家安全、统计、供销、气象、地震、档案、人防、公积金、地方志、红十字等领域工作也取得了新进展。

各位代表，过去一年长春经济社会发展取得的成绩，是深入贯彻落实习近平新时代中国特色社会主义思想和党的十九大精神的结果，是省委、省政府和市委正确领导的结果，是市人大、市政协监督支持的结果，是全市广大干部群众团结奋斗的结果。在此，我代表市政府，向全市人民、人大代表、政协委员，向各民主党派、工商联、人民团体，向驻长中省直单位、人民解放军和武警官兵，向所有关心、支持长春发展的各界人士和国际友人，致以崇高的敬意和衷心的感谢!

肯定成绩的同时也要清醒看到，我们的工作还存在体制机制、经济结构、开放合作、思想观念四大短板，突出表现在思想解放力度还不够大，市场意识、法治意识、创新意识、担当意识、责任意识仍需增强;改革还不够深入，制约长春全面振兴、全方位振兴的体制机制矛盾依然存在;市场化程度还不高，民营经济发展遇到一些困难;战略性新兴产业和现代服务业规模较小，新产业、新业态培育不够快;对外开放水平不高，区域发展不够协调，县域经济增长趋缓;民生改善与人民群众的期盼还有差距，社会文明程度需要进一步提高;政府职能转变还不到位，廉政建设和作风建设仍需加强。对此，我们将直面矛盾、正视问题，采取有效措施，切实加以解决，不负人民重托!

二、2019年重点工作

今年是新中国成立70周年，是贯彻落实习近平总书记在深入推进东北振兴座谈会上的重要讲话和视察东北时的重要指示精神，推动长春全面振兴、全方位振兴的关键一年。我们必须始终坚持以“立足吉林、放眼全国、走向世界”的战略眼光，奋力谱写振兴发展的新篇章。2019年政府工作的总体思路是:高举习近平新时代中国特色社会主义思想伟大旗帜，全面贯彻党的十九大、习近平总书记在深入推进东北振兴座谈会上的重要讲话和视察东北时的重要指示精神，按照中央、全省经济工作会议和市委十三届六次全会部署，统筹推进“五位一体”总体布局，协调推进“四个全面”战略布局，坚持稳中求进工作总基调，坚持新发展理念，坚持推动高质量发展，坚持以供给侧结构性改革为主线，坚持深化市场化改革、扩大高水平开放，全力打好“三大攻坚战”，坚决落实“六稳”要求，统筹推进稳增长、促改革、调结构、惠民生、防风险工作，不断强化“打先锋、站排头”意识，认真落实省委“三个五”发展战略，加快建设东北亚区域性中心城市，为实现长春全面振兴、全方位振兴奠定坚实基础，以优异成绩迎接中华人民共和国成立70周年。

今年全市经济发展主要预期目标是:地区生产总值增速保持在7%以上，规模以上工业增加值增长8%以上，固定资产投资增长8%以上，地方级财政收入突破500亿元、增长5%以上，城乡居民收入与经济增长基本同步。

重点做好八个方面工作:

（一）坚持稳中求进，推动经济平稳健康增长，争取和整合政策激活力，招引和建设项目增实力，壮大和提升产业添能力，培育和扶持企业挖潜力，夯实基础、提质增效、行稳致远。

牢牢把握国家战略机遇，积极参与国家和省各种政策制定，争取重大战略、重大政策、重大项目、重大平台、重大工程。积极申建自贸区、中韩国际合作示范区，争创国家自主创新示范区。

牢牢抓住重大项目，全面提高项目策划、推介、洽谈、签约、开工、投产的国际化、现代化、组织化、专业化、平台化水平。深入实施“项目建设年”活动，确保全年落实亿元以上项目1200个以上，集中精力抓好红旗升级改造、一汽丰越扩能改造和金赛药业、百克疫苗等百个投资超10亿元产业项目，力争早建成、早投产、早见效。

牢牢强化招商引资，围绕产业链、产业群、产业生态的功能取向，供应链、制造链、服务链的价值取向，城乡品位、品质、品牌、时尚的需求取向，人文底蕴、资源禀赋、产业基础、科教医体旅养的潜力取向，进一步完善招商引资的项目生成机制和政策体系、组织体系、服务体系，重点引进世界500强企业、央企、民营上市公司、独角兽企业、高新技术企业，推动招商引资规模、结构、质量、效益稳步提升，全年实际利用内资、直接利用外资均增长10%以上，产业项目占比明显提高。

激发各类市场主体活力，建立全方位的企业服务体系，实施“百强民营企业”、百户“专精特新”中小企业培育工程。深化民营经济发展改革示范城市建设，尽快出台促进民营经济高质量发展的相关政策。全年新登记民营企业2万户以上，民营经济主营业务收入增长8.5%以上。

（二）突出质量效益，做大做强做优实体经济，坚定不移把振兴发展的着力点放在壮大实体经济上，积极改造提升传统产业，大力培植新兴产业，加快建立现代经济体系。

加快产业高质量发展，着力打造汽车、轨道客车、农产品加工三大支柱产业集群，认真落实千亿级新兴产业培育计划，六大战略性新兴产业产值增长15%以上。深化“十三五”国家服务业综合改革试点，推进“互联网+医疗、养老、教育、文化、体育、旅游”等生活性服务业，大力发展产业链金融、现代物流、工业设计、研发孵化、工业地产等生产性服务业。充分挖掘长春人文积淀、影视底蕴、高校资源，大力发展网络文学、影视制播、新闻出版、直播平台、动漫游戏、电子竞技等文化创意产业，文创产业增加值增长10%以上，高品质打造南部新城、长春西站、北人民大街等现代服务业集群，开展“千企促销专项行动”和“放心消费在长春”创建活动，积极释放内需潜力。

突出龙头企业带动引领，全力支持一汽集团及其合资企业发展。以一汽为全方位开发开放合作平台，积极推动一汽扩大与世界500强企业、央企、民企、高校、科研院所合作，促进汽车产业与战略性新兴产业深度融合，大力发展汽车后市场服务，围绕售车、修车、改车、饰车、赛车、二手车、再制造构建产业体系，通过客户群、专业俱乐部、国际汽车赛事，全面提升“汽车城”影响力。以欧亚、长客、皓月、亚泰、大陆汽车电子等各行业龙头企业为价值平台，深度整合产业链金融、信息、科技、人才等要素服务体系，向上下游延伸产业链，扩大相关生产性服务业比重。

增强科技创新驱动力，扎实推进国家创新型城市和吉林中部创新转型核心区建设，滚动实施重大科技攻关和重大科技成果转化“双十工程”，国家高新技术企业、科技型“小巨人”企业各新增200户以上。依托在长企业、学校和科研院所，加强与国内外知名学校、科研机构、孵化器、投资机构的深度融合，提高“政产学研用金介”协同创新平台的实用性、实效性，努力营造国内一流的科技创新生态环境，完善科技大市场、科技金融创新中心功能，加快建设创新创业服务支撑体系，技术合同交易额力争增长20%以上。建设国家级“双创”示范基地，新建省级以上双创基地5个，在孵企业总数达到1.65万户。长春新区国家知识产权运营公共服务平台北方平台投入运营，深入实施质量强市战略，全面开展质量提升行动，加快完善人才激励机制，在创新创业、安家落户、子女教育、医疗养老等方面，加大对长春发展有突出贡献人才的服务力度，持续推进“高校毕业生留长创业就业”工程，当年落户人数力争突破8万人，增长5%以上。弘扬工匠精神，培养高素质劳动者和技术技能人才。

（三）深化改革开放，激发经济社会发展活力，全面贯彻习近平总书记在庆祝改革开放40周年大会上的重要讲话精神，以改革破除一切制约振兴发展的思想羁绊和体制障碍，以创新引领社会活力竞相迸发。

打造一流营商环境，对照国家营商环境评价体系的23类124项指标，顶层设计、全面统筹、系统提升，力争把营商环境质量提升到全国一流水平。进一步优化政务环境，深化“审批不见面、办事不求人”的改革实践，新开办企业工商注册审批用时减到30分钟以内，一般性工业项目审批用时减到5个工作日以内。进一步优化市场环境，充分发挥市场决定性作用，在资源配置、公共服务中注重公平、公正、公开，强化信用监管促进企业诚信守法经营。进一步优化法治环境，启动实施“互联网+监管”改革，推动市场监管等重点领域综合执法，综合运用法律、经济、行政、文化等各种有效手段提高监管效能，实现德治与法治的有机统一。进一步优化经营环境，全面落实国家减税降费措施，尽快实现涉企收费统一收缴、清单之外无收费，力推水电气热通讯等公共服务降价降费，管线接入时间压缩一半以上。进一步优化政策环境，围绕重点产业、招商引资、创新驱动、公共服务、城市管理、生态保护等重点领域深化政策创新，打造东北最优的政策体系。进一步优化社会环境，构建“亲”“清”新型政商关系，在全社会营造尊商、亲商、富商、安商的浓厚氛围，让企业家和创业者经济上得实惠、社会上有地位。

推进重点领域改革，按照“巩固、增强、提升、畅通”八字方针扎实推进供给侧结构性改革，巩固“三去一降一补”成果，增强微观主体活力，提升产业链水平，畅通经济循环。深入推进国资国企改革，以管资本为主强化国资监管，加快建立现代国有企业制度，确保国有投资精准有效、国有资产保值增值，下力气解决厂办大集体改革等历史遗留问题，完成市级政府机构改革，形成职责明确、依法行政的政府治理体系，增强政府公信力和执行力，统筹推进文化、教育、医疗、养老服务、安全生产、食品安全等领域改革。

提高对外开放水平，加快空港经济开发区建设，启动建设跨境电子商务综合试验区，增强兴隆综合保税区聚集外资能力，提升国际货运包机、货运班列运营质量，增开国际客运航线，稳步提高机电、高新技术、农产品等优势产品出口份额，全年进出口总额增长6%以上。深化与德日韩全方位合作，在产业以及文化、教育、医疗、体育、养老服务、城市管理等方面加大交流合作力度。积极开展与欧美、俄罗斯、朝鲜、蒙古合作交流，加强同“一带一路”沿线国家地区联系沟通，巩固提高与国际友城、友好合作城市交流合作的实效性。

（四）坚持问题导向，打好“三大攻坚战”，统筹推进、持续用力、真抓实干，打好打赢“三大攻坚战”。

打好防范化解重大风险攻坚战，加强政府性债务管控，严控增量，整顿不规范融资担保，严控政府隐性债务，按照国务院要求，一律按不低于5%的幅度压减一般性财政支出，加强金融风险源头管控，严厉打击违法违规金融活动，妥善处置应对P2P网络借贷等风险。

打好精准脱贫攻坚战，严格执行“两不愁三保障”标准，进一步强化教育、就业、健康、保障脱贫，启动实施产业扶贫项目142个，新建改造农村安全饮水工程29处，确保7个贫困村出列、1538户贫困户脱贫，加强脱贫攻坚与乡村振兴统筹衔接，切实防止返贫和产生新的贫困，确保脱贫成果经得起历史和实践检验。

打好污染防治攻坚战，牢固树立“绿水青山就是金山银山”理念，坚决打赢蓝天、碧水、黑土地、青山、湿地“五大保卫战”，让长春的天更蓝、山更绿、水更清。坚决禁止禁烧区秸秆露天焚烧，从严整治柴油货车污染，597台20吨以下燃煤锅炉全部淘汰。深入落实河（湖）长制，饮马河、伊通河基本消除劣五类水体，石头口门、新立城两大水源地一级保护区1266.7公顷耕地退耕还草还湿，80%的公共机构、260个居民小区开展垃圾分类试点，秸秆综合利用率、畜禽粪污综合利用率分别达到87%和75%，修复三北防护林，营造林

4500公顷，统筹产业生态化、生态产业化，加快发展低碳经济、循环经济、绿色经济。

（五）注重科学统筹，推动区域协调发展。落实全省全方位对口合作、多层次战略合作、紧密型专业合作、前瞻性共建合作、开放性国际合作要求，构建长春振兴发展新优势。

促进市域板块竞相发展，新区、开发区要牢牢坚持项目立区、产业兴区、科技强区，提高投资强度、科技贡献率和全要素生产率，在深化改革开放、优化营商环境、聚集新兴产业、激发创新创业等方面争创一流，城区要充分依托人文底蕴、校所资源、产业基础、生态本色，大力发展特色街区、双创基地、现代服务业，不断提升产业层次、宜居水平、生态层级，县域要以乡村振兴战略为总抓手，加大招商引资力度，在产业园区、主导产业、富民项目、特色经济、生态功能区建设上求突破。

推动区域协同发展，发挥省会城市核心辐射带动作用，落实东中西“三大板块”战略和“一主、六双”产业空间布局，积极推动长吉一体化，共建“长吉大都市区”，推进长春公主岭同城化，加快基础设施互联互通。

积极开展对口合作，全面对接京津冀协同发展、长江经济带发展、粤港澳大湾区建设等国家战略，力争引进落位一批合作项目，深化与天津、杭州对口合作，加快建设津长产业合作园、吉浙产业园等共建园区，力争引进大型企业20户以上，落实哈长城市群发展规划，加快建设哈长一体化发展示范区。

（六）推动乡村振兴，提升“三农”工作水平，全面落实乡村振兴战略规划，按照产业兴旺、生态宜居、乡风文明、治理有效、生活富裕总要求，推动农业全面升级、农村全面进步、农民全面发展。

发展优质特色绿色农业，开展率先实现农业现代化攻坚行动，持续深化农业供给侧结构性改革，优化现代农业产业、生产、经营三大体系，积极调整种植结构，大力发展“菌药花菜瓜果”优质高效农业，打造特色农产品品牌，经济作物达到160万亩，深入创建“全国绿色有机农业示范市”，新建绿色有机示范园区20个，新增绿色有机面积95万亩，建设40个无抗养殖基地，新建高标准农田70万亩，稳步提高农业经营主体的集中度和整体实力，综合农机化率达到90%，发展农村电商、乡村旅游、田园综合体，促进农村各产业融合发展。

推动农村全面发展进步，探索培育产业特色鲜明、人文气息浓厚、生态环境优美的特色小镇5个以上，深入实施农村人居环境整治三年行动计划，因地制宜解决好生活垃圾、污水等问题，落实全省“百村引领、千村示范、万村整治”工程，打造15个高标准宜居样板村，推进农村“厕所革命”，改厕3万户，建设“四好农村路”150千米，解决3.9万农村居民饮水安全问题，开展平安乡村建设，完善农村社会矛盾纠纷化解机制，健全乡村治理体系，开展新型职业农民培育工程，全年培训6000人次。

（七）突出文化引领，建设宜居宜业城市，坚持以强烈的文化意识为引领，高水平规划、高质量建设、高标准管理，加快打造“让本地人自豪、外地人向往”的现代化城市。

突出“一张蓝图”，塑造城市特色，深入开展城市设计、城市总体规划、“多规合一”空间规划国家试点，高水平编制新一轮城市总体规划，完善伊通河城区段绿带，拆除三环以内零散棚户区30万平方米，新建续建4座公园，着力提高城区道路、单位庭院、居民小区园林绿化水平，扩大乔灌木种植面积，新增绿地210公顷。

坚持“双核带动”，提升城市能级，全面推进长春新区、南部新城、长春西站等重点区域开发建设，保护修缮历史建筑，改造提升红旗绿色智能小镇、长影步行街、长拖老厂区等文化特色街区，加快实施地铁2号线东西延线、轻轨3号线东延工程，全面开展第三轮轨道交通建设，完善“两横三纵”快速路，续建吉林大路快速路、长春经济圈环线高速公路，加快抚长高速人民大街出口改移，推进第六净水厂建设，新建改造地下管网240千米，新增供热面积300万平方米。

强化“四化治理”，提高管理水平，对标国内外发达城市管理标准体系，推动城市管理人性化、科学化、精细化、现代化，加快建立集卫星、无人机、视频监控、执法巡逻、群众举报于一体的城市、环境、自然资源监管体系，加强道路交通、建筑工地、违法建筑、市场秩序、市容环境、牌匾广告等领域专项整治，让城市更整洁、更有序、更亮丽、更文明。

（八）坚持以人为本，更好保障改善民生，牢固树立以人民为中心的发展思想，着力解决好人民群众反映强烈的突出问题，使人民群众有更多、更直接、更实在的获得感、幸福感、安全感。

努力改善民生状况，落实幸福长春行动计划，办好100件民生实事，实施“暖流计划”，促进城乡居民持续稳定增收，着力扩大就业，新增城镇就业9万人，农村剩余劳动力转移就业100万人次，加大对残疾人、城镇困难人员就业援助力度，开展农民工工资“精准支付”行动，落实全民参保计划，推动社保扩面征缴，进一步提高医疗、养老、失业、工伤保险待遇水平，开展全国居家和社区养老服务改革试点，完善社会救助体系，保障城乡生活困难人员基本生活，完成“无籍房”确权登记850万平方米以上，力争用两年时间基本消除“无籍房”，改造棚户区5300户，安置超期回迁居民3000户，新建改建城市公厕200座以上，加快“公交都市”创建，新增更新公交车辆400台，提标改造三环以内主要街路候车亭，积极推动政务服务“一网通办”“全程代办”，为民服务探索免交证明，便民服务走进“刷脸时代”。

大力发展社会事业，优先发展教育事业，新建4所义务教育学校，新增15所普惠性幼儿园，加强与东北师大等高校合作，推动教育内涵式发展，全面整顿规范无资质幼儿园、民办教育机构.推进健康长春建设，积极实施为民惠民医改，增加医保低自付、慢性病门诊治疗病种，推动分级诊疗、跨省异地就医结算，深入实施“文化兴市”战略，不断提升公共文化服务均等化水平，认真做好央视春晚长春分会场服务保障，广泛开展全民健身，办好第三届长春国际马拉松赛，具备条件的中小学校定时向社会开放体育设施，高标准承办举办东博会、汽博会、农博会、消夏节、冰雪节等百场节庆会展活动，积极践行社会主义核心价值观，高标准、常态化创建全国文明城市。

切实加强社会治理，学习推广新时代“枫桥经验”，积极推进基层社会治理现代化，创建“国家安全发展示范城市”，健全突发事件监测预警体系和应急响应机制，坚决预防重特大事故，创建“国家食品安全示范城市”，全面强化食品药品监管，确保人民群众饮食用药安全，加强社会治安综合治理，严厉打击各类违法犯罪活动，深入推进扫黑除恶专项斗争，创新信访工作方式，发挥局长接待日、市长公开电话作用，依法及时有效解决群众合理诉求，深入开展“肃行风、转作风、提能力”行动，从严整治损害群众利益的突出问题，全面推进依法治市，完善公共法律服务体系，落实普法责任制，加强民族宗教工作，全力支持军队和国防建设，推进军民融合深度发展，争创全国双拥模范城“九连冠”。

三、加强政府自身建设

新的一年，政府工作要有新气象、新担当、新作为！我们一定牢固树立“四个意识”，坚定“四个自信”，坚决做到“两个维护”，落实全面从严治党要求，切实加强政府自身建设，深入推进政府职能转变，全面提升履职水平，为人民提供优质高效服务。

坚持科学民主依法全面履职，深入贯彻全面依法治国要求，严格遵守宪法，尊崇法治、敬畏法律、依法行政，自觉接受市人大及其常委会法律监督、市政协民主监督，主动接受社会和舆论监督，坚持科学、民主、依法决策，凡涉及公众利益的重大事项，都要认真听取各方意见，作为人民政府，所有工作都要体现人民意愿、维护人民利益、接受人民监督。

全面提高本领，大兴学习和调研之风，密切跟踪市场热点趋向、政策重点导向、科技前沿方向、资本焦点投向、人才价值取向，切实增强学习本领、政治领导本领、改革创新本领、科学发展本领、依法执政本领、群众工作本领、狠抓落实本领、驾驭风险本领，全面提升国际化、现代化、专业化水平，做到既政治过硬又本领高强。

勤勉干事创业，各级政府及其工作人员要以敢闯敢试、勇于改革、争创一流的拼搏精神，雷厉风行、马上就办、一抓到底的工作作风，科学理性、崇德尚法、求真务实的专业水准，干字当头、担当实干、埋头苦干，干出长春新面貌，干出人民群众好口碑。

保持廉洁本色，推进“两学一做”学习教育常态化制度化，认真开展“不忘初心、牢记使命”主题教育，坚决贯彻落实中央八项规定和习近平总书记在十九届中央纪委三次全会上的重要讲话精神，始终牢记习近平总书记对德惠“6·3”特大火灾事故、侵华日军“第一〇〇部队”遗址、长生问题疫苗案件作出的重要指示批示，汲取教训，举一反三，进一步提高改进作风的自觉性，持续深入、全面彻底肃清孙某某、苏某、王某流毒影响，巩固发展反腐败斗争压倒性胜利，坚决惩治各类腐败行为。政府工作人员要持廉守正，干干净净为人民做事，决不辜负人民公仆的称号。

各位代表！习近平总书记在深入推进东北振兴座谈会上的重要讲话和视察东北时的重要指示精神为我们指引了前进的方向，高质量发展的宏伟目标激励我们更加奋发有为。让我们更加紧密地团结在以习近平同志为核心的党中央周围，高举习近平新时代中国特色社会主义思想伟大旗帜，在省委、省政府和市委的坚强领导下，解放思想、团结一心，真抓实干、开拓进取，为实现长春全面振兴、全方位振兴作出新的更大贡献，以优异成绩迎接中华人民共和国成立70周年！

长春新区北湖科技开发区　　（长春新区　提供）

附　录

领导干部名录

中共长春市委员会

书　　记　王　凯（4月任）
副 书 记　刘　忻　徐　晗
常　　委　赵　明　王　路　王长久　李　祥（7月免）　刘德生　马延峰　李忠斌　华　义　邵　利
秘 书 长　马延峰（12月免）
副秘书长　张家祥（兼）　鲍文明（4月任）　姜保忠（4月任，9月免）　于迅来（9月任）

办公厅
主　　任　姜保忠（9月免）　于迅来（9月任）
副 主 任　王文洲　周　鹤（7月免）　王小明　徐　宁
纪检监察组组长　张英杰

组织部
部　　长　邵　利
副 部 长　徐连东（9月免）　姜保忠（9月任）　孟宪新　雷　萦　宫立武　时万忠
纪检监察组组长　温小斌（7月免）　韩　军（7月任）

宣传部
部　　长　赵　明
常务副部长　于迅来（9月免）　姜元生（12月任）
副 部 长　宋学兵　刘　颖（4月免）　姚　丽

统战部
部　　长　刘德生
副 部 长　冯善国（5月免）　曲春雨（12月免）　许　红
纪检监察组组长　王建梅（7月任）

政法委员会
书　　记　李　祥（7月免）　马延锋（12月任）
常务副书记　刘际阳
副 书 记　姜晓东　张新甦
政治部主任　姚　健（4月任）
纪检监察组组长　赵英军（7月任）

市委老干部局
局　　长　宫立武
副 局 长　魏立斌

长春市直属机关老干部管理服务中心（长春市企业离休干部管理服务中心）
主　　任　李　茵（10月免）　孙盛锋（10月任）

长春老年大学
教 务 长　李亚波

市委、市政府政策研究室
主　　任　李卫国
副 主 任　杨松望　周　毅　张　智

市委网信办（市互联网信息办）
主　　任　刘　颖（4月任）
副 主 任　陈　刚（4月任）　吴　镐（11月任）

市互联网信息中心主任　刘险峰（10月任）

市委、市政府信访局

局　　长　张家祥（6月免）　李树国（6月任）

副 局 长　李伟强　赵　军　张羽扬

党组书记　张家祥（6月免）　李树国（6月任）

市档案馆

馆　　长　张鸣雨（4月任）

副 馆 长　赵　欣（4月任）　韩　东（4月任）
刁艳梅（4月任）

市党史研究室

主　　任　周承铭

副 主 任　魏跃军

市委党校（行政学院）

常务副校（院）长　许　军

副校（院）长　田长海　高巨云　李佰军
吕　莉（10月任）

市委保密委员会

专职副主任　刘　徽

市委保密委员会办公室（长春市国家保密局）

主任（局长）　刘　徽（6月免）　李新功（6月任）

长春日报社

社　　长　孙成军

总 编 辑　丁　宁

副 社 长　温祝明　王大宏

副总编辑　钱德元　李　波

长春出版社

社　　长　郑晓辉

副 社 长　庄宝仁　李春芳

长春社科联

主　　席

副 主 席　李恩泽（10月任）　段宝民

党组书记　尚洪波（10月任）

中共长春市直属机关工作委员会

书　　记　马延峰（12月免）

常务副书记　张佐斌

副 书 记　赫　军（6月免）　宋大勇（6月任）

纪检监察工委书记　苗　芃（7月任）

机构编制委员会办公室

主　　任　孟凡友（4月任）

副 主 任　杨敬东（4月任）　陈　刚（4月免）
孙　杨（4月任）　孙忠东（10月任）

中国共产主义青年团长春市委员会

书　　记　丁　佳

副 书 记　吴　威（7月免）　杨金玉

长春市人民代表大会常务委员会

主　　任　钱万成

副 主 任　王明德　甘　琳　祝永安（1月任）
史长友（1月任）

秘 书 长　李成员（1月任）

副秘书长　赵　蕾　孙雁力

办公厅

主　　任　徐高峰（5月免）

副 主 任　赵笠村　吴志刚

监察和司法委员会

主任委员　隋光伟

副主任委员

财政经济委员会（预算工作委员会）

主任委员　刘　君

副主任委员　吴　刚（5月任）

预工委主任　刘　君

副 主 任　栾晓虹

农村与农业委员会

主任委员　鞠国彬

副主任委员　关立辉

城乡建设环境保护委员会

主任委员　王晓东

副主任委员　胡　伟

教育科学文化卫生委员会

主任委员　宫国英

副主任委员　刘　畅

民族侨务外事委员会

主任委员　李学军

副主任委员　陈丹琦

人事代表选举委员会

主任委员　崔洪泉

副主任委员　吴丽娟（5月免）

法制委员会（法制工作委员会）

主任委员　乔大勇

副主任委员　兰德旭（5月任）

法工委主任　乔大勇

副 主 任　兰德旭（5月任）

社会建设委员会

主任委员　明　翔

研究室

主　　任　李　欣

副 主 任　张吉氚

机关党组

书 记 李成员（10月任）

机关党委

副书记 周国俊

长春市人民政府

市 长 刘 忻

副市长 王 路 贾丽娜 贾晓东 周 贺 吕 锋 王海英

秘书长 赵 显

副秘书长 卢福建 陈桂林（12月任） 逄吉春（4月任） 郑广惠（4月任） 周继峰 马长山 王首先（11月免） 赵首沣 谭景坤（4月免）

办公厅

主 任 张海治

副主任 周俊峰 王 飞 杜 勇（4月免） 高清燕 卢春野 赵师骐（7月免） 孙立彬

党组书记 赵 显

党组副书记 张海治

纪检监察组组长 刘大革（7月任）

市政府参事室

主 任 张海治

地方志编委会

主 任

副主任 杜 福（10月免） 战国立（10月任） 王 磊（5月免） 丁丽君

党组书记 杜 福（10月免） 战国立（10月任）

发展和改革委员会

主 任 王 吉

副主任 宋长者（9月免） 李国恒（4月任） 邹 娜 王 雷 单 纯（11月免） 张 成（11月免） 付 军 刘百军（11月任）

东北振兴办公室专职副主任 孙振海

纪检监察组组长 王国君（7月任）

金融工作办

主 任 李晓玲（4月任）

副主任 崔洪祥（4月任） 李 刚（6月任） 王东亮（10月任）

党组书记 李晓玲（4月任）

工业和信息化局（中小企业发展局）

局 长 李维彬

副局长 魏长平 车仁义（4月免） 杨连仲（4月任） 蒋旭桐（5月免） 鲁晓光 勾兴涛 梁占武（4月免） 任广翔（10月任）

党组书记 李维彬

中小企业局局长 杨连仲（4月任）

长春市手工业合作联社副主任 谢华庚（6月任）

科学技术局（外国专家局）

局 长 孙国庆（12月免） 梁国超（12月任）

副局长 杨喜春 张加才

党组书记 孙国庆（11月免） 梁国超（11月任）

外国专家局局长 杨喜春

医疗保障局

局 长 张宝山（4月任）

副局长 刘 佳（4月任） 徐庆丰（4月任）

党组书记 张宝山（4月任）

政务服务和数字化建设管理局（营商环境建设局）

局 长 刘任远（4月任）

副局长 杜 勇 姜兰兰 梁占武（4月任） 丁慧东（6月任）

党组书记 刘任远（4月任）

商务局（口岸办公室）

局 长 宋 驰（4月任，7月免） 曲春丽（12月任）

副局长 李宪忠（4月免） 任宏雷（4月免） 程 辉（4月任，11月免） 李 军（4月任）

口岸办主任 程 辉（11月免）

党组书记 宋 驰（4月任，7月免） 曲春丽（12月任）

贸促会（会展业发展服务中心）

会 长 徐怀武

副会长 王金玉 温淞文 刘奕麟（6月任）

城乡建设委员会

主 任 李 健

副主任 陈桂林（12月免） 任晓强（4月任） 李长城 董 军（4月任） 李铁生 周洪亮（4月免）

党组书记 李 健

纪检组长 刘彦伟（7月免）

政府投资建设项目管理中心主任 马 俊（10月任）

房屋征收经办中心主任 尹中峰（9月免） 杜大海（10月任）

市政设施维护管理中心主任 金 辉（9月免） 尹中峰（9月任）

城市管理局（城市管理行政执法局）

局 长 王世忠

副局长 李凤坤（4月免） 任建军 周建波 张鑫彧（4月任）

党组书记　王世忠
火车站 地区管理局局长　龙庆宽

统计局
局　　长　王希田
副 局 长　谭　英　李雪峰（10月任）
党组书记　王希田
纪检组长　李文发

交通局
局　　长　张意海
副 局 长　高仲明　陈亦鸣　周洪亮（4月任）
党组书记　张意海
地方运输管理局局长　李一鸣

生态环境局
局　　长　杨少清（4月任，12月免）
副 局 长　赵占春（4月任）　崔　勇（4月任）
　　　　　杜德横（9月任）　王占龙（4月任）
党组书记　杨少清（4月任，12月免）
纪检组长　张巧珑（7月免）

邮政管理局
局　　长　辛大伟

气象局
局　　长　武　良
副 局 长
纪检组长　武　良

住房保障和房屋管理局
局　　长　李晓曼（4月任）
副 局 长　高雪峰（4月任）　赵洪利（4月任）
　　　　　崔　巍（10月任）
党组书记　李晓曼（4月任）

规划和自然资源局
局　　长　曲国辉（4月任，12月免）
　　　　　杨少清（12月任）
副 局 长　林　巍（4月任）　王丽光（4月任）
　　　　　陈定贵（4月任）　卢　威（4月任）
自然资源督察　焦　琳（4月任）
规划编研中心主任　栾立欣（12月任）
土地储备中心主任　田　冰

农业农村局
局　　长　鲍文明（4月免）　谭景坤（4月任）
副 局 长　孙长占（4月免）　郭晋巍（4月任，5月免）
　　　　　赵占春（4月免）　孙晓晖（4月任）
　　　　　史凌冬（4月任）　孔令波（4月任）
　　　　　孔　翔（9月任）
党组书记　鲍文明（4月免）　谭景坤（4月任）
纪检组长　张所俊
农业科学院院长　李绍文

水务局
局　　长　吕　鑫（4月任）
副 局 长　田志坤（4月任）　邴海英（4月任）
　　　　　王喜成（6月任）
党组书记　吕　鑫（4月任）
新立城水库管理中心党委书记、主任　于洪波（6月任）
石头口门水库管理中心党委书记、主任　刘　江
伊通河管理委员会主任　鞠　俊（11月免）

林业和园林局
局　　长　刘　宏（4月任）
副 局 长　张艳秋（4月任）　林崇学（4月任）
　　　　　杨士平（4月任）　孙欣雨（4月任）
　　　　　王向阳（4月任）　黄宇松（4月任）
党组书记　刘　宏（4月任）

粮食和物资储备局
局　　长　庞国忠（11月免）　王首先（11月任）
副 局 长　李北牧　王丽娜
党组书记　庞国忠（11月免）　王首先（11月任）

财政局
局　　长　王慧力
副 局 长　刘显军　姜兴春　刘向国　张嵛翔
党组书记　王慧力
纪检监察组组长　杜云山（4月免）　李向阳（7月任）

国有资产监督管理委员会
主　　任　黄永超
副 主 任　欧阳丽宇　辛淑兰　党晓群
党委书记　黄永超

市人民政府合作交流办
主　　任　任宏禹（4月任）
副 主 任　李　蕊（11月任）　姜　波（4月任）
党组书记　任宏禹（4月任）

扶贫开发办公室（民生工作办公室）
主　　任　王万成（4月任）
副 主 任　杨　萍　李文成（6月任）
党组书记　王万成（4月任）

审计局
局　　长　李志刚
副 局 长　赵力彦　李贵军　孙忠林　于明军
总审计师　常志德
党组书记　李志刚

税务局
局　　长　范扎根
副 局 长　张立中　王铁勇（10月免）
　　　　　徐　伟（6月免）　司立新（10月免）
　　　　　李晓黎　张生伟　郭柏仁　翟志坚
党组书记　范扎根
党组副书记　张立中　王铁勇（10月免）

纪检组组长　秦　萍
总会计师　李贵才
总审计师　韩　旭

文化广播电视和旅游局（文物局）
局　　长　曲　笑（4月任）
副 局 长　陈大伟（4月任）　袁继业（4月任）
秦　岩（4月任）　张占铎（4月任）
王　立（4月任）　杨青宇（4月任）
吴　疆（4月任）　郑国君（4月任）
党组书记　曲　笑（4月任）

长春广播电视台
台　　长　庄　严（12月免）　张万兴（12月任）
副 台 长　边长庆（10月免）　李灿明
周武军（9月免）　刘　玢（10月任）
党组书记　庄　严（12月免）　张万兴（12月任）

教育局
局　　长　梁国超（11月免）　黄宪昱（11月任）
副 局 长　张茂金　杜　影　单联成
崔国涛（12月免）　董　妍（12月任）
党组书记　梁国超（11月免）　黄宪昱（11月任）
纪检组长　侯俊杰（7月任）

卫生健康委员会（中医药管理局）
主　　任　马　平
副 局 长　温贵君　罗　昕　高玉堂　陈亚斌
党组书记　马　平
纪检监察组组长　高　飞（7月任）

退役军人事务局
主　　任　王　伟（4月任）
副 局 长　孙晓伟（4月任）　曲春蕾（4月任）

体育局
局　　长　刘海玉
副 局 长　赵晓路（4月免）　李志坚
党组书记　张政明
党组成员　温良杰

人力资源和社会保障局
局　　长　孟宪新
副 局 长　曲玉业　张宝山（4月免）
孙晓伟（4月免）　魏　东　张咏刚
党组书记　孟宪新

社会保险事业管理局
局　　长　林鹏飞
副 局 长　刘振龙　王大立　刘福友　肖伟民
吴长春（12月任）
党组书记　林鹏飞
党组副书记　刘振龙（12月任）

民族事务委员会（宗教事务局）
主任（局长）　韩忠宝
副主任（副局长）　吴　忠　李　梅
党组书记　韩忠宝

民政局
局　　长　张兴桥
副 局 长　周玉国　李　刚　孙晓冬（10月免）
曲春蕾（4月免）
党组书记　张兴桥

公安局
局　　长　吕　锋
副 局 长　姜宏亮　张玉龙　刘省伦　杜　煜　鞠好斌
政治部主任　王俊飞（4月任）
党委书记　吕　锋
纪检监察组组长　赵旭明（7月任）

司法局
局　　长　梁向东
副 局 长　王承伟　李小华　孙贵志（4月任）
孙志彤　李长春（5月免）
政治部警务部主任　鲍龙乡

国家安全局
局　　长　曲庆江

人防办公室
主　　任　战国立（10月免）　黄德军（10月任）
副 主 任　张文华　袁家春
党组书记　战国立（10月免）　黄德军（10月任）

外事办公室（港澳事务办公室）
主　　任　齐国华
副 主 任　段华旭　欧　硕
党组书记　齐国华

机关事务管理局
局　　长　许晓东
副 局 长　隋广权　王德中　杨皎洁　李　辉
党组书记　许晓东

畜牧业管理局
局　　长　宋荫卓
副 局 长　富志坚　孙晓晖（4月免）　迟义昌　王殿奇
党组书记　宋荫卓
长春市畜产品加工办公室主任　宋荫卓

应急管理局（煤矿安全生产监督管理局）
局　　长　易贵平（4月任）
副 局 长　刘胜军（4月任）
陈　锋（4月任，6月免）
郭义波（4月任）　王桂范（7月任）
孙海文（4月任）　由明言（6月任）
党组书记　易贵平（4月任）
纪检监察组组长

地震局
局　　长　王　伟（4月免）　易贵平（6月任）

副 局 长　李恩泽（11月免）　孙迎伟（11月任）

市场监督管理局（知识产权局）

局　　长　张洪彬（4月任，7月免）
　　　　　宋　驰（7月任）

副 局 长　孔令起（4月任）　李云义（4月任）
　　　　　姜　辉（4月任）　孙合民（4月任）
　　　　　潘　峰（4月任）　于　艇（4月任）
　　　　　金晓光（4月免）

党组书记　张洪彬（4月任，7月免）　宋　驰（7月任）

纪检监察组组长　鞠洐东

供销合作社联合社

主　　任　张　伟（5月免）　刘金岩（10月任）

副 主 任　鞠　峻（11月任）　肖建伟　孙中亮

党组书记　张　伟（5月免）　刘金岩（10月任）

商业国有资产经营公司

总 经 理　辛延明

副总经理　杨录奇

党委书记　辛延明

长春市人民政府驻北京办事处

主　　任　陈铁志（9月任）　卢天恒（11月任）

副 主 任　田　耕　李　燃

党组书记　陈铁志（9月任）　卢天恒（11月任）

长春新区

主　　任　张宝琦

副 主 任　周衍广　韩明月　张启斌（挂职，7月任）

党工委书记　李忠斌

党工委副书记　张宝琦　唐继东

党工委委员　周衍广　韩明月

纪工委书记　唐继东

北湖开发区党委书记、主任　于柏生

长德新区党委书记、主任　王柏松

空港开发区党委书记、主任　张少军

高新区

主　　任　华景斌

副 主 任　韩守庆　薛春龙　石　威　夏明君

党工委书记　华景斌

党工委委员　韩守庆　薛春龙　石　威　夏明君

经济技术开发区管理委员会

主　　任　何泉秀

副 主 任　王大鹏　丁万钧　王　彪　宋开春　张运广

党工委书记　何泉秀

纪工委书记　张巧珑（7月任）

党工委委员　王大鹏　丁万钧　张巧珑　王　彪
　　　　　　宋开春　张运广

长春兴隆综合保税区管委会

主　　任　何泉秀

副 主 任　赵心锐（5月免）　曹　臣　吕　东
　　　　　于海军（6月任）

党工委书记　赵心锐（5月免）

党工委副书记　吕　东

纪工委书记　吕　东

党工委委员　于海军（6月任）

净月经济开发区管理委员会

主　　任　王铁茗（12月免）　曲国辉（12月任）

副 主 任　赵心锐（5月任）　张金超　朱光明
　　　　　李东光（5月免）　张德祥　李晓辉

党工委书记　王铁茗（12月免）　王　路（12月任）

党工委副书记　孙洪健

纪工委书记　孙洪健（11月免）　吴海涛（11月任）

汽车产业开发区管理委员会

主　　任　程　宇（6月任）

副 主 任　蒋旭桐（5月任）　丁文涛　孙弘颜
　　　　　杨铁夫　柳丽萍（7月任）

党工委书记　王海英（6月任）

党工委副书记　程　宇（6月任）　张世杰

纪工委书记　张世杰（7月免）　温小斌（7月任）

莲花山管委会

主　　任　邵大明

副 主 任　冯国刚（5月任）　刘国涛

纪工委书记　庞敬波（7月任）

纪工委书记　邵大明

中国人民政治协商会议长春市委员会

主　　席　綦远方

副 主 席　孙丰月　张红星　侯治富　李维斗　孙英利
　　　　　张宝琦　郝肖峰（1月任）　何泉秀（1月免）

秘 书 长　蔡延斌

副秘书长　黄　强　高丽筠

办公厅

主　　任　郈晓君

副 主 任　马　达　马振江

研究室

主　　任　张鸿飞

提案委员会

主　　任　郑秀梅

副 主 任（按姓氏笔画排序）
　　王凌皓　边　铁　刘明隽（驻会）　李卫国
　　李洪军　吴恺夫　宋学兵　陈敏雄　周俊峰

经济委员会

主　　任　常　新（5月免）　吕冬雷（5月任）

副 主 任（按姓氏笔画排序）
代桂霞 刘 柏 孙洪波 杜 娟 李国栋
张利彪（7月免） 戴清春（驻会，5月任）

农业和农村委员会
主 任 常 新（5月任）
副 主 任（按姓氏笔画排序）
毛彦军（7月任） 张利彪（7月任）
张海悦（7月任）

人口资源环境委员会
主 任 许文才
副 主 任（按姓氏笔画排序）
方 飞 白 莉 叶蓬欣（驻会）
李 娜 张朝君 毛彦军（7月免）

教科卫体委员会
主 任 杨启新
副 主 任（按姓氏笔画排序）
王明锐（驻会） 朱 东 刘林林 李忠军
汪鹏辉 张瑞林 金海峰 郭敬萍

社会和法制委员会
主 任 杨盛林
副 主 任（按姓氏笔画排序）
马 海（驻会） 朱 琪 刘任远 孙 捷
孙学致 周玉国 姜宏亮 梁向东

民族和宗教委员会
主 任 刘玉铧
副 主 任（按姓氏笔画排序）
王洪亮 许 红 谷万一 韩 涛

港澳台侨和外事委员会
主 任 张东威
副 主 任（按姓氏笔画排序）
邓婉玲 李淑霞（驻会） 余清云 张亚萍
张越杰 胡 明 杨国晋（7月免）

文化文史和学习委员会
主 任 崔永泉
副 主 任（按姓氏笔画排序）
李公君 张 颖（驻会） 张少军 张庭赫
郑晓辉 赵继敏

机关党委
书 记 蔡延斌（兼）
副 书 记 陈 然

中国共产党长春市纪律检查委员会、长春市监察委员会

书 记（主任） 王长久
副 书 记（副主任） 胡书君 王冬梅 郑玉辉（11月任）
张知众（10月免）
常 委 吕 晴 裴庆镇 薛风雷 孙晓峰
市监委委员 吕 晴 裴庆镇 李忆农 李 彬
秘书长 孙晓峰
办公厅（老干部处）主任
组织部部长 刘 伟
宣传部部长 高 飞（7月免） 孙 爽（10月任）
研究室主任 李 勇（5月免） 余 鹏（10月任）
法规室主任 庞敬波（7月免） 卢长林（10月任）
党风政风监督室主任 麻守军（5月任）
信访室主任 王建梅（7月免）
案件监督管理室主任 张玉民
第一监督检查室主任 李向阳（5月任，7月免）
第二监督检查室主任 侯俊杰（5月任，7月免）
第三监督检查室主任 单淑娟（10月任）
第四监督检查室主任 康 健（10月任）
第五监督检查室主任
第六监督检查室主任 李 勇（5月任）
第七监督检查室主任 祝 伟（5月任）
第八审查调查室主任 孙洪民（5月任，7月免）
第九审查调查室主任 荣文龙（5月任）
第十审查调查室主任
第十一审查调查室主任 杨树河（5月任）
第十二审查调查室主任 李春艳（10月任）
第十三审查调查室主任 王子祺（5月任）
第十四审查调查室主任
案件审理室主任 王自力
纪检监察干部监督室主任
信息技术管理室主任
驻市委办公厅纪检监察组组长 张英杰（7月任）
驻市委组织部纪检监察组组长 韩 军（7月任）
驻市委宣传部纪检监察组组长 杨树峰（7月任）
驻市委统战部纪检监察组组长 王建梅（7月任）
驻市委政法委纪检监察组组长 赵英军（7月任）
驻市政府办公厅纪检监察组组长 刘大革（7月任）
驻市发展和改革委员会纪检监察组组长 王国君（7月任）
驻市教育局纪检监察组组长 侯俊杰（7月任）
驻市财政局纪检监察组组长 李向阳（7月任）
驻市规划和自然资源局纪检监察组组长 石 伟
驻市城乡建设委员会纪检监察组组长 孙洪民（7月任）
驻市农业农村局纪检监察组组长 张所俊（7月任）
驻市卫生健康委员会纪检监察组组长 高 飞（7月任）
驻市应急管理局纪检监察组组长 王桂范（7月任）
驻市市场监督管理局纪检监察组组长 鞠衍东（7月任）
驻市公安局纪检监察组组长 赵旭明（7月任）
驻市中级人民法院纪检监察组组长 岂振铃（7月任）

驻市人民检察院纪检监察组组长　刘彦伟（7月任）
市直机关纪检监察工委书记　苗　芃（7月任）
经济技术开发区纪检监察工委书记　张巧珑（7月任）
净月高新技术产业开发区纪检监察
　工委书记　吴海涛（7月任）
汽车经济技术开发区纪检监察
　工委书记　温小斌（7月任）
莲花山生态旅游度假区纪检监察
　工委书记　庞敬波（7月任）
长春新区纪检监察工委
市委巡察工作办公室
　主　　任　付印红
　副 主 任　张　强　高继先
市委第一巡察组
　组　　长　王大军
　副 组 长　杨方志
市委第二巡察组
　组　　长　郑玉辉（11月免）
　副 组 长　李冬梅
市委第三巡察组
　组　　长　王国君
　副 组 长　郭晓光
市委第四巡察组
　组　　长　李子臣
　副 组 长　贺　勇

民主党派

中国国民党革命委员会长春市委员会
　副 主 委　王庆军
中国民主同盟长春市委员会
　主任委员　孙丰月
　副主任委员　穆金辉　李德山　欧阳继红　图力古尔
　　　　冯银江　董　龙　孙晓春
　秘 书 长　李娟娟
中国民主建国会长春市委员会
　主任委员　贾晓东
　副主任委员　肖辉山（专职）　胡　伟（兼）
　　　　孙忠林（兼）　陈桂芬（兼）
　　　　布　和（兼）　任喜荣（兼）
　秘 书 长　葛建民（8月免）
中国民主促进长春市委员会
　主任委员　禹　平
　副主任委员　王　寅　景喜猷　王启万　林　冲　花秋玲
　秘 书 长　黄金和
中国农工民主党长春市委员会
　主任委员　刘林林
　副主任委员　张继良　张金权　阴春霞
　　　　王洪亮　李光哲　张文风
九三学社长春市委员会
　主任委员　张红星
　副主任委员　李　铭　高玉秋　冷向阳　续　颜
　秘 书 长　顾红艳
市工商业联合会
　副 主 席　曲春雨　高　岩　任世熙　赵　伟
　党组书记　曲春雨

人民团体

市总工会
　党组书记　甘　琳
　党组副书记
　党组成员　朱　琪　崔维国　高长春　苑德艳（4月任）
　主　　席　甘　琳
　常务副主席　朱　琪
　主　　席　崔维国　高长春
　经审会主任　高长春（兼，4月免）　苑德艳（4月任）
　副主席（兼职）　孙晓伟　孙晓冬（10月免）　李凯军
　　　　谢元立　陆志东
市妇女联合会
　主　　席　王继荣
　副 主 席　李　立　王立春
　党组书记　王继荣
市社会科学界联合会
　主　　席　尚洪波
　副 主 席　李思泽（10月任）　段宝民
　党组书记　尚洪波（10月任）
市文学艺术界联合会
　主　　席　王长元（5月免）
　副 主 席　张鸣雨（兼）　崔永泉（兼）　刘　宏（兼）
　　　　杨云超（兼）　尚洪波（10月免）　孙德伟
　　　　曲　笑（兼）　韩志晨（兼）　孙佳宾（兼）
　　　　王建国（兼）　金仁顺（兼）
　党组书记　王长元（5月免）
市科学技术协会
　主　　席　孙彦鹏
　副 主 席　刘晓明（4月免）　刘成斌（6月任）
　　　　蔡卓研
　党组书记　孙彦鹏
市归国华侨联合会
　主　　席　张越杰　（兼）

副 主 席 陈 坚（专职驻会，6月免）
臧建平（专职驻会，10月任）
于洪升（兼） 陈 密（兼）
马晓燕（兼） 朱丽伟（兼）
冷雪洁（兼） 王 滨（兼）
王 昆（兼） 程 彧（兼）
秘 书 长 崔 昕（专职驻会）

市台湾同胞联谊会
会 长 孔令智
副 会 长 黄彪夫（驻会，6月免） 徐正考 路景权
胡 明 吴晓东 李思维 郭敬萍 陈明强
张 伟 张玉军 刘晓娟 修 远
秘 书 长 徐 昕

市红十字会
副 会 长 王大雷（6月免） 张胜利（6月任）

市残疾人联合会
理 事 长 尹晓民
副理事长 张英君 李艳琴（4月任）
党组书记 尹晓民

吉林长春社区干部学院
院 长 邵 利（6月任）
副 院 长 周勉征（6月任） 刘占辉（6月任）
常 茳（6月任）

法 治

中级人民法院
院 长 程凤义
副 院 长 肖德馗 李相范 尹彦久 郭桂玲（6月任）
侯海霞
党组书记 程凤义
党组副书记 肖德馗
纪检监察组组长 韩 军（7月免） 岂振铃（7月任）
政治部主任 王国睿
执行局局长 李立娟
审判委员专职委员 沙明昕 李 芳 于溟辉

人民检察院
检 察 长 盛美军
副检察长 陈长清 赵 军（5月免） 高林树 刘志民
焦成千（6月任）
党组书记 盛美军
党组副书记 陈长清
纪检监察组组长 岂振玲（7月免） 刘彦伟（7月任）
政治部主任 焦成千（6月免） 刘景泽（6月任）
检察专员 刘巾挥
检察委员会专职委员 王 睿（6月任） 孙冠夫（12月免）

双重领导局级单位

烟草局
局 长 于显峰（2月免） 车大光（5月任）
副 局 长 曲景民 陈 红 李 健（2月免）
徐钟声 梁长红（10月任）
党组书记 于显峰（2月免） 车大光（5月任）

国家电网长春供电公司
总 经 理 李国辉
副总经理 苗 强 冷传东 刘洪涛 王书春 王珏昕
杨 君
党委书记 苗 强
党委副书记 李国辉
纪检委书记 罗学明
工会主席 罗学明
总会计师 王德春
城郊供电公司经理 蔡 爽

中国邮政集团公司长春分公司
总 经 理 刘满堂
副总经理 李宏伟 李远飞 李警德
党委书记 刘满堂

中国联合网络通信有限公司长春市分公司
总 经 理 孙剑飞
副总经理 高子平 金哲岩 魏克岩 赵 军
党委书记 孙剑飞

中国移动通信集团吉林有限公司长春分公司
总 经 理 战佩良
副总经理 王春亭 姚天秋 王秀成 王 晨
党委书记 战佩良

区县（市）

【朝阳区】

中共朝阳区委
书 记 祝永安（代） 徐连东（8月任）
副 书 记 武 凌 黄德军（10月免）
区委常委 林 松 薛春生 谭景凤 焦 瑯 王本飚
石作选 李晓彤 崔立志（12月免）
马 里（12月任）

区人大常委会
主 任 丛中梅
副 主 任 韩希光 宋春生 石新民 蔡晓民

区人民政府
区 长 武 凌

副 区 长　林　松　谭景凤　张　笃　刘洪伟　谭大为
曲宝泽

区政协

主　　席　毕洪鹰（10月免）　庞国忠（11月任）
副 主 席　张文彬　于鸿哲　高业铭

区纪律检查委员会区监察委员会

书　　记　薛春生

区法院

院　　长　刘春梅

区检察院

检 察 长　郭立庆

【南关区】

中共南关区委

书　　记　谢志敏
副 书 记　杨大勇　方述华（7月任）
常　　委　刘　铭　方述华（7月免）
陈德智　李　蕊（11月免）
陈云峰　周　鹤（7月任）
朱　峻　曲跃文　王景祥

区人大常委会

主　　任　鲁　月
副 主 任　李玉林　赵洪田　张学玉　武良义

区人民政府

区　　长　杨大勇
副 区 长　刘　铭　方述华（7月免）　周　鹤（7月任）
董志宇　张　晶　王维学　梁文成

区政协

主　　席　公　平
副 主 席　孙　义　刘润滨　王　辉

区纪律检查委员会区监察委员会

书　　记　朱　峻

南部都市经济开发区管委会

主　　任　赵明瑞
副 主 任　安利全　朱国春　李　鑫（10月任）

区法院

院　　长　郭桂玲（6月免）　孙青山（11月任）

区检察院

检 察 长　张颖彧

【宽城区】

中共宽城区委

书　　记　吴相道（11月免）
副 书 记　李炜姝　　苏　荆（7月任）
常　　委　苏　荆（7月免）　所擎柱（10月免）
靳　明　赵庆利　张爱民（12月免）
刘　宏　王　华　崔东亮
崔　博（7月任）　李铜强（12月任）

区人大常委会

主　　任　殷淑琴
副 主 任　田　武　张　捷　韩明仁　黄淑梅

区人民政府

区　　长　李炜姝
副 区 长　刘　宏　王　华（5月免）
靳　明（5月任）　张国臣
周　红（9月免）　郭中凡
孙晓冬（10月任）　朱德美

区政协

主　　席　徐忠有
副 主 席　战晓光　方　明　白　彬
纪委书记　苏　荆（7月免）　崔　博（7月任）
监察委主任　苏　荆（7月免）　崔　博（12月任）

区人民法院

院　　长　王博杰

区人民检察院

检 察 长　卢　炬

长春宽城经济开发区

主　　任　马　利
副 主 任　刘成斌（6月免）　赵海英　杜　志　尹方明

【二道区】

中共二道区委

书　　记　黄宪昱（10月免）　吴相道（11月任）
副 书 记　陈铁志（9月任）　卢天恒（10月免）
许　迪（12月任）
常　　委　许　迪（12月免）　刘　嫱　刘绍峰
秦锡春　魏冬岩（12月任）　张玉和
林继东　卢　健　朱　艳

区人大常委会

主　　任　孙慧颖
副 主 任　李永利　陈国彦　辛　华　蔡　鸿

区人民政府

区　　长　王　吉（7月免）　陈铁志（8月任）
副 区 长　许　迪（12月免）　刘绍峰（12月任）
林继东　魏东岩（12月免）　宋今东
姚　珺　张万财（7月免）
于万坤（7月任）

区政协

主　　席　孙爱华
副 主 席　王怀忠　曹正礼　布　和

区法院

院　　长　齐兆云

区检察院

检 察 长　孙　涛

【绿园区】

中共绿园区委

书　　记　程　宇（7月免）　张洪彬（7月任）

副 书 记　薛文革　高庆福（12月免）

徐伟民（12月任）

常　　委　徐伟民（12月免）　李　瑞（11月免）

高丽丽　杨宝昌　孙冠夫（12月任）

杨万来　王　涛　曲喜军

王景龙（12月免）　陈　录（12月任）

区人大常委会

主　　任　王丽秀

副 主 任　付彩霞　杜玉凤　侯　伟　杨自山

区人民政府

区　　长　薛文革

副 区 长　李　瑞（11月免）　王　涛

杨万来（12月任）　曲　杰　王景耀

贾玉彬（12月免）　佟胜富（12月任）

区政协

主　　席　陈志勇

副 主 席　刘永久　郭　丽　吕长春

区纪律检查委员会

书　　记　徐伟民（12月免）　孙冠夫（12月任）

区监察委员会

主　　任　徐伟民（区纪委书记兼，12月免）

孙冠夫（区纪委书记兼，12月任）

区法院

院　　长　田　良

区检察院

检 察 长　邢立明

【双阳区】

中共双阳区委

书　　记　唐铁生

副 书 记　马国成　史延文

常　　委　王天行　王醒时　韩玉明　李铁刚

甄玉刚（3月免）　滕广涛　范云波

赵师骐（7月任）　王学刚（3月任）

区人大常委会

主　　任　谷延年

副 主 任　许占有　索若达　谭大东　李洪波

区人民政府

区　　长　马国成

常务副区长　李铁刚

副 区 长　冯国刚（7月免）　贾秀丽　朱君宝

赵师骐（9月任）　于保全　汤大鹏

区政协

主　　席　张立新

副 主 席　史春林　满星宇

区纪律检查委员会区监察委员会

书　　记　王天行

区法院

院　　长　贾晓红

区检察院

检 察 长　兰　舰

【农安县】

中共农安县委

书　　记　韩明玉（7月免）　张知众（8月任）

副 书 记　孙　宁　刘　影　陶晓亮

常　　委　李林峰　徐志成　张凯楠　蔡景海

崔　博（7月免）　王开远（7月任）

焦明元　林凤生　刘峰秀（12月免）

冯示宇（12月任）

县人大常委会

主　　任　蔡　光

副 主 任　张淑梅　宗喜洪　陈有德　徐志刚

县人民政府

县　　长　孙　宁

副 县 长　李林峰　刘生贵　李兴涛　林凤生

玄立民　胡超著（10月免）

县政协

主　　席　于德斌

副 主 席　贾树飞　冷德杰　张昌峰

县纪律检查委员会县监察委员会

书　　记　崔　博（12月免）　王开远（12月任）

县法院

院　　长　苏洪涛

县检察院

检 察 长　张国生

【榆树市】

中共榆树市委

书　　记　高中会（7月免）　高　山（7月任）

副 书 记　高　山（7月免）　林小明（9月任）

高洪洲（10月任）

常　　委　徐　阁（10月免）　金　海（7月免）

郑学华　王开远（7月免）

闫　伟（10月任）　杨　松（12月免）

鲁　宁　高旭萌（7月任）

张鸿翼（10月任）　赵　俭（12月任）

市人大常委会

主　　任　孙中兴

副 主 任　王伟成　王百陆　李长寿　庄桂良

市人民政府

市　　长　高　山（7月免）　林小明（8月任）

副 市 长　林小明（9月免）　高洪洲（10月免）

闫　伟（10月免）　鲁　宁（10月任）

吴喜庆（10月任）　俞　申　牟兆彬
杨冬侃（9月任）　马光辉

党组书记　高　山（8月免）　林小明（8月任）

党组副书记　林小明（8月免）　鲁　宁（10月任）

党组成员　高洪洲（10月免）　闫　伟（10月免）
吴喜庆（10月任）　俞　申　牟兆彬
杨冬侃（10月任）　马光辉

市政协委员会

主　　席　马　光（4月免）　金　海（7月任）

副 主 席　王是非　张　媛　吴喜庆（10月免）
徐　阁（10月任）

市纪律检查委员会市监察委员会

书　　记　王开远（7月免）　高旭萌（7月任）

市法院

院　　长　孙青山（11月免）　房国华（11月任）

市检察院

检 察 长　周显光

【德惠市】

中共德惠市委

书　　记　左　毅

副 书 记　赵文波　夏　冰

常　　委　左　毅　赵文波　夏　冰　白松巍　王　莹
丁日伟　王　涵（7月免）　孔宪权
杨旭辉　尚祖军　王　中　吕建军

市人大常委会

主　　任　王克瑜

副 主 任　宋云官　韩国明　张国东　李建国

市政府

市　　长　赵文波

副 市 长　白松巍　丁日伟　刘海涛　褚双龙　国英波
王兴刚（7月任）

市政协

主　　席　于树军

副 主 席　张国占（5月免）　张孝友

市纪律检查委员会、市监察委员会

书记（主任）　杨旭辉

市法院

院　　长　孙召银

市检察院

检 察 长　许永光

【九台区】

中共九台区委

书　　记　史长友（1月免）　李洪亮（8月任）

副 书 记　李洪亮（8月免）　宋长者（9月任）
于海山

常　　委　吴　威（7月任）　李国辉
李树国（7月免）　祁桂东　王　萍
王　健　赵国俊　唐　明
夏　新（挂职）

区人大常委会

主　　任　王树民

副 主 任　李元君　肖志华（11月免）　徐建侠
李　金（12月任）

区人民政府

区　　长　李洪亮（8月免）　宋长者（8月任）

副 区 长　李国辉（9月任）　吴　威（7月任）
李树国（7月免）　杨丽敏　杨宝玉
李　金（12月免）　李雪峰（12月免）
薛井龙（12月任）　夏　新（挂职）

区政协

主　　席　徐　林（12月免）

副 主 席　逯占元　李德军　王宝石

区纪律检查委员会区监察委员会

书　　记　王　健

区法院

院　　长　张纹阁

区检察院

检 察 长　吕　芃

【汽开区】

主　　任　程　宇（7月任）

副 主 任　蒋旭桐（4月任）　丁文涛　孙弘颜
杨铁夫

纪检工委书记　温小斌（7月任）

党工委书记　王海英（6月任）

党工委副书记　程　宇　张世杰

2019年长春市国民经济和社会发展统计公报

长春市统计局

2019年，面对日益复杂多变的内外部环境和前所未有的困难局面，全市上下坚持以习近平新时代中国特色社会主义思想为指导，深入贯彻落实党中央、国务院和省委、省政府各项决策部署，按照市委、市政府的工作要求，统筹推进“五位一体”总体布局，协调推进“四个全面”战略布局，全面践行新发展理念，坚持稳中求进的工作总基调和“打先锋、站排头”的总体要求，解放思想、抢抓机遇，迎难而上、扎实工作，经济运行稳中有进，质量效益逐步提升，各项社会事业全面发展，人民生活福祉持续改善，全面建成小康社会取得新进展。

一、综合

初步核算，全市实现地区生产总值5904.1亿元，按可比价格计算，比2018年增长3.0%。其中，第一产业增加值348.1亿元，增长2.1%；第二产业增加值2495.4亿元，增长5.3%；第三产业增加值3060.6亿元，增长1.0%。三次产业结构为5.9∶42.3∶51.8，对经济增长的贡献率分别为4.1%、79.8%和16.1%。人均地区生产总值78456元（按户籍年平均人口数计算），增长2.6%，折合11246美元。

全市一般预算全口径财政收入1100亿元，下降9.1%。全市地方财政收入420亿元，下降12.1%，其中，税收收入333.7亿元，下降9.8%。地方财政支出896亿元，增长0.2%，其中，社会保障和就业支出125.5亿元，增长2.1%；教育支出134.6亿元，增长5.8%；卫生健康支出71.6亿元，下降1.5%；交通运输支出35.2亿元，增长5.3%；农林水支出88.1亿元，下降9.6%；住房保障支出33.8亿元，增长73.8%。

全市居民消费价格总水平比2018年上涨2.9%，涨幅扩大0.9个百分点。从各类商品及服务价格变动情况看，食品烟酒价格上涨7.4%，衣着价格上涨2.2%，居住价格上涨2.8%，生活用品及服务价格上涨1.5%，交通和通信价格下降4.4%，教育文化和娱乐价格上涨2.1%，医疗保健价格上涨1.2%，其他用品和服务价格上涨4.2%。

工业生产者出厂价格比2018年下降0.52%，降幅扩大1.99个百分点。其中，生产资料价格下降1.12%，生活资料价格下降0.08%；轻工业产品价格上涨4.93%，重工业产品价格下降1.54%。工业生产者购进价格下降0.45%，降幅扩大1.19个百分点。

二、农业

全市完成农林牧渔业增加值359.7亿元，比2018年增长2.1%。其中，种植业增加值125.5亿元，增长2.1%；林业增加值2.3亿元，下降23%；牧业增加值216.7亿元，增长2.4%；渔业增加值3.6亿元，增长6.9%；农林牧渔服务业增加值11.6亿元，增长1.6%。

农作物总播种面积131.3万公顷，比2018年下降1%。粮食总产量943.1万吨，增长9.1%。其中，玉米产量780万吨，增长11.9%；水稻产量139.9万吨，下降1.6%。猪出栏352万头，下降23.4%；牛出栏89.4万头，增长2.7%；羊出栏37.2万只，下降8.3%；家禽出栏2.8亿只，增长16.7%。肉类产量94.2万吨，下降4.1%；禽蛋产量41.4万吨，增长1.6%；牛奶产量5.8万吨，下降3.7%。

全市农业机械总动力800万千瓦，比2018年增长6.6%；全市蔬菜耕地面积7.9万公顷，增长1.3%；蔬菜总产值107亿元，下降4.5%。全市有效使用绿色食品标识产品237个，有机食品177个。农业支持保护补贴19.6亿元，玉米、大豆生产者补贴14.5亿元，农机购置补贴3.1亿元。全市获评吉林省“百村示范、千村提升”工程引领村23个，示范村235个。获得省补助资金661万元，获评吉林省美丽乡村20个。

2019年主要农副产品产量

指标	单位	2019年	比2018年±%
粮食总产量	万吨	943.1	9.1
蔬菜总产量	万吨	101.4	13.1
肉类总产量	万吨	94.2	-4.1
禽蛋总产量	万吨	41.4	1.6
牛奶总产量	万吨	5.8	-3.7
出栏生猪	万头	352	-23.4
出栏家禽	亿只	2.8	16.7

新建续建农产品加工业产加销一体化项目41个，完成投资25.5亿元。省级以上和市级龙头企业数量分别发展到131户和196户。

三、工业 建筑业

全市规模以上工业增加值比2018年增长6.2%。规模以上工业总产值增长1.5%。分轻重工业看，轻工业总产值下降11.5%；重工业总产值增长2.9%。分经济类型看，国有企业总产值增长1.7%；集体企业总产值下降23.7%；股份合作企业总产值下降27.6%；股份制企业总产值增长2.3%；外商及港澳台商投资企业总产值与2018年持平；其他经济类型企业总产值下降65.9%。

七大重点行业中，汽车制造业总产值增长3.9%；农副食品加工业总产值下降14.4%；生物与医药工业总产值增长4.7%；光电子信息工业总产值下降15.3%；建材工业总产值下降6.2%；能源工业总产值增长3.4%；装备制造业总产值下降1.2%。产值前30户重点工业企业占规模以上工业的比重79.4%。

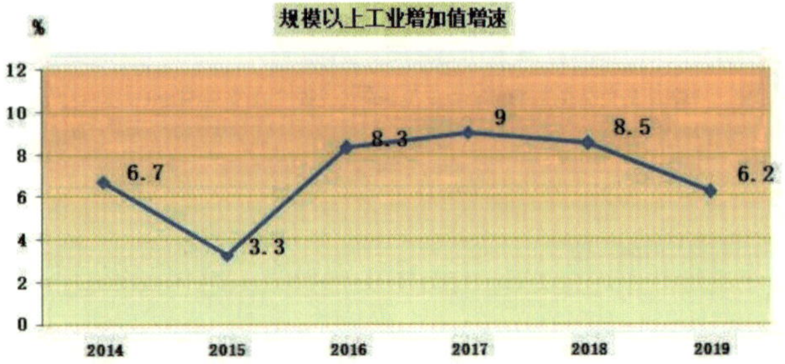

全市实现主营业务收入比2018年增长2.2%；利税总额下降1.5%；盈亏相抵后利润总额增长3.3%。全市资质以上建筑业完成总产值1168.6亿元，下降12.7%。

2019年主要工业产品产量

产品	单位	产量	比2018年±%
汽车	万辆	288.9	4.4
#轿车	万辆	158.3	-12.7
#公路客车	辆	290	-90.5
#载货汽车	万辆	38.4	18.6
铁路客车	辆	358	37.7
动车组	辆	622	-23.8
变压器	万千伏安	751.5	-3.6
橡胶轮胎外胎	万条	241.2	-21.9
工业自动调节仪表与控制系统	万台	2.3	11.4
发电量	亿千瓦时	287.8	19.0
水泥	万吨	438.7	17.4
钢材	万吨	8.0	25.7
卷烟	亿支	177.0	13.1
啤酒	万千升	7.0	-56.3
中成药	万吨	1.2	8.7
饲料	万吨	184.5	-8.8
精炼食用植物油	万吨	23.7	23.4
塑料制品	万吨	11.2	-34.1
服装	万件	605.4	-24.5

四、固定资产投资

全市固定资产投资下降19%。其中，房地产开发投资增长12.6%。固定资产交付使用率32.1%，比2018年下降6.2个百分点。房屋面积竣工率12.4%，下降2.7个百分点。

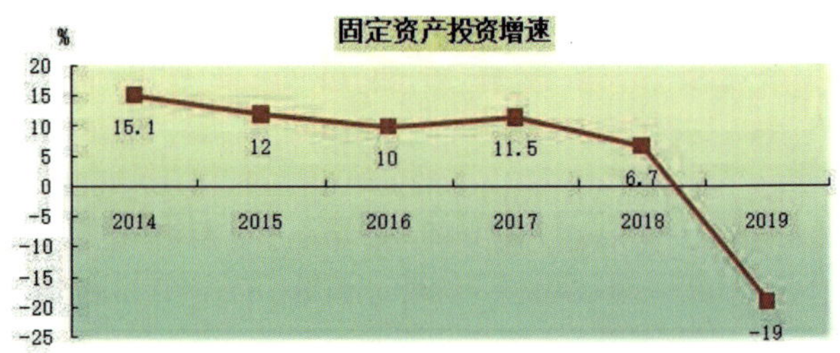

从各产业完成投资情况看，第一产业投资下降66.3%；第二产业投资下降36.7%；第三产业投资下降12.3%。从投资主体看，国有经济投资下降9%；非国有经济投资下降25.3%，占固定资产投资比重56.7%。民间投资下降28.7%。全市工业投资下降36.6%。

全市商品房施工面积7551.8万平方米，增长4.6%。商品房竣工面积924.4万平方米，下降15%。商品房销售面积1342.4万平方米，增长4.2%。商品房销售额1178.3亿元，增长10.9%。

全市二手房交易9万套，交易面积776.5万平方米，下降7.6%。其中，住宅交易8.6万套，交易面积708.3万平方米，下降10%。

五、国内贸易

全市社会消费品零售总额比2018年增长3.9%。分行业看，批发零售贸易业零售额增长3.7%。其中，限额以上批发零售贸易业零售额下降3.4%；限额以下批发零售贸易业零售额增长9.2%；住宿和餐饮业零售额增长5.1%。其中，限额以上住宿餐饮业零售额下降16.7%；限额以下住宿餐饮业零售额增长6.6%。

限额以上批发和零售企业汽车类零售额下降9.2%；粮油、食品类零售额增长3.1%；服装鞋帽针纺织品类零售额增长2.5%；金银珠宝类零售额增长5.2%；家用电器和音像器材类零售额下降4.7%；石油及制品零售额下降3.9%。

六、对外经济旅游会展

全市实现进出口总额995.8亿元，比2018年下降5.6%。其中，进口847.2亿元，下降6.1%；出口148.6亿元，下降2.6%。按出口贸易方式分，一般贸易方式出口93.5亿元，下降6.1%；加工贸易方式出口32.9亿元，下降33.9%。

全年新批外资项目（企业）43个，直接利用外资3.3亿美元。

全年到长旅游人数10156.5万人次，比2018年增长13%。其中，接待入境游客41.7万人次，下降8.7%；接待国内旅游者

10114.8万人次，增长13.1%。全年旅游总收入2191.4亿元，增长15.1%。旅游外汇收入22874.0万美元，下降23.9%。

全市举办规模以上会展活动173项，展览面积300万平方米，展会直接收入82亿元，增长10%，带动其他相关产业收入720亿元，增长10%。

七、交通邮电业

全年铁路客运量4141.1万人，增长5.6%，货运量517.7万吨，下降25.9%。

全年公路货物周转量395.2亿吨千米；旅客周转量为38.8亿人千米，下降3.4%。公路总里程2.43万千米，其中，等级公路2.34万千米，占公路总里程的96.2%；高速公路464.1千米，占公路总里程的1.9%。

全年民航货邮吞吐量8.9万吨，增长7.0%；旅客吞吐量1393.5万人，增长7.4%。年末全市民用汽车保有量183.2万辆，增长6.5%。其中，私人汽车保有量164.4万辆，增长6.3%。民用轿车保有量113.5万辆，增长6.8%。其中，私人轿车保有量106.1万辆，增长6.5%。

全年完成邮政业务总量42.5亿元，增长30.9%。邮政寄递服务1.2亿件，下降1.7%。其中，邮政函件业务716.6万件，下降4.3%；包裹业务量12.3万件，下降29.7%。快递业务量1.6亿件，增长24.9%，快递业务收入27.8亿元，增长23.2%。特快专递32万件，集邮915万件，下降23.6%，邮政储蓄平均余额3988.5亿元，增长5.4%。市话期末到达户数86万户，下降23.9%；农话期末到达户数15万户，下降31.2%；移动电话期末到达户数1092万户，下降28%；互联网接入用户549万户，下降9.5%。

八、金融证券保险

年末全市拥有银行信社类金融机构44家，（省级）保险公司38家，证券公司2家，证券分支机构91家，（省级）证券营业部138家，上市企业24家。年末金融机构本外币各项存款余额12681.9亿元，比年初增长9.7%。住户存款余额5945亿元，增长17.5%。金融机构本外币各项贷款余额13096.4亿元，增长13.2%。

金融机构本外币存贷款

单位:亿元

指标	2019年	比年初±%
各项存款余额	12681.9	9.7
其中,1. 住户存款	5945.0	17.5
2. 非金融企业存款	4073.5	1.4
3. 财政性存款	239.3	-5.1
各项贷款余额	13096.4	13.2
其中,住户短期贷款	659.7	46.9
中长期贷款	3591.4	26.4

年末股民账户数309.2万户，比2018年增长30.6%。有价证券成交总额14351.7亿元，增长3.4%。其中，股票交易成交额7351.7亿元，增长36.1%；国债成交额6317.5亿元，下降8.2%；基金成交额439.5亿元，下降65.6%。

全市保费收入292.3亿元，增长16.1%。其中，财产险保费收入99.3亿元，增长8.0%；人身险保费收入193.0亿元，增长20.8%。全年赔付总金额97.2亿元，增长18.3%。其中，财产险赔付金额54.1亿元，增长15.4%；人身险赔付金额43.1亿元，增长22.1%。

九、城建

全市完成道路新建和扩建长度72.5千米，全市道路总面积8467.1万平方米，道路长度4243.7千米。全市公共水厂日综合生产能力为139.4万立方米/日，公共用水人口481.5万人。全市天然气供气总量97752.9万立方米；液化石油气供气总量4.8万吨；天然气、石油液化气户数234.4万户。全市集中供热面积28819万平方米。全市公园绿地面积3965公顷（城区和开发区），建成区绿化覆盖面积21534.4公顷，建成区绿化覆盖率41%。

十、科技质量技术监督教育

全年专利申请量23144件，授权量11894件，分别比2018年增长15.3%和15.8%。其中，发明专利申请量9215件，增长8.2%；发明专利授权量2600件，增长7.6%。技术合同成交额464.5亿元。市科技管理部门投入科技经费11.3亿元。全市新认定高新技术企业744户。

全市有法定产品质量检验机构6家，法定计量技术机构10家。全年实施市级产品质量监督抽查2130批次，计量校准设备123530台/件，检验各类器具202663台/件。

全市各类教育学校1505所（不含幼儿园，以下同），其中，普通高校40所，成人高校8所，中等职业学校93所，普通高中74所，初中学校274所，小学1006所，特殊教育学校9所，工读学校1所。

全市各级各类学校当年招生39.1万人。其中，普通本专科生14万人，成人本专科生3.5万人，研究生2.1万人，中等职业1.7万人，普通高中4.4万人，初中阶段6.4万人，小学6.9万人，特殊教育183人，工读34人。

全市各级各类学校在校学生137万人，其中，普通本专科生46.9万人，成人本专科生6.5万人，研究生6.2万人，中等职业教育4.4万人，普通高中12.2万人，初中20.1万人，小学40.4万人，特殊教育0.1万人，工读46人。

全市各级各类学校在校教职工12.2万人。其中，普通高校4.3万人，成人高校0.1万人，中等职业0.5万人，普通高中1.3万人，普通初中2.7万人，小学3万人，特殊教育人0.04万人，工读41人。

全市各级各类学校的专任教师9.3万人。其中，普通高校2.8万人，成人高校0.1万人，中等职业学校0.4万人，普通高中

0.9万人，初中2万人，小学3.1万人，特殊教育0.04万人，工读31人。

全市学前教育机构1100个，其中，独立设置幼儿园828所，附设幼儿班机构272个。入园儿童4.3万人，在园儿童11.5万人，全市幼儿园教职工2万人，其中，专任教师1.1万人。民办普惠性幼儿园111所，在园幼儿1.6万人。

全市非学历职业技术培训学校（机构）584个，当年注册学生6万人，结业生1.6万人，教职工0.4万人，其中，专任教师0.3万人。

十一、文化卫生体育

全市有文化（文物）事业机构250家，其中，艺术表演团体8家，艺术表演场馆5家，公共图书馆12家，艺术馆、文化馆12家，文化站163家，文化艺术科研、科技机构1家，文物保护研究机构1家，文物保护管理机构4家，其他文化事业15家，博物馆23家，文化市场管理机构6家。公共图书馆总藏量577.7万册，其中，少儿图书馆藏量91.7万册。

全市有各类文化经营场所1256家，其中，互联网上网服务营业场所707家，文化娱乐场所265家，演出场所37家，古玩（美术品）经营店247家。市区（含开发区）文化经营场所957家，其中，互联网上网服务营业场所497家，文化娱乐场所191家，演出场所22家，古玩（美术品）经营店247家。

全市有广播电视台6座，节目21套，中波发射台和转播台2座，转播台24座，广播人口覆盖率为100%。

全市有卫生医疗机构4918个，比2018年减少4.3%。其中，医院、卫生院308所，减少3.8%。拥有医疗床位5.6万张，增长6%。卫生技术人员为5.9万人，增长3.5%。每千人拥有执业医师和执业助理医师3.4人。市辖区建成社区卫生服务中心85家，城区人口覆盖率100%。335.4万农民参加新型合作医疗，常住人口参合率97.1%，筹集资金25.5亿元，有218.1万参合农民受益，支付补偿金20.7亿元，占筹资总额81.4%。

全年承办瓦萨国际越野滑雪系列赛、长春国际马拉松赛、中国冰雪汽车短道拉力锦标赛等国际国内大型体育赛事70余项次。开展全民健身活动，完善健身场地设施，改善健身条件，开展各级各类健身活动1000余项次。

长春市及长春市输送的运动员参加年度国际和全国比赛74项次，获世界系列比赛冠军6个，全国冠军53个，多人创造中国体育历史：运动员孟繁棋获世界冬季两项青年锦标赛青年组女子12.5千米个人项目桂冠，是中国运动员首次站上世青赛青年组的冠军领奖台；在单板滑雪平行项目世界杯北京云顶站比赛中运动员张宣获第四名，创造中国男子运动员该项目国际比赛历史最好成绩；射箭世界锦标赛上18岁运动员魏绍轩获男子团体反曲弓项目冠军，这是中国队在该项目的历史首枚金牌。全市有38名运动员入选国家队（集训队、青年队），为备战2020年东京奥运会、2022北京冬奥会提供人才支持。全年销售体育彩票13.8亿元，占全省销售比例36%。

十二、环境保护安全生产

全市能源消费总量1873.8万吨标准煤，比2018年下降0.8%。全社会用电量254.1亿千瓦时，增长4.5%。全市万元地区生产总值能耗下降3.6%。万元规模以上工业增加值综合能源消耗下降11.5%。

全年长春市区域环境噪声昼间等效声级平均值55.6分贝，昼间道路交通噪声平均等效声级为69.5分贝。

全年环境空气质量总监测天数365天，其中优良天气306天，空气质量优良率为83.8%；重污染天数5天，比2018年增加4天。环境空气中二氧化硫浓度均值11微克/立方米，下降5微克，下降31.3%；二氧化氮浓度均值34微克/立方米，比上年下降1微克，下降2.9%；可吸入颗粒物PM10浓度均值64微克/立方米，上升3微克，上升4.9%；细颗粒物PM2.5浓度均值38微克/立方米，上升5微克，上升15.2%；臭氧日最大8小时平均第90百分位数浓度值为134微克/立方米，上升1微克，上升0.8%；一氧化碳24小时平均第95百分位数浓度值为毫克/立方米。

城市集中式饮用水水源地水质达标率100%。

根据事故直报系统报送情况统计，全市发生各类生产安全事故799起、死亡239人；全市亿元GDP死亡率0.0404；工矿企业就业人员10万人死亡率1.263；煤矿百万吨死亡率3.48。

十三、人口人民生活社会保障

年末全市户籍总人口753.8万人。其中，市区人口445.1万人，三县（市）人口308.7万人。全市人口出生率7.63‰，死亡率5.48‰，自然增长率2.15‰。

全市城镇常住居民人均可支配收入37844元，比2018年增长7%。农村常住居民人均可支配收入15455元，增长8.6%。

全市城镇企业职工基本养老保险参保人数225万人，比2018年增长1.6%。其中，在职职工156.8万人，增长1.4%；城镇失业保险参保人数120.7万人，增长21.3%。全年征缴养老保险基金183.9亿元；征缴失业保险基金7.2亿元。为68.3万名离退休人员发放养老金210.7亿元，增长9.2%；为1.7万名失业人员发放失业金1.8亿元。城镇医疗保险参保人数455.6万人，工伤和生育保险参保人数分别为162.3万人和128.3万人。

全市开发就业岗位14.3万个，实现城镇新增就业10.2万人，安置下岗失业人员实现再就业4.2万人，其中就业困难人员再就业1.2万人。年末全市公益性岗位在岗人数9881人。累计实现农村劳动力转移就业118万人。年末城镇登记失业率2.51%。

全市改造棚户区住宅6375套，回迁安置居民7367户。

年末全市城市居民63287人享受最低生活保障；农村居民84906人享受最低生活保障。全年发放城乡低保资金7.4亿元。

全市各类养老服务机构441家，总床位数42044张。其中，国家办养老机构4家，社会力量投资兴办的养老机构353家。农村社会福利服务中心84所。全年销售社会福利彩票9.4

亿元。募集善款1723.4万元，总支出慈善募捐款1609.5万元，受助群众4.7万人次。

注：

1.本公报各项统计数据为初步统计数。

2.本公报长春市地区生产总值、各产业增加值绝对数按现价计算，增长速度按可比价格计算。根据第四次全国经济普查结果，省统计局对各市州地区生产总值、三次产业及相关产业增加值等相关指标的历史数据进行了修订。本公报中涉及2019年地区生产总值、三次产业及相关产业增加值和以地区生产总值为分母计算的强度指标均以省统计局反馈修订后的2018年数据为基数。

3.资料来源：本公报中财政数据来自市财政局；价格指数、城乡居民收入数据来自国家统计局长春调查队；农业机械总动力、农业补贴等数据来自市农业农村局；二手房交易、改造棚户区住宅数据来自市住房保障和房屋管理局；货物进出口总额等数据来自长春海关；实际利用外资数据来自市商务局；会展业数据来自市贸促会；铁路客运量数据来自中国铁路沈阳局集团有限公司；公路货物周转量、旅客周转量数据来自市地方道路运输管理局；民航运输数据来自吉林省民航机场集团公司；民用汽车保有量数据来自省公安厅；邮政业务总量、移动电话期末户数、互联网接入用户数据来自中国邮政集团公司长春市分公司、中国电信股份有限公司吉林分公司、中国移动通信集团吉林有限公司长春分公司、中国联合网络通信有限公司长春分公司；货币金融类数据来自中国人民银行长春中心支行；上市公司数据来自证监会吉林监管局；保险业数据来自保监会吉林监管局；道路新建和扩建、道路面积和长度、水厂日综合生产能力、使用自来水人数、天然气、供热面积等数据来自市城乡建设委员会；公园绿地面积、绿化覆盖率等数据来自市林业和园林局；专利申请量、科技成果、技术合同等数据来自市科学技术局；质量检验机构等数据来自市市场监督管理局；教育数据来自市教育局；文化事业机构、艺术表演团体、博物馆、公共图书馆、文化馆、经营场所、广播电台和旅游数据来自市文化广播电视和旅游局；卫生数据来自市卫生健康委员会；体育数据来自市体育局；环境保护数据来自市生态环境局；安全生产数据来自市应急管理局；人口数据来自市公安局；企业职工养老保险参保人等数据来自市社会保险局；医疗保险数据来自市医疗保障局；城镇新增就业、登记失业率等数据来自市就业服务局；城乡低保、养老服务机构等数据来自市民政局；其他数据均来自市统计局。

长春净月高新技术产业开发区　　（净月区　提供）

2019年主流媒体看长春

人民日报	“红旗”轿车的传奇和魅力（新中国的“第一”·70年）	2019年3月2日
	脱贫路上 一个都不能落下（会场内外·热议脱贫攻坚）	2019年3月12日
	无需站台乘降 一步即可上车 “中国制造”100%低地板列车将驶入以色列	2019年4月17日
	吉林榆树——产粮大市迈向农业强市（壮丽70年 奋斗新时代·来自一线的蹲点调研）	2019年6月3日
	九层之台 起于垒土 吉林九台与祖国的七十年	2019年6月22日
	用生命诠释初心如磐 使命如山——记长春市二道区英俊镇镇长孟祥民	2019年6月28日
	长春 一城的山水在汉字里起伏	2019年6月29日
	长春高新区：创新投资模式 助推项目落位	2019年7月4日
	聚焦长春夜经济：下班后钱往哪里花？	2019年8月14日
	第一书记苏钢——卖“丑米”心里美	2019年8月23日
	高铁焊工谢元立——比武状元 闪光人生	2019年8月23日
	科技创新 释放「乘数效应」	2019年8月23日
	绿色耕耘 增收有盼头	2019年8月23日
	第十二届中国—东北亚博览会开幕 胡春华宣读习近平主席贺信并致辞	2019年8月24日
	刘英俊：勇拦惊马救儿童的好战士（为了民族复兴·英雄烈士谱）	2019年9月17日
	长春市二道区四通社区群众自办升旗仪式为祖国庆生	2019年9月27日
	长影乐团 旋律那么美 花儿这样红	2019年10月4日
	东北师范大学原副校长、教授郑德荣——毕生追求真理之光	2019年10月10日
	庆祝人民空军成立70周年航空开放活动将在长春举行 展现空天力量 传播空天文化	2019年10月15日
	推动提档升级 助力全面振兴 长春市总工会举办首届长春市商场信息员技能大赛	2019年10月18日
	庆祝人民空军成立70周年航空开放活动开幕——乘着长风飞翔	2019年10月18日
	吉林大学地球探测科学与技术学院原教授黄大年——潜心科研 开启国家深地时代	2019年10月25日
	长春市抓好12项工作 保障供热需求	2019年11月13日
	用全会精神聚人心增共识 中央宣讲团在吉林、江苏、河南、云南、西藏、陕西宣讲	2019年11月14日
	讲得形象生动 听得入脑入心（十九届四中全会精神在基层）——湖北、湖南、吉林、黑龙江向基层宣讲党的十九届四中全会精神	2019年12月10日
	第四届吉林雪博会即将启幕 为“3亿人上冰雪”助力	2019年12月12日
新华社	机器来种地，农民去干啥？ 走进吉林榆树农业全程机械化乡镇	2019年4月23日
	吉林长春：智能制造让东北老工业基地焕发新生	2019年5月5日
	高质量发展“小巨人”先行——解密吉林老工业基地“小巨人”企业的成长“密码”	2019年5月7日
	长春城市形象宣传片闪亮全国多个城市要津户外大屏幕	2019年5月23日
	长春发布革命文物 烈士书信讲述真实版“潜伏”	2019年6月12日
	长春：院士创业最高可获5000万元资金支持	2019年6月13日

续表

新华社	追光者「长光人」的报国故事	2019年6月20日
	长春：新办企业“零跑动”30分钟“领执照”	2019年6月21日
	长春探索“开放式街区”拆除沿街院落围墙推进绿化融合	2019年6月28日
	机关拆围墙为何换来掌声一片	2019年7月5日
	长春：从严整治“外卖骑手”交通违法行为	2019年7月19日
	白山松水奋力开启全面振兴新征程——新中国成立70年吉林转型发展纪实	2019年8月13日
	“老外”在东北亚博览会觅商机	2019年8月27日
	“一带一路”拓展东北振兴“朋友圈” 来自第十二届东北亚博览会的观察	2019年8月30日
	从这里，观察中国经济开放活力——解码第十二届中国—东北亚博览会	2019年8月30日
	与大师为邻	2019年9月6日
	长春：垃圾分类进校园 万名环保小宣讲员将“上岗”	2019年9月14日
	地质宫里的“强国密码”	2019年9月18日
	长春：“首违警示”制度为企业“容错”	2019年9月21日
	“欧亚”为什么能——一家东北商业“巨无霸”崛起的奥秘	2019年9月23日
	25封书信讲述新中国电影故事	2019年10月16日
	支援“事业”发力“产业”——老工业基地吉林以人才、科技圆“空天”梦	2019年10月21日
	爷爷要志气 孙子要打品牌——“天下第一粮仓”三代人的“农业经”	2019年10月23日
	小卫星开启吉林老工业基地新转型之路	2019年10月26日
	“天下第一粮仓”的丰收曲	2019年10月26日
	用生命践行初心使命——追记吉林省优秀共产党员、长春市二道区英俊镇原镇长孟祥民	2019年10月31日
	我国自主研发商用遥感卫星星座“吉林一号”再添新星	2019年11月14日
	长春：拉网式联动督查考核促“专班抓项目”取成效	2019年11月20日
	“红房子”里说“红旗”——走进一汽历史文化街区	2019年12月3日
	闹市中“看山”“山谷”中消费——新业态点燃长春“夜经济”	2019年12月10日
光明日报	农业强县的变与不变	2019年4月23日
	想尽一切办法创新和突破——记中车长客转向架制造中心电焊工、高级技师李万君	2019年6月10日
	吉林长春二道区中小学生学诗词传承优秀传统文化	2019年9月3日
	蒋筑英：甘做追光路上的“铺路石”	2019年9月27日
	“吉林省法治文艺巡演”进社区活动走进长春东风社区	2019年9月30日
	4K新版《开国大典》公映	2019年10月19日
	吉林省长春市南关区司法局举办菜单式普法进校园活动	2019年10月24日
	蓝天春蕾国防教育实践营活动在长春举行	2019年10月25日
	2019中国长春创业就业博览会开幕	2019年10月26日
	一汽—大众新技术开发中心在长春奠基	2019年10月30日
	长春市二道区实现中小学、幼儿园检察官法治副校长全覆盖	2019年12月3日
	全国高校2020届毕业生教育人才招聘会在长春举行	2019年12月3日
	学习贯彻十九届四中全会精神进行时 吉林：处处有宣讲 场场聚人气	2019年12月16日

续表

经济日报	全国人大代表、吉林长春市人大常委会主任钱万成：打造良好营商环境激发新活力	2019年3月11日
	“中国制造”低地板列车 首次出口发达国家	2019年4月17日
	吉林：厚植科技“小巨人”成长土壤	2019年5月30日
	第十二届中国—东北亚博览会8月举行	2019年6月2日
	2019长春消夏艺术节举行	2019年6月22日
	红旗HS7·长春国际汽车文化节暨首届红旗嘉年华在长春开幕	2019年7月13日
	东北亚博览会合同引资额555.84亿元	2019年8月28日
	新一代磁浮列车亮相	2019年9月20日
	北国金秋，经济日报邀您共赏长春新区硕果	2019年10月9日
	吴亚琴：居民就是我亲人	2019年10月10日
	吉林长春市净月区打出污染防治“组合拳”气洁、绿增、水秀	2019年10月14日
	念好“引”“孵”“加”三字经 长春“双引”为创新发展赋能	2019年11月8日
	长春新区：创新领航 逆势突围	2019年11月17日
	一批大项目签约落户长春新区	2019年12月2日
	吉林长春市二道区构建审批新模式——「只跑一次」是硬指标	2019年12月3日
	长春深化人才体制机制改革——以才聚财为振兴赋能	2019年12月13日
	推动党建工作与扶贫工作深度融合“第一书记代言”实现效益三重叠加	2019年12月19日
中央人民广播电台	长春推出“我和我的祖国”系列活动	2019年5月16日
	破解“投资不过山海关”难题 营商环境改善为东北引来“金凤凰”	2019年6月13日
	长春强力推进蓝天保卫战	2019年6月25日
	他们说：在这里当工人，真精彩！|足迹	2019年6月27日
	纪念中俄建交70周年音乐会在长春举行	2019年7月3日
	长春严控挥发性有机物排放 违规企业将受罚	2019年7月16日
	长春至天津海铁联运班列首发	2019年7月25日
	迎接新中国成立70周年 一批珍贵电影文献手稿首次在长影与观众见面	2019年8月22日
	长春开展史上最大规模社会组织清理整顿	2019年8月23日
	长春市发展林果业助力乡村振兴	2019年9月18日
	【新时代东北振兴】吉林长春“新名片”：地铁、高铁从这里出发	2019年9月26日
	促进东北汽车产业转型升级 一汽一大众新技术开发中心长春奠基	2019年10月29日
	长春南关市场监督管理分局整治“线上+线下”广告	2019年11月12日
	打造全国扶贫助残“长春样本”：“阿甘妈妈”和她的“善满家园”	2019年11月16日
中国中央电视台	我要看春晚·长春分会场 三大分会场 不一样的特色	2019年1月31日
	一年又一年·春晚在这里 春晚探秘 别具匠心的“卡车舞台”	2019年2月4日
	吉林长春：夜赏冰灯雪雕 光影炫美独具魅力	2019年2月5日
	央视春晚吉林长春一汽分会场	2019年2月7日
	大范围降雪1.5万环卫工昼夜清雪	2019年3月22日
	市民自发雪中救援“抛锚”车	20219年3月22日

续表

中国中央电视台	温室桃花朵朵开 现代农业种植忙	20219年3月29日
	乘客遗落十万元现金 司机捡到归还	2019年4月12日
	大批候鸟飞抵波罗湖自然保护区	2019年4月15日
	全链条服务 助残疾人精准就业	2019年5月17日
	春末夏初 跑马感受“北国春城”	2019年5月28日
	中俄青年长春行：抚今追昔 共植友谊之树	2019年7月1日
	“珍视历史 共创未来”中俄青年交流论坛在长春举办	2019年7月2日
	2019中国夜市全攻略：吉林长春	2019年7月11日
	第十六届长春汽博会亮点频现	2019年7月14日
	全球152个汽车品牌云集长春汽博会	2019年7月14日
	长春至天津港海铁联运班列首发	2019年7月23日
	吉林长春至天津港海铁联运实现零突破	2019年7月23日
	又到开学季·吉林长春 完善课后托管让小学生“动起来”	2019年9月1日
	2019开学季 课后特色托管让20万小学生动起来	2019年9月2日
	漫山遍野“红果”飘香	2019年9月21日
	壮丽70年奋斗新时代·吉林长春	2019年9月24日
	街道飘起“中国红”国庆氛围日渐浓	2019年9月26日
	庆祝人民空军成立70周年航空开放活动将于10月17日至21日在长春举办	2019年10月14日
	空军航空开放活动 飞行表演人气高	2019年10月18日
	最美奋斗者 黄大年：振兴中华乃我辈之责	2019年10月29日
	吉林长春持续降雪 环卫工人昼夜清雪	2019年11月18日
	湖北湖南吉林黑龙江多种形式宣讲十九届四中全会精神	2019年12月11日
中国日报	吉林大学大学食堂厨师把土豆丝穿进针眼里	2019年1月4日
	长春老人用明信片记录十年变迁	2019年2月20日
	长春将采用人脸识别技术查处酒驾醉驾	2019年3月9日
	长春白血病患儿从吉他中获得乐趣	2019年6月6日
	第十二届东北亚博览会开幕	2019年8月22日
	东北亚经济合作不断扩大	2019年8月24日
	“群众火车”见证祖国70年巨变	2019年10月11日
	飞行员们赞扬了最新的空军航母	2019年10月18日
	八一特技表演队有世界级抱负	2019年10月21日
	波哥大选择中国建造新的地铁系统	2019年10月21日
	长春春城大街秋景	2019年10月24日
中国新闻社	中外选手长春林海挑战古老越野滑雪赛	2019年1月4日
	冰雪搭台助长春敲定开年“第一大单”引资逾421亿元	2019年1月4日
	长春打造多座“巨无霸”雪雕 造型百变巧夺天工	2019年1月8日

续表

中国新闻社	长春经济增速继续领跑东北四市 老工业基地求“新”破局	2019年1月17日
	长春新区聚焦前沿业态谋求三年大跨越：欢迎外资进入	2019年2月15日
	长春出台新政向污染宣战：还民蓝天白云 繁星闪烁	2019年2月28日
	在长春生活的外籍人士感知多元中国文化	2019年3月10日
	长春地铁站打造汽车主题浮雕 全由汽车零部件拼成	2019年3月14日
	长春警方通报扫黑除恶阶段性战果：124个团伙覆灭	2019年3月29日
	中韩“汽车城”推动汽车产业合作 两国企业对接寻商机	2019年5月8日
	三万名中外选手雨中挑战长春国际马拉松	2019年5月26日
	长春消夏艺术节启幕87项活动伴游客过凉夏	2019年6月15日
	多国客商集聚长春“拼销量”力拓中国东北市场	2019年6月21日
	天津长春无水港揭牌 老工业基地吉林再增出海新通道	2019年7月4日
	两岸文创青年长春互学互鉴 感知大陆东北文化	2019年7月11日
	全球152个汽车品牌云集第十六届长春汽博会	2019年7月12日
	长春现“垃圾分类”主题公交车 市民乘车学知识	2019年7月19日
	长春民博会涌现“新势力”：青年学生带来新的审美理念	2019年8月8日
	长春农博会成展示中国农业“百科全书” 多国农企寻合作	2019年8月16日
	长影首度集中公开展出25份电影档案文献	2019年8月20日
	第十二届中国—东北亚博览会在长春开幕	2019年8月23日
	长春农博会收官：意向性签约额201亿元 成中外农企交流平台	2019年8月25日
	第十二届中国—东北亚博览会闭幕 引资逾555亿元	2019年8月27日
	长春各界举办系列活动纪念“九一八”事变88周年	2019年9月18日
	中外雕塑家创作的作品永久展陈于长春百年老街	2019年9月21日
	长春汽车整车进口口岸完成首批次整车进口业务	2019年10月17日
	中国空军航空开放活动在长春举行	2019年10月17日
	长春警方破获特大系列诈骗案 百余台汽车返还受害人	2019年10月21日
	“轮椅书记”的扶贫助残路：产业扶贫	2019年11月14日
	多国冰雪名城代表会聚长春传经验谋合作	2019年12月13日
中国经济时报	长春：以企业需求为导向 推进科技创新	2019年3月13日
	长春莲花山第二届梨花节开幕	2019年5月6日
	长春：轨道交通步入网络化运营时代	2019年5月24日
	政策助力长春经济圈壮大产业底盘	2019年5月31日
	长春新区：创新引领高质量发展	2019年6月17日
	第12届中国—东北亚博览会闭幕 引资逾555.84亿元	2019年9月4日
	新一代中低速磁浮列车亮相长春轨交会	2019年9月23日
	点赞长春新区营商环境之优	2019年10月1日
	赓续改革基因 长春演绎营商环境优化新范本	2019年10月1日
	“专班抓项目”激活长春九台发展新动力	2019年10月30日

大公报 文汇报	未来之星冬聚吉林近距离参观卫星	2019年1月2日
	星聚长春赏「红旗」见识国产车传奇	2019年1月2日
	游吉探重工「星星」收获丰 了解东北老工业基地发展成就港生开眼界长志气	2019年1月4日
	“友好之夜”中韩文艺演出在长春举行	2019年5月10日
	展会搭台共谱扶贫，第一书记驻场推销!	2019年5月21日
	跨浮冰顶暴雨战魔风 极地归来讲科考故事 钻探南极基岩 中国首获「深冰芯」	2019年7月2日
	长春市“万人助万企行动”成效显现	2019年7月12日
	长春天津海铁联运班列开通	2019年7月24日
	亚太杯青少年足球赛开战	2019年7月27日
	成功发射13颗卫星 整星90%国产化独创成像技术「吉林一号」摄全球	2019年8月13日
	老工业基地焕新发展引擎 建国70年吉林山河巨变	2019年8月13日
	长影「时光隧道」港生增爱国情	2019年8月14日
	勿忘国耻 各地拉响防空警报	2019年9月19日
	两代「红旗人」讲述「国车」故事	2019年9月30日
香港商报	用文化滋养幸福长春	2019年1月2日
	421亿！长春净月高新区签下新车“第一大单”	2019年1月6日
	“中直涉外媒体长春行”感受长春冰雪产业快速发展	2019年1月10日
	1424万元！第一书记代言展示会在长春圆满收官	2019年1月14日
	全年163场展会 扮靓长春人的「会展生活」	2019年1月21日
	长春打造城市文化地图 地标性文化建筑评选结果出炉	2019年1月25日
	长春常务副市长王路：「长春经济圈」将打造2万亿区域经济体	2019年1月27日
	长春市确定污染防治「五大主战场」	2019年2月28日
	3月1日长春发放首张新版营业执照	2019年3月1日
	全国人大代表、长春市人大常委会主任钱万成：长春要在七大方面发挥示范作用	2019年3月13日
	「踏青赏春 活力长春」2019踏青旅游系列活动启幕	2019年4月15日
	长春市启动「万人助万企」行动	2019年5月9日
	长春市五个重大项目专班启动运行	2019年5月9日
	吉林省长春市九台区打造县域经济发展新引擎	2019年5月29日
	2019长春消夏艺术节盛大启幕	2019年6月16日
	长春扩容的战略格局及其倍数效应——吉林省「一主、六双」之长春—公主岭同城化规划理念	2019年6月20日
	长春「电视问政」聚焦城市乱象整治 香港商报三问公共停车位被私占牟利	2019年6月29日
	「国际范儿」凸现！长春汽博会成全民参与的汽车嘉年华盛会	2019年7月13日
	庆祝新中国成立70周年暨人民政协光辉历程主题展将在长春举办	2019年8月9日
	精彩逛不停！第十八届长春农博会今日启幕	2019年8月19日
	第十二届中国—东北亚博览会在长春完美收官	2019年8月27日
	吉林彩车工作座谈会在长春举行 揭秘载誉归来的彩车「背后」	2019年10月16日
	庆祝人民空军成立70周年航空开放活动在长春市举行	2019年10月17日

凤凰卫视	两岸青年交流互动频繁 互盼取长补短	2019年1月26日
	外国友人度除夕：感受中国家庭团圆	2019年2月5日
	元宵节长春市民聚文庙拜先师猜灯谜	2019年2月19日
	世界自闭症关注日 关爱“星星的孩子”	2019年4月2日
	内地跨境电商区用新模式促产业转型	2019年4月13日
	促边境游发展：中国文旅部设立试点班	2019年4月16日
	长春海关严打濒危走私　吁知法守法	2019年4月20日
	吉林首开国际海铁联运　发展外向经济	2019年4月29日
	中国计划于六月首次在海上发射卫星	2019年5月2日
	长春警方破获跨省制度贩毒案	2019年5月3日
	长春海关截获爱沙尼亚入境中国象牙	2019年6月5日
	两岸大学生比拼文博创意促文化互鉴	2019年7月16日
	中国国际进博会招商路演走进长春	2019年8月7日
	长春警方捣毁“贩毒公司”捕27嫌犯	2019年8月26日
	“九一八”纪念日 长春演练紧急疏散	2019年9月18日
	长春各界举行活动铭记“九一八”	2019年9月18日
	庆祝空军70周年 航空开放活动长春举行	2019年10月17日
	歼—20运—20 展翅中国空军开放活动	2019年10月18日
	中国空军开放活动 地导武器系统亮相	2019年10月19日
	空军开放日 19型飞机亮相强势吸睛	2019年10月20日
	吉林办“雪博会”支持北京冬奥	2019年12月14日

南湖公园一景　　（贾小朔　提供）

主题索引

说　明

1. 本索引采用主题抽取法，按主题词汉语拼音顺序排列，首字相同按第二字音序排列，依此类推。

2. 索引主题词后的阿拉伯数字表示内容所在的页码，数字后的英文字母（a、b、c）表示正文中的栏别（从左至右）；通栏主题词的数字后没有英文字母。

3. 索引中以阿拉伯数字开头的主题词按数字顺序排在最前面；正文中多次出现的同一主题内容，在索引中按页码顺序依次列出。

4. 为便于检索，索引主题词中的双引号、书名号均删去。

A

B

C

D

E

F

G

H

K

L

M

N

P

Q

R

S

T

W

X

Y

Z